中央党史和文献
研究宣传专项引
导资金重点项目

大别山革命历史回忆资料丛编

土地革命战争时期卷　上

主编：田青刚

本卷主编：孙启正

中原出版传媒集团
中原传媒股份公司

大象出版社
·郑州·

目　录

王国华的几件事　　何　辉　001

忠魂长存

　　——回忆坚持大别山三年游击战争的高敬亭同志　　罗映臣　005

毛主席雪地一席话　　曾传芳　017

高敬亭同志被处死前后　　王朝中　022

高敬亭与鹞落坪人民　　吴秀英　佘玉明　汪　兴　郝光生　024

漫天撒下革命种，伫看将来爆发时

　　——缅怀我的父亲詹谷堂烈士　　詹成武　033

皖西革命根据地创建人——舒传贤　　储鸣谷　042

鄂豫皖苏区第三红军医院　　蒋本山　056

回忆许继慎烈士　　胡允恭　060

记六安人民支援苏家埠战役　　杨友贵　林再山　杨长全　刘开如　077

无形的炮弹　　黄锦思　086

回忆我在鄂豫皖边区工作的一些日子　　郭述申　092

郭述申同志谈话纪要　　郭述申　095

郑位三同志在红四方面军战史编委会工作干部会上的报告之一

　　——1960年3月22日于总政排演场　　郑位三　098

陶秉哲同志口述记录稿（1985年5月初）　　陶秉哲　102

回忆中共皖西北道委会成立的前后（1933—1935年）　　朱国栋　118

丁武选口述材料	丁武选	125
访问丁武选同志笔录（一）	丁武选	127
访问丁武选同志笔录（二）	丁武选	130
在黄梅活动的片段	胡少卿	131
民团血洗罗井沿孜	罗伟珍	139
我所知道的顾敬之	张友忤	141
五里山"万人坑"	陈清亮	151
胡晓云民团的覆灭	傅少华	153
"人民自卫团商城县大队"的建立及其他	杨孔英	156
周逸池同志的回忆	周逸池	158
李卓英同志谈信阳地下联络站	李卓英	160
豫南往事片段（节录）	肖聿	162
我在豫南的回忆	符元亮	164
英山人民的革命斗争（1927—1932年）	段威	170
一个儿童团长的经历	陈镇	182
红色的黄安	郑位三	194
麻城的火焰	王树声	202
难忘的岁月	吴先恩	209
山乡怒火 ——河南新县箭厂河人民公社四角曹门革命斗争史	中共新县县委党校	219
弦山忆往	潘永堤	242
"肃反"扩大化造成的危害	黄振清	245
红旗永不倒（代序）	林维先	248
回顾中共皖鄂边区特委会	何耀榜	262
谈判始末	汪恭颖 金孝广	267
应南扩红的回忆	陈子坤 匡全寿	277
立夏惊雷	《皖西革命斗争史》编写组	283
立夏节起义中诞生的一支赤卫军	曾宪池	292

篇名	作者	页码
回忆苏区的土改斗争	华昌圣　操和福　余良荣	298
对大革命前后安庆党组织的回忆	郭诚淑	305
1927年前后国民党左右派在安庆的斗争	朱子帆	308
对第一届中共安徽省临委活动情况的回顾	王心梟	310
中共怀宁中心县委活动情况	储醉醒	314
中共怀宁中心县委简况	周凌飞	316
安庆党组织活动情况	焦履霜	318
我在怀宁中心县委工作的回忆	陶国器	320
安庆党组织及其活动	赵　煜	322
1930年前后安庆党组织情况	吴海若	326
中共安庆党组织的建立发展和斗争的概述	鲁尧贤	328
中共贵池县党组织的建立和发展	展　实	343
回忆葛文宗同志	许　杰	346
王步文烈士二三事	朱伯健	349
俞昌准烈士传略	安庆市民政局	354
回忆俞仲则（昌准）烈士	钱新嘉	360
难忘的一日	蔡家帜	366
桐柏山区军民关系纪实	蔡家帜	369
中共庐江县地下党斗争情况的点滴回忆	郑日仁	378
安大初期共青团组织及其活动	欧阳惠林	380
我对安庆"九一八"以后抗日活动和地下党组织关系情况的回忆	戴哲人	387
我在安庆参加革命活动被捕经过	张肖亚	390
北中苏维埃政权建立始末	周　勃　石　飙	392
望江首次农运简记	吴器成	403
中共望江特区委的建立与活动	江　雷	408
我在家乡从事革命活动的回顾	阳焕民	411
中共六安县委1928年前后的工作概要	王逸常	414
关于霍邱县委成立、发展及阜阳"四九暴动"、霍邱"文字暴动"	王冶秋	419

中共京汉特委 1927 年在应山的活动	郭述申	422
应山革命斗争片段回忆	万平治	427
中国共产党在鄂豫皖区是怎样领导革命斗争的	刘名榜	437
大别山红旗永飘扬	陈再道	441
黄麻起义前后	戴季英	450
柴山保武装割据	陈再道	464
第二次国内革命战争时期党在肥西地区的革命活动	颜文龙等	469
大崎山上红旗飘	漆先庭	480
苏区童子团	张绍堂	487
少共国际团	丁江城	491
在红色的摇篮里长大	张金锡	495
立夏节烽火	中共金寨县委宣传部	502
张国焘皖西"肃反"的一些情况	李声和	513
在张国焘"肃反"的日子里	张贻祥	516
十年土地革命战争时期红军中政治思想工作的回忆	李声和	521
第二次国内革命战争时期金家寨县境的土地改革	陈道荣	525
回忆中共皖西北道委会第二次成立前后（1933—1934 年）	朱国栋	532

王国华的几件事

◎ 何 辉

王国华同志是河南省早期的革命领导人之一,在豫鄂边的信阳、南阳、驻马店、枣阳,特别是在遂平、随县、桐柏、确山、嵖岈山等地颇有盛名,由于他四十几岁就蓄了尺把长的胡须,河南的群众都尊称他为"王老汉"。王国华在"文化大革命"中被迫害致死。1979年,河南省委为他举行追悼会,彻底平反昭雪。

我是在河南省委社会部认识王国华同志的。当时,我在四望山革命根据地三团队政治处当保卫股长,王国华同志上山以后,我经常到他的住处去玩,他经常给我谈起他的一些情况,现整理如下:

一、到江西苏区

1933年夏末秋初,王国华同志携带河南省委的介绍信,作为河南的农民代表出席在江西瑞金召开的全国苏维埃第二次代表大会。他从开封乘火车到了上海,由上海乘船到九江改乘火车到了樟树(清江),又从清江乘汽车到了吉安。路上比较顺利,就是对随带的介绍信很担心。在上海时,专门买了一挂鲜猪肉拎在手上,把介绍信卷成火柴棒大小,塞到鲜猪肉里面,在车船上都是放在鞋帮里面的。到了吉安后,已接近苏区,买不到去永丰的汽车票。在吉安住了三天后,身捎包裹步行。为了保证介绍信的安全,他买了一个烟斗,把介绍信塞到了烟斗孔里。他本来不会抽烟，但也假装抽几口。走到永丰县八都附近，正遇两支军队交战，他看到一支身着杂色衣服并佩戴有红领章的队伍，猜测是红军，就跟着这支队伍走，沿途见到这支队伍纪律严明，秋毫无犯，更加肯定是红军的队伍。走了一段路程，被这支队伍后尾的人发现了，他被送到了团部，团长亲自见了他并对他说："这里是红色根据地，我们是红军，你不用害怕，要说实话。"王国华就拿出了介绍信。团长用碘酒擦了介绍信的一角，证实了他的身份，于是对他说："我叫赖传珠，是红一军团一师三团的团长。"赖团长还陪他吃了一餐饭。第二天就派两人把他送到了公略县委所在地水南。公略县委又介绍他前往瑞金。

王国华到瑞金后，得知全国苏维埃第二次代表大会推迟召开，就积极向组织要求工作，以便向在苏区工作的同志学习，摸索苏区的工作方法。于是，组织上派他到长胜县（现设长胜区）担任县委副书记。当时的县委书记是郑中平（解放后任六十八军政委）。王国华同志在长胜县工作了半年多的时间，处处留心学习，经常到群众家里问长问短。他通过实际调查了解，感到苏区和白区确实大不一样。他曾经说过，苏区人民真正过上了民主生活，人人积极报名参军参战，而白区在国民党的统治下，抽丁抓夫没有人去，这就是鲜明的对比。当时县委机关的同志都称王国华是个坐不住的人。他到苏区名义上是工作了半年，实际上是学习了半年。

1934年2月，全国苏维埃第二次代表大会在瑞金召开，王国华出席了大会。大会之后，由于国民党封锁很严，一时不能返回河南，王国华就要求参加学习。组织上派他到中央党校学习了一期（3个月），毕业之后，仍然不能回去，他又要求继续学习，组织上又送他到红军大学学习了一期（3个月）。

王国华曾经给我谈到他在党校、红大学习的感想。他说，我是一个农民，现在进了大学的门，说是红大毕业，很不好意思。但确实收获不小。在党校，我听到一位教员讲党史课，在讲到李立三的错误性质如何严重时，他声色俱厉，疾恶如仇，听课者无不为之愤慨。课后才知道那个教员就是李立三。大家惊奇之余无不肃然起敬。那时候，曾经出版过《党的建议》实际是党史书籍，是学员爱读的刊物之一。

红大毕业后，他仍然不能回河南，后来就跟随干部团（由红军大学、公略学校、彭杨学校特科学校合成）参加了长征。

二、返回河南

1935年1月,长征到达遵义后,周副主席找王国华谈话,要他回到河南开展工作。王国华表示担心,向周副主席说:"回去找不到组织,人家不承认怎么办?"周副主席说:"全国几十万红军,你知道吧?我,你认识吧?回去组织游击队就是啦!"王国华说:"只要中央承认我,我就放心了。"接着,张闻天、博古也同他谈了话,鼓励他回去开展工作。最后,毛主席也和他谈了一次话,毛主席送给他两句话:"党不离枪,为苏维埃奋斗到底。"王国华虽然是个大老粗,没有作文字记录,但主席送给他的这两句话,他一直牢牢记在心里。不久,他就回到了河南,迅速把红旗插到了豫鄂边。

三、竹沟收编

竹沟又叫沟州,在河南驻马店地区。抗日民族统一战线建立之后,王国华同志同长江局取得了联系,按照党中央的决定,对所属的游击队就地扩大,编成新四军。当时,全国各省区都在国民党省会所在地设立了中共办事处,唯有河南省的国民党没有同意设立办事处,只在洛阳设立了一个交通处,名为"十八集团军驻洛交通处"。由于王国华的游击队分得很散,一时整编不完,经过斗争,国民党同意把竹沟作为整编地点。在整编过程中,各地游击队进一步扩大了,第一次就整编了第四支队第八团,团长周骏鸣,政治处主任徐祥亨。此后,竹沟改为第八团后方留守处,王国华任留守处主任。留守处又成立了1—8共八个团队,但队伍数量很少。

当时的竹沟,名义上是第八团留守处,实际上是中共河南省委、省政府所在地。省委书记朱理治,王国华实际是省长。留守处设司令部、政治部、副官处(后勤)。司令部参谋长杨茂生、政治部主任徐史魁。当时省委机关设组织部、宣传部、统战部、社会部(相当于现在的保卫部)。我在竹沟时是在社会部工作,1939年初调到四望山三团队任保卫股长。

1939年11月左右发生了竹沟事件,国民党军队非法向竹沟进攻。事件发生前,河南省委早有准备，机关已经分散到新四军五师，部分人员分散到四师、七师。竹沟只留下王国华和一个连的兵力。敌人打了一阵子就走了。王国华经过国民党抗日爱国将领冯治安的地域撤到了四望山根据地。

当时，信阳地委和三团队在四望山。王国华到四望山以后，信阳地委、三团队经常向他请示汇报工作。

1940年春节前，按照中央的指示，四望山信阳地委和三团队有计划地撤退到郝家湾。是年春节，正值王国华50岁生日，地委为他祝寿。地委书记刘子厚、国民党第七十七军军长冯治安等都前来祝贺。文敏生（三团队政治处副主任）在祝词中高度评价了竹沟星火：（1）抽850人整编为新四军四支队第八团；（2）罗炳辉带走两个连到二师；（3）谭希林带一个连到七师；（4）曾派两个连到江北指挥部去领电台，结果电台没有领到，两个连也留在指挥部了；（5）新四军参谋长赖传珠也带去了一个连；（6）李先念的五师也向竹沟要了部队。所以说竹沟这点星火遍布了新四军各师。

过了1940年春节，中央就把王国华调到延安去了，同行的还有朱大棚等。

（安庆军分区党史资料征集办公室　整理）

原载安徽省军区党史资料征集办公室：《革命回忆录选编》，内部出版，1983年，第88～92页。

忠魂长存

——回忆坚持大别山三年游击战争的高敬亭同志

◎ 罗映臣

高敬亭同志是鄂豫皖革命根据地杰出领导人之一,红二十八军政治委员。抗日战争初期,这支部队改编为新四军四支队,高敬亭同志任司令员兼政治委员。正当高敬亭同志率领四支队将士,驰骋在皖东抗日疆场,痛击日本侵略者的时候,他却在1939年6月24日被错杀了。1977年6月27日,中央军委根据毛主席生前批示,纠正了这一错案,英烈近四十年的沉冤得以平反昭雪。1980年4月19日,我怀着悲痛而又激动的心情,在合肥市参加了高敬亭同志骨灰安放仪式。在那庄严肃穆的会场上,我凝视着高敬亭同志的遗像,禁不住热泪盈眶,心潮起伏。

从红二十八军成立,我由鄂东北独立团手枪队编入军交通队一班,就在他身边做警卫工作,他是我非常敬重和一直怀念的老首长。现将一些难忘的重要经历追记如下,以对这位革命领导人学习和缅怀。

一

高敬亭同志,原名高志原,1907年生于河南省光山县董店(今属新县)。幼年读过几年私塾,后因家境贫困辍学,跟随父亲务农,饱受反动势力的压迫和豪绅地主的盘剥。1927年,鄂豫皖边区人民在中国共产党的领导下,燃起了革命烽火,高敬亭同志抱着砸烂旧世道、为穷人求解放的愿望,投入了革命洪流。同年11月,黄麻起义的胜利，给青年的高敬亭同志以极大鼓舞，使他进一步树立了革命必胜的信心。后来，黄安县城失守，起义军撤往木兰山，敌人对黄麻地区进行疯狂地"清剿""血洗"。在白色恐怖中，高敬亭同志的父亲，被麻城乘马区地主"还乡团"捉去活活打死，这更激起他对地主阶级的无比仇恨。1928年5月，黄麻起义军从木兰山打回鄂豫边区，开辟了柴山保革命根据地。高敬亭同志在光山县弦东区委的领导下，积极地从事革命活动。在严酷的斗争中，经受了革命的考验，于1929年3月加入中国共产党。从此，便把毕生的精力以至宝贵的生命献给了党和革命事业。

高敬亭同志自参加革命后，一直奋战在鄂豫皖。到重建红二十八军前，先后担任过乡、区苏维埃主席，县委书记，道委书记，中共中央鄂豫皖分局委员，鄂豫皖省工农民主政府主席，红二十五军七十五师政委等重要职务。为苏区的政治、军事、经济、文化等各项建设做了大量艰苦的工作，对红军的发展壮大和根据地的巩固和发展，建树了许多重要功绩。

1934年11月初，鄂豫皖省委率二十五军主力转移到鄂东北，与党中央派来的程子华同志会合。高敬亭同志遵照省委的决定留在皖西北，就地坚持斗争。当时根据地大部已被敌人占领，皖西仅剩下赤城、赤南、六安三块被分割开的苏区，在敌人"三光政策"的摧残下已"尸骨遍野，火光烛天，庐舍成墟"，田园荒芜，许多地方成了"无人区"。少数没有转移的红军零星部队、伤病员、党政机关工作人员分散隐藏在深山密林里。在苏区处于生死存亡的严重时刻，皖西北道委为了坚持斗争，保护苏区，根据高敬亭同志"必须有一个拳头"的建议，决定重新组建一支红军，依靠党的领导、人民群众的支援以及大别山区的有利地形，积极开展游击战争。于是，高敬亭同志首先将分散在皖西护送伤病员的红二十五军生产队、七十四师两个连、八十二师一个连和二路游击师、皖西北道委的交通队，以及一些道委、县委机关工作人员、伤病员等共700余人，在熊家河组成二一八团。这一骨干武装成立后，立即在六、霍地区展开了反"清剿"斗争，四处游击，打击敌人，发动群众，扩大武装，筹备了部分资财，缴获了一些武器，军民得到一定补充，并在赤城县二区又成立了有100多人枪的南北大队。这些胜利，鼓舞了人民群众的斗争情绪，使苏区革命形势又出现了新的局面。

11月16日，红二十五军奉命由省委率领向鄂豫陕边界实行战略转移。当时由于敌情严重，联系中断，高敬亭同志不知道省委率红二十五军已向陕南转移，他和道委的同志仍在急切盼望红二十五军重返皖西。下旬，高敬亭同志为能长期在鄂豫皖坚持游击战争，派八十二师出潜山、舒城一带开辟游击区，部队在潜山天堂山地区恢复了党的组织，组织群众进行斗争和打击反动武装，取得了一些胜利，但在返回途中遭敌突然袭击，损失惨重，所剩200余人编入二一八团。

红二十五军长征后，蒋介石妄图趁我主力转移之际，一举扑灭我革命火种，达到其白化苏区的目的，除以一部分兵力尾追红二十五军外，急忙任命梁冠英为鄂豫皖"剿匪"总指挥，调集二十五路军一个师、十一路军两个师又一个旅、东北军五个师、中央军三个师，加上保安团等地方反动武装，共十万余众的兵力，以修筑碉堡、分片搜山、建立保甲连坐法、制造赤白对立等手段，对我鄂豫皖根据地进行残酷的"清剿"。12月5日，敌人向我皖西根据地发起进攻，将赤城、赤南、六安六区三块仅存的根据地团团包围。在强敌"围剿"下，高敬亭同志继续坚持斗争，率领二一八团展开游击战与敌周旋，调动了敌人，减轻了苏区人民的损失和牺牲，并为以后组建红二十八军保存了一支骨干力量。

1935年1月下旬，由方永乐、徐成基同志率领的鄂东北独立团在六安、霍山交界处与高敬亭率领的二一八团会合。方永乐同志带来了省委在转移时给高敬亭同志的信，信中告诉他：省委已随红二十五军向鄂豫陕转移，省委决定要他留在大别山坚持斗争，重建红二十八军，负责军队和地方领导工作。月底，独立团和二一八团一起向太湖县转移。2月3日高敬亭在凉亭主持召开了党的干部会议。参加会议的有：方永乐、林维先、詹化雨、梁从学、汪少川、徐成基、吴先元、石玉田等同志。会议确定以政治委员名义、省委员名义，根据敌强我弱的斗争形势，并按着前省委的指示决定重建红二十八军，下辖八十二师、手枪团和交通队，高敬亭同志任政治委员。从此，他便担负起鄂豫皖革命根据地党、政、军的领导重任，在远离中央、远离红军主力的极端困难条件下，率领红二十八军和鄂豫皖苏区人民，高举大别山革命旗帜，坚持了三年艰苦卓绝的游击战争。

二

红二十八军的崛起，使鄂豫皖革命根据地的武装斗争又有了中坚力量，振奋了苏区人民的革命斗志。蒋介石极为恐慌，急令鄂豫皖"剿匪"总指挥梁冠英，对我刚刚重建的红二十八军进行"追剿""堵剿"和"包剿"。梁冠英急忙策划了一个"三个月清剿"计划，以其二十五路军三十二师等十几个团对我进行"追剿"，十一路军进行"堵剿"，企图以前堵后追，分进合击来歼灭我红二十八军。在这种险恶的情况下，高敬亭同志接受第三次"左"倾路线死守硬拼的教训，采取他自己称为"兔子不吃窝边草"的作战方针，率领红二十八军转向苏区外线作战。

1935年2月18日，部队行至太阳山，敌三十二师追剿部队赶到，我军吃掉敌尖兵连后立即转移，当退至大化坪时，又遭敌十一路军两个团的堵击，当时我军处于前有堵敌，后有追兵，南有1700多米的高山白马尖，北是断崖深渊，被万余名敌军围困在一条狭长的山谷中。就在这生死存亡的紧要关头，高敬亭同志毅然决然地带领部队，冒着敌人的火力，顶着暴风雪、爬陡坡、攀悬崖向白马尖冲去。傍晚时分登上主峰，胜利突围的军号在群山回荡。经过艰苦的攀登，部队又连夜行军30里到马家河，后又日夜兼程150里到潜山官庄，以伪装战术全歼守敌，活捉安徽省副省长兼财政厅长余谊密。

官庄战斗后，红二十八军直插舒城、霍山、潜山三县交界处开辟敌后游击根据地。敌"追剿"部队仍紧紧咬住不放。4月初，我军在潜山一带活动，敌三十二师又追了上来。高敬亭同志决定拖住敌人，伺机给予痛击，以改变我军战略上的不利地位。于是，他带领部队向北疾进，敌人紧追不舍，接连几天几夜，牵着敌人转圈子，最后将敌诱至桃岭，高敬亭同志利用那里山高坡陡，松林蔽日的有利地形，埋下伏兵，设下"口袋"。敌兵一到，奇兵四出，一个"回马枪"歼敌两个营，缴获大批枪支弹药。桃岭战斗的胜利，给敌人三十二师以沉重打击，我军民受到极大鼓舞。

由于红二十八军广泛地开展外线作战，并在作战中正确地运用了灵活机动的游击战术，我军不但没有被敌消灭，反而在艰苦的转战中经受了锻炼，人员、物资得到补充，武装力量得以发展壮大。先后组建了四路游击师；成立了二四六团；开辟了以潜山、舒城、霍山交界处为中心的游击根据地；建立了以徐成基为书记的皖西特委，统一领导皖西地区工作，配合红二十八军作战。相反，敌人却被我军打乱了部署，"追剿"步步扑空，"堵剿"和"包剿"被我军层层冲破，顾此失彼，损兵折将。因此，敌人的"三个月清剿"计划被我军彻底粉碎。

敌人"清剿"的失败，使蒋介石暴跳如雷，他严令梁冠英"限本年六月底肃清匪患"。梁冠英急忙重新部署了兵力，将鄂豫皖边区分为三个区，命令二十五路军、十一路军、东北军及地方反动武装，分路"进剿"，妄图在两个月内吃掉我红二十八军。在这千钧一发之际，高敬亭同志在霍山县黄尾河召开紧急会议，总结了前3个月粉碎敌人"清剿"的经验，研究了新的作战部署，会议针对敌人这次"清剿"的重点在潜山、太湖、霍山、舒城地区，决定主力部队跳出皖西，到鄂豫皖边界的桐柏山区一带游击。这样可以转移敌人的注意力，减轻皖西地区一些负担，使敌人"清剿"计划落空。

1935年5月8日，红二十八军从商城窑沟子出发，行至三里坪附近，遇敌河南省保安团前卫营。高敬亭同志当即命令特务营就地阻击，掩护主力转移。特务营一个冲杀，歼敌前卫营大部，敌后续部队急忙增援，高敬亭同志一看是打援的好时机，当即命令主力部队迅速回头插向敌人侧翼，将敌保安团包围于树林中，不到一个小时，歼敌400余人，缴长短枪300多支，重机枪8挺。继而又在罗山杨万店歼敌东北军两个连，俘敌100多人。缴枪百余支，机枪6挺，子弹万余发。连续两仗，使我军武器装备得到很大改善和补充，全军上下士气高涨。

杨万店战斗之后，红二十八军与鄂东北道委会合，并在罗山白石山召开会议。为加强主力，会议决定将鄂东北独立二团，特务一、二营编入红二十八军。随后全军西越平汉路进入桐柏山区。敌人接踵而来，东北军两个师进至桐柏山北部，三十二师和独立旅从东南向我追近，前面是180里平川，有川军、陕军八九个团堵击，形势危急，处境险恶。高敬亭同志当机立断，决定挥师东进。当部队转移至沟州，又陷入敌军重围。高敬亭同志在山上反复地用望远镜观察地形和敌人的部署，沉着冷静地选择突破口，直到傍晚，他定下决心，命令突击队只带机枪、手榴弹和大刀，果敢地带领突击队向敌指挥部冲击，敌人万万没有想到，红军会以其指挥部为突破口。突然遭我猛烈打击，乱了阵脚。我军趁机猛打猛冲，歼敌400余人，杀开一条血路，胜利突出重围，使全军又一次脱离险境。

突围后，部队连夜东进，第二天跨过平汉路，返回鄂皖边境，继续向老区急进。当我军进到罗山胡山铺附近，又与东北军一〇九师遭遇。高敬亭和方永乐等领导同志决定，利用这一带的有利地形给敌以痛击。于是，以部分兵力正面迎击敌人，主力迂回到两侧设下"口袋"。部队埋伏好后，敌人一个团兵力进入了我军伏击圈，我军机枪、步枪一齐开火，一排排手榴弹飞向敌群，埋伏在两侧的主力猛打敌人的腰部。行进中的敌人，突然被我军紧紧地收在"口袋"里，分割成数段，任我军猛打猛杀。我们一边打，一边喊："我们优待俘虏，缴枪不杀！""东北军是受蒋介石歧视的，不要为他卖命了！""你们的家乡被日本鬼子侵占了，父母做了亡国奴，我们都是中国人，应该枪口一致对外！"在我军突然猛烈打击和强有力的政治攻势下，战斗不足 3 小时，歼灭敌人两个营，缴获步枪 500 余支，轻机枪 18 挺，迫击炮两门，子弹两万余发，开创了红二十八军重建以来缴获最多的一次胜利。部队得到了很大补充，军民为之振奋，敌人的"清剿"计划又归于失败。

在几个月与强敌周旋激战中，高敬亭和其他领导同志，不断总结和集中广大指战员的智慧，摸创了一套开展游击战争的战术原则。提出了"兔子不吃窝边草"转向外线开展游击战和"拖垮二十五路军、相机打十一路军、坚决打保安团队、找敌人要补充"等方针；在作战原则上提出"四打四不打"，即敌情明、地形好、缴获大、伤亡小就打，反之就不打；在战术上运用和发展了"跳蚤"战术、拖敌战术、伪装战术、"口袋"战术、杀"回马枪"等。桐柏山突围战的胜利和胡山铺大捷，充分显示了红二十八军经过战斗锻炼已成为一支能征善战、灵活自如、足以肩负起鄂豫皖革命斗争重任的强大红军队伍，同时也显示出高敬亭同志是一位具有卓越的政治领导能力和指挥才干的红军将领。

随着斗争的需要，高敬亭同志决定从部队中抽调部分同志去大力发展便衣队，活跃在敌后。便衣队实际上是地方党、政、军三位一体的组织，是红军与人民群众进行联系的桥梁。便衣队三五人到十几个人。队伍精干，灵活轻便、昼伏夜出、来去无踪。它们肩负着宣传、组织、武装群众；成立秘密的苏维埃，发展和巩固游击根据地；给红军做耳目、送情报；为红军筹粮筹款提供物资供应，扩充兵员；帮助红军安置和掩护伤病员、联络失散红军；反奸除霸，保护群众；从政治上分化和瓦解敌人，从军事上扰乱敌人、钳制敌人，积极配合主力红军作战。当时便衣队170多个，活跃在鄂豫皖50余个县，成为坚持大别山武装斗争的第二主力，为中国革命建树了不朽的功勋。

蒋介石一次次的"清剿"，不但没有歼灭我红二十八军，相反我军却越战越强，周旋在战略要地——大别山区四处游击，并发展了大量便衣队深入敌后，频繁地活动在敌人心脏里，使蒋介石坐卧不安。1936年初，蒋介石为拔掉这一心腹之患，又策划了一个"五个月清剿"计划，扬言要在"五个月内消灭鄂豫皖红军"。除原有兵力外，又增调了善于山地作战的贵州部队一〇二师、一〇三师，中央军的三十三师。其主要手段仍是碉堡政策，在山头、交通要道、村庄都加修了碉堡。又增设了八条封锁线，构成了纵横交错的封锁网。为围歼我便衣队，还采取了移民并村、强化保甲制度，企图双管齐下，"剿灭"我红二十八军和便衣队。

针对敌人新的"清剿"计划，高敬亭和红二十八军的领导同志决定采取化整为零、集零为整的作战方针。高敬亭同志具体提出"敌进我山区，我下敌平原，敌进我内线，我就化整为零，打到外线去，打到敌人后方去，捅它的老窝，砸烂它的坛坛罐罐！""敌上山，我下山，回过头来再把炮楼端"等作战指导思想。红二十八军按照这一作战方针和指导思想，迅速跳出敌人封锁圈，以营为单位分头插向敌后，在平原地区展开了大范围的游击战。

在这期间，一营在黄冈消灭敌人三十二师一个连，在黄陂消灭湖北省保安团一个营；特务营和手枪团的一个分队在詹化雨同志率领下，在桃林镇以伪战术消灭河南保安团一个营；林维先同志率领的一个加强连，亦以伪装战术连拔敌据点，生擒敌二十五路军秘书长，接着又歼敌保安团两个连，再袭下巴河烧毁敌后方军需库；特务营又在皖西熊家河一带拔掉碉堡100多个；手枪团三分队又在赤城、赤南地区一举打掉敌人60多里以内的全部碉堡。这一系列的胜利，把敌人的老窝闹得天翻地覆，碉堡政策破产，封锁线失去了作用，"五个月清剿"计划也随之落空。

在三年艰苦卓绝的游击战争中，红二十八军牵制了十几万，最多时达二三十万敌人的正规部队，有力地配合了全国革命斗争形势，保卫了鄂豫皖革命根据地，使大别山红旗不倒；为党保存和培养了大批革命骨干，创造和积累了许多游击战争经验，为中国革命的胜利建树了重要功绩。作为鄂豫皖地区三年游击战争的组织者和领导者的高敬亭同志，也做出了重要贡献。

三

三年游击战争中，红二十八军远离中央，联系中断，在完全独立自主坚持斗争的情况下，高敬亭同志始终坚持党的领导，使这支部队保持人民军队的性质，并根据斗争实际，正确执行党的政策和策略。

在艰苦的敌后游击战中，高敬亭同志坚持了政治委员制度，党支部建在连上，保证了党对部队的领导。他特别注意抓部队政治工作，在极端缺少干部的情况下，他设立了政治机构，对部队实施政治领导，连队建立红色战士委员会，实行政治民主、军事民主和经济民主。他还经常注意部队的教育，当时远离领导，消息断绝，他每到一地就要秘书胡继亭同志搜集国民党的报纸，从中分析形势，了解我们主力红军的情况。当他从敌人报纸上了解到徐向前总指挥率领的红四方面军战斗在四川，徐海东同志率领的红二十五军转战到陕南，就以此给部队讲形势，鼓舞部队坚持斗争的信心。他还非常善于做宣传动员工作，1936年，在敌人残酷"清剿"，我军处境险恶的情况下，他对部队说："自古道'东方不亮西方亮，黑了南方有北方，若是四方都不亮，当中还有大太阳'，敌人的'清剿'最终还是要被我们粉碎的。"他还用手枪团同志们提出的誓言"要死面朝天，不死翻大山"来鼓舞大家决心坚持下去，争取斗争的胜利。经他这一讲，部队坚定了胜利信心，战斗情绪更加旺盛。

高敬亭同志还特别重视部队要全心全意为人民，严格遵守群众纪律，使军民之间保持情同骨肉、亲如手足的关系。每到一地他都要求部队做好群众的宣传发动工作，提高群众的觉悟，增强斗争的勇气。打土豪得来的浮财和粮食都要拿出一部分给穷苦的群众，解决他们的疾苦，新区有的群众不敢要，就晚上给送到家里。他对群众纪律要求是非常严的，哪个违反了群众纪律轻者要受处分，严重者当场枪毙，那是不讲客气的。部队均能自觉地遵守群众纪律，所到之处，秋毫无犯，得到人民群众的热烈拥护和大力支援。

在"树林是住房，茅草盖身上，石头当枕头，草根树皮是食粮"的艰难条件下，高敬亭同志始终与战士同甘苦、共患难，从不因自己的职位高而搞特殊。他喜欢吃咸菜、豆角、辣椒，但在打游击的环境中，也不是每到一地都能买得到，吃肉就更难了，几个月吃不上一次，有时部队打土豪杀了猪，送一点给他，他也是和我们交通队的同志一起吃。穿的也和我们一样，有什么穿什么，都是打仗缴获来的，有时能穿上的军装也是用黑棉布做的。他结婚时的新房是一间10平方米左右的民房，床上只有在游击战中一直用着的两床黑布被子，把换洗衣服包起来当枕头。要说新，只有秘书代表我们大家用大红纸写的"为民族解放敌后坚持数载；求社会平等边区奋斗十年"的一副对联，贴在房门两边是新的。这是广大指战员对他新婚之喜的恭贺，也是对高敬亭同志的赞誉和褒奖。

高敬亭同志对下级、对战士很爱护，特别是对伤病员更加关心，谁要是在战场上丢了伤员，那是不行的，就是在后方休息的伤病员丢掉一个，他也要追查责任。每逢走到有伤病员的地方，他总是找便衣队的负责同志了解情况，问伤势和治疗怎么样、有什么事故没有、敌人搜过山没有、安全有无保障等，然后嘱咐："要经常转移伤员到隐蔽的地方，要提高警惕，不要被敌人搞去了啊！"一般只要情况允许，他都要亲自去看望伤病员。主要的指挥员负伤了，他都要亲自检查督促治疗。一次詹化雨同志腿上负了伤，用担架抬着跟随部队行军，伤口化了脓，他就马上找看护长责问："你是怎么搞的？你要把我们的手枪团长搞残废了，我是要追查责任的。"既批评了看护长又提出了要求。对一般同志他也同样认真关心。在桐柏山区一次战斗中，黄仁廷营长等14名同志负伤，他和方永乐同志亲自研究安排养伤地点和安全措施。特别是年仅21岁的八十二师政委方永乐同志壮烈牺牲时，他泪如泉涌，痛惜万分。

高敬亭对同志的关心，也得到了广大指战员的尊敬和爱护，时刻关心他的安危。一次他发疟疾躺在担架上，敌二十五军追了上来，手榴弹已打到离担架不远的地方，这时林维先同志带一个排反击敌人，他左手负伤，仍用右手甩手榴弹，掩护高敬亭脱险，保证了他的安全。

在敌人重兵"清剿"下，为改变赤、白对立，开辟新的游击区，使红军能站住脚跟，高敬亭同志除以军事打击外，在对敌斗争策略和俘虏政策上作了重大改变。如对地主豪绅，可杀可不杀的就不杀，改为罚粮罚款。对一般地主、富农、高利贷者，只要接受教育，遵守红军的政策法令，缴纳红军派的粮款，一律不杀。对敌伪基层人员，则进行分化瓦解、教育改造，争取为我服务。不少伪保长、联保主任，经我统战工作，被争取过来，给我们筹粮筹款，送子弹，搞情报，掩护我伤病员。在俘虏政策上，也根据当时斗争的客观实际，改变了过去基本上不补充红军的做法。实行了缴枪不杀、发给路费回家、志愿参加红军我们欢迎的政策。吸收了大批出身贫苦、不愿为蒋介石卖命的俘虏兵参加红军。由于正确地实行统战政策和俘虏政策，在对敌斗争中争取了多数，孤立了少数，并对解决部队物资供应、兵员补充、开展便衣队工作和创建游击根据地起了很大作用。

四

西安事变后，蒋介石被迫答应停止内战，与我党建立了抗日民族统一战线。但他回南京后，仍然坚持反共反人民的政策，密令鄂豫皖"剿共"总司令卫立煌，调兵遣将继续对我鄂豫皖根据地进行"清剿"。卢沟桥事变后，我们党向全国发出了抗日宣言，提出了"停止内战，一致抗日"的口号。1937年7月14日，在鄂豫皖坚持斗争的红二十八军，在粉碎敌人"三个月秘密清剿"后，在高敬亭同志率领下，由鄂东北转回皖西，在岳西县兰田村与皖西北特委书记何耀榜同志会合。何耀榜同志将党中央关于共同抗日，国共谈判的两份文件交给高敬亭。这是高敬亭同志三年来第一次获得党中央的指示，他欣喜万分！连夜和其他领导同志一起阅读学习，经过周密思考、反复研究，决定同国民党进行谈判。次日，他主动向卫立煌发信，提出进行联合抗日的谈判。敌人迫于"清剿"失败和全国抗日形势的发展，同意在岳西与我方谈判。高敬亭指定何耀榜为我方谈判代表，自己也以军政治部"李主任"的名义直接与对方谈判。在正式谈判前，他对何耀榜说：我们一定要坚持原则，总的精神是陕北怎么办，我们就怎么办，在谈判中我们要坚持三条：第一要坚持我军在政治上的独立自主，还是共产党领导的部队，番号可以改，但部队不能编散，不能安插国民党的人。第二要湖北七里坪一带为我军集结地区。七里坪是老苏区，靠近武汉中央长江局，西、北山区均为老根据地，又是我红四方面军诞生地，1933年红二十五军曾付出很大牺牲没有打下来，这次要过来具有重要的政治意义和战略意义。第三，一切军需给养，要同国民党军队一样发给我们。在谈判中，高敬亭同志既不为其武装威胁所吓倒，又不为其花言巧语、高官厚禄而上当受骗，坚持"有理、有利、有节"，经过再三努力，促成谈判达成协议，并于7月24日在岳西九河举行了签字仪式。

谈判前后，高敬亭同志一直保持着高度的革命警惕性。谈判前，他发布命令，除手枪团两个分队一百五六十人随他与敌人谈判外，其他部队都分散活动打游击，以防止敌人乘机消灭我们。协议签字后，我军向七里坪集结，高敬亭同志没有按着卫立煌指定的路线走，而是避开城镇，翻山越岭，走靠近我根据地的路线，从岳西向七里坪集中。途中他也做了周密的部署，派了远出侦察队，部队采取分散行军，沿途便衣队密切配合。这一切，都使敌人的阴谋未能得逞。因此，红二十八军从开始谈判到七里坪集结，未遭任何损失。

在这期间，部队中有些同志对国共谈判、合作抗日很不理解，有的甚至有抵触情绪。高敬亭同志为了统一部队的认识，做了大量细致的思想工作，记得在岳西集合准备到七里坪集中，出发前他向部队作动员，当讲到与国民党和平谈判一致抗日的意义时，有个战士站了出来，激动地说："军政委，我们和国民党打了这么多年，现在倒和它谈判签字，那我们同志的血不是白流啦？把枪交给你吧！我回家了。"高敬亭同志耐心地对他说："同志，你把枪拿着，听我讲下去，好不好？"这个战士坐下后，他接着说："国共合作，目的在抗日，绝不是不革命，更不是妥协投降。我们革命战士的责任不是轻了，而是更重了。在革命没有成功以前，革命战士的枪能放下吗？我看永远不能放下。所以你那支枪还扛着，扛到把日本帝国主义赶出中国，扛到革命彻底胜利！"他的这些话，使大家提高了认识，把那个战士的心也说亮了，那位战士当即表示："军政委，这枪，革命需要我扛到什么时候，我就扛到什么时候。"

在七里坪集中后不久，红二十八军正式改编为新四军第四支队，高敬亭同志任支队司令。部队立即投入了开赴抗日前线的准备工作。

1938年2月，高敬亭同志率领四支队奔赴抗日前线，首先发动了棋盘岭战斗，痛击了日本侵略者，接着又遵照董必武同志的指示，领导四支队在巢湖地区游击，建立了巩固的抗日根据地，为之后我军开辟津浦铁路两侧抗日战场打下了基础。正当高敬亭同志为中华民族的存亡而冲锋陷阵在抗日疆场上的时候，不料，竟由于新四军中个别领导人的责任，把他的缺点、错误无限扩大，经白崇禧"呈请"蒋介石批准,将高敬亭同志错误处死。当时,他年仅 32 岁。

高敬亭同志的一生,是革命的一生,战斗的一生,他不愧为红军的优秀指挥员、人民的英雄,党没有忘记他的功绩,鄂豫皖人民深深怀念着他,他的英名像大别山一样永远长在!

原载安徽省军区党史资料征集办公室:《革命回忆录选编》,内部出版,1983 年,第 93～108 页。

毛主席雪地一席话

◎ 曾传芳

1935年11月下旬,直罗镇战役前几天的一天午后,军委直属部队(一、二、三、四局)在陕甘交界处的甘涉铺(或下达铺)集中,静等聆听毛主席讲话。这一天,雪花还在银片般地飘散着,大地灰蒙蒙的。我当时在军委二局任司务长,聆听了主席的讲话,目睹了主席的神采。下午两点多钟,毛主席冒着雪来到站立着的队伍面前。他戴着一顶蓝色的旧六角帽,衣着单薄,身穿一件旧夹大衣和两条单裤。他的面容显得消瘦,但是精神很好,目光深邃。讲话时不时地比画着手势,以他那深谋远虑、精辟阐述、形象生动的言辞,叩动着每个人的心弦。

主席的讲话是十分有针对性的。当时红军刚到陕北,各方面的情况较之以前有了极大的变化。首先是党经历了二万五千里长征的锻炼和考验,更加巩固、坚强;但由于张国焘右倾分裂主义路线的危害,一些人由此错误地认为党的力量不是有所加强而是受到了削弱。其次是红军队伍损失极大,就拿中央红军来说,在江西时有97000多人,到陕北时只剩七八千人,还包括中央机关在内,不足原来的零头。最后从物质条件来看也是十分困难的,虽然吃的要比爬雪山过草地时稍好,有些小米,但没有什么蔬菜,只有一点土豆。穿的没有棉衣,一套夹衣有的是在江西时发的,有的是1934年底打遵义城时补发的。有的连这个也没有,而是在少数民族地区搞个像破麻袋片一样的玩意儿披在身上,经过长征的摸爬磨难已是衣衫褴褛,不遮皮肉。加上天寒地冻,山穷地贫,不讲开展新的斗争,就是能扎下根来,也不容易。

面对这些情况，绝大多数同志都能正确对待，坚持下来，但是，也有极少数同志信心不足，认为过去那么多部队都不能取胜，现在只剩下这么一点人，恐怕没有希望取胜，个别高级干部思想右倾，错误地估计形势，说中国革命已处于低潮。为此在党内开展了斗争，记得在瓦窑堡时就对一两个同志的右倾思想进行了批判。这些问题亟待解决，主席的讲话就是要解决这些问题，就是要大家建立起必胜的信心。主席讲话是演说式的，没有写成稿子。讲话内容分三个部分。

第一部分是讲红军长征的意义。讲了三点。第一点是讲长征是宣言书。主席严肃地说，我们中国工农红军经过一年多一点的时间，克服种种困难，冲破重重险阻，粉碎了敌人围追堵截，徒步行程二万五千里，终于胜利地到达陕北，完成了伟大的历史任务。它向中外证明，中国工农红军长征胜利了，中国革命又有希望了。主席说，能在这样艰苦的条件下完成如此艰巨的任务，这是举世无双、史无前例的奇迹与创举，说明在中国共产党及其领导下的英雄好汉中国工农红军面前，没有克服不了的困难，没有战胜不了的敌人。主席还讲，我们的许多同志在长征途中为人民献出了宝贵的生命，中国人民将永远怀念他们。第二点是讲长征是播种机。主席讲，红军是种子，是革命的种子，我们在长征中间播撒了许许多多革命种子。我所知道的确实是这样，当时播撒革命种子有两种情况。一种是有些同志负伤或生病不能行走，就住到老百姓家里传播道理，发动人民革命，待身体好了就继续寻找部队。另一种情况是有意识地组织一些人留在一些地区，动员和组织人民革命。比如红军到遵义时就组织一个支队到贵州、湖南、广西边界地区开展工作，军委四局局长、总部刘副官长和罗明同志等都留在那里，罗明同志任支队政委。再如红军到云南少数民族地区，我们也派了人，刘伯承同志还和少数民族兄弟结拜为兄弟，发枪给他们，组织他们起来革命。红军一路行军，一路播下革命的种子，并使之在各地生根、开花、结果。第三点是讲长征是宣传队。我们从江西根据地出发，一路行军，一路宣传，哪里有群众，我们的宣传工作就做到哪里。一是宣传打土豪求解放，摆脱剥削压迫，推翻反动统治阶级，建立革命政权；二是宣传抗日救亡，保家卫国。同时，揭露敌人的阴谋，说明我们是人民子弟兵，是为人民求解放的。主席讲，我们中国工农红军在长征中间严格执行了三大纪律八项注意，赢得了人民的拥护与支持。主席还说，你们当中有不是党员的，都要吸收到党内来，你们都是经受住了各种考验与锻炼的骨干，将来你们要走遍大西北，踏遍全中国。事后果真如此，我们当中不是党员的同志都被吸收入党了。

第二部分是讲形势。当时的革命形势是高潮还是低潮？少数人只看到我们人少，只看到日本帝国主义的猖獗和国民党反动派的懦弱腐朽，而没有看到我们的队伍更加纯洁，没有看到全国正在高涨的抗日情绪，没有正确地认清形势，所以他们错误地认为革命处于低潮。主席正确地分析、回答了这个问题，指出中国革命正在向高潮发展，他从几个方面论证了这个问题。第一方面是中国工农红军本身力量的强大。贺龙、任弼时领导的红二方面军在贵州和湖南边界继续和敌人斗争，后来北上和四方面军汇合。红四方面军虽然受张国焘的影响，他们将来也要北上，和我们团结在一起，执行党的正确路线与政策。我们在陕北建立了根据地，由刘志丹同志领导陕北红军，有来自鄂豫皖革命根据地的红二十五军，有在广大敌后坚持斗争的游击队，等等。这几支部队互相支援，互相鼓励，遥相呼应，形成了中华大地上的一股强大的革命力量。第二方面是国民党部队中一些有民族感、爱国心的军事将领如冯玉祥、吕正操等，他们在热河、察哈尔、绥远一带率兵抗日，反对汉奸。张学良被日本鬼子搞了以后从东北退到关内，后又被蒋介石搞到甘肃和陕西，他下面的一些将领积极要求抗日，比如王以哲军长就是突出的一个，他坚决要求抗日，西安事变后遭托派刺杀。西安事变由张、杨两人发动，这与他们军队中强烈的抗日要求是分不开的。这些说明我党抗日民族统一战线政策在国民党军队中是有一定基础的。第三方面是各界掀起了抗日热潮。知识界动起来了，他们不畏强敌，号召抗日，以宋庆龄、鲁迅等和史良、李公朴、王造时、沈钧儒、沙千里、邹韬奋、章乃器等救国会领导人"七君子"为代表。学生都站起来了，北京、上海、南京等地的学生都举行游行、请愿，坚决要求抗战，后来发展到"一二·九"运动。还有各处掀起的工人运动、农民运动等风起云涌，形成一股锐不可当的抗日革命洪流。凡此种种，归根到底，结论只有一个：革命正处于高潮，不是低潮。党在这时提出联合一切力量来反抗日本帝国主义侵略，实现抗日民族统一战线，这是非常正确的。

第三部分是讲任务。主席要求我们要接受过去严重教训，讲求团结，并在今后做出模范行动。只有加强了团结，才能有力量，才能完成党的任务，否则就会给我党与革命带来损失。主席讲，过去，有张国焘闹分裂的惨痛教训，现在又有红二十五军和陕北红军闹摩擦，并逮捕了刘志丹等革命领导人的严重现象，我们要多做工作，要红二十五军放了刘志丹、习仲勋、高岗等，我们中央红军要团结红二十五军、红二十六军和红二十七军，要做团结的模范、团结的核心，谦虚谨慎，不骄不躁，认真执行三大纪律八项注意，严格遵守群众纪律。主席还讲，我们要给陕北人民、红二十五军、红二十六军和二十七军送点礼物，认真打好直罗镇这一仗。说这一仗我们一定能够取胜。

主席讲了近一小时。当时天气阴沉，小雪未止。我们身上穿得都很单薄，大家聚精会神地听主席讲，有时脚冻得疼痛难忍，就轻轻地踩几下。

毛主席高瞻远瞩，气宇轩昂。他的讲话坚定了我们的信心，鼓舞了我们的斗志。他的预言都被后来形势的发展所证实。

直罗镇战役我们大获全胜。主席讲话后不几天，我们按照毛主席的指示、部署，在直罗镇打了一次漂亮的歼灭战，歼灭敌人一个多师，放走了他们的牛元锋师长。这一仗打得干净利索，真正体现了我们部队勇敢顽强的战斗作风。它彻底粉碎了敌人对陕北的三次围攻，为党中央和红军在西北建立广大的根据地，推动抗战，举行了奠基礼。

消除了隔阂，加强了革命队伍的团结。主席讲话之后，在中央领导下做了大量工作，首先解决了红二十五军和二十六军、二十七军的团结问题，释放了刘志丹等，从而使中央红军、红二十五军、红二十六军、红二十七军以及陕北政府和人民都紧密地团结在党中央周围，这就为后来建立统一的陕甘宁边区打下了坚实的基础。

红四方面军北上，全国红军汇合。红四方面军由于受张国焘影响，在长征途中走了弯路。但该方面军的广大指战员在经受了严重的挫折之后已深深感到南下没有出路。在严峻的现实面前，经过党中央的电报敦促，任弼时、贺龙等同志的规劝，朱总司令、刘伯承等同志的斗争以及广大指战员的强烈要求，张国焘才勉强同意红四方面军和红二方面军北上，但他仍然怀有野心，另有所图，拒不执行中央指示将部队带到陕北，而是将主力2万多人开往河西的甘肃、青海、宁夏一带，遭到盘踞在那里的"五马"（马鸿逵等）的毁灭性打击，只剩下几百人由李先念同志带到新疆。由张国焘带回一部分部队加上红二方面军剩下的一部分部队、红一方面军、红二十五军、红二十六军、红二十七军以及陕北的其他红军部队，这几支部队汇合起来，共有3万多人。这3万多人到七七事变后改编为八路军，下设一一五、一二〇、一二九3个师和一个留守兵团（一个师的规模）。八路军和由南方各根据地、游击区的红军、游击队改编的新四军南北呼应，互相配合，形成中华民族抵抗日本帝国主义侵略的强大武装力量。

实现了西北大联合，促进了抗日民族统一战线的建立。党中央在陕北扎下根之后，做了张学良与杨虎城的工作，采取宣传联合抗日与武力进攻同时并举，使他们认清我党政策的英明和我党领导下的革命军队力量的无比强大。结果，在首先实现了西北大联合的基础上，又促成了1936年底的西安事变，实现了抗日民族统一战线，从而使全国的抗战形势进入新阶段。

（周章明　整理）

原载安徽省军区党史资料征集办公室：《革命回忆录选编》，内部出版，1983年，第109～114页。

高敬亭同志被处死前后

◎ 王朝中

1937年秋，为了抗日，坚持鄂豫皖边区革命斗争的红二十八军和游击队，在黄安七里坪改编为新四军第四支队，高敬亭同志任四支队司令员。1938年1月，部队奉命东进抗日，驻舒城东边，支队司令部住在登福庵。当时我在司令部警卫班任副班长。

1939年四五月间，叶挺军长来到舒城，住在离司令部约一里路的一个祠堂里，我们班担任警卫。约一个星期叶军长就走了。在这期间，高敬亭同志每天都要到叶军长这里来，一谈就是几个小时，有时谈到深夜十一二点。叶军长走后没几天，发来了一份电报，要高敬亭同志去开会，高敬亭同志接到电报后做了准备，要我们警卫班轻装，把多余的东西都集中留下。出发时，除我们警卫一两个班二三十人外，还有手枪团长詹化雨、副团长汪少川带手枪团两个分队200多人和司号连六七十人，共300余人，向余家圩子前进，距青龙厂约10里路时，我们就停了下来，高敬亭同志带着他的副官窦立宝和四名警卫员向余家圩子走去。他们走后不多时，来了个参谋接我们也到余家圩子去。

余家圩是一家大地主的庄子，四周围墙很高，外围还有两道深水沟。从江南军部来的叶挺、张云逸、邓子恢等首长都住在这里。大门口架了机枪，圩子周围布置了许多哨兵，戒备森严。当我们进入圩子里面刚整好队时，突然来了很多部队，3个人围住我们1个人，立即卸掉了我们的武器，这一下把我们都搞愣住了，不知出了啥问题。接我们的那位参谋说:"高敬亭被叶军长扣起来了,他有严重错误,等他承认了错误,就把枪支还给你们。"我们听后都大吃一惊,高敬亭同志犯了什么样的大错误啊!枪卸掉后,就把我们分散到各处,我们警卫班几个人分在圩子里住,限制了行动自由。第二天,一位干部来审问我们:高敬亭与国民党有什么来往,对部队有什么反常态度,他打土豪没收的金银藏在什么地方(据我所知高是没有金银的),他是怎样娶两个老婆的,等等。因为这些情况我们确实不太清楚。一连审问几天,也没有问出个什么名堂来,就没有再审问下去,接着解除了对我们的禁闭。我和同班战士彭作礼被分配到通信连当战士,其余同志是怎样分配和处理的,我就不知道了。

高敬亭关押后的情况,我不太了解。据听说,他始终不承认自己的错误,拒绝叶军长的批评,态度很不好。关押后开了一个多月的斗争会。被服厂厂长篓德胜因被高敬亭同志关押过,受了不少冤屈,在斗争高敬亭时,上台打了他两个耳光,高望着篓说:"你有话讲嘛,干什么要打人呢?"有一次开斗争会时,高趁人不备向圩子的水沟跳去,企图逃走,但没有逃脱掉。

这年的端午节前几天,高敬亭同志被杀害了,死时还不到40岁。

高敬亭同志死后几个小时,中央又发来电报:不要杀高敬亭,速送延安学习。叶军长看了电报后,流下了眼泪。

(刘永义 整理)

原载安徽省军区党史资料征集办公室:《革命回忆录选编》,内部出版,1983年,第168～169页。

高敬亭与鹞落坪人民

◎ 吴秀英　佘玉明　汪　兴　郝光生

1934年11月，红二十五军长征后，坚持鄂豫皖革命根据地斗争的重担，历史地落到高敬亭和留下来的红军指战员们的肩上。在远离党中央的情况下，高敬亭同志重建红二十八军，在异常困难的环境中，坚持了三年游击战争，保存了鄂豫皖革命根据地。在漫长而又艰苦的岁月里，他与革命人民休戚相关，生死与共，结下了深厚的情谊。这里记叙的是高敬亭同志与鹞落坪人民的几件事。

挺进鹞落坪的第一枪

1935年春节将近，高敬亭率领一支红军，在敌人的尾追下，来到了鹞落坪。

鹞落坪是湖北、安徽两省的接合部，在英、霍、潜、太四县交界处。境内山峻路险，谷深流急，冲涧交错。山上古木参天，浓荫覆蔽，虽屯兵10万，也不易发觉，是开展游击战争的理想之地。在河谷两岸，散居着30户人家，以开荒种玉米为生。早在1930年，这里人民在清水寨暴动的影响下，曾经建立乡苏维埃政权，受过革命熏陶，对共产党、对红军有极其深厚的感情。

2月初的一天早晨，朝霞满天，千树银花在阳光的照耀下，熠熠发光。在鹞落坪的森林里、小道上、河滩旁，一支衣着褴褛、五颜六色的队伍，在忙碌地埋锅做饭，缕缕炊烟冲入林中，飘浮天际。被惊起的山鹰，在空中盘旋，发出了啾啾叫声，好像在欢迎远方来客。

砰——，砰——几声清脆的枪声，从总河铺方向传来。高敬亭一判断，知是敌人尾追来了，他一面命令伤病员和随军而来的红军家属向多支尖方向撤退，并要求他们每人丢弃一件衣物；一面命令红军战士选择有利地形，做好埋伏，待机杀敌。部署完毕，他埋伏在一旁，等候着这些不速之客来享受这顿美美的"早餐"。

枪声越来越近。敌十一路军六十四师三八四团第二、三两营，在团长朱瓒的率领下，进入了我军埋伏圈。追了一夜的匪兵，正饥肠辘辘，看到这一锅锅的白米饭，恨不得一口连锅吞下。但狡猾的匪军官，却不准匪兵们掀一掀锅盖，并立即派出三个侦察兵继续向前侦察。一路上侦察兵看到我们伤员丢弃的衣物，以为我军是仓皇逃跑，便迅速打出旗语。匪军官们这才放心地让士兵们狼吞虎咽。

高敬亭一看战机已到，不可贻误，命令司号员吹响冲锋号，霎时间"冲呀""杀呀"的喊声四起，匪兵们拼命夺路，欲突重围，又被等候了一天的地方游击队压了回来。战斗更加激烈，枪声、手榴弹声、刺刀的撞击声交织在一起，震动了山谷。

这一仗我军以伤亡30余人、损失步枪7支的代价，换取了消灭敌人一个营、获得子弹几千发、枪支数百条的胜利，为我军挺进鹞落坪打响了第一枪，高敬亭的名字就这样在群众中传开了。

原来，这场战斗是高敬亭有意安排的，事先做好了周密计划。他考虑到我军兵力不足，抵挡不了敌人两个营，因此通知河口寺方面游击队负责人刘正北同志率部埋伏在东冲路口，以逸待劳阻击敌人。然后又安排伤病员和受难的红军家属向东冲方向撤退，故意丢弃衣物，造成我军仓皇而逃的假象，趁敌人放胆吃饭之时予以歼灭，除掉这可恶的"尾巴"，遂于1935年2月3日（旧历除夕之夜），在太湖县的凉亭坳（现属岳西县）金家大屋胜利召开了重要会议，正式重建了红二十八军，从而把鄂豫皖根据地的斗争推向了一个新的历史阶段。

军民情深

1935年2月中旬，高敬亭在游击途中，路过鹞落坪，前卫部队已翻过大山，他带领几个警卫战士阻击敌人。突然，他肚子剧烈疼痛，汗如雨下，不能行动，几个警卫战士,一面开枪阻击敌人,一面照顾高敬亭同志,在敌强我弱的情况下,战士们急得团团转。敌人得知红军大部队已翻过大山,这里的兵力不多,于是喊声骤起:"冲啊!""捉活的!"几个警卫战士背起高敬亭就跑。山高路狭,地旷人稀,迷失了方向,情况十分危急。恰好 50 多岁的聂在忠路过此地,一见此情,二话没说,背起高敬亭穿丛林、过山涧、攀悬崖、涉急流,向自家奔去。面对这位素不相识的老人,高敬亭泪挂腮旁,万分感动。他从口袋里掏出银圆酬谢,却被聂在忠谢绝了。

在聂家养病期间,高敬亭与聂老做了几次彻夜长谈,了解了当地情况,熟悉了当地民情,并将在这里建立根据地的愿望做了透露,征询聂老的意见。聂老听后,高兴地向他提出了一条很好的建议:"鹞鹰不打巢下食。"意思是说,要想立足鹞落坪,就要在这一带扎下根。高敬亭很乐意地接受了聂老的意见,并通过聂老找来了一批积极分子,如郝光生、汪大臣、汪兴等,商讨了建立红军医院,治疗伤病员和安置受难的红军家属问题。不久,特委会后勤部"山林医院"就正式在鹞落坪建成了,特委会派秘书罗延植和罗的爱人方立明在此负责工作,还放了两支便衣队活动在鹞落坪一带,负责保护伤员,筹粮筹款,补充兵员,发动群众支援红军。

当时,鹞落坪总共只有 17 个村庄,30 多户人家,人口不到 200,而参加便衣队的却有四五十人。"山林医院"的 17 间"病房"里,有 200 多个伤病员,所需医护人员,除 3 个医官和 4 个护士外,其余医护人员都是在本地青年男女中挑选的。为使伤员不受饿、不受冻、不缺菜,便衣队还与当地住户订了包养合同。这样,17 个山棚的病员,就要 17 户人家包下来。再加上交通员、采购员、情报员,在不到 200 人口中就要 100 余青年男女为红军服务。年老体弱的,也在家里为红军春米、磨面,为伤病员送茶等,因此投入生产时劳力就不多了。

高敬亭得知这一情况后,教育红军战士和便衣队员、伤员,要关心群众利益。春播秋种大忙季节一到,便衣队和轻伤员就主动帮助群众开荒生产。群众缺钱用,他们就帮助群众驮树下山,换稻米,换油盐。秘书罗延植同志还遵照高敬亭的指示,按月给为红军服务的家属发放粮款,务必让群众得到温饱。真是鱼帮水,水帮鱼,军民情谊深似海。

团结一切可以团结的力量

鹞落坪处于英、霍、潜、太四县敌人的包围之中，如果不能认真执行党的统战政策，依靠人民，争取和团结上层进步人士及国民党基层政权人员，无疑是作茧自缚。因此，每当便衣队员和红军到白区执行任务时，高敬亭同志总是强调政策，强调群众纪律。谁要是违犯了，轻则处罚，重则处决，从而收到了良好的效果。获得了广大群众和进步人士、国民党基层政权人员的同情和支持。

当时红军给养无源，不得不向一些地主老财出票借款。有一次，红二十八军某部在小河南游击时，向一个姓蒋的大地主家下了3000银圆的借票，并把他的小儿子带到鹞落坪。高敬亭听说这个孩子还在私塾读书，生怕耽误了他的学业，立即叫罗延植秘书的爱人方立明同志，帮助他复习功课。这个小孩在红军中生活了一个多月，长得又胖又结实，天真活泼，惹人喜爱。当那个姓蒋的地主带着借款来领孩子时，一见到孩子长得如此可爱，大为吃惊。这孩子一见到父亲，开口就说："爸爸，我要当红军！"那个姓蒋地主听儿子说要当红军，立即应允，当着高敬亭的面说："高将军，这个孩子就交给你们吧！"但高敬亭考虑到这孩子是"抓"来的，以免敌人造谣中伤，执意不收。但在父子俩苦苦哀求下，只好收下。以后这个小鬼，多次到白区侦察敌情，较好地完成了上级交给的任务，受到了领导和同志们多次夸奖。但为时不久，这位小红军战士却被包家河的反动民团抓去杀害了。

为了团结一切可以团结的力量支援红军，高敬亭同志还经常深入学校、敌党政机关、乡保甲长及一些开明士绅、同情革命的人家里去做工作；有时还把他们"请"到我军驻地，晓以大义，陈其利害，指出前途，使之为我服务。当时鹞落坪的四周如青天畈、太阳畈、杨柳湾、白帽、包家河等地，都是鱼米之乡，又是小集镇，红军和伤员所需粮食、布匹、油盐、医药、电池、肉食等生活用品，都靠这些地方供应。国民党反动派妄图困死红军，困死根据地人民，曾下令严禁这些物资流向根据地。凡是鹞落坪的人，到这些地方购买日用品，超过了限额，即以通匪论处。但群众热爱红军的心是封锁不住的。1935年春，我鹞落坪便衣队通过河清中心学校校长汪恭颖先生的关系，以学校名义购买大米10担，并筹集银圆300多块，用该校印章，开了一张通行证，叫伪保长带着我地下交通员郝光生前往敌人"剿匪"总指挥部所在地——立煌县城，采办了一挑子电池、一挑子煤油和三挑子布匹，多次顺利地通过封锁线。

在那战争频繁的年代，最急需而又买不到的东西，莫过于子弹了。而高敬亭领导的军队，子弹却源源不绝地得到供应。除了缴获、从敌人那里买（国民党的二十五路军士兵很穷，没有钱用就卖子弹，一块光洋一颗子弹），还通过敌保长以办保安队为名，为我们购买。包家河的保长刘升堂本来极其反动，有一次，被我便衣队员抓到后，论罪行该杀无赦，但高敬亭考虑到，他的家就住在敌人二十五路军任月园团长的驻地旁边，可以利用他为我们办些事。于是他把刘升堂叫到跟前，晓以利害，叫他为我军买子弹、送情报，并警告说："要是阳奉阴违，我寅时要你的头，决不等到卯时。"最后，把他放了，不几天，刘升堂就送来了几箱手榴弹，并表示今后继续为红军采买。

1935年腊月，大雪封山。眼看大年将近，根据地物资极端缺乏，为了改善红军和伤病员的伙食，急需大批大米和肉食。但一时又无法筹集，就是筹集了，也难以运到根据地。于是高敬亭亲率一个警卫员，来到青天保保长张步云家。张步云一家人看到高敬亭到来，大为惊慌，高敬亭拍拍张步云的肩膀说："张保长别误会，我是来请你帮忙的。"张步云对高敬亭相当崇敬，佩服他的胆略，伸着大拇指说："人说赵子龙一身都是胆，高将军你和赵子龙差不多。"这一夜高敬亭和张步云彻夜长谈，并将这次来意告诉了张步云。张步云拍拍胸脯说："我包下来了。"高敬亭当场丢下银圆150块，请他代办物资。

事有凑巧，高敬亭走后，驻在包家河的敌二十五路军任月园团长也写信前来索取年关物资，张步云接信一看高兴极了。他一面帮任团长筹取物资，一面派人送信给高敬亭说："与其你们花钱买，倒不如来个陈仓借粮，夺此不义之财。"并相约了日期和地点。

腊月二十那天，张步云派了20多名夫子，挑着油盐、布匹、肉食、大米、黄豆之类物资，在敌军的押解下，慢慢地向包家河方向走去。当高敬亭接到张保长的来信后，组织了20余名便衣队员，按约埋伏在烂泥坳的山林里，等候着敌人送来的"礼物"。这天中午时分，20多个夫子挑着沉重的担子，吃力地走到了烂泥坳。走在前头的夫子班长,一见到便衣队员的暗记,就以累为由,叫夫子们全部歇肩。夫子们将担子乱七八糟、稀稀拉拉地放着,足有里把路长。敌兵们一见这里地形险恶,担子又是稀稀拉拉地放着,很为着急。班长一声令下,十几个匪兵同声吆喝着:"给我走!"可是夫子们像铁钉钉的一样,动也不动。埋伏在山林里的便衣队员一看时机已到,便在洋铁桶里燃响了爆竹,顿时"枪声"大作。十几个敌兵一听到密集的"枪声",慌作一团,叫爹喊娘各自逃生。就这样,我们不费一枪一弹,夺取了20多担年货。为了酬谢青天保方面派来的贫苦农民,便衣队长王子清将张步云保长退回的150块银圆,发给每人一块,作为力资,真是皆大欢喜了。

为使这些乡保人员取得国民党的信任,高敬亭同志有时还派一部分便衣队进入白区活动,并命乡保人员给敌军送信,待敌军来时,我们佯装退走。这样,国民党反动派不但坚信不疑,有时还给他们嘉奖。在这些乡保人员中,也有个别顽固不化分子,誓死与红军为敌。对于这些顽固分子,红军也只好予以处决。像三槐保保长王业华,表面上为红军办事,暗地里却利用这个关系,干了许多坏事。高敬亭将情况查实后,立即派便衣队员将他抓了起来,令其写了罪状,然后予以处决。杀掉了顽固派,坚定了明智派,使他们相信高敬亭是说一不二的,只有真心实意为红军办事才有出路。因而以鹞落坪为中心的革命根据地更加巩固了。

瓦西裴上别亲人

1936年10月,一张张显眼的大布告,贴在总铺河、鹞落坪等地区,布告上写着:

为肃清匪患,经上峰电令批准,凡匪区百姓,均应迁出,如有违者,以匪论罪。兹将河清乡河上保第八甲居民,迁移地址公告如下:

鹞落坪、猫耳垅、瓦西裴一带居民迁入包家河;道士坪、烂泥坳一带的居民迁到青天畈;黄柏山、乌镜冲一带居民迁至宝蠡河。

自公布之日起,一个月内搬迁完毕,如有违者,格杀勿论。

敌人这一招确是毒辣极了。他们想利用移民并村的办法,造成无人区,借以割断红军与群众的联系,达到竭泽而渔的目的。鹞落坪人民看到这一布告后,一个个咬牙切齿,愤怒填膺,誓死不搬,要与红军共存亡。

就在这时，高敬亭从外线游击回到了鹞落坪。在聂老家，远近许多群众都围上来了，一个个表示："不搬！"

高敬亭在权衡利弊之后，说："搬！"高敬亭在游击中，从敌人的报纸上，看到鹞落坪移民的消息，特地从鄂东北赶回来动员群众搬家，安置好红军伤员和处理移民后的一切善后问题。

为了进一步做好群众思想工作，高敬亭在搬家前六天，来到了瓦西裴储早湘的家召开群众大会。储早湘的家坐落在瓦西裴半山腰上，一幢茅房映衬在青山绿水之间，倒也隐蔽。中午时分，与会的人静静地听着高敬亭的精辟分析："乡亲们，不搬不行啊，敌人的来意是不善的，你们不搬，他们就可以把通匪的罪名加到你们的头上，就可以任意屠杀，血洗鹞落坪了。当然，你们走后，红军与伤员的困难更大，但我们是共产党领导的部队，什么困难都可以克服……"他越讲心情越激动，越讲声音越低沉。当亲人们就要离开的时候，高敬亭不禁热泪盈眶，引起整个会场一片呜咽。

高政委的话刚落音，聂在忠、郝光生、汪兴等相继发言，你一言我一语，千言万语都是一个音："为了红军的安全，我们宁可背井离乡，倾家荡产。"因此，他们走时，将凡是能吃的东西都藏起来留给红军。

高政委为了让搬家的群众生活有所着落，令罗延植同志背出一袋银圆亲手发给群众，每人3块。

散会以后，人们立即做搬家的准备，家家动员，人人动手，高敬亭同志也派出便衣队员，帮助群众收割、藏粮、拣细软……总之，他们把一切能吃的东西、能穿的衣服都留下来，让红军和伤员安全过冬，并将自家收藏东西的山洞、地窖都秘密地告诉了便衣队员，告诉了罗延植同志，告诉了留下来坚持的聂在忠等，好让他们按时取用。

不久，催迁的敌人开进了鹞落坪，他们想这下子可以大发横财了。但进村一看，家家户户留下来的只是空空荡荡的破草房，间或有些破桌、断凳、破罐、破缸……匪军们一气之下，放起一把火，将散落在鹞落坪的17个村庄，600多间破草房，烧了个精光。

11月初，鹞落坪人民在敌人的威逼下，离开了亲人，离开了故乡。心向红军的群众，回顾家乡一片火海，忍受着背井离乡之苦，但更惦念着红军和伤员的安全。

正在"山林医院"看望伤员的高政委，望着乡亲们离别的情景，心都碎了。多么可敬可爱的人民啊！站在高敬亭身旁的罗延植同志，轻轻地说："政委，咱们走吧！"

此情此景，勾动了他俩的情思，两人一边走一边吟诵着唐人名句：离离原上草，一岁一枯荣。野火烧不尽，春风吹又生。

重整家园

1937年7月初，正在鄂东地区游击的高敬亭，接到了党中央关于"国共合作""团结抗日"的指示后，迅速率领手枪团二、三分队，回到鄂皖边的鹞落坪，与鄂皖边特委书记何耀榜在岳西县第三区南田村会面了。

中旬，高敬亭在蛇形岗召开了会议，决定派何耀榜同志为鄂豫皖边区正式代表，与国民党方面代表刘纲夫举行谈判。高敬亭同志自始至终领导了这次谈判，并化名政治部主任李治信参加了在岳西县九河举行的签字仪式。至此，在高敬亭同志领导下的鄂豫皖三年游击战争胜利结束。

和平谈判的消息，像春风一样吹遍了鄂豫皖地区。久别亲人的红军战士，可以自由地回家探亲了。被没收的财产，也在归还了。被迫搬迁到敌据点的鹞落坪人民，也回到了美丽的故乡，开始重建家园了。

高敬亭在参加九河签字后的当天赶回鹞落坪，看望与他们生死与共的鹞落坪人民。他来到聂老的家，拜谢聂老救命之恩，与聂老一起重温着那艰苦的岁月，畅谈了和谈后的革命形势，临走时赠送聂老一颗珍贵的玛瑙。他来到佘玉明的家，慰问了这位跟随他从金家寨撤下来的红军姑娘，鼓励她积极参加抗日斗争，打击民族敌人。他来到郝光生的家，亲手抚摸着郝光生胸前的伤疤，热泪盈眶地将一把银锁赠给了他，表扬他宁愿自己牺牲也不出卖伤员的自我牺牲精神。他来到老中医郝宪章的家，拾起他当年为红军挖药草的钵，尽情地抚摸着，感谢他不辞劳苦为红军伤病员治病的恩情，把一叠银圆送给了他。他千言万语说不尽鹞落坪人民对红军的爱，他千丝万缕想不尽鹞落坪人民对红军的情，他走遍了每一个角落：看了那断墙颓垣，看了那荒芜的土地，看了那牺牲者的坟墓，看了那被杀害的烈士遗属……这一切，使他倍觉根据地人民可亲可爱。他立刻写信给特委,要求他们帮助乡亲们恢复家园,并留下银圆 300 块,交由聂老分给众人,略表谢意。

(储淡如　彭声美　整理)

原载皖西革命斗争史编写组编:《皖西革命回忆录——第二次国内革命战争时期(下卷)》,黄山书社,1984 年,第 43～54 页。

漫天撒下革命种，伫看将来爆发时

——缅怀我的父亲詹谷堂烈士

◎ 詹成武

1979年8月24日，是我的父亲詹谷堂烈士英勇就义五十周年纪念日。

詹谷堂烈士是商南革命根据地和红三十二师创始人之一。他对根据地早期党的组织建设和农民运动，做出了不可磨灭的功绩；对红三十二师和地方武装的发起和组建，灌注了不少的心血。父亲的一生，是革命的一生，是忠于无产阶级革命事业的一生。缅怀烈士的生平，对于自我教育，对后一代进行革命斗争和革命历史的教育，都有着重要的意义。

"未出土时先有节"

我家居住金家寨县南溪区葛藤山獐子岩（原属河南省商城县），在旧社会，同广大劳动人民一样，遭受三座大山的压迫，过着饥寒交迫的生活。我祖父詹杏桥是个长年教私塾的老学究。我大伯、二伯租种别人田地，终身务农；三伯自幼随我祖父读书。1883年12月1日父亲出生在这个家庭，当时全家12人，食指浩繁，生活极为困苦。父亲排行老四，后来人们都称呼他"四先生"。

父亲小时放牛，辅助家庭生产，帮助解决生计问题，因此，形成热爱劳动、热爱人民的本质。这一本质，直到他最后一息，没有改变。父亲14岁那年，他放牛的伙伴遭受东家无理的斥责，他为之进行说理斗争。这一行动不但没有得到别人支持,反而受到刁难。父亲意识到穷人不读书,不了解人生,不懂得真理,就不能摆脱受压迫受奴役的地位。他跑到我祖父学馆里,要求读书,得到我祖父的支持。此后 8 年中,他进入学生时代。

父亲很聪明,读书很用心,节假日,他都不放松学习。母亲要他推磨,他边推磨边看书。不论生产,走人家,他都要带一本书,有暇就看。他常说:"家贫苦读书。"父亲理解力强,心胸开朗,不拘小节,我祖父母很喜欢他,乡邻也很器重他。后来,父亲和我三伯都中了乡试,进了"秀才",但仍坚持参加劳动,厌恶游手好闲不务正业的人,说这种人是社会的"蠹虫"。

有一年寒假,他穿着单衣挖竹园,他族叔詹德钊(不爱劳动)见到了,招呼说:"生堡(父亲学名),你真下力,这样冷天,还穿单衣干活。"父亲冷冷地回答:"我还能像你一样吃寄生饭。"弄得他叔父羞惭地走开了。

父亲喜爱水墨画和书法,并且都有造诣。在他的小客房里,常挂着自己写画的条幅,如"三友图"、梅、兰、竹、菊等。他用"未出土时先有节,到凌云处本无心"题山竹;"不争富贵春荣早,来看黄华晚节高"题春华秋英图,"霜欺雪虐寻三友,日丽风和赏百花"题岁寒三友图。这几首题画,不仅表现出父亲的性格和襟怀,也表现了他对人民群众的深厚感情。

1905 年,父亲开始了教书生涯。他教书的地方,前后有 9 处,长达 25 年。后期,他一边教书,一边传播新文化,宣传马克思列宁主义,从事革命活动。

父亲文理通畅,构思敏捷,析理精辟,循循善诱,所以乡绅大户争相延聘。但是,因为父亲早年就受到民主主义思想的影响,提倡男女平等,妇女放足,反对一夫多妻制等,加上性格刚直,不阿谀权贵,不趋炎附势,往往导致解聘或自行辞退。1908 年,他在大士绅周凤仪家教馆,周待若上宾。终因父亲反对学东纳妾,并支持其子女婚姻自主,引起宾主不睦,便毅然辞去。

1918—1924 年,父亲在志诚学校任教。在这所全日制学校里,他觉得有了用武之地,积极主张并努力使学校实行男女平等、平权,招收女学生。1919 年五四运动期间,父亲罢课声援学生斗争。五四运动以后,他一边研究马列主义,一边同进步同事宣传新文化、新思想,他把革命理论糅合到课文中,把《共产党宣言》作为教材,积极向学生宣讲,有时还利用诗画传播马列主义。早为人们熟悉的"漫天撒下革命种,伫看将来爆发时""莽莽神州起战争,苍生何日见升平,大江一把狂浪起,斩断妖魔济众生""冷水要挑,热水要烧,有盐同咸,无盐同淡"等革命诗篇,就是写于这个时期。他寒假来家,就向农民群众讲解劳动人民创造世界,创造人类历史的故事,宣传破除迷信、解放思想、实行耕者有其田、打倒列强等道理,他的话有时逗得人们哄堂大笑,有时又激起人们对现实的强烈愤慨。

"漫天撒下革命种"

1923年6月,父亲最光荣最幸福最理想的时刻到来了。经早年跟他启蒙的学生蒋光慈同志(白塔畈人)介绍,父亲参加了伟大的中国共产党,从此,走上了革命的新征途。他在学校积极发动进步师生,组织学生会,从中发展党的组织,于1924年7月底成立了党小组,同年冬成立党的特支,父亲担任支部书记。不久,就将党的工作转到了南溪、笔架山一带。

早在1906年,以郑养吾(吴店人)为首,在笔架山大庙(现属汤汇公社)创办了一所农校,即商城县甲种农业学校,这所学校师资和教育质量较高,毕业生可以直考大学或专科,学生来源于鄂、豫、皖边区各县。群众把农校称为"洋学堂"。另外,农校位于金岗台南麓,群山环抱,层峦叠嶂,连接豫、皖边境各县,很有战略意义。因此,夺取这一阵地,对于在豫、皖边区发展党组织,扩大革命势力,都非常重要。

1924年春,根据上级党的指示,父亲将我三伯詹甫堂由志诚学校转到笔架山农校担任教师,为自己而后工作铺平道路。三伯不是共产党员,但是,他拥护革命。1929年5月15日南溪火星庙会期,他在庙门上写一对联:"赤帝本威灵,看革命高潮毁灭旧世界;红花开满地,喜无产阶级建立新政权",表达了自己内心的喜悦。1924年8月以后,父亲借探家的机会,多次到笔架山农校,以看望哥哥为名,进行秘密活动。几次被农校领导邀请给学生讲课,受到学生的好评和欢迎;同事之间,大都情感相投。有两次父亲和袁汉民同志一起去农校,明里帮助筹建学生会,暗里在进步学生中发展党的组织,先后吸收李梯云、周维炯、漆德玮、漆禹原(源)、漆叔甫、漆海峰、李圣伍等人为党员,成立了党小组,由李梯云任党小组组长。

父亲从陈淋志诚小学探家或去笔架山农校，途经胡店、熊家河、赵家楼、金家院、百花、双河等地，还常在当地小学或群众家歇宿，同师生和群众谈心，宣传革命道理。1978年，我走访一些革命前辈，他们还向我绘声绘色地讲述父亲在这段时间到处播散革命种子的轶事。

随着党组织和革命力量的扩大，为适应形势发展的需要，1925年，上级党组织派我父亲回到南溪明强小学任教，以便领导这个地区进行革命工作，并夺取明强小学这一阵地。明强小学创建于1907年，是一所全日制小学，校址在林氏祠。该校初建，实行新教育，宣传新文化，是一所名实相符的新型小学。后来领导权落在守旧派手里，不受社会欢迎。

父亲回到南溪，发展了这一地区党的工作和农民运动。他一方面坚持教学，积极向学生灌输新思想、新文化，宣传马列主义，紧紧团结进步师生，联合校外进步人士，依靠群众同守旧势力进行针锋相对的斗争；一方面深入农村，宣传革命道理，组织农民协会，开展抗租抗捐运动。到1926年秋，连接商城、汤汇、南溪、斑竹园等地党的组织都不断发展壮大，党领导下的农民运动，如火如荼地发展起来。同时，父亲分派笔架山农校毕业的党员学生，在各自家乡进行活动，发动农民，又亲自重点抓了南溪、花园、王畈、葛藤山一带党组织和农运工作，以取得经验。

发动农民，组织农民协会，进行抗租抗捐运动，并不是一件容易的事，不少人瞻前顾后，疑虑重重。如果光凭口头上的宣传教育，是不能完全解决问题的，必须在实际斗争中，启发群众，教育群众，提高群众的觉悟。1926年冬天，地主陈玉英向农民逼租，把一家姓王的农民拉到河里灌凉水，父亲知道这件事后，阶级的仇恨烈火燃烧在他的胸中。经过党组织的研究，决定干掉这个民愤极大的地头蛇。一天三更后，父亲带着会员摸黑走了十多里，赶到野人冲包围了陈玉英家，谁知陈玉英早吓跑了，他的孙子也是个仗势欺人，为非作歹的恶狼，会员们就把他抓来了。第三天在农民群众的敲锣声和口号声中，陈玉英的孙子被牵着反绑的两手，戴上纸糊的高帽游乡，边游边喊："我是地主，欺压农民，你们不要学我。"陈玉英听说孙子被捕游乡，赶到商城请来两个带枪的团匪，妄图吓住农民。父亲带领群众要把这两个家伙扣起来，吓得两个团匪从人缝里逃跑了。这件事很快传遍各地，大长了农民的志气，大灭了地主的威风，有力地支持了农民的抗租抗捐运动。

1927年一二月间，父亲先后召开了葛藤山、王畈、花园、南溪的农民骨干会议，同时布置汤家汇、斑竹园等地召开会议，在这一带成立乡农民协会。3月中旬，在南溪詹氏祠门前广场，搭起高台，召开了各乡农民协会代表和南溪附近的群众大会。父亲在会上宣布成立南溪区农民协会，从农民中选举彭德洲、李平康为正、副会长。会后举行了示威游行，高呼："打倒帝国主义""打倒土豪劣绅""打倒贪官污吏""反对苛捐杂税""一切被压迫群众参加农协会""一切权力归农会"等口号。农会成立后，凡农村中一切田土和家务纠纷，统由农会调解。在广大农民的心目中，农会享有很高的威信。革命形势在迅速发展，这一时期，父亲以参观学校为名，多次前往黄安、麻城，同那里的党组织取得联系，使黄、麻、商、固等地的革命活动彼此呼应。

南溪区农民协会的成立，使当地四大姓——陈、林、毛、闵的豪绅们极为震惊，他们除组织了一个所谓的"农民协会"（即地主联庄会）相对抗外，还派人到商城勾结县大队。周凤山带领民团40多人，前来南溪镇压革命，商南地区农民运动被迫转入低潮。

面对这一现实，父亲考虑到继续在明强小学工作已经不适应了，必须有一个掌握在自己手里的阵地，便于今后开展工作。1928年春，父亲毅然决定在南溪詹氏祠办商城县第二模范小学，他自己担任校长，我三伯任副校长，聘请党员教师漆禹源、漆叔甫、袁汉民、漆德琮、詹清岳、詹广仁等同志任教。此后，父亲以校长身份为掩护，为革命四处奔走，席不暇暖。

"斩断妖魔济众生"

1928年冬，父亲根据商南区委的指示精神，发动了汤汇、竹畈、葛山、王畈、南溪、丁埠、吴店一带农民，进行"均粮"斗争。农民协会押着豪绅地主游乡，在示威游行的浪潮中，开仓分了各地大户老财的粮食。这一行动，使转入低潮的农民运动，又一次高涨起来，当地有钱有势的人，都纷纷跑到商城、潢川、武汉等大小城市。"均粮"运动过后，父亲在竹畈吴姓家（现竹畈公社竹畈大队柳林生产队）举办了两期干部短训班，培养农民协会的领导，为武装起义准备骨干力量。

1929年5月2日，党在太平山穿石庙召开了紧急会议，决定在5月6日——立夏节（农历三月二十七日）举行武装暴动。由于吸取了大荒坡起义的经验教训，决议下达后，各地党组织都纷纷秘密行动起来，发动群众，组织赤卫队，做好各种准备工作，以便策应起义队伍，群情无比振奋。这时父亲在南溪第二模范小学，听取各地汇报情况，指导起义工作。

根据当时在校学生的回忆：5月5日下午，周维炯带着两条枪由白沙河来到学校，在父亲屋里议论很久，吃罢晚饭才离去。6日，父亲没有外出，夜间没有休息，在火神庙召开了群众大会，宣布起义，成立了赤卫军。7日早操时，周维炯带领丁埠起义的人枪，披着红布标志来到学校，父亲安排他们到彭氏祠住下，接近中午，汤汇下来的人枪，也被派到彭氏祠。至此，一枪未发，团匪杨晋阶在丁埠、汤汇的枪支全部被缴，被迫在民团当兵的农民，都随同起义。经过父亲预先布置，当天中午，在模范小学的操场上召开了近2000人的群众庆祝大会。会上父亲宣布立夏节起义胜利，群众一片欢腾。下午，起义队伍组成第二大队（黄麻起义军为第一大队），开到茶棚休整两天后，与吴店、斑竹园起义军汇合，成立了红三十二师。

立夏节起义后，父亲每天深入农村，宣传起义的胜利，继续发动群众，加强农会，扩大赤卫队。不久，党组织决定在林氏祠成立学兵团，抽调培训各地党员、干部和进步青年，壮大起义队伍，充实赤卫队的领导骨干力量。父亲深知今后斗争的复杂性和残酷性，在一次向学员们讲话时，指出：国民党决不会忘记这个地方，一定会向我们进攻，同志们要努力奋斗，准备对付可能发生的情况。5月中旬，商城县民团头子王继亚，便带领团匪近200人来南溪镇压革命。由于匪军来时抄小路，绕开了我防卫部队，出我不意，致使第二模范小学遭到摧毁，师生的衣被书籍被焚掠，学校的桌椅校具被砸烂，学校因此停办了。年龄大的学生，在党员老师的带领下，参加了赤卫队和红军，投入了革命行列。

父亲离开模范小学，率同周维炯所部红军向王畈转移。王匪继亚在偷袭获胜之后，趾高气扬，随后又向王畈扑来。四大姓的豪绅们筹款筹物，在王畈上坳子文昌宫大摆酒宴，为王匪庆功。5月16日拂晓，趁匪众酒兴方酣时，我红军、赤卫队突然袭击了文昌宫，打死打伤敌十余人，缴枪数十支。匪军慌不择路，争先恐后，向葛藤山槐树坪溃退，遭我沿途追击。敌人在槐树坪被我军围歼，伤亡惨重。王匪残余逃到竹畈干塘坳，又遭我军伏击。这次战斗，毙匪40余人，缴枪数十支。敌溃不成军,狼狈退回商城城内,群众"加封"王匪继亚为"送枪大队长"。

为了庆祝葛藤山大捷,更为了打击豪绅地主的嚣张气焰,农民协会把南溪、王畈等地的地头蛇带到葛藤山胡氏祠小学,在群众大会上批斗,群众无不拍手称快,还及时编了一支歌曲:"四月里来是初八,攻打王继亚,王继亚兵不经打,一打满散花。"有的地方还把这首歌曲排成话剧,搬上舞台,到处演唱,哄传一时。

马克思说过:"无产阶级专政的首要条件就是无产阶级的军队。"通过学习井冈山斗争的经验,父亲懂得了掌握革命武装,建立根据地的重要性。为了巩固根据地,除加强现有红军武装外,父亲酝酿在王畈的王氏祠成立县革命委员会,统一领导这一地区的农民武装——赤卫队,配合红军打击来犯的敌人。这个计划父亲生前没有完成,直到同年11月,才被他的战友王凤池、袁汉民等同志加以实现了。

葛藤山大捷,对当时根据地的发展,红军、赤卫队战斗力的加强,都有很大的促进。在胜利的形势面前,父亲清醒地看到敌人决不甘心失败,时时不忘卷土重来。因此,必须抓紧这一有利时机,同六、霍、英、固的革命组织取得联系,扩大革命势力,以便分散、牵制敌人的力量。7月初,父亲派我三伯前往六霍进行联络。三伯到达胡店,在他的学生(姓金)家吃午饭,不幸被民团发觉捕去,送往国民党匪军田营长处监守,经过几天严刑拷问,7月14日被枪杀于金家寨。在三伯母抚尸痛哭的时候,父亲劝慰说:"三哥为革命牺牲,死得其所。他若有知,决不要我们哭鼻子,而是要我们艰苦奋斗。"接着他慷慨地念道:"人生自古谁无死,留取丹心照汗青。"充满了兄弟间深厚的革命感情和内心的悲愤。然而,父亲所念文天祥的诗句,竟成了他自己的征兆。

"来看黄花晚节高"

革命形势的迅速发展,根据地的迅速扩大,红军和赤卫队的战斗力迅速加强,引起国民党反动派极大的恐慌,敌人增调大批匪军向我根据地进犯。7月底,湖北匪军夏斗寅部的沈澄、张亚一两个团,会同商城民团头子顾敬之以及柯寿恒、闵啸云等民团,共3600多人,分三路向我窜扰。这时我红军的实际战斗力只有160多人枪,武器破旧,弹药缺乏;地方武装仅有少数旧式火枪,多数是刀矛。在敌众我寡,力量悬殊的情势下，红军转移，经斑竹园等地前往鄂东。父亲决定留在根据地，坚持工作。父亲白天隐于山上，夜里出来活动。不久，农民给父亲送饭的行动，被地头蛇侦察发觉，葛藤山"清乡局"派匪徒多人前来搜捕。8月6日，父亲在山上不幸被捕。父亲来到葛藤山"清乡局"，进门就拿起座椅，朝"清乡局"局长打去，吓得局长从后门溜跑了。当天，父亲被送往驻南溪匪民团顾敬之处，一路上父亲昂首阔步，神情自若，群众见到，极为忧伤。

顾匪对于我父亲被捕，寄予很大的幻想，他欣喜若狂地扬言：共产党的头子逮住了，整个组织即将破获，"共匪"很快就要瓦解。为了从父亲口中得到党组织和红军、赤卫队等有关情况，顾匪使用了软硬两手。在刑堂上，父亲经受了皮鞭打、烈火烤、红铁烙、辣水灌、尿水浇、铁钉钉等酷刑的考验，唾弃了升官发财、封妻荫子等诱骗；在刑场上，父亲忍受屠刀拍颈、引首陪斩的折磨，用骄傲、欣慰的微笑送走了战友和同志。后来，敌人的刑堂，成为父亲揭露敌人、同敌人进行斗争的场所。敌人的刑场，成为父亲向人民宣传革命道理，教育人民艰苦斗争的讲坛。听：

"你是什么党？"

"伟大的中国共产党。"

"你读圣贤书，为什么要参加共产党？"

"为了消灭你们这些吃人的野兽。"

"你难道不怕死？"

"我死了没关系，种子已经撒下，遍地就要开花。""共产党多得很，比天上的星星还多，分布在全中国，全世界。杀了我詹谷堂，灭不了共产党。"

父亲回答讯问的坚强声音，和他顽强战斗的革命精神，使敌人心惊肉跳，使同狱的难友深受鼓舞，也使人民群众深受教育。今天，当人们谈到父亲同敌人斗争和牺牲时的情景，心情都非常激动。

在威武不屈，富贵不移，大义凛然的共产党人面前，敌人束手无策，最后只有决定杀害我父亲。本来父亲身体就病弱，加上敌人近20天的日夜讯问，残酷刑罚，摧残得父亲已是奄奄一息，但父亲的意志坚强如钢。父亲知道在豺狼般敌人的手中，不可能有生的希望。他咬破手指，用鲜血在狱房的墙壁上写下"共产党万岁"五个大字，作为向自己的母亲——共产党告别之前的留言。

1929年8月24日的早晨，金岗台上的松涛在呼啸，梅溪河里的流水在呜咽。顾敬之匪徒架着我父亲垂危的高大身躯，向戒备森严的南河湾走去。在一片黄金稻谷的大地上，父亲安息了，永远安息了！

夜幕降临，南溪附近的群众运走了烈士的遗体，安葬在獐子岩小山上。父亲牺牲的消息，传到转移外线作战的红军部队中，传到活动在崇山峻岭的游击队员中，他们无限悲痛，又将悲痛化为力量。一个多月后，红军打回来了，消灭了敌人，铲除了地头蛇，为死难烈士讨还了血债，重建了根据地。

立夏节起义五十周年的夜晚，仰望星空，思绪万千，缅怀父亲，口诵一律。现在，就用这首诗，作为本文结束语：

　　　　五十年来岁月稠，星星火炬燃神州，
　　　　抛头为救民生敝，洒血原期时代道。
　　　　推倒三山酬壮志，喜看四化展宏图，
　　　　后人步武前人业，大地翻腾涌铁流。

原载皖西革命斗争史编写组编：《皖西革命回忆录——第二次国内革命战争时期（上卷）》，安徽人民出版社，1980年，第22～33页。

皖西革命根据地创建人——舒传贤

◎ 储鸣谷

舒传贤同志的名字,是与皖西人民革命斗争的历史紧紧地连在一起的。他是皖西人民民主革命的启蒙者,是皖西革命根据地、红三十三师的创建人。

舒传贤是皖西人民忠诚的儿子。他夜以继日,跋山涉水,呕心沥血,领导着人民同反动派进行了艰苦卓绝的斗争,直到生命的最后一息。

舒传贤同志离开我们48年了。48年来,烈士的音容笑貌,言谈举止,经常在我脑海里闪现,他那艰苦奋斗、自强不息的意志,坚韧不拔、无私无畏的性格,循循善诱、诲人不倦的精神,一直在激励着我,鞭策着我,使我终生难忘。

一

1927年,大革命失败后,中国又处在白色恐怖中。人民在血泊中呻吟,在苦难中挣扎。中国革命面临着严峻的考验。中国向何处去?革命向何处去?许多人茫然而不知所措,心头像压上了铅块那样的沉重。

1928年春天,我受党的派遣从安庆回到了灾难深重的故乡——六安,被安排在新安集县立第五高等小学教书,以教员的公开身份作掩护,从事农民运动。当我一踏上故乡的土地,如火如荼的革命斗争浪涛猛烈地震撼着我的心弦。原来,八七会议后,一大批优秀的共产党员陆续地回到了皖西农村,发动和组织农民进行斗争。农民协会、赤卫队等群众组织已开始建立,农民群众正在觉醒,大革命失败后的沉闷空气正在扫除,未来正在召唤人们投入火热的斗争。舒传贤同志就是一个杰出的播火者。他以坚定的信念和献身的精神，和许多战友一起，在皖西开辟了一个崭新的局面。

我在回到皖西后，了解到舒传贤同志在过去和现在的斗争中的一些情况，并在后来的斗争中逐渐加深了对他的了解，使我对他产生了敬仰的心情。

舒传贤同志于1893年出生在霍山县东北乡的一个农民家庭，学生时代就勤奋好学，助人为乐，并表现出他的组织才干和活动能力。还在安庆第一甲种工业学校读书时，他积极参加声援五四运动的斗争。1921年春天，他参加了社会主义青年团，同年夏被选为安徽省学生联合会会长，先后成功地领导了反对缩减教育经费的反军阀、反学阀的罢课请愿运动，以及反对贿选省议员和赶走伪省长李兆珍的运动。1922年冬天，舒传贤同志被推选赴日本留学，入日本东京高等工业学校读书。1924年当选中、朝、台留日学生共产主义青年团特别支部书记、留日学生总会交际部部长。

1926年初的大沽口事件，燃起了进步留学生的满腔怒火，并选派代表回国向各方面呼吁，团结御侮。舒传贤同志率代表团回到北京，奔走各校之间，联络学生，向段祺瑞执政府开展斗争，在三一八惨案中身负重伤。这一年冬他加入中国共产党，并在北京任党支部书记。1927年2月到广州任党总支干事，不久，受命回皖，在国民党安徽省党部工作，并任安庆市总工会委员长兼安徽省总工会筹委会委员长。6月到武汉参加全国第四次劳动代表大会，被选为中华全国总工会执行委员；"七一五"武汉国民党叛变后，他受命回到安徽任中国共产党安徽省临时委员会工委书记。不久又接受党的委派回到阔别多年的家乡，发动农民群众，开展土地革命和武装斗争。

舒传贤同志回到家乡后，得到党的同意，以他留学生的声望出任伪东北乡自治公所主任。此后，他就以这合法的职位掩护他所从事的革命工作，宣传马列主义，传播革命真理，发展党的组织，建立农民协会，为大规模的武装起义做好准备。

舒传贤同志经过艰苦、细致的工作，很快就结识了一批青年人，成立了一个以"交换知识，联络感情，研究学术，主张公道"为宗旨的"学术研究会"。渐渐地，"学术研究会"的人员在增多，影响在扩大。在舒传贤同志的帮助下，许多人的革命思想由萌动到坚定，革命的觉悟在日益提高。舒传贤同志又在"学术研究会"内秘密吸收了30多人入党，编成三个党小组，建立了党的支部，并担任党支部书记。接着，在东北乡办起了农民义务学校（类似农民运动讲习所），广泛宣传和发动农民运动，并多次组织农民群众参加实际斗争，取得一次又一次的胜利。

1929年春天，军阀朱绍良的队伍经霍山到湖北，要霍山派民夫送辎重，每保摊派200名。这时，在国民党霍山县党务指导委员会工作的舒传贤同志知道了这一情况，认为春荒严重，农民无米下锅，已经是民不聊生，民怨沸腾，如今军阀又向农民派夫，无疑是火上浇油，这是发动农民进行斗争的一个很好时机。于是决定在全县发动农民开展抗夫斗争，打击反动派的嚣张气焰。他秘密通知各地：如果是伪县府的差役下乡催夫，就置之不理；如果下乡催夫的是反动军队，就事先避让，决不叫反动派抓去一个民夫。当反动军队在东北乡抓去了13个没来得及避开的农民后，东北乡党组织把这一情况反映给舒传贤同志，请示是否乘机举行暴动。舒传贤同志认为暴动时机尚未成熟，朱绍良大军又未走，暴动成功的可能性极小，还是组织合法斗争为宜。他一面派人下去动员被抓农民的家属到伪县政府控告伪自卫团下乡随便抓人，胡作非为；一面在城内发动工、商、农会组织声援。舒传贤同志又以国民党县党务指导委员会的名义，召开全县11个工团负责人会议。在会上，他历数反动自卫团要夫不要有钱的，抓夫不抓有钱的，夜间破门入户，无异强盗土匪等罪行。

在舒传贤同志的敦促下，各团体纷纷向伪县政府提出申诉。伪县政府怕事态闹大，一发不可收拾，只好把抓来的农民放回去。抗夫斗争的胜利，提高了党在群众中的威信，增强了群众的斗争信心。

由于头一年皖西地区遭到罕见的大旱，带来了1929年的严重春荒，加之国民党反动派的横征暴敛，地主豪绅的重利盘剥，农民生活极端困难，吃糠咽菜，度日如年，挣扎在死亡线上。舒传贤同志和霍山的党组织，决定开展春荒斗争，以进一步提高农民的阶级觉悟。

这次斗争是在抗夫斗争取得胜利的基础上，对反动派又一次更大的打击。舒传贤指示东北乡党组织说，春荒严重，地主加紧逼租逼债，农民生活在水深火热之中，党不能袖手旁观，应大胆领导农民同地主豪绅作坚决的斗争，可以发动群众扒地主的粮食，一来可以初步解决农民无米下锅的问题，二来可以进一步提高农民的阶级觉悟。并决定先从设在水口寺保的积善堂大仓开刀。

积善堂是清朝封建官僚李鸿章在世时，利用职权敲诈勒索、贪污霸占的财产和租课的管理机构，遍布全省各地，就像一根根吸血的管子，贪婪地吮吸着农民的血汗，农民恨之入骨。所以从积善堂开刀，受到了农民的支持和拥护。

水口寺的党组织，经过了充分的发动，这天在学校门前召开农民大会，舒传贤同志亲自在会上动员，鼓励大家团结起来，进行斗争，争取胜利。扒粮的人们带着稻箩、口袋涌向积善堂。管积善堂大仓的人，面对这么多的群众，知道拗不过去，只好开了仓门，让群众把粮食挑走。

这次扒粮斗争，声势很大，全县共计扒粮约3000担，霍山地区的斗争由一般小规模斗争进入到较大规模政治斗争和经济斗争，也为以后的武装斗争奠定了基础。

扒粮斗争的胜利，引起了地主豪绅的恐慌，他们为了保护自己的利益，一面向伪县政府搬兵求救，一面招兵买马，组织反动武装，疯狂地镇压农民群众。斗争已经发展到以革命武装对抗反革命武装的阶段了。

为了统一领导、指挥和组织，发动即将举行的六霍大暴动，遵照党中央和安徽省临委的指示，1929年夏天在霍山县东北乡的豪猪岭大庙内，六霍县委召开了党的代表大会，六安、霍山、英山、霍邱、寿县以及合肥等县的党组织都派代表出席了这次会议。我作为六安县共青团组织的代表，参加了这次使我终生难忘的盛会。

豪猪岭，位于霍山东北乡舒家庙附近，同六安县交界，地势偏僻。岭上参天大树郁郁葱葱，浓密无隙，也比较隐蔽。

这里又是舒传贤同志的家乡，经过他近两年的艰苦工作，为皖西革命奠定了扎实的基础，因而决定在这里召开六霍党的代表大会。中央巡视员王步文同志和作为六安、霍山两县巡视员的舒传贤同志出席了大会。大会开了3天，舒传贤同志在会上讲了话，对皖西的历史和现状作了精辟的分析，激励着所有到会的同志去向黑暗的旧社会搏斗，迎接新社会的无限光明。

根据党中央和安徽省临委的指示，大会决定报请中央成立六安中心县委，统一领导皖西6个县的斗争，一致选举舒传贤同志为中心县委书记，并决定凡是群众基础好的地方，如六安的独山、两河口、龙门冲及金家寨，霍山的燕子河、闻家店等地举行秋收起义。

1929年10月6日，六安中心县委在毗邻独山的郝家集召开了党员大会，进一步贯彻党的六大决议和关于目前革命阶段新任务的指示，同时对豪猪岭会议后近3个月来皖西各地的工作做一次检查，以便对即将举行的暴动做更周密的部署和更有效的领导。舒传贤同志主持了这次会议。他对当时的形势做了周密的分析后，指出：当前的主客观条件渐趋成熟，应立即举行革命暴动。

参加会议的同志一致同意舒传贤同志的判断：举行武装暴动的时机和条件已经成熟，党的任务就是积极发动群众进行斗争，领导农民由一个群众示威的形式转变为一个地方的暴动。

豪猪岭、郝家集两次会议，是对皖西地区革命斗争具有重大意义的两次会议，是皖西革命斗争的转折点。它将群众的斗争迅速地引向了武装斗争、土地革命、建立根据地的正确道路。各地党组织根据会议精神，全面地建立群众武装组织——赤卫队，和抓紧策动民团起义的工作。就在郝家集会议后一个月，爆发了声势浩大的六霍暴动。而在这两次鼓舞人心的大会上，舒传贤同志坚定的立场，朴实的作风，精辟的分析和准确的论断在我的脑海里留下了极为深刻的印象。

二

六霍暴动是鄂豫皖区规模最大的一次农民武装起义。在暴动中，舒传贤同志的事迹，不仅仅表现在长期深入发动群众，秘密组织武装方面，而且在暴动过程中显示了他的指挥才能和果敢作风。

六霍暴动的第一枪——六安独山起义，和霍山西镇起义都是因偶然因素提前举行的，这对一个总指挥是一场严峻的考验。就在独山起义前夕，一个意外事件发生了，农会秘书和少数会员突然被驻守独山的反动自卫团抓去。秘书的身上装着全区农协会员的名单，如果落到敌人手里，反动派就会按照名单实行大逮捕，群众将受到残酷镇压，即将举行的暴动也势必功亏一篑。形势十分危急，群众纷纷要求夺回被捕的战友。独山地区党组织及时把情况报告了中心县委。正在霍山农村发动群众声援独山暴动的舒传贤同志闻讯后，连夜赶到独山附近中心县委所在地的龙门冲，同具体负责同志和指挥独山暴动的周狷之、鲍益三、朱体仁等同志紧急磋商。舒传贤同志指出：群众已经行动起来了,党应毫不犹豫地站在群众的前面，领导这场斗争，尽一切可能促使暴动成功，否则革命群众就会受到残酷镇压，我们就会失去群众，暴动就会流产。当然，由于比预定暴动的时间提前了十多天，准备不够充分，会给暴动造成一定的困难。中心县委决定,在独山附近的党、团员迅速到群众中去,组织、发动群众,领导这次斗争。由于舒传贤等同志采取正确的措施,群众发动得比较充分,独山暴动终于成功了。

独山暴动震惊了国民党反动派,敌人增调正规部队配合地方反动武装,向独山一带进行疯狂的反扑。为了避免损失,舒传贤同志决定把暴动队伍撤到龙门冲一带山区。为了保卫独山暴动的成果,建立苏区,中心县委决定在更大的范围内举行暴动。在一个多月的时间里,相继爆发了西镇、七邻湾、桃源河等地暴动。那时我在六安四区,奉中心县委指示在四区组织暴动,后因中心县委考虑到该地离六安城太近而暂缓。独山起义后,舒传贤同志和霍山县委喻石泉等领导同志来到西镇,同在这一带坚持斗争的刘仁辅、徐育三等同志研究,决定于11月下旬先在燕子河附近举行暴动。就在即将举行暴动的前几天,一个农会会员泄了密,引起了地主豪绅的警觉,他们聚集在燕子河附近的掌山冲,阴谋策划将共产党员和农民协会、赤卫队的负责人一网打尽,以扑灭刚刚燃起的革命烈火。一个被这一阴谋兴奋得忘乎所以的地主,竟狂妄地向一个农民协会会员公开叫嚣他要杀人了,扬言两天之内就要尸横遍野,血流成河。这个农民协会会员很快就报告了舒传贤等领导同志,舒传贤等同志当即研究决定提前举行暴动,打他个措手不及。一面做好充分的组织发动工作,一面派人去丁埠请红三十二师派部队前来支援。西镇暴动就这样在舒传贤和霍山县委负责同志的直接领导下,在红三十二师的支援下,就在这一帮吸血鬼正做着扑灭革命暴动美梦的时候,提前于11月19日举行,并获得了成功。紧接着,舒传贤同志又命令暴动队伍挥师东进,配合当地群众行动。

没有几天工夫,道士冲、漫水河、上土市、黄栗杪等地暴动相继宣告成功。

独山暴动和西镇暴动虽获得胜利,但这两块苏区之间还夹着被反动派统治的霍山的诸佛庵、桃源河等地方,使两块苏区的联系发生了困难,也不便于统一领导和指挥,舒传贤同志认为必须把苏区连成一片,对苏区的巩固和发展才更为有利。于是,舒传贤同志派西镇游击队负责人徐育三同志率领游击队赶到桃源河,和这里党的负责人陈学录同志一起,领导群众于12月16日成功地举行了桃源河暴动。紧接着,桃源河周围的诸佛庵、石家河、新店河、黑石渡等地的群众也揭竿而起,成功地举行了暴动,从而使皖西苏区连成了一片。

皖西地区农民大暴动的成功，在国民党反动派内部引起了震惊，蒋介石千方百计地要把这块根据地扼杀在摇篮之中，采取了重兵"围剿"、严密封锁和骚扰破坏的恶毒手段。为了保卫苏区、巩固和扩大苏区，舒传贤同志和中心县委充分认识到组织一支强有力的工农武装的迫切性和必要性，并在独山、金家寨、西镇、诸佛庵等地暴动武装的基础上，建立一支红军部队。1930年1月20日，各路游击队陆续到达麻埠以西的小镇流波䃥胜利会师。1月20日，舒传贤同志亲自主持了有各游击队党组织负责人参加的中心县委常委扩大会，决定把各地游击队整编、组建为中国工农红军第十一军三十三师，徐百川同志任师长，姜镜堂同志任政治部主任，下辖一〇六（独山、金家寨以及霍山东北乡的游击队整编的）、一〇七（霍山西镇、诸佛庵的游击队整编的）两个团。安徽省历史上第一支工农红军正式诞生了。

不久，为了适应新的形势，加强同鄂东北、豫东南苏区的联系，六安中心县委从独山附近的龙门冲迁到霍山县燕子河附近的闻家店。

1930年3月18日，根据中共中央的指示，活动在鄂东北的红三十一师，豫东南的红三十二师以及在皖西的红三十三师整编为中国工农红军第一军。许继慎同志任军长，曹大俊同志任政治委员。红一军成立后，就积极准备东征皖西，扩大苏区。为了迎接和配合红一军东征，舒传贤同志派吴泽民同志带了一支十余人的便衣队深入到霍山东北乡舒家庙一带发动群众。这支便衣队在舒家庙元宵节闹花灯的灯场上处决了三个地头蛇，给当地群众以极大的振奋，把斗争推到一个新阶段，揭开了南山暴动的序幕。舒传贤同志随即指示活动在与苏区接壤的皖西各地白区的党组织准备举行暴动。4月7日，当红一军到达皖西苏区时，舒传贤同志发动和领导了南山暴动。红三十二师、三十三师于4月12日一举攻克霍山县城。霍山县城解放的第二天，就成立了霍山县苏维埃政府——安徽省第一个县级苏维埃政府。从霍山城解放到撤出霍山县城的短短20天时间内，红旗插遍了霍山全县以及同霍山县连边搭界的六安县东两河口、南官亭一带和毗邻的舒城县部分地区，随着掀起了打土豪、分田地的热潮，遍地是欢歌笑语，到处在欢庆解放，刚刚得到解放的人民群众的情绪空前高涨。

在舒传贤同志和中心县委的正确领导下，在红一军东征的支援和配合下，各地连续举行了暴动，相继获得成功。一块完整的革命根据地——皖西根据地形成了。

它同鄂东北、豫东南苏区一起，构成了对国民党反动派具有无比威胁力量的鄂豫皖苏区，像一把锋利的宝剑插在反动派的心脏。

舒传贤同志从 1927 年秋天回到皖西，到 1930 年夏天皖西革命根据地初步形成的不到三年时间内，为兴起皖西的革命风暴，为组建皖西的工农武装，为开创皖西革命根据地，为皖西人民的翻身解放而呕心沥血，夜以继日地工作、战斗。由于工作异常繁重，生活特别艰苦，他的身体日益衰弱，逐渐消瘦，终于积劳成疾。同志们担心他的身体健康，并为此而焦急，而舒传贤却丝毫没有放在心上，仍然坚持为建设、巩固和扩大根据地而斗争。

三

红一军撤出霍山前两天，我接到中心县委的通知，要我到共青团中心县委工作。在霍山西南的烂泥坳，我见到了刚刚撤出霍山县城的舒传贤同志以及中心县委和红一军的其他领导同志。当我看到舒传贤同志苍白而消瘦的面庞的时候，心潮起伏难平。

我跟随舒传贤同志回到中心县委所在地闻家店后，就在共青团中心县委工作，六霍暴动总指挥部成立后，我又在舒传贤同志任总指挥的暴动总指挥部当主任秘书。在舒传贤同志身边工作的 9 个多月中，他不顾多病的身体废寝忘食地工作、战斗，孜孜不倦地学习、思考，诚恳、耐心地帮助同志的忘我精神，深深地感动着我。

当时，我们面临的情况是复杂的，任务是艰巨的，既要不断地粉碎白匪对苏区的进犯，又要为建设和扩大根据地而斗争。为了应付这复杂的情况和完成艰巨的任务，中心县委的负责同志都分工到前方去了，在家主持工作的，只有舒传贤同志和中心县委常委、宣传部长周狷之同志，而作为中心县委的主要负责人舒传贤同志，则前方、后方，军事、政治斗争，经济、文化建设等千斤重担都系之于一身。他经常是奔波、忙碌了一天，回到中心县委机关所在的灵岩寺时，一看见办公桌上堆得满满的文件、报告、情报，就又精神饱满地投入到工作中去了。他总是通宵达旦地工作在如豆的菜油灯下。当第二天清晨的曙光透入灵岩寺小阁楼内的时候，他却又像一个经过充分睡眠休息的人一样，精力充沛地投入到新一天的工作中去。

根据地初创阶段，百废待兴，物质生活又是异常的艰苦，一天能喝两餐稀面糊就很满意了，油、盐、肉食几乎成月不见，有时甚至用野菜充饥。白匪对根据地的严密封锁和接连不断地进犯，又加深了这一困难的程度。繁重的工作，缺乏最低限度的物质营养，严重地损害了舒传贤同志的健康，不久，肺结核侵袭了他的肌体，经常大量地吐血，但他仍旧坚持工作，并上前线指挥作战。给我印象最深的一次是他因吐血不止，被从前方抬回闻家店，下了担架后，没有休息又去批阅文件、处理工作。他脸色蜡黄，身体虚弱到了极点，同志们要抬他到红军医院医治，被他拒绝了。有个同志说："你这样下去，给革命只会带来更大的损失。"

舒传贤同志说："同志们的心意我是懂得的，不过，目前形势如此紧张，工作如此繁忙，我怎么能安心治病呢？形势不允许啊！"

多么坚强的人，多么感人肺腑的语言啊！只有具有坚强的信念，崇高的理想，高尚的品格，并严格要求自己的人，才能具有这样的非一般人所能达到的思想境界和坚强的毅力。在场的同志都被他的话感动得热泪盈眶。当时，中心县委经常要派人深入白区开展革命活动，舒传贤同志在病中知道一位同志要到白区去工作，还同那个同志谈了近两个小时的话，走哪条交通线，如何潜入白区，潜入白区后如何开展工作，如何联络等等都交代得清清楚楚。他心里装的全是工作、他人，唯独对自己没有留下一点位置。

从六安中心县委迁到闻家店的时候起，舒传贤一面指挥苏区军民粉碎白匪的进犯，为巩固苏区而斗争，一面又要解决苏区的军需民用，为建设苏区而劳碌。在他忘我地工作、精心地筹划和全面地安排下，短短几个月的时间，苏区就建设得初具规模，根据地不断得以巩固、发展和壮大。有几件事情，我至今记忆犹新。从这几件事情中，可以看到舒传贤同志不仅在政治斗争和军事斗争中表现了他的才干，就是在经济建设中也是个杰出的领导人。

在当时战争频繁的情况下，武器损坏和弹药消耗是相当严重的，但却很难得到补充，这个问题不解决，势必影响红军的战斗力。舒传贤同志考虑到只有自己动手修好损坏了的武器和补充消耗了的弹药，才能解决红军军备的急需。在初创的根据地内，不要说兵工厂，连一个简单的修械所也没有。为了解决这个十分迫切的问题，舒传贤同志亲自找来了几个铁匠、铜匠、木匠，向他们请教、跟他们商量、琢磨，硬是靠一盘铁匠炉和几把大铁锤办起了一个简陋的修械所。开始，只能修理一些损坏不十分严重的步枪和打制大刀、长矛，仍不能解决问题。于是舒传贤同志亲自跟修械所工人一起研究，终于找到了把用过的旧子弹壳装上新的底火和铅丸的办法，解决子弹的不足。并建议红军领导机关下令红军战士把子弹壳如数带回交给修械所改装。这样，一颗子弹就能使用多次。修械所在舒传贤同志亲自指导和关怀下，后来不但能够修理皖西红军独立第一师和赤卫军作战时损坏的各种武器，补充一些武器弹药，并且能用土办法仿制汉阳造的七九步枪，以及当时叫做撅子的单打一手枪和铜质手榴弹。修械所在实践中不断地得到提高和扩大，到1930年9月，工人已增加到一百余人，1931年，修械所已经发展成为皖西根据地内的一个小型兵工厂了。

白匪的严密封锁，给根据地的经济和物质生活造成了极其严重的困难，山区的土特产，如茶叶、茯苓、木耳、扫把、竹子、木材等运不出去，一向靠山外供应的工业品，如食盐、布匹、药品、文具、纸张等又成了白匪的禁运物资，运不进来。如不打破敌人的封锁和禁运，根据地将会窒息。一些同志曾经采取过偷越封锁线、买通敌人等办法，零零星星地运进运出一些物资，但解决不了根本问题。舒传贤同志经过深思熟虑和调查研究，决定组织霍山县合作总社，各区陆续建立分社，专门负责解决物资供销的问题。他并亲自找到比较开明的商人，向他们交代政策和方法，然后由他们出面，以经商的名义，设法买通当地政府的上层人士，把合作总社收买的山区土特产运出去，再把急需的工业品运进根据地，交给合作总社转销。采取了这些办法后，解决了商品流通的问题，初步活跃了根据地内的经济。

但是，对于一些直接用于革命战争的物资，比如药品，是很难运进苏区的。当时根据地内西药的来源，一是靠党中央从上海筹集一部分运进苏区，一是靠组织商人偷运，但数量都不多。为了解决医药奇缺的问题，舒传贤同志就把根据地内的许多中医，请到红军医院来用中草药为伤病员治病治伤。在解放霍山县城时，除了收购所有药铺的中西药品外，舒传贤同志还亲自请了两位西医进苏区，跟他们谈心，向他们宣传革命道理，使他们安心为红军伤病员服务。有一次，我到红军医院去看望伤员时，见到这两位医生，跟他们谈起来，他们都表示愿跟共产党干革命，为苏区军民服务。这都是舒传贤同志耐心细致工作的结果。

随着革命形势的发展，舒传贤同志越来越感到需要一批忠诚于无产阶级革命事业的干部，方能承担革命的重担。除了要求各级干部挤出时间加强学习，中心县委按照舒传贤同志的建议，在闻家店创办了一所干部学校，舒传贤同志兼任校长并亲自给学员上课。中心县委的其他领导都兼任教员。为了解决学习材料和其他宣传品的印刷问题，舒传贤同志还动手办起了印刷厂，将缴获的石板印刷，改为木板活字印刷，对提高干部的政治、文化水平和发展苏区的宣传教育事业起了很大作用。干校的学员，经过3个月的学习后，回到各地工作，他们大部分后来都成为皖西根据地的骨干。

正当皖西根据地稳步发展的时候，1930年6月，党中央关于"新的革命高潮与一省或数省的首先胜利"的决定，传达到了皖西根据地，要求白区党组织发动连续暴动，要求根据地的党、团和工会组织停止活动，统一成立"行动委员会"，要求红军集中力量攻打武汉，并提出打到武汉吃中秋月饼的口号。为执行党中央的决议，红一军撤出皖西后，皖西根据地仅留下独立第一师，在人员不足，武器弹药奇缺的情况下，四处出击，终因敌强我弱，大都失败，伤亡很重。又因为白区的连续暴动和苏区武装的四面出击，舒传贤同志不得不到处奔波，指挥部队打仗。

8月上旬，中央要求皖西赤卫军配合红军独立第一师南下截断长江，会师武汉。总指挥部奉命集中独立第一师、第二师的3000多人和全部赤卫军南下，舒传贤同志任总指挥，徐百川同志任副总指挥，我和政治部所属系统300余人组成宣传队，随军南下。南下队伍从闻家店、燕子河、漫水河三地同时出发，途经道士冲、新铺沟，越土地岭，过烂泥坳、鹿吐石铺，中午先头部队在落儿岭遭白匪一个团堵击，战斗十分激烈。舒传贤同志亲临前线指挥作战，激战半日，黄昏前才把白匪击溃。白匪退守黑石渡时，敌援兵也由霍山县城赶到。由于我军两个月来四面出击，疲于奔命，得不到休整，武器弹药也得不到补充，战斗力受到很大的削弱，因而在黑石渡附近与白匪激战数日，没能攻克黑石渡。舒传贤同志考虑旷日持久地与武器精良的白匪拼消耗，对我军极为不利，甚至会把部队拼光，有全军覆没的危险，给备尝艰辛建立起来的红军和根据地造成损失，对革命事业极为不利，决不能再相持下去了。他当机立断，把部队撤回到土地岭以西。

皖西根据地和红军自6月开始执行党中央的决定以来，在不到三个月的时间内，大片土地被白匪侵占，人民重陷敌人的魔掌之中，在白区坚持斗争的地下党组织，由于盲目组织和发动暴动（当时要求有一个共产党员也要搞暴动），几乎破坏殆尽。白匪所到之处，人民群众和革命者血流成河，村庄、房屋成了一片焦土。舒传贤同志看到经过辛辛苦苦，克服重重困难创建起来的根据地、红军和苏区群众遭到如此惨重损失，他的心揪紧起来了，他在痛苦地思索、寻找答案，究竟这样做是为了什么？为什么要孤注一掷？为什么要以卵击石？……是党中央对形势做了错误的估计，还是自己的认识落后于客观形势的发展？

　　他把自己的想法跟指挥部的同志交谈。我们也都对当时的做法感到困惑不解。好端端的根据地正在日益巩固，呈现一派生机，并且日益发展、扩大，为什么要我们离开根据地远征作战？我们失去了根据地的依托，以劣势的武器装备能打败目前还强大的敌人吗？能截断长江，会师武汉，迎来全国革命的新高潮吗？事实给我们以深刻的教训。它告诉我们：所谓全国革命新的高潮，只不过是一些人的美妙的幻想，是主观制造出来的假象。很难设想还处在初期阶段，武器低劣，弹药缺乏，又没有后勤支援的红军，在远离根据地，失去根据地群众支援的情况下，能战胜强大的敌人，能攻打大城市，迎来全国革命成功。舒传贤同志认为，如不停止执行这一错误的决议，根据地将会丧失，红军和赤卫军将会覆灭，群众将会遭到更残酷的屠杀。可是，在中央没有明确指示之前，能这样做吗？将来追究责任又怎么办？当革命处在严重关头的时候，舒传贤同志当机立断把部队撤回根据地后，又立即解散行动委员会，恢复党、团、工会组织，并抽调一批干部到白区和被白匪侵占的苏区做党组织的整顿恢复工作。后来我们才知道，这次革命事业受到如此巨大的损失，是党内第二次"左"倾路线造成的。

　　舒传贤同志在革命受到严重考验的关头，为什么能明辨是非，力挽狂澜，使皖西根据地得以保存呢？这与他能抓紧可以利用的时间学习马克思、列宁主义经典著作，不断提高自己的革命理论和政治思想水平，有着密不可分的关系。尽管当时工作异常繁忙，他对学习是抓得很紧的，我有时跟随舒传贤同志到各地去检查工作，见他总是手不释卷。他经常对我们说：人不学习就不能明白革命道理，思想觉悟就得不到提高，就会落后。可我们的时间又很宝贵，全靠我们自己挤时间。更重要的是舒传贤同志注重实践，以实践作为检验理论的标准。所谓"打到武汉过中秋""截断长江，会师武汉"等决议，一经接触实际，即被证明是谬误。舒传贤同志正是从实践斗争中看到，对于这种错误的决议，必须力加抵制。

1930年秋，舒传贤同志到上海参加中央召开的一次会议，他向到会的同志介绍了皖西根据地、红军、赤卫军和人民群众自执行第二次"左"倾路线以来受到损失的情况，他以大量有说服力的事实，批判和揭露了这条路线对革命的危害。他的发言在党中央同"立三路线"的斗争中，起了一定的作用。

正值舒传贤同志从上海回到闻家店时，国民党反动派潘善斋旅进犯皖西根据地。已经大伤元气的苏区军民已无法粉碎白匪的进犯，舒传贤同志不得不带领一部分群众向豫南苏区转移，大片苏区沦入敌手，革命根据地遭到了重大损失。

在恢复皖西根据地的问题上，当时在革命队伍内的一部分人认为，皖西根据地一时无法收拾，与其收拾烂摊子，还不如积蓄力量另找出路。舒传贤同志和大多数人认为皖西根据地地形好，群众觉悟高，有一支经过战斗锻炼的红军，不应该轻易放弃，坚决主张打回去，恢复皖西根据地。在舒传贤同志的敦促下，红军于12月中旬开始第二次东征皖西，收复了大片被白匪侵占的苏区，前锋直逼六安城下，革命形势又呈现一派蓬勃景象。就在这时候，舒传贤同志要我到六安、舒城等地白区整顿、恢复党的地下组织，到敌人的心脏里去战斗。在我离苏区的前夕，舒传贤同志在百忙中找我作了一次比较长时间的谈话。他对我说：舒城是六、霍两县的外围，战略地位十分重要，我们必须把它掌握在自己的手里。现在派你去迅速地把党和群众组织恢复起来，早日打通向苏区的通道。我带着舒传贤同志的指示，在指派的部队护送下，离开了苏区，离开了舒传贤同志。我以为很快就会回到他的身边的，万万没想到这次分别竟成了永别！

四

1931年4月，张国焘到了鄂豫皖苏区，5月12日，撤销了鄂豫皖边区特委，成立了中共中央鄂豫皖分局和鄂豫皖革命军事委员会，张国焘任分局书记兼军委主席。中央指定舒传贤同志任分局委员兼组织部长。不久，张国焘就开始了"大肃反"。当我从苏区的"肃反"小报上看到大批党的领导干部被处死的消息的时候，感到茫然。在这批被杀害的领导干部中，有不少为我所熟知的同志，他们从搞农运开始，到发动农民举行暴动，到创建革命根据地、创建红军，无不倾注了最大的热情，付出了艰苦的劳动，对革命、对党，他们的贡献是有口皆碑的。而现在却一个个被杀害了，我不免为舒传贤同志的命运担心。我的担心不是没有原因的，舒传贤同志对革命忠贞不贰，坚持原则，疾恶如仇，在群众中有崇高的威望，不正是张国焘这个野心家的"肃反"对象吗？果然不出我所料，1931年冬天，舒传贤同志被张国焘秘密杀害。噩耗传来，我禁不住为这颗皖西大地的明星的陨落而悲痛失声。

舒传贤同志同每一个革命先驱者一样，是革命的烈火把他熔炼成一块纯钢，没有丝毫杂质，他把自己的一生无私地献给了人民革命事业，百折不回，无所畏惧。他渊博的学识，坚强的意志，丰富的经验，献身的精神，以及崇高的信念，是如此强烈地感染着每一个同他接触过的人。他是良师益友，是革命者的光辉榜样，是无产阶级革命事业的一根擎天柱。

舒传贤同志没有死在炮火连天的战场上，没有死在白色恐怖的屠刀下，没有死在病魔的折磨中，却被披着共产党人外衣的张国焘杀害了。这是多么沉痛的血的教训啊！

革命的道路是崎岖、曲折的。舒传贤同志离开我们的半个世纪中，革命由小到大，最后推翻了压在中国人民身上的三座大山，获得空前的胜利。但是，王明、张国焘、林彪、"四人帮"推行的极"左"路线，却使革命事业遭到了浩劫，延误了革命的进程，推迟了四个现代化的实现。勤劳、勇敢、纯朴、善良的中国人民在千百年的斗争中取得的胜利是多么不容易啊！如今，满天的阴霾已被驱除，在多灾多难的中国大地上终于出现了安定团结的大好局面，亿万人民团结一心，奋勇前进，四个现代化指日可待。这当可告慰于舒传贤同志和所有革命先烈的在天之灵。

原载皖西革命斗争史编写组编：《皖西革命回忆录——第二次国内革命战争时期》（上卷），安徽人民出版社，1980年，第51～70页。

鄂豫皖苏区第三红军医院

◎ 蒋本山

××同志：

你们来信要我回忆一下第三红军医院的情况，恐怕不能满足你们的要求。因为，这件事发生在30年代初，距今将近50年的时间，我也由当年的小伙子变成70岁的老人了，许多事情确实回忆不起来了。但是，为了让后人了解这所红军医院的一些情况，也不辜负同志们的一片热心，我还是尽力回忆，可能很零碎，也很难前后连贯。

1931年夏天，中共皖西北特委、特区苏维埃政府，从金家寨迁往麻埠以后，就在麻埠街南头鹭鸶窝的地方，办起了鄂豫皖苏区第三红军医院，简称红三医院。这是一所后方的中心医院，下设麻埠、杨家店、第三冲、南溪、白塔畈等五所分院。医院的工作人员包括卫生队、学生队、洗衣队、炊事班等约100余人。当时我担任医院的政治部主任。

那时候，革命政权建立不久，敌人对苏区的封锁很严。在技术人员、医疗设备和药物极端缺乏的情况下，创建一所容纳几百名红军伤病员的医院，真是困难重重。第三红军医院从无到有、由小到大的发展过程，体现了皖西北特委、特区苏维埃和特区军委会的关怀，苏区人民群众的支持，也反映了医务工作人员坚持办好医院、为革命战争服务的艰苦奋斗的精神。

最初，医院的药物来源，主要靠前方从敌人手中缴获。但随着革命战争的不断扩大，伤病员的逐渐增多，药物供应显得越来越不足。为了不影响对伤病员的治疗，我们决定采用中草药治疗，发动医务人员上山采药。上山采药是很艰苦的。药草多半生长在阴山背洼的地方，往往要攀登悬崖陡壁，才能采到所需的药草；加上苏区周围常有敌人的活动，经常有同志被敌人抓走，所以既要挖药又要注意隐蔽。有时藏在大山里头，一连几天吃喝不上，只好摘野果、挖药草充饥解渴。

有一次，我带学生队的何绪炎、胡传道两人去金刚台采药。上山后，我们借宿在一位姓李的老乡家里，这一家仅母子二人，记得第三天晚上，这家老人跑来告诉我们，民团骚扰来了。这时，外面正刮着大风，下着大雨，我们生怕连累老乡，三人冒雨连夜上山。虽说已是夏天，大山岭上却寒气逼人。我们穿着被雨淋透的衣服，浑身直打寒战，我们偎依在草棵里，相互间都能听到牙齿发出的咯咯声。尽管环境是这样的险恶，当我们一想到采回药草，能够为伤病员解除痛苦，心里都觉得暖和。

第二天，我们坚持在山上继续采药。这天晚上，当我们采完药草，仰面躺在山顶上，边嚼着干粮边谈心时，隐约地听到前面树林发出一阵响声。我们正担心着会不会碰上野物，不料三只豹子果真出现在我们面前。夜色里，豹子眼睛放着绿光，使人见了毛骨悚然，心在怦怦乱跳。说时迟，那时快，三只豹张大嘴巴一齐向我们扑来。我们三人都没带武器，无法对付凶猛的"来敌"，一翻身便从山顶向悬崖底下滚落。我是最后一个滚下去的，摔坏了胳膊；何绪炎的衣服被树桩挂住，人虽未摔坏，一只裤筒被撕成两半，只得用树皮作绳子将烂碎布片捆在腿上。幸亏胡传道滚到半山腰被树干挡住，安全无恙。这样，采得一百来斤草药就由胡传道担着，我们3人还是怀着完成任务的欢愉心情，回到了医院。

当时，医院的医疗技术人员，也是极其缺乏的。我们以暴动时就参加工作的少数医生为骨干，积极选拔青年积极分子，组织学生队，培养年轻的医务人员，采取边学边干的方法，以适应工作的需要。另外，团结和教育俘虏过来的医生，争取他们为革命战争服务。如红军在独山一仗胜利后，不仅送来缴获的100多瓶西药，还送来四名军医。经过学习和教育，有3名军医后来努力为我们工作。

在党的培养和教育下，我们的医务人员充分发挥革命的积极性，发扬革命人道主义，千方百计做好救死扶伤的工作。1932年春天，在著名的苏家埠战役中，有一位姓万的团长负了重伤。记得那天下午，万团长被用担架抬进医院后，李医生揭开被子一看，不觉大吃一惊：伤员的肠子淌在外边，周身的衣服全被鲜血染红了，脸色苍白，双目紧闭，不省人事。当时，医院连个手术台都没有啊，能收下这样的重彩号吗？医务人员都皱紧了眉头，连李医生也说："肠子都冷了怕难治。"两个担架队员见我们在犯愁，急忙说："万团长英勇作战，他的伤是让敌人的手榴弹炸的。医生同志，你们一定要救活他！"是啊，我们的红军指战员为解放劳苦大众，舍生忘死，奋勇杀敌，而我们的医院、我们医务人员的职责就是为他们服务，多治好一个伤员，就是为革命多献一分力量，难道能够眼睁睁地望着自己的阶级兄弟就这样死去吗？我走过去摸摸伤员的胸口，他的心脏还在跳动。我们决定立即给他动手术，要想尽一切办法救活他。

伤员被抬到一个安静的院子里，躺在一块经过消毒的门板上。这块门板就成为医院的手术台了。这次手术，李医生做得特别精细，只见他甩镊子镊着药棉，轻轻拭去伤口周围的血迹，又轻轻将肠子送进了腹内。院内的医务人员都围着"手术台"，注视着李医生的一举一动，心情非常紧张，生怕手术会给伤员增加痛苦，更担心会发生意外的事情。李医生在给伤员注射了两针麻药以后，便进行了伤口的缝合。经过半小时的精心工作，胜利地完成了这次手术，大家都松了一口气。当天晚上，万团长醒过来了，并且开始说话了，这时，医务人员都为能够使一位伤员起死回生而欢呼。在同志们的精心护理下，两个多月后，伤员的伤口愈合了，很快地恢复了健康。万团长临告别医院、返回部队时，流着热泪说："红三医院是伤员的家，你们就是伤员的亲人。我这次返回前线，一定要英勇杀敌，报答同志们的一片情意！"

为了使红军伤病员早日恢复健康，重返前方杀白匪，我们的医务人员总是想尽一切办法照料他们，改善他们的生活。当时，生活比较艰苦，医务人员的伙食费很少，但我们总是把有限的菜金节省下来，用以改善伤病员的伙食。比如吃菜，炊事员经常用伤病员吃剩的锅巴放点盐，炒炒当菜吃，或者上山挖野菜。洗衣队的同志特别辛苦，起早贪晚给伤员洗衣服，白天还要挤时间上山挖野菜。

记得那是1931年夏天，第三冲分院指导员王琼如，带领6位洗衣队的同志上山挖野菜。那天天气很热，一位同志中了暑，昏迷不醒，可山顶上连口水都找不到，没有办法，只得将他背到一户老乡家里抢救，用米汤将病人灌醒。但不幸的是，他的这一切活动被敌人发觉了。敌人将我们的6位同志抓去一顿毒打，威逼他们招认是共产党、红军派来的探子。王琼如等同志拒不承认，未吐半点实情。在乡亲们的援助下，他们才从虎口逃生。6位同志带着遍体伤痕回到了医院，但每个人都挎着堆满一篮的花儿菜，完成了自己的任务。

在医院工作期间，同志们常常想到这样一个问题：我们的红军是一支了不起的军队，我们的战士都有着坚强的革命意志。在他们负伤进院的第一天，就开始盼望伤势痊愈，重返前线杀敌；住院治疗、休息，对他们来说好像是在受一种"惩罚"。因此，我们不仅要使伤病员的物质生活得到改善，还要考虑如何安排他们的精神生活，使他们能够安心而愉快地治疗、休息，早日恢复健康。

1932年春节，霍山县苏维埃派出几十个人组成的慰问团特地来医院慰问演出，给了伤病员很大的鼓舞。这件事启发了我们：医院为什么不办一个俱乐部呢？

经过特委和军委的同意，我们很快就在医院旁边盖起一座俱乐部。俱乐部里有舞台、幕布，有胡琴、笛子和锣鼓等乐器；还用松木支起当座椅，虽说因陋就简，坐在里面看戏倒也比较舒服。医院的工作人员一面加紧工作，一面利用工作空隙时间排练节目。第一次演出节目有话剧、歌舞等，很受伤病员的欢迎。演出时，场内不时掌声雷动，一片欢腾。我们每隔半月至一月为伤病员演出一次，除重伤员外，大家都来观看。许多伤员看过以后，还模仿着演出节目里的歌舞曲调和舞台动作，又是唱又是跳，病房里不断传来愉快的笑声……

在那战争的年代，第三红军医院的同志们，工作得十分紧张、艰苦，但一想到自己的职责和工作的意义，同志们都说："为革命吃点苦算什么，不吃今天的苦，哪来明天的甜啊！"

（张世祥、马贤炯　整理）

原载中共金家寨县党史办公室编：《立夏节烽火》（续集二），内部出版，1986年，第31～36页。

回忆许继慎烈士

◎ 胡允恭[①]

许继慎（1901—1931）同志的一生仅有30年。他从16岁起的中学时代便参加了新旧民主主义交替时期的社会解放运动，成为安徽学生联合会的最年轻的前锋战士。从学生到红军第一军军长，为时仅11年。这11年，他是在革命斗争中，在中国共产党哺育和周恩来同志培植教育下成长的。他没有辜负党和周恩来同志的培养，为党为人民立下了许多战功。他几次在战场上身中多处敌弹，血染战衣，还不肯退出战场，受到党的多次表扬。

然而，他于1931年在鄂豫皖苏区，在刚立下几次辉煌战功之后，竟被当时窃夺党政大权的张国焘和陈绍禹（王明）等诬以第三党分子和投降蒋匪的罪名，加以杀害。与此同时，和继慎一起在鄂豫皖苏区的军事政治干部如师长肖方、周维炯，政治部主任熊受暄、副主任薛卓汉等同志，约2000多名同志均受其害。

解放后，在党中央、毛泽东同志和周恩来同志关怀下，组织专案调查，终于澄清了这一冤案。1955年党中央做出《为恢复许继慎同志等党籍名誉决议案》的决议，使蒙受冤屈的同志得到平反、昭雪。叛徒张国焘和陈绍禹等的罪恶，才得以公开暴露于全国。

许继慎同志一生的斗争事迹很多，本文仅回忆他的几件重大的斗争及其被谋

[①] 本文作者系南京大学历史系教授、许继慎同志的生前挚友。

杀的内幕，进一步揭露张国焘和陈绍禹等的罪恶。

在黄埔军官学校

1924年春，孙中山先生获得苏联的帮助和中国共产党合作，创立了广州黄埔军官学校，培养革命部队的骨干。许继慎同志在上海考取了军校，不久和曹渊同志、彭干臣同志等赴广州进入军校。

继慎这次考入军校，实现了他追求已久的投笔从军志愿。他在安徽学生界斗争中，开始是响应五四运动，接着是反对段祺瑞在安徽的爪牙——文官如省长李兆珍、许世英，武官如督军倪嗣冲和马联甲（旅长兼芜湖镇守使）等的斗争。许、李虽被先后驱逐出皖，但倪嗣冲、马联甲因有枪杆在手，悍然杀害皖省学生姜高琦、周肇基，并枪伤青年学生数十名，造成1921年6月2日惨案。安徽各界千万人发宣言，发通电，声讨倪、马，倪、马不但没有被驱逐，反而依然杀人放火，为所欲为。因此，继慎感到没有人民自己的武装，军阀乃至帝国主义是打不倒的，其他青年也有同样感觉，所以黄埔军校第一期招生，安徽青年投考被录取的达数十名。

继慎进入军校，开学编队后，每日操练、听课，日不暇给，总是全力以赴。经过两个多月的军校生活，他对操练和军事课，不再感到十分紧张，他才有较多时间学习革命大道理。当时，除孙中山先生讲解《三民主义》外，便是军校政治部主任戴季陶讲述他的谬论。戴的谬论初听似乎有些道理，后来他一直是反复着什么"共信不立，互信不生，互信不深，团结不固……"细细想来，这不是说，只准有一个共信，不准有其他信仰了吗？直言之，除去信仰"三民主义"，就不准信仰其他主义。因此，继慎感觉到戴季陶是在提倡反共。然而，孙中山先生却主张联共，讲述三民主义时，时时提及共产主义。再听军校党代表廖仲恺先生讲话，总是联俄、联共、扶助农工三大政策，从来不曾讲到只准相信三民主义，不准相信其他主义。因此，继慎对戴季陶的讲话，发生了重大疑问。于是，他格外努力学习三民主义和马克思主义的著作。

继慎在安徽省学生联合会中曾担任联络部长（该会会长为舒传贤同志，是后来开辟皖西苏区的主要领导人，也被张国焘等所杀害），为人活泼机警，善于交际。因此，进军校不久便认识了同学蒋先云同志，常常和他评论戴季陶的主义。

先云同志比继慎要大四五岁，早已加入中国共产党，而且在安源煤矿工作一段时期，不但有马克思主义修养，也有工作实践经验，不同于普通青年学生。通过先云的帮助，继慎不但识破了戴季陶的谬论，同时逐渐理解了马克思主义的真理。当时的马克思主义书籍，在中国的译本不多，容易看到的只是陈望道同志译的《共产党宣言》、恽代英同志译的《阶级争斗》（当时把斗争说成争斗），还有考茨基的《唯物史观》（译本）、陈独秀的《马克思主义十讲》（只看到广州印行本）。后两本小册子，从今天看内容有问题，但在当时还是风行的。继慎很快读完了这几册书籍。

不久，黄埔军校学生大多数对戴季陶失去信仰，他的黑货在军校渐渐没有市场。因此，戴季陶既不请假，又不辞职，灰溜溜地离校而去。

接着是周恩来同志到军校接替政治部主任。

恩来同志是法国留学生，当时虽是年轻，但已表现出杰出的共产党员作风。他刚到任，便在军校传开了。继慎因先云的介绍，不久也接近了恩来同志。继慎钦佩恩来同志的平易近人的作风，严于律己的态度，把他当作良师，时常有所教益。在恩来同志的教育培植下，继慎在马克思主义理论方面有了较大较快的进步。1924年冬，继慎加入了共产党。

此时，继慎的马克思主义的世界观也初步确立了，决心为革命奋斗终生。他一直把恩来同志当作良师，先云同志当作益友。同时也诚心向群众学习。

在两次东征时期

1926年底，继慎在军校毕业。由于他刻苦学习，在军事、政治和理论方面，都有一定的造诣，并且决心把学习所得贡献于革命。毕业后，担任军校新编的教导第二团（团长钱大钧）的排长，认真地训练新兵。

1925年2月1日，广州大元帅府组织第一次东征。当时叛军陈炯明、林虎两部占据东江各县。由于孙中山先生在北京病重，叛军妄想乘机进攻广州。大元帅府为先发制人，大举东征。东征军名义以许崇智的粤军为主，也有谭延闿的湘军少数部队参加。东征军总指挥由许崇智担任。

蒋介石当时以军校校长名义率领新编成的教导第一团（团长何应钦）和第二团

从征。同时把黄埔二期生编为 6 个中队，合编成预备队，随军东征。周恩来同志以军校政治部主任名义参加东征（恩来同志当时担任中共广州地委会军委书记），亲到前方，指导军中党员努力作战。

教导一团、二团，除团营连长外，连党代表、排长、副排长，全是军校一期生。这是一支新生的革命力量，在东征各战役中，都起了模范作用。例如淡水、阿婆两大战役，都是以少数兵力抗击林虎部数倍兵力。继慎在两次大战役中因功升为连党代表。棉湖战役中，第二团遇到林虎一师兵力的抵抗，敌军一部分直逼到二团团部附近，继慎和他的连长坚守前沿阵地，阻击敌人不使其前进一步，继而得到第一团曹石泉连长（党代表曹渊，二人都是共产党员）的全连增援，经过数小时的战斗，才把敌人击退。在第一次东征中，继慎和曹渊同志都因功升任连长。

第一次东征刚收复汕头，全军不及休整，滇军总司令杨希闵、桂军总司令刘镇华又在广州称兵谋乱。东征军回师歼灭滇、桂军，安定了后方。可是陈炯明、林虎两部又乘机占领东江。

1925 年 10 月，广州国民政府（中山先生死后，大元帅府撤销，正式组成国民政府，汪精卫任主席）举行第二次东征。

蒋介石这时已组成他的党军第一军，自任军长（后改称国民革命军第一军，何应钦任军长。其他湘军、粤军才相继改称国民革命军），并担任了东征军总指挥。恩来同志任总指挥部政治部主任，参加了东征。

第二次东征由 10 月起至 11 月底便完全收复了东江各地。

在这次东征战役中，继慎同志每次作战，都表现得特别英勇，而且他创造一大奇功：在战斗过程中，蒋先云同志被恩来同志派遣为党的前线特派员，指导各团营党员努力作战。先云在第一次东征时两次受伤，升营长，再升为一军三师七团党代表，因需常驻前线，调继慎为七团党代表办公室少校干事，代理党代表。11 月中旬的兴宁战役，三师某团遇到陈炯明的一师兵力的抵抗，激战后溃败下来。某团长慌张得脱去军装，穿内衣骑大马向后方奔逃，他的部队也落荒四溃。正在千钧一发之际，继慎率七团两个连赶来增援，还有其他部队也赶来，继慎看到某团长的狼狈情况，骑马奋力赶上该团长，半说服半强迫，促使该团长穿上军服共同迎敌。

敌军看到我方增援部队四集，某团长回军作战，其溃部也转回再战，顿时惊慌失措，终于被我军击溃。这一战是陈炯明军的最后一战，溃败后，全部退向江西境内。第二次东征全部胜利，某团长转败为胜，升为少将，继慎同志不但不谈战功，更缄口不谈说服（堵回）某团长一事。但此事不胫而走，在七团终于传开，蒋先云据实向周恩来同志做了汇报，继慎得到了党内表扬。

第二次东征结束后，东江完全收复。此后，窃据海南岛的叛军邓本殷部也被李济深的第四军的南征军歼灭，海南各县完全收复。同时广西李宗仁部自动投归国民政府，编为国民革命军第七军。两广正式宣告统一。

当年国民政府统辖下共有7个军，其实只有6个军（第五军李福林部系地方民军和土匪编成，始终不离广州南岸，只负五军虚名而已），兵力合计不足7万人，其中蒋介石兵力最为雄厚。他的第一军编制庞大，各团部大都有学兵连或政治大队，还有军校二期、三期入伍生2000名，湘军讲武堂学生近千名又并入军校，蒋军兵力实数近两个军。因此，蒋介石于第二次东征胜利后，跋扈傲慢，虎视两粤。

野心家、流氓总是贪得无厌。蒋介石原是不讲任何信义、任何感情的流氓，他的字典中只有利害和权力。第二次东征胜利后，不及休息，蒋介石突然在潮州西湖公园大餐厅设宴招待连以上的军事、政治工作人员，借此挑起了一次辩论。

开会时，大餐厅中挤满参加宴会人员，至少有300多名（沿韩江两岸驻军干部大都到会）。周恩来同志、蒋介石以及第一军中孙文主义学会的头子缪斌（某师党代表）同时进入会场。蒋立即宣布开会，并定下调子说，现在两广统一了，根据总理（指孙中山）的遗志，必须立即北伐，会师武汉，统一全国。敌人力量还很强大，要打倒敌人，必须内部先统一思想，统一行动，然后才能对敌。我们内部思想没有统一，行动也难以一致。本总指挥今天以不偏不倚的态度，听取大家发言，不问国民党员、共产党员，可以各尽其所欲言，等等。

缪斌接着首先发言（很长），从头到尾，都是在贩卖戴季陶的共信、互信等等。最后他提出共产党员不必在国民党内部进行革命，可以独立奋斗；国民党员不跨党（指不加入共产党），共产党员何必跨党呢？极力主张分裂。他说完话，仅有稀疏的掌声。

接着是贺衷寒、酆悌、曾扩清等孙文主义学会头子等发言，内容亦是重复缪斌的讲话，不过更露骨，更反动，主张应立即分道扬镳。显然流露出：共产党离开国民党，便不能存在。

我方首先是蒋先云同志发言。先云平日性情较急，那天发言极其沉着。他指出，孙总理以四十年革命的经验，认清中国革命道路，决定联俄、联共、扶助农工三大政策，取得国民党员绝大多数同意，这是总理的战略思想用之于实践，不是偶然的决策。我可以说：共产党现在不反对革命的资产阶级，将来也是这样。而且共产党的诞生，适应中国社会条件，它初建立的时期，原来是以单独革命为目的，决不依靠其他党派。联合国民党，是后期国共双方提出的，我认为共产党是愿意遵守三大政策的。分开和合作，总应以有利于革命为重（大意）。

许继慎同志最后发言，他用作战勇怯，说明对革命忠实和不忠实。他当场指着蒋先云同志，说他第一次东征时，两次受伤，第二次敌弹射穿他的左腮，伤痕还在，人所共睹，共产党员唐同德（营长）冲锋陷阵，牺牲于战场，连长、排长牺牲的更属常见。即以我本人来说，攻惠州（按：惠州城小而坚，又有惠阳城相犄角，易守难攻）时，我不但立于城下指挥战士爬城，也亲身爬城。但是攻城指挥官某团长却在敌人猛烈的炮火下丧了胆，从阵前逃走。这不仅是勇敢不勇敢的问题，主要是忠实不忠实于革命的问题。

蒋先云、许继慎等发言，博得热烈的掌声。

其他国民党左派（按：当时的左，指革命者）青年和无党派青年发言，总是反对分裂，无意中赞成蒋先云等意见。

蒋介石似乎感到缪斌等辩论失败了，但没有表态，匆匆宣布散会。事后，恩来同志在汕头召集了在一军工作的少校以上的同志开了一次会，指出潮州会议是分裂的预兆，表扬了蒋先云等同志，指出他们不但作战勇敢，也善于斗争。这次辩论，我们赢得了大多数左派青年军事、政治干部的同情，胜利属于我方。右派分子不会甘心失败，他们总会另有阴谋诡计。

次年3月20日，蒋介石的反革命政变（又称中山舰事件），便是潮州会议的扩大和公开化的表演。

参加北伐和击败夏斗寅的叛变

1926年，广州国民政府举行北伐。5月下旬，中共新编成的由叶挺同志领导的独立团和第四军十二师三十五团（团长缪培南）最先出发。当时,湖南的唐生智（原湖南督军叶开鑫的第四师长）一度驱逐了叶开鑫,占领了长沙。但是吴佩孚援救了叶开鑫重新夺回长沙,唐部即退到衡阳、郴州一带。叶开鑫部继续进攻,唐生智派人远道投靠国民政府,被委任为国民革命军第八军军长兼北伐军前敌总指挥。独立团、三十五团提前出发旨在援救唐生智部,沿途作战前进。

许继慎同志此时因担任国民政府高级训练班（班主任周恩来同志,受训人员全是3月20日政变退出一军的共产党员和国民党左派,其中也有无党派的青年军政干部）第二中队长,留在广州。

7月1日,蒋介石就任国民革命军北伐总司令职,誓师北伐;第四军副军长陈可钰也于本月初率领第十师（师长陈铭枢,共3个团）、第十二师（师长张发奎,这次只是黄祺翔三十六团1个团）共4个团出发前方。这时继慎同志被调赴前方担任独立团第二营营长,随十二师到达浏阳。

独立团因酷暑正驻浏阳休整。继慎到后,叶挺同志和团参谋长周士第同志对他极表欢迎。第一营营长曹渊同志,第三营营长肖若定同志伴送继慎到第二营就任,全营官兵沸腾般欢迎新营长。

天气不论怎样热,继慎成天和官兵在一起,夜晚还和官兵三五人或一二人聚谈。半月时间,和全营官兵已大致熟悉,上下团结。他非常兴奋,认为这样部队可以作战,可以制胜,堪称党的武装,人民的武装。

浏阳休整后,第一个大战役是强渡汨罗江,进攻平江。

汨罗江源出江西修水县,流经湖南平江直至湘阴县,有支流南出通湘江,长约400里,冬日水涸,可以徒涉;夏日水涨,帆船畅通。这条江固然不能称为大水,但在夏日也是平江城军事上的天然屏障。

当时吴佩孚窃据武汉,自称十五省联军总司令,拥有各种杂牌军,号称20万。我方北伐军的战略:打倒吴佩孚,驱逐英帝国主义。所以北伐军初期打击的对象是吴佩孚的部队。浏阳、长沙攻下后,叶开鑫部已不堪一击,强渡汨罗江、攻平江便是和吴佩孚直接作战。

继慎初到独立团,夏日的第一战役是强渡汨罗江攻平江,据他说,这是考验他的第一次大战役,因此他十分慎重,详细考虑汨罗江的扼要地带和吴佩孚对汨罗江的防务部署。

据我方侦察：吴佩孚对汨罗江早有部署，沿汨罗江北岸和平江接壤的地带，都有驻军防守。平江县城有他的旅长兼镇守使陆沄两个团驻防，临时又增派3个团，加上浏阳、长沙等处溃下的3个残余的团，共有8个团兵力。吴佩孚本人极重视这道防线，传说他已乘火车驻贺胜桥北面，监督陆沄防守战，自称汨罗江防守为长蛇阵，是攻不破的天险。

我方的兵力，在浏阳一条线上主要是第四军十师、十二师6个团（独立团受张发奎指挥），其他如唐生智部仅有少数兵力正自长沙北上中，距汨罗江还远。

8月20日，我军开始进攻，指挥官是陈可钰（四军副军长）。但他和第十师还在后方，指挥攻平江的是张发奎。实际上仅有3个团，十师陈铭枢3个团的兵力，在第二线，艰险的任务总是由独立团担任。凌晨，全团在叶挺同志指挥下强渡汨罗江，第一营曹渊、第二营许继慎、第三营肖若定，强渡后向城西北一带齐头并进。敌人的枪弹如雨，全团官兵没有一个畏缩不前，迅即包围平江西北面。三十五团、三十六团跟踪独立团渡江，三十五团很快按计划抢占平江南面一座小山，从正面攻平江，三十六团攻东南面，7时左右开始攻击，小山和平江城仅隔一道小河，可以徒涉，北面的敌军多于我军，我方没有冲锋，敌人也一直取守势，只是炮火互击（按：笔者当时名胡萍舟，北伐开始才调到三十五团担任政治指导员，遵照中共前敌委员会书记聂荣臻同志的指示，政治工作人员必须亲临前线）。一直延续到下午一时左右，敌军阵地突然慌乱起来，接着是争先逃命。原来是独立团绕到平江西北，以迅雷不及掩耳的攻势，摧毁了敌军的许多工事，直抵北门，包围了西北面。敌军司令陆沄换上了白绸衣裤，刚逃出司令部，叶挺同志和二营长仅带少数卫兵已逼近敌人。继慎抢前一步，大声喊话："投降不杀。"陆沄慌慌张张，不知所措，随即拔枪自杀，倒卧在司令部门前右侧（当时报刊记者说陆沄阵亡，非事实）。三十五团、三十六团也从南门攻入，和独立团会师城内。

战后，继慎同志在百忙中写了一篇《平江战记》。首先，认为他在东征两次战役中，没有真正知道什么是战争。这次战争是团长和全团官兵替他上了一次战斗课。最后说，他现在才懂得"两军相对，将勇者胜"的道理。《步兵操典》上说"万众一心"，只有共产党的部队才能做到。对于叶挺同志，他认为是未来的无敌将军，现在的铁人。

他具体写道:"在这次战役中,团长始终手执团旗跑步前进,全团官兵谁也不甘落后,大家全是浑身泥水、汗水,不休息,不拂拭,争取一分一秒的时间,才取得这次胜利。"战士们说,团长真是飞将军,可是叶挺同志从来不讲一句自己的优点和战功。

汀泗桥之战,是北伐战争史上重要一页。26日9时,我军开始进攻,三十五团攻正面,三十六团攻上游,独立团绕道下游强渡河流,包剿敌后。深夜,一面用少数部队猛攻,强渡河流,大部队则从隐蔽处偷渡,沿小山前进。次晨,独立团旗帜飘扬在桥的东北面,枪声突起,敌军不知所措,纷纷溃散,许多官兵拥挤争路,淹死在桥西北大水塘中,吴佩孚大刀督战队争先逃去。汀泗桥之战,为时不及24小时,即获全胜。

战后独立团受到军部传令嘉奖,三十五团某营马营长感慨地说:看到独立团全体官兵汗水、泥水满身,几乎每个人手足都被荆棘刺伤,衣服挂破,真令我们惭愧。

吴佩孚对汀泗桥失陷,气得要死,驱大军2万多人进驻贺胜桥南面,他本人也乘火车过桥,决心亲自指挥,坚守贺胜桥,阻击我军前进。

我方先使用两个师兵力(十师、十二师),由陈可钰指挥(实际是邓演存指挥)。独立团自告奋勇,担任先锋,继慎二营攻左侧敌军,和一、三营进展迅速,吴军节节败退。继慎抽调一个连插进敌人的右前方,亲自率领冲锋,意在从侧面射击吴佩孚的火车。尽管敌弹横飞,他总是勇猛前进,不料一颗子弹从他左肋穿入,右肋穿出,血流如注,顿时昏倒在地。敌人乘机进攻,幸第一营营长曹渊同志率领部队冲入敌阵,抢救了继慎,击退了敌人。

十师、十二师各军同时进攻,经过一昼夜激战,次日上午敌军全部溃败。吴佩孚乘火车北逃,通过贺胜桥,他的官兵不及躲避的,被碾死撞死,不计其数。贺胜桥即被我军占领。

当我军通过大桥时,铁道两侧被火车撞死的官兵纵横堆积;挂在桥下铁栏上断手断足的敌军,向我军呼号,请求补上一弹,让他们迅速毙命。过了桥,北面的两边许多小柳树上悬挂着十几颗人头,有的砍掉了头,尸体还直挺挺地跪在地上。据俘虏说,这些被杀者,全是战败的团、营长。铁路两边,除尸体外,面粉袋堆积如山,可见吴佩孚准备在这里死守。

继慎因伤重,直到本年12月才出院,健康还没有恢复。次年(1927年)叶挺同志已升任二十四师师长，下属3个团：七十团团长蒋先云，七十二团团长许继慎，七十五团团长孙一中。继慎即时到职，悉心和副团长廖运泽（现任江苏省政协副主席）训练新兵，不敢轻视党交给的任务。

1927年2月间，武汉国民政府继续北伐，全部北伐军是唐生智的3个军，张发奎的两个军，唐任总指挥，张为副总指挥。叶挺同志被任命为武汉三镇卫戍司令。蒋先云团拨归张发奎指挥，参加北伐，所以武汉叶部只有两个团。

入豫北伐军迎击奉军张作霖部，张发奎部沿铁路直进，担任前敌指挥。蒋先云团为先遣部队，进至临颍，攻奉军军长兼前敌指挥官富双英部。这个军是奉军的精锐。先云同志率领全团冲锋，腿部重伤，但双方正在激战，先云不肯退出火线，骑马指挥，头部中弹牺牲。他的参谋长、副团长（二人姓名忘了）同时牺牲，全团官兵伤亡惨重。

由于先云团官兵的英勇作战，富双英的一军也被打得零落不堪，富双英当了俘虏。临颍之战，成为河南战役最出色的一战。

继慎听到先云的牺牲，一度陷在极端悲痛中。他最理解先云的人生观，先云向来只知道革命，把个人生死置之度外，先云的死是党的损失，革命的损失！

当时，蒋介石已投降英美帝国主义，得到英美和东南财阀虞洽卿、张静江等辈的帮助，已经公开反对革命。不久，即在南京成立了他的御用的国民政府，和武汉国民政府形成尖锐的对立，所以武汉形势相当紧张。

5月14日，武汉形势更加紧张，市面传说驻在岳阳的独立第十五师夏斗寅部（原受唐生智指挥，驻岳州。夏逆在北伐前亲赴广州勾结蒋介石，已成蒋的爪牙），向北移动，准备偷袭武汉。接着证实了这一消息。夏逆受蒋介石收买，乘武汉空虚，用4个团攻武汉，企图摧毁国民政府，主旨在大肆屠杀共产党。武汉国民政府命令叶挺同志负责讨伐夏逆，当夜宣布戒严，各民众团体，全部公开动员，担负起保卫大武汉的责任。

叶挺同志奉中共中央军委会的命令：必须严申军令，上下一致，有胜无败，击溃夏逆。连夜集合连长以上的军官开会，宣布我党的号召：彻底击退夏逆，保卫武汉革命根据地，同时执行国民政府的命令，把武汉中央军事政治学校数百名学生，编成独立师，作为总预备队。本夜（14日）乘火车出发（近代史大都说，武汉政府把叶挺部从河南前线调回讨伐夏逆,是错误的)。

据当年亲身参加讨伐夏逆的廖运泽(七十二团副团长)同志回忆说:"当火车刚到纸坊(地名,距武昌仅20里)附近,急报:夏逆部队已距纸坊不远。我军全部即刻下车,按作战计划:七十二团向纸坊铁路东面布防,铁路旁有数间小屋,可以掩蔽;七十五团向铁路西面布防(距铁路附近,西面有一口大水塘,敌人不易接近铁路)。布防既定,敌军已吹起冲锋号,蜂拥扑来。"当时敌势甚猛,首先同七十二团展开激战。七十二团两个营、一个政治大队向铁路前进,只有一个营随着团部。敌军用两个团扑向团部,包围了团部。继慎当机立断,发出命令说:现在已处在生死关头,必须死中求生,一定要击退敌军!接着手执团旗,率领一个营和机枪连、特务连以及团部勤杂人员编成的冲锋队,奋勇冲击,顿时把敌人包围冲断。敌军一小部分向我团后方前进,立被我军歼灭。继慎率领官兵接连冲锋,激战约3小时,敌军后方动摇,有溃退迹象,继慎一面令吹起紧急冲锋号,一面跑步前进。不料一颗敌弹穿透他的左肋下部,血流如注。他决无稍顾,依然手执团旗率部冲锋,再一颗敌弹穿透右肋,血染征衣,倒在血泊中。卫生队赶上救出继慎,全团由副团长廖运泽率领继续冲击,终于击溃敌军。

铁路西面的敌人,也被七十五团击退。

这一战,叶部伤亡较重,夏逆部被击毙、击伤和生俘人数,据当时估计至少有2000多人。虏获枪炮马匹,应有尽有。

战后,叶挺胜利归来,受到武汉三镇十万群众热烈欢迎。

总政治部号召各军政治部组织大规模的慰劳队,携带物品,分赴各医院慰劳伤员。继慎上半身全是绷带,面无血色,瘦骨嶙峋,但依然谈笑如常,没有呻吟和痛苦的表情,绝口不言战功。

不负公开名义的统战工作

1927年7月15日,汪精卫等叛变革命,宣布反共,在国民党军政机构工作的共产党员已事先全部撤退,第一次大革命失败了。中共中央领导人如周恩来同志、朱德同志、叶剑英同志、叶挺同志、聂荣臻同志等决定起义,以挽救革命。南昌起义前，周恩来同志认为如许继慎同志等重伤人员，需要疗养，不能参加。继慎遵照指示，回到上海休养。同年12月广州起义前，继慎受叶挺同志的电邀，到了广州，因身体太弱，再回上海。

这两次大起义，继慎因伤失去参加机会，引为终身憾事。从1927年秋至1930年3月，继慎一直在上海。从表面看，党中央没有分派他担任具体工作，似乎是闲居。实则不然，党中央军委会书记周恩来同志给予继慎一项不负公开名义的统战工作，直接归中央军委领导。

当时，安徽一大批遗老如旧军人柏文蔚、王龙廷、岳相如、袁子金、李小南等，旧官僚如管鹏、常藩侯等，西山会议派何世桢、何世枚、凌铁庵等，这些人在北伐战争前后，大多数拥蒋反共。可是蒋介石定都南京，迫使汪精卫、谭延闿等投降后，他对安徽这般遗老，便一脚踢开了。例如柏文蔚在北伐时还担任三十三军军长、北路宣慰使，后来三十三军、北路宣慰使同时撤销，柏文蔚只好缩在上海做寓公。蒋介石第一次到安庆，捣毁了省党部，令管鹏重组省党部并担任主任委员，又一度代理省政府主席。因此，管鹏大捧蒋介石，极力反共。后来蒋家天下"安定了"，就把管鹏职务完全撤销。这位反共健将，不甘寂寞，拜亲托友，多方活动，辄遭失败，退到上海过着灰溜溜的生活，从此不再吹捧蒋家王朝。

这些遗老，大都被蒋介石摒弃，穷愁潦倒。然而他们还多拥有一些"群众"标榜门户，自行其是。

当然，其中也有少数自爱自好者，如王龙廷、李小南等，他们从不拥护蒋家王朝，没有捞到一官半职，也没有公开反共，一直在上海过着地主生活，颇有声誉。

继慎通过同乡前辈朱蕴山（他们都是六安人）的关系，打入安徽留沪的遗老群中。他唯一的工作，是说服诱导这些遗老彻底认清蒋介石反革命的本质，指出他投降英美帝国主义，依靠东南财阀，违反全国人的愿望的叛逆行径，使这些遗老们认清蒋同冯、阎、粤、桂各派军阀连续不断的战争，给人民带来了灾难，蒋家天下是不能维持长久的。初期，继慎虽很少提及共产党的光辉远景，但向遗老们暗示，要珍惜黄花晚节和子孙光明的前途，不要再作蒋家冯妇。失意的遗老们，终于接受意见，感情愈来愈融洽。

前辈朱蕴山，在安徽遗老们眼中是药中的甘草。他由一位青年秀才加入同盟会，先反清王朝腐朽卖国,接着反袁世凯称帝。当蒋家王朝凶焰万丈时,他总是特立独行,不唯不屑一顾,且积极反蒋,安徽遗老们又认为他是疾风中的劲草。因此,遗老们也有学习朱蕴山的,更欢迎许继慎。

继慎为人外圆内方,他虽然取得遗老们的好感,为的是统战工作,从来不和遗老们有经济上的联系,只有朱老偶或在经济上的支援,他则坦然接受。然而朱老总是时常在贫困中,所以经济上的支援,远不如精神上的赞助。

当年安徽的遗老,由于继慎的争取,很少人再度投入蒋家的政权中,绝少人公开反共。

解放后,柏文蔚虽死,他的遗体还在北京八宝山安葬;何世桢、袁子金、岳相如都还健在,因为这些人后半生没有反共的言行,都得到党的适当的照顾。此时,他们才感谢继慎从前对他们政治上的帮助。

辉煌的战功和悲惨的结局

1930年3月下旬,中共中央军委会(书记周恩来同志)决定派许继慎同志赴鄂豫皖苏区整理各师,合编为红军第一军,任命继慎为军长。同时派熊受暄(英山人,黄埔三期毕业)同志为军政治部主任。薛卓汉(寿县人,广州农民运动讲习所学生,曾担任毛主席秘书)同志为军政治部副主任;张有余、王子堂、李坦(均寿县人,黄埔军校四、五期生)、吴勤吾、吴震(凤台人,黄埔军校四期生)等同志,近20名,分赴鄂豫皖苏区协助继慎。

许继慎同志行前,有两三位同志为他送行。继慎平时不吸烟不饮酒,本晚大醉,频频吻他的一岁多的婴儿民庆,表示这是生离死别。他发誓:此去必须为党为革命,为自己的家仇(他的胞弟许希孟于1929年在六安独山被国民党杀害),同蒋介石国民党做决死战,但求马革裹尸还!誓毕,情不自禁地泪下沾衣。

朱蕴山前辈知道继慎有说不出的隐痛:自希孟牺牲,家中被匪军抢劫一空。继慎的老母亲和希孟妻子等被赶走,流落他乡,失去联系,继慎向来不忍谈及。朱老为此即日东奔西走,向亲友筹借一笔现款,交继慎带去,设法送给他母亲等,聊以为生。继慎对朱老虽十分感谢,但也深悔连累前辈为他负债。可以说,继慎对党、对革命、对家人、对朋友都能恩怨分明，忠诚坦白。

继慎到了苏区，整顿部队，建立制度，将鄂东北、豫东南、皖西地区三支武装迅速组成了红一军，他任军长。师长有周维炯、肖方等人，都是忠于革命久经战斗的青年将校。据中共中央专跑鄂豫皖的老交通陶秉哲（寿县人）说，1930年红一军乘着蒋、冯、阎三大军阀混战的机会，时常出击，在皖西先后攻克霍山、英山、罗田等县，在皖豫交界处攻克光山、罗山，在鄂东北攻克花园、云梦等县。全军扩大到6000人，组织严密了，战斗力也大大加强。11月间，蒋介石对鄂豫皖根据地发动第一次大规模"围剿"，继慎率红一军东征皖西，在东西鲜花岭歼敌3个团，接着在商城四姑墩歼敌一个团。至此，敌人的"围剿"遂彻底失败。当然，这一系列胜利是党的威望和路线正确的结果，但也和继慎同志亲临前线指挥作战是分不开的。

1930年秋冬之际，"立三路线"被纠正，李立三下台，陈绍禹在第三国际东方部长米孚（译音。此人系暗藏托派，1938年被斯大林查出镇压了）直接支持下，乘机而起，窃取了中共中央委员、中央政治局委员，又窃取了当时最有实力的江苏地下党省委书记（当年上海不设地下市委，全市只有几个区委，归江苏省委领导，实力雄厚）大权，踌躇满志。

张国焘等还挂着中共中央委员空头衔，小帮派弹冠相庆。

1931年1月初，陈绍禹召集了六届四中全会，一致通过了他的"左"倾路线。反"立三路线"最早的实力派何孟雄、李求实等36名同志，立即站出来反对陈绍禹的四中全会，罗章龙同志接着也站出来反对。

陈绍禹虽然有米孚支持，又窃夺了党中央的大权，但这个小帮派，事实上是架在空中，没有实际工作经验，没有群众，基础不稳。

张国焘这个老奸巨猾的家伙，认为勾结陈绍禹的机会来了，立即抛出一篇黑文，名曰：《拥护四中全会与两条路线战争》（刊在1931年《实话》第九期上。《实话》是立三时创办的，中央经济、政治专刊，每月一期，每期一册，共出十三期）。这篇黑文，没有提出具体主张，只是吹捧陈绍禹的政治路线完全正确。对何孟雄、李求实同志等反立三有功的人们，不敢涉及。只对罗章龙大加指责，说他是破坏党中央团结的罪魁祸首，是叛徒、特务等等。当时不少同志都斥之为无耻，指出这是张国焘向陈绍禹抛出勾结的一条纽带。

果然，陈绍禹看到这篇黑文，如获至宝，从此和张国焘如家人父子。

同年1月27日，用党中央名义做出《开除罗章龙出党的决议》，反四中全会的风波，至少在表面上平息了。陈绍禹的统治地位得以巩固。

同月，红一军和十五军会合，并编为红四军，按能力、资历和兵力来说，红四军军长应是许继慎。然而党中央（陈绍禹）竟强令鄂豫皖特区任命旷继勋为红四军军长，许继慎降为红四军的一个师长。这种错误的决定，显然是别有阴谋的，主要是继慎指挥的部队坚强善战，是忠于毛泽东同志军事路线、忠于党的革命部队，红四军作为鄂豫皖苏区的主力，陈绍禹不能不把它控制在自己的手里；同时，许继慎在皖西苏区一年来对大地主、大恶霸，予以沉重的打击，引起陈绍禹的不满。陈绍禹的近亲族多是大地主，他的嫡堂兄陈铁（解放初逃台湾），不但是大地主大恶霸，还是皖西CC系的头子，继慎没收了他的全部财产，逮捕了他的许多爪牙。陈家的亲属，逃往南京、上海的都有人在，陈绍禹暗中和这些人有勾结来往。舒传贤同志在上海和我谈过，他所以同陈绍禹谈不拢，就是陈绍禹批评许继慎和他（舒）在六安令地主扫地出门（其实就是针对打击陈铁等罪恶累累的特务头子而言的），是错误的。此外，陈绍禹降继慎的职，意在迫使继慎离开红军，他再慢慢收拾旷继勋（后来许死，旷不久也被谋杀了）。

不料继慎降职后，不以介怀。

同年1月和2月间，继慎参加出击平汉线作战，率领全师迎击岳维峻的整编师（整编师等于一军），激战于孝感双桥镇。继慎身先士卒，勇猛进击，全歼了岳师，活捉了岳维峻（章明同志写了一篇回忆录《活捉岳维峻》，详述了战况。此文收在《星火燎原》二集）。同年夏天，继慎和红四军领导同志经过与张国焘争论后，南下向外进攻，攻克英山。主力继续出击蕲春、黄梅、广济，继慎的红十二师在英山掩护后方，战绩卓著。

继慎同志说过："战争的勇和怯是对革命忠实和不忠实的标志。"屡次大胜，难道说他对革命有二心吗？

许师实力大增，继慎威望更高，然而他的杀身祸根也在暗中滋长。

徐向前同志所著《鄂豫皖红军的反围攻斗争》[见《星火燎原（第二集）》]中写道："正当四军大力开辟当地工作，寻机再行歼敌之际，张国焘竟借口四军'违抗分局（按：党在苏区的分局）命令'，强令北返。四军除执行分局指示外，对张国焘的错误方针及其不符合事实的指责，进行了抵制。但是张国焘无视四军南下的正确方针和胜利事实，竟将军政治委员曾中生（按：系曾中圣，黄埔军校四期生。1935年在长征途中也被张国焘杀害）同志撤职。接着又借口'肃反'，排除异己，对不少优秀的领导干部进行了罪恶的宗派主义的打击。"

张国焘于1931年4月到了鄂豫皖苏区。一到苏区，首先假借党的名义，组成他各种专政机构：自任苏区党中央分局书记，自任军委书记。舒传贤同志被软禁于金家寨，后因许案被杀。张国焘执行陈绍禹的"残酷斗争，无情打击"的方针，撤去四军政委曾中圣的职务，打乱四军的政治工作，即对继慎同志下毒手。罪名是：第一件，许是第三党分子混入党内；第二件，反抗党中央；第三件，阴谋投降蒋介石。师、团、营干部肖方、周维炯等，大都被谋害。对熊受暄、薛卓汉等政治干部，则诬为改组派，勾通许继慎投降蒋介石。凡此，都是制造的罪名。陈绍禹、张国焘等这次大屠杀是反党的开始。他们为了另创独立王国，故不择手段，除掉忠于党的干部，以消灭党的实力。

据陶秉哲口述：各乡镇、村庄，到处用墨汁涂写"打倒第三党分子许继慎，打倒改组派分子熊受暄"等大标语。

第三党、改组派等，在陈绍禹窃夺党权前，党内从未出现过这种名称。一旦党的大权被这个政治野心家窃夺后，就任意制造名称，作为排除异己、屠杀同志的口实。陈绍禹在《为中央更加布尔什维克化而斗争》一文中就提出了所谓"第三党、改组派都是当前的重要敌人"。

鄂豫皖苏区大屠杀后，张国焘等还编了一册《鄂豫皖苏区"肃反"纪要》（六十四开，小字油印本，约七八万字）。在"纪要"中，对许继慎等2000多名死者，任意编造千百条"莫须有"的罪名，简直把继慎诬蔑成"人人可诛之"的罪人。

近年张国焘在他的《回忆录》中，对大屠杀案中涉及许继慎的一案，则企图转嫁罪责于他人，妄想为自己开脱。他大致写道：许继慎不是我杀的。这个人有才干，能说会道，锋芒毕露，个人英雄主义突出，有个参谋诬告他说，他的国民党朋友又带来一封策反信，就整肃了他。因许案又整肃了一大批干部。苏区整肃是由陈昌浩等主持的（大意如此）。可见这次大屠杀是张国焘、陈绍禹反党的大阴谋。

凡是历史上罪恶滔天的贼子,总是事先为自己掩饰。张国焘等编造的"肃反纪要"在党内散发,凡是省级以上干部都能看到,他们无不大吃一惊!同时也发生了疑问。此案发生后,平时与许继慎同志有往来的或关系较好的,都受到株连。真是天大冤案!

解放后,在毛泽东、周恩来等领导同志的直接关怀指导下,终于彻底澄清了这一大冤案,使沉冤数十年的革命同志得以重见天日。谁功谁过,亦得以昭然于广大人民面前!

为党为人民而牺牲的烈士们,你们的光辉的业绩永垂不朽!

原载皖西革命斗争史编写组编:《皖西革命回忆录——第二次国内革命战争时期》(上卷),安徽人民出版社,1980年,第197〜219页。

记六安人民支援苏家埠战役

◎ 杨友贵　林再山　杨长全　刘开如

1932年3月，红四方面军在徐向前总指挥的率领下，再次东征皖西，为粉碎敌人第三次"围剿"发动了著名的苏家埠战役。

红四方面军这次东征，受到了皖西地区人民群众的热烈拥护和全力支援。3月21日，皖西北道区苏维埃指挥部政治部颁发了《为红军东下告群众书》，号召广大工农群众积极配合和支援红军行动，粉碎敌人的"围剿"，扩大红色区域。六安县委在独山召开党、团员代表大会，即提出以全力支援红军、积极扩大红军为中心任务，动员群众组织运输队、担架队、慰问队，运送大批的粮食、肉类、鸡蛋等物资，支援和慰问红军；号召青年踊跃参军，扩大红军力量；赤卫队、农协会、少先队、儿童团、妇女会协助红军搭桥引路、站岗放哨、了解敌情，配合红军作战。在苏家埠战役的48天里，从苏家埠、青山、韩摆渡前线，东至三尖铺、斗把河、小华山，北到马头集、王新圩子一线，遍地红旗飘飘，烟尘滚滚，手车辚辚，战歌声声，呈现出一幅军民同心打豺狼的壮丽画图。

遇水搭桥　逢山引路

自从独山起义胜利后，伪安徽省主席陈调元就调来虾兵蟹将，驻扎在淠河东岸的青山、苏家埠、韩摆渡一线，作为阻止红军东下和进犯苏区的据点。在这些据点里，敌人横征暴敛，作恶多端，特别是在苏家埠，陈调元部的刘、王二旅，强拉民夫挖壕沟，设栅门，修筑木城，每天都有数千名群众挑土垒石，被打死杀死者不计其数。六安县"铲共团"团长程清小和尚，每天在太阳快落山时屠杀共产党人和革命群众，一次就是十多人。敌人的据点像一根根钉子，钉在皖西人民的心上，人们早就盼望红军东下拔掉这些据点，消灭据点里的敌人了。

一接到支援红军渡河东下的指示，三区赤卫队连夜投入西两河口的架桥战斗。为了迅速完成这项任务，保证红军渡河作战，队员们分成了三班操作：一班砍毛竹，一班扎排，一班下河架设。

农历二月间，山区之夜还是十分寒冷的，下河架桥，一人多深的河水，更是刺人心脾。但水寒算什么！为了不使红军战士涉水吃苦，及时渡河消灭敌人，赤卫队员们都以苦为荣，个个争先下水架桥。因为要求下河的人太多，又难以说服，赤卫团长只得下令指派。但有的赤卫队员生怕派不到自己，扑通一声跳下河，先打湿全身衣服，然后请求团长批准："我会架桥！我会架桥！不冷！不冷！"团长面对这些勇敢的战士，又爱又疼地说："好啊！你给我来一个先下手为强！这次批准，下不为例。"

西两河口，灯笼火把整整亮了一夜，到第二天凌晨，九道毛竹浮桥横跨在淠河上。这一夜，五区的赤卫队战士在横排头上游的老虎头附近，也搭起了两道浮桥。

红军过河后，五区苏维埃政府主席郝少卿按照部队的需要，立刻选派了17名熟悉苏家埠周围地形、道路的共产党员，作为红军东下的向导。

第二天拂晓，七十三师一个团包围了青山守敌程清独立团后，七十三师主力和十师、十一师由向导带路，向北挺进。估计苏家埠敌人会出来增援青山，十师就决定在青山以北20多里的地方消灭他们。

中午12时左右，部队到达了预定地点，师部会同各团团长察看地形，研究部署；电话兵正在架设电话。这时候，村庄里就响起急促的枪声。敌人的援兵来得可真迅速！根据十师首长的命令，二十九团在向导带领下，抄最近的路迅速抢占左翼的蚂蚁山。

苏家埠的来敌，约有一个旅。看来想乘红军立足未稳，抢占制高点。于是双方展开了一场竞跑。共产党员、向导张朝相冒着生命危险走在部队前面，带领二十九团，走田埂，过塘湾，冲山凹，抄着最近的路，像一支支离弦的箭直向山头射去。我军刚占领了山顶，敌人才占了下面的一个小山包，还想向山顶冲击。这时十师指挥所紧跟着二十九团来到山顶上，集中一切火力阻击敌人，敌人寸步难行，只好退回去固守那个小山包，拼命顽抗。作为后卫部队的二十八团和三十团，在向导的带领下，抄小路隐蔽地迅速向敌人左翼运动。敌人怕侧翼受到袭击，就向后收缩。五六千人的队伍，猛一收缩，立时大乱。二十九团指挥员看准了这个机会，一声号响，红军战士像天兵似的排空直下，杀向敌群。二十八团和三十团也乘机发起猛烈冲击。前面的敌人被冲得七零八落，后面就拼命向北逃窜。这时的敌群，恰似一群无头苍蝇，一个个狂奔乱突，互相挤轧，拖山炮的马直立起来嘶叫着，敌军官用枪弹扫射退却的士兵，但根本阻挡不住溃退的人流。这时，向导也拿起缴获的武器，同红军战士一起战斗。

敌人缩回了苏家埠据点。向导们按指定的战斗位置，把十师3个团和十一师、七十三师迅速带入各自的阵地。十师的向导们把各团首长带到制高点上一看：苏家埠北、东、西三面环绕道沟深2米、底宽3米的城壕，一丈多高的土城墙，5道栅门，5座炮楼，5道吊桥，还有高大木城。向导们指着据点内的敌军骂道："狗杂种，你们自行入瓮，红军就来个瓮中捉鳖，看你们这些龟孙子哪里跑！"

3月23日，敌两个团由六安来援，被我军击溃，其一部退缩韩摆渡，被我们红十师二十八团和六安县独立团包围。3月31日，敌驻霍山警备一旅被击溃，青山店之敌程清独立团逃遁苏家埠，至此红军全面完成了对苏家埠、韩摆渡之敌的包围。

"要粮有粮，要人有人"

红军东下离开了老苏区，携带的粮食仅几天就吃完了。几万人的部队集中于苏家埠一带，粮食的供应是很困难的。这时候，六安县委和苏区的干部、群众提出了响亮的口号：红军要人有人，要粮有粮！县委派人成立了"红军招待处"，各区乡也都成立了"红军招待站"，具体负责红军所需的物资供应，支援苏家埠战役。

为了保证红军的物资供应，皖西北道区苏维埃主席吴保才同志来到了五区苏维埃政府，与五区领导同志一同指挥战斗，组织打粮队。吴保才同志亲自审定打粮对象，带队远出数十里、近百里去打粮。一次接赤卫军报告：邓油坊邓老板是恶霸地主，家中囤有粮食。吴保才审定后，就带领赤卫军钢枪队、运输队，没收了邓老板的粮食等物资。在吴保才同志的领导下，我们五区赤卫军驻扎在三尖铺负责打粮，南至霍山县下符桥、与儿街及六安的山王河、涧山寨，东至张家店、舒城县的张母桥、干叉河等地，都是我们打粮的活动范围。红军的吃粮，我们全部包了下来，每天给每个红军师运送粮食的就有千余人。据说加上打柴队、担架队、运输队、洗衣队、慰问队等等，服务于每个红军师的群众达万人以上。

在苏家埠战役的日子里，皖西地区掀起了青年踊跃参军、支援革命战争的热潮。人民群众在战斗实践中，认识到红军是为劳苦大众谋利益的军队，是自己的队伍。在地方党组织和苏维埃政府的号召下，出现了许多送子参军、送郎参军、父子当红军、兄弟当红军的动人情景，以及许多女青年冲破封建羁绊参加红军的动人事迹。苏家埠镇东边的陶家院，有个独生子叫陶席福，为了支援红军消灭敌人，使劳苦大众早日得到解放，陶大妈毅然送子参加红军。陶席福同志入伍后，在红十师三十团一营一连当战士，工作积极，作战勇敢，后在一次阻击敌人突围中英勇牺牲。

这期间，六霍县委委员汪孝芝同志在双河一带动员群众参军，两次为红四方面军输送青壮年100余人。在五区，一次就有200多名赤卫队员编入红军独立师。六安县独立团在苏家埠战役结束后，全团编入了红二十五军第七十四师。大批青年的参军，不断扩大红军的力量，是赢得战争胜利的重要因素之一。

阵前宣传瓦解敌军

苏家埠的守敌被我军包围后，在吴保才等同志的领导下，各乡都组织了宣传队，开展阵前对敌宣传。我们带着钢枪队护送宣传队，在坝子外面向敌军宣传，配合部队宣传队开展政治攻势。

4月间，天气经常下雨，土城外，红军密如蛛网的交通沟，常常积满了没膝深的水，沿着交通壕筑起的一个个用草皮垒起来的工事，与敌人的碉堡相对峙。师团首长经常涉水到前沿检查战备。红军战士枕戈待旦，斗志昂扬。宣传队也经常踏着没膝深的水去敌阵前沿宣传、喊话。这时，苏家埠镇内被困之敌，早已断了粮食，依靠空投也不济事。先前敌人那种嚣张跋扈、不可一世的气焰消失了，愁云惨雾笼罩着苏家埠。前几天，敌人爬上陈祠堂的大白果树上锯树枝、摘树叶、剥树皮，被红军战士撂下两个，敌人又不敢上树了。近日来只见土城内的麻叶、树头都光了。有些冒着生命危险越城逃出的群众，诉说了苏家埠镇内断粮后，国民党军队抢劫群众、官兵互相残杀、吃野菜、卖人肉、匪兵成群饿死等情况。不少国民党士兵，甚至成班、成排地到红军阵地前讨饭。针对这种状况，吴保才同志和五区苏维埃政府郝主席研究决定，抓住这一时机，加强阵前宣传，开展政治攻势；同时做好接待、安置国民党士兵的工作。

4月下旬的一天傍晚，我们赤卫军从外面打粮回来，见吴保才同志又带五区一乡苏维埃政府的徐华仙等10个宣传队员，上苏家埠土城向敌人喊话：

老乡老乡，快快缴枪；
放下武器，红军有赏。
若不缴枪，困饿死光；
来当红军，前途亮堂。
愿回家乡，发给钢洋；
优待俘虏，人身保障。
早日来归，早见天光。

"砰砰!"敌人打来了冷枪,宣传队员们一阵哄笑。另一个女宣传队员又接上喊道：

老乡老乡，不要打枪。
本是穷人，理应反蒋。
为蒋卖命，为的哪桩？
上有父母，下有儿郎，
一年到头，难见妻房。
长官待你，何处一样？
官长洋面，鱼肉鸡汤。
你们吃糠，树皮啃光！
更有兄弟，饿死床上。
飞机运粮，有啥指望？
红军围城，铁壁一样。

"待援""突围",均是妄想。

　　今日觉醒,不再上当。

　　调转枪口,对准刘、王,

　　活捉陈贼,欢庆解放。

这个宣传队员喊话刚结束,又一个地方小调飞传到敌阵上空,唱的是《白军士兵好可怜》,那惨切切的声音,句句牵动着国民党士兵的心弦:

　　白军士兵好可怜,

　　官长拿你不当人,

　　张口骂来动手打,

　　饿死他乡无人问。

　　哎呀呀!好可怜,

　　又何必,为他卖命?

正在唱着,一个干瘦的身影在夜光下,向土城外爬来;"谁?口令!"钢枪队大声喝令着。"我,我是白军,来来来找红军,请不要开枪……"说着就晕了过去。

钢枪队上去一看,原来是个饿得皮包骨头的白军士兵,便把他拉了起来,送到了五区苏维埃政府。按吴保才同志的指示,对这些冒着生命危险跑过来的白军士兵全力救护,保全他们的性命。那时候,在五区苏维埃周围几里的范围内,所有的村庄里都备有稀饭,接待和安置着一批又一批逃生的白军士兵。

协同作战旗开得胜

　　六安人民群众,不仅协助红军完成了架桥、向导、打粮、运输、宣传等任务,而且在配合红军对敌作战方面,也做出了贡献。六安县独立团围攻韩摆渡,消灭六安敌人援兵就是很好的例证。

　　韩摆渡坐落在苏家埠以北,镇上百余户人家,镇外是一片开阔地,驻扎着敌人一个团。总部命令,六安独立团担任围攻韩摆渡之敌的任务。

　　当时,我们独立团正在花果园、王新圩子、董家圩子、王家圩子一线攻打黄红学。接到总部关于围攻韩摆渡的任务后,团长蔡天法同志即令三营留下打击黄红学,自己率领一、二两营立即向韩摆渡进发。3月20日晚进抵莲花庵，翌日晨，从曹家台子涉过沘河，包围了韩摆渡之敌，并布置一个营在北面和东面负责打援。为了防止韩摆渡之敌突围南窜与苏家埠之敌会合，总部又令红十师二十八团横插于苏家埠、韩摆渡之间。

担任围困韩摆渡任务的独立团战士们，一边挖工事，一边随时准备战斗。第二天拂晓，敌人的飞机飞越韩摆渡上空，在苏家埠周围低空盘旋侦察，这说明陈调元已接到苏家埠的告急电了，他决不会坐视不救。从六安出兵，必经韩摆渡。敌人要来，我们当然欢迎，独立团做好了迎击准备。

我们这个独立团有着光荣的战史和传统，第一任团长就是六安游击司令毛正初，曾打败陈调元的一个旅对河西苏区的进犯。如今听说老对手又要来作新较量，战士们欢呼跳跃，精神振奋，决心全歼敌人！

果然不久，敌人的援兵一个旅，从六安往苏家埠方向急驰，一路马嘶人喊，尘土飞扬。当敌人进入马家庵、荒滩店时，埋伏在大路两旁麻地里的独立团战士，在蔡团长指挥下突然跃起，数十面红旗作前导，箭一般飞插敌群，冲锋号声、喊杀声、"缴枪不杀，优待俘虏"的呼喊声，铺天盖地地炸响在敌群的上空。敌人被这突如其来的打击吓破了胆，长蛇般的队伍未及展开，就被我们拦腰斩断。敌人的前锋已做了我们的俘虏，中间的还在莫名其妙地向前闯，后面的听到枪声就调头逃窜。经过近一个小时的战斗，击毙了敌人近百名，俘虏200余官兵，缴获大量轻重武器，残敌纷纷逃回六安，取得了地方部队打击援敌的首次胜利。

4月中旬的一天，五区十乡正在开妇女会，忽听赤卫军来报告："白军来了！敌人来了！"我们问："到了哪里？"

他说："墩坊珠！"出门一望，见"青天白日旗"歪歪倒倒地作前导，队伍黑压压一大阵，看样子敌人约有一个团。我们随即宣布散会，准备战斗。

散会后，我们找到乡苏维埃主席和赤卫队营长，察看了地形，便将1000多名赤卫队员和少先队员及1000余群众，布置在百市集大路西边的村庄后面，埋伏在麻棵地里。同时，又派人到十一师指挥部求援。不多一会儿，十一师给我们派来了一个机枪连（6挺机枪），在百市集大路左右两边坟包上各架3挺，形成了交叉火力点，封锁大路。为了避免敌人发现，我们所有的红旗都套上旗套子，所有的人员都卧伏在地上。

敌人来了！尖兵连耀武扬威地走在前面，不时地乱放枪。看着敌人那个狂妄劲，我们恨不得一下把他们全部消灭。中午的太阳照射在麻地上，大地像是一片绿色的海洋。骄横的敌人没有发现我们，还在向前横冲直撞。透过坟包间，看到敌人已完全进入我们伏击圈内。随着一声"打！"6挺机枪一齐吼叫了起来，赤卫队、少先队员的钢枪土炮也一齐射向敌群。100多面红旗呼啦一下抖开，1000多群众在后面呐喊，敌群顿时大乱，死伤遍地。敌旗手被击毙，"青天白日旗"倒在地下被我战士们践踏粉碎，旗杆被人马踏成几截。残存的敌人如无头苍蝇，不知所向，在一条大路上，顾头顾不了尾地乱窜。乘敌大乱，我们一跃而起，像挡不住的洪流冲向敌阵。敌在我军强大压力下，纷纷举手缴枪，跪地求饶。战斗一个多小时，就将来犯之敌一个团全部歼灭，击毙200余人，枪支弹药全部缴获。

路上红旗飘飘，凯歌阵阵。赤卫队员、少先队员和群众挑枪的挑枪，背子弹的背子弹。区委妇女部组织委员曹俊芝一人缴了两杆枪，她看到一个少先队员挑着7支枪，累得满头大汗，便俏皮地说："给运输大队长陈调元打个招呼，叫他下回送武器还要送车子来，要不把我们小伙子累坏了腰，怎么找对象？"

4月下旬，蒋介石命皖西"剿共"总指挥厉式鼎从合肥前来增援，加上陈调元的残部，共有15个团的兵力，正向西南压来。五区赤卫军在团长李兆林带领下，驻扎于斗把河一线，配合红军打援。

这天，厉式鼎带领大队人马气势汹汹地向苏家埠扑来，其中一个旅刚到斗把河，即遇红军主力和赤卫军团的阻击。战斗从下午4点打响，直至夜间，敌未能前进一步。夜里，敌人在河上架起浮桥，乘着夜色过了斗把河。按总部命令，赤卫军团东渡斗把河切断敌人的退路。第二天凌晨，激烈的战斗再度打响，到了八九点钟，下起倾盆大雨，赤卫军战士将斗把河上的一座土坝破掉，使斗把河水猛涨，并趁势拆毁浮桥，致使敌人背水而战，腹背受攻，既无退路又无援兵。敌大败，除十余人揪住马尾巴渡过斗把河外，全部被俘，整旅的轻重武器被我军缴获。

皖西"剿共"总司令厉式鼎有来无回，全军覆没，使绝望中的苏家埠守敌军心崩溃，在内无粮草、外无援兵的情况下，无条件地投降了。

5月8日，于苏家埠"新安会馆"前广场上举行了受降仪式，一队队白军士兵，扛着10支一捆的枪支进入广场,按照红军的规定,将枪械分类摆在地上,营以上军官列队站立于十师师部门前屋檐下。这时,一队队慰劳队,敲锣打鼓,抬着猪肉,挑着鸡和鸡蛋,红糖、糍粑、大枣,用当地最隆重的礼仪——上面覆盖着大红纸,来慰劳红军将士。一队队赤卫队、少先队员把红军验收后的枪械送往十师经理处(后勤部)和五区苏维埃政府。广场上车水马龙,人山人海,热闹非常。

我们回到五区苏维埃政府一看,十几间房子里都堆满了枪支、弹药。屋里屋外,屋前屋后,到处都是俘虏兵。不久,敌人一架飞机又于莲花庵被红军打了下来。后来我们知道这次战斗,击毙、击伤敌军共一万余人,生俘2万人,缴获枪械16000余支,机枪250挺,炮43门,缴获无线电台一部,击落飞机一架,是鄂豫皖地区的一次最大胜利。

就在人们欢庆的时候,一个身条瘦长的市民模样的人,溜出了苏家埠的东栅门,逃到了马家庵,藏在一块玉米地里。太阳落山时,他从玉米地里贼头贼脑地向外探望,被五区赤卫队的一个女战士发现了。

这个家伙就是杀人不眨眼的刽子手、国民党六安县独立团团长小和尚程清。"来人啦!"女战士一声呼喊,赤卫队、少先队员手拿钢叉、大刀纷纷来到地头,将玉米地团团围住,当即将程清捕获。不久,皖西北道区苏维埃政府在苏家埠召开了公审大会,镇压了这个罪大恶极的反革命分子。

在苏家埠战役大捷的鼓舞下,整个皖西地区革命走向了高潮,出现了鼎盛的局面。

(六安县革命斗争史编写组 整理)

原载皖西革命斗争史编写组编:《皖西革命回忆录——第二次国内革命战争时期》(上卷),安徽人民出版社,1980年,第220~231页。

无形的炮弹

◎ 黄锦思

在第三次反"围剿"斗争中,我红四方面军先获黄安大捷,又在潢川、商城一带连续打了几个大胜仗。敌人在西线吃了败仗,又在东线打我们的主意。1932年3月间,敌四十六师妄图进犯我麻埠、独山一带苏区。我军闻讯后,立即从鄂北出发,越过高山大河,穿过城镇乡村,铁流似的泻向了皖西六安的苏家埠一带。

苏家埠是大别山区的贸易集散地,是一个有上万人的繁华的大集镇。全镇坐落在淠河河堤上,西面是淠河,其他三面有深沟高垒环护,易守难攻,陈调元所属部队的6000敌军驻在这个镇。

由于地形于我军不利,上级命令我们长期围困敌人,吸引敌人援兵,采用"围点打援"的战略战术,大量歼灭敌人的有生力量,待敌人弹尽粮绝时,相机消灭之。

著名的苏家埠48天的战役开始了。

敌人当然不甘心束手就擒,他们龟缩在碉堡里,不断地向我军阵地上开枪开炮,为了摆脱被动局面,几次组织出击,都被我方的炮火打了回去。敌我双方就这样僵持了半个月的时间。

陈调元见苏家埠被围,心急如焚,急忙调遣驻霍山的警备一旅驰援,又调驻六安的四十六军一个团和警备二旅增援,结果有两个团被我军歼灭,其余残敌又被我军围困。

据点里,敌人粮食一天天减少,弹药一天天消耗,加上两次增援被我军击溃,敌人内部矛盾加深，士气日益沮丧。这时，上级指示我们，充分发挥各连宣传活跃的作用，进一步加强政治攻势，从思想上、组织上分化瓦解敌人。

阵地上，炮弹声越来越稀少了，但各连的小喇叭却越来越响了，它像一颗颗无形的炮弹在敌人头脑里面开花。

我们三十团一连的前哨阵地就在苏家埠的东北面，在与敌人相距100米处，我们也修上了碉堡和敌人对峙，夜深人静时，双方讲话都可以听得一清二楚。在这样的情况下，对敌人喊话是最合适不过的了。

我们连的宣传队长姓陈，是个二十刚出头的小伙子，瘦瘦的个条，长着一对乌黑有神的大眼睛，口齿伶俐，声音洪亮，对人和蔼可亲，作战非常勇敢，同志们都喜欢他。

傍晚，我和小陈同志来到碉堡里，从枪眼中向敌人喊话。小陈喊道："蒋军士兵们，我们红军是官兵平等，打仗官与兵一块冲锋。你们呀，打仗时当官的躲在后面，打死的是你们，升官发财的是他们。当官喝兵血，一个人有几个老婆，而你们不但没有钱娶老婆，甚至连自己的亲姐妹还要受他们的侮辱……"

这时，我们听到一个士兵愤愤地说："我们这里就是不合理，连长还有两个老婆哩！一等兵还打二等兵。"

小陈又喊道："我们当红军，家里分到了土地，衣暖饭饱。你们家呢？父兄在家，做牛做马苦累一年，到头来，交了租子和苛捐杂税，还是少吃缺穿，饥寒交迫。"

小陈又停了下来，想听听对方的反应，碉堡里叽叽喳喳，一递一句地说开了：

"红军讲得对呀！"

"一点不假。"

"我家就是……"下面的话听不大清楚。

小陈见喊话产生了宣传效果，就又大声喊道："白军穷兄弟们，我问你们，你们知道是为谁打仗吗？"

"当官的说，我们是为国为民。"对方有气无力地回答。

"那是当官的骗人的鬼话！我再问你们既然是为国为民，为什么鱼肉百姓？为什么奸淫妇女？为什么烧老百姓房子、抢老百姓东西呢？这不是为国为民，而是祸国殃民！"

有时我们也唱起大别山苏区小调进行宣传。吃饭前,我们对着饥饿的敌人唱道:"大别山上山茶花儿开,穷哥儿肚子饿了快过来……"吃饭时,我们又端着香喷喷的白米饭和大块猪肉喊话:"快过来吃饭吃肉吧,我们保证不伤害你们。"这句最简单的话,对饥饿难挨的敌人来说,该有多大的吸引力啊!

夜深时,果真有7个兵偷偷摸过来要饭吃。他们见到白米饭和猪肉,口里馋涎几乎要拖到地上,端起碗来狼吞虎咽,三扒两扒就是一碗,一连吃上好几碗,才恋恋不舍地放下筷子。他们饭吃饱了,有力气说话了,我们就问他们:"你们里面一点粮食都没有了吗?"

一个饿得像干芭蕉的匪兵说:"前些日子,一人一天发一酒盅料,现在一粒也不发,净吃树皮、树叶、麻叶和草根。"旁边一个匪兵补充道:"哼,再过几天别说树叶、菜根,连猫、狗、老鼠都要吃光了!"

我故意插上一句:"不是有飞机送粮吗?"

"飞机,管屁,投不准。即使瞎猫子碰上一次死老鼠,也是你推我夺的,有时还要打死人,结果东西还是让当官的弄去了。"一个干柴棒子似的士兵无精打采地回答。

最后,我们说:"你们一天不缴枪,我们就要围一天,指望援兵是空想,援兵来一个消灭一个,来两个消灭一双。你们回去应该团结大伙,逼着当官的投降才有出路。"

一听说叫他们回去,有的不愿走,有的要把枪留下。我们说:"枪还要带回去,不然当官的知道,要杀你们的头。下次再来吃饭不必带枪,现在先在你们那里放着,过几天还不都是我们的。你们回去动员大伙投降,一来自己可以将功赎罪,二来也使穷弟兄们弃暗投明,免得饿死或打死。"经过我们再三动员,他们才愿回去,临走时,都恭恭敬敬地说:"是,是。我们回去一定尽力宣传。"

从此,敌兵经常在夜里三五成群地来到我们阵地上讨饭吃。他们还编了顺口溜:"红军那边亮堂堂,去了心里真舒畅。我们这里黑漆漆,待着等于蹲地狱。"悄悄地在蒋军士兵中传着。以后,每个来吃饭的敌兵都向我们谈谈据点内的情况。这些情况,是我们开展政治宣传的最好的活材料。

敌人被我们围困已有20多天了,前沿阵地的敌兵都吃到了我们的优待饭,但镇子里的敌人吃不上，他们像饿狼一样，拼命地糟蹋老百姓，夜里看见老百姓有灯光，就钻进老百姓家要吃的，逼着群众要粮食，一次因为和老百姓争抢几片发霉的菜叶子，敌兵竟开枪打死了一位60多岁的老大娘。我们听了黑夜过来吃饭的敌兵述说了这个事情后，人人切齿愤恨，纷纷要求出击歼灭敌人，早一天解放镇内的人民群众。

请战书递上去后，上级并没有答应我们出击。当天下午，师部送来一封密封的信，是叫我们找夜晚来吃饭的敌兵转给敌人旅长的。信上写的什么内容，我们都不知道，我们按照师部的指示做了。

第二天下午，忽然从镇子里放出成千上万的群众，一个个面黄肌瘦，衣衫破烂，有的人身上血肉模糊，被敌人折磨得不成样子。我们团部的后勤和卫生部门，立即安排了他们的吃、住，伤病也得到了治疗，群众感激地称红军为"菩萨军"。

群众从镇子里脱难出来了，我们战士心里都轻松了许多，但是我们百思不解，敌人怎么会放出他们呢？不久，我们就了解了真相：原来上级首长早就考虑到了镇内受难的人民群众，当看到我们请战书上反映的情况之后，便更加忧虑了。后来我们的师首长想出了办法，就写了信，命令敌人在指定时间内放出据点里的全部老百姓，否则一切后果由他们承担。敌人的旅长不得不老老实实地照办。那天师部叫我们通过敌士兵转给他们旅长的那封信，就是这个内容呀！我们没想到还起了这么大的作用，宣传队员们都高兴得不得了。

敌人放出据点里的老百姓后，我军封锁得更严密了。陈调元两次增援失败后，多次向蒋介石呼救，蒋介石的武汉行营为了解救苏家埠6000人马，慌慌忙忙派了皖西"剿共"总指挥厉式鼎，外加陈调元的残部，计纠集了15个团的兵力，向我军压来。敌人的行动，早在我军总指挥徐向前同志的掌握之中，当敌人进到我们布置的地区以内时，我们担负打援的二十八团、二十九团和十一师、七十三师，勇猛出击，打垮了敌人，连"剿共"总指挥厉式鼎也乖乖地当了我们的俘虏。

一打垮敌人的增援，我们前沿的宣传队员就更活跃，更忙碌起来了，小陈同志那铜钟似的嗓门又响了：

"白军士兵们，你们快饿死了，陈调元待在六安城里不敢出来，蒋介石派来的援兵全被我们消灭了，连你们的总指挥厉式鼎也做了我们的俘虏，你们现在是上不粘天，下不着地，还是赶快投降吧！"

"叭！"小陈正喊着，一颗子弹穿过我们碉堡的枪眼，打在小陈的前额上，小陈倒了下去。我们忙把他扶起来，他只说一句："你们……继续……宣……"就与世长辞了。同志们泣不成声，发誓要早日打开苏家埠，为小陈报仇。敌人几次想突围都被我们打了回去。我军在敌人内无粮草，外无援兵，士兵厌战，突围无望的情况下，向他们发出最后的通牒！被围困了48天的敌人终于投降了！

我们几个宣传队员在俘虏中查问打死小陈的凶手，问了许久，没有一个人承认，我们的肺都气炸了，要不是严格执行我军的俘虏政策，我们真想把他们一扫光。我去找副班长吴大个子商议，看用什么好办法查出凶手。吴大个子正在宣传宽大政策。

一个俘虏说："你们红军做事一点不含糊，说优待就优待，我已向你们缴过两次枪了哩！"

"我缴过四次！"另一个瘦子讨好地说。

我正在气头上，听他们这么一说，顶门星都冒火，"缴一次枪给一块钱，这个生意做得呀，今后还要不要再来缴枪！"

"从今以后，我们再也不去给蒋介石卖命了！"刚才讨好的那个瘦子兵不好意思地说。

吴大个子看我气色不对，忙打岔说："老黄，休息去吧！"我没去理会他，又向俘虏说："你们缴枪有功，你们的司令陈调元更有功。一下子就给我们送来几千支枪，真是个出色的运输队长哩，这回蒋介石一定要给他升官了！"

"不要蒋介石给他升官，现在他已自己升为'空军司令'了。"一个俘虏兵非常幽默地说。

"什么时候升的？什么时候升的？"几个俘虏同时好奇地问。

那个俘虏正正经经地说："他手下没有了我们这些傻瓜当炮灰了，不是成了'空军司令'了吗？"

在场的人都大笑起来，笑得那么愉快，那么尽情。恰好又走来几个以前到我们阵地上吃饭的俘虏，我迎上去问他们："有一次，我们宣传时，你们阵地谁突然放了一枪？"

他们把眼睛翻了翻说："是我们连长放的，他对你们的宣传真是恨之入骨，说他们的军队全被你们宣传垮了。"

"这个坏蛋呢?"我急不可待地问。

"他妈的被打死了。"一个俘虏兵说。

刽子手虽死了,但我心中余恨未消,副班长吴大个子看出我的思想情绪不对头,轻声细语地劝我:"咱们为小陈报仇,是要消灭整个敌人,不是对某一个敌人报仇。打死小陈的这个坏蛋已经死了,也算报了仇,换句话说,就是不死,他当了俘虏我们也应该按政策对待他们呀。"

苏家埠战役为我鄂豫皖区空前大捷。这个战役的胜利,是毛泽东同志军事思想的胜利,也是我军政治工作的胜利。这胜利是小陈和许多烈士用鲜血和生命换来的。

原载皖西革命斗争史编写组编:《皖西革命回忆录——第二次国内革命战争时期》(上卷),安徽人民出版社,1980年,第232～238页。

回忆我在鄂豫皖边区工作的一些日子

◎ 郭述申

郭述申，中共早期党员。土地革命时期，曾任中共鄂豫皖边特委书记，鄂豫皖特区苏维埃政府人民委员会副委员长，领导军民参加鄂豫皖苏区第三、第四、第五次反"围剿"斗争。后任红二十五军政治部主任、中共鄂陕特委书记兼中国工农红军鄂陕游击总司令部政治委员等职，领导开辟鄂陕边游击根据地。解放后曾任中共辽宁省委常委，中共中央监察委员会委员，中纪委副书记，中央顾问委员会委员。第二届全国人大代表，第五届全国人大常委。中共七大、八大代表。

1929年我担任中央巡视员，年底到豫东南的商城（巡视工作）。商城当时属于信阳中心县委领导。这一年夏初周维炯、李梯云、漆德玮等同志领导了立夏节暴动（即南溪暴动），建立了红三十二师。不久中央派刘英同志任红三十二师师长，李荣桂同志任政治部主任，周维炯任副师长。以后（1929年12月25日），三十二师攻占了商城。我到商城时正是攻占商城不久的事。

我去商城是巡视工作的，同时还向三十二师传达共产国际《关于中国富农问题的指示》，指示中强调要在红军中清除"富农分子"。可能是由于当时的红三十二师党委及商城县委同志对共产国际指示持怀疑和反对的态度，加之当时红三十二师的部分领导干部出身于地富家庭，造成他们对共产国际的这项指示（这个指示也确实不符合中国农村实际情况的）不理解，并由此对于我担任中央巡视员的身份也产生怀疑。又可能掺杂其他原因，他们计议要把我和中央派到三十二师工作的刘英、李荣桂同志（还有一位从信阳中心县委派去任商城县委书记的同志）抓起来。有位当时参会的同志把消息告诉我们，为避免发生严重后果，我和刘英、李荣桂等同志商议后决定立即返回信阳中心县委，然后再去中央汇报。

到上海后，周恩来同志听取了我的汇报。1930年初，周恩来同志在中央一个机关（吴德峰同志住处）召集了我和许继慎、熊受暄3人开会，宣布中央决定把鄂豫皖三省边界地区划为一个特区，成立鄂豫皖特区委员会。三省边界地区的红军统一为红一军，由我担任特委书记，许继慎同志任红一军军长，熊受暄同志任红一军政治部主任，已经在鄂东北巡视工作的曹大骏同志任红一军政委。

我带了中央的介绍信经武汉、信阳到了黄安，许继慎、熊受暄同志是经合肥、六安到达皖西的。许继慎同志年龄比我大些，过去不熟悉，只知道他是黄埔军校的学生。

关于许继慎同志到皖西后，在金家寨成立兴中县并由桂月峰当县长的问题，我不清楚，我看有些可能，希望进一步查实。

1931年春，皖西、鄂东还未连成一片，鄂豫皖中央分局成立后，1931年下半年第二次打下商城，大概在占领商城后，鄂豫皖苏区就分别建立了皖西北道委（成立道委之前是什么组织我记不清楚），驻麻埠；鄂东北道委，驻黄安；以及豫东南道委，驻商城。这三个道委都相当于现在的地委。

我是1931年冬或1932年年初到皖西北任道委书记的。1932年夏第四次反"围剿"时我由麻埠去霍邱一次。当时红二十五军旷继勋军长率红二十五军的一个团和霍邱的地方部队正在防守霍邱县城。黄岩是霍邱的区委书记。我去霍邱县主要是传达军委指示并了解情况。当时第四次反"围剿"的主要战场在鄂东北，我们主要兵力也布置在鄂东北，皖西北以及霍邱是牵制方向，旷继勋同志以旧的军事观点考虑霍邱的防守问题，曾错误地提出"要与霍邱城共存亡"。导致我军在敌人优势兵力进攻下遭受了重大损失。第四次反"围剿"时，中央曾有电报指示，大意是：发动群众游击战牵制敌人，要集中优势兵力以歼灭敌人。而窃取鄂豫皖分局领导职务的张国焘，没有执行中央的指示，致使第四次反"围剿"遭受很大损失。

当时皖西北道委的主要工作是集中全力支援反"围剿"的战争，我们动员群众参加反"围剿"斗争，动员群众参加红军，征集并运输粮食支援战争，任务繁重。虽然夜以继日地工作，但由于鄂豫皖分局没有执行正确的路线，也就没有取得第四次反"围剿"的胜利。

（口述人：郭述申　时间：1979年3月17日）

原载中共六安市委党史研究室编：《皖西党史资料辑要》（第2册），内部出版，2012年，第15～17页。

郭述申同志谈话纪要

◎ 郭述申

关于许继慎同志：1930年初，在周恩来同志召集的宣布中央决定成立鄂豫皖特委组建红一军的会议上，我第一次见到许继慎同志。同年五六月间许继慎从皖西率领部队来到鄂东，在会议上我们再次见面。听说他是黄埔军校的学生。至于他在北伐战争打下武汉后到1930年年初这段时间里有些什么革命活动，我不知道。

1930年9月皖西开会成立"六英霍行动委员会"问题，成立的经过我不知道，这正是执行"立三路线"时的事。（1930年间，中国共产党内发生了以李立三为代表的"左"倾冒险主义错误，李立三等领导人制定了以武汉为中心的全国中心城市武装起义和集中全国红军攻打中心城市的计划，重点是武汉暴动、南京暴动和上海总同盟罢工，并要求各路红军"会师武汉""饮马长江"，史称"立三路线"）。在鄂东也是当年9月建立行动委员会。看来，这是事实。到1930年11月，"立三路线"才开始纠正。这段时间皖西地区贯彻"立三路线"的具体情况以及遭受的损失，我不知道，因为当时我在鄂东，也没有见到皖西向特委作过这方面的报告。

红一军及其所属各师受"立三路线"的影响问题。应参看红四方面军战史的有关部分，因为编写战史时已作了大量的调查。

当时鄂豫皖特委是执行了"立三路线"的。建立了行动委员会，提过"打到武汉过中秋"的错误口号。但在执行过程中认识到不符合实际情况，在中央三中会后即纠正了。

1930年11月曾中生同志来到鄂豫皖以前，鄂豫皖没有军事委员会这样的组织，也没有皖西军分会。皖西军分会建立大概是1930年11月曾中生同志来了以后。当时皖西北道区苏维埃主席是吴宝才，他又是道区军事指挥部的指挥，机关驻在麻埠。现在健在的原在皖西北工作的有总后勤部的李耀同志，郑州的丁武选（当时在道区保卫局工作），铁道部的黎光同志当时在霍邱做少共和儿童团的工作。

1931年秋以后的"大肃反"，是张国焘等人顽固地执行三次"左"倾路线，大搞逼供信造成的。首先从部队开始，以后扩展到地方，错杀了很多好同志，许继慎、熊受暄同志都是被张国焘错杀的。政委曹大骏同志也被撤了职。

1932年10月张国焘带红四方面军在第四次反"围剿"作战，由鄂东撤退到皖西北又转向鄂东行动。这个时候，我和刘士奇、徐海东等同志组建了红二十七军，在潜山、舒城、太湖等地开展游击战争，曹大骏同志当时和我们在一起，不幸在一次作战中牺牲，就倒在我的身旁，当时情况非常紧急，连烈士们尸体都没有来得及埋葬。牺牲地点位于青山，或英山。

成立鄂豫皖分局是在1931年四五月间，张国焘来了以后成立的，张国焘任中央分局书记，陈昌浩任少共分局书记。同时建立（中共）鄂豫皖省委，沈泽民同志任书记。我是中共中央分局委员又是省委组织部长，不久又被派到陂孝北担任县委书记，后又调任陂安南县委书记。1931年年底离开陂安南去麻埠，任皖西北道委书记。

关于鄂豫皖苏区的土地革命问题。1929年苏区就开始分配土地（游击区部分地分配土地）。对地主的土地全部没收，地主不分田，富农分坏田。过左的土地政策也是造成地主逃亡、富农反水，形成赤白区对立的一个重要原因。对工商业的政策，也是没收他们的财产，造成苏区的山货特产不能运出销售，急需的食盐、工业品运不进来，给苏区经济造成极大困难。这都是执行三次"左"倾路线的结果。

关于抗日战争时期成立鄂豫皖区党委问题：

我于1938年9月从湖北省委去延安参加了中共六届六中全会后，中央决定成立中共中央中原局，刘少奇和朱理治分任正副书记。我同李先念同志一道去河南竹沟，以后到鄂东，约郑位三同志一同于1939年1月间去金家寨白水河，同年2月我在白水河召开了干部会议传达了六届六中全会决议。不久由中央来电指示成立鄂豫皖区党委，中央决定由郑位三同志担任区党委书记。区党委的委员包括何伟、彭康、张劲夫等同志。中央还决定以新四军八团为基础成立新四军五支队，罗炳辉同志任司令员，我任政委。

关于追认江求顺同志为烈士问题：

江求顺同志完全应该追认为烈士。他和吴宝才同志都是当时皖西的主要领导干部。1934年初夏，高敬亭代表省委检查皖西工作，搞逼供信，仅根据一个副营长的"口供"，硬说江求顺、吴宝才是反革命。我说不是。与他发生争执。高敬亭向省委报告说我"肃反"不坚决，撤了我的职。江求顺、吴宝才二位同志被杀害。

1975年我曾写信给六安地委书记胡坦同志证明江求顺在苏区"肃反"扩大化中被冤杀（可能也提到吴宝才同志），应追认为烈士。如果尚未解决可以到六安地委找一找我1975年写的证明材料。

（郭老手迹）吴宝才是皖北某县人，他也应追认为烈士。两份纪要我都看过。郭述申　一九七九年三月十九日

（口述人：郭述申　时间：1979年3月20日　地点：北京）

原载中共六安市委党史研究室编：《皖西党史资料辑要》（第2册），内部出版，2012年，第18～20页。

郑位三同志在红四方面军战史编委会工作干部会上的报告之一

——1960年3月22日于总政排演场

◎ 郑位三

今天谈一谈鄂豫皖革命初期情况。知道革命初期情况的人不多了。因此编史这个任务我有责任担当起来。麻城情况王树声同志知道,我这里不讲了。新中国成立后,我搜集了一些材料,谈了不少毛主席文章。但我所谈的还是否完全符合毛泽东思想,还得进一步研究。

有几件大事要先说一下:

1926年10月4日北伐军解放武昌;1927年4月12日,蒋介石反革命事变;5月湖南兴师北伐,5月17日夏斗寅叛变,21日许克祥事变;6月5日汪精卫在武汉开始做了两件反动事:一件以共产国际给中国的指示为借口,诬蔑共产国际公开干涉中国,接着一件,于5月17日逮捕苏联顾问[①];7月13日党中央发表时局宣言;7月15日国共分家。这几件事与历史关系很大。

党的大事。同年4月27日党的五次代表大会在武汉召开,全党党员57000人,工农群众282万人;5月共产国际召开了一次扩大会议,会议指出国民党叛变在即;6月25日工人纠察队在陈独秀右倾机会主义的领导下于汉口向敌人缴械;7月15日党中央发表宣言。接着,八七会议的召开,提出土地革命的任务。这里说明一下,1927年4月1日中央4月会议是盲动主义的会议。

---

① 6月5日,解除鲍罗廷等苏联顾问的职务。

湖南到井冈山期间的大事。1926年北伐前，湖南农协会会员有40多万，1927年5月两湖农民运动达到高潮，湖南农协会员达到500万。1927年5月21日马日事变，长沙城外曾聚集10万农民武装。

湖北省农协会筹备会于1927年4月成立，会员43000多人，7月，全省农协会员达79000多人，12月达28万多人；以5月比较，湖北200多万，湖南500多万。4月毛主席上井冈山，带900多人，三个部分组成，一是湖南警卫团，二是几个地方的工人纠察队，以安源煤矿为主体，三是农民武装。1927年4月至8月，敌人向井冈山进攻三次"进剿"，被打退，接着成立工农政府；1929年毛、朱进瑞金，2月至9月红军三次进攻福建黄闪一带，接着成立中共工农民主政府。

黄安的条件，首先这个时期形成了一批革命知识分子。其原因：

（1）与国民党统治时期不同的是这些知识分子不受到思想压力引诱还可以秘密开会；

（2）知识分子找职业特别困难，由于清朝的科举制度的限制，每年只取60名，每县秀才三年二考，每次只取三四十名，清末、民国初学校多，用人也较多，但仍是粥少僧多，黄安北乡比南乡找职业的多，南乡由于资本家多，在工商业中容纳的知识分子多，北乡失业者多；

（3）北伐军到达湖北，对知识分子鼓舞很大；

（4）出身于小地主、富农家庭的知识分子较多，也较容易冲破家庭的束缚，不少同志经济上不大发生困难；

（5）地主阶级一无武装，二无反动会道门。

我的看法，这五个条件是产生一批革命知识分子的重要原因。形成一批坚决革命的知识分子必须要有上述条件。这批知识分子在大革命时代起了特殊作用，农民看到知识分子带头打死土豪劣绅，马上看成自己人，如吴焕先打死亲叔叔吴朱，农民相信他，农民问吴为什么本事这样大，德行这样好？吴说"是共产党教育的"。因而农民都相信共产党，王部长（即王树声同志）也亲手打死过土劣舅舅。在农民中影响很大。出身于地主阶级的青年参加革命后，使地主阶级起了分化。我们知道发动农民有三种方法：一是苏联办法，即工人下乡，二是知识分子下乡，三是军队下乡，农民与知识分子结合是革命的首先条件。

黄安的第二个条件，即封建势力较薄弱，武装少，仅资本家有一二十支枪；第三个条件，有关国共的合作；第四个条件，黄安的七里坪、紫云、麻城的顺河集等五个地方连成一片，形成了后来木兰山根据地的条件。其他还由于董老的关系，在支援武装、筹款、刺探情报等给我们很多方便。

下面再插些具体材料。1925年暑假有一批学生回来，运用被我们党控制的教育局和教育经费，开办学校，成立农协，发动农民。当时有14个乡成立了农协会，会员1400多名，到1926年4月黄安特支利用国民党党部的合法名誉搬到黄安城内办公。杀土劣是从麻城开始的，接着黄安也开始反土劣斗争，要土劣带纸糊高帽子上街游行、写悔过书等，农协会实际成了乡村政权机关。2月县委决定发动农民打死土劣吴惠存，又用政府名义逮捕了土劣李公仁等。打死吴惠存是得到董老同意的，特别是派一个同志到当地发动群众，找了一个叫吴守义的（与吴惠存有新仇），保证吴守义养家活口，吴才动手的。4月下旬，由政府镇压了一批土劣，当时有一个惩办土劣的法令，成立审判土劣委员会，成员3人，国民党左右派各一人，共产党员一人，直接掌握农民武装自卫队，工作纠察队，国民党警察等。在执行阮纯青等2个土劣时，由于没有经验，未打死，逃走了一个。四一二事变对我们影响不大，孝感曾举行反蒋示威游行，黄麻也举行了，农民、学生第一次提出"反对蒋介石"的口号。打倒土豪劣绅对掀起群众运动起了决定性的作用。为了确保工农利益，这时县委提出购买枪支，成立了农民自卫军。

另一件大事是和河南光山反动红枪会打仗，各乡都成立了武装，并向地主派枪、派款，声势浩大。

"七一五"汪精卫叛变对黄麻影响很大，县委不传达关于陈独秀的错误决定，部分人威慑于白色恐怖自首了，县委也垮台了，只剩下我一个人，区委除七、紫外也大部分垮台了，6月起县、区工作成了停顿状态，只有七、紫两区继续革命。县委成员是分三批跑到汉口去的，第一批有宣传、组织两个部长，借口到汉口打听消息，时间7月底，8月上半月县书王津亚和高等小学校长走后，把县书、高等小学校长都交给我担任，后来县教育局长也交给我了，我当了半个月的独裁。同时也积极寻找上级党，于是和其他二个同志到武汉找到了罗亦农同志。罗指示立即领导暴动，不要改组县委，看了3天文件。回黄安后，由戴克敏同志起草拟出暴动计划（时间

9月20日左右），我起草了传达报告，决定9月26日暴动，打了第一个土劣陈启明。我们不知道第二步怎样走法，于是又和戴季英同志到武汉请示，到武汉后我病了半个多月，戴季英同志找到了当时长江局派去黄安接替县书的王志新同志，说中央批评黄安是严重右倾机会主义，要改组黄安县委。我回黄安后连续病了40多天，后上级派一特委，一军事（吴光浩），一县书，傅相义（应为符向一）任特委书记，把我们的"右倾机会主义"痛骂一顿，不久打开县城，成立工农政府，只坚持了21天，当时的口号为"实行土地革命，杀尽土豪劣绅"。当时反动派视为心腹之患，积极派兵镇压，终于敌众我孤，县城被占领，是后潘忠汝牺牲，死伤百余人。这是秋收起义，通称第二次暴动。第三次暴动王树声同志文章在《星火燎原》上有记载。

在我单独担任县书时，工作是相当繁重的。从现在检讨起来，有右倾地方，但比起当时"左"倾是好的，而且不是占主要的。真正的右倾表现在不够相信群众、农民党员，坚决进行区委改组，这是一个严重的错误，虽然曾派了一个农民干部去南乡，但没有结果。再就是政权观念不明，没有保持城市政权。还有就是对自首怕死同志的斗争表现软弱。

（访问人：汪庆根、许祖范）

原载中共六安市委党史研究室编：《皖西党史资料辑要》（第2册），内部出版，2012年，第82～85页。

陶秉哲同志口述记录稿

（1985年5月初）

◎ 陶秉哲

我原籍长丰县吴山庙（原属寿县），1906年出生，先父陶敬宏，字毅亭，是手工木匠，有几十亩土地，兄弟姐妹11人，其中8男3女，我居4。由于人口众多，家境很困难。幼时很想出外读书，然而家中经济负担不了，我与二哥陶鉴堂只有跟着宋养仙老先生（曾中过秀才）读私塾，每天早上起来背书，午后才开讲。大哥也做些小生意。在家乡读了10年左右，1922年（编者按：从下文看应为1921年）兄妹们渐渐长大，家境有了好转，我向家中要了些钱，又向亲友借了一些就到芜湖去读书，因为家乡没有中学，去芜湖的寿县、凤台人很多，当时还没有铁路，从合肥到芜湖坐小火轮很方便。

到芜湖我考取了芜湖五中，亦称赭山中学，校址就在赭山上，当时的校长是刘希平，管理主任是高语罕（编者按：此时高已离开芜湖）。凤台人张作六，吴云的几个兄弟吴震、吴霆，桂廷湖兄弟，岳姓兄弟都是我们的同学。那时芜湖有五中、二农、职业3个学校比较活跃，其他学校参加活动比较迟缓。胡萍舟（胡允恭）、薛卓汉在二农读书。芜湖五中在那时期不分高、初中，四年一贯制，入校第二年高、初中才分开。我进入初中部后，恽代英、陈独秀都给我们讲过课。在芜湖东门外的职业中学由薛卓汉、高语罕、恽代英主持成立了"求进社"，也叫社会主义研究会，实际上就是青年团（的外围组织）。1924年，我参加了这一组织，并经常与薛卓汉往来，芜湖学生中的活动都受这个组织指挥，组织叫我干什么我就干什么。刘希平离开学校以后由刘扬烈接任，他独断专行，师生都对他不满意，学校曾发生过反对校长的学潮。安庆"六一"学潮传到芜湖后，芜湖各校学生为了支持安庆学运都纷纷上街游行、召开大会、贴标语，我都积极参加了。曹锟贿选，安徽议员也行贿、受贿，我又参加了打猪仔议员的行动。在芜湖的安徽省议员姓彭（女儿在二女师，名叫彭义兰），有一天我们几十个人闯进彭家，把房屋里的桌子、凳子都打倒，把几个皮箱抬出来，将箱子里的衣物都倒在地上，把马桶里的粪水倒上去，还揍了三四个人，一窝蜂地就跑了出来。马联甲是皖南镇守史，驻军芜湖，因慑于学运的勇威就没敢过问，驻军第三旅旅长王普是北洋军阀倪嗣冲的女婿，也未动手。闹学潮、打议员都是恽代英、高语罕、薛卓汉他们指挥的，农工民主党的章伯钧当时也在芜湖，对学生运动很支持。

后来北伐军已攻占武汉，国民政府在武汉成立，广州黄埔军校及农民讲习所都迁到了武汉，武汉三镇成为革命中心，青年们无心求学，纷纷奔向武汉，像当年很多人奔向广州一样，都想去投军从戎，报效国家。我与同学武发祥、王孜堂（吴山庙人）等十余人同到芜湖坐大轮到达武汉，当时在武汉的黄埔军校改名为"中央军事政治学校武汉分校"，第五期是从广州来的老学员，招收第六期入伍生的时间已过，名额已满，我即报考了农讲所（农民运动讲习所），可能高语罕等人推荐过我，农讲所的人对我口试一下就被录取了。农讲所从广州迁到武汉有几百人，加上新招收的共有1000多人，人员来自全国各地，当时还没有分期，按总队、中队、分队、班编制，青年人居多，也有些是各地农运干部被派来学习的，年龄较大，如宿县人王海实，当时已有50多岁，在蚌埠中学教书后又从事农运工作，调来学习。武汉省党部的农民部长也参加了学习。

农讲所的负责人是蒋介石、毛泽东、陈克文（广东人），蒋介石只是挂名，从没有到过学校。课程安排与军校差不多，每天上午是理论课，下午出操，搞军事训练，每人一支湖北造的长枪，子弹很多，都背不动。吃的伙食也很好，没有薪饷，只发几套军装、衬衣及日用品，大家的学习劲头很大，气氛热烈，生活紧张而愉快。我被编在一大队二分队，分队长是寿县人程西俭（锡简）。其弟程西典及廖家湾的廖多丰也在农讲所学习。毛泽东、彭湃、方志敏、恽代英、邓演达等人都来校讲过课，届时都会有很多校外人来听课，他们无论讲理论还是讲时政都很受欢迎，毛泽东还给我们做过《湖南农民运动考察》《农民问题》等报告。当时在军校的有廖运泽，他是参加军校第一期毕业后留校，时任政治大队四队队长。在五期学习的有廖运周

（又名廖冠洲,运泽堂兄）、第六期的廖多瀚（又名廖浩然,运泽堂弟）、王刚（寿县人）、许光达（又名许德华,湖南人）在炮科学习。军校内还成立了学兵团,张治中（安徽人）是团长,孙天放（寿县人）是学兵团七连连长。安徽省国民党党都（国民党左派）在武汉还办了个"党务干部学校",光明甫（安庆人）、朱蕴山（六安人）在该校主持。孙一中（又名孙以惊,寿县人）军校第一期毕业后在叶挺的警卫师当团长,廖运升（运泽堂兄）军校第四期毕业后分配在武汉北伐总部警卫营,所以说那时在武汉寿、凤人很多。我们经常在节假日到军校、学兵团或党务干校去玩,见到熟人就有饭吃,孙天放、廖运泽等已任职的有薪饷,经常问我们要不要钱花,有时还给我们3块、5块不等,我们拿了钱就去饭馆加餐,因为大家都还年轻,在一起说说笑笑,记得一次廖运泽还学邓演达讲演时握着拳头的姿态,学着邓的语调,引起哄堂大笑。我们对孙一中的印象特别好,孙性格沉静、好学、不多说话,还有些腼腆,但是指挥作战,打起仗来沉着勇敢、机智灵敏,犹如两人。

　　1926年我到农讲所没有几天,瞿秋白主持召开了一次会议（瞿当时是党中央组织部部长）（应为中央委员、中央局成员）,只记得当时不是全体学员参加,但参加的也有几百人,会上瞿亲自宣布到农讲所学习的青年团员都转为正式共产党员,讲话完毕还举行了简短的宣誓,从此我就成为中共党员,当时参加宣誓的人都很激动,也觉得非常光荣。

　　1927年蒋介石"四一二"叛变革命时我仍在武汉,大家都非常气愤。同年5月,驻湖北宜昌的十四师师长夏斗寅在蒋介石的唆使下率部叛变,并乘革命大军去河南北伐之际,对武汉发动突然袭击,消息传到农讲所,个个义愤填膺,为了讨伐叛军,保卫武汉,我们全校师生紧急集合,立即佩戴齐全,作战斗准备,顾不得吃晚饭,即刻赶到火车站,乘车到达纸坊。当时部队的组成是以叶挺指挥的第七十二、七十五团为主力,中央军校武汉分校加上学兵团农讲所师生作为预备队统由叶挺总指挥。我们到达纸坊时,先头部队已将夏斗寅的叛军击退,我们跟踪追击到土地堂,大家热情很高,但缺乏战斗经验。同年6月,我们又参加了进攻武汉的老军阀杨森部队的战斗,杨森部队被打垮后,狼狈逃窜。杨森部的官兵很多人抽鸦片,这些人常带有两枪,一支长枪一支大烟枪,我们乘胜追击,路过曾为杨森部队的宿营地时,看到烟枪丢得满地都是,他们只顾逃命大烟枪也顾不得带走了。战斗结束后,我们回到武汉时已经是傍晚,还没有吃午饭,我与李坦(寿县人,共产党员)找饭馆吃饭,由于蒋介石、夏斗寅叛变,大兵出城迎战,城内人心不稳,商店、饭馆大部关门,我们找了好久也没找到吃饭的地方。当时我们都很年轻,只凭一腔热血,很多道理还不十分清楚,对当时的时局形势也不很了解,因为买不到饭吃非常不满,还发了不少牢骚。农讲所结业后,大部分学员都各回原省,成为各地农运骨干,一部分分配到部队任职。我被分配到七十五团当副连长,团长是寿县人孙一中。

1927年八一南昌起义前,大概在7月中旬我们七十五团移驻马回岭的大厂店,七十五团的前身是北伐时期叶挺为团长的独立团第一营,大部分官兵都是共产党员和革命青年,是预定南昌起义的主力部队之一,那时我们并不知道要参加起义,只是觉得那段时间部队加紧训练,经常演习战斗,7月30日孙一中宣布要进行军事演习到南昌城内去,实际上是参加起义的暗语,这时才知道要到南昌搞军事暴动,全体官兵都非常兴奋,一夜都没有睡觉。张发奎带警卫部队乘坐火车,到了大厂店,我们蜂拥而上,抢了他的火车,张乘机逃走,我们坐车开往南昌,火车走走停停,8月1日下午才到达南昌城内,这时起义的战斗已接近结束,只听到一些零星枪声,大街小巷贴满了标语,街上的行人一片喜气洋洋。

我们驻守南昌南门,仅驻了3天,因为起义极大地震动了敌人,反动部队联合起来向我们围攻,为了保存革命力量,起义部队实行战略转移,向广东进军,到革命大本营去。根据上级指示,起义部队进行了重新组合,我们七十五团属于叶挺为军长的十一军,第二十五师建制,团长仍是孙一中。我们撤离南昌向广东进发时,天气很热,行军中病号很多,到达会昌时,遭到敌钱大钧部的阻截,边打边进,伤亡很大。9月初到达瑞金休整了几天,又继续南下,直到中旬以后,主力部队到达潮州、汕头一带。我们团到达三河坝,又遭敌人几个师的包围,力量差距过大,敌人凭借有利地形向我们猛烈射击,我们虽奋力抵抗,但已弹尽粮绝,部队被打散,也不知师、团部在哪里,很多人做了俘虏。我随一部分战士突围到达东江,我从东江又到汕头,找到曾在孙一中团任排长的钟梦扬家(其弟名叫钟梦梅)。他家早些时候开了个小皮货店,他对我很热情,也很同情我的处境,拿出了换洗衣服,我洗了澡,在他家住了两天。我提出要回安徽,当时已12月份,天气已很冷,梦扬把身上穿的小皮袄也脱下来给我,临行时又送了50元路费,买了两篮柑橘、几盒罐头,还把我送上路，辗转半个多月才回到家乡。

廖运泽、廖运周、孙一中、孙天放、许光达等也因参加南昌起义，后在三河坝、东江起义部队被打散，他们先后回到上海，周恩来同志正在上海主持中央军委工作。1927年底或1928年初，廖运泽、孙天放、孙一中等被党组织派遣与柏文蔚在安徽寿县合作办学兵团。柏文蔚，寿县人，原国民革命军第三十三军军长，蒋介石叛变时曾通电讨蒋，遭蒋忌恨与排挤，军长被撤，给了个北路宣慰使空衔，他欲培养一批青年军官东山再起。中共党组织认为可派员与柏合作，宣传革命，培养一批革命青年，把学兵团变成我党掌握的武装。廖运泽与柏文蔚等人由南京到达合肥，路过吴山庙时找到我，于是我们同去了寿县，我参加了学兵团的筹建工作。学兵团以招收青年学生为主，也有的是地方推荐的革命青年。我与廖运周、李坦等4人被派往阜阳招生，那时是初冬，秦庆麟的人刚走不久，高桂滋部队一部分驻守阜阳，吕荫南是三十三军政治部秘书，我们在阜阳住有半月，吕荫南还请我们吃过饭。在阜阳通过考试共招有100多人。离开阜阳时运周说寿县没有大白菜，我们还买了两牛车大白菜，拉回寿县供学员食用，学兵团当时住在寿县县中内。

1928年2月6日即农历正月十五正式成立开学，还召开了大会。全团500多人，共分4个中队，每中队下设4个区队，团长是孙一中，副团长孙天放，廖运泽是教育长，我是第二中队第一区队长，朱子帆是学兵团书记员，吴勤吾是中队长，学兵团的中队长、区队长大部分都是黄埔军校或农讲所毕业的共产党员。从思想教育到军事训练，从课堂到野外基本上都是照黄埔军校的做法。学兵团办了3个多月就解散了，因为在学兵团的学生们白天上课、出操，晚上到处贴标语、搞宣传，还组织寿县城里茶房工人罢工，建立党支部，发展党团员，革命活动轰轰烈烈，这样就暴露了自己，引起寿县的一些劣绅们的不满，向柏文蔚、蒋介石告状，说学兵团内都是"赤色分子"，当时蒋介石正在反共"清党"，全国笼罩着白色恐怖，他们就向柏文蔚施加压力，柏文蔚虽比较同情革命，但也不得不做出让步，撤掉孙一中、孙天放等人职务，改由孙伯超（寿县瓦埠人）接任团长，虽然有一些坏人煽动他抓共产党，但他不仅没有在学兵团内抓一人，实际上叫我们一走了之，当我们离开学兵团时每人还发了20元的路费。由于大部分人离开，孙伯超也无法继续办下去，以后也没有再办。

同年5月份宣告学兵团结束。学兵团中的一部分人去了大别山鄂豫皖苏区，跟着许继慎闹革命，如岳凌云、岳凌晴（解放后曾任湖北省妇联主席）、吴勤吾等，很多人回到农村原籍闹革命，如廖运泽、廖运周、廖多瀚等回到廖家湾——他们的原籍，领导贫雇农罢工，建立、发展党组织，许光达也跟去了廖家湾。

我与李坦离开学兵团后，回到寿县东南炎刘创办小学。李坦是黄埔军校第五期生，南昌起义时在第二十四师，学兵团时是第三队的区队长，他的父亲名李少安，又名李树才，兄弟三人——树才、卓才、仲才，当地人称"三才子"，是私塾先生，很有学问。在炎刘办校，李坦当校长，我当教员，真正目的是：一方面看到家乡子弟念书困难，想帮助乡间子弟提高文化，做点贡献；而主要意图是打算通过学校这块阵地开展革命活动，所以学校开办不久就建立了中共党支部，发展了党员，建立了党组织，在周围村庄组织了农民协会。经过一年多的努力，在吴山庙附近的乡村、小学也建立了党支部，并组织与领导了吴山庙暴动。在家乡我的党员身份是公开的，都是亲戚朋友，又为他们办学不收费，所以都不暴露我们，有时还不断为我们送信、传递消息，设法掩护我们，明里、暗里支持我们工作，那时吴山革命气氛很浓，县自卫团也不敢去干涉。在这期间，我们经常到廖家湾联系廖运周等人，他们在农村建立党支部、组织农会、领导贫雇农罢工，我们都给予支持、声援。由于那时生活很困难，每次去廖家湾都是步行，没有钱买吃的，在家带些馒头、咸菜，挎着篮子，扮成走亲戚的模样，也没有人过问我们，起早摸黑半天也就到了。在廖家湾我多数住廖浩然家里，有时也住廖多丰家、下陈村的刘士华家，刘士华是廖浩然的内侄，其父名刘朗青，是当地绅士、大地主，刘士华是共产党员，在贫雇农罢工期间，刘士华把其父吊了起来，叫其为雇农加工资，后到大别山，"左"倾路线时被害。

1929年八九月份，方振武（安徽寿县人）被调任安徽省主席。听说廖运周等人在廖家湾闹暴动时被国民党县大队追捕，跑到方振武部（第六路军司令）当参谋，这时随方到了安庆。方寄平（寿县人）、柯庆施也回到安徽。在家乡生活无着，也想到方部找工作。于是我和李坦等10余人同时到了安庆见到方振武，他很高兴把我们都安排在旅馆里住下。方振武不仅是我们同乡，而且知道我们都是黄埔军校和农讲所毕业的学生，参加过北伐战斗，有一定的工作才能，对我们很重视，但也了解我们多是共产党员，在蒋介石一片"清党"的声浪中会给他带来"麻烦"，不能不有所考虑。方振武一贯反蒋，从没有抓过共产党员，有时蒋介石通知他要抓捕某共产党员时，他装作不知道，或有意无意地通知他，被抓的人跑掉了也不追查，如廖运周、王梓木等人在他部队数次被蒋介石通缉，都被他掩护了下来。

我们在安庆等待安排工作时，上海中共中央军事部（周恩来是军事部部长）派一姓李的同志到安庆来，说组织上指示，调我们去上海军事部（亦称军委）工作，能到中央工作我们当然很高兴，没有停留，我和李坦、王孜堂（寿县人，共产党员）与来的李同志一同乘船到芜湖，转乘火车到达上海。组织上安排我们住在租界内的一家小旅馆里，每人每天发生活费五角，当时一天有两角的伙食就够了，其余的付房租和零用。根据工作需要，每人都安排了事，最初我被安排在军事部任参谋。军事部当时有30多人，为了免遭敌人破坏，没有固定的办公地点，有时在法租界，有时在英租界。日常事务由欧阳钦（曾任黑龙江省省委书记）和曾中圣（曾希圣的哥哥）负责，并直接领导我们的工作。向忠发虽不是我们的直接领导，但我们也经常见面。徐向前同志在海陆丰起义失败后，也来到上海。在海陆丰暴动前，我曾去徐处送过中央文件，从上海出发经香港转广州，到海陆丰时见到叶剑英同志（当时任参谋长），叶又介绍我认识徐向前同志（当时是参谋），在那里住了几天才回到上海，我没有参加暴动。徐向前同志到了上海后，由我接待，因此我们经常见面。

因为军事部没有固定办公地点，我们要与军事部或负责人联系，汇报工作是利用几个大商场的邮箱，事先约定暗号，利用化名，然后按信上面地点暗语去找人，军事部找我们也是如此，不能稍有疏忽。

不能到办公处去，所以我们每天都在街上转来转去到邮箱里去找信，后来为了掩护，方便工作，我到工厂去当过工人，到报社当过投递员，还到商店当过营业员。那时上海局势非常紧张，蒋介石加紧镇压共产党和进步人士，特务、侦探布满大街小巷，我们走在大街上，就是在繁华的十字街头，都会遭到搜身检查（俗名抄把子）。突然来了两三个便衣，叫我们举起手，把全身搜一遍，发现不到什么就放过去，稍有一点怀疑，就带走拘留审问。所以走在大街上的人都提心吊胆、人人自危，看到别人被抄身也不敢多看一眼，就匆匆走开，但也不能跑，一跑警察就会怀疑你了。遇到这种情况，我们得首先把身上带的文件或材料处理好，否则个人事小，组织被暴露事大。

为了迷惑敌人，周恩来同志外出时经常化装，他化装的技术很高明，虽然我们经常见面,有时候也认不出来。使我终生难忘的是周恩来同志经常给我们做报告,他对国内外形势的分析,简明扼要,抓住关键,使我们受到深刻教育;布置工作细致耐心,不仅交代任务,还交代完成任务的工作方法,非常周到,在他身边工作,虽然时时有危险,但从没有畏惧的感觉。周恩来同志是特务、侦探抓捕的主要目标,所以开会、做报告的地点经常变换。在军事部工作一段时期后,组织上把我调到军事部下属的交通局,专做接待、联络工作。组织上派胡萍舟(又名胡允恭,寿县人)去山东省任省委书记时,曾要我去任政委,欧阳钦以上海缺人为由没有让我去。

1930年春天的一天,周恩来同志派人找到我,亲自对我说:"交代你一个任务,把鄂豫皖根据地(大别山根据地)到上海中央的交通站建立起来,联络工作主要由你负责。"因此我就成为中央向鄂豫皖交通联络的唯一责任人。由恩来同志直接指挥我的工作,他交代我任务时总耐心地交代我遇到什么情况怎么应付,走哪条路比较安全,到目的地如何接头、联系等等。那时介绍信经常写在布上或衬衣上,到根据地使用显影药水一涂,写的字就显现出来了。我第一次到大别山苏区去,介绍信是写在一块白布上,表面上并看不出有字迹,恩来同志念了一遍给我听,以防出事了我还能记得大概,有了恩来同志细致的安排和交代,使我原来还有些惶恐的心情完全没有了,对完成任务充满了信心和勇气,为了更稳妥,我把它缝在夹衣里面。

我往来上海与鄂、豫、皖苏区之间4年多,中央的指示和文件由我经手下传到苏区,苏区的工作汇报、请示交我上达中央,需要的物资,如药品、机械、电信器材等等,也大部分由我代购,然后通过关系转往苏区,后来为了工作方便和安全,我们协助地方的地下党组织,逐步在沿途建立了交通联络站,主要的有信阳、阜阳、安庆、合肥等地。交通站的任务是护送来往的革命同志,运送物资到苏区去,所以后来物资转运很方便。第一次往苏区去是直接由上海启程到合肥,经正阳关,顺淮河乘船到达河南。鄂豫皖苏区先是曾中生任特委书记,后改为中共中央鄂豫皖分局,书记当时是张国焘,驻在河南新县(过去称新集),皖西北道委成立后,主要经六安、麻埠、金家寨去往分局所在地。由于我家在吴山庙做生意,我来往化装成商人乘车送货没有人注意我。

交通站建立后,站站都有我们自己人,联系的方式是通过暗语或写信约好接头地点或租个小船在船上接头。我来往苏区五六次直到被捕前都没有发生过什么意外麻烦。我主要与中心县委书记联系，具体工作由他们再安排交通站的同志去做。当时皖北中心县委书记曹广化住在阜阳，阜阳的县委书记是李乐天，其弟李启凯（又名李端甫化名刘启方）是寿县县委书记，合肥中心县委是程明远，皖西北道委书记是方英（寿县人），道委专员（道区苏维埃政府主席）吴宝才。我那时年轻力壮，来往苏区多是步行，一天100多里，到达目的地虽感到有些疲劳，一夜睡醒就恢复了。特别是经济比较困难，常常是饿着肚子赶路，到了接头地点才能有饭吃，虽然生活困苦，任务艰巨，但毫无怨言，一心想着怎样不出问题圆满完成任务，做好党组织的委托。

在这一阶段很多具体情况我已记忆不清，回想起来有几件事我印象深刻，使我难以忘怀：其一是，中共中央赠送给鄂豫皖苏区的列宁号飞机（1930年2月，国民党川军刘湘部的"容客号"柯塞式高级教练机因故障降落在湖北大悟县宣化店陈家河，被农民赤卫队缴获，飞机修好后命名为"列宁号"，这是红军第一架飞机，不是中央送的）维修的零部件，虽然体积很小，机器零件损坏严重，根本不能起飞，但在当时是很宝贵的。我在新集时，分局领导交代我设法到上海买些零件，在当时购买这些零件是很危险的，我没有犹豫尽了最大的努力，携款辗转回到上海，找了很多关系，多方设法买了一些必需器材、零件，费了近一年的时间，才运到苏区，分局领导对我大加赞扬，我也特别高兴，后来不知修理得如何。

其二是，1931年初，我从苏区回上海，途中路过吴山庙家中，我家属告诉我："有一个人在家等你好多天了。"我们见面后他做了自我介绍，名叫杜一民，河南人，还带着两个排长。杜原是国民党第四师（师长徐庭瑶）工兵连连长（共产党员），他连内有的排长、班长、士兵也是共产党员，在南京浦口起义，被国民党军队打垮后，突围一部分人，听说安徽寿县共产党多，就撤到安徽皖北来了，经人介绍（那个介绍人我已记不清了）找到了我家，希望我与共产党组织联系，加入共产党部队，我向中共安徽省临委做了汇报，省委派我和曹广化送他们经正阳关、霍邱转去大别山苏区，后来这几人我们就没有联系了。

其三是，1931年冬天以后，苏区在张国焘的错误路线的指导下，实行了名为改造红军的"大肃反"，先部队后地方，以莫须有的罪名什么"改组派""AB团"等，残杀了大批的红军指战员和战士，以及地方上有声望的人。一次我到分局所在地新集，看到河滩上被杀的红军指战员躺了一大片，无人收尸，我当时就怀疑，怎么都是反革命了？什么是"改组派""AB团"？但那时不敢讲。李端甫在霍邱县委可能是宣传队长，县委设在大顾店，我路过霍邱，与王孜堂、程西俭等五六人（包括李端甫）一同去往苏区。到了麻埠，李就被扣下了，被认为有问题的人都被扣下了。我要走，因为我还带有中央介绍信，方英不叫我走，旷继勋来了说我带你一起走，于是他派了几个士兵把我送到新集，到了分局所在地，我问他们为什么扣李端甫？他们不回答。我问道委书记高中林（即方英）："李端甫哪去了？"高吞吞吐吐地说："你不要问他了。"后来知道李在麻埠被杀害，吴勤吾也在麻埠被杀害。许继慎与李坦是我比较熟悉的人，当时已是红军的军、师级领导，说他们是"AB团""叛徒"，被杀害在新集。许继慎为人正派，很有指挥才能，作战勇敢，多次负伤，在北伐与南昌起义以及后来战斗中领导红军屡建奇功，国民党河南省主席岳维峻也是他抓到后押到新集枪毙的。许的爱人谭冠玉（护士）当时住在上海，许被杀后哭着问我怎么办。因许是作为"敌人"被杀掉的，组织上不能出面安排，她是广东人，我把她送回广东。许的儿子那时只有七八岁，名叫许新宁，同他母亲一同回去广东，至今我们没有再联系，也不知在何处。李坦也在新集被杀。被称为"反革命"的薛卓汉在麻埠被捕，放在水牢里蹲了几十天押到新集也被枪杀，后来毛主席给他平了反。旷继勋、吴宝才这些革命早期的领导人是在麻埠附近的行军路上（旷继勋于1933年6月被诬陷害于四川通江县洪口场），为了"节省子弹"，被用石头砸死的。

廖多丰是我在农讲所的同学，在寿县学兵团时与他一起当区队长，廖家湾人，原在宋士科的第五旅当连长，驻防在霍邱，仍与地下党有联系。我一次去苏区路经霍邱，他以国民党的身份护送我到榆磷店、大沟集地方，他小声地告诉我他不愿回国民党部队做事，要与我同去苏区，于是我们同时前往，到达新集后，我把廖的情况告诉了分局同志，他留在新集等待分配工作，不几天，我带着一份分局工作报告即回上海，没有多久就听说廖以"反革命"罪被杀害了。

我因工作需要在麻埠住了一段时间，高敬亭曾对我说："我们什么消息都从你嘴里出来，鄂、豫、皖的消息一传就传开了。"显然对我有了怀疑，红军部队在青山镇打刘茂恩时，我与高敬亭在张国焘处吵了起来，原因是，中央从上海派了五六个同志到高处帮助工作，高对他们有怀疑，要在"肃反"中审查他们，实际上就是要杀他们,我建议把情况搞清楚再说,这样就争了起来。陈昌浩在旁边劝解,并暗示我离开,说:"你们一块来的人都到哪里去了,你去找找他们吧。"后来旷继勋派人把我送出山,临走时旷对我说:"你和许继慎在一起的时间长了,他们对你有点怀疑。"由于我当时是以中央军委特派员身份去的,高等对我多少还有些顾虑,否则我也就可能被杀掉了。高敬亭后来也遭"左"倾路线迫害被枪毙,当时国民党报纸还有登载。

其四是,在上海时,中央军事部曾选派了40人去苏联学习,我与许光达都是在被选之中,但那时许光达在洪湖地区贺龙同志处工作,封锁严密交通不便,迟迟不到上海,而我想等他来上海后一同去苏联,所以迟迟没有动身。正在此时,合肥中心县委出了问题,组织上就把我改派到合肥。许光达后来去了苏联学习炮科,如果没有走也可能被害,1953年我去北京,许光达请我吃饭时还谈起此事。

1932年3月下旬,我到六安的青山镇,当时张国焘也在那里,见到我表面上还很客气,询问我一路情况,张喊警卫员说:"有客人来了,搞些菜。"警卫员说有炒猪肝,张说:"猪肝怎么能待客呢?"通信员出去不知在哪里搞了些鸡和酒,还喊来了徐向前同志,共有七八个人一同吃,可见苏区生活也是很艰苦的。吃饭中间我问徐向前:"许继慎怎么被杀了?为什么'肃反'要杀那么多人?"徐用手捣捣我说:"不要问了,总有一天会大白于天下的。"并告诉我说:"你最好不要住久,没有要紧事少下来。"饭后,徐向前说苏家埠(附近的一个地方)还在敌人手里,我要带队伍去打下来。说着迈开大步走了出去集合队伍,两个多小时后,徐又回来了,满头满身都是土,兴高采烈地说拿下来了,我们看到他的样子都笑了起来,也为他勇敢、果断、乐观的精神所感动。住了几天,张国焘叫我带一份给中央的报告,他先念了一遍给我听,然后缝在我衣服里,这是为了文件万一损失了,我还能记得大概内容。当时苏区药品严重缺乏,要我购买药品,几千元的现款无法亲自携带,就以我个人做生意的名义寄往上海与我有关系的洋行里。我回到上海多方设法购买了大批药品,又把药品装箱寄到合肥同德药房,这个药房实际是我们的一个联络站,随后我也来到合肥住在药房内,打算把药品转运出去。同时上海军委派我以特派员身份来合肥改组合肥中心县委,因合肥地下党出了问题,组织不纯,原合肥中心县委书记程明远他调,我来接任中心县委书记,谁知到了合肥第二天,我就被捕了。后来才知道党内出了叛徒,把中心县委暴露了。当时被捕的有程明远和中心县委的其他干部,还有部分党员,药房内的一个医生和两个店员(他们不是党员,也不知我的身份)共23人,从安庆专门开来了一艘小火轮,把我们押上船送到安庆投进大牢。

当我被关押在安庆时,作为政治犯钉了脚镣手铐,几十人挤在一间黑屋子里,被军事法庭审讯了多次。但我始终没有暴露我是共产党员,更没有暴露组织和同志,只说我是做生意的人,从未向敌人屈服。国民党判了我5年徒刑。

过去在审查我的历史时,曾提出我在狱中写了"悔过书",发表了十几篇文章,向敌人自首了才被释放的,这真是无稽之谈。我从未写过什么悔过书,也没有在国民党报纸上发表过什么文章。我在安庆狱中时,国民党叫政治犯学习"三民主义",因无事可做,就抄了几万字,写过"县政建设"笔记,并不是写了几万字的文章。由于我语文基础较好,在狱中曾代人写过家信,教狱中人员识字,既没有发表过文章,更没有发表过什么演讲,是不是国民党借我的名义刊登过文章,或"悔过书"之类,我一点都不知道。

1937年抗战开始,国共再次合作,对待政治犯就比较松动,可以与监外亲戚、朋友接触,并有释放的风声。那时廖运周、鲍刚(寿县人,方振武部师长)的部队驻在皖南祁门县,廖叫其堂弟廖宜民(廖宜民及其兄弟是我学生)送了几斤茶叶交给权养之和石寅生到狱中看我,并转告运周的意见,叫我出狱后不要乱跑,到祁门找运周去,他们可以保护我,我也知道运周、宜民都是共产党员,与党组织仍有联系,找到他们就找到党组织了。于是1937年秋,在安庆监狱的人一部分人刑满释放,一部分人交保释放。我是交保释放的。我被释放后,没有回家乡即与薛骞(寿县人,共产党员)到了祁门。与我同时出狱的还有程明远、龙跃华、龙良友(迎河集人)等人。

我们到了祁门,鲍刚是四十六师师长,廖运周是团长,我有个堂兄陶秉毅在廖运周团当文书,我就住在他那里。该团有一营长名张克寅(寿县人)思想很进步,与我相处得很好。鲍刚师长想留我在该师任职,我深觉坐牢4年多,身体已很虚弱,不愿意从军,再去劳累。在部队住了3个多月,已是"八一三"以后,部队要离开安徽,我乘此回到家乡休息。

自1934年以后,皖北一带地下党组织遭到严重破坏,很多同志被国民党杀害,意志不坚定的人自首叛变,充当了国民党特务,少数同志隐蔽了起来。当我从祁门回到家乡时,革命已处于低潮。由于地方党组织、农会多数不复存在,少数已转入地下,我未能马上与党组织联系上。过了一个时期,陕北中央派了曹云露(寿县人)和张和平(在抗大工作)(应为张如屏)来到六安,任务是恢复皖西北党的组织,帮助发动群众,组织队伍,他们派人把我和其他出狱的同志找到六安,在六安城东门外原六德公园内秘密召开了一次会议,出席会议的还有霍山原皖西北道委的姚燕如、刘士杰。在会上曹、张叫我们重新入党,理由是国民党报纸登了一些于我们不利的消息,组织上一时很难澄清,而参加会议的人一致要求无条件恢复组织关系,因为我们被捕后既没有自首,又没有干坏事,国民党报纸不可信,不愿意重新入党,而是要求恢复党籍。曹云露、张和平同志一时做不了主,表示回陕北请示,要我们耐心等待。接着七七事变,抗战全面开始(此时应是1938年夏日军进攻皖中皖西时),形势发生了变化,曹云露等同志没有再来皖西,我们的要求始终没有得到答复,方和平同志等不及就重新入了党。这时安徽省在立煌县(现金寨县)省政府所在地成立了"抗战动员委员会"(简称动委会),皖西北道委(安徽工委或安徽省工委)派我去参加寿县动委会工作,担任动委会武装部长职务。

抗战初期,李品仙(应为李宗仁)是安徽省主席,以后廖磊(广西人)来了,任安徽省主席,此人比较开朗。以共产党为骨干成立的动委会,主任委员由廖磊兼任,张劲夫(共产党员)是组织部主任干事,周新民(共产党员)是组织部副部长,朱蕴山(六安人)是组织部长,常恒芳(常藩侯,寿县人)、朱竞也是动委会领导成员。各县成立的动委会由各县县长兼任主任委员,只有寿县例外,寿县是由省动委会派去的石寅生负责。石寅生(石德纯)是安徽省政府顾问,省参议会副会长,黄花岗起义时牺牲的石德宽的弟弟,我妻子石德绵的家兄,德高望重,家住寿县石家集。寿县动委会就设在石家集、三觉寺地方。

一次常恒芳、周新民等省动委会负责人在寿县的保义集召开皖北几个县动委会议,参加的人很多,就抗日、卫国、保家展开了议论,最后会议决定组织抗日武装,展开对日作战,命名为"抗日自卫军",编制分五路(相当师):第一路司令石寅生;第二路司令李武德(下塘集人,原在广西部队任职);第三路司令方钦(曾任过阜阳专员);第四路司令岳相如(凤台人);第五路司令余亚农(寿县人)。路以下设支队(相当团)、大队(相当营)、中队(相当连)、排、班。每路设有3—5个支队,每支队设 3—5 个大队。第一路的人最多，有一万多人和枪，大部分是寿县、凤台县一带人，辖有 4 个支队：第一支队长王孝文（寿县第一区人）；第二支队长郑抱真（新中国成立初皖北行署主任），副队长有方和平、张焕廷（杨庙人）；第三支队长黄景孟（寿县双门埠人）；第四支队长张献廷，副队长蒋约初（霍邱人）。我在第一路第三支队任参谋，又在模范大队兼任大队长。队伍组建后开往藕塘一带进行了训练，活动于瓦埠以西、寿县三区、石家集、三角寺一带。第一路军不仅人多，活动能力亦较强，抗日热情很高。章乃器当时是安徽省政府财政厅长，对动委会支持很大，第一路成立之初，省政府给了一万元，作为组建经费。其余军饷、枪支都由地方筹集。寿县被日军占领后，第一次光复就是被一路军打下来的，还捉了日军的一个军佐。寿县东乡土匪经常扰乱地方，我们又参加了剿匪，保护地方安宁。

  动委会成立一年多，廖磊病逝，李品仙驻皖，抗日自卫军除第二支队被保留外，其余都被解散，轰轰烈烈的抗日队伍遭到瓦解。但是共产党领导的新四军仍在抗日最前线，当时国共合作，高敬亭的部队编为新四军第四支队，在储家圩一带活动，郑抱真所领导的第二支队，大多是共产党员和进步青年，郑主动与高部联系，将二支队编入了新四军的四支队，张劲夫、孙仲德也在四支队。我因与高敬亭在青山镇发生过争执，特别是对高在"肃反"中杀了那么多好同志有意见，高也曾对我有过怀疑，欲借"肃反"除掉我未成，再去他处不是"自投罗网"吗？所以我不愿去高部工作，请假离开部队回家闲住。郑抱真率部到储家圩后，队伍被编散，并委郑抱真为寿（寿县）合（合肥）定（定远）纵队司令。这时郑派人到吴山庙来找我，我又回到部队。等待安排工作期间，被传染上恶性疟疾，终日高烧不退，部队里缺医少药，身体支持不住，郑抱真等领导人商量后决定派了几名战士用担架将我抬回吴山庙家中，后来高敬亭不断派人给我送钱、送药。我一方面在家养病，一方面帮助部队筹办粮饷，那时来往我家的人很多，我都为他们安排好吃住，并派可靠的人护送他们，我家实际是个联络站，部队撤走后，来的人就少了。由于我对高有意见，始终没有再回高部，在家做些小生意以维持家计，有时也去立煌（现金寨县）石寅生家暂住，因为我是共产党员，又坐过牢，国民党特务时时都在注意着我，不时还找些麻烦，到石家去也是避避风险。这期间我与方和平、刘士杰仍保持着联系，尽力为党组织做些工作。方和平在抗日战争后期对日作战中英勇牺牲。1943 年石寅生病故后，我就在家做生意，没有再出去。

1948年在寿县三觉寺当区长的权世超（权养之侄孙，曾参加过共产党）看到全国革命形势发展很快，为自己出路担忧，拉了一部分队伍，有100多支枪，想起义投向共产党，我帮助他与四分区赵凯同志联系上，权率部起义后编为寿（寿县）六（六安）合（合肥）舒（舒城）支队，又收编了张天明的一部分武装，共有400多人，属江淮四分区管辖，同年12月，皖北已全部解放，权部与赵凯、杨效椿、孙传家部联合并改编为淮西支队，权世超是支队司令，朱竞是副司令，这时我到权部，被委以支队参谋处参谋，参谋长是四分区的刘先儒。淮西支队后编成两个团，即四分区警备一团、警备二团，最盛时有4000多人，3000多条枪。1949年解放大军南下准备过江时，我又患了肺结核，部队忙于支援过江，无法照顾我，支队权士超、朱竞、董完白及寿合县县长兼寿合县大队政委张孟云等人研究，并报请杨效椿、孙传家司令批准，派人把我送回家休息、医治，并给了我一些钱和军用粮票，叫我病愈后归队。当时我爱人石德绵（共产党员，黄花岗烈士石德宽胞妹）也正病重卧床，还有三个年幼的孩子。我回到家后，一方面养病，一方面还要照顾家庭。我病稍有好转，爱人病故，三个未成年的孩子无依无靠，组织上要我安排好子女后归队。这时全国已解放，江淮一、四分区合并改为滁县军分区，部分同志他调，我认为支队已不复存在，解放初期，各处都需用人之时，在哪里都是为党工作，因此没有去滁县军分区报到。1950年底，已是皖北区党委书记的郑抱真（应为皖北人民行政公署副主任）同志叫我来合肥工作，先安排我在农林局农林处，程明远是处长，我是总务股长，后局改厅，农林分家，我又调林业厅工作，享受处级待遇。

1957年"反右"中，我因莫须有的罪名被划为右派去农场劳动改造，备受折磨，1962年始得平反，但又以"历史有问题"接受审查，一查就是几年也作不出结论，又去滁县林场"护林"，接着"文化大革命"浩劫开始，又以"反革命""叛徒"等罪再入农场，全家数口均遭劫难。1969年去新马桥104干校经历了无数次的揪斗，回到林业厅后，当时驻厅的军代表告诉我，我的历史问题由省直领导小组处理。1973年省直领导核心小组王副师长当面问了我一些有关情况，并表示一定会把我的问题搞清楚，要我耐心等待，但不久领导小组又撤销了，问题又转回原工作单位。1976年元月，我患了中风，半身不遂，卧床一年多。1979年我以古稀之躯，虚弱、多病之体重新回到林业厅,然而已失去了工作能力。如今,我已八十老翁,回忆往事不胜惆怅,仅录数语,以志后代,愿先烈们安眠,愿中华腾飞,人民幸福安康。

(陶秉哲 1985 年 5 月口述,廖光凤 2003 年 10 月第二次整理)

原载中共六安市委党史研究室编:《皖西党史资料辑要》(第 2 册),内部出版,2012 年,第 86～103 页。

回忆中共皖西北道委会成立的前后

（1933—1935年）

◎ 朱国栋

一、皖西北道委会成立的历史背景

1927年大革命失败后，在党的八七会议精神指引下，鄂豫皖三省以大别山为中心的地区先后爆发了黄（安）、麻（城）、商（城）和六（安）、霍（山）等县农民起义。随后相继建立了鄂豫皖苏区根据地。这块根据地到1932年七八月间国民党蒋匪军发动第四次"围剿"前，曾划分为鄂东北、鄂东南和皖西北等三个道区（相当于区党委行署），并在鄂豫皖省委领导下分别建立了中共鄂东北道委和苏维埃政府，中共豫东南和中共皖西北道委会、道区苏维埃。当第四次"围剿"开始，蒋匪军猖狂进犯鄂豫皖苏区时，豫东南和皖西北两个道委、道区苏维埃政府机关都跟随红四方面军仓促撤退了，在撤退中，机关干部和工作人员有的参加了红军，有的流散各地，有的患病掉队后回家或被敌人捉去。因此，两个道委、道苏领导机关都同时自然消失了。但是在敌人疯狂进攻时也还有些县、区、乡的干部和地方武装来不及撤退，他们就同当地人民一起坚持同侵入的敌人做斗争。到1933年1月，红二十八军（主要由红二十七军改编）根据省委指示，从鄂东北黄、麻地区穿过大约300里地的麻城县北区和商城县清区的敌人占领区，转回豫东南和皖西北地区。以军部特务营为前卫部队先行到达赤南县的沙河、香铺、胭脂、火炮岭、门坎山等地，那里还有县、区、乡党政机关和游击队、赤卫队存在,并领导人民不断同侵占的敌人作斗争。大约相隔四五天,军长廖荣坤、政委王平章率领的八十二师二四四团、二四六团(两个营)就赶到了。当时除乡村仍为我们控制外,一些集镇、通道隘口都盘驻了敌人,史河以东原来的皖西北苏区都被敌人侵占。红二十八军到达后就积极打击敌人,拔掉了敌人据点,使这块老根据地连成一片,成为继续恢复和发展皖西苏区的坚强后方。红二十八军的回师,对于重新恢复成立皖西北道委会、道苏维埃政府和坚持这块根据地的斗争起了决定性的作用。

二、在战火纷飞中成立皖西北道委会

在红二十五军、红二十八军积极打击敌人,恢复苏区的战火中,于 1932 年 12 月底在赤南县(金寨县)境门坎山宣布重新成立皖西北道委会,以有利于统一领导豫东南、皖西北(准备恢复六安、霍山、霍邱等县原来苏区)地区的红军和地方党政工作。道委书记由红二十八军政委王平章同志兼任。王平章同志于 1933 年 3 月初在门坎山同国民党四十五师戴民权部作战中英勇牺牲后,即由郭述申同志继任道委书记并兼红二十八军政委。1934 年 5 月又由省委常委、红二十五军政治部主任高敬亭同志接任道委书记同时兼任红二十八军政委。一直到 1935 年春道委会脱离老苏区转移敌后打游击,道委会方自行撤销。

道委会成立后于 1933 年 2 月初迁到汤家汇办公,汤家汇属赤南县偏东的一个农村集市,有些合作社商店售有农村产品和日用杂货,当时是赤南根据地最繁华的地方,自道委会迁住后,就成了皖西根据地的政治、经济和军事中心。不久又成立了少共道委会、道区总工会和妇女委员会等群众组织。道委机关包括各群众组织都很短小精干,各部门都只有 3 至 5 名干部,在一个伙食团就餐,集中在汤家汇一家祠堂住宿和办公。

道苏维埃是 1933 年 4 月初在汤家汇召开的首次工农兵代表大会上宣告成立的。出席大会的有赤南县,赤城县,六安三区、六区和红军等各界代表 300 余人。会议地点设在一家祠堂的大厅。我作为工会代表(当时在道总工会任青工常委)参加了那次会议。会上道委书记郭述申同志做了形势和任务的报告。大会期间,靠近汤家汇几十里路内的赤南、赤城县的一些区、乡人民群众敲锣打鼓，举着彩旗，抬上宰好的整猪整羊拥进大会场，热烈祝贺大会。会上选举张德山（金寨麻埠人）为道苏维埃主席。他没有工作多久就被撤销了主席职务，说他犯了错误，但未公开宣布犯了什么错误，把他摆在一边，也未作处理。他于1934年春叛逃了，后被敌二十五路军三十二师利用，做了反共工作团团长（团员多是我方叛逃过去的），干了很多坏事。后来由于我方做了大量争取工作，使其内部人员觉悟过来，将叛徒张德山砸死，团员大部分归回红军，从此这个所谓反共工作团就垮台了。后来道苏维埃主席就由道苏总务科长吴席儒同志（金寨县付家堂人）代理。道苏维埃设有总务、秘书、人事、财务、粮食等科。道区当时只管辖赤南县、赤城县和六安县的三区、六区的一部分地区。赤南县县委书记陈振松，赤城县县委书记先是吴代芬（1935年"肃反"被错杀），后是石裕田、邱玉升，县苏维埃主席先是窦立保、刘文炳，后是张富同志。

　　皖西北道委、道苏成立后，加强了对豫东南、皖西北这块根据地的统一领导，制定了对根据地恢复、建设和对敌斗争的方针政策，大大鼓舞和坚定了根据地军民坚持对敌斗争和恢复建设苏区的信心和决心，使这块遭受敌人四次"围剿"浩劫后恢复起来的南抵湖北麻城界岭，北至河南商城县境的挥旗山、枸杞岭，东至与六安县交界的史河，西到清区方圆约300里地的老苏区又重新振兴起来，基本上恢复了"围剿"前苏区那种朝气蓬勃的气象。党团组织和苏维埃、赤卫队、妇女会、少先队、童子团等组织都恢复健全起来。人民群众都兴高采烈地投入到参加红军、建设政权和发展生产的热潮中。真是又一度出现了一派欣欣向荣的景象。在军事上，自红二十八军二三月先后在银山畈和门坎山两次击退敌十一路军和戴民权的四十五师进犯后，这两支敌人几个月来未向我根据地进犯了；南面郑其玉、柯绍衡匪部被红二十八军和一路游击师痛击后，猬缩在湖北界岭那边不敢出犯；西面顾敬之顽匪蜷缩在清区里害怕露头；北面戴民权部驻在枸杞岭北不敢南犯；东面敌人固守史河以东立煌马一线戒备我出击，也顾不得出犯。因此有四五个月根据地能够安定地恢复建设。在政治上，停止了执行张国焘搞的那套"左"的政策，特别是没有在内部"肃反"、捕人、杀人，使人心安定，能同心同德，团结一致地抓政权建设，发展生产和搞好人民的生活。在经济上，尽管敌人从四面都封锁得严严的，但是道委采取了自力更生、艰苦奋斗的方针，战胜了重重困难，粮食靠自己种，分到地主土地的翻身农民生产积极性非常高,不仅把自己家的田地耕种得好,还把红军公田也种得很好,还组织机关部门和群众采野菜代粮食。再是大量发展熬硝盐、造纸、织土布解决吃穿用的问题。道苏财政科有一台石印机,用白竹布印发了一些钞票,都是元、角、分的票面,上面印有斧头镰刀图案,还用桐油浸刷后在苏区内流通。有时也想些办法从敌占区贩运些食盐和生活用品进来。总之,道委会是很关心组织和安排人民的生产和生活的,这是在艰苦困难的条件下,红军、党和苏维埃能得到人民的支持、拥护的原因之一。

道委领导非常重视地方红军武装的发展建设。成立了皖西北游击司令部,高克文同志任司令员。还相继成立3个游击师、2个游击大队和1个战斗营。

一路游击师300余人枪,师长吴国贞,常活动于赤南和英(山)、麻(城)、霍(山)边界地区。

二路游击师师长先是杜老虎(绰号),后是朱志申,600多人枪,常活动在赤城、固始县境地区。

三路游击师师长江求顺、政委吴宝才,1200多人枪(1934年改为红八十二师),经常活动在史河以东六安、霍邱、霍山县地区。

六(安)霍(邱)游击大队,大队长彭继武,200多人枪,主要活动于霍邱县地区。

商北游击大队,大队长先是余海宽,后为李占彪,200多人枪,活动于商城县东南地区。

赤南战斗营,营长兼政委朱绍芳,200多人枪,活动于赤南三区、长岭关、麻城、罗田县边界地区。

道委、县委和游击司令部都很关心区赤卫队的发展、建设和训练,把各地站岗放哨、保卫生产的任务都交给他们去执行。这些地方武装的发展、建设,对于补充、壮大和支援红二十八军、红二十五军打击敌人,恢复与保卫苏区起了很大的作用。

三、战胜敌人的新进攻、坚持最后的斗争

1933年8月,蒋匪军再次调动数万兵力,对以汤家汇为中心的皖西北根据地进行全面进攻(号称第五次"围剿")。8月中旬先以三架飞机连续几天多次对汤家汇

狂轰滥炸,同时以梁冠英的二十五路军,刘镇华的十一路军,戴民权的四十五师和伪安徽、河南省保安团及地方顽匪从东西南北同时向我根据地猖狂进攻,大约三四天就占领了汤家汇和整个根据地。红二十八军和一、二、三路游击师边战边撤退,转移到敌人后方打游击。留下少数地方武装掩护道委、道苏和其他地方党政群机关工作人员分途转移到大山区避开敌人的正面进攻。苏区老百姓都实行坚壁清野后进到深山密林躲避。道委和道苏机关撤出汤家汇后也分开了,道委书记郭述申同志带一部分跟红二十八军行动,有一部分人遭散回原籍隐蔽,其余人员由道苏代主席吴席儒同志带领,先在赤南县牛食畈、麦园、胭脂等山区隐蔽活动,后转到赤城熊家河、杨桃岭、鸡冠石等大山里隐蔽活动。敌人这次进攻采取了非常野蛮残暴的手段,妄图毁灭我们苏区和消灭皖西北的红军。采取分进合击、步步为营的战术,把苏区的全部集镇,大村庄,通道隘口和山头制高点都拉上帐篷或就地砍伐树木竹子搭起棚子,驻上部队,进行"驻剿",同时派出机动部队进行"搜剿"。这时湖北区的郑其玉、柯绍衡,商城的顾敬之等匪部都倾巢出动,窜进苏区,同国民党正规部队进行大肆烧杀掳掠。蒋匪狂叫:"对赤区要杀个鸡犬不留,斩草除根。"说什么"有民就有匪,民尽匪方能尽"。敌人把房屋烧光,粮食、财物、牛羊猪鸡等都抢光吃光,还放火烧山搜人,将搜捕到的老乡,进行集体枪杀或活埋,造成了许多白骨堆、万人坑。自1933年年底至1935年秋,赤南、赤城这块老苏区被敌人摧残得空无一人。屋场、房基、田地、道路都长满了荒草、小树,野猪成群,虎狼危害,不少饿、病躺在山林的老乡被虎狼伤害,关王庙西、尹儿冲赤白交界地方有个村庄,老虎白天闯进老百姓家里吃小孩,大人看着不敢追打。真是地面蒋匪行凶,山上虎狼吃人,使人无法生存下去。最后凡未遭敌人惨杀和饿死的少数老百姓,也统统被敌人抓到立煌(金寨)县、商城县关押起来,又被饥饿和瘟疫折磨死了一些,所残存下来的少数老百姓,到1935年年底才陆续被释放回原籍,有不少村庄和家庭的人都死绝了,后来又从湖北、安徽、河南等地迁移了一些人去居住。

那时道委和道苏机关的处境也是十分艰难困苦的,到1934年春还剩下五六十人,加上部队后方医院的几十名医护人员及伤病员和少数无处投奔的老乡,在道苏代主席吴席儒同志的带领下,在赤城县境的熊家河、杨桃岭、悬剑山、苏仙石等大山区周旋隐蔽活动,遇上敌人进攻,既不能招架,更无力还击,只有各自奔跑进山林隐蔽，真是生命危在旦夕，既缺粮食、油盐，又缺衣服被子和医药，山上能吃的野生植物都吃完了，敌人不进攻搜山时能到山沟里搭茅草棚栖身就算是过舒服的生活。尽管那么困难，同志们的革命意志还是很坚定的，有些同志风趣地说："钻山沟住草棚，敌人枪炮声伴奏，吃野菜喝凉水，革命决心不动摇。"但是长期这样下去，人是受不了的，天无绝人之路的办法也是逼出来的。道苏维埃代主席吴席儒同志在同志们的建议下，挑选出几十名身体好的同志，佩戴着武器趁黑夜摸过敌人的封锁线，插到窑沟东北潜入商（城）固（始）边界的陈淋子、小南京和方集等敌占区，搞些地主土豪的粮食和食盐背回根据地来改善一下大家的生活。从摸索出这条门路后，就常选派精干的同志到敌占区搞粮食，使后方人员的生活得到一些改善。随后发展到凡是能行动的男女同志都组织起来，在部队的掩护下越过敌人的封锁，到敌占区打粮回根据地来吃，每打一次粮回来只够吃一星期左右。出去打粮的次数多了，被敌人摸到了规律，敌人加强了封锁线，增加了碉堡和封锁墙，比以前封锁得更严密了。因此后来出去打粮就要强攻硬冲过封锁线，常使一些军、政、民同志流血牺牲。到1934年秋敌人又调来一批兵力，对熊家河、杨桃岭、苏仙石等山区进行了一次大规模的搜山"抄剿"，使道委、道苏机关和医院等后方人员遭受到较大的损失。从这次敌人进攻后，道委书记高敬亭同志就决定改变斗争策略，不把后方这些人都困守在那些山里，即将道委、道苏机关，医院和其他后方人员陆续调出补充红二十八军和派到其他地区建立或充实便衣队。这时赤南县委、县苏维埃已经消失了，还留下赤城县委、县苏维埃人员和一批伤病员及家属小孩等100多人，另有商北游击大队100多人，由县委书记石裕田、县苏维埃主席张富、大队长李占彪等同志领导，继续在熊家河、窑沟地区坚持斗争。后因敌人严密封锁、"搜剿"，活动很困难，石裕田同志就带着商北游击大队100多人枪到潜山县小河南找到高敬亭同志，这时就将他们编入红二十八军了。当时在老区还留下了赤城县委和县苏维埃40多人，一批伤病员及家属小孩，还有汤家汇赤南二区的一批人员，大约150余人，又新组成一个商南县委会，由原赤城县苏维埃主席张富同志负责，并于1934年冬转移到金刚台（这座山海拔1576米高，山峦起伏，树林茂密便于打游击），即建立了以这座山为中心的皖西北游击根据地。领导着原赤城、赤南两县边沿地区的7支便衣工作队，开展对敌斗争和进行群众工作。一直坚持到1937年10月初，鄂豫皖边区实现国共合作，才下山到湖北黄安县七里坪集合，后来编到新四军四支队。皖西北地区的一、二、三路游击师和游击大队、战斗营都在1934年至1935年相继编到红二十八军了。到1935年春就结束了皖西北道委会、道区苏维埃的活动了。

原载中共六安市委党史研究室编：《皖西党史资料辑要》（第2册），内部出版，2012年，第103～110页。

丁武选口述材料

◎ 丁武选

我是安徽阜南人，参加革命是在河南固始。1930年我任皖西北道委会保卫局科长，到1932年8月间离开鄂豫皖苏区，前后在安徽工作了2年时间，虽说我是安徽人，但对安徽革命斗争知道得很少，感到惭愧，现在我将知道的一点东西献给你们。

皖西北道委会的组织是1931年秋由特区改编的。当时道委机关驻麻埠街上，特区机关原住在金寨，道委书记是王平章同志。后王平章调红二十五军任政委，由郭述申同志接任的，道委会分中共道委会和少共道委会。道委会里面有组织部、宣传部、妇女部等，皖西北道委会有常委7人，我现在记得的有王平章（书记）、王建兰（保卫局长）、吴宝才（道苏主席）、雷振一（指挥部指挥长）、丁武选（工农监察委员会主席兼），还有两个记不得他们的名字了，只知道一个是组织部长，一个是妇女部长，另外，当时除常委，还有尚委，人员比常委要多，包括各县工委书记和县苏主席参加。具体的有哪些人，现在都记不起来了。

皖西北道委会，下设有霍邱、六安、霍山、合肥、英山等几个县委会。六安县委会机关设在独山，霍邱设在顾店子。当时各县的范围很小，和现在比起来相当于现在的一个区的范围。

皖西北道区苏维埃组织系统情况：

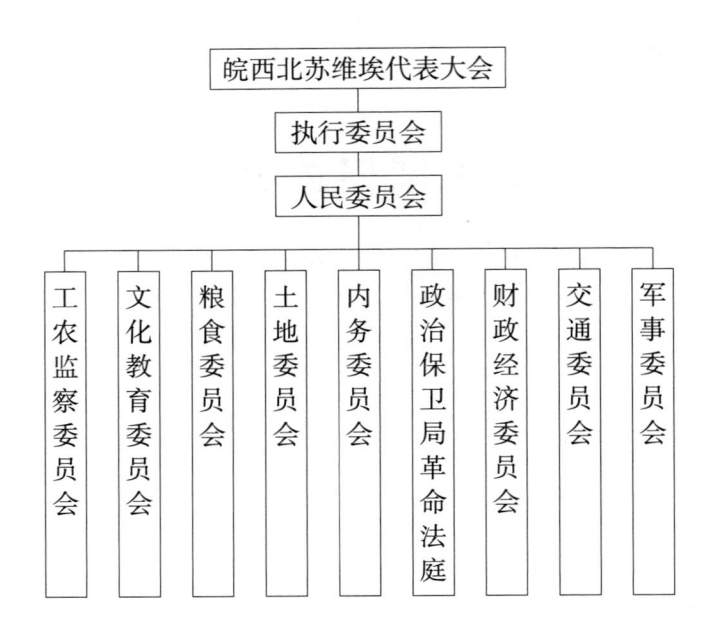

```
                  皖西北苏维埃代表大会
                         │
                      执行委员会
                         │
                      人民委员会
  ┌────┬────┬────┬────┬────┬────┬────┬────┐
  工   文   粮   土   内   政   财   交   军
  农   化   食   地   务   治   政   通   事
  监   教   委   委   委   保   经   委   委
  察   育   员   员   员   卫   济   员   员
  委   委   会   会   会   局   委   会   会
  员   员                 革   员
  会   会                 命   会
                          法
                          庭
```

各委员会的负责人，我现在都记不起来了，知道王建兰同志是政治保卫局局长，工农监察委员会主席是我兼的。

此外，我记得还有个反帝拥苏大同盟组织，这个组织接收的会员很广泛，不管党员也好，团员也好，非党团也好，只要愿意参加都吸收为会员，这个组织主要任务是搞宣传。

（口述人：丁武选　现任武汉军区军事法院院长　访问人：薛国明　时间：1960年7月8日）

原载中共六安市委党史研究室编：《皖西党史资料辑要》（第2册），内部出版，2012年，第111～112页。

访问丁武选同志笔录（一）

◎ 丁武选

丁武选同志说：我老家在安徽阜阳，逃荒到了河南固始商城。参加党是在固始，参加部队也是在固始独立团。我当时在独立团政治处当宣传队长。1930年四五月间，固始县委在松树岗区成立，选我当县委宣传部长。晚稻割完时，鄂豫皖省召开工农兵代表大会。皖西去20多人开会，由方英带队。到了商城飞机山时，接到来信说会期改了。方英动员说，哪个要学习就到省委办的训练班学习半年。这时我们有4个人去训练班学习，其余的人都回去了。方英就带着我们到了新集。1930年9、10月去学习，到了1931年五六月间毕业，我们皖西北道委把4个人都留下了：有英山1人，太湖1人，霍邱1人，六安1人名字记不清了。他们3人都有点文化，省里成立保卫局而没有人，把他们调去。有当文书的、当秘书的、当事务长的，我没有文化送到看守队当战士看"犯人"。我们没有回皖西，1931年11月间省保卫局又派一批人到皖西。我要求回皖西，他们3人没有见回去。回去以后，这时道委已经搬到麻埠，我被道委分到保卫局当二科科长，搞侦察敌情，跟机关工作不大接近，我带手枪队不很在家。春天麻、茶下来了，我们和游击队配合打民团让商人进来，那时对工商业是保护的，机关工作不太熟，因我主要搞审查敌情的。到了1932年七八月敌人进攻时，道委机关搬到金家寨街上，有一部分向南庄畈那边运动。保卫局搬到金家寨河西汪家祠堂。1932年八九月道委叫我把银行10挑钢洋分给伤病号。几个医院分掉6挑，还有4挑带到南庄畈。这时张国焘到了南庄畈，他叫我跟着十二师二十九团。到了英山石头咀，撵到部队，把钱送到了参谋部。张国焘叫我回去。这时道委书记王平章到部队去了，书记换成郭述申。这时我带几个小鬼在路上小界岭遇到了敌人，回不去了。我们又回头撵队伍，一直撵到黄安西十五墩，这时张国焘正在那开会，参谋主任苏玉章报告说我们回不去了，张国焘叫我跟参谋部一起走，走了一天。第二天张国焘又叫我到铁路游击队当指导员。这时我得了疟疾。参谋主任说："你要他命啊，他病成这样子怎么去打游击。"所以我又随参谋部离开了苏区到了四川。

肖方、许继慎、方英、熊受暄、周维炯十几个高级干部是1931年农历八九月间（已经下霜了，感到有些冷了）被害的。头天晚上执法队都把他们一个一个叫出去，我在放哨，没有见送回来。第二天晚上，我们一个班都叫去了，两个人拿一根毛竹抬尸首，一看都是我们看守的"犯人"。他们都是用绳子勒死的，脖子上有印子，十多个尸首都放在新集西门外一个门朝南跟戴季英一个院里的一间房里。当时我们把尸首埋在西边山洼里。这是千真万确的，以后知道这是被张国焘"肃反"杀害的。

当时戴季英担任省保卫局审讯科科长，前几年，我一次在北京开政协会议时，徐向前元帅也证实戴季英当过保卫局审讯科长。徐帅说："张国焘带我到保卫局审讯科去看过，并在审讯科见到了戴季英。"当时省保卫局局长是周纯全。当时皖西北道委保卫局长是王建南，黄安人，以后也被张国焘杀死了。道委保卫局营长姓李（李泽纯），现在住金家寨古碑区哪个公社，前年他还写信给我。

关于张国焘大约在1931年农历八月前后逮捕4个县委书记，情况我不清楚，因为那时我还未去省保卫局工作。

希望你们以后有什么材料寄些给我，看到一些材料，可能还能回忆一些事情。

王、许说：88岁高龄的老首长，还能和我们谈这些重要情况，我们表示感谢，以后如有材料，一定寄给首长审阅，还有一些搞不清楚的问题，我们再来请教。

（注：丁武选同志1960年因病休息，此前是武汉军区军事法院院长，三至五届全国政协委员，享受正军级待遇）

（时间：1984年4月27日下午　地点：郑州河南省军区干休一所　访问人：王导平、许正刚）

原载中共六安市委党史研究室编：《皖西党史资料辑要》（第2册），内部出版，2012年，第113～115页。

访问丁武选同志笔录（二）

◎ 丁武选

张国焘杀害旷继勋是在四川。我们部队1933年初到了四川准备建立根据地，我调十师当保卫科长。十师驻洪口镇南边山上小庙里。十师政委周纯全一天叫我打扫房子，说有一个"犯人"要处理。我们说保卫队没关犯人吗？到了晚上，周纯全带两个警卫员押着旷继勋进了那房子。问他，你旷继勋反革命要好好交代！旷继勋说，我不是反革命。周纯全指出他三个"罪状"：一、打霍邱，不应该打巷战，部队损失很大。二、1932年10月部队过了铁路以后，我方面军在枣阳、新集指挥他去占一个寨子失利（那时我们就是两颗子弹、一根步枪怎么能占寨子呢）。三、部队到了四川营山，旷继勋原来在营山是杨森部队当过旅长的，四川士绅名流听说旷继勋当了军长，就背了些银耳、腊肉拜访他。人来人往，这时就说旷继勋勾结地方武装要叛变，就是这样安了三个"罪状"。周纯全叫警卫员把旷继勋勒死了。勒死后，就埋在庙山北头。庙门朝西，坐东朝西。我给中央干部部写了材料。旷继勋死是我亲眼见周纯全叫两个警卫员打死的。兰州军区副司令员胡炳云就是他的司号员。

（时间：1984年4月28日上午　访问人：王导平、许正刚　地点：郑州河南省军区干休所丁武选同志家）

原载中共六安市委党史研究室编：《皖西党史资料辑要》（第2册），内部出版，2012年，第116页。

在黄梅活动的片段

◎ 胡少卿[①]

我是黄梅县大古岭胡上塆人,生于1910年。在大革命时期,参加儿童团;在土地革命时期:1929年参加赤卫队,1930年加入中国共产党,在本地担任党支部书记和总支部书记。1935年参加红军便衣队。1936年离开家乡黄梅,到红军主力部队去了。

现仅就在黄梅活动的情况,叙述几个片段:

一

1927年春,鄂豫皖地区农民革命斗争的熊熊烈火点燃了。蕲(春)黄(梅)广(济)各县的农民运动,如疾风骤雨般地发展起来,到处都能听到锣鼓声,到处都能看到手举红旗,肩扛大刀、长矛,紧张而又兴奋的人群。他们高喊着"打倒土豪、打倒劣绅""推翻旧政权,建立农民协会""农民要翻身、农民要做主"的口号,像山洪暴发一样,冲击着大地上的一切污泥浊水,骑在人民头上作威作福、横行霸道的土豪劣绅们,像挨了一棒的狗一样,夹着尾巴躲在阴暗角落里,用惊恐的目光看

[①] 胡少卿同志,黄梅人。原国营西北光学仪器厂党委书记。这是胡少卿同志回忆记录中摘录的一部分,题目是编者所加。

着这些昔日在他们脚下，今日才得翻身的人们，农民是何等神气和自豪。不管是老人还是小孩，也不管是男人还是妇女，个个摩拳擦掌、舞刀弄枪，走家串户，汇成人群涌向广场，庆祝农民协会的诞生，高呼"一切权力归农会！"翻身了的农民昂首阔步对着布满彩霞的蓝天呼喊："这是我们的天下！"

当土地革命处于高潮的时候，大权就握在了农民手里，什么事都要由农民协会来决定。在前所未有的大好革命形势下，各地农协迅速成立起来，伪县长李敬芳吓跑了。因此，当时湖北盛传着"赤色的黄安，小莫斯科黄梅"的称号。

我们上乡农民协会成立这天，穷苦的农民很早就从四面八方来到了大河区会场。男女老幼穿上自己最好的衣服，他们用竹竿高挑着用红布做的大旗，手执红缨枪和大刀木棍，喜气洋洋地庆贺"一切权力归农会"。昔日作威作福、盛气凌人的土豪劣绅以及他们的太太小姐，今日一败涂地。农友们把他们反捆着双臂，由赤卫队和儿童团员们押着，惊恐万状地站在主席台下，等待着审判。大会开始后，负责人一一宣判了他们的罪行，又给他们戴上纸糊的高帽子，用一根长麻绳绑着，像一串粽子一样，拉着游街。整个大河区，村村都是人来人往，通宵未眠，沉浸在一片紧张的欢乐之中。男人们磨刀打矛，站岗放哨；妇女们赶制红旗、袖标；儿童团员们在月光下演习斗地主，呼口号，忘了吃饭睡觉；老年人聚在一块说古道今，好不热闹。"泥腿子当家做主，地主戴高帽子游街，真是千古奇闻，开天辟地第一遭"。

农会成立了，我们又先后成立了妇女会，儿童团，一边生产，一边练武。我们全家都积极参加到这火热的斗争中来了。特别是我母亲，成了农会的积极分子和妇女会的负责人。我也当了儿童团团长，带领着十几名青少年在村头路口站岗放哨，盘查过路行人。

在"打倒土豪劣绅，一切权力归农会"的口号下，农民的主要斗争目标是当地的土豪劣绅、不法恶霸地主，还冲击着宗法思想、陈规陋习和各种封建制度。在全县人民的强烈要求下，1927年初，在县城召开了万人大会，斗争了全县臭名远扬的四大土豪劣绅，程诲安、李子万、刘友兰、石结素，并当场枪毙了他们。随着对土豪劣绅的打击，清算血泪仇的斗争也深入开展起来。大河区大地主程炳侯，霸占了大河区的大片田地，他还勾结军阀欺压百姓，横行乡里，无恶不作。他霸占穷人的土地房屋，放高利贷剥削穷人还不算，还经常带着几个狗腿子吃喝嫖赌、东游西窜，不知有多少妇女被他蹂躏。有的妇女因此无脸见人，竟上吊、投河自尽。如果男人反抗了他的兽行，就会遭到报复。程炳侯在大河欠下了十几条人命，弄得许多人家破人亡。这次农民起来，他见大事不好，就逃之夭夭。

大河区考田镇大地主王利奎，也是个罪大恶极的吸血鬼，农民协会开大会进行斗争，这天早上，王利奎刚被牵到斗争大会会场，就被义愤填膺的群众乱棍打死。农民的革命气概和行动，吓破了土豪劣绅的胆，震慑了那些地主阶级的走狗和有劣迹的人。我们大古岭，上塆、中塆、下塆三个塆子，穷人的死对头——邓晓亭被革命怒潮吓破了胆，他是掉在油缸里的西瓜——又圆又滑的坏家伙。他看到农民运动来势凶猛，就装成老实的样子，脱掉了长袍马褂，换上粗布衣裳，逢人点头哈腰，好像是个大善人似的。一天上午，他不用走狗保镖陪同，自己捧着厚厚的一叠账本清单来到农会，装成一副痛改前非重新做人的样子，申明要拿出一部分家产给农会，让他加入农会。当时在场的农会负责人胡金胜、胡仁寿、胡烈湘和许多会员群众，面对着这个人面兽心的活阎王，想到他祖宗几代欠下三个塆子人的债，不由得怒从心上起，恨从胆边生。我也想起前年交租时的仇，恨不得一梭镖戳死他。只见胡金胜猛地站起来，把桌子用力一拍，喝道："邓晓亭，没想到你也有今天！你想想，你们祖祖辈辈欠下我们三个塆子穷人多少血泪债，这债是要还的，这仇是要报的。告诉你，现在你要放规矩些，我们很快就会处理你的。"在一片怒骂声中，邓晓亭夹着尾巴，灰溜溜地逃走了。如火如荼的土地革命运动，把中国几千年来的封建特权打得落花流水，从根本上动摇了封建主义、帝国主义在中国的统治基础。

当革命深入发展的时候，以蒋介石为代表的国民党右派叛变了革命，举起屠刀向共产党砍来，制造了震惊中外的四一二大屠杀，轰轰烈烈的北伐革命战争失败了。白色恐怖笼罩着全国。6月份，邓雅声同志从武汉赶回黄梅，秘密召开了全区党团员大会，分析了蒋介石叛变和夏斗寅匪军进攻黄梅的严重形势，要同志们进行隐蔽，保存革命力量。到7月15日，汪精卫又在武汉叛变革命，放出鹰犬，到处追捕杀害共产党人，破坏党的组织，党的联络站一天换几个地方。整个武汉处在白色恐怖之中，乌云笼罩在祖国的上空，太阳暂时被遮住了。

由于革命形势的急转直下，被农民协会镇压下去的土豪劣绅又抬起头来，他们从武汉、九江和黄梅县城阴暗角落里爬出来，咬牙切齿地对农民复仇。1927年5月，仃前大土豪周介甫集众数百人，攻打二区所在地——朱家祠堂。考田的哥弟会头目吴光甫、劣绅吴万侯纠集一群地痞流氓，用求雨的名义抢菩萨，进行暴乱，捣毁了昌蒲堂的党支部，烧毁了文件，抄了农会和党支部负责人的家，还扣押了县党部派来调解的余壮飞、李敬仁（他俩都是共产党员），制造了有名的"考田事件"。6月份，盘踞在宿松的夏斗寅匪军攻打仃前区党部，绑走了联络员周艳丰（后在二郎河牺牲），县委潘钧松同志也不幸牺牲。区党部负责人李尚达、周雅臣也在这时被国民党杀害。6月17日，夏斗寅匪军进攻黄梅县城，将黄梅县农民协会捣毁。由于反革命势力来势凶猛，各地的农民协会、妇女会、儿童团和黄梅县的人民自卫团等群众组织，也被迫解散。暗藏在革命政权内部的国民党右派、原黄梅县长李敬芳，这时公开叛变了革命，他拉拢收买中共二区区委书记胡步月，大肆逮捕黄梅县党的负责人。共产党员、县妇联主席梅开华同志也被杀害。黄梅第一次革命虽然失败了，但它却教育了共产党和人民，并为后来革命准备了条件。

二

黄梅第一次农民革命失败了，但我们党从失败中吸取了教训。干革命一要有党的正确领导，二要有武装。黄梅土地革命时期的农民革命斗争比起大革命时期的革命更加猛烈，更加深刻。农民起来首先干了3件大事：第一件大事就是成立自己的政府，在黄梅上乡六镇，如仃前、古角、垅坪、小溪、考田、袁角等镇，都成立了苏维埃政府。我们小溪镇的苏维埃政府就设在油铺观音庵，在苏维埃成立的这一天，人们兴高采烈，敲锣打鼓放鞭炮，青年妇女载歌载舞，扭秧歌，唱着"八月桂花遍地开"，庆祝苏维埃政府成立。种田佬当上了大委员，穷兄弟也能掌握印把子。

农民起来干的第二件大事：没收地主和土豪劣绅的财产，烧毁他们各种契约和借据，按人口分配了土地。被高利贷压得抬不起头来的农民和那些卖儿卖女的穷人，看着亲骨肉的卖身契和永远还不清的高利贷字据化为灰烬，从此一笔勾销，就有说不出的高兴。他们如今分到了田地、山林、房屋、衣服、粮食和各种家具。从心眼里感激共产党，感激苏维埃政府。他们看看山林和田野，看看碧蓝的天空，看看自家的衣食住行——样样都变了，说话也畅快了，我们穷苦人站起来了，这才是我们穷苦人的天下。

农民起来干的第三件大事：要革命必须握起枪杆子，以我们革命的枪杆子保卫胜利果实，黄梅县委决定，在各乡都要成立赤卫大队，要组织起来。我们小溪乡成立一个赤卫大队，我们的大队长是柳山脚下的柳腊利同志，我们大古村，成立一个分队，在胡上塆和我一起参加赤卫队的有吴旺生、胡向奎、胡香林、胡金狗、胡海山等同志。当时我们青年人听说要成立赤卫队都高兴地跳起来，有的自己拿钱买红布做大旗，旗上还有一条白布带子，上面写有"中国工农赤卫队"七个大字。队员们都戴上红色袖章。有的把自家的鸟枪、梭镖、土铳拿出来进行训练；有的到处搜集破铜烂铁，架起铁匠炉，自己制造刀矛武装自己。

赤卫大队成立起来后，大队长柳腊利率领我们去赤白交界以外地区打游击，经常活动在苦竹口、张家河、七里畈、余塘岭和县城周围。那些反动民团在乡下扰乱，抢粮抓人，我们就和他们干，由于他们在农村挨打，站不住脚，就跑到县城去，县城四门紧闭，不敢出来，我们赤卫队就围困县城。进行政治攻势，要他们出来投降。县城被我们围困久了，伪县府人员和300多民团，在城内没有粮食吃，敌人就殴打群众强迫群众，挑着箩筐走在前面，出城抢粮，我们为了保卫群众，不便开枪，敌人利用这一点开始抢到部分粮食。后来敌人胆子越来越大，我们把民团引诱到苦竹口、排尾山一带，这里山峦起伏，树林密布，中间是一条蜿蜒曲折的大道，地形对我们打伏击很有利，我们早就把大批赤卫队员埋伏在这一带，只有少数赤卫队员跟敌人纠缠，敌进我退，待敌人进了我们的埋伏圈，我们就把"口袋"一封，来个关门打狗，一声令下，我们的土炮、手榴弹遍地开花，打得敌人人仰马翻，乘敌人混乱之际，我们号角长鸣，手执大刀，端着长矛、梭镖下山，冲向敌群，敌人狼狈逃命，不到半天结束了战斗。歼灭了民团一部，缴获了一批武器弹药和他们从农村中抢来的各种物资。这一仗打得真痛快，我们用缴获的枪支弹药，武装了自己，把被敌人抢去的农民的东西，分给了群众，并召开群众大会，宣传革命道理，群众激动地说："民团杀人放火，抢我们的东西，什么伤天害理的事，他们都干。赤卫队歼灭了民团，为我们出了气。又把被他们抢去的东西夺回来还给我们，赤卫队真是我们自己的队伍。"从此群众更加热爱共产党，热爱苏维埃政府，拥护赤卫队。群众自己组织慰问团，抬着猪肉，挑着酒和各种食品来慰问我们赤卫队。我们来自农民，为了农民，这次战斗的胜利使赤卫队和人民群众斗争的士气更加高涨，使我们懂得毛泽东同志指出的："中国革命斗争的主要形式是武装斗争。""在中国离开了武装斗争就没有无产阶级的地位，就没有人民的地位，就没有共产党的地位，就没有革命的胜利。"我们一定要用枪杆子来保卫红色政权，保卫胜利果实。

三

从1931年开始，到1934年，国民党反动派在大举进攻中央革命根据地的同时，也发动了对鄂豫皖地的"围剿"，黄梅革命又处在低潮，党也随之转入地下斗争。这时，组织上决定在我家建立党的秘密联络站。

1935年春天的一个晚上，我刚刚睡下，忽然听到有人敲门，连敲三下一停，根据敲门的声音来判断是自己人，我急忙轻手轻脚来到门口，从门缝中轻轻地问："谁呀？""是我，开门吧。"从声音听出是程国卿那熟悉的声音。我心里高兴急忙开门，程国卿急忙和我握手，我看他后面还站着几个人，都背着枪，我把大家招呼进屋，这时，我们全家听说程国卿回来了，都高兴起来了。我母亲一边准备做饭，一边问："国卿，这几年你们到哪里去了。是怎么过的啊？"程国卿道："说来话长，以后咱们慢慢讲吧。我先给你把这些同志介绍一下。"他把老戴、老韩和同志们一一介绍给我们，便衣队一共是9个人，其中有一个是才发展的新队员，叫王金彪，是我的同学，朝阳洞人，距离我家只有5里地。最后他还说："以后不要叫我程国卿了，就叫我老叶吧。"在这种年月里，战友重逢，更有说不完的知心话。母亲把这几年家乡的斗争情况和国民党反动派犯下的滔天罪行、有些党员牺牲的情况，讲给同志们听，大家一边听、一边流泪，个个义愤填膺。老叶同志的脸阴沉可怕，两眼向外射着怒火，他愤愤地说："血债一定要用血来还，同志们，革命的道路是曲折的，我们的事业是正义的，我们要为牺牲的同志报仇，要完成他们未完成的事业，胜利一定是属于我们的！"

他喝了口水，又对我说："我们是红二十八军的便衣队。党给我们的任务是来黄梅站稳脚跟，宣传群众，恢复党的组织，发展壮大便衣队，打击白匪和土豪劣绅，并为红军筹集军费。"

我们越听越高兴。我们多么盼望红军赶快打回来啊！听说要扩大便衣队，我非常高兴。我说:"我一定要参加便衣队,也给我支枪,我保证完成任务!"见我要求参加便衣队,我弟弟金祥说,他也要参加。

"参加便衣队好啊,我们欢迎。"老叶高兴地说,"我们就喜欢你们这样有血气的青年。但是,我们现在人还少,又初到这里,情况不熟悉,现在是秘密活动。我们先把原是老赤卫队员和斗争中的积极分子发动起来,逐步扩大斗争范围。"

这时,大家在热情地谈论着。队员们说:"你对这里熟悉,可以给我们当向导,我们活动就长了眼睛,如虎添翼了。"我也问便衣队怎么过来的,路上好走不,打了哪些仗,大家亲亲热热,好不热闹。母亲把程国卿叫到外边,悄悄地问:"你了解王金彪吗?"

"不太了解。这个人有问题吗?"

"王金彪是有名的王毛猴。在革命低潮时期在伪县民团当过兵,干过坏事,回家后游手好闲。我看这个人靠不住。"老叶听母亲一讲,吃了一惊说:"这个情况很重要,我们初到这里,对这里不熟悉。我们一定要提高警惕,暂且把他留在队里观察一时期,以后再作处理。"

这以后,便衣队常在上乡一带活动,党的组织也恢复了一些,工作也逐步开展起来。但是,国民党的鹰犬——土豪劣绅们,也嗅到了便衣队活动的气味,跑去向国民党军队报告说,红军回来了,在上乡活动。匪军听了也很惊慌,便经常派部队进山"清剿"。为了打击敌人,便衣队决定先收拾掉几个"地头蛇",弄瞎国民党匪军的耳目。

便衣队决定,先把最坏的地头蛇王保长干掉。一天晚上我们简单化了装,用黑布把脸蒙住,只在眼睛的位置剪了两个洞,便于观察。化好装后,老叶递给我一把二十响盒子枪,我摸着乌黑发亮的盒子枪,心里乐滋滋的。我想,一定露一手给他们看看。我熟悉地形,在前面带路。按事先布置,留几个队员守住门口,我们挑选了几个人翻墙跳进院子,王保长的长房灯还亮着。我们踢开门冲进屋子,王保长受惊从被窝里跳下床,企图逃跑,我"哒哒"两枪,就打了他个四脚朝天,老戴竖着大拇指对我说:"看不出,少卿还有这两下子。"我得意地笑着说:"还是当赤卫队员学来的。"

打掉王保长之后,又打掉了几个"地头蛇",红军游击队又回来了的消息迅速传开了，土豪劣绅的活动收敛了一些，但国民党匪军更加紧了对山区的"清剿"。敌人把部队驻在考田镇大洋庙一带，大有与红军游击队一决雌雄的架势。

1935年5月，王金彪叛变了。

王金彪叛变，受威胁最大的就是我家，得知王金彪叛变的消息后，老叶和老戴队长立即跑来告诉我们这个严重情况，我们全家都吃了惊，怎么办？最后决定我和金祥弟弟马上离家，由便衣队同志送我们到红军主力部队去。

就这样，母亲含着眼泪为我们包了几件衣物，拿了些粮食。我爱人听说我要当红军去，抱着不满周岁的孩子，哭得像个泪人一样。我们忍着生死离别的痛苦，依依不舍地告别了祖母、父母亲、妹妹和妻子，与金祥弟离开了生我养我的黄梅家乡。

一九八四年三月

原载中共黄梅县委党史资料征集编研委员会办公室编：《黄梅县革命史资料》（第1辑），内部出版，1984年，第132～142页。

民团血洗罗井沿孜

◎ 罗伟珍

1932年元宵节之夜，上油岗地方反动民团闯进了上油岗附近的罗井沿孜，杀了大批农民，制造了一场血洗罗井沿孜事件。

我叫罗伟珍，生于1925年7月24日，祖籍潢川县上油岗罗井沿孜（即良种场村），我亲眼看见了民团"血洗罗井沿孜"这桩血泪斑斑的历史事件。

1932年，我虚龄8岁，那时，人们过罢春节盼十五，渴望一睹打灯笼、玩狮子、撑旱船、挑花篮的热闹场面。到了正月十五日晚，各家都为孩子们备好了五彩缤纷的灯笼，孩子们个个兴高采烈地提着灯笼在门口走来走去，整个罗井沿孜都沉浸在一片祥和、欢乐、喜庆的节日气氛中，直到深夜人们才熄灯睡觉。

下半夜丑时许，突然枪声四起，当人们尚未完全苏醒过来，地方反动势力张继洲手下的一群民团士兵，已闯进各家各户，他们用枪口堵住大门，往屋里射击，口中吆喝着："不许动，动就打死你！"酣梦中的孩子们个个惊恐万状，蜷缩在大人的身边，这帮土匪先打死青壮年男子，然后又一个个查看小孩性别，若是男孩统统枪杀，成年的女孩子就抢走。一夜之间，罗井沿孜陷入血雨腥风之中。

这次血洗罗井沿孜，被枪杀的12人，其中有我的父亲罗国宾，时年40岁，我的亲娘舅陈德佩和他的儿子连毛（17岁），罗少臣及其两个弟弟、两个儿子（一个15岁、一个13岁），我的叔伯大爷罗秀峰（教书先生）和儿子（未成年），还有上油岗街的余大雅、余大管兄弟两个。这些民团士兵还抢走了罗少臣的两个未出嫁的女儿。大女儿罗永真长得俊秀、娴静，被张继洲强占做小老婆；二女儿清秀玲珑，被匪首豪绅牛少山抢去做了小老婆。

从此，昔日热热闹闹的罗井沿孜变得冷冷清清。剩下的只有惆怅满怀，关门闭户的孤儿寡母。不久，年轻的寡妇又被抢走，中年寡妇被逼改嫁，奶奶带着嗷嗷待哺的孙女度日如年。昔日生意兴隆的豆腐坊、油坊和学堂不见了，到处是一派凄惨衰败的景象。幸存下来的小男孩们也不敢出头露面，经常躺藏在地窖里。

春雷一声震天响，上油岗来了共产党。1949年春，春光笼罩着罗井沿孜，恶贯满盈的牛少山、张继洲及其手下一帮土匪恶霸全部被一网打尽，接着，政府又把罪大恶极的5个匪首处以极刑，昔日杀人成瘾的刽子手，终于抛尸于荒郊。当时我那在大屠杀中因藏于地窖而幸免于难的哥哥罗伟邦泪流满面地说："共产党来了，我们罗井沿人见到了青天，埋藏在心头的深仇大恨终于报了。没有共产党就没有我们罗井沿人的今天啊！从今后，我们一定要紧跟共产党走社会主义的路。"他说到做到，初解放就入了党，成为地方干部，曾历任过上油岗乡党委委员、橡栗大队支部书记、良种场村支部书记。

血洗罗井沿孜的缘起是罗井沿的人在上油岗地方很有名望，并与大别山共产党有联系。我家曾多次隐藏共产党的地下干部。如李泽品全家3口就是其中一例，当时他30岁左右，带着老婆和孩子，于春节前由小叔护送他走了。土匪打死完罗井沿青壮年男人后，一一验尸查名对照人，发现少了他小叔时，还打着灯笼挨家挨户搜了几遍，并把奶奶捆起来，拷问人藏在什么地方，奶奶一口咬定春节前外出跑生意去了。此次土匪进村杀人，是奉命"剿共"，谓罗井沿人勾结共产党，犯有"通匪"罪。国民党政府和地方土匪恶霸决不允许共产党人在此地活动，他们只能错杀一千，决不漏掉一人。于是丧失人性地制造了这起惨案。

作者简介：罗伟珍，生于1925年，潢川人，系农村劳动妇女。

王兰蓉，女，生于1956年，淮滨县人，曾毕业于省委党校本科班，现任淮滨县人民政府生产救灾办公室副主任。

原载政协河南省潢川县委员会文史资料委员会编：《光州文史资料》（第13辑），内部出版，1997年，第18～20页。

我所知道的顾敬之

◎ 张友忳

1949年我经组织分配来本溪工作。当时我的直接领导人王瑞平同志（后任本溪钢铁公司副经理）知道我是商城人时，问我知不知道顾敬之。我说不仅知道，还有过一些交往。以后十几年，在闲谈中，我向王介绍了顾敬之的一些情况，他很感兴趣。因为他是鄂豫皖老苏区的红军老干部，曾和顾敬之打过仗，还被捕过。"文革"期间，王瑞平同志因"叛徒"问题被关进"牛棚"。我也被关在一起，原因之一也是我和顾敬之的关系问题。被关押中，我被迫就这个问题写了详细的"交代材料"（实际上在参加革命后的自传中早已写过）。

这已经是18年前的事了。1979年为我平反时，这些"交代材料"全部退还给我，当时并没想到有何用处，只是作为一点纪念品压到书箱底下去了。没想到今天写这份文史资料时它竟有了很大的用处。以下就是根据18年前的"交代材料"整理的。如果靠现在的回忆去写，准确细致程度就要差得多了。

一、顾敬之和商城县中、零娄高中

三四十年代生活在商城县的人，大概没有不知道顾敬之的。鄂豫皖老苏区建立时，他是商城县地主反革命武装"民团"的头子。红军长征以后，他大肆扩充"民团"，独霸一方。1938年，他被当时的第五战区司令长官李宗仁任命为"游击司令"兼商城县伪县长，一直到抗战胜利后的1946年夏。

抗日战争时期，商城县虽然两次被日寇侵袭，但时间很短，并未占领。顾敬之在商城县的统治，相对稳定达8年之久。不过其中也有过一点波折。1941年前后，李宗仁派他的嫡系部队——第八十四军进驻商城附近几个县。不久，和顾敬之同样出身的罗山县伪县长梅治潮、经扶县（现新县）伪县长严正国都被处决。据说顾也在预定"剪除"之列。可是不知什么原因，顾一直安稳无事，而且和驻在商城县的八十四军军长莫树杰、高参陆廷选等和好相处，关系密切。

1939年秋，顾敬之召集县里的一些知识分子如武朗山、杨绍唐、吴佛仙、阮渭渔、李式之、李湘若、黄伯劲、谭竹友、陈戟门等在黑河董氏祠开办一所初中。我在这时进入该校学习。1940年学校迁到新建坳。1941年开始继续办高中班。但因当时国民党政府规定，一个县只能办初中（私立学校不限），因此县立高中立案不准，只好改称"私立零娄高中"。据说"零娄"是商城古地名。零娄高中意思就是商城高中。和原来的初中虽挂两块牌子，实际是一所学校。顾敬之对这所学校是非常重视的。这可从几方面看：

1. 造舆论。顾敬之利用各种机会大讲教育的重要以及他一定要办好这所中学的决心。

2. 建校舍。新建坳原名肖家坳，原是顾敬之"民团"的一个山寨。背山面水，除夹壁寨墙、碉堡外，有楼房、平房200来间。寨前有筑坝形成的一个很大很深的水塘，环绕山寨的两面。其中还有一个原来的小山头形成的小岛。我在新建坳学习的5年中，还在不断地增建校舍。最多时有学生800余人，教职员工及家属300余人。到1946年学校迁进县城时，新建坳估计有房屋400间，包括教室、宿舍、食堂、图书馆、大礼堂等等。限于战时的条件，没有建立实验室。

3. 拨经费。顾敬之在任商城县伪县长期间，肆意搜刮人民钱粮，除了自己侵吞（这是顾在1946年垮台的罪状之一）以外，对于新建坳中学的费用是保证供给的。学校从来没有经费上的困难。

4. 聘教师。顾敬之也知道要办好一所学校，没有足够的优秀教师是不行的。但是在当时，能够胜任中学教师的人才是不多的。除了本县以外，凡听说邻近各县有知名的优秀教师，顾敬之都尽量设法招聘来，（包括给以较优厚的待遇和照顾）如余仲勉、汪循周、张光岳、陈裕星、鲍象予、黄南吉、蒋少纶、周维敞、顾如纶、张席珍（后5位为本县人）等。

5. 办贷金。当时还有一个困难，就是商城历经战乱，加上顾敬之的反动统治、压榨，人民生活极其贫困。不少学生在家中难得温饱，根本无钱上学。为解决这个困难，顾敬之从1940年起办了一个"助学贷金"。贫寒学生可以申请此项贷金。贷金章程规定，毕业后按月从收入中扣还，还清为止。他设想若干年后就可以用收回的钱继续供给新的贷金生，不用或少用公款。最初的贷金来源，据顾敬之说是来自第四区（南乡），所以贷金生只限于第四区的学生。以后逐渐打破了这个界限，其他区及城关的学生，甚至其他县的学生也有少数取得了贷金。贷金生的申请审批手续很简单，顾敬之亲自过问，其中一条要学生成绩好。贷金的数额是不多的，只够每月最低标准的伙食费。

6. 定校规。顾敬之为这所学校亲自定下了几条校规，主要有三条：一是专心读书；二是男女有别；三是不准赌博。他不止一次地自己到校对全体学生宣讲他的校规。关于第一条，他还要求学校领导和教师严格掌握。不努力学习，成绩不及格的（补考后），坚决留级或退学。关于第二条，顾尤其重视，反复强调。绝对禁止男女同学谈话。一经发现，立即开除。有的亲兄妹、亲姑侄同在此校上学，也禁止谈话。有事可写字条由班级导师（班主任）转交。顾敬之在大会上解释说："你们自己知道是亲兄妹、亲姑侄，别人谁知道！"关于违犯第三条的轻者在全体学生大会上，按倒在地，由训育主任（顾敬之之弟顾祥斋）亲自用大竹板子打屁股，重者开除。

我从初中二年级起就是靠这项菲薄的贷金维持生活。寒暑假约3个月的伙食费可以省下来做点衣服。有时靠课后时间誊写讲义挣少量零用钱。

二、中学毕业前后和顾敬之的接触

1945年夏，我高中即将毕业。一天顾敬之来到学校，在大操场召集全校学生开会。他在讲话中说："我办贷金好多年了。有的学生不好好念书，成绩不好就别想再得到贷金。也有好的学生，如张友忤……将来他们上大学，我还给贷金，而且大学毕业以后，可以不扣还了。"在此之前我没有和他单独见一次面，谈一次话。他怎么会知道我学习好坏呢？这是因为他每次到校都向学校领导和老师了解贷金生的情况。

1945年夏，我高中毕业后在家准备考大学。一天接到通知到达权店开会。到后一看除了不相识的许多县、区政府的人员以外，还有不少高中同班毕业的同学。顾敬之先主持一个会议以后，下午把我们十几名同学召集到一起，开门见山地说："今天把你们找来是安排你们到长竹园小学去，把那个学校办好。否则，我就得搬家了。"原来顾敬之的小老婆游氏住在长竹园。有几个孩子在该小学念书。顾敬之是想调一批他信得过的青年去办好那所小学。接着他宣布人事安排：罗延文任教务主任，崔发珊任训育主任。原有的教员一个不留，只有老校长吕式之留任，但只是一个挂名的校长，实际的校长是罗延文。几天后罗延文进城，直接从顾敬之那里领到一笔经费，约我一同上街采购了一些学校用品。

1945年8月15日是难忘的一天。同班同学刘名泉（迎山庙人）约我同去安徽立煌县（现金寨县）报考安徽学院。早晨我们从商城出发步行前去，当晚住在距立煌约20里的一个小镇上。后半夜只听到立煌方向噼噼啪啪响声不断。有鞭炮声，也有枪炮声。次日早起谁也不知道发生了什么事情。一个多小时以后才从对方来的过路人口中得知是庆祝抗战胜利、日本投降。我们就是在这一片欢庆声中，考完了大学入学考试。

这时发生了一件令人气愤的事。当时立煌是安徽伪省政府所在地。办了一所安徽学院。同时大后方的著名大学如西南联大、中央大学也在立煌招考部分学生。我们到伪省府教育厅去报名，被拒之门外。只允许安徽的高中毕业生报名。我们零娄高中的十几名同学准备到伪省政府去请愿讲理。但后来一想若把事情闹起来，就连安徽学院也不录取我们。也是毫无办法，到哪里说理去。只好忍气吞声作罢。后来从报上发榜的名单中看到，不少在安徽学院录取榜上名次在我们之后的都录取上后方重点大学了。

高考回来后，鉴于安徽的排外情况，我们并没抱多大希望。9月初我就到长竹园小学上班了。我任六年级毕业班数学课、级任老师。（张衡珊是这个班的佼佼者。）上课一个多星期，见到报上录取名单。我们同班毕业同学中录取率高达87.5%。对此，我又是高兴又是犯愁。愁的是在达权店会后，顾敬之曾和我们谈起将来上大学的事。因为当时商城地处敌后,要考大学只有一所安徽学院,条件差,水平不高。顾敬之对我们说:"不要去考那个学校。买根针还要看看针鼻嘛!哈哈!"我现在是背着他去考了,违反他的意见。而且若去上学又必然要离开长竹园小学,又违反了他的安排。这个绰号为"顾阎王""顾屠夫""顾老板"的土皇帝一旦不高兴,不但上不了大学,还可能有祸事临头呢!我拿着报纸和同住一屋的于文华(高中同班同学)商量。于的意见,还是得去找顾老板,或许他能同意。恰好这天顾回到长竹园家中。我就硬着头皮前去找他。他看过报纸后略加思忖慢条斯理地说:"噢!你考取了。考取了就去上学吧。"随即取纸笔写了一张条子交给我,说:"你明天就去找陈馨洋。"我一看上写着几个字:见条付给张友忭××元。我再没有说什么就回来了。回到小学校后,于文华、罗延文等同学都为我高兴。没想到顾敬之会这样痛快。大家分析,这原是不符合顾的愿望的,恐怕主要是由于他在全校学生大会上讲过那个话,不好失信,才勉强同意的。

到安徽学院以后,我给顾敬之写了一封信,汇报到校后的情况。很快收到回信。信的首尾是"友忭学兄:……弟顾莹"端端正正盖上他的官印。(当时我19岁,他已50多岁。)放假前又给他一信,后一学期也有二次通信,每次都是很快收到他郑重其事的亲笔回信。记得其中有过这样的话:"在校应专心读书,不可心有二用。"我给刘名泉看后,刘笑道:"什么'心有二用',没见过这种词。"

寒假回家,我和刘名泉、岳德铨等几个同学到伪县政府去看顾敬之,在他的办公室里闲谈了约2个小时,从学校的情况到社会现象。顾敬之非常随便,一会儿大发议论,一会儿哈哈大笑。如谈到当时抗战胜利后,和多年来的情况相反,物价不断下跌时,顾说过去商人囤积这样那样货物赚钱。现在最好的办法是囤积钞票。说罢又是哈哈大笑,院子里外都能听见。其实当时物价下跌是由于社会上人们心理盲目乐观造成的假象。没过多久,物价仍然是不断上涨。中午,顾留我们同吃午饭。临走时,我告诉顾我领的钱还没用完。顾说留着下学期用吧。

寒假中,一天,顾的勤务兵来到我家,叫我立即随他去县政府。去后才知道是县里来了一位上面派来的"贵宾"。顾向那人介绍说,这是本县的大学生张友忭。中午陪同宴会。顾敬之和那人一面吃喝(喝酒不多)一面高谈阔论,还不时地放声大笑。吃完我就走了,觉得和他们没有什么好谈的,他们谈了些什么,我也一点没听进去。

第二学期安徽学院迁到合肥市郊30多里的一个小镇临河集。校舍用的是坐落在巢湖岸边的李鸿章的一个大庄园。开学前岳德铨约会我同去县政府找到顾敬之。他看了开学通知书,又谈了一些话之后,给我们拿出学费。因为当天管金库的人不在,只从手头拿出一些现金,说到校后再寄。商城到合肥400多里。我们一行七八人步行了7天,又在六安因天雨在客栈里住了7天,近半个月才到合肥。

1946年夏,我从合肥到开封,住在亲戚家中。听说顾敬之正在开封伪省政府开会。我和吴国安同到顾所住的旅馆,和他谈了一些闲话。临走他问我们可有钱用。我们说没有多少。他就随手给了我们一些。

这时以武朗山为首的商城县人士联名向伪省政府控告顾敬之贪赃枉法、草菅人命等数十条罪状。同时在开封的报纸上以"商城县的土皇帝"为题,连续详细地揭发顾敬之的罪行。不久,顾被捕入狱。在此期间,有一天,我在开封相国寺一个茶馆里偶然遇见武朗山。他对我说:"顾敬之的事你不要参与,许多事你不知道。"我说:"对。我一定不参与。"实际上,这也完全符合我的想法。当时在开封的商城人,不少人参与控告顾的活动,极少数人为顾辩护或奔走活动。多数人没有直接参与,但都同情、支持武朗山。武朗山和我父亲是朋友,对我也很了解。前面的话出于对晚辈和学生的关心爱护,我是非常感激的。因为武朗山原是商城中学的校长,在师生中有很高的威望,后来因为和顾敬之思想政见不合,愤而辞职。顾敬之对他没办法,又找不到像武朗山那样有威信的校长。无奈就宣布自己兼任校长,任命杨晓晴为校务主任。在高中毕业后和顾交谈中,有一次顾对我们几个同学说,看一个人是好人还是坏人,从一点就可以看出,那就是如果脸上额上的皮绷得紧紧的,这个人一定不是好人,像武朗山和夏大脚扒子就是那样。我当时觉得他说这话表现了他对武朗山的憎恨,但又说不出武朗山的什么短处,只好借助于算命看相等迷信说法,实在是可笑。至于夏某,我根本不识其人,听后倒是为他捏了一把汗。

1946年8月,我到郑州去看望刘名泉,在那里住了两天。刘的伯父当时任郑州监狱的典狱长。刘名泉在他伯父那里一面复习功课,一面做点抄写等零星工作,积攒点钱准备暑期赴南京重新报考重点大学。不料到了考期,因蒋介石发动内战,交通受阻而没能南去。于是我们一同来到开封,通过同乡关系同住到河南大学学生宿舍里。我参加了河南大学的转学考试，被录取。他则无可奈何地等候交通恢复以后重返安徽学院就读。

在此期间，顾敬之经过法庭审判，被判处8个死刑，4个无期徒刑，5个15年徒刑。但是判后只是关押在开封监狱，并不执行。当时为顾敬之奔走活动的杨晓晴已经离去，改由顾敬之的弟弟顾如纶，还有一位姓邱的勤务兵照料顾敬之的生活，住在开封的一家小旅馆里。（是否还进行其他活动，我不清楚）顾如纶是我们中学的老师，教生物和生理卫生课，为人正直忠厚，又是大学毕业生。在教学中认真负责，是一位很受我们尊敬的好老师。因此我和刘名泉常到旅馆里去看望他。除了一般闲谈以外，偶尔也谈到顾敬之。有一次我们看到桌子上放着一张铅印的传单，上面是"正义呼吁团"几个大字，落款是商城中学的学生李善品等十多人。内容是为顾敬之歪曲辩解，开脱罪责。我和刘名泉默默地看着。顾如纶在一旁看着我们。我当时思想并没放在传单的内容上，而是在考虑如果顾如纶老师要我参加这个"正义呼吁团"我该怎样婉言拒绝。事后刘名泉告诉我，他当时也在考虑这个问题。因此3人沉默了挺长一段时间。后来还是刘名泉打破沉默，说时间不早了，我们要回去了。顾如纶没说什么，送我们走了。走出旅馆后，刘对我说我们可不能参加那种活动。从和顾老师的多年接触中，我们深知顾老师为人正直，对于其兄顾敬之的为非作歹，并不赞同。到开封来照料顾敬之的生活（甚至做某些营救活动），不过是受其嫂、侄之托，出于兄弟关系，而尽一分心力。对于营救顾敬之，他也不抱多大希望。因此我们对顾如纶老师是谅解的，并不因顾敬之而改变对他的尊敬。特别是他并没有要我们对所谓"正义呼吁团"表态或参加，说明他是了解我们的，尊重我们的。因此顾如纶老师始终是我们尊敬的好老师。

在此之前，我和刘名泉从郑州来到开封不久的一天，刘对我说："我们到监狱去看看顾敬之好吗？"我说怎么进得去。他掏出一张名片，说凭这个就可以进去。我们就凭他大伯的一张名片，顺利地到了监狱里的一间很干净的屋子里。等了片刻，一个看守兵带着顾敬之来到屋里。顾见到我们二人，先是吃了一惊，但很快镇定下来，对看守兵说，这是两个学生。然后坐下来问我们怎么到这里来了，我们说来看看，随即谈了我们的近况，他问到什么时候开学、住在哪里、生活怎样等等。我们只是回答他问的这些无关紧要的事。关于他的事我们一句也没有问，也不想问。因为我们去的目的主要是出于一种好奇心，想看看在狱中的"顾老板"是个什么样子。他比过去瘦多了，神态也和往日大不相同，但是和我们谈话时还是尽量装得若无其事的样子。大约谈了半个小时，看守兵一直在旁边，并没催促。但我们觉得没有什么可谈的了，就起身对他和看守兵说，我们要走了。顾敬之也起来随看守兵要走，可是好像还有话要说，就又停下来对我们二人说："我的事嘛！没有什么。嗯！"又瞅瞅我们，像是想说什么，但没有说下去，随即跟着看守兵向里面走去。我和刘名泉出来后，觉得在这种情况下（当时顾已判决），能见到监狱中的死刑犯顾敬之，确实满足了我们的好奇心。在我们几年来的学生生活中，顾敬之这个人在我们心目中有着非常矛盾的形象：他是一个说一不二，操着生杀予夺大权的土皇帝——"顾老板"；一个杀人如麻的"顾阎王""顾屠夫"；一个可憎的封建愚昧的专制者，鼓吹着"男女有别"的封建卫道士。但是又是一个热心办教育的实干家。从我们的亲戚本家长辈口中也常听到这样的议论：老顾是一个十恶不赦的坏人，但若从办教育这一点来看，倒是办了一件好事，特别是办助学贷金。否则像我这样的青年，是不可能上中学、大学的。刘名泉是我的知心好友。他出生在一个破落地主家庭，也属穷学生之列。但家庭经济情况比我略好，又因不是第四区人，早期不是贷金生。只是到了高中后二年，由于学习成绩优秀，顾敬之也破例给以贷金。刘和我常常议论到顾敬之。我们认为顾确实是一个大坏人，但我们青年学生却得到了他热心教育的实惠。我们深知他的目的首先是培养为他所用的人。但是我们和他满可以相互利用。眼前需要借他之力完成我们的学业。至于以后是否为他所用，那是以后的事，不去管他吧！

我和刘名泉在顾如纶老师那里，向他说我们到监狱见到了顾敬之。顾老师十分惊讶，极为关注。急忙细问见面时的情况，谈了些什么，并问我们是怎样进去的。刘名泉说明情况后，顾老师不好意思地，又很恳切地问刘："你大伯的名片还有没有，能否给我一张？"刘说没有了。走出旅馆后，刘名泉对我说："有也不能给他，大伯也不会同意的。他去和我们去可是不一样的。"

顾敬之在开封监狱关押期间，一直是由他原来的勤务兵邱某为他送饭。做饭地点在顾的外甥张继武家。张继武是我的本家侄辈（年龄比我大14岁），当时在开封是一个小职员，兼和同乡合伙做些小买卖，生活尚能温饱。家住处离监狱不远。我当时在河南大学住宿,逢星期日常去张继武家,和邱某也熟悉了。邱每餐送饭是交给看守传送进去,等顾敬之吃毕,再将碗盆等传出来。随同传进传出的有一个"折子"(相当于现在的小本子),顾敬之收到后写上次日三餐要些什么饭菜。这个"折子"我常见到。上面逐日写上次日要什么菜、什么饭。我曾见有多次这样写着:"今日菜多了,明天只一个××菜××汤即可,不要多做,太费钱。"看来监狱对顾敬之的伙食并不限制,想吃什么都可以。这很可能是花钱贿赂看守等人买通了的。张继武的妻子当时担负一家6口(4个孩子)的繁重家务,外加为顾敬之和邱某二人做饭,是很辛苦的。邱某担当送饭这个无可奈何的差事,从1946年到1948年达两年之久。

1948年7月解放军发动对开封的进攻。河南大学正值期末考试,全校同学都在校中。学校地处城内东北角,为避流弹,学生往市中心转移。在五六天的激烈巷战中,我所在的街道已经到了战线的后面。我随大批人群走出开封城的东门,步行几天到达商丘市火车站,准备乘车去徐州。在那里见到张继武一家。当时并无客车,也不用买票,遇上什么车,人群就一拥而上。这天上午有一列平板空车要开往徐州。我上车后无意中发现顾敬之已在这个车上。他好像并未遇见张继武一家,也没见到邱某。只见顾敬之独自一人满脸胡须,戴一顶旧草帽,半蹲半坐在一个小布包上。我走到他近旁蹲下和他打个招呼。他一见是我,有些惊讶。轻轻地说:"你也跑出来了?"我问他怎么出来的。他说:"屋(显然是指监狱)都炸倒了,都跑了。"我又问他这准备到哪里去。他说准备去南京。我再没有说什么,心里却在想,你是国民党政府的死囚要犯,难道自己不知道吗?去南京岂不是自投罗网!说话时我发现他总是低着头,小声说话,并用帽檐半遮着脸。我忽然意识到在这种人群混杂的纷乱场合,他是害怕被周围的人认出来,引起意外麻烦。于是我就立即离开他到另一节车上去了。这是我和顾敬之最后一次见面。

至于顾敬之是怎样从开封监狱出来的,有三种说法:一是国民党反动政府虽然迫于舆论压力,判了顾敬之死刑,但顾还是有后台的,再加上用金钱贿赂,因此关押两年并不处决,而是等待时机予以开脱。开封解放就是一个好机会,乘战争纷乱之际,把他放了。二是说开封解放时,解放军把全部在押犯人都当作政治犯放了。三是如顾敬之自己所说,监狱被炸坏,在押犯全部自己跑了。我分析第一种可能性较大,而第三种说法恰恰是一个为之掩人耳目的借口。

顾敬之以后的去向，据张继武的家属说，他到南京后没敢久停，也没敢露面，随即匆匆逃到武汉。在武汉也没敢公开露面。直到1949年南京、上海都已解放。只有白崇禧还带有一部分国民党部队盘踞武汉、衡阳一带。顾敬之找到白崇禧，想随他一同南撤。白叫顾敬之仍回商城潜伏打游击。顾没敢受命，而从香港逃到台湾。到台后经过同乡们疏通，台湾当局赦免了他的死刑，以平民百姓身份留在台湾，后又在同乡的帮助下，摆个小摊糊口，直到老死。

写于1986年9月

原载政协河南省商城县委员会编：《商城文史资料》（第1辑），内部出版，无出版年份，第86～99页。

五里山"万人坑"

◎ 陈清亮

由商城县亲区民团头子顾敬之亲手制造的"万人坑",位于长竹园乡五里山村张西洼口的河湾边。这里群山耸立,溪水纵横,地势十分险要。由于数十年的洪水冲击,河床改道,坑塘早已灭迹。据老年人回忆,"万人坑"有两丈多深,上口有十丈圆围,这里埋有96具革命先烈的尸体。

1931年初,中国工农红军与亲区的民团经过三次战斗,打垮了民团头子顾敬之,一直把他的部队打到湖北麻城一带。1932年秋蒋介石调动大批部队对鄂豫皖苏区进行第四次疯狂"围剿",我红四方面军撤离苏区,只留少数部队坚持斗争。顾敬之的民团乘虚而入,重新打了回来。1932年9—10月份,顾敬之以清乡为名,恣意抓捕苏区的革命群众,并"进剿"到金家寨的仙桃冲、银沙畈,大肆逮捕所谓共产党300余人,其中妇女百余人关押在蛇山村的"三官堂"。把妇女名之曰"党婆"配给他的部属班、排副官作妻室。帮助红军带过路、筹过粮、在苏维埃中担任过职务的,则列入共产党嫌疑犯,除保释放出的以外,其余96人,提押到五里山街谢绍山家中。某一天早上,黑云密布,顾敬之民团百余人,荷枪实弹,杀气腾腾。顾敬之手拿着文明棍,满脸杀气地站在谢绍山家门口,叫他的侦探长赵正春拿着点名册,将96人点名押出,脱掉上衣,用麻绳捆绑,再将其三五人串在一起,连起右手,分三批押到刑场。

杀人的这天早上,顾敬之派来了30多名青壮年,在五里山西洼口河湾边挖3

间屋大小的坑,砍了两棵柳树和一棵松树捆在一起平搭在坑上。两边站着顾敬之豢养的刽子手周正道、夏长义,他俩手持钢刀,先将"罪犯"拉上搭板,后是一巴掌,刀下人头落池。杀一个人,顾赏一块银洋,惨景不可目睹。

这一次被顾杀害的有坚持苏区战斗的游击队员,有苏维埃的领导人,有帮助红军工作的积极分子,也有无事的群众。年龄最大50多岁,最小的十六七岁。这些革命先烈为了中国革命的解放事业献出了宝贵的生命,永远受到广大人民的怀念。

原载政协河南省商城县委员会编:《商城文史资料》(第1辑),内部出版,无出版年份,第120～121页。

胡晓云民团的覆灭

◎ 傅少华

土地革命时期，胡晓云是商城县4个民团大队长之一。4个民团大队长分别是顾敬之、吴树卓、严振国和胡晓云。1931年，胡晓云在灌河西岸的狮子摇铃山下，被红军和游击队击毙。

胡晓云祖居双椿铺金寨村胡堆子，1927年，他毕业于笔架山"河南省甲级职业学校"。而后，与同学陈慕尧一起，赶走了家乡三妹庵中的洋教士，办起了"商城县第七小学堂"，胡晓云任校长。后来胡晓云认为教学没大出息，便去办民团，直至任大队长。

当时，正值苏维埃蓬勃发展时期，胡晓云民团顽固地盘踞在灌河以西，干着反共、反人民的勾当。由于胡晓云的血腥统治，一时阻止了红色势力向河西发展，灌河成为红白区域的分界线，河东为红色苏区，河西是白区。河东的游击队和河西的民团，经常越过灌河袭击对方。一次，游击队进入河西时，恰巧遇到胡晓云的父亲胡润生，遂将其捅死。胡晓云因此更加仇恨红色革命运动，他发誓："凡是干共产党的，都给平了。"他指使江海青耍手段骗杀了河东游击队长张哈鼻子等9人，烧杀抢掠，无恶不作，两手沾满人民鲜血。

1931年2月，李大用带领五区赤卫队的一个连，到下畈开辟新区。3天后，为防止民团袭击，李大用赤卫队转移到距下畈2里的杉树洼。胡晓云得到情报，又侦知游击队仅有七八十人枪，遂决定攻击游击队，并将该情况报告了国民党商城县独军七十五旅，七十五旅增派刁营长带一营兵力协助行动。胡晓云民团和刁营合起来有千余人，带着钢炮、迫击炮，妄图一举歼灭游击队。

胡晓云的民团驻扎在商城县城，即日下午由县城出发，傍晚队伍迫近下畈。胡、刁二人指挥士兵包抄，枪声大起，双方接上了火。

胡晓云素来看不起游击队，因此他和刁营长的指挥位很靠前。眼看着部下吆喝着接近村庄，胜利在握，二人得意极了。突然间，村内射出了密集的子弹，"嗒嗒"的机枪声和"轰轰"的迫击炮声交织在一起，如山崩地裂一般。在强大的火力面前，民团、兵士狼狈溃退。他立刻意识到，这不是游击队，而是正规红军，除了红军，不会有这样的火力配制和这样的战斗队形。胡、刁二人心惊肉跳，认为是用游击队作诱饵，来诱歼他们的。急忙收拾溃兵，向潢川方面溃退。为什么不逃商城而去潢川呢？胡晓云认为既然这是红军有组织的行动，肯定会有伏兵在回商城的路上伏击，因此坚决向潢川跑，以避免中途截击。

下畈的红军是在李大用游击队早上撤走后，红军三十五团和三十八团从固始执行任务回来，三十五团下午进驻下畈，三十八团在八里畈。恰巧三十五团在傍晚时分遭受胡晓云的进攻，由于不明敌情，三十五团在击退进攻后，没有组织迅猛的追击。

来自下畈的激烈枪声惊醒了李大用，他不知道三十五团驻下畈，在敌情不明的情况下，考虑到自己赤卫队力量的不足，于是命令迅速集结，火急向村外撤离。走到村外却刚好遇到胡晓云的溃兵，赤卫队就地卧倒，猛烈射击。在李大用这方面，以为是民团来偷袭他们；在胡晓云那边，因为被三十五团打得惊魂未定，迎面又遭此当头一棒，刁营长连声埋怨胡晓云："都是你出的馊主意，共匪怎么跑到这儿阻击来了，连虚虚实实都搞不清。"胡晓云被抓住短处，耷拉着脑袋一声不吭，由着刁营长指挥，掉头回商城县城。

慌慌忙忙跑到八里畈旁的狮子摇铃山旁，离商城只有8里地了，匪兵们才算松了一口气，以为这次命算保住了。正高兴间，迎面又飞来一阵密集的子弹，嘹亮的军号声"嗒嗒"吹响，大批红军以密集的射击成扇形发起冲锋。这突然的打击，使得民团、兵士们像没头苍蝇般纷纷逃命，被红军一一俘虏。打伏击的是三十八团，他们在下畈的枪响后，赶来策应三十五团，刚好顺路包了胡晓云的饺子。

胡晓云夹在乱兵中逃命，一枪射来，将他打下马。红军拥上来，胡晓云被击毙。

刁营长也被打死，民团和刁营几乎全军覆没，逃回商城的只剩百余人。

胡晓云死后，反动民团势力受到很大打击，红色势力逐步越过灌河，进入河西。

（本文参阅资料：根据李大用、范宝玉等同志的回忆记录材料整理）

原载政协河南省商城县委员会编：《商城文史资料》（第2辑），内部出版，1991年版，第77～79页。

"人民自卫团商城县大队"的建立及其他

◎ 杨孔英

20世纪20年代初期，我与王继亚（别名王谨若，汤汇瓦屋基人）都在军阀吴佩孚手下当兵，王继亚任肖耀南十八师某团掌旗官（相当上尉连长），我在这个团二连当文书。因是老乡，我们相识并有交往。1926年11月北伐军攻占武汉，消灭了直系军阀吴佩孚在湖南、湖北的反动军队，由此，王继亚回到商城。1928年春，蒋（介石）、冯（玉祥）、阎（锡山）、桂（系）四派新军阀与奉系军阀张作霖混战，山东一片混乱，于是我于夏初由山东回到商城。

商城当时有诚、康、和、乐、亲、安、平7个区，县长是李家模，又名李鹤鸣，原是省派下来搞调查一类的事情，后留下来当了县长。由于那时驻扎商城的都是改编土匪的军队，他们乱向老百姓征粮派款，搞得民不聊生，群众受苦不浅。

我回商城时，国民党商城县政府已开始组建"人民自卫团商城县大队"（以下简称县大队）。在此之前，商城县的武装叫民团。由于王继亚在军队干过，所以组建县大队时，推举他当大队长，我回来后见到王继亚，他叫我任副大队长。

商城县大队直辖3个分队，每分队二三十人，分队下辖3个班，每班10人左右，全队计百余人。大队长王继亚，副大队长是我，书记徐静生，负责经济供给的是杨会甫。3个分队长分别是：漆德玮（汤汇人）、姜革非（城关楚巷人）、廖占雨（汤汇人）。当时大队部设在楚巷蔡家宅子。武器装备有9支手枪，10余支单打一（毛瑟枪），30余支长枪，合计50余支枪，其余是梭镖。经费由县政府供给。我每月20余元，士兵每月三四元。区以下设中队,其中乐区中队长是杨晋阶,亲区中队长是顾敬之(其实力比其他区都强),平区中队长胡晓云,安区中队长花尚之,苏仙石中队长张敬之,枫香树中队长罗鲁林。中队经费由各区自筹。

国民党县政府武装除县大队外,还有警卫班,班长严正国,当时县大队成立时也没干什么,只外出打些散匪游勇。韩复榘派陈希贤旅来打"李老末"土匪时,是我当的向导。

周维炯那时在乐区杨晋阶中队当班长,漆德玮、他和徐静生都在武汉受训学习过(周、漆、徐三人1927年上半年在武汉国民政府军事政治学校学习),他们和王继亚都是汤汇一带人,先后在笔架山农校同学,不过王继亚比他们早些毕业。漆德玮、徐静生到县大队都是王继亚介绍来的。1929年5月6日(立夏节),周维炯等在共产党的领导下在南乡举行起义,成立了中国工农红军。漆德玮率一个分队从固始县万农沟剿匪回到商城县城,听到这个消息后,把他的枪递给我,并找我借一块钱,说是去洗澡,乘机跑回南乡去了。不久,徐静生也回到南乡去了。徐静生回去后,周、漆、徐三人联名写信给王继亚,叫王继亚率队投诚,王没照办。

商城南乡起义时,乐区中队长杨晋阶被打伤逃脱,后到县大队来报告"周维炯叛变了"等消息。当时周维炯等人的起义,加之县大队中的分队长漆德玮、书记徐静生的出走,引起商城不少士绅的议论,说王继亚"养虎遗患"。王继亚是个很文雅、有血气的人,经不住对他舆论,便自戕未死,伤了肺部,后退职养病了,县大队由我暂管。为防止红军打进城来,我率队到挥旗山驻了一段时间。后让我当县大队教练,我没干,又辞了副大队长职务。县大队由姓唐的负责。这时,县长李家模因"剿赤"不力被解职,韩复榘又派个县长(叫宋慎)来。

我辞职后,王继亚对我说:"在商城我们干不了,还是到外面去。"1929年秋,我和王继亚都走了。我投到上官云相部四十七师某团当中尉军需(驻军在漯河)。王继亚跑到蒋介石嫡系胡宗南部下某团当团副(驻军在湖北大冶)。以后王继亚又当上了国民党湖北省阳新县县长。抗日战争胜利后,他又在武昌国民党的一个教导师当教练官。解放后,王继亚被人民政府镇压。

(李宏茂 整理)

原载政协河南省商城县委员会编:《商城文史资料》(第2辑),内部出版,1991年,第80～82页。

周逸池同志的回忆

◎ 周逸池

1927年，我考入设在西门外蒋八里庙的信阳职业中学。校长张玉恒（后在东北牺牲），教导主任周性初、教员杨相卿均系共产党员。我在该校经张凤香和一姓周的同学介绍加入了共青团。

时年10月，学校派周性初、杨相卿二位教师，张凤香和我等4个学生去四望山参加农民暴动。我们参加了打黄龙寺和王家岗的战斗。战时，共产党员、共青团员手拿步枪、长矛、大刀，勇猛冲锋。我们年幼，负责打"机关枪"，就是把鞭炮放在洋铁桶里炸，声音好似打机关枪一样。年底，因要参加期考，我们奉召回校。回校后数天的一个夜里，民团军到校逮捕了我们6人，押往十三里桥，每个人都受到刑讯拷打。但我们口径一致，宁死不招。10多天后，敌人把一个姓张的学生拉出来，假枪毙，朝天打了一枪，吓唬他，仍得不到口供。加上敌人又无凭证。乃交保释放。学校停办。

1928年，我舅舅李少禹在火车站下边的大同路开设了一个"宏德茂蛋庄"，专收外乡鸡蛋行的鸡蛋，交给湖北人办的"信丰转运公司"，而后卖给汉口的一个蛋厂。我就在这个蛋庄当店员。舅舅不住蛋庄，我一个人住在那里。组织上找到我后，叫我担任铁路青工支部书记，后又担任过团区委书记、店员团支部书记。此外，还分给我一个任务：负责华东局和河南省委的接头。其间，我接待过二十五军军长旷继勋（当时不知是旷）。

在"宏德茂蛋庄"时，由我表兄冯光敬搞了200元现洋，租了中山路尼姑庵近处的一间房子作为接待来往同志的住处。有一次，桐柏国民党县党部的书记长冒充党内的同志来住了 20 多天。后来，把他搞到明港一个农民家里，经过审问，他供出了真情，就把他拖到塘里淹死了。

在组织内部开会时，听说大同医院墙外有一个棚子，专卖糖果、纸烟等。一个 60 岁左右的老头负责外县来人和特委的联系。

1928 年的一天，县长在我家吃鸦片，我给他们倒水、扫地、干杂活。听县长说方振武部队一军人要派军队打四望山。我就借机外出，找到肖本栽，他让我连夜到四望山给王伯鲁送信，以做准备。我赶到四望山后，王伯鲁和张胡子召开了紧急会议，把外边的赤卫队调集四望山应战。后因敌我双方兵力悬殊太大，我方只有边打边退。失败后，退到了湖北应山随县一带。

1928—1929 年，我多次在徐家大塆开会。有一次，我们七八个人在那里接连开了 3 天 3 夜，有一老婆婆做饭，可能是徐丙炎之嫂。

1928 年，我担任团区委书记时，团区委仅我一人，领导信阳三师、二女师、信阳县中、信阳县一小、三师附小团支部。现记得当时的三师附小的团员有张敏、王淑华，县中的团员有李燕敏、尹丹侠、丁金华、张×、周世造，二女师团员有周影菊、冯×，三师团员有沈少谋等。

团区委开会有时在南门外河沙滩，有时在贤山。主要讨论当时形势、游击区情况及发展组织。

1927 年年底，打袁家大楼时，肖本栽布置团员：听见枪响就点火。因敌人搞得很紧，没点成。敌人知道了，听见冲锋号就打起枪来，而自卫军已经退却。自卫军臂上都戴有符号。当晚，朱立亭到妓院去了。他听见枪响，就赶快向袁家大楼走去，我们长的就问："什么人？"朱答："团哨兵。"随即被自卫队捉住。

1931 年特委的人到鄂东去开会，仅留下吴绍堂负责特委党的工作，我负责团的工作。我那时的名字叫周开莲，也叫周隶华、周亦农。

（此文由沈金兰根据张化鹏、沈金兰、卜素珍同志访问记录整理）

原载中共信阳市委党史资料征编委员会编：《信阳市党史资料》（第 5 辑），内部出版，1987 年，第 169～171 页。

李卓英同志谈信阳地下联络站

◎ 李卓英

据我所知，1927年至1929年，信阳三里店有一家织袜厂，有男工十几人、女工二十几人，共30余人，20多盘机子。这里是豫南特委的联络站。我当时是正阳县委交通员，每次和特委联系，都是到袜厂，往口一站，袜厂女工小徐（十八九岁）就过来，把我领到宿舍（5间房子），我把信交给她。

我到徐家大湾两次，每次都是小徐领去的，主要是等回信。两次都见到贾子郁。小徐是徐家大湾人，是现信阳市第四中学副校长徐继业的姑姑。

1929年三四月份，袜厂联络站暴露了，我们连夜用小推车把机子、线等推到诸葛寺正阳学校，有3车，人也去了六七个。去的人分散住在老乡家，小徐就住在我家。袜厂到正阳后未再办。

1927年以后，在信阳市内法院胡同有一旅社也是特委的联络站，供来往信阳的联络员住，也住一般客人，负责人姓王。该社能容纳200名旅客，我住的有一二十次。我初去时，由袜厂的一个男的给我写条子去住的。以后熟了，就不用条子了。我与旅社一姓马的较熟。1931年春，国民党把旅社的门封了。

旅社联络站被破坏以后，我又住到信阳东关"四美大杂货店"（现信阳市中医院处）。该店也是豫南特委之联络点。该店有二十几个果子匠，其中六七个是党员。

抗战时期，信师东边菜园处有个联络点。我是带手枪队被日本人"扫荡"撵去的，有一个伪保长把我们领到该站，在此吃住，不出门，得到了掩护。

（该文为沈金兰、刘瑞萍 1984 年 11 月 19 日的访问记录）

原载中共信阳市委党史资料征编委员会编：《信阳市党史资料》（第 5 辑），内部出版，1987 年，第 172～173 页。

豫南往事片段（节录）

◎ 肖 聿

1930年7月，确山柏沟庙失败，地主、豪绅即向确山城内当局报告，并串通正阳、明港等地土匪，共纠集3000多人，"围剿"中共区委所在地柏沟庙，对广大群众进行残酷的镇压和屠杀。我当时和组织失去了联系，在地方上待不下去，又不敢回家，只好到明港一个亲戚家躲避起来。为了找组织，我一连几夜都睡不着。后来我想京汉特委机关在信阳，还有我熟悉的一位共青团员也在信阳读书，我应当到信阳去。

我到信阳后，找到了党组织，开初我还想找一个学校继续读书。后来，孔健吾同志决定让我到平民工厂去。

平民工厂是国民党地方为收容和尚、尼姑和伤兵创办的一个简易工厂，主要生产民用针织品。建厂后那里就有了中共党的活动。工人们为要求增加工资福利待遇举行了罢工，信阳许多工人都起来支援。后来这个厂的党组织遭到破坏，厂里开除了一批工人。厂方为恢复生产，又重新招收新工人。党为了恢复那里的党组织，决定让我去。临走前，中共京汉分特委的同志找我谈了一次话，对我说："那里的同志有的被送进了监狱，你去后要注意团结工人同志，同他们打成一片。"并鼓励我树立信心，做好工作。

进厂后，我的主要任务是恢复发展党、团组织，联系同情我们的工人群众。当时发展组织的办法是先交朋友、"拜把子"、认干兄弟，从平素的交往中慢慢了解情况后，再向他们秘密地讲述革命道理。经过一段的教育和考察，够了条件才发展他们入党或入团。几个月以后，平民工厂的党团组织在老党员王发祥和我、还有一个共青团员的努力下，又逐渐地恢复了起来。

为了迎接即将到来的十月革命纪念日，少共信阳特委发起了贴标语、散传单活动。每个共青团员都接受了任务，我到国民党县总部和警备司令部所在的那条街上贴标语。共青团员们冒着坐牢、杀头的危险也要完成组织交给的任务。为了扩大宣传效果，团组织还搞过"飞行集会"。这种活动的搞法是：趁着信阳城东关每天清晨赶集的时候共青团员带着传单到集上人最多最挤的地方，由一个同志登高进行"五分钟讲演"。一有人讲话，警察就来了，集市上也马上乱了，趁着乱劲，我们把所带的传单向人群中撒去，撒了就跑。警察、特务在这种混乱的场合很难抓住我们。

在信阳这一段，敌人虽然卡得很严，可我们共青团的组织生活都按期过。我们开会的方法很多，地点时常转移。记得8月的一天午后，人到齐后刚要开会时，忽然发现有个可疑的人跟踪我们，我们估计可能是个特务，大家就高声地嚷着："天气太热，我们赶快下河洗澡去。"我们很快跑到河边，游到河中心去了。在河里大家一会儿大嚷大叫打着水仗，一会儿又低声细语谈起了开会的事。从河里出来，天已大黑了，就这样把会开完了。

1931年春，少共京汉特委决定让我到鄂豫皖苏区参加少共分局召开的团代表大会。我和河南省立第三师范的学生代表徐书田（遂平人）一块从信阳出发，到达了鄂豫皖苏区根据地首府新集。我在这里住了一个月，听了中共鄂豫皖中央分局领导人传达的中共六届四中全会精神，然后回到信阳。

到信阳后，我们向京汉分特委做了详细汇报。根据工作需要，组织决定派我到正阳县担任少共县委书记（即共青团县委书记）。

原载中共信阳市委党史资料征编委员会编：《信阳市党史资料》（第5辑），内部出版，1987年，第174～176页。

我在豫南的回忆

◎ 符元亮

我是1931年夏初，经省委派来豫南负责团特委工作的。来特委后，听特委分配，来到平汉铁路的紧靠湖北的鸡公山北侧。这里，当时有两个支部，一个农民的，一个道班工人的。还有一个团支部，男女团员10人左右。当我来到这里，正是布谷声声、风和日丽的插秧季节。我们的同志和群众，正忙于向秧田灌水插秧，在我和他们相处10天以后，湾里的父老婶娘兄弟姐妹们就和我熟了。

柳林街北，隔溪东边一丛茂密的竹林里有两间茅屋，住着母女2人。母亲60开外，双目失明。她有一个独生女儿，20来岁，长得端庄清秀。有一天，这个女儿正在溪边洗衣，被坐着专车北上巡路的国民党汉口车站站长看到了，这个人面兽心的东西恬不知耻地向本区区长留下了100块银圆作聘礼，要强行霸占，声称要接到汉口做他的第三房小老婆，并指定日期派卫兵来接。消息传来，姑娘气得发誓赌咒说："任凭投井跳崖，决不入这个人间火坑！"双眼失瞎的老母，也吓得昼夜啼哭，茶水不进，决心要寻"无常"。左邻右舍，男女老少，个个气愤地捶胸顿足，都为这个家贫命苦、冰清玉洁的姑娘焦虑担心。就在这时，党支部研究决定：组织力量，动员群众，反对国民党汉口车站站长非法强占民女的暴行。党支部的这一决定，符合群众的愿望，农民同志立即动员起四邻八家，向国民党区长示威请愿，声明：汉口站长若霸占民女，大家就武力反对。铁路道班的同志们，上下串通，向国民党汉口市政府写信，准备罢工，以对付汉口车站站长的横行，柳林小学的教师也组织学生到街头扩大宣传。这样一来，那个汉口车站站长在当地人民强烈反对、众怒难犯的形势之下，只好把狐狸爪子缩了回去，使这孤苦的母女得以平安度日。通过此事，党的威信提高了，许多革命性强的积极分子，涌进党组织中来了，铁路道班工会的组织也向南发展到李家寨车站，农会以黄家湾为中心，发展到铁路沿线5里以外的大小湾畈。

经过两个月的深入工作，加上邻近鄂豫皖苏区的政治影响，这里成为豫南地区工作较为坚实的重点之一。

1931年秋，党中央通知，为了加强和巩固苏区工作，豫南特委从河南省委划归鄂豫皖省委领导，并由各县区推选党员代表，参加年终召开的省党代会。

农历仲冬的一个黎明之前，豫南特委书记杨健民和我由当地同志带领前往新集（即今新县）参加党代会。

省党代会结束以后，一天，我跑到省委办公室，找到省委书记张国焘，向他要求调我参加红军。他向我注视一下说："白区工作人员极少，你还是回原来的工作岗位吧！"不久，省委通知我，叫我利用春节前的时间，把豫南白区参加党代会的同志组成一个白区工作训练班，以使返回各自岗位后，更好地开展工作，并指明由我负责。这样，我的全部时间，就用在备课和讲课上，一共训练了一个多月时间。

春节刚过，沈泽民同志召集河南省委委员老袁和小张、杨健民和我开了一次豫南工作会议，决定豫南当前的工作以配合红军进攻武汉为中心：农历正月内，动员党团员积极分子50名，进入苏区，扩大红军；全力布置领导各县农民的农民运动，以牵制进攻苏区的敌人。

约在农历正月初五，晚饭后，沈泽民同志把我叫到办公室，沉重缓慢地向我说，你们豫南的同志立即准备，各回原地工作。杨健民同志留在苏区，豫南特委工作由你负责，全部选用工农干部，组织新特委。地富出身的知识分子不能选作特委委员。

1932年春节过后不久，我和豫南白区的同志们由游击队护送，乘夜走进孝感车站，化装为灾区难民，北上各返本县了。

到了信阳我立即找本地党员骨干徐起民、杨士林等同志，分头到各个支部传达了当前形势和工作任务。由于信阳接近苏区，党的威信和群众觉悟都较高，经过深入的宣传和组织，到农历正月底，仅在信阳南乡的柳林、黄家湾一带，就向苏区输送了 50 多名红军同志，圆满地完成省委所分配的扩军任务。

接着，就集中力量筹备各县的农民暴动。首先是开豫南特委会议。

当时，在信阳城内要开好六七个同志参加的秘密会议太不容易。蒋介石调派驻信阳的三十路军马鸿逵部有个精锐的宪兵营，他们对城关商民随时任意搜查，在城内车站的十几家旅社经常住着几个宪兵，盘查来往行人。在本城找不到殷富商号做铺保，根本不能留住。估计到这些严重情形，我们新组成的特委委员徐起民、周世邦、杨士林等预商，定于 2 月上旬，在信阳城北十里的徐起民同志家里召开特委会议。

徐起民的家，有 3 间破房子，独户独院，门前一方池塘，塘边几丛雅竹。老徐只有一位耳聋的父亲。我很满意这个开会的地址。

按时到会的除杨士林、徐起民、周世邦、军委老李（新近从上海派来的，中央介绍信上指定负责豫南特委军委。他年约 30，眼患近视）和我，还有确山县委书记老周，唐河县委书记孙怀远，以及本地支书年近 50 岁的朱金斗同志。形势报告是由刚从苏区回来的老徐、老杨等 3 人先谈的。我主要向大家详叙了业已完成的扩大红军事务和这次会议决定在豫南各县筹备武装暴动的中心任务。

坐在旁边一直默默静听的本地支书、贫农成分的老朱同志听我说毕，插话说："普遍暴动，可不是说玩的。3 年以前，我们北乡农民，动员起成万人，公开打出红旗，斗争土豪，反动军队从县城'围剿'过来，我们转移到西北山区，敌人过强，我们失败。咱们的好党员、周秃子他爸就是在那次暴动中牺牲的。我的意见：一是暴动要准备，不要指望反动派会不下毒手；二是敌人在信阳、潢川、驻马店都驻防着成路、成军的正规部队。而我们最有基础的信阳、确山两县，也只有成百党团员同志，其他各县都是仅有几十位同志。咱们现在要布置暴动，还要普遍布置，确得好好想，作认真研究。"

朱金斗是信阳农民党员中最年长的同志。他对普遍布置暴动的意见，像一阵习习的清风，使我近月来偏于急躁的情绪转向冷静。

经过详细的讨论，大家都主张，豫南工作以信阳南乡和确山两处较有基础，且信阳南乡的我党骨干上个月多数进入苏区参加红军了，现在应该以确山县为重点，积极准备，领导农民暴动。

这时，军委老李发言，当谈到国内形势时，他强调蒋介石南京政府的稳定性。后来他竟大放厥词，说：武装暴动是农民意识呀，游击战争是游寇主义呀。把参加会议的同志们说得个个脸上一片愁雾疑云。这时我不得不向他提示："咱们这次会议，主要是在豫南领导农民发动武装起义，以配合苏区和红军的发展。应围绕这个中心任务来发言。"可是，军委老李却不予理睬，照样高谈阔论、东拉西扯，直到远方传来鸡鸣。本来定于当夜开完会，竟被老李把一半时间消磨去。

我们7个生人都在徐起民同志的家里，白天难以存身。乘天近黎明之前，同志们分散到附近的革命群众家里休息。我和唐河老孙来到朱金斗的后院里，大睡了一觉。

次日晚，抓紧时间开完会议，留下杨士林和军委老李在信阳特委主持日常事务，外地同志各回本县。并分配徐起民去唐河，我去确山帮助工作。

遵照省委指示，经过精心物色，豫南特委选拔了信阳北乡渔民成分的徐起民（另一名叫齐占山），信阳南乡贫农家庭的杨士林，以及正阳人周世邦，加以新从中央派来的军委老李和我，组成了豫南特委。质量确实纯洁。但老李来自上海，人生地疏，齐占山等3人都是生长在农村，又缺乏文化知识，对于接近苏区、阶级斗争复杂又激烈的信阳市，他们都短于应付。这样特委的日常事务，像上下的接头联系、秘密文件的处理和抄写、工作经费的筹措，事无大小，都得我亲自出面，这就难以做到万无一失。

1932年夏初，鄂豫皖苏区的红军在花园车站附近歼灭了白军一个整师，生擒敌师长赵冠英。消息传到豫南，群众欣喜万分，暗中奔走相告。特委决定印发宣传品，以扩大政治影响。于是，我亲笔起草《为红军在平汉南段的大胜利告群众书》的文稿。这时，豫南特委由于不信任地富出身的知识分子，已无负责油印的同志，就通知确山县团委书记老王，叫他把《告群众书》文稿带回他所任教的驻马店育英小学，利用学校的油印机，乘夜加以印出。

本来我把文稿交给他，由他单独返回确山，就可以了。由于担心敌人街街设哨、岗岗盘查的恐怖气氛，怕老王应付不了，所以我把文稿藏在自己的袜筒里，身上还带一块银圆，是准备让老王买油印纸用的。我想送他进车站后再把文稿交给他。我俩过了护城河，就遇到敌人第一道岗哨，4个宪兵贼眉狼眼地注视着行人。

我仰首挺胸坦然前进，老王跟在身后，毫无阻拦地经过了五道岗哨。谁知走近第六道岗时，我正若无其事地向前行走，忽听一个岗哨猛喊："站住，不准跑！"我扭头一看，原来老王竟折身向来路的大街跑去了。片刻间，身着蓝布长衫的老王已消失在人群中了。这时面前的3个宪兵一拥而上把我全身上下衣服内外，搜查个遍，从我口袋里掏出一块银圆，最后又从我的袜筒里搜出《告群众书》文稿。就这样，我被捕了。

我被捕后，被送进敌宪兵营。在这里，敌人对我多次审讯并施行各种刑罚，敌人始终没从我口里得到任何东西。当敌人提到文稿和一块银圆的事时，我就一口咬："那张文字不是我的。我来信阳没有一文盘缠，饿了一天。今天早上我在城门口，碰见一位穿蓝布长衫的，我向他要馍吃，他就说：'我这张字带在你身上，随我进入车站，我管你吃个饱。'这位先生就把一块银圆装进我的口袋里。"敌人还多次以给钱和找熟人作保来诱骗，我都毫不动情。有时，敌人以死相威胁，我也毫不在乎。就这样，我在监狱里熬过了8个月。1933年正月上旬的一天，敌人把我释放了。

我被释放后，怕敌人暗中追踪，就不向城里走，折身向县城北乡的五纪屯找同志们去。当天下午，饿着肚子，跑了13里路，来到信阳北乡的五纪屯。第二天就奔赴南乡。时过半月，我又在泌阳县委书记老孙扶持下到了驻马店。后来，与省委取得了联系，省委书记李逸民（即吕文远）同志告诉我："省委决定：你参加河南省委并负责共青团的工作。至于豫南特委，已决定调原来住豫中团特委书记的宋延涛同志前去接替。"我就遵照省委决定，偕同宋延涛同志去到豫南交代了工作。

回忆我在信阳这段时间里，开始经杨健民同志介绍，住在王大姐家里，充当她弟弟王天佑（被捕时化名刘彦）。王大姐是个家庭妇女，不识字，开面坊、打米，丈夫姓周牺牲了，日子很苦，我很同情她，把她当亲姐姐一样对待。信阳的党组织，北乡五纪屯有个支部，支部书记是朱金斗，北十八里庙还有一个党支部，支部书记田发周。对城里的情况了解不多。城北门外有一个摆纸烟摊的小木屋是个接头处，后来的接头处是田发周家，他弟弟也是党员。三师的团支书是周世造。1931年在吴绍堂家开过几次会，参加的有我、杨健民、团委周、贾子玉、吴绍堂和他的嫂子，主要是研究南乡的工作。对铁路的情况一点也不知道。

（此材料是胡宏智根据符元亮同志《中原早春》和访问记录摘要整理的，题目是编者加的）

原载中共信阳市委党史资料征编委员会编：《信阳市党史资料》（第5辑），内部出版，1987年，第177～183页。

英山人民的革命斗争

（1927—1932年）

◎ 段　威[①]

英山系鄂豫皖苏区的一部分，它有着光辉灿烂的革命历史。自1927年大革命失败后，肖伯唐同志回英山（英山蔡畈人）任党代表，领导人民革命，秘密发展党的组织，在蔡家畈建立党支部，成立农民协会，创办同升平民学校，又开设一山头药店借与各地同志联络并秘密准备成立了西段人民自卫团，推肖绪周同志为团长，准备武装起义。1928年春正加强革命活动时，引起敌人注意，恶霸余甲东、黄博文等向伪县政府诬告肖伯唐同志为匪，说山头药店是开会机关，平民学校内"藏匪"。事发，伪县政府下令通缉。是时我上级党委正要调肖伯唐同志到上海做地下工作，因此伯唐同志就离开了英山。伯唐同志先后在党中央特科和红旗报社工作，1931年在沪遭敌人逮捕，1933年在苏州军人监狱被害，与同时遇害的英山傅健山（名维耀，雷店人）同志合葬于苏州。英山党代表由姜镜堂同志继任。时有金仁先、段焱华、傅昆言、熊受暄、闻维敬、王和甫、蒋径开、姚家芳、董义奎等同志，先后回英山，加强了革命领导力量，扩大了党群组织。以闻家冲万峰寺党支部为中心，接连建立有独山墩、四顾墩、李家河、岩头河、蔡家畈等支部。在党的领导下扩大和加强农民协会群众组织，进行激烈的革命斗争，要求地主减租，进一步实行抗租抗捐，对特坏

[①] 段威同志，英山县闻家冲人，1927年入党，1930年参加英山农民起义，次年任红山县苏维埃主席。解放后，任英山县人民委员会委员，湖北省政协委员，1980年逝世。此文是根据段威同志1954年口述记录整理。这次刊载，略有删节。——编者注

的恶霸地主，则组织群众公开告状。同年夏，以闻、林二冲为中心的三铺九冲的农民协会（金家铺、祠堂铺、新铺、闻家冲、林家冲、乐家冲、团练冲、金家冲、黄林冲、江家冲、宋家冲、郑家冲）点起革命斗争的火焰。初由组织群众控制地主粮食外溢，不准高抬粮价，发展为反对大地主江元顺、叶四帅、胡鉴荣等逼租逼债运动。姜镜堂、段斐然两同志首先领导闻、林二冲遭受夏荒的农民数百人，以农民协会所议的谷价，向大地主叶龙树买囤积在闻家冲罗家塆仓库的稻谷，接着发动受灾荒群众买地主王海云、张续鉴堂、胡鉴荣、汪余庆堂所囤积的大批粮食。此次斗争颇为激烈，影响到全县，对革命运动起了重要作用，在英山人民革命史上有重大的意义。

1929年春，姜镜堂、熊受暄、段焱华3同志先后调走，英山党代表由金仁先担任。是时六安人民起义，成立红十一军三十三师，师长周维炯、政委姜镜堂，熊受暄任红十一军三十二师政治部主任，师长许继慎，政委曾中生。

1929年12月，党委在闻家冲万峰寺召开会议。决议：旧历大年三十夜全县遍贴革命宣传标语（油印小型标语），写着"打倒土豪劣绅""实行抗租抗税""推翻国民党统治，打倒蒋介石，建立无产阶级政权——苏维埃政府""全世界无产阶级联合起来，拥护第三国际"等口号，并贴到罗田、浠水、蕲春、太湖等县边境。革命声势大振，土劣大惊，四下逃窜。此次运动是英山革命中的光荣一页，人民称为"一夜光"，是一夜之间见到光明的意思。

1930年春，英山革命组织更日益壮大，以西河三铺九冲为中心，在城关，东河、南河、西河都相继建立党的组织和农民协会的组织，党委指示各支部积极地秘密准备武器，听候六（安）植（山）总指挥部指挥起义。其中仅闻家冲万峰寺支部装备有土枪百余支，党委金仁先、段斐然还备有快枪3支、木壳枪一支，其余各支部都备有戈矛、土铳，这便是我们英山红军当时打天下的武器。

2月上旬，江天友同志协同霍山赤卫大队长程宝贞带领赤卫队消灭驻石头咀天主堂三区团匪（当时伪政府将英山划为7个区，石头咀即三区）。因我党先派有黄守信、马大勋两同志打入区内作里应外合，秘报情况，我赤卫队乘黑夜机智勇敢攻击，首先摸掉门窗，将爆竹装在洋油箱内燃放，以代机枪，虚张声势杀进内面。又有马大勋、黄守信两同志控制不准匪动，将匪20余人全部活捉缴械，并活捉匪首沈志和，计缴获长枪17支，手枪一支。我赤卫队消灭了三区的团匪后，伪县长常振颖即亲自带总团团匪百余人到石头咀、张家咀,大肆搜杀我们同志,并向英霍(山)边境英山西界岭、长山冲等处赤区进犯,我六霍指挥部决定集中兵力予以围歼。

3月2日是一个值得纪念的日子,这天我英山党委接到六霍指挥部总指挥姜镜堂同志的命令(命令因途中交通被匪阻隔迟到),命3日晚起义,指定在闻家冲、李家河、蔡家畈等处分别集中。3日拂晓,配合由霍山出来的红军,围歼驻西河石头咀英山伪县长常振颖所带的团匪。因时间仓促,多处来不及通知,当晚仅集合73人起义。途经福堂畈缴获大地主叶四帅(叶荫亭)家的罐炮一尊(一尊炮有四个罐子可轮流上弹药),但因我红一军去打六安城未返,我农民起义军拂晓前到西河枫树集合后,即北上赴霍山。

3日中午,经霍山上天狮(即上土石)与霍山团匪夏太和300余人遭遇,我起义军是抄袭敌人后路的,料敌胆怯,我以迅速猛烈的战术,将匪全部击溃,匪四下逃窜,毙匪2名,缴获匪步枪2支,子弹300余发,我军大获胜利,无一伤亡,更加强了我起义军战斗意志。3日傍晚,到达霍山董家河东北某地与当地游击队会合,此次经一昼夜行军,除打仗外,还走180余里。4日,我驻董家河六霍总指挥姜镜堂同志亲来指挥,命新编三十四师(系潜山农民起义军改编)一部分200余人,配合我农民起义军攻回英山,建立苏区,扩大革命根据地。9日上午,我军直抵县城,与英山驻城总团匪激战,战至午后匪溃退,团匪胡小山等向南狼狈逃窜。我军首次解放县城,将革命的红旗插遍了城关。

党委先派有傅昆言同志打入总团匪内秘密活动,10日晚,昆言同志率领团匪内29人携带钢枪29支起义。12日晚,我军又围攻逃藏碧岩山庙的二区团匪,因姚家芳同志做内应并率部分人员来归,是役活捉匪4名,缴获钢枪6支,子弹400余发。我农民起义军连续胜利,大大充实了战斗力。党委决定将钢枪40余支全部集中编为钢枪大队,由姚家芳同志任大队长。成立英山红军总指挥部,由傅昆言同志任总指挥。随即又成立了4个游击大队,每个大队百余人,下辖3个中队,武器都是土枪。由董义奎、金德先、傅孝孺、方仕林分别担任大队长。当时游击队都戴上宽大的红袖章,有的肩上像挂武装带子一样,戴上一条红布或红绸的带子,看上去确实庄严。这时在党的领导下成立了英山革命委员会,由贺小亭同志任主席,迅速成立区政府和乡农民协会,建立赤卫队,开辟城关、金铺、瓦寺前、雷店等赤区。这便是英山农民起义史上光荣的"三二暴动"。

3月19日,探知敌人勾引罗田方殿甲、浠水皮宗荣、太湖胡鹿鸣和霍山老八团等团匪共1500余人,向我四面围攻。又匪首余惠畴压迫石头咀(三区)一带农民暴动,我军奉命突围撤至西界岭,从晨至暮沿途经过一天猛烈战斗,才冲破敌阵。是役,从蔡家畈突围的游击队18人,行至西河张家咀遭遇霍山老八团团匪300余人,发生猛烈战斗,我18勇士表现了高度革命英雄主义,力战强敌,当我突围大队赶到时,只有1人冲出,其余17人均英勇壮烈牺牲。20日,我军收复张家咀为根据地,经常向罗田和英山东西两河匪盘踞的地区游击,不断地打击敌人。

我军3月19日撤出县城后数日,突有韩杰匪军一个旅3000余人由黄梅窜扰英山,盘踞县城和金家铺两地,大量招募新兵扩充实力,我军乘机派些同志投军,以便里应外合消灭韩匪,派去的姜刚和张应召两同志还被韩杰任命为连长,为使韩杰对姜刚同志更深信不疑,党委决定要姜刚同志将他的未婚妻带到城里,大张旗鼓地结婚。

同时,我军做好了一切充分准备,待机消灭敌人。

6月1日我红一军(同年夏初我红十一军开始用主力在京汉线孝感杨和歼敌第二十军的一个团全部,缴敌枪千余支,又在孝感花园消灭敌教导师第五团全部,获轻机枪9挺、迫击炮6门、步枪千余支,声势更为浩大,随即改编为红一军),奉命集中兵力配合英山游击队消灭韩匪。先在我游击队内选英勇的同志百余人组织突击队配合作战。6月1、2两日我军以机智勇敢神速的围歼战术,在金家铺与闻家冲两地与敌人猛烈战斗,击毙击伤韩杰匪军百余人,俘匪900余人,又有我张应召同志活动匪军一个连携械投诚。我突击队仅段元度、周正路、段威、万成富四人组成的一个突击小组就歼灭了敌人扼守险要阵地的一个班,获长枪11支、子弹2500余发、手榴弹26颗、刺刀10把、大刀2把。仅英山游击队共俘匪百余人,缴获长枪96支。这一仗打得漂亮,共消灭敌人一团以上的兵力,缴获敌枪1100余支,子弹20多万发和大批的军用品,我军大获胜利,残敌逃往浠水。6月3日上午,我军收复县城,当即与蕲春靠近英山边界的何家铺农民起义军取得联系,赤区打成了一片。

傅昆言、姚家芳两同志奉命调红一军工作,英山总指挥由党代表金仁先兼任,将我钢枪大队40余人和战斗力最强的第四游击大队1500余人合编为英山红军独立第五团,下辖第一、第二两个连,每连有3个排,有70余人,一色是钢枪。同时将蕲春何家铺的田南村、何寿堂两同志领导的游击队百余人，编入红军独立第五团，英山县总指挥部命方士林任五团团长，田南村任副团长，何寿堂任政委，王和甫任参谋长（王和甫同志不久调动了工作，参谋长由傅孝孺同志担任）。是时，英山红军包括红五团和游击队共扩大到 700 多人，残余团匪都逃窜外县，赤区已发展到罗田石桥铺和蕲春张家塝。英山张家咀、金家铺、城关、雷店、杨柳湾、瓦寺前以及罗田四口塘、牛栏坳，蕲春何家铺等处都迅速成立了农民协会、赤卫队、妇女协会、童子团等各种群众组织，革命力量更为雄厚。

同年 7 月下旬，敌人用 15000 人以上的兵力，以残暴的"三光"政策从太湖、浠水、罗田、霍山四面向我英山赤区"扫荡"，我党号召全体人民动员起来参加游击队、赤卫队、担架队，配合红军消灭敌人，保卫赤区，争取更大的胜利。是时，六霍指挥部命霍山红军独立第二团团长张祖荫带领 200 余人来英山援助，7 月 26 日我军打退了由太湖窜犯杨柳湾与芭茅街敌军 1300 多人，又有浠水皮宗荣团匪 300 余人勾结驻浠水郭汝栋匪部一个团共 1800 余人疯狂进犯鸡鸣河，我军连夜飞往堵击（时有郭德昭烈士的父亲郭若夫先生赠我军快枪 21 支，子弹一洋油箱，增强了我军实力），27 日拂晓接火，经过一天的激烈战斗，毙敌甚众，但因敌人火力过强，我亦有伤亡，我团长张祖荫同志英勇牺牲。

同时由罗田窜来的匪军有 600 余人，又加上罗田方殿甲的团匪和编练队千余人被我游击队和赤卫队堵击在落令河（城西 15 里）隔河对峙，28 日晨我五团二连奉命协助我游击队、赤卫队将窜犯落令河的匪军全部击溃，毙匪 2 名，俘匪一名，缴获匪枪一支。我红二连是由敌右翼侧面进攻的，约一点钟击退敌人 20 余里，刚追过罗田蒙蒙山，郭汝栋匪军和皮宗荣团匪共 1800 余人由城南鸡鸣河窜扰县城，我指挥部命五团二连迅速返回抢占城北军师岭，堵击郭匪不让向英山西河中心苏区进犯，命令只准坚守阵地让敌人送来挨打，不准向敌人冲锋追击。我五团二连上午 10 时前就抢上军师岭高峰，第一连奉命配备在军师岭北面贺家桥上边左右山头作预备军，左右还配备了游击队和赤卫队千余人。因当时我军子弹缺乏，原来每人只发 5 颗，又连日与强大的敌人作猛烈的消耗战斗，有的战士仅剩一两颗了，为增强二连战斗实力，以便有力消灭敌人，便将第一连的子弹除每人留一颗压上枪膛外，其余全部集中给二连。二连得到子弹补充，加强了战士们战胜敌人的信心。上午 10 时郭匪像蚁群一样向军师岭涌来,一场猛烈的战斗就开始了,敌人连续4次集中火力反复冲锋,均被我英勇红军击退,连长段威和排长周正路虽均负重伤,仍坚持在阵地上指挥。经4小时的猛烈战斗,敌人全部溃退,是役敌伤亡甚重,溃退时还遗尸未抢走的有20余具,我军仅牺牲一人,受伤数人。敌人每次冲锋我们战士总要在敌尸上抢到一批子弹。战斗结束时,我红二连平均每个战士有两排子弹了。我二连仅70余人打垮了火力强盛的1500余人的一个团,获得钢铁连的称号。

我军为保存战斗实力,消灭敌人,同时也做好了疏散准备工作,领导上决定除留少数游击队坚持赤区活动外,其余全部撤出敌人包围圈,以便与霍山指挥部和红一军取得联系。我军撤至西河石头咀,连夜命红二团返回霍山向指挥部报告和请示工作,以便做出消灭敌人计划。翌日,突有王鄂峰、查之清两同志(均英山籍,黄埔军校毕业)率领红八军四、五两纵队,共千余人,由黄梅县来英山找红一军联系,在石头咀与我红五团和游击队会合,我全军立即出发消灭窜犯英山赤区的郭匪。我军主力刚抵达金家寨,前卫的游击队已在孔家坊下边狮子坳与敌接火,我军即埋伏金家寨下边纸皮山,命游击队佯退,诱敌深入就歼。苏区人民为彻底消灭残暴的敌人,都拿起大刀、锄头、松担上阵杀敌人,闻家冲农民就俘敌2名,缴获敌枪2支,子弹300余发,是役我军大获胜利,毙敌40余人,俘280余人,共缴获匪枪300余支。残敌逃窜鸡鸣河,当时自称钢军的郭匪被我红军打得像烂泥一样。我军乘胜收复县城。次日逃窜鸡鸣河的残匪由浠水增来两个团共有千余人,又有匪军潘善斋独立旅5000余人由六安进犯西河石头咀。太湖、罗田的敌人又向英山蠢动。根据当时情况,我党委遂决定红五团和游击队与革命工作干部除留下坚持在英山做地下工作的人员外,其余均随红八军退至黄梅,英山遂被潘匪盘踞。

我军经蕲春到达黄梅后,8月底党中央就派蔡申熙同志来黄梅领导,即将四、五两纵队与英山红五团和游击队在黄梅考田合编为红十五军,由蔡申熙任军长,陈奇任政委。红十五军编成后,队伍有2000人,枪有1500余支。时值秋深队伍缺乏寒衣,当时急需解决寒衣问题。探知黄梅县驻城匪军只有一连人,即决定打黄梅县,并赶造百余架竹梯爬城,不料当夜由孔垅调来两团装备精良的敌人,我军拂晓攻城,逼近城墙爬城,敌人火力十分猛烈,经一天激烈攻城战斗没有打下,我军牺牲数十人,受伤360余人。但我红十五军随即整好队伍,打下宿松和太湖两县城,缴获有大批军用物资，寒衣缺乏问题也随之解决。

9月间，敌人调动大批兵力向黄梅赤区"扫荡"，我红十五军计划北上与红一军取得联系，黄梅赤区留下新编的一个人枪百余的特务连。红十五军北上后，敌人由太湖、宿松、蕲春、黄梅四面向赤区进犯，我黄梅党委号召保卫赤区，保护伤病员，把赤区群众组织起来，编成赤卫队、担架队、救护队。从9月到12月初，3个多月的时间，强大的敌人虽经常从四面向赤区"扫荡"，残酷烧杀，但群众不顾一切牺牲，配合特务连与敌人斗争。10月中旬，敌人用两团兵力犯我洪家楼后方医院。群众连夜抢救重伤病员200多抬到杨家山。11月初敌"扫荡"杨家山，我重伤病员因抢救不及，遭敌惨杀80余人。又因我特务连与强大敌军战斗数月，子弹全部打光，加之战士伤亡过重，当地群众遭敌人惨杀几无一村一户幸免。12月间，党委决定暂时把革命力量疏散隐蔽，黄梅赤区全部被敌兵占领。蕲春赤区则于11月间陷入敌手。

从1930年7月到12月，敌人前后纠集了25000多人的兵力，向英山、蕲春、黄梅等赤区"扫荡"。人民为争取胜利，不畏牺牲，英勇抵抗。7月间敌人进犯英山，我赤卫队队长江天友同志在张家咀阻击敌人不幸被俘，匪首沈周怡，伪区长程渭煌，用五丈多长的铁丝穿透江天友同志的琵琶骨，系在马尾上拖着游行。还用火烙、灌辣椒水，弄得浑身皮开肉绽，遍体生蛆。尽管敌人用尽酷刑，但江天友同志至死不屈，就义时高呼"共产党万岁"等口号，群众深深感动。11月间我红五团政委何寿堂、副团长田南村均在蕲春遭敌俘被害。田南村同志遇害时曾写一联云：来世有缘愿保赤俄万万岁，这回不算空到人间五五年。当时南村同志仅25岁。

红十五军经太湖、英山、罗田、金家寨抵京汉路至商城，到11月间①才与红一军会合，奉命合编为红四军。

1931年元月初，红四军南下以神速英勇之战术围歼英山驻城的潘匪，经八九个小时的猛烈战斗将潘匪全部击溃。毙匪总指挥兼团长潘某及匪兵数十人，俘匪1800多人，缴获长短枪2000余支，此外还有大批弹药和军用品，潘匪残部逃到浠水。是役，缴获敌枪支弹药和军用品，用俘虏挑运，前头抵金家铺，后尾还在四顾墩，长达5里。

1931年春，我红四军消灭盘踞英山的潘匪后，又北上攻克光山新集城，继续消

---

①红十五军与红一军会师时间应为1931年1月。

灭窜犯在孝感双桥镇岳维峻匪军一个师4个团，生擒岳维峻，为鄂豫皖区创立以来一大胜利，也是粉碎敌人第一次对我军"围剿"的伟大胜利。同年夏初，红四军又东征皖西北，歼灭了陈调元匪部，这是我军转入大规模运动战后所连续取得的胜利。

是时红四军扩编为红四方面军，5月下旬，我皖西北特委决定调集英山、潜山两县的同志成立英潜革命委员会，领导英山、潜山等地革命工作。英潜工作委员会于5月下旬在麻埠皖西北特区军事委员会成立，选出王晓梃、漆秀芬、除余（即储余，3人均为潜山人）和闻维敬、段斐然、段威、汪伯廷、梅小山、段元度、黄伯希、姜小梅（均英山人）等11人为英潜工作委员会委员，推选王晓梃同志为书记，讨论如何恢复英潜工作。6月16日，英潜工作委员会随同红四军南下，恢复英山、潜山革命工作。我军急行军，于18日拂晓就全部包围了驻在英山县城的张汉全匪部。在敌人强烈的机枪火网下，我军机智勇敢将扼守城南阵地波儿脑一带敌人一个步兵营和一个机枪连全部生擒缴械。我军缴敌人的重水机枪6架和轻机枪30余挺，更有力地堵塞了城内残敌的退路。激战至午饭后，我军攻进城内，将驻城张匪全部活捉，无一逃脱。是役，活捉匪团长张汉全，伪县长黄典文，俘匪营、连、排长和士兵1800余人，缴获步枪和轻机枪1500余支，重水机关枪18架，短枪、弹药军用品无数。这是我红四军奉命南下配合中央苏区粉碎敌人第三次"围剿"所取得的伟大胜利。

我军计划断绝长江下游，与湖北阳新、大冶苏区打成一片，进逼武汉。提口号，贴标语："打到武汉过中秋。"

英潜工作委员会当即出布告散发传单，号召群众组织起来，建立苏维埃政权，打倒土豪劣绅，实行分配土地。

上级指示将英潜工作委员会改为中共英山中心县委员会，领导英山、罗田、浠水、蕲春、太湖、潜山等6县的革命工作，仍以王晓梃为书记，段威等10人为委员，县委会设有组织部、宣传部，部长由段斐然、闻维敬两同志分别担任。颜素芬任少共县委书记，徐乐天任童子团团长，漆秀芬任妇女协会主席。全县各地在党的领导下纷纷建立苏维埃政府，组织赤卫军，每乡设立一赤卫军连部（以后各乡战斗力强的赤卫军都改编为模范连），每区设立一赤卫军营部或团部，县设立总指挥部。各乡党、团组织，妇女会、童子团、少先队、工人小组、反帝大同盟、互济会等组织也相继成立。

7月13日召开工农兵代表大会，出席代表300余人，成立县苏维埃政府，选举段威同志为县苏维埃主席，派陈余为秘书，设审判处、粮食委员会、经济委员会、土地委员会、文化委员会。由陈卫东担任审判长，段元度、江少怀、姜定山、梅小山分别担任各委员会主任。大会决议改英山县为红山县。成立总指挥部，由王晓梃兼任指挥，在鄂豫皖扩大红军3万人的号召下，成立红山县红军警卫团，派吴致远同志任团长（后来改编为独立十三团，团长石世公、政委黄素贵），组织游击队和赤卫军消灭敌人，武装自己。颁布土地法，没收封建地主的土地分给农民，发展生产，取消一切苛捐杂税，反对童养媳制度，废除旧式买卖婚姻，实行婚姻自主，男女平权。提倡妇女剪发、放足，扩大和加强妇女会、童子团、少先队等组织。成立县总工会，实行劳动法。在开会期间，枪毙伪县长黄典文，并下令通缉恶霸匪首余惠畴等30余人，为民除害。全县划为4个区，城关为市郊区，西河为二区，东河为三区，南河为四区。罗田边区、（蕲春）大同区、（太湖）北中区等苏维埃政府亦相继成立。区下设乡，乡下设村，每乡建立党支部、团支部和赤卫军、童子团、少先队、妇女会、工人小组、反帝大同盟等各种群众团体。

不久即召开全县工人代表大会，到会代表140余人，成立县总工会，选举李国成为主席（木工），贯彻"劳动法"，减少工作时间，实行八小时工作制，不准减少工资，反对童工做有害身体的工作。

当时红山中心县委领导下的苏区组织起来的群众在30万人以上。红山县红军警卫团随即成立，下辖3个营9个连共千余人（1932年改为独立十三团），不久（1932年1月）又新成立游击师补充团一个，团长郑道勋。为了积极提高人民文化生活水平，各乡都办有列宁小学、妇女识字班、农民夜校。到处洋溢着革命歌声。

是时，虽遭蒋匪经济封锁，但在党的领导下，经过了人民的艰苦奋斗，克服了很多困难，粉碎了敌人经济封锁的阴谋，开办有供销合作社、经济公社（银行），同时创办有兵工厂和中西医院。兵工厂设立在贺家桥的鸭掌树，厂址是没收大地主张清和的房屋，有工人百余人，不但能修理步枪、机枪、手枪，尚能自造土快枪、乜子枪和子弹，日产量达步枪子弹120排（600发），效力很高，能射击1000米以外的敌人，不过烟稍重。最令人痛心的是厂里积极工作的工人和干部后来都给曹大骏逮捕杀害，兵工厂几乎垮台。中西医院设在闻家冲陶家塆，院址是没收大地主陈泽民等的房屋，由谢思忠任院长，闻伯孚任副院长，有医生和护士共40余人，还可动较大的手术。但因敌人封锁，药品有些困难。我苏区虽遭敌人残酷"扫荡"，但苏区人民艰苦奋斗，各方面都不断取得胜利。

为了保卫胜利果实，10月初，县里建立了政治保卫局，区政治保卫局也相继成立。

是时，鄂豫皖苏区在河南光山新集召开省苏维埃代表大会，建立鄂豫皖省苏维埃政府，段威被选为代表到达皖西北特区（麻埠），时因会议延期，段威同志被特委（书记高中林）调往皖西北特区党校（忠发学校）学习，段威去后不久，红山中心县委书记王晓梃被调，由曹大骏接任，县苏维埃主席由汪一接任。

12月间，省苏维埃代表大会在新集开幕，大会开幕期间，枪毙了岳维骏。大会开幕时，听了张国焘"肃反"的报告。谓"自十月开始'肃反'后，红四军已杀了两个师长、两个师政委，三十六个团长以及所有团政委、营长、营政委、连长、连指导员，还有大批第三党，AB团正在继续逮捕和法办，地方武装和各级党政组织机构也镇压了大批第三党和AB团反革命。其余正在肃清"。张国焘"肃反"时，有很多忠心耿耿的革命同志被害。

红山中心县委书记曹大骏"肃反"的情形更为残酷，全县人民至今谈及还是十分痛心。曹大骏"肃反"是在1931年11月初开始的，时有后方开来的红军第二十团团长管叔衣（管于1932年5月在麻埠"肃反"中被杀）协同曹大骏以"肃反"为名把立场坚定、忠实勇敢、工作积极的革命同志与所有红山县委委员、区委委员、乡党支部书记，以及各级苏维埃政府主要负责人，地方武装干部和积极勇敢的战士都诬以"第三党"、AB团的罪名，一下杀光了。如红山县警卫团第八连是该团主力，敌甚畏惧，全连战士有百分之五十以上是党、团员，都是贫雇农出身，连长陆金昌是雇农成分，最忠实勇敢，头天带部队到罗田县蒙蒙山打胜仗回来，不但不嘉奖，在父子岭从连长陆金昌和在连的战士74人一夜竟被全部杀光（大部分是活埋），仅有不在连的伤病员和因公外出的十几人未被杀。四区区委书记段大焕，工作积极，曹派他的亲信蒋德和、刘月新去捕杀，段发觉潜出，走时对人说："我要到江西去找毛主席，告诉毛主席，曹大骏走错了路线。"段大焕以后下落不明。当时曹在县城南门外河沙坪上,用牛秒些大深垱,每晚把大批的人杀于垱内,用沙掩盖。起初深夜屠杀时还有人大声喊"共产党万岁"等革命口号,以后杀人都用绳子把口绑扎起来,河里一天到晚都有成群结队的狗和鹰。狗吃人连眼睛都吃红了,人少时简直不能从河坪里过身。据独立第十三团第七连传令兵王少廷谈,"1932年上半年,他和该连14名战士被捉到县城里,曹烧红刺刀烫他们,要他们承认是第三党,凡坚持不承认的统遭杀害"。

  总的来说,鄂豫皖苏区由于张国焘的错误路线领导(或有意破坏),使革命事业遭受了重大损失。1931年春,鄂豫皖苏区红军仅在苏家埠和六安韩摆渡战役就俘敌总指挥厉式鼎等将校多人,两次打垮由六安来犯的援兵十八个团。打落敌人飞机1架。被我军围在韩摆渡和苏家埠两处敌人因援兵被歼,全部缴械,共缴获敌枪近3万支,张国焘不仅不扩大红军,充实革命力量,反而在内部大肆屠杀,革命力量遭到严重破坏。1932年秋,敌人乘机调动装备精良的30多万兵力,发动以鄂豫皖为中心的第四次"围剿",蒋介石亲自到武汉指挥。匪军四十七师和五十四师疯狂投向英山。8月底,张国焘竟盲目将鄂豫皖区全部红军转移到英山,28个县的各级行政人员和斗志坚强的革命群众,共3万余人,亦随军来英,这批同志都是多年来与敌人作生死搏斗中成长起来的,张国焘不但不将这批力量组织、武装起来,反而把我先烈英勇牺牲换来的数万枪支完全丢给敌人,更痛心的是下令将红军全部撤出苏区,把追随红军的数万干部和群众统统丢在英山,这批革命的精华,除极少数逃出虎口外,全部陷入敌手,遭敌严刑拷打,有的当场牺牲,有的被解回原籍,交当地土劣惨杀。一些青年妇女同志在野兽们的百般摧残下,更是受尽了人间未有的痛苦。

  英山县自1930年"三二暴动",特别是自1931年6月建立县苏维埃政权,驻城达一年零两个月,是鄂豫皖苏区少有的事,是英山人民革命高潮时期,直到1932年9月2日我红四方面军最后撤出英山,鄂豫皖苏区遂全部陷入敌手,敌人的"三光"政策给苏区人民造成了空前的灾难。英山一些大匪首如余惠畴、余甲东、陈楚良、胡小山、胡子英、胡四猫、叶灿如、金新一、万召楚、陈大鹏勾结恶霸地主,奸淫烧杀,疯狂倒算,敲诈勒索,害得人民妻离子散,家破人亡。据1951年我中央访问团不完全统计,仅闻家冲一个村,约300户人家,我红军撤退后遭敌人残杀的就有70

余人，每4户中就有一人被害。被土豪敲诈勒索达15000余万元（旧币），平均每户达50余万元。任凭敌人怎样残酷，却摧残不了我革命英雄们的坚强意志。如闻家冲乡妇女会主席（郑明金烈士的爱人）陈小初及其子郑松柏（年仅12岁，参加童子团）均遭敌逮捕，受尽酷刑，至死不屈，母子二人从容就义时犹高呼："中国共产党万岁！"村反帝大同盟主席段和庆被敌人捉去在背上戳了数十刺刀，鲜血直流，尚毫不畏惧，毫不屈服，敌人恼羞成怒，最后用大刀劈开烈士胸膛。我兵工厂打锤工人邹细成年仅十七八岁，亦被敌人破肚挖心，同时遇害。汪清和同志在红军转移后，一直坚持革命工作，前后遭敌人逮捕4次，坐牢数年，受尽各种酷刑致成残废，始终不屈，是我党的好战士。这些可歌可泣的壮烈事迹，永远活在人民心里，感动和教育着广大群众，为中国人民的解放继续战斗。

（戴文礼记录）

（英山县委党史办供）

原载中共黄冈地委党史资料征集小组办公室编：《鄂东革命史资料》（第1辑），内部出版，1983年，第79～96页。

一个儿童团长的经历

◎ 陈　镇[①]

1916年，我出生在广济县思河塆一个贫农的家庭，乳名炳连，正名德操，10岁丧父，母亲吴氏带着我和胞兄陈春阳在艰难中苦熬。当共产党领导的革命斗争波及我们家乡的时候，母亲就亲手把我们兄弟俩送到党的怀抱，走上了革命的道路。

踏上征途

参加共青团，组织儿童团。1929年12月初，一个大雪纷飞的上午，我和同乡陈寿来（后叛变）、陈兰献三人到杨家山庙儿咀庙里，找到地方党组织负责人解国（念兹人，区委书记）、陈子和（思河人，区委委员），经陈子和介绍参加了共产主义青年团。到1930年春，永西乡团支部已发展团员40多人，有支委7人。同时，儿童团也已组成，我当团长，陈兰献当副团长。我们自制了80多支木枪，并进行过多次半公开的操练（多半是在夜间）。3月1日（农历二月初二），我们在"兰大仙庙"召开了一次共青团支委会，传达区委解国同志对共青团、儿童团的指示，要求我们到白区张贴革命标语，宣传发动群众，了解土豪劣绅和反动分子的动向，放连环岗哨，

[①]陈镇同志，广济县两路公社思河大队人。原江西省赣州地区中级人民法院党委副书记，现离休。——编者注

传送情报，等等。会后，我们几个人白天躲在杨家山的马家村和"兰大仙庙"里写标语，夜深就到当时的白区李文二、吴家畈、李子高、卢子珍、两路口、吕兴祖张贴，甚至贴到县城边的龙门桥、王尔街（正名文家街）。那时全县革命高潮已经形成，各区乡的赤卫队和小镇的工人纠察队也成立起来了，到处打土豪劣绅。地主豪绅、反动分子惶惶不可终日，纷纷跑到县城梅川或武穴、汉口，也有的负隅顽抗。如恶霸地主吴岭阳、戴纯斋等与反动政权的县长杨疯子、公安局长刘墉等相勾结，成立县清乡团总部。清乡团大队长陈飞，民团团总吴岭阳，县里密探头子张乌龟，这些反动武装虽然天天到赤区"清剿"，革命势力却愈战愈强，逐步由秘密、半公开转为公开活动，红区和白区开始明显划分开来，我们共青团和儿童团也开始参加革命武装斗争。

赤卫队成立。1930 年 3 月 1 日（农历二月初二，土地会后的几天），广济县赤卫总队在大金铺广阔的沙滩上召开成立大会，到会的有全县三大区（复盛、复兴、复祥）赤卫大队队员和部分工人纠察队队员、农会会员等近万人。我记得主持会议的是县委周祥麟同志，后来他是县暴委会主席。在台上讲话的，好像还有杨愈、解国、宋友梅、宋馥洲等。正当大会开得热闹的时候，忽然放哨的同志来报告说，从石佛寺公路上开来了一队望不到尽头的穿灰色军装的白军，大会领导立即宣布：各区乡赤卫队员由负责同志带队，跟随县总队的大旗，依次沿公路旁的山路前进，准备战斗！这时，一队队农民武装如初生牛犊，迅速摆好阵势，手持梭镖、大刀、鸟铳、三节鞭等武器，雄赳赳地奔向广武公路。刚与敌军接触，步枪声、土炮声、喊杀声响成一片，顿时吓破敌胆，堂堂的国民党正规军一团人，竟然丧魂落魄地丢掉两匹战马、十多支步枪和部分辎重，向梅川方向逃窜。时属下午，我们的大会也就在凯旋声中闭幕。在前一年开始建立的各地赤卫队，首次集会就一战告捷，大大地鼓舞了队员们的士气。

张山上战斗。3 月 31 日，我从复兴区委所在地舒家冲吃早饭回家，母亲焦急地告诉我，受不了反动派压迫的白区吴家畈乡亲们，迫切要求共产党领导他们闹革命，塆里群众开会写了保证书，并派了三位代表（其中一人有 60 岁以上）来要求我到他们那里联系。说着，母亲从鸡笼的砖下拿出了他们送来的《保证书》，我一看，上边写有"保证拥护共产党，愿同共产党秘密联系搞革命，如有假心假意，可以全塆人生命担保"等字样，并有几十名群众的签名、盖章和指印。当时我的心情又激动又犹豫。不去吧，对不起他们和老母亲的心意；去吧，吴家畈离反动派盘踞的县城只五里路，常有敌探出没，我党工作基础又薄弱，随时可能发生危险。经与就近几个团支委商议，为了扩大苏区，争取群众，我决心冒险前去，当时确定由陈细货同志（新团员，曾跟我父学过多年武术）与我一起去。4月1日，我们辞别母亲，身带"小保"（匕首），挎着装有宣传材料的布袋，一前一后地向吴家畈方向前进。走到吴家畈南面田岸上时，发现塆东的老树林里和路边上有一片或坐或立的人群，有打伞的，有戴帽的，顿时引起我们的猜疑。

正疑虑间，突然发现塆西边一个戴草帽、扛锄头的人从田塍上匆匆向我们走来，走近时又发出一声有意的咳嗽声，并向我们打了一个表示"丘八爷"的手势，我们立即会意，转身回走。但是敌人已经发现了我们，大喊抓活的，向我们扑来。这时，我们就以石头为武器，我捡石头细货打，细货施展开苦练多年的武术功夫，打得敌人哇哇乱叫。周旋个把小时，我们已爬上山顶。敌人也从三面包围了我们。正在危急之际，突然枪声大作，张山上出现了一面迎风飘扬的红旗。紧接着，冲锋号声震山岳，东面的孝子牌，南面的陈福禄，正面的张山上，都响起了排枪声、七炮声，原来是鄂东游击队（后为红十五军的一部分）一个排和复兴区三个乡赤卫队的同志前来袭击敌军。不到半小时，战斗就胜利结束，敌二十军一个连约120人，被我们打死打伤70多人，在打死的60多名白匪军中，有50多人是被梭镖、大刀、石头打死的，12名受伤的白匪有7名是吃了我们的"石弹"。

赴汤蹈火

在各地乡村红色政权逐渐建立的基础上，1930年5月初，复兴区苏维埃在永西学堂成立。苏维埃建立以后，革命继续发展，斗争更加激烈，我们为保卫红色政权进行了殊死战斗。我亲身经历了几次终生难忘的事件。

八一打梅川。为了纪念八一南昌起义三周年，县委和县苏决定这天攻打县城梅川。当时我在县委会当宣传干事。一大早，在县苏所在地（大金铺东南稍拐弯过去约半里多路，靠山边一个三四十户人家的村庄）召开了动员誓师大会，县暴动大队和各区乡赤卫队数千人参加。会上讲话的好像是解朗辉和周祥麟同志，并宣布今天攻打县城，部署分西、南、东三路，12时整一齐进攻。我与陈克林、陈寿来、陈兰献跟随解国同志带领赤卫队，于11时就到达龙门桥南面山坡下隐伏，静候东门一路"主攻"的枪声（以东门主力部队枪声为令，我们南门和西门为侧翼，分别只有一二十支枪）。时间到了，东门枪声未响，西、南两边不能等，就同时开始进攻。我们南路闯过龙门桥，冲向桑梓园出街口的小山脚下（此处路边立有"南无阿弥陀佛"青石碑），可是敌人早有准备，已在山上埋伏好了。我们一到山下就遭到猛烈炮火的袭击。虽然毫无戒备，略有伤亡，但同志们还是沉着应战，盼望着东路枪声。一个多小时过去了，眼看支持不住了，然而东路还无动静。为了减少伤亡，领导指示我们搞好掩护，分批撤退。由于缺乏武器和经验，撤退时乱了阵脚，满山遍野，各自奔逃。解国等领导同志临危不惧，仍在龙门桥的后山坡顶住，敌人追到龙门桥也就不敢再追了。这次战斗伤亡被俘不少，许多同志惨遭杀害。退回县苏以后，同志们总结教训，对东路主力未按时到达十分气愤。记不清是周祥麟还是兰文锋同志说，东路迟到是有原因的，据了解是负责人徐谷涵把队伍带到干仕吃饭，耽误了两个小时，得知西、南两路攻城失败，他们又不敢前进。第二天上午，县委负责人倪赭香同志（蕲春人，30多岁）宣布说，徐谷涵是"改组派"，他事前把我方计划用信密告敌人，临时又故意到干仕杀猪吃饭，延误战机。县苏政府和县暴委会决定，马上将徐谷涵与宋××执行枪决。执行地点是大金铺往石佛寺去的大桥西边山下，由周祥麟的通信员小周同志（当时另有一说，是舒日贵同志）用驳壳枪打死的，我们亲眼所见。

身陷囹圄16天。8月6日（农历闰六月十二日）早饭后，解国同志来到我家，亲切而又严肃地对我说："德操同志，听说前两天敌人又从武汉调来两个团的军队，不知确否？县委要及时了解这个情况，区委考虑你年纪小行动方便，决定派你到梅川侦察。完成任务后，在太阳落山前于干山瑠和大龙寺两地找我。"我愉快地接受了任务，头戴草帽，脚穿草鞋，辞别母亲向梅川走去。到王尔街河的义门祠门口，碰见了乡亲陈汉臣（陈寿来父亲，塾师）和陈云山（陈家康父亲）。他们见到我，感到吃惊，小声说："你……怎么跑到这里来了？赶快走！王八蛋快出发了。"我马上回问："汉臣爹，有多少军队？""多少军队？好几个团。"他们答后就匆匆走了。我抬头一望，吴家祠堂和考棚门，聚满了白匪，要出发了。心想：一定要分秒必争，赶在敌人前面给党组织送信。我很快穿过桑梓园，经过龙门桥、吴家畈、土桥，到孝子牌的右山脚下上山，一口气爬上200米高的山顶，下山不远就是我家了。这时，白匪已从梅川扑向吴家畈，相距不过二里地。可是，祸不单行，刚到山顶我就看到满山遍野打着白旗的反动民团。怎么办？只有冒险从敌人的间隙中"混"过去，再冲向对面干山瑙。主意一定，我就用铅笔在半张竹纸上写了"丘八速来应急收"几个字藏在草鞋后跟中，以防不测以便及时找人转送。正在这时，一批民团已向我追来，近前一看，大部分是思河塆、插箕塆的一些"假民团"，其中有一人是我的房叔和老师陈锦江，他沉着地走过来拉我说："走……我们去抬水给大家喝。"我立即会意，他是想把我拉出险境，但我已看出，在如此人数众多的民团面前，怎能允许一个未戴白袖标的人（民团人员全部戴了）走出去呢？何况我早已公开活动过，附近反动分子中认识我的人很多。因此我当机立断，将写好的纸条揉成团塞到锦江叔手上说："快交陈兰献，叫他连忙送到大龙寺。你要马上设法离开……"刚交代完毕，李文二的民团团长李梯云（劣绅李章甫之侄）奸笑着向我走来："嘿嘿！这不是到我塆搞过宣传的儿童团团长吗？真是'天堂有路你不去，地狱无门自来投'！"边说边叫李文二的民团把我两手绑起来，并把我草帽扯掉，草鞋拔掉，衣衫撕掉，几个狂徒把我推拉到坡上的草坪上按倒，准备向我开刀。李梯云当时从刀鞘里抽出闪白光的大刀，大声喊："来看杀儿童团长啦！"这一喊把四处民团都吸引到这个"杀人刑场"上来了，把我围得水泄不通。人群中一些有良心的人吼起来了："不能杀，这是一个小孩子！""民团不能杀人，送到县里去……"对面山上与民团对峙并用土枪（复兴区有五支小金钩步枪）土炮打了一阵的赤卫队，注意到这边的新情况，迅猛地俯冲过来，大有"劫法场"之势。可是这时从西北山头过来的白军发现了红旗，大喊"红旗已打到你们背后"，李梯云等慌忙把我提起来，又去和赤卫队作战。赤卫队一见白军到来就撤退了。下午三时左右，李梯云民团把我交给白军。白匪共约二三百人，在思河塆吃饭，饭前休息时，他们把从土桥和陈宜口抓来的两个农民拉到门口河里杀了，以此吓唬群众。我当时由于年纪小和塆中几十名父老求情担保，特别是母亲求亲拜友借了20元银洋托叔祖陈少来（有名望的律师）送给匪军陈团长，才准许暂时刀下留情，带到县城处办。

到县城时天已擦黑，匪军把两个无辜农民的头挂在东门城墙上"示众"，把我带到义门祠团部驻地的中厅，绳绑双手系在大柱上坐了一夜。第二天，又坐了半天无人过问。我向门外望去，路上行人看得清楚。下午，我发现陈兰献和金枝（兰大仙庙里带发修行的杨尼姑的女儿）两人在堂门口大道上踱步两三个来回，并有意识地向里面张望。虽然他们不敢停留，但我知道他们是代表组织和乡亲来探望我的。当时我已做了牺牲的准备，从被抓时李文二反动民团要杀我开始，我就铁了心，死要死得像个革命者的样子，为苏维埃政权而死是死得光荣，要视死如归。这样一想就什么也不怕了。看到来探望的同伴，我又想起了党组织和母亲。可怜的娘，此时此刻的痛苦与忧愁一定超过我十倍。但我明白老人家的心意，决不能给她丢脸！就这样，边听着厅柱上时钟嘀嗒的响声，边思索着，又过去了一天。第三天早饭后，四个匪兵把我押解到"太爷堂"（县衙）受审。主审官欺我年轻，要我承认是共产党，交代出各级党组织的负责人。当达不到目的时，竟对我施行各种残酷的刑罚：竹鞭子抽打、压杠子、线香熏鼻子、灌辣椒水，把菜刀烧红夹在两腿中间烫，将铜板烧红往背上贴……就这样弄得我几次昏迷，又用冷水喷醒。当我缓过气来的时候，愤怒骂敌："我年纪不到十五岁，怎么是共产党？你们这样凶残，绝没有好下场！"敌人气急败坏，叫两个衙役把我搀扶着押送监狱。这时，遍体鳞伤加上酷暑汗渍，使我浑身疼痛难忍。几天时间坐不能、卧不宁、站立不稳，后来经看守"指点"，让家里筹银洋五元，请"仵作"（相当于法医）疗伤：以黄表纸敷住伤处，用纯酒喷，再撒上草灰，一小时后揭去，然后用凡士林搽患处，可以防止发炎、糜烂和止痛。

在县牢里受了半个月的折磨，8月22日（农历闰六月二十八日），红军打进梅川，才把我解救出来。这次打县城是凌晨就开始，红八军近两个团的兵力，加上地方赤卫队，共有几千人，分东、南、北三门进攻，黎明前战斗激烈，不久就拿下了。敌守军见有正规红军参战，从西门逃窜而去，清乡团也不战而逃，在北门被打死打伤几十人。各地农村跑到梅川避风的土豪劣绅，被查出杀掉的据说有二三十人，像胡立民团团长胡风筝、思河塆地主陈大启的老婆等就是这次杀掉的，县知事和监狱官也在西门河杀了，真是大快人心。红军和县苏领导（我认识的有兰文锋、解国、陈克林等）在进城后就到监狱迎接我们，他们领着红军和赤卫队的同志站到监房门口的走廊两边，背着枪支和梭镖，笑容满面地说："同志们受惊了，我们来得晚了！"与我同时被救的150多名同志无不激动高兴得热泪盈眶。和我同时被救的陈子和同志随解国、陈克林到王尔街龚家祠堂，见到了我的母亲和乡亲们。

打六村见闻。六村地区三面环水，地势险要，是全县有名的反动堡垒，对苏区威胁很大。红军和地方武装曾数次攻打六村，我参加了其中一次（据说是第三次），时间在我出狱后不久。一天早饭后，县暴动委员会宣传部长白板同志，到大金铺通知我和他一起到打六村的火线上，做宣传工作。我们来到六村外围，看到战斗正在激烈进行。在通往六村的主攻线路上有一座来往必经的大桥，长五六十米，宽二米多。桥的两端修有坚固的碉堡，分别放置大土炮两门。我方进攻的阵地是一块平原，只能临时挖些浅型战壕为掩体，由于离桥太近，有的战士为避枪弹反而被敌人的长矛刺伤。敌人预先准备了稻草编织的两寸厚的"防弹背衣"，用水浸湿，子弹确实难以打进去。敌人穿上此衣，背向我方，来回运送弹药和送水、送饭。所以双方虽然很近，可以互相对骂，但我方火力发挥不了作用。后来通过总结经验，决定从左右两翼加强攻势，通过群众找到一些拖板船、门板、楼梯、大澡盆等扎成渡湖工具，并选出几十名识水性的同志在湖中推动，选择敌人不注意的湖汊偷渡过去，插入敌人心脏，放火烧了他们的房屋。这才打乱敌人阵脚，攻克了六村。

退守考田

打六村之后（又打过县城），红军主力撤离广济。1930年10月27日（农历九月初六，但有许多同志回忆是11月3日即农历九月十三日，以下几天类推）早晨，我接到上级紧急通知：迅速转告永西乡赤卫队员和乡苏干部，携带随身武器和两天粮食，早饭后整队去大金铺集合。我通过儿童团"连环哨"很快集中了50多人，我和当赤卫队员的哥哥陈春阳告别了母亲和嫂嫂，也随队伍奔向大金铺。中午时分到达县苏门口，只见遍地是人群。解国和白板同志迎上前把我们接到大祠堂里吃饭。在吃饭时，解国同志对大家说："前天夏斗寅从武汉调来数团白匪，大举进犯苏区，战斗已打响，据前方报告，我们如果没有红军来援就顶不住了。今天下午可能撤到石佛寺。"饭后，县暴委会通知各乡赤卫队立即出发到石佛寺公路两旁做掩护撤退的准备。刚到石佛寺，我们就听到前方激烈的枪声和头上飞来的流弹声。接着暴动队撤下来的人员也从公路两边过来了。其中一个负责同志大声招呼："急速通知县属各部人员，马上上山……"经过县苏负责同志研究，敌我力量悬殊，不能硬拼，决定地方武装和革命同志下午全部撤到杨家山的连山寨和后峰寨。敌人得知我们仍没有红军主力，便尾随追击，占领了大金和幽居寺后山，紧接着向连山寨进犯。情况万分危急，组织上为了保护革命力量，立即部署由县暴动队和各区部分武装作为掩护，让各地赤卫队员和多数手无寸铁的男女干部迅速撤到安全地带。到夜间，我们已撤到郑公塔、团山河一线。第二天兰文锋和解国同志带着中心县委书记鲁珽同志来看望大家。鲁珽同志向大家分析了革命形势，号召大家坚持斗争。正当大家听得入神之际，西南面响起了激烈的枪声。兰文锋等把鲁珽同志送走，我们立即与敌人在团山河两边山上进行了一场恶战。在团山河街上，双方短兵相接，刺刀见红，同志们称这是一场真正的"血战"。到傍晚时，已完全听不到枪声，只听见刀枪相撞的铿锵声，喊杀声，惨叫声！我们的人越战越勇，敌人伤亡惨重，最后拼命冲出重围，丢下十多具尸首和30多支快枪，狼狈逃窜。这次战斗给了敌人一个教训，有一段时间他们再也不敢那样狂妄追击我们了，只是老远打枪，摸索前进。10月29日（第三天）上午，组织决定：为防止敌人包围，全体革命同志撤离广济县境，向黄梅转移。

白军投诚。当我们撤到龙腰附近的黄广边境时，敌人追上来了。担任掩护的部队迅速投入战斗。可是对方的枪声突然停止，前面一个穿灰军衣的人手挥一面小白旗，后面跟着几十个白军，猫着腰，低着头，枪口向着他们自己，向我们阵地跑来，边跑边喊："我们是来投诚的，我们都是被抓丁抓来的穷人，要参加革命。"指挥战斗的杨愈同志见此情景，马上命令大家不要开枪，并把头上帽子摘下来向他们挥舞着说："欢迎弟兄们弃暗投明参加革命！"同志们都鼓掌欢迎，上前和他们握手。开始，起义的同志怕我们怀疑，把自己身上的枪支子弹都交了出来。杨愈同志向领导作了汇报请示后，坚决不接受，表示完全信任他们。后来了解，10月29日这天率部起义的是国民党十军一个连长，姓张，年纪不到三十，身材高大，操湖南口音，好像是岳阳人，同时起义的有两个排，七八十人。到考田后经过整编，张连长升为营长，战士中有的成为班长、副班长的。由于他们在苏区亲眼看到我党领导的军队官兵平等，视为兄弟，军民团结，互相帮助，深受教育，所以与我们相处得很亲密、融洽，很多人成为战斗中的骨干。

组建红九团。10月30日,我们进入黄梅后,在四祖山与地方反动武装打了一仗,在山下"一百间"(路边一个大地主的一栋房屋,有一百间)附近,杨愈同志手腕负伤。战斗结束后,我们就在四祖庙住了一夜。11月1日到达考田镇,这是一个有200户左右人家的老圩镇,是蕲、黄、广三县的边缘接合部,四围多山,进可以攻,退可以守,是一个战略要地,所以三县革命力量都退守到这里。我们进山后,敌人又抓紧纠合反动武装"进剿"。一个月中,经历了多次战斗。由于敌我力量差距大,粮食弹药缺,战斗经验少,我们几次受挫,不敢轻易出击。敌人的包围圈越缩越小,我们活动地区越来越少。在这危难关头,大家日夜翘首盼望红军到来,但当时主力红军已经转移,怎么办呢?中心县委和三县负责人研究决定:集中三县武装,成立中国工农红军独立第三师第九团(简称"红九团"),请出红十五军在这里养伤的团政委(?)张克勤同志担任团长。11月28日,在考田召开红九团成立大会,有两三千人参加,同志们精神振奋,决心随英勇善战的张团长打回广济去。古语说:三军易得,一将难求。红九团成立后,到春节前的两个多月,在张团长的带领下,确实打了几个意想不到的漂亮仗。

攻打大金铺。农历十月十七日清晨,团部通知各营到广场集中,张克勤团长站在石阶上作战斗动员:"同志们!大家日夜盼望的一天到了,今天我们就要打回广济苏区!大家要遵守纪律,听从指挥,没有命令不许开枪;战斗打响后要节约子弹,做到弹无虚发;要执行群众纪律,不能随便进入群众家,不许动群众一针一线;抓住俘虏,未经批准不能乱杀……"别看张团长年近四十,受伤后像个文弱书生,但讲起话来声震山岳,骑上战马戴上军帽威风凛凛。当他问到"大家意见怎么样?能不能打胜仗"时,同志们同声回答:"完全同意,保证打胜!"大家确实感到跟张团长打仗心里踏实,不会吃亏。在我的记忆中,这次进军是一营在前,二营在后,三营留守。一营营长是起义过来的张营长;二营营长是黄梅的队长;三营营长是解国同志的胞弟解辉(解润五),据说他在六月份以前在武汉国民党军队当营长,后经解国同志动员回来参加了革命。当队伍进入广济县境蚂蚁河和龙脑附近的团防,白狗子就向我们开枪,但在张团长的带领下,我们若无其事地大踏步前进,步伐整齐,丝毫不乱。敌人见我们一枪不发,以为是正规军来了,就慌忙逃跑,附近土豪劣绅也望风而逃。因此,我们的队伍长驱直入,如入无人之境。到离大金铺一里多路的山边,才有郭汝栋部白匪军向我们开火。本来大家半天急行军已经饿了,但是枪声一响劲头又来了,张团长策马扬鞭,带头冲入敌阵,手持驳壳枪百发百中;张营长指挥一连在左,二连在右,从大路两边的田野冲杀过去,一时间枪弹声、冲杀声汇成一片,打得敌人叫苦连天,只恨少生了几只脚不能逃得更快。这一仗逼到大金铺直至宋煜塆,队伍随后撤到大金铺和幽居寺的后山,大家在大金铺街休息片刻,美餐了一顿,准备黄昏撤退,这时我们才得知张团长左手"挂花",一营的一连长、二连长(均系起义同志)光荣牺牲。我们一共牺牲了十多位同志,但敌人伤亡大得多。据说这次行动目的是到县苏政府所在地祠堂内取回撤退时埋下的子弹(已因叛徒告密被敌取去),由于是巧出奇兵,打了敌人一个措手不及,我们还缴获了100多支枪、几千发子弹,不仅补充了给养,而且打出了军威,振奋了士气。

夜袭郭德元。1931年1月24日(农历十二月初,也有说在十一月上旬和正月初十)的深夜,我红九团手枪队几十人悄悄地摸进了敌军驻守的郭德元塆,四个岗哨的白狗子有三个没有来得及叫喊就被我们干掉了,一个被卡着脖子当了俘虏,经过交代政策,他把"共团"办公处、枪弹库房和关押革命同志的牢房告诉我们了,并领我们到了牢房,按规定对答了口令,顺利打开了牢门,放出被关押的革命同志百余人。随后我们分出部分队员去团防办公处,那些反动家伙这时还在办公处楼上打麻将,我们一进屋,就清楚地看到他们的面孔。敌人发觉有动静,就问口令,我们照着规定对答,并立即登梯上楼。敌人察觉情况不对,大声问:"是谁?"未听到回答就向下开枪,并拼命向上拉楼梯,我们用力往下拉,为避开敌人枪弹,同志们转到梯子反面向上爬。愚蠢的敌人顾不得吹灯,被我们看得清清楚楚,目标明确,我们一枪一个,把楼梯口的五个家伙撂倒滚了下来。楼上的三个大喊"饶命",又被上去的同志砍掉两个,还有一个被我们带回,在途中教育后释放了。这次战斗,歼敌十多人,缴枪20余支、子弹3000多发,救出同志百余人,大灭了敌人威风。

打"白水畈"过年。春节快到了,这期间虽然打过十八堡等地,但队伍给养仍然不足。当时打听得蕲春白水畈一带地主豪绅看到几个月没有红军和赤卫队来过,正高高兴兴办足年货过年,我们就进行了白水畈战斗,打死打伤敌军50多名,缴枪20多支,没收地主粮食300担,银洋70多元,油、盐、布匹等物资20多车(手推独轮车)。战斗结束,部队退到蕲黄交界的唐山,过了一个丰盛欢乐的春节。正月初三，我随红三营返回考田时，走到小鼓山，发现有人打着红旗冒充红军游击队，用他们的优势拦击我们。正在危险时刻，忽然东南山腰飘来漫天大雾，五丈以外不见人影，20多分钟后，我们已爬上山顶。敌人找不到射击目标，又怕遭我们伏击，只好退走。同行的军械处处长陈宗翰同志说："吉人天相，天助我也。"大家都哈哈大笑。

最后突围。1931年元宵节后，敌人增加了兵力，加紧了对考田赤区的围攻。他们狂妄地叫嚣："宁肯错杀一千，切勿放走一个。"在军事上步步为营，四面合围。开始我们采取"你进我退，你走我回"的灵活游击方式与敌周旋，后来敌人更加狡猾，他们在考田镇、老祖山周围的要道、垮场驻扎了军队，日夜坚守，使我们的活动地盘越来越小。到3月下旬（农历二月中），我们已濒临于粮弹双尽的绝境。4月7、8日，我们连续两夜组织向英山方向突围，想去寻找红军，但均被两边山上埋伏的敌人炮火打散，直到深夜，同志们才三五成群找回老祖山、挪步囤（？）的鄂东特委办事处和红九团司令部。突围失败使敌人摸到了我们的底细，他们日夜攻击，纵火烧山，妄图一口把我们吃掉。困难的环境，使同志们更加团结、坚强，从冬到春，除伤病员外，所有同志都没有被子，每天夜晚就挤在山庙、祠堂或群众堂屋内。在地上铺一圈稻草或野草，形成大圆床，圆圈中间烧一堆火，同志们背靠背地取暖休息，前身烤暖了烤后身，辗转坐卧，真是相依为命。至于吃的，除在唐山过年前后十多天外，都是一日两餐不得一饱，后来除了伤员一天吃上二餐粥，其他同志（包括领导在内）都是以竹笋、青菜、蕨根充饥。4月中旬（有的同志回忆是农历二月十七、十八日），敌人炮火越来越近，"山火"也快要烧到我们跟前。在这生死关头，中心县委与三县负责同志召开紧急会议，研究决定分散突围。一个夜晚，兰文锋、倪赭香、宋馥洲和张团长等召开全体同志大会，说明形势危急，为了防止敌人一网打尽，保存革命实力，要求大家分散行动。各县同志带好绳索和各种攀山工具，绕开大路村庄，晓隐夜行，尽快赶回各县，"死"里求生。到家后能躲的就躲，能逃的逃，坚持到底，等待革命高潮到来，千万不能叛变降敌。当时还布置身强力壮的同志要帮助妇女和体弱的同志，并要做好防奸和侦察工作。会后，大家挥泪告别。在我的记忆中，这次广济回来的大约有200多人，还有大批同志与黄梅同志一起躲进四通八达的山洞里坚持，直到最后失败，许多人壮烈牺牲。我们复祥区的回乡负责人是解国同志兄弟俩（加上解祥，兄弟三人都在一起），陈宗翰同志因其爱人与三个月大的孩子被敌人在大鼓山搜捕杀害，而随红九团突围，未跟我们回县。我们于4月17日夜动身，经白云洞和几座山峰于18日黎明到达蕲春枫树山，在一座有十多个和尚的庙里躲了一天，为防止敌人发现，对"朝山"群众和来往行人只准进不准出，直到我们离开。19日天亮前，我们赶到蚂蚁河附近一个只有20多户人家的靠山小村，又隐蔽了一天。夜晚，我们复祥区80多人、十多支枪，经过余川街，避开要道，沿着小山和田野向西北方向穿行，凌晨到达杨家山。早饭后我赶回家见到可怜的母亲，以后到离家一里多的苗竹下堂兄陈殿南家，在牛栏后边新挖的山洞中躲了半个多月，还到本坑祠堂右侧顶棚上躲避。5月6日夜，由叔祖大梅爹和堂兄陈宗于借了"良民袖标"把我送到武穴，转乘"温州号"轮船到哈尔滨去了。从此，我的生命进入了新的历程。以后我又在异乡再次参加革命。

（广济县委党史办供稿）

原载中共黄冈地委党史资料征集小组办公室编：《鄂东革命史资料》（第1辑），内部出版，1983年，第97～114页。

红色的黄安

◎ 郑位三

回忆起大革命时期的黄安，我们记忆犹新的是：农民革命斗争猛烈，革命的知识分子特别多。在初期，知识分子对于向工农群众宣传革命思想，起了很好的桥梁作用；随后农民革命斗争的烈火，又迅速锻炼和改造了这批知识分子。

中国共产党成立后，黄安就逐渐有了共产党与青年团的活动。最初传播革命思想的是一部分从武汉读书回乡的党员，他们多是由董必武、陈潭秋、萧楚女等同志介绍入党的。特别在1925年暑期回乡以后，他们更积极地联合当地的许多革命知识分子，到处散发传单，进行集会演讲，宣传反帝反封建的思想。同时，黄安出版的《黄安青年》，在党的影响下，也开始转载革命消息，抨击反动政治，宣传反帝反封建，提倡新文化运动。之后，《新青年》《向导》《中国青年》等刊物，也越来越多地邮寄到黄安，革命的影响便日益广泛地深入人心。

1926年秋，北伐军打到武汉，摧垮了反革命的上层统治，革命之声响遍湖北各地，黄安党团特别支部随即进入县城。党争取了县教育局的领导地位，动用"至诚学款"①，大量开办公费学校和乡村贫民夜校，党通过教育系统，往各区各乡派遣干部，以学校为立足点，扩大革命影响，组织发动群众。与此同时，党又团结一部分进步势力，通过清算委员会的组织，清查黄安的义仓及平籴委员会，向管理义仓

---

①这是教育局控制的一笔巨款，是黄安南乡一些资本家在沙市的六十年的存款，名为"至诚学款"。

及平籴的大豪绅、县参议会的议长李介仁等展开了斗争。

1927年初，各乡农民协会蓬勃地发展起来，农民在党的领导下，很快和地主撕破脸皮，展开了斗争。逼迫地主退租减息、发悔过宣言。正月十五元宵节，各地农民协会展开了活动，七里区刘家园等地，把罪大恶极的地主逮捕起来，戴上纸糊的高帽子游街。到了3月，全县已有百分之二十的地区，达到了斗争高潮。

在群众斗争日益高涨的形势下，全县的豪绅地主异常恐慌，有的开始逃跑。各乡群众要求我们想办法，党团特别支部举行紧急会议，讨论措施。会上，大家一致认为，不能让大豪绅跑掉了，要立刻动员各乡的农民，迅速行动起来，把一些有权威的豪劣抓住，并动员农民自己动手打死一批（这种做法曾得到省委的口头同意）。会后，特别支部的委员及党的干部即分头出发，四处布置工作，调查地主豪绅的罪证。各乡除了农民亲手打死的吴惠存等一批豪绅地主，同时还通过政府，先后把罪大恶极的李介仁、阮纯青、张英廷、李士显等19名豪绅地主捉住，押往县城法办。

吴惠存，是箭厂河区的大豪绅，善打官司，会造假印，对付农民的手段十分毒辣。在押赴县城的途中，因听闻吴惠存的亲信正策动人马要拦路把人抢回去，押解的农民便在王锡九村庄附近，把他打死了。

打死吴惠存，震动了全县的大小地主。由于农民组织起来得快，地主阶级内部的分化，使他们完全孤立，地主豪绅成了过街的老鼠，人人喊打。远处的反动派又救不了近火，于是跑到河南的反动地主豪绅，便和光山等地的反动地主勾结起来，利用反动的红枪会，向黄安、麻城两县的革命人民进攻。因此，便发生了几万人的军事斗争。黄安、麻城两县的农民全力动员，手持原始武器，和反动的红枪会厮杀。吴焕先、吴先筹、吴先保等同志，在箭厂河区办了三堂"红学"（即革命的红枪会），团结组织了广大农民，以红枪对红枪，投入了战斗。

这个战争规模浩大，没有时间地点，反动红枪会说声进攻，便像洪水似的，涌了过来。遇到强有力的抵抗，便迅速败退，若能得逞，即大肆烧杀。仅七（里）、紫（云）两区，就有几千家房屋被烧，几百头耕牛被抢走。在没有钢枪的地方，农民天天防敌，日日跑反，几万老小男女，时常是靠山露宿，不敢回村。

这种尖锐的政治和军事斗争，更加激起了广大农民对反动阶级的仇恨。同时，在半年多的反红枪会战斗中，锻炼了原始的农民武装，涌现了许多有组织才能的干部，为后来创立的工农革命军，奠定了良好的基础。

4月底，反动的红枪会围攻到麻城城下，烧杀掠夺，十分疯狂。麻城县委即派王树声同志去武汉，通过董必武同志的关系，向省里请求援兵。在省政府派兵的同时，省里还组织了麻城惨案调查团，到了麻城。黄安县委（此时特别支部改称县委）得知此信后，即派我去麻城，向代表团请示工作。这时便听说，我党中央根据湖南和全国反土豪劣绅斗争的情况，正考虑惩办土豪劣绅的问题。

果然不几天，省里的公文到了，指示县里成立审判土豪劣绅委员会，对罪大恶极的豪绅地主，委员会有权在当地处决。县委接到公文，便连夜开会，推选委员。

审判土豪劣绅委员会共七个委员，四个共产党员，两个国民党员（一个是县长），一个进步人士。在委员会领导下，有三股武装：一是县农民自卫军，有30多条钢枪；一是工人纠察队，没有钢枪，全部原始武器。这是两支可靠的力量。另外，还有一支县警察部队，20多条枪，这是旧武装，很不可靠。因此，我们在审案中，很担心被劫了法场。开审后，先审了几个次要的小豪绅，把他们放掉，缓和了一下气氛；到下午，才又宣判了李介仁、阮纯青、张英廷、李士显四个地主豪绅的死刑。同时还判处了一个惯匪石黑子死刑。

黄昏时把这五个人枪毙后，大家回到县农协，正谈论着不怕有人劫法场了，程翰香同志跑来说："少了两个尸体！"

大家急忙跑到刑场去看，发现阮纯青和石黑子的尸体没有了。又见地上有爬行的血迹，才断定他们没有被打死，趁黑爬走了。我们立刻派人追查，闹了半夜，只追上石黑子，阮纯青不见踪迹。回来后，一面派人去改布告，一面谈论办案的经验教训，县政府的一个公差在一旁说："枪毙人不能离得太远，打倒之后，要翻个个，验明人确实死了，才能收场。"我们哪里懂得这些。惩办豪绅地主的斗争，大大地鼓舞了农民革命的勇气，更加坚定了农民的斗争意志。打死吴惠存，杀了李介仁等豪绅，有的农民说："现在揭了盖子，革命要革到底。"有的农民见到曹学楷同志，伸伸拇指，称赞说："现在相信共产党是真正领导穷人革命的。"同时，惩办土豪劣绅的斗争，考验了出身于地主阶级家庭的革命知识分子，有些人，在这个斗争中，坚决地抛弃了原来的阶级，和农民站在一条线上；也有些人，如王则西等两个党员，就公开拒绝担负审判土豪劣绅委员会的工作。另外，惩办豪绅的斗争，锻炼出了大批足智多谋的优秀干部。

由于反土豪劣绅和打红枪会的斗争，加之群众要求武装，县委的同志深深体会到，党必须掌握一支强有力的武装，特别是以工农为骨干的钢枪队。早在审判土豪劣绅委员会成立之前，县委就利用向地主的罚款，各处零星收买枪支，请铁匠制造来复枪；另外还从教育局接收的"至诚学款"中抽出一部分，找人去武汉买枪。枪买到了几十支，但是没能全部到手。根据这种情况，县委决定，一面继续在本县搞枪，一面设法去武汉运枪。

1927年4月初，省里颁布了农民自卫军条例，允许农民武装的合法存在，这就为我们去武汉运枪，开辟了方便之门。不久，武汉的枪运到，加上原有的，我们共有了70多条枪，这在当时来讲，确是一桩大喜事。县里举行了农民自卫军成立庆祝大会，宣布成立了自卫军管理委员会。

这时四乡的农民，也相继武装起来，虽然是一些刀、矛、鸟枪等原始武器，但也有班排的编制，只要一声号令，便可以集结几万人。有一首民谣，生动地描绘了这种情形：

小小黄安，人人好汉；

铜锣一响，四十八万；

男将打仗，女将送饭。

正当全县农民欢欣鼓舞，庆祝审判土豪劣绅胜利的时候，汪精卫叛变，武汉反革命政府宣布解散农会，勒令共产党停止在农村中的一切活动；同时，还发出通缉令，黄安被通缉的共产党员，共92名，第一名是董必武同志。在反革命的恫吓下，县委一部分意志不坚定的人，借故打听消息，离开了工作岗位。剩下的一部分同志，在极端困难的情况下，改选了新的县委，坚守岗位继续领导各区的农民协会，开展减租减息斗争。

阴历八月初，武汉国民党省党部委员张国恩，打给黄安一份电报，指名黄安八九人去武汉，参加改组。此时，湖北省党的机关已转入秘密活动，处在白色恐怖下，联络十分困难。黄安县委开会讨论，认为张国恩是董必武同志的老朋友，他的家乡又是黄安，估计不会马上起来反对我们。趁此机会，我们决定派人去武汉看看风向，更重要的是去找党的机关，取得联络，接受指示。

我们到武汉之后，很快打听到了党的机关所在地——汉口法租界协和里五号。晚上，我们秘密地找到那里，长江局（此时不称省委）的负责人罗亦农等同志接见了我们。这时才知道，党正设法和黄安联络。

罗亦农同志询问了黄安的情况，接着向我们传达了党的八七会议精神，详细地分析了国内的局势，他说：现在，资产阶级彻底叛变了，小资产阶级动摇不定，为了继续革命，党决定发动两湖秋收暴动，以武装的革命，反对武装的反革命。罗亦农同志谈话中，拿出两份党中央的通告、一份鄂南秋收暴动计划（共十七条，写在一个练习簿上）给我们看。要我们立刻返回黄安，参照鄂南的计划，组织暴动。

这几天，武汉充满着恐怖的景象，反革命的气焰十分嚣张。反革命政府大骂黄安是"赤色县"，骂黄梅是"小莫斯科"。虽然正值中秋节，街面上挂满了月饼招牌，我们已没有心思过节了。大家商讨之后，留下少数的人在武汉应付改组，党的主要干部连夜便赶回了黄安。

这时，坚持在黄安的，有曹学楷、戴克敏、吴焕先、吴先筹等同志，大家听说长江局有了指示，都很兴奋。立即开会讨论了党的指示，拟定了两个文件，一是传达长江局关于组织武装暴动的指示，一是具体的暴动计划。虽有个别人说，我们只有这十几条枪，打起红旗也经不住敌人两个团，但是，县委的绝大多数同志，都满怀热情，充满着信心。有的同志说：俄国的武装革命，从1905年，到1917年经过了十二年的时间，工人阶级掌握了政权，我们也决心干它十年、二十年。有的同志，还以辛亥革命、五四运动等先例作比较，认为，我们只要不懈地长期奋斗，革命一定会胜利。甚至，有的同志这样说，梁山泊的英雄豪杰占山为王，都能存在许多年，我们有马列主义的真理，有党的领导，有人民的支援，打起了红旗，是一定能够存在下去，最后取得胜利。

可以看出，在当时，虽然没彻底解决红旗打多久的问题，但是，大家都有着长期奋斗的精神准备；这种精神，是极其宝贵的。

暴动开始以后，分散到各区的同志，利用原先打反动红枪会的组织——防务委员会，以庙宇、祠堂为集结点，展开了紧张的活动。这时候，逃出去的地主豪绅，在"七一五"之后，仗着反革命势力，又回到了家乡。因此，各区立刻又卷入了捕杀豪绅地主的斗争，每到夜晚，农民自卫队手持大刀、木棍，扛着鸟枪土炮，到处围剿地主豪绅。一度沉寂的黄安，又燃起了革命烽火。

但是，这时由于缺乏政权思想，农民武装起来之后，不仅没想到组织政权，也没拿出一个部队的番号，仅停留在打土豪劣绅的意义上。领导上的工作重点，只在基础好的七（里）、紫（云）两区（这是对的），没有派人支援其他地区，因此，有些区几乎任其自流，没有普遍发动群众。10月底，敌三十军一个师开抵黄安，领导上又没作相应的斗争计划，致使斗争暂时停顿下来。

当时，我们又和长江局党的机关失掉了联络，下一步棋应该怎么走，拿不出主张。商讨之后，县委决定我和×××去武汉，向长江局请示工作。县自卫队的汪奠川同志，替我们筹办了11块钱的路费，我们化装到了武汉。还没和党机关联络上。我就病倒在一个朋友家里，一连数日，不能起床。

几天后，和长江局联系上，因听说马上派人去黄安，我便雇了轿子，先行赶回黄安。到家之后病更加重了，躺下40多天不能起床。

后来知道，我回黄安的第三天，长江局便派吴光浩、汪静斋等人赶到了黄安和麻城。他们会同潘忠汝、曹学楷等同志，在七里坪文昌宫第二高等小学举行了会议，批判了黄安党组织领导上的右倾思想，又以七、紫两区为中心，继续领导武装暴动，在麻城党的武装力量密切配合下，于阴历十月二十一日，攻进了黄安县城，摧毁了反动的旧政府。

占领黄安县城的第二天，便宣布成立了农民政府，推选曹学楷为主席；组织了鄂东工农革命军第一、二路军，潘忠汝、吴光浩为正副总指挥，戴克敏为党代表。农民政府明确地提出了实行土地革命，推翻豪绅地主的统治，打倒蒋介石，拥护苏联社会主义，反对帝国主义侵略的纲领。全县人民欢欣鼓舞，到处放鞭炮，村村杀猪宰羊，庆祝新政府的诞生。

但是，这时由于对反革命军缺乏警惕，没有明确的以乡村为根据地的思想，占领县城以后，就在城里住了下来。21天后，反革命部队十二军远途奔袭了黄安，县政府与军队仓促撤退，受到了重大损失。潘忠汝同志在指挥突围中壮烈牺牲。

从黄安突围的一部分部队，会同麻城的革命武装，在吴光浩同志统一领导下，上了木兰山，并改称为工农革命军第七军。

木兰山，位于黄陂城北，山上有宽宏的庙宇。山下人烟稠密，物产丰富。部队以高山为立足点，进行革命宣传，出动袭击民团，没收当铺发还和分配给群众，做了许多扩大政治影响的工作。但是，木兰山虽然联系着向来斗争开展得好的高桥区，然而本地没有工作基础，加之部队太小，距离武汉又较近，困难仍是不少。因此，苦斗了三个月以后，便决定部队分为数支，采用昼伏夜动的方式，展开大面积的活动。当戴克敏同志带领一支部队回到七、紫两区后，那里的群众不顾反动派的"清剿"和屠杀，积极支援着他们的活动，因而，斗争很有成绩。当发现这个情况后，木兰山的部队便全部转回黄、麻北部老区去活动。

回到老区的初期，部队采取一日数迁的方式活动。这种方式好处很多，但不免过分疲劳。为了使部队有喘息之机，就时常转移到天台山等地形条件好的地方去。部队来去经常路过柴山保（区），便发现了这块地区的优越条件：它属河南省管辖，地形很好，当时湖北的反动军队不便进驻，只能朝发夜归；同时该地又紧接着工作开展得好的七、紫、乘、顺四区，群众受黄、麻的革命影响很大，一些较大的豪绅地主多数逃跑在外，这一切，很便于工农革命军的发展。这就决定了以此为根据地开始了"柴山保时期"（这是后来说惯的一句话）。党在柴山保的政策，可以说好得很，特别是统战工作。

"红学"革命化的工作，成绩大极了。部队依托柴山保相对稳定下来之后，七、紫、乘、顺等区"跑反"在外的五千左右的干部与积极分子，陆续回到了老区，很快组成小股游击队，逐渐向外发展，并建立了各县、区委的领导。

"柴山保时期"一年有余，上级党从外面派来不少的干部，第一个到来的是倪志亮同志。曹壮父同志（中央巡视员）曾在这里向我们传达党的六次大会决议。后来吴光浩同志不幸牺牲了，中央便派徐向前同志来参加领导工作。国民党十八军一连人哗变，也是在这个时期，它对我军游击队武器弹药的补充，起到了相当的作用。我在这里应特别表明，吴光浩、曹学楷、戴克敏、吴焕先四位同志的功绩，在这一段时期内，他们的贡献颇大。

过了"柴山保时期"，就是大发展了。随着商城暴动，皖西、豫南等地的群众工作开展，红军的部队日益扩大：建立红一军，扩编为红四军，再扩编为红四方面军。

今天来看，在黄安县城失守后，敌军进驻我中心区的时候，我们因队伍很小，很难到新地区、生地区去打游击，生存、发展大大地得力于柴山保这个地方；另外，我们还深深感到黄、麻两县由于在大革命时期很好地发动了群众，大力地惩办了地主豪绅，激发起了广大农民的阶级仇恨，因而，为后来的斗争，打下了良好的基础。正是由于广大农民对反动派和地主豪绅的仇恨深，才成为我们发展武装的重要源泉。

原载《党史天地》2007年第11期。

麻城的火焰

◎ 王树声

一

1926年，北伐军攻克武汉以后，麻城农民运动疾风骤雨般地发展起来。农民们热烈拥护我党反帝反封建的纲领，并纷纷要求成立农民协会。

这时，在乘马岗区工作的共产党员，和其他区一样，在上级党的指示下，领导当地农民打开了一些祠堂和庙宇的大门，清除了多年积聚的尘土，粘贴上"打倒土豪劣绅！""打倒贪官污吏！""劳农神圣""一切权力归劳动人民"等红绿色的标语，摆上桌椅和笔墨纸砚，建立起了农民自己的组织——农民协会。被贱视了几千年的"黑脚杆子""黄泥巴腿"团结起来了。农民们喜在眉头，笑在心里，抬起头，挺起胸，向吮吸他们血汗的寄生虫——土豪劣绅们，展开了减租减息的斗争。

土豪劣绅们对待这一切，当然不会心甘情愿，他们千方百计进行阻挠、破坏和对抗。

罗家河有个叫丁枕鱼的，是麻城乘马岗区的大恶霸。当农民协会开始发展时，他就四处造谣破坏，并搜罗了一批流氓、狗腿子，请来了"教师"，秘密组织红枪会，企图以此来破坏与打击农民运动。

旧历冬月十六日，这个大恶霸果然动手了，他指使他的狗腿子把大河铺乡农民协会罗家河分组的办公室捣毁了，标语也撕掉了。乘马岗区农民协会听到这一消息，火上浇油，气愤异常。区农民协会胡静山、徐子清等领导同志，立即召开了会议，讨论对策。到会的同志一致主张，立刻行动起来，逮捕丁枕鱼，扑灭反动势力的嚣张气焰。

  会议结束时，已是半夜时分，共产党员们冒着刺骨的寒风，摸着黑路，分头到各个村庄，招呼农民协会会员集合。会员们一听到丁枕鱼破坏农民协会的消息，都扛起刀、矛、鸟铳、锄头、扁担，奔向罗家河村。没多久，丁枕鱼的住宅就被上千人包围得水泄不通。罗家河分组的廖荣坤等同志，带着数十个身背大刀的青壮年，首先翻墙而入，闯到楼上，把丁枕鱼从屋里拖出来，丁枕鱼用农民的血汗和眼泪修建起来的"安乐窝"，那高大、坚固的大门被打开了，农民群众潮水般地涌进了丁家的深宅大院。丁家的狗腿子因农民声势浩大，抵抗不住。丁枕鱼赤脚单衣地跪在地上，连连叩头求饶。农民们指着丁枕鱼说："过去头顶你的天、脚踩你的地，逼死了我们多少人！现在这个天这个地是我们的了。"曾被丁枕鱼霸占了未婚妻的吴某，上去把丁枕鱼揍了一顿，咬牙切齿地骂道："你害得我结不了婚，成不了家，现在该我报仇了！"

  农民们拿起一根拴羊的绳子，把丁枕鱼那双剥削人民的血手捆了起来，押往乘马岗农民协会。临走时，丁枕鱼苦苦哀求让他添件衣、穿双鞋。农民们坚决不给，说："也让你尝尝我们穷人没衣没鞋穿的苦处吧。"

  丁枕鱼被押到县里关起来后，斗争的烈火更旺盛地燃烧起来了。拿起了原始武器的农民，紧接着又捕捉了方家湾王子历等10余个土豪劣绅。并把他们的粮仓打开，把被搜刮去的积谷陈粮，一袋袋，一筐筐，喜笑颜开地背回家去。

  反封建剥削运动，如火如荼地进行着，农民协会实际上成了乡村的民主政权。在锐不可当的农民运动面前，有的土豪劣绅吓跑了；有的躲在城里勾结国民党右派，拼命叫嚷"农民运动过火"，咒骂农民协会和共产党人。正当这个时候，县代理商会会长大劣绅李舜卿和县长、县承审官等互相勾结，阴谋破坏农民协会，搞反革命政变。中共麻城县特别支部，决定动员乘马岗等区的农民来扑灭这一反革命阴谋。

  1927年旧历正月一个寒冷的早晨，乘马岗等区两三千农民背着大刀，扛着长矛，像巨龙一样浩浩荡荡地向县城涌去。下午，县城里的大街小巷，顿时人山人海，刀矛林立。农民武装配合县城内的店员和贫民，将李舜卿逮捕，关入监牢。县长刘芳和承审官徐某由于顽固地反对农民的革命行动，也被停职了。

以后，在群众的积极要求下，李舜卿和丁枕鱼、王子历等被公审枪毙了。

二

1927年的夏天来临了。农民群众第一次怀着无比喜悦的心情，在田地里忙碌着。人们都希望一个丰收的年景，让全家吃饱、穿暖。

可是，就在这个时候，一些逃在外乡的土豪劣绅，却以河南光山县新集为中心，勾结了当地的民团、红枪会上万人，在丁枕鱼的儿子丁岳屏、王子历的哥哥"王九聋子"、反动区长王既之的儿子王仲槐等反动头子带领下，向乘马岗、顺河集等区发起进攻。他们沿途抢东西、拉耕牛、毁青苗、屠杀革命群众……最后将县城包围。这时我们党、县农民协会，立即组织县城附近的和乘、顺两区跑反的农民、县自卫军、县警备队、工人、店员固守县城，抗击来犯的敌人。第二天中午，一股股头缠白布的红枪会会徒，在念念有词的"老师"带领下，拿着刀、矛，抬着梯子，嗥叫着向城墙接近。尽管我们力量薄弱，但是万众一心，斗志高昂。敌人一接近城墙，守城群众立刻用步枪、飞镖、石块、石灰罐打击敌人。不少红枪会会徒有的当即被我们打死，有的被打得头破血流。带头围攻西门的"王九聋子"，也被击毙了。头子被打死了，原来迷信刀枪不入的红枪会会徒，立刻害怕起来，后退了好几里路。

为击退红枪会的进攻，党组织派我到武汉请求援兵。我到武汉，找到中共湖北省委负责人之一董必武同志，他非常关心麻城的情况，便在当时的湖北省国民党省党部召开了省政府、省农民协会联席会议，决定组织"麻城惨案调查委员会"，并抽调当时在武汉的农民运动讲习所三百学生，武装起来去麻城。同时，还调遣了在黄安打进攻黄安的红枪会的一个营，先后赶往麻城。

消息传得比我们走路还快，当我们正向麻城疾进途中，反动武装已风传着"武汉的军队来了""神兵学生军来了"，便慌慌张张地向北撤退。

麻城解围后，革命武装即分兵数路，乘胜反击。先后打垮了罗家河、丁家岗、朱家冲的反动武装。沿途解救了无数被反动派关押、吊打的革命群众、革命干部及干部家属。当我们打开罗家湾时，看到好多革命群众和干部的家属有的被吊死了；

有的手脚被吊断了,解下来时,只剩一口气。敌人的暴行,更激起了革命群众的愤怒。越来越多的人,带着干粮,扛起刀、矛,参加到队伍中来,跟着去打方家湾。

方家湾是个封建堡垒。王既之的兄弟"大老板"等反动透顶的土豪劣绅,盘踞在这里。他们强迫当地农民参加红枪会,并从河南搬来一些带有少数枪支的流氓作为帮凶,与我为敌。当他们败退到这里时,即关闭大门,炮楼上架起土炮、土枪,固守顽抗。

一两千农民武装,及农民运动讲习所的学生,把方家湾团团包围起来。攻击方家湾的战斗开始后,从民团改编的自卫军队长、原民团头子郑其玉,私通敌人,阳奉阴违,按兵不动(以后公开成为反动武装)。农民运动讲习所的学生,虽然热情很高,却缺乏战斗经验。武装农民,复仇心切,奋勇作战,但也缺乏战斗经验,几次攻击都被敌人的火力压了回来。几个同志,召开了一个"战地会议",重新布置了战斗。天黑下来了,附近群众送来了数百担干柴和很多破棉絮,新的攻击开始了。"学生军"的快枪向敌人的炮楼、枪眼一阵猛烈射击,敌人的火力便被压住了。紧接着,农民群众有的头上缠着湿棉絮,有的顶着桌子、挟着柴草,有的提着刀、矛、锄头,在"学生军"的掩护下,匍匐着向围墙逼近。靠近围墙以后,大家便燃起柴草,往房子里扔。火借风势,风助火威,一霎时,烈火滚滚,浓焰腾空,方家湾成了一片火海。趁此机会,农民群众爬过围墙砸开大门,涌了进去。反动分子,有的被当场打死了,有的在混战中溜跑了。这一仗,缴获了很多土炮和土枪。

打开了方家湾以后,农民群众的战斗意志更加高昂。接着又继续挥戈北上,直打到新集的东南地区。

在"麻城惨案调查委员会"和援兵的帮助下,镇压了一批反动派,击退了反动武装的进攻,麻城的革命运动得以继续顺利地发展。

在这次反击战中,共产党组织更认识到掌握武装的重要性,农民群众武装的要求更加强烈,积极响应党的号召,报名参加农民敢死队。农民敢死队及农民群众的武器也大大增多了。不仅拥有土枪、土炮,而且还有了三支半步枪(原有四支步枪,在反击途中,打坏了一支,因此大家都称为"三支半"),这"三支半"便是当时麻城农民武装的最新武器。

正当我们进一步巩固和扩大革命力量的时候,"七一五"汪精卫继蒋介石之后也叛变了，在这之前不久，"麻城惨案调查委员会"、农民运动讲习所的学生和一个营武装都已被一一召回。封建反动势力又猖狂起来，民团、红枪会又不断地向乘马岗、顺河集地区进攻。

虽然大革命已经失败，但是麻城县和乘、顺两区的一部分领导同志仍继续组织领导农民坚持武装斗争，并在乘马岗区农民敢死队的基础上，重新组成农民自卫军，一面训练，一面战斗。

一天，我们得到消息，原西张店民团团总、大恶霸王芝庭纠合了新集的民团、红枪会三四千人，企图返回他的老家西张店，恢复乘马岗区的反动统治。县防务委员会，一面集合农民自卫军和农民群众做战斗准备，一面派人到黄安县商请黄安农民武装配合作战。

阴历七月二十日，我们在鄂、豫交界的北界河东边起伏的山冈上，布下了三道防线：农民自卫军配备在第一线，钢枪队又在最前面；第二线是带有梭镖、土炮的农民义勇队；第三线是成千上万的农民武装。黄安的农民武装则配备在西山武昌庙脚下和大坳口等处。

中午时分，传来了"嘀嘀嗒嗒"的声音。阳光下，清楚地看到一列长长的队伍，吹着喇叭向我们走来。队伍的中间是一乘大轿，显然，王芝庭亲自出马了。待敌人走近时，三声炮令一响，我们的钢枪队开火了，埋伏在山沟里、丛林里的农民自卫军和农民义勇队，猛虎般地向敌人扑去。农民群众也立即呐喊助战，满山遍野，红旗招展，刀矛挥舞，雷鸣般的喊杀声震动着山谷。农民自卫军猛扑上去，把敌人的先头部队打乱了，当即缴了步枪12支、驳壳枪3支、马6匹。敌人先头部队一乱，后面也就自相践踏，豕奔鼠突般纷纷溃退。农民自卫军和农民群众满山遍野追逐敌人，缴枪、捉俘虏。

一个农民自卫军队员，冲到田坎下，忽然发现一个家伙躲在那里发抖，便照着他戳了一矛子，那家伙痛得直喊："饶命！饶命！"原来他就是无恶不作的王芝庭。队员们立刻把他四肢捆绑起来，抬到王家楼南街，在广大群众的要求下打死了。并在西张店召开了庆祝胜利大会。

北界河一战，还打死了王仲槐等反动头子，大大地打击了反动势力的嚣张气焰，并且缴获了许多武器，使农民自卫军得到了很大的补充和锻炼，鼓舞了群众斗争情绪。

三

反革命的进攻仍在继续着，白色恐怖仍在蔓延着。矗立在乘马岗区边沿上的几个形势险要的高峰，像杨泗寨、癞痢寨、破寨岗等，就成了麻城农民自卫军和广大农民武装防御反动武装进攻的天然屏障。在这里，农民自卫军和农民群众，给了敌人多次严重的打击，创造了许多可歌可泣的英雄事迹。仅在破寨岗，农民自卫军和当地农民武装，就打退了无数次敌人的进攻，因而，当地的人民不再叫它破寨岗，给它取了一个光荣的名字——"得胜寨"。

有一次，上万民团和红枪会会徒，在100多条步枪掩护下，分两路向杨泗寨进攻。当时，坚守在杨泗寨上的农民自卫军，只有96人。使用的武器除少数几支步枪外，大部分是1.2丈长的竹矛、土枪和土炮。人数虽少，武器虽差，但战士们却勇敢机智地守住了山寨，一天打退了敌人数次进攻，把指挥红枪会进攻的"老师"也打死了。

封建反动武装对杨泗寨的多次进攻，每次都以失败而结束。后来乘马岗地区的人民，编了这样一首歌谣歌颂杨泗寨战斗的胜利：

　　　　高高山冈如钢墙，
　　　　杨泗大寨在中央。
　　　　革命战士保山寨，
　　　　英雄事迹传四方。

经过多次战斗的锻炼和考验，农民自卫军已成为农民武装斗争的主力。这时，麻城农民自卫军已有三个建制排，共百余人。武装除了刀矛，还有长短枪50余支（除缴获的外，还买了一部分）。他们分驻在鄂、豫交界的北界河、杨泗寨、破寨岗一线，一面练兵，一面防御新集和麻城福田河、黄土岗等地反动势力的进攻。

中共在麻城的党组织对农民自卫军的建设始终是十分关心的、重视的，但是由于还缺乏掌握与领导武装的经验，农民自卫军逐渐被旧军官出身的教练官熊正翼操纵起来。恶霸地主、反动区长王既之，利用其留在家里的女儿勾引了熊正翼，并唆使熊正翼拖枪叛变，企图扑灭中共麻城县、区机关，将农民自卫军改编为民团。熊正翼为了实现这一阴谋,便和一排长余佩芳勾结起来,将多数较好的枪支编在一排,以便利于他掌握利用。这一阴谋活动被一排的共产党员发觉后,立即秘密报告了我们。得到这一消息,我们感到情况十分严重,党决定由我去找黄安县委,请求派兵援助扑灭这一叛乱阴谋。黄安县委即决定由戴克敏同志带领黄安自卫军15人枪、吴先筹同志带领革命的红枪会百余人,连夜出发。

出发前我们已经商议好,到一排驻地后,部队在附近潜伏起来,先由我借谈工作名义,把门叫开,然后出其不意,部队冲进屋子,解除他们的武装,逮捕熊正翼、余佩芳。不巧,那天晚上很黑,走错了路。我们走了一整夜,等走到一排驻地北界河附近的东岳庙时,已红日东升。一排的队员发觉了我们,以为是新集的红枪会进攻他们,就噼噼啪啪开起枪来。黄安农民自卫军被迫还击,双方各亡一人,相持不下。经过和戴克敏、吴先筹等同志商量后,即由我向自卫军喊话,揭穿熊正翼叛变阴谋。我喊了一阵话,在一排的共产党员带头鼓动说服下,队员们都不顾余佩芳的威胁,自动停止了射击。我们马上进入东岳庙,逮捕了余佩芳。但搜索了半天,却找不到熊正翼。原来在前天晚上,他化装成做生意的到新集城与反动头子密商叛变事情去了。没有捕到这个坏蛋,我们都感到遗憾,但是不几天,传来消息说,当新集的反动头子听到我们扑灭了这一叛变阴谋后,知道如意算盘已经落空,熊正翼对他们已无所用处,就把他杀了。这个叛徒的下场,真是大快人心。

黄安农民自卫军的援助,对巩固这支革命武装,起了很大作用。接受这一教训后,为了加强对麻城革命武装的领导,在我们积极要求之下,上级党派遣了黄埔军校学生、曾参加过北伐军的吴光浩同志来麻城县任农民自卫军大队长。

不久,黄安、麻城两县密切配合,举行了大规模的秋收暴动,反帝反封建的烈火,更炽烈地燃烧起来。……

(原载《黄麻起义》,武汉大学出版社1987年第1版,原文写于1958年8月)

原载鄂豫皖革命根据地编委会编:《鄂豫皖革命根据地》(第四册),河南人民出版社,1989年,第12~20页。

难忘的岁月

◎ 吴先恩

每个人的一生,都有许多难忘的事,1927年、1928年这两年,是我最难忘的岁月……

三堂"红学"闹革命

我的家,在黄安县箭厂河区四角曹门。村前有一条长年不干的倒水河,逆水而上,就是全国闻名的大别山脉。肥沃的土地,静静的河流,巍峨的高山,都是我们家乡人的骄傲,可是,在那个年代,这一切都属于官家和地主的。每到秋收季节,农民眼望着满地的稻谷,就心酸地唱着:

辛苦一块田,

死活奔一年,

粒粒米粮血汗换,

——农友呀!

地主来吞占。

我们家祖辈的生活,都像这支歌唱的那样,老少死活忙了一年,冬天连红薯都吃不饱。

1926年的夏天,一天我站在地头上,望着沉甸甸的稻穗,心想一年的辛苦果实又要被地主夺走了。身后突然有人向我打招呼："今年谷子好吗？"

这人是从麻城上中学回家的吴焕先。不知为什么，他今年放暑假回家，总爱找穷哥们谈话。我说：

"谷子长得不错，一交租就剩不多了！"

"你家要交多少租？"

"二十五石啊！"

"不交不行吗？"他说着，坐在我身旁，拍拍我的肩膀，"现在全国各地方都在闹革命，快参加闹革命吧，分了地主的土地就不用交租了。谁种的田归谁……"他滔滔不绝地说着：什么北伐军打来了，共产党要领导穷人革命。军阀、地主多可恨……这些话，我不能完全懂，可是听起来，心里蛮痛快。

晚上，人们在倒水河岸上乘凉，又纷纷谈论开了。这个说，焕先入了共产党啦，共产党，就是要"革"地主老财的命，分财主的东西；那个说，七里坪、紫云区都闹起来了！

我一面听，一面想：真像说的这样，那就好了。我给地主当过长工，抬过轿子，挑过脚，不知受了多少气。有一次，因为多吃了一碗饭，挨了地主老婆一顿骂。还有一次，因在地主鱼塘边捞了一条死鱼，被罚了两块钱。要是真的能把地主"革"倒，穷人就再不受气了！可是，革命怎么"革"法呢？

过了几天，风声更大了。焕先家里人来人往，说村里要成立农民协会。一天晚上，农民协会当真成立了，还选我当了委员。农民协会的主席是房长吴惠容。开过会之后，焕先找到我们说：不能选吴惠容当主席，要选老实人。过了几天，把吴惠容罢了，又重选裁缝耿纪荣当了主席。

接着，吴焕先、吴先筹、吴先保办了三堂"红学"，好多青年人都入了"红学"（即训练革命武装的红枪会）。我也参加了焕先办的那堂"红学"，周围七八个村都轰轰烈烈闹起来了。

箭厂河是"鸡叫听两省，狗咬三县（指黄安、麻城、光山）惊"的地方，这样一闹，惊动了光山县桥南八保首户的大地主陈二辉，他手下有三十堂红枪会，说要和我们开仗。消息传来，大家纷纷说："陈二辉红枪会的法师是王八变的，不怕它！""打甲鱼叉叉它王八蛋！"

不知这是谁的主张，第二天就四处去请铁匠，农民协会的人，有钱的出钱，有碎铁的捐碎铁，在焕先门口架起了二十盘铁匠炉，叮叮当当打开了甲鱼叉。

一天到晚，我们赤背光膀子练甲鱼叉。练累了就学革命道理，学习唱"打倒列强"的歌。

闹腾了一个冬天，旧历年到了。一天晚上，焕先问我们：

"你们想不想过个丰年？"

"怎么不想啊！"大家齐声说。

"向地主借粮过年好不好？"焕先又问。

往年这个时候，地主要催租逼款，今年要反过来，大家虽然高兴，只是怕借不来。有的说："他们不借给怎么办？"

焕先拿过一把甲鱼叉，用劲地晃了晃说："哪家不借给，就让他看看这个！"之后他就带着大家，拿着箩筐、布袋往地主家里拥。几家地主见此情景，没有敢说"不"字的，纷纷打开粮仓，"借"粮给我们。

旧年一过就是元宵节了。党组织了一些青年人化装出去宣传，有的扮地主，有的扮大鼻子"洋人"，有的扮军阀，打鼓吹号，到处去转。人们不看龙灯花船，拥挤着看我们的新玩意儿。焕先和其他同志就演讲，指着"洋人"问大家："帝国主义侵略我们中国，大家说行不行？"人们就喊："不行！"他又指指"地主"问："他剥削穷人合理不合理？""不合理！"焕先领头高呼着："打倒帝国主义！打倒豪绅地主！农民们组织起来！……"

人们愤怒了，觉悟起来了，革命的火焰，在各村燃烧着。农民协会纷纷出动，扒地主的粮仓，搜地主的财宝，连三山门官卡上的八条枪也缴了。……

"四一二"之后，陈二辉借助反革命的凶焰，派红枪会和土匪向我们箭厂河区打来。我们几千人坚守住木城寨（这是太平天国的古战场），跟反动的红枪会拼起了刀枪。打了七天七夜，正在难解难分的时候，黄安县委从武汉搬来了救兵，陈二辉的红枪会，如同王八滚西瓜似的，没命地逃跑了。

黄安失败

大革命失败后,黄安、麻城两地的党,根据八七会议的精神,领导农民举行了秋收起义。1927年11月14日,我们配合全县起义的农民,攻占了黄安县城,把伪县长贺守忠及四乡逃进城的地主豪绅一网打尽。18日,工农民主政府宣布成立,紧接着起义军改编为工农革命军鄂东军。四乡的农民,欢天喜地,如同过年一般,到处开会庆祝胜利,到处鞭炮齐鸣。

反动的地主豪绅,更加惊慌起来。他们收买一股土匪,多次围攻到黄安城下。年轻的工农革命军,当时还不懂得搞农村根据地,只知道打一个城要守住它。敌人一来,我们就坚守城楼,架起土炮,用罐子装上石灰,设上滚木、礌石,跟反革命分子搏斗。四乡的农民,像赶集似的,高呼着"保卫新政府!""保卫黄安城!"的口号,涌进城来参战。

12月5日,敌十二军奔袭了黄安城。他们像潮水似的涌了进来。我们用石灰罐子、甲鱼叉、鬼头刀跟敌人厮杀着。他们打进来,我们打出去,混战在城门口。突然,我觉得有个东西猛地打来,两眼一黑,昏倒了。我们小队的吴先汉跑过来,急忙把我扶起,问:"你怎么啦?怎么啦?"我摸了左膀,一把血沾满了手,这才知道负了伤。我说:"你别管我,快去……"他不容分说,背起我就走。这时只听见潘忠汝总指挥在城门口高声叫着:"同志们,打啊!保卫我们的新政权!"激烈的枪声,越响越紧,我昏迷着失去了知觉。

当我清醒过来的时候,看看已经出了城。天已经快黑了。我问吴先汉:"咱们的人呢?"他说:"都不见了!"回头望望黄安城,燃起了熊熊的烈火。城已被敌人占了。

从城里退出的人,陆陆续续往北跑,几个同志抬着我,跟着追了上去。

半夜,我们来到黄安北二十里的古峰岭。副总指挥吴光浩同志正集合队伍。但是拿枪的人不多了,都是扛甲鱼叉、拿大刀的农民。先汉沉痛地向我们说:"潘总指挥牺牲了!"我们听了都很难过。

几千农民围着吴光浩同志,齐声呼叫着:

"我们要打回去!替潘总指挥报仇!"

"我们人多，不怕钢枪！"

愤怒的呼声，冲击着黑夜的长空。吴光浩同志对老乡们解释说，革命是长期的，我们不能为了一个城和反动派拼死。他劝农民兄弟们先暂时回去，有机会再说。大家在他的劝说下，才三三两两散去。

天亮了。我们自卫队的党代表吴焕先同志见我的伤很重，决定要我们几个伤员先找个地方隐藏养伤。

"你要我去哪里？"我问他。

"还不一定。"他坚定地握了握拳头，转脸望着黄安说，"死不了，就要干革命，总有一天，我们还会打回去的。"

我住在天台山刘老汉家里，用一些草药医治伤口。反革命的部队占了黄安，到处烧杀，听说吴光浩同志带着几十个人，上了木兰山。吴焕先同志不知去了什么地方，接连两个多月，没有音信。我的伤口渐渐好了，又联络了几个跑散的和负伤留下的同志商量闹革命的事，但是大家都十分困难，没有吃的，没有穿的。正在没办法的时候，一天晚上，吴焕先同志派来一个"交通"，带来了50块钱，捎口信说要我把这些钱分给同志们用，不久他就回来。

我望着"交通"交给我的50块钱，想起焕先临走说的话："死不了，就要干革命！"如今他在哪儿，这钱又是怎么来的呢？后来见了面，才知道他赤手空拳打了一家土豪。

原来，自从我们分手以后，他化装成一个阴阳先生，穿着长袍，带着罗盘，为革命四处奔走。一天，走到罗山叶家湾附近一个山上，饿得再也走不动了，便跟几个放牛的孩子谈起来。他指指山下一座新盖的瓦房，问孩子们：

"那家是个老财吧？"

"老财是老财，就是今年不发财。"一个孩子得意地说，"小儿媳妇刚死，耕地的黄牛又死了。"

孩子们围着他，纷纷讲着，说这家老财多么阔，又多么黑心：年年买地盖新屋，连一块锅巴也不肯给讨饭的人。他还喂着只大黄狗，不知咬伤多少人。……

焕先灵机一动，决定下山去打这个土豪的主意。他大模大样地走到了地主门口，念着他自己编的几句诗：

新开的高楼逆水流,

栽秧的时候死耕牛,

小儿媳妇难产死,

看家的黄狗肿了头。

地主家里走出一个人,连忙问他:"先生你是哪里来的,怎么知道这些事?"焕先冷冷一笑,打开罗盘,指了指新盖的门楼说:"太岁当头坐,无灾必有祸。我乃张天师道下的门生,这样的灾,怎能瞒过我的眼!"

这时老地主正愁着发财无门,听说门外来了个"高明"的阴阳先生,急忙跑出,将焕先请到客厅里,请了酒饭,再三要求为他家破灾看风水。焕先见这家是个"土"财主,就故意地摆出"张天师"道下门生的架子,讲了一阵。最后说:"你家灾难太大,我要回去请老师来。"地主一心想破灾发大财,便送给了他 50 块钱的压礼⋯⋯

去江西的路上

1928 年 5 月,我的伤完全好了。这时,潜伏在各地的同志们又聚集起来。一天,吴焕先同志向我说:江西德安县和湖北的阳新县一带,有一个叫蔡申熙的同志,他是广州起义失败后到那里的,现在正组织红军,要我和吴先定去联系。我和吴先定化装成跑小生意的,挑了两担草药,奔向武汉。打算从武汉乘船去江西。

我们从出发地到武汉不过三天的路程,因反动派查得紧,只好绕路走。走了五天才到了汉口,在六码头林兴发山货行落了脚。这时,反革命分子的气焰正盛,每天都在大屠杀。第二天上午,我们正要上街,忽然听见街上人声鼎沸,接着响起了一阵激昂的口号:

打倒叛变革命的蒋介石!

工人农民联合起来!

共产党万岁!

⋯⋯⋯⋯

我们急忙跑出去,只见一长串双手被缚的男女青年,一面昂着头向城外走,一面高呼。我和先定都低下了头,默默地走回房间。这时我想到黄安失败后,无数的同志惨遭屠杀，也想到我的家：七口人，除了我和母亲逃亡在外，其他的人都被反革命杀尽了！仇恨，血的仇恨！反革命蒋介石，欠下我们多少血债啊！

茶房走了进来，望了望我们，说："你们可听见啦！惨啊！这里每天都杀人。世界上，真有不怕死的汉子呀！"

我们都没说话。茶房出去后，先定把脸埋在被子里哭起来。我怕被人听见，急忙伏在他的耳边说："不要哭，不要哭，他们死了，还有我们！"先定慢慢地抬起脸，含着泪，微微点了点头，像是回答我："是的，他们死了，还有我们！"

第二天，我们正在房子里愁着买不上船票，突然街上又骚动起来。我们从窗口望去，只见又是一串双手被缚的青年男女，舌头上都串着铁丝。但是，铁丝只能封住他们的嘴，却封不住他们的心。一个个昂头挺胸，好像在高呼："共产党万岁！"

我们再也住不下去了，把两担草药卖掉，托茶房买了两张船票，第三天一早，搭上了去江西的轮船——英国"太古号"。上船之后，为了安全，就跑进了锅炉房。一个烧锅炉的工人，把我们上下打量了一番，问我们从哪儿来，到哪儿去。当他听说我们从黄安来，立刻压低声音问："你们那里，闹革命闹得很凶吧？"

我说："不知道。"

那位工人同志像是看透了我们，笑了笑，没再问下去，转口说道："没吃饭吧？这里还有饭。"说着拿了些饭，送给我们。

轮船离开了武汉，在望不到尽头的大江里，破浪前进。当船上的人都静下来的时候，那位工人同志凑到我们跟前，悄悄地说："你们那边闹得好，好！别担心，明天下船的时候，我送你们。"说着塞给我一块钱："拿着吧，我知道，你们很困难！……"

我望着他那黝黑的脸，结实的两臂，心里充满着亲切、温暖的感情。我们没把心里的话对他讲，他也没对我们说更多的话——只告诉我们，他叫李和，但是"同志"这两个字，都在我们心里彼此亲切地叫着。

在这难忘的岁月里，有许多使我难忘的人，李和同志就是其中的一个。

红薯地里埋银圆

在江西德安一带，我们转了很久，也没有找到蔡申熙同志。半年之后，接到吴焕先同志的信，要我们转回黄安，并叫买些子弹带回去。于是我们从江西德安买了两担草纸，把当中挖空，装了一千发子弹，通过层层的封锁，又转回了黄安。这时红军有了三个大队，在黄安县境，又掀起了新的斗争。

这年秋天，我们活动在黄安县紫云区一个村里。

黑夜，人们已经熟睡了，除了冷风卷着落叶的声响和远处的狗叫声，别的什么动静也没有。

党代表吴焕先同志正召集我们开会，讨论在敌人"清剿"、屠杀的情况下，如何坚持斗争，开辟这一带新区的工作。

会议快要结束了，忽然传来几声清脆的枪响，紧接着枪声就连成了串串。不用说，我们又被敌人包围了。

党代表吴焕先一步跨到窗前，向大家做了个手势，屋里霎时静了下来。

他侧耳听了听，立即转过身子，把手枪一举喊了声："跟我来！"于是，以五支步枪组成的突击队，在他的率领下飞也似的冲向大门。梭镖队紧随在后面。

虽说白军凶狠，赤卫队的大刀、梭镖对他们也是毫不留情的。我们终于冲出了重围。

天快亮了，我们转移到一座高山上停住了脚。敌人多次吃过我们的苦头，不敢跟踪上山。可是我们也走不成了，敌人用一个营的兵力，加上些民团，把整个山头围成了一个圈圈。

过了三天，敌人还是不撤走，他们想把我们三十几个人困死在山上。我们除就地弄点野菜、野果之外，别的什么吃的也没有。三天了，这怎么受得了呢？

铁匠出身的牛挺刚同志，长得很胖，加之膀大腰粗，健壮得跟牛一样，大家送了他一个外号叫"牛肉"。他正坐在一块大岩石的背后监视着山下的敌人。

我走到他的身旁，开玩笑地问道："二十斤的铁锤还能不能抡得起呀？"

"不成了，三天没吃饭了。小队长，您看我的肚皮……"说着，便掀起衣襟，用手拍着他那凹了进去的、松松的大肚皮。

我想再跟他说点什么，忽然他用那只大手抓住了我的胳膊，说："小队长，我建议马上打出去，要是再饿上一天，连这口大刀我也抡不起来了！"

他的这几句话，也正是我心里的话。我说："我这就去请示党代表。"

党代表吴焕先同志紧紧地皱着眉头，直挺挺地站在那里。他身上的担子比我们重，因为这支赤卫队的存亡，关系着这个地区的革命工作能不能开展。

"我知道了。"他看我到来，还没等我开口，就说道，"我们暂时不突围出去，在这里饿肚子，目的是麻痹敌人，造成突围的条件！"

"不吃东西不成啊，同志们都顶不住了！"我说。

"等黄昏的时候，敌人还不来攻山的话，你们再组织人去采些野果。"说完，他又举目望着远方。

太阳落山了，周围的景物也渐渐地模糊了。

三天来敌人一次也没有向山上攻击。白天，只是打冷枪，喊些无聊的话；黄昏以后，他们就像死了一样。今天也不例外。

遵照吴焕先同志的指示，我又带了一小队人去采集野果。小蔡斗子是个活蹦乱跳的小鬼，他一边走一边信口唱着：

　　深山密林是我房，
　　野果、野菜是我粮。
　　不怕艰难和困苦，
　　坚决奋斗不投降！
　　有朝一日得胜利，
　　全国人民有福享。

歌声突然停止了。

"'牛肉'，可好了！这里有块红薯地！"食欲使幼小的蔡斗子忘掉了纪律，说着，就用他那两只漆黑的小手往下扒。

"不许动！"牛挺刚坚决地制止了他。但同时我又清清楚楚地看到，他转过那门板一样的身子，背着蔡斗子咽了一口唾沫。

小蔡斗子听了牛挺刚的话，做了一个鬼脸，慢慢站了起来。其实，发现这片红薯地最早的就是党代表吴焕先。那天我们刚到了山上，他去周围看地形的时候，就已经看见了。

时值深秋，野果不多了。这次每人只分得一两个，生病的同志也不过分三五个。谁都想到那块红薯地，可是谁也没提扒红薯吃的事。晚上，派出去侦察的人回来后，部队准备突围。党代表吴焕先把大家叫到一块,说:"现在,我允许每人去扒两块红薯吃。"大家听了一愣,有的正要说话,他说:"去吧,我有办法。"

我们每人扒了两块红薯,吃了就下山去了。……

三个月以后的一个深夜,我们又来到了上次突围的那座山下——王家大湾。

进村一看,家家户户都紧紧地关着大门。无可奈何,我们只好暂时蹲在街头。不多一会儿,从村西走来一位老人,硬要我们住在他家里。

一进门,老人家就亲亲热热地招呼我们坐下,给我们弄茶,把我们挨个地打量了一下,开始说道:

三个月前,有一天,天麻麻亮的时候,一伙子红军被白军包围在西山上。山上有我一块红薯地,我老惦念着红军会把它吃光。过了几天,红军突围走了,白军也滚蛋了。我捞起一把锄头,急急忙忙就上了山。到山上一看,红薯果然少了一大片。我想,准是红军给扒吃了。没想到,我一刨,哦!一个白布包包。打开一看,里面包着五块白洋!布上还写着两行字:"亲爱的老乡!我们是红军,因为要同白军作战,吃了您的红薯,附白洋五元。请收下。"

老人说到这里,瞪了瞪他那布满血丝的眼睛,拍了拍我的肩膀,问道:

"同志,你知道这伙人到什么地方去了?我真想亲眼看看他们!"

"您看吧,老人家……"还是小蔡斗子的嘴快,他早就憋不住了,几次想打断老人的话,都被牛挺刚用眼色制止了。

老人霍地站了起来,重新挨个地打量着我们。同志们也一动不动地凝视着老人那两只饱含着泪水的眼睛。

原载朱德、聂荣臻等:《星火燎原》(选编1),解放军出版社,1979年,第368~378页。

山乡怒火

——河南新县箭厂河人民公社四角曹门革命斗争史

◎ 中共新县县委党校

这里记述的是大别山老根据地一个普通山村的人民,在党的领导下,百折不挠,前仆后继,不惜流血牺牲,以高度的革命英雄主义精神,英勇坚持革命斗争的历史……

一、黑 夜

远在1925年前,四角曹门流传这样一首歌谣:

　　辛苦一块田,

　　死活奔一年,

　　　粒粒粮食血汗换,

　　　——农友呀!

　　　财主来吞占。

不!这不仅仅是一首歌谣。这是四角曹门人民遭受地主阶级残酷剥削的真实写照,是四角曹门人民控诉旧社会的血泪书。

四角曹门位于新县县城西南,处在大别山老根据地的心脏地带,是一个不足四十户人家的山村。村前,横贯一条终年川流不息的倒水河;周围群山环绕,田地十分肥沃。曾任红二十五军军长兼政治委员的吴焕先烈士,以及现任人民解放军重要职务的吴先恩同志,就出生在这个村里。

尽管这个村的自然条件很好,但在旧社会却被糟蹋得民不聊生,一片荒凉。大革命前,这个村农民总共种有不到一百亩田,就有七十多亩为地主占有,农民仅有的一点田地,也大多在深山野凹,十亩九不收。全村三十九户人家,就有三十三户给地主当佃户、雇工,或者沿门乞讨,流落异乡。在当年插秧时,他们曾经唱这支歌:

　　口唱歌来身插秧,
　　财主吃米我吃糠;
　　世世代代少饭吃,
　　子子孙孙没衣裳;
　　——穷哥们!
　　不唱山歌急得慌。

听,这歌声是多么辛酸动人啊!四角曹门人民,在那黑暗的岁月里,在饥寒交迫的死亡线上,年复一年地挣扎着。

千句话,万句话,也诉不完四角曹门人民的苦;千支歌,万支歌,也唱不尽四角曹门人民的冤仇。现在就让我们追溯一下四角曹门人民在旧社会所受的深重苦难吧!

这个村有个叫吴维龙的老农民。他四个儿子,有两个经常给地主抬轿子。他的二儿子先恩,十来岁就给地主放牛,不知道受了地主多少气。有一天,他放牛回来,因为多吃了一碗饭,就被地主女人狠狠地骂了一顿。有一次,他看见村前塘里漂条死鱼,他想:捞条死鱼吃,总犯不了什么王法吧?他就把这条死鱼捞上来,拿回家吃了。这塘里鱼,是大地主吴惠存放养的。吴惠存听说先恩捞了他的鱼,当即罚了两块银洋。先恩一家,为这事很抱屈,但是敢怒不敢言。

还以吴维龙家为例。1925年,也就是民国十四年,四角曹门一带发生了特大的旱灾,庄稼收成很不好。这时,他家种大土豪方焰华的田。谷打完,吴维龙就照例把方焰华的少爷请到稻场里。地主进稻场,是佃户最提心吊胆的时刻,一切希望都寄托在这个时刻上。正因为这,吴维龙一家十来口人,这时都来到了稻场,眼巴巴地看地主给留多少粮食。方焰华的少爷一来,吴维龙忙迎上去说:"少爷,下手印吧（向他交租）？"那家伙冷冷地说："嗯，印。"这年，吴维龙家种他一石（约五市亩）露沙田，因为天旱，满共收的不到十石谷。吴维龙一家，慌忙印谷。印着印着，眼看快印光了。吴维龙想着：还有一大长年，自己一家人，谷印完了，吃什么呢？他就向那家伙央求道："少爷，今年天旱恁很，你这又是露沙田，我家天天车水，累死累活，你也得多少给我留点烧稀饭喝呀！"那家伙把脸一黑，反问道："我这田还坏？人家的一石田几山几凹，我这一石田，是一个大石丘。只怪你人懒没做好，你还说我的田坏！"吴维龙听了这话，眼泪汪汪，有气不敢吭。先恩弟兄四人，看到父亲伤心，正印着谷，一恼不印了。这时，那家伙气汹汹地问道："怎么不印啦？"先恩的大哥先旺，冷冷地说："哪还有谷哇！"嘴里没说，心想：你没长眼吗？那家伙指手画脚地吩咐着："还扫，还扫，扫净嘛！"按家规父亲在场，先旺是不能接腔的，可先旺再也按捺不住心中的怒火。他想：若是一点不留，一家人岂不是等着活活饿死？先旺忍无可忍地说了一句："你总不能叫我家扎着脖子，不尝一粒米！"那家伙一听先旺话里有气，连蹦带跳地问："你——你想抗租不交？！"先旺高高个子，膀大腰圆，四方排脸，性情耿直、强悍。他一看地主少爷那股凶劲，想着：这欺人太甚了。他也一蹦上去，抓住那家伙拿来的大木斗，腾空举起，放声骂道："去你娘的狗懒子屄，我明年饿死也不种你的田了！"说着说着，他把木斗朝石碓（碾）上猛力一摔，木斗摔了个五落十下。那家伙顿时恼羞成怒，破开嗓门嚎叫道："你想造反？！你想造反？！好——哇！"说罢，一调屁股，怒气冲冲地走了。

吴维龙一看儿子闯下这个祸端，吓得不得了，一面四处请人托保，跟方家赔礼道歉；一面抓住自己的亲生儿子重重苦打，令儿子向方家下跪求饶。至于先旺兄弟四人，虽说挨了父亲的打，可想着出了口气，心里倒也痛快。四角曹门的广大农民，则一致称赞："先旺办了件好事！"先旺听见这话，笑在脸上，喜在心里。方焰华确是另外一个样子。他一得消息，当下扬言，要叫吴维龙灭门绝户。尽管吴维龙再三托人讲情，最后还是请了一大桌子酒席，塌了一百多串钱的债，一家人痛哭一场，事情仍不算是最后结局。

贫农吴世禄一家的遭遇更惨。1925年，他家种吴氏祠堂的田。因为控制着祠堂祖田的地主的忠实爪牙再三逼租，世禄一家眼看生命难保，被迫下江西了。在奔往江西的路上,世禄一家尝尽人间苦难,老老少少饿得皮包骨头。世禄的父亲是抱着"江西的日子好混些"的愿望下江西的,哪知天下乌鸦一般黑。世禄一家到江西德安县不久,就开始种一家地主的田。种了一年,什么也没有落到手;接着,父亲也被反动派杀害了。世禄母亲万般无奈,只得又领着自己的孩子,沿途要饭,重返家乡。

从此,四角曹门人民开始暗暗地议论着:什么时候才能熬到天亮呢?

二、起 点

黑夜总是有尽头的。

1926年,在共产党的领导下,黄安农民运动开始兴起。这个以打土豪分田地为中心的革命浪潮,给了四角曹门(当时属黄安管辖)人民很大的影响。这年夏天,四角曹门在湖北麻城职业中学上学的吴焕先,带着湖北党组织交给的任务,回到了家里。

焕先一回家,只要见了贫苦农民,就大讲闹革命的道理。大伙听了都很热心,不过多半是将信将疑。有的说:"焕先讲的好是好,就怕实行不了。"也有的说:"那说不定。焕先是求了学的,想必是多多少少有点把握,无风不起浪嘛!"总之,多数人对焕先讲的道理是抱着观望的态度。可焕先没有因为这一点灰心。他一面继续发动成年农民,一面在少年儿童中间做工作。

最初,焕先光是晚饭以后,领着村里孩子们搞练武、唱歌活动;后来,玩高兴了,白天也干。这么一干,有些老年人看不顺眼了。他们焦躁地劝阻说:"如今大人愁吃愁喝,你们还有这个闲心,天天闹腾腾,真不懂事。"焕先只是解释、解释,没有听从这个。这时,一个和焕先是近族的地主,也开腔了。他用教训的口气说:"焕先!你这个下料货,正经事你一样也不干,歪点子、邪门不少。我先把话说到头里:我家姓吴的将来出坏人,非出在你头上不可!"焕先蔑视他一眼,嘴里没说,心想:你懂得个屁。焕先不加理睬,仍继续搞自己的活动。不过,焕先想到有些老农民的劝告,又改变了一下活动的方法。开初,白天也在村里练武、唱歌,后来光夜晚在村里干,白天领着孩子们在山上放牛。一天,四角曹门的农民,正在田里干活,忽然听到山头上一阵阵的上操声:

"一,二,一

"一,二,一

"一,二,一

"⋯⋯⋯⋯"

人们当是什么队伍来了,都惊奇地抬头观看,哪知扭脸一瞧,是焕先他们在练兵。他们不光练兵,还教唱了许多歌子。有支歌的歌词是这样的:

余台湾,

并不小。

可怜哪!

被日本鬼侵吞了。

先是孩子们学唱这支歌,没隔多长时间,成年人也不由得跟着哼哼起来。焕先在人们中间的影响,一天比一天大。不久,四角曹门的少年儿童便组织起来了。下面选有班长、排长,焕先则成了少年儿童们公认的无须推举的总领导。四角曹门第一支具有革命性质的组织——少年儿童团,在共产党员吴焕先同志的领导下,像一棵茁壮的幼苗一样,不断地成长、壮大着。

1926年,北伐军攻克武汉,大大地推动了大别山区的农民运动,四角曹门人民也因此有了新的鼓舞力量。焕先同志遵照党的指示,立即开始了组织农民协会的工作。

有一天,人老几辈子受苦受穷的农民吴先恩,正在田头上望着沉甸甸的稻穗发呆,叫焕先看见了。焕先走上前去,轻轻地拍拍他的肩膀,问:"今年谷子长得么样(怎样)?"先恩看了看他,"叹"了一声,说:"谷长得还好,一交租就剩下不多了!"焕先又问:"你家要交多少租?"先恩说:"二十五石啊!"焕先紧接着问:"不交不行吗?"这时,焕先拉了下先恩的衣服,两人一同坐了下来。焕先说:"眼下全国各地方都在闹革命,快参加革命吧!分了地主的田地,就不用交租了,谁种的田归谁⋯⋯"焕先讲了好多好多,什么北伐军打下汉口啦,什么打土豪分田地,共产党要领导穷人闹革命呀⋯⋯句句话都打动了先恩的心。先恩虽说一时还弄不明白焕先说的全部意思,可道理都能想得开。

四角曹门的农民,像先恩一样,经焕先那么一讲,心里逐渐亮堂了。他们不论干活、休息、吃饭，总是三五一伙的反复琢磨着焕先的话。焕先，在人们的心目里，再不是一个"孩子头"，渐渐地成了一个"改变世道"的领路人。这时，四角曹门的农民，在这样悄悄地议论：

"焕先入共产党啦！"

"共产党，就是分财主的东西，种地不要租！"

"要是真的，那就好了！"

"怎么不真呢！七里坪一带，听说已经闹起来啦！"

"真的！真的！我也听说有这个音信！"

几天以后。焕先家里人来人往，昼夜不息。果然，没隔几天，四角曹门农民协会便在焕先家里成立了。全村四十多位贫苦农民，都入了会。饱尝地主剥削、办事公道的老贫农吴维龙，被大家一致推举为农民协会主席。从此，四角曹门一举打破了数千年封建地主的特权，由农民开始当家做主人。和四角曹门相呼应，附近几个村子的农民协会陆续成立。不久，四角曹门的广大贫苦农民，又踊跃参加了焕先等同志领导举办的"红学"（即训练革命武装的红枪会），从此农民运动的声势更大了。这样一搞，惊动了光山县大恶霸陈二辉，陈二辉依仗他身后的三十堂红枪会，声言要和四角曹门一带的三堂"红学"打仗。

新的斗争形势，迫使四角曹门人民想新的路子。一天，焕先向大家说："咱们的红学是老军赐法，陈二辉红枪会的法师是王八变的，不怕它！"这时不知哪位农民应声说句："咱打甲鱼叉，叉它个王八蛋！"这个意见立即被采纳了。他们请来一个叫李保的老铁匠，接着又通过这个老铁匠的关系，请来十多个铁匠，在焕先门前架起一排排烘炉，随后就叮叮当当地干开了。他们不光打甲鱼叉，还打了许多大刀、片刀等武器。起初，四角曹门的"红枪会"也喝符念咒，慢慢懂得了革命道理，便不迷信了。一天到晚，参加红学的农民，光着膀子练武，练累了就学革命道理，学唱"打倒列强"的歌。

三、换　新

眼看要过阴历年。

在黑暗的旧社会里,过年,对于咱们穷人来说,比平平常常的日子更不好过,但这年过年却变了样子。

一天晚上,焕先向几位农会的人说:"你们想不想过个丰年?"大家齐声说:"怎么不想啊!"焕先又问:"咱向地主借粮过年好不好?"往年这个时候,正是地主催租逼粮最紧的日子。不知道有多少农民,因为交不起租子,还不起债,在过年这天,被迫外出要饭,甚至自杀身亡。可今年呢?焕先提出向地主借粮过年。大家听了,当然非常高兴。不过,大家对能不能做到这一点,还有怀疑。焕先说罢,当场就有人提出:那地主不借给怎么办?有的说:"硬向他借嘛!"这时,焕先顺手举起一把甲鱼叉,用劲地晃了晃,说:"哪家不借给,就让他看看这个!"大家一想,觉得这个办法好,就照办了。

相隔不到两天,四角曹门和附近几个村子的农民,分别担着箩筐,背着布袋,扛着大刀,拿着鱼叉,气昂昂地向几个地主家走去。

几家地主看到这般势头,顿时吓怔了。原来一向被人们喊为"老爷""少爷"的,这会儿也一变腔调,点头哈腰地喊咱们农民:

"老爷爷,请坐。"

"老大伯,请坐。"

"老大叔,请坐。"

"请,请,请坐!"

看了地主这副丑相,再想想他们从前耀武扬威的样子,真叫人又好气,又好笑。至于"借粮",没有一家地主敢说半个"不"字。他们出于大势所趋,纷纷打开粮仓,把粮食"借"了出来。石子谦那个地主最大,光他一家就"借"出了几百石粮食。

在四角曹门千秋万代的历史上,广大农民第一次过上这样一个丰年。

初一过去,就是十五。十五又叫元宵节。四角曹门这个元宵节,过得更有味。

四角曹门历史上有一个习惯:一逢元宵节,什么龙灯呀、花船呀、高跷呀、狮子呀,纷纷出动,确有锣鼓喧天之势,不过,历代的元宵节,也没有这一年过得饶有风趣。

元宵节这天,村村湾湾的龙灯、花船、狮子、高跷,照例出动了。按照传统习惯,这些玩意儿先在本村玩唱一番,接着便外出活动。尤其是离四角曹门不远的箭厂河街上,是各种玩意儿的集中地,他们往往玩到最后,来这里争彩比美,看谁玩得出色、漂亮。

正当箭厂河街上闹得锣鼓喧天、人声嗡嗡的时候,一个新玩意儿像磁石似的把人们一群群地吸引来了。

事情是这样的:

焕先组织了一伙年轻人,有的扮地主,有的扮军阀,有的扮大鼻子"洋人",打着洋鼓,吹着洋号,走到哪里宣传到哪里。焕先先讲了一段,指着"洋人"问大家:"帝国主义侵略我们中国,大家说行不行?"大家都齐声喊道:"不行!"焕先又讲一段,指着"地主"问大家:"他剥削咱们穷人合理不合理?"大家又高声喊道:"不合理!"焕先立刻领头高呼:"打倒帝国主义!"大家随声接应:"打倒帝国主义!"焕先又领头高呼:"打倒土豪劣绅!"大家的呼声更响:"打倒土豪劣绅!"他们不断地转移演出的地方。他们走到哪里,观众就围到哪里,后来,连踩高跷、担花船、装狮子、打龙灯的人,也拥上来了。这个新玩意儿叫什么名堂,开初并没有人注意。他们正在演出,不知是谁说了一句:"这玩意儿演得文明!"于是,人们就互相补充,你一言,我一语,给它起了个"文明戏"的名字。

"文明戏"引起了广大农民的强烈兴趣,他们赞不绝口地称颂道:"换了新,样样都变了!"

是的,世道一变,一切都在不断地变化着。

四、除　害

四角曹门的革命热潮,一浪高过一浪。地主豪绅欠四角曹门人民的血债,是罄竹难书的。他们一致发出强烈的呼声,要求向地主豪绅讨还血债。

骑在四角曹门人民头上作威作福的地主豪绅有好多,方思孔是其中之一。四角曹门人民纷纷要求,首先把这个家伙干掉。

1927年春。有一天,焕先召集农民协会的人,问:"你们说方思孔这家伙坏不坏?"大家异口同声地说:"坏透了。"焕先又问:"咱把他干掉不行吗?"大家同声回答:"那太好了!"这时,个别人有点担心,他们说:"方思孔能跑啊,听说他一夜能走几百里,那干得吗?"大家都说:"干得!干得!不怕他跑得快,就怕咱们有决心。"焕先应声说:

"对！只要大家有决心，莫说一个方思孔，再多的方思孔也逃不了咱农会的巴掌心！"接着，大家又议论了议论，最后都同意了。

隔不几天，吴焕先、毛国兴等几个领导同志，把方圆数十里入会的农民动员起来，在一天上午，拥进方思孔家里。方思孔一看来这么多人，吓得浑身打寒战。焕先立刻叫人给方思孔戴了顶纸糊的高帽子，又用绳子拴住，随后把他牵了出来。

"游乡！"焕先走着说着，"方思孔，你今天放规矩点！"方思孔像夹着尾巴的狗一样，连声说："是，是，是。"

游乡的人们，牵着作恶多端的方思孔，游一个湾子，又游一个湾子，游一个湾子，又游一个湾子，连续游了十几个湾子。每游一个湾子，游行队伍就增加好多人，到游最后一个湾子的时候，参加游行的已经有几百人了。

游行的终点，在箭厂河街上。到了箭厂河，焕先把人们喊拢一起，讲了讲方思孔的罪恶，然后提高嗓门问大家：

"这家伙该杀不该杀？"

大家一齐舞起锄头、鱼叉、大刀，愤怒地高呼着："该杀！该杀！"焕先代表几个村的农民协会又一次提高嗓门，向着愤怒的人群，庄严宣布："判处劣绅方思孔死刑，就地处决！"焕先的话音刚落，一个又一个手持大刀、甲鱼叉、锄头的农民，一呼而上，把这个劣绅的狗命结束了。

杀掉方思孔，人心大快。唯独附近大大小小的土豪劣绅，像掉了魂的兔子一样，睡卧不安。一些土豪劣绅，听到风声，畏罪潜逃。这时，广大农民纷纷要求，把罪恶大的土豪劣绅，赶快捉起来处死。农民协会听取了这个呼声，按照党的指示，首先把黄安县出名的大土豪吴惠存捉了起来。

吴惠存比方思孔更坏更恶更有名。他靠着善于打官司，独霸一方，不知杀害了多少贫苦农民。尤其是四角曹门的农民，几乎家家户户都尝过他的苦头。

这个土豪是在上级党派来的王健同志亲自指挥下，由吴焕先等同志办的三堂"红学"捉住的。捉他时，黄安县政府还处在国共合作的情况下。捉住后，本来准备把他送到黄安县，但在押送途中，突然接到情报说：吴惠存的亲信，已经在七里坪组织一班人马，准备拦截。能让拦截吗？不行！绝对不行！王健同志和焕先一商量，当即决定，在檀树岗下边，就把这个罪魁祸首干掉。押送吴惠存的农民，一听宣布这个决定，一个个欢呼着、跳跃着。吴惠存像方思孔一样，在檀树岗下边一个叫方家院子的地方，完蛋了。

除掉吴惠存这一害，只是事情的开端。要把祸害根子拔掉，还有一段很长很长的里程。

五、夺 枪

吴惠存一杀，惊动了远远近近的大小地主。他们互相勾结，招兵买马，搜罗一伙又一伙的匪徒，向革命发起了猖狂进攻。

新的问题摆在面前，四角曹门开始打新的主意。

1924年8月。

一天傍晚，农民协会的一个会议快要结束时，有位会员提议说："石家庙盐卡那么恶，咱想路子给它干掉不行吗？"另一位会员听说要干盐卡，忙说："哪能干得的？人家有钢枪啊。"不提钢枪便罢，一提钢枪，倒给焕先解开了心上的一块疙瘩。他想：现在正愁着没钢枪用，要能夺来钢枪，不是很好吗？他忙插嘴说："钢枪，不怕，咱有这么多的人，莫非怕它的几条钢枪！"焕先一说话，大家的劲头来了。焕先即刻下令道："说干就干，走！"一批农会会员，急忙拿起自己的武器，跟焕先一直往石家庙走去。

提到盐卡，的确不打不行。这盐卡设在湖北、河南两省交界的地方，就跟一把钳子似的把石家庙这条要道口钳得严严实实。四角曹门一带农民吃盐，又多是路过这里到光山买来的。住在山区和到过山区的人，都知道生活在山区不吃盐是不行的。可石家庙盐卡硬是不准农民拿着盐路过这里。凡是带着盐路过这里的农民，十之八九被没收得干干净净。光没收还算好的，有些买盐路过这里的，莫说盐保不住，连命也给送了。因此，四角曹门一带的农民一提盐卡，恨不得一口把它咬掉。

焕先领着一批农会会员，沿着很少行人的崎岖小道，不声不响地向盐卡走来。他们走到盐卡跟前时，还没听到盐卡有一丝动静。于是，焕先领着几位农会会员，不慌不忙地进去了。这时，盐卡那个绰号叫李傻子（实际非常狡猾）的头目和他下面的匪兵，还蒙在鼓里。他们一看进来有人，最初还当是报"盐税"的，顿时喜出望外。

哪知喜得太早了。没等他们伸出"发财手"，农会会员已经用大刀、甲鱼叉对准了他们的胸膛。他们一个个地就擒了。

石家庙盐卡的钢枪，就这样顺利地夺了过来。夺了钢枪，四角曹门人民自然很高兴，因为这是他们破天荒第一次从敌人手里夺钢枪啊！他们自豪着："呵！盐卡的钢枪叫咱们夺来啦！"不久，他们带着这次缴获的钢枪，和其他几个村的农会会员一起，攻克了反革命武装把守的东岳庙，夺来了更多的钢枪。1927年阴历十月二十一日，他们又配合黄安县起义农民，一举攻克了黄安城，又夺来一大批战利品。当时有首民谣，生动地描绘了这个激动人心的日子：

    小小黄安，人人称赞；

    铜锣一响，四十八万；

    男将打仗，女将送饭。

六、事　变

1927年，正当全国农民运动蓬勃兴起的时候，以蒋介石为首的国民党右派于4月12日叛变了革命。同年11月11日，伪十二军奔袭黄安。土豪劣绅也乘机蠢动起来。

乌云笼罩在大别山上。

1927年阴历腊月初八晚上，伪十二军的一个营配合大匪首方晓亭的一班反动武装，突然包围了四角曹门，四角曹门顿时陷入白色恐怖之中。后来得知，这是离四角曹门不远的油榨湾反革命分子吴先美告的密。敌人进湾后，就逼着湾里老老少少，把焕先交出来。说来也巧，那天焕先不在家。敌人把湾里男男女女集中到一个空场上，四周架着机枪，气势汹汹地问：

"吴焕先在哪里，说不说，不说就开枪啦！"

湾里的人，互相大眼瞪小眼地凝视着。

"怎么？通通哑巴啦?！"

湾里的人，还是听见就像没听见那样，不作声。

"好——哇！"

敌人开始行凶。按照反革命分子吴先美的指点，敌人当场把吴先旺、吴东山等

八位农民捆绑起来,随后声言道:

"限你们三天以内,把吴焕先找回来交给民团(方晓亭的土匪武装)。要不,就灭湾绝户,老少不留!"湾里的人,怒视敌人一眼,仍然不作声。一个匪军头子见四角曹门农民这么强硬,大声嗥叫道:

"你们找不找吴焕先?!"

"找!"湾里的人姑且皆应了这个条件。敌人临走时,还气急败坏地说:"这湾里人,通统跟共产党一个鼻孔出气。"

敌人没有说错,四角曹门的人民,的确跟党心连心。他们确实找吴焕先去了。他们不是要把焕先找回来,是借着这机会给焕先送情报去了。焕先在西大山上。他们在西大山上找着焕先,首先把随身带去的鸡蛋、肉等熟食拿出来,说:"给,快吃!"焕先接过熟食,感激万分。他们立刻向焕先报告了敌人包围湾子的前前后后,随后说:"焕先,你只管放心,咱四角曹门没有软骨头的人!"可焕先一听情况这么严重,心里再平静不了。他宁肯死他一个,也不肯让一湾子人受连累。他斩钉截铁地说:"我回去!我一定回去!"焕先回去,湾里人是绝对不会同意的。来找他的人,正想劝阻,站在他身旁的一个同志插嘴说:"不行!咱干革命是为天下穷苦老百姓,要为一湾人干,那你可以回去,可你还要不要天下的穷苦老百姓?"焕先紧皱眉头一想,觉着:这是个理呀!可他还是焦急不安地说:"那想个啥路子救救湾里人呢?"站他身旁的那个同志说:"总能想出路子的。"焕先向来人作了一番交代,就互相告辞了。

先旺、东山等八位农民被捕后,敌人把他们打得死去活来,但没有一人倒戈。这八位农民没想多的,只有一个信念:天下穷人是杀不绝的!革命终究要胜利的……他们忍着杠子压、皮鞭抽、香火烧的剧烈疼痛,坚持着,宁死不屈地坚持着。正当他们的生命奄奄一息的时候,一个振奋人心的消息突然传开:

"焕先的人出标语了!"

四角曹门的农民悄悄地议论着:"有焕先在,不怕。"这标语的大意是:吴先美和伪民团勾结,诬告穷苦百姓,实属罪大难容,业经被我们处决;若是今后再出吴先美这样的人,也莫想活。标语还写得明明白白:你们(指吴先美一些有势力的近族)若是不把我们四角曹门的八位人保出来,万一杀掉一个,你们也和吴先美一样,不会有好下场的。杀死了吴先美,给四角曹门的农民解了恨。他们暗暗地奔走相告:"对吴先美这样的人，就得这样。"可吴先美的一些近族，却慌了手脚。他们再三找方晓亭，要求释放四角曹门的八个农民。不料，事情还未办出结果，伪民团就开始下毒手了：

先旺、东山亲兄弟二人，自从被捕以后，大土豪方焰华一直在土匪头子方晓亭面前火上加油。远在几年以前，不是发生过先旺摔斗的事吗？方焰华找到方晓亭，说吴先旺一家统统是共产党，说他的木斗就是吴先旺摔的，还说不杀吴先旺二弟兄绝对不行。方晓亭按照方焰华献的毒计，在一天上午，把先旺、东山二人带到箭厂河前面的大河坝上。匪徒们指着坝里一眼望不见底的水，凶狠狠地问："你们怕死不怕死?!"遍体鳞伤的先旺，愤怒地看匪徒们一眼，大声骂道："到你们这群恶狗手里，老子就没打算活！"随后，先旺、东山就壮烈牺牲了。凶恶的敌人，仍没就此罢休。他们立即把先旺、东山的遗体推进坝中，然后扒开大坝，顺水冲了下去。

人们用这样一首歌谣，悼念着这两位不朽的革命志士：

  鲜血染河沟，红水沙沙流；

  留得大河在，迟早报冤仇。

先旺、东山英勇牺牲了，但斗争还在继续着。

标语一张又一张地贴在各个湾子、路口上。在革命力量的强大压力下，敌人把吴维继等六位农民释放了。在释放时，敌人还在扬言："放你们可以，有一条：再不准你们干共产党的事了。"严刑拷打，没有使吴维继他们屈服，他们心想：说这话不是净放狗屁吗？

七、出　击

革命的火焰是扑不灭的。

1928年春，以四角曹门为主的几个湾子，在党的领导下，根据新形势的迫切需要，正式成立了赤卫队。赤卫队在保卫苏区的武装斗争中，发挥了重要的作用。这支赤卫队曾经多次出击，给了敌人以重大杀伤。

1928年秋，有天吃罢早饭，白匪军在离四角曹门不远的地方驻的一个团，派了几个供给人员牵着马，来四角曹门抢粮。他们把马拴到湾子头上，就慌忙进湾了。这时，赤卫队正在对面山上隐蔽着。白匪军进湾乱抢一通，杀鸡、宰羊，忙个不休。赤卫队哪肯眼看着敌人横行不管。于是赤卫队就派两名身强力壮的队员,跑到湾子头上,把白匪军的两匹马牵走了。等那几个白匪军出来牵马驮抢劫的东西时,两匹马已经牵到了四角曹门对面那座山的山后边。白匪军找不到马,慌忙去报信。还没等白匪军大队人马到来,赤卫队就已经摆好阵势。这股白匪军是反动派的正规部队,在这里人地两生。白匪军沿着马走的脚印,慢腾腾地往四角曹门对面山上走去。他们刚刚走到山腰,山头上的枪声就响了。白匪军经不住这个当头棒,乱吵吵地退了下去。停了不大一会儿,白匪军冲了上来。赤卫队一阵猛烈火力,又一次把白匪军压了下去。白匪军一次又一次地进攻,都没有得逞。白匪军发觉硬攻不行,又改变战术,采用迂回包抄的办法。赤卫队随机应变,把仅有的几条枪,分布在将近一二里长的山头上。赤卫队一会儿在这里打一枪,一会儿在那里打一枪,三打两不打,给白匪军弄糊涂了。白匪军再也估不透山上有多少兵力。白匪军气急败坏,用机关枪、迫击炮,往山头上猛烈射击。射击一阵,白匪军又一次发起多路进攻,等攻到山腰时,又叫赤卫队给压了下来。从上午打到下午,从下午打到黄昏,配备有重武器的敌正规军,在英雄的赤卫队阵地面前,像一群疯了的狗一样,窜来窜去。赤卫队就这样坚持了两天两夜。当白匪军发觉他们是一支小小的赤卫队,即刻又发起猛攻的时候,赤卫队的援兵(红军某部)已经来了,赤卫队立即配合红军,向白匪军发动总攻。白匪军一看势头不妙,调头跑了。

  四角曹门赤卫队还配合其他地区的人民革命武装,在一年多的时间里,先后粉碎了光山桥南八保首户大地主陈二辉操纵的反动武装的数十次进攻,最后把敌人打得落花流水,一败涂地。

  敌人不是妄图扑灭四角曹门的革命火焰吗?四角曹门的革命火焰愈烧愈旺了。

八、红 军

  红军,这是一个多么光辉伟大的称号啊!在扩大红军的工作中,四角曹门掀起了一次又一次的参军高潮。踊跃报名参军的不光是青壮年,连一些十多岁的小孩,也争先恐后地要求在红军新兵册上,写下自己的名字。

  现在就谈谈吴先党参军的故事。

  那时,他才十三四岁。一天,他听说红军收人,瞒过父母,偷偷地到红军部队去了。

红军某部首长看他年纪太小，不想收他。他把小嘴一噘，说："怎么，年纪小不能杀敌人？"部队首长看他那副神气，情不自禁笑了笑，说："嘿！不是说你不能杀敌人，我是怕你尿湿被子没处晒哟！"他更不服气了，天真地说："我早就不尿床啦！"不管首长怎么劝解，他硬是赖着不走。部队首长无奈，只得把他收了下来。没过两天，他家的人找来了。他家的人见了部队首长，说："先党年龄太小，叫他迟两年再参加吧！"部队首长这时才知道他是偷着跑来的。部队首长立刻说："我们也想叫他迟两年再参加，可他非硬着脖子参加不行！"部队首长就叫他家的人，动员他回去。他家的人跟他一说，他气得不得了。他顶撞道："别人送孩子参军，你们还想拉腿？"他家的人解释说："不是拉腿，是怪你没到岁数呀！打仗，可不是小孩盘着玩的，你会打个啥仗？"他争辩道："我不会打，会学嘛！"他家的人再三动员不通，只好随他的便了。

只有十三四岁的先党，就这样参加了红军。像他这样坚决当红军的，在四角曹门是普遍现象。和他一前一后参加的，还有吴先恩、吴先祥、吴先存、吴世平、吴世分、吴世禄、吴维继、吴维如、吴维善等十余人。他们在红军部队里，都立下了不少的功勋，在他们当中，有的像吴维如同志，英勇地牺牲在长征路上；有的像吴先恩同志，南征北战数十年，至今仍在人民解放军担负着重要的领导工作；有的像吴先存同志，在杀敌战场上流尽了最后一滴血；有的像吴维善同志，光荣负伤后，又重返农业战线。

中国工农红军的光辉史册，闻名全世界。在这个不朽的史册里，四角曹门人民用自己的亲骨肉，写下了灿烂的一页。

九、血　仇

1932年至1934年间，红军主力先后离开鄂豫皖，国民党反动派乘着这个机会，又一次调集大批兵力，疯狂围攻大别山。

大别山重新被乌云笼罩着。

一桩血的惨案，在这时候发生了。

那是1935年春上，匪军刚把四角曹门洗劫一空，在一天早晨，又闯到四角曹门来了。匪军进湾后，首先当场残杀了吴焕先同志的嫂嫂、侄儿和侄女，然后把湾里男男女女都捆了起来。匪军把湾里人捆了起来后，严刑拷打，逼问他们谁是共产党员。四角曹门的人，虽然不是个个知道谁是共产党员，但是大部分人知道个大概。他们知道装作不知道。他们冷冷地说："共产党员都干红军去了。"匪军追问："红军在哪里？"不知是谁，带气地说了一句："红军北上抗日打日本去了。"匪军拷打、逼问无效，随即逮捕湾里一百多个农民，往白圣安（现属新县周河公社）带去。

这时，湾里只剩下一些孤苦伶仃的孩子和走不动路的老人。房子，被敌人烧了；锅碗，被敌人砸了；耕牛，被敌人牵走了；衣服、被子、粮食、食油，被敌人统统抢光了。四角曹门，十分穷困的四角曹门，被敌人摧残得像悽惨、荒凉的人间地狱一样。看了这一切，谁能不为之寒心？"三光"政策是日本鬼子首先制造的，日本鬼子用它来对付亿万万中国人民。如今，国民党匪帮，把帝国主义的这个血腥政策，搬用到四角曹门来了。四角曹门的老人在痛哭，孩子在痛哭。是谁，使四角曹门的老人，突然失去自己的亲生儿女？是谁，使四角曹门的孩子，突然没有了自己的亲爹娘？是万恶的国民党匪帮！国民党匪帮，就是用这种毒辣的手段，来对付手无寸铁的人民，对付走不动路的老人和孩子。老人哭，老人怎能不哭呢？老人恨，老人怎能不恨呢！他们老了，他们什么都可以不顾了，可是，他们怎能忍心看着一个又一个天真可亲的孩子，活活地饿死、冻死呢？他们有心救救孩子们的命，可他们又有什么法子去救啊！他们绝望了吗？不，他们没有绝望，他们是不会绝望的。他们，有的是自己的亲生孩子，当红军北上打日本去了；他们，有的是自己的近族侄儿，正在和日本鬼子浴血奋战。他们明白，一旦打败日本鬼子，他们的亲人会回来报仇的。他们哭了很久很久，他们终于擦干净眼里的泪，红军会回来的。

四角曹门的一百多农民，被敌人带到白圣安去了。不久，从白圣安传来一桩不幸的消息，四角曹门有好几十人在白圣安被残杀了。共产党员吴维和同志的父母，就是这一次被残杀的；率领红二十五军北上抗日的吴焕先同志的三个亲人，就是这一次被残杀的。

血海深仇，激发了四角曹门农民更加强烈的革命怒火。残暴的敌人，把四角曹门农民的亲人杀了，四角曹门的农民，依然坚持着革命斗争；残暴的敌人，把四角曹门的锅碗砸了，粮食抢了，四角曹门的农民，用碎片破锅煮野菜充饥；残暴的敌人，夺去了四角曹门几十个孩子的父亲或母亲的生命，四角曹门的农民，亲邻相帮，鱼水相依，把这批革命的下一代，抚养下来。敌人这一次对四角曹门人民的摧残、迫害，野蛮到极点了。但是，正如毛主席所说：

"中国共产党和中国人民并没有被吓倒，被征服，被杀绝。他们从地下爬起来，揩干净身上的血迹，掩埋好同伴的尸体，他们又继续战斗了。"（《毛泽东选集》第三卷，第1058页）

十、转　机

抗日烽火在熊熊地燃烧着。

1936年年底，在中国共产党的一再倡议下，在全国人民坚决要求团结抗日的巨浪声中，蒋介石被迫同意两党停止内战，共同抗日。不久，国共两党正式结成了抗日统一战线。但是，国民党对两党合作向来不是真心诚意，表面上与我们统战，实际上一直在干着破坏团结抗日的勾当。

四角曹门的共产党员，在新的形势下，根据上级党的指示，积极开展了新的活动。他们经过党的批准，通过户族关系，利用民选机会，由共产党员吴维英同志当选了四角曹门保保长。四角曹门的革命斗争，从此进入了一个新阶段。

有一次，红军某部消灭驻在江长二（湾名）的一股反革命武装，但部队粮、油不足。吴维英得到这个消息后，立即向本保一些富户（大部分是地主）摊派了一千多斤大米和几百斤香油。当时，有的人问他："收这送给谁呀？"他大模大样地说："莫管，上头的公事。"这批粮油，由他派人全部送给了红军部队。

这样一次又一次，在吴维英当保长的几年中，年年月月，不断地给红军送着给养。红军部队依靠他们送的给养，给了敌人一次又一次的沉重打击。

有一次，因为敌人疯狂破坏，驻在东大山和西大山的地下党领导人，一度失去了联系，需要四角曹门的人帮着送封信。吴维英和吴维和等几个共产党员一商量，想出了一个法子。他们叫一个女共产党员连夜做了一双夹底鞋，把信缝到了鞋底里。第二天，这封信就由农民彭立德装成做小生意的，把西大山地下党领导人写的一封信，送到了东大山上。

四角曹门因为有吴维英同志当着保长，渐渐地成了大别山地下党组织一个重要的联络点。每逢有需要通过这条路线传递的情报、信件，四角曹门的人民都把它稳妥地送到目的地。

　　1938年阴历年前夕，四角曹门的共产党员，接到上级党的指示，叫他们给驻在湖北二道桥的我军陈坦部队，购买一些副食品送去。他们用上级来的款子，先后买了100多头猪、200多只羊，还买了些粉条、香油，保里给开个路条，由吴维继同志（这时他已因负伤由红军部队复员回乡），领着几位青年，赶着猪羊，往二道桥送。他们刚走十余里路，在莲花背（湾名）被白匪军小保队拦住了。小保队的人走上来，问他们："这猪羊往哪里赶？"吴维继掏出保里开的路条，漫不经心地说："给，你看！"小保队一看路条上写的是他们到宋埠（白区）做生意，随即放行了。在四角曹门到二道桥的路上，他们接连被敌人拦问多次，因为持有保里开的证明，没有出任何意外。到了二道桥，我驻军首长陈坦同志特意接见了他们，给了他们很大的鼓励。维继同志向陈坦首长取笑地说："我不光给你们送了吃的东西，还给你们送了几名新兵咧！"陈坦同志一听送的有"新兵"，奇怪了。他问："新兵是怎么送来的？"维继笑了笑，说："跟我一块赶猪嘛！"陈坦同志又问："他们都愿意来？"维继一本正经地说："那你太小看他们了，他们是争着来的呀！"陈坦同志紧紧地、激动地握着维继的手，久久不放。维继同志说了告别的话，心满意足地走了。

　　站在抗日最前列的四角曹门人民，并没有停留在这一点上，他们接着又陆陆续续地做了更多的工作。

十一、日　货

　　1942年。一天，吴维继同志和他的爱人汪玉兰正在地里干活，一个背白包袱的过路商人，匆匆忙忙地来到维继夫妇跟前，说："我请问你：箭厂河驻的是不是有广西队伍？"维继一听，觉得这人问得奇怪，就反问道："你问这干啥？"那商人看看维继，照实说："我是潢川（伪）专员公署合作社的，从汉口办来一批货，别的队伍都不管，就是广西队伍不叫运。"维继转念一想，明白了：原来他是办日货的呀！维继往后一看，果然看见黑压压的一行担挑子的人。维继急中生智，撒了个谎，说：

"昨天从泗店过来的有一排人,恐怕还没走。你要是怕出事,最好绕一绕路。"那商人忙问:"从哪里绕呢?"维继知道咱游击队领导人刘名榜同志带的一班人在段家冲,于是,他在大河边上用手一指,说:"从那条小河往前走,先问段家冲,再问道士山、王家湾,到了王家湾,再问到经扶(今新县县城)的大路。"那商人一顺百顺,就领着100多个挑货的民夫,摆成一个长蛇阵,向段家冲方向走去。维继立刻绕个小道,也往段家冲去了。维继正在路上走着,碰见了本湾的刚从段家冲回来的共产党员吴先全。维继把事情的前前后后一说,先全立刻说:"他运日货嘛,我看可以截,只是怕人少不好搞。"维继说:"那不怕,只要老刘同意,咱搬人打伙搞嘛!"先全一想:这是个路子。先全撤身转回段家冲。过不一会儿,他回来报告说:"维继,老刘说能搞!你赶快去动员一些可靠的群众,准备担挑子。散黑,我跟老刘他们把货截下来。"事情就这样决定了。

当天傍夜,这批日本货,全部转到了咱游击队的手里。日货弄到手了,可事情并没有结束。

这么一搞不当紧,伪潢川专员公署大耍威风。他们又是派人前来画地图,查访事情发生在哪镇哪保;又是逐层施加压力,硬叫缉拿截货的人。因为事情出在吴维英同志管理的第二保(即曹门保),追来追去,追不出头,最后把责任加到了吴维英头上。在这同时,还逮捕了20多位农民。当时,箭厂河镇公所是处在国共合作的情况下,镇长是个比较开明的人。镇长出了一把力,伪政府才把逮捕的20多位农民释放出来。但是,从那以后,国民党就不再信任吴维英了,总怀疑他是个共产党员。吴维英同志一看事情不妙,虽然还在继续干着保长,再也不和伪政府下来的人当面联系,遇事用信件来往。四角曹门人民,四角曹门的共产党员,从这个事件里,更加看穿了国民党嘴里说的"团结抗日"只不过是个幌子罢了。

十二、就 义

和查禁日货一事相隔只有几个月,吴维英同志就不幸被捕了。
维英被捕的经过是这样的:
第二保有个名叫吴世文的保丁。这个保丁为了讨好反动派,升官上爬,向敌军某营长告了密,说吴维英是共产党员。敌营长得到这个消息,如获至宝,即刻带兵把四角曹门团团围住。那时,四角曹门的农民还正在吃午饭。维英当时不在家,隐蔽在一个叫阳旦的湾子里。吴世文就慌忙跑到阳旦,找到维英,说:"家里有事,叫你快回家。"维英想不到这个保丁会出卖他,便不假思索地回去了。维英一到湾里,就被捆了起来。

维英被敌人吊在他的堂屋梁头上。在维英一旁,是敌人早已准备好了的扁担、棍子等凶具。

"你说谁是共产党员?"匪徒们举着扁担,恶狠狠地问。维英面不改色地说:"不知道!"

"不知道?!"那个龇牙咧嘴的敌营长,大声嚎呼着,"给我打!给我重重地——打!"

一根扁担打断了。

敌营长又问:"知道不知道!?"维英咬了咬牙,说:"打死,我也不知道!"

"给我打!"那个敌营长破开嗓子嚎叫道,"给我重重地、重重地——打。"

又一根扁担打断了。

维英还是只字没招认。

"好硬呀!"敌营长暴跳如雷地说,"还给我打!给我重重地打!"

"打死我还是不知道!"

第三根扁担又打断了。

穷凶极恶的敌人打一阵又打一阵,打一阵又打一阵,打了又打,把维英打昏死过去几道,维英始终没招认。惨无人性的敌营长,便又一转话题,问:"你说谁有枪?"维英冷冷地说:"不知道。"这时,敌营长把一个烧红了的火剪伸上来,恶声恶气地问:"知道不知道?"维英看看红烫烫的火剪,紧紧闭上眼睛,一声没吭。

"烙!"敌营长鬼嚎一声,"看你知道不知道!"

维英支持不下,又一次昏迷过去了。

当维英苏醒过来时,敌营长又问:"你说谁有枪?"维英心想:长受不如短死!维英扯了个谎,说:"我自己有枪。"伪营长听说"有枪",喜得不得了,忙吩咐道:"快,快给他解下来!"维英被解下来,支撑不住,当场倒了下去。

"你的枪在哪里?"

"在上石冲,走,跟我一块去。"

敌人架着吴维英往上石冲走去。到了上石冲,维英指着一口塘,说:"我的枪在这塘里。"敌人信以为真,慌忙车水。塘水车干,没见枪的影子。敌人弄不到枪,哪肯罢休,立刻又拷打审问。这时,维英已经被打得昏迷不省人事了。维英胡乱地说了一句"油榨湾古坟里有枪",敌人随即又架着维英向油榨湾古坟走去。敌人扒开古坟,还是没见枪的影子。

敌人从吴维英口里没得到任何结果,随即下了最后的毒手。大无畏的共产党员吴维英,就这样在油榨湾稻场壮烈牺牲。

维英同志英勇就义了。但是,他那宁死不屈的光辉形象,他那崇高无上的革命品德,他那临危不惧的英雄气概,却永远活在人们的心中。

十三、火　光

敌人残害共产党员吴维英,只是制造又一次白色恐怖的起头。接着,敌人向共产党员和红色群众发动了更疯狂的迫害。

1943年8月,中共黄(安)麻(城)经(扶)光(山)县委组织部长高德太,经不起恶劣环境的考验,可耻地叛变了。这个罪恶的变节分子,一次向箭厂河伪清乡委员会暴露了300多名共产党员。敌人按照叛徒的指点,立刻发起一次大逮捕行动。四角曹门仅有的两名(吴维继和吴维和)在湾里坚持革命斗争的共产党员,被列进了敌人大逮捕的黑名单里。

1944年春上的一天夜里,敌人偷袭四角曹门来了。这时,维和还在自己的床上。敌人进湾,照直往维和家里跑去。维和听到有人闯进门来,一骨碌滚到了破蚊帐里面。敌人正在屋内搜查,维和一不小心,把蚊帐触动了一下。维和被敌人发现了,敌人慌忙抓维和。维和猛一用劲,挣脱掉了。另一个敌人随即扑上来。接着,扑上来的敌人越来越多了。维和用尽全身力气,跟敌人厮打起来。双方正厮打着,维和又猛一用劲,把敌人摔在一旁了。维和出门看见各个路口都有敌人,就飞步往湾前大塘跑去。维和想从塘里泅水过去,他刚下水,不巧,塘水发出了响声,敌人立刻向大塘围来。维和一看情况紧急，一头钻进水里。正在这千钧一发的时刻，湾里房子被敌人点着了。火光，照射着整个湾子；火光，照射在大塘水面上。维和刚刚泅到对岸，钻出水面，敌人便开枪射击。火光，烧着了的房子上的火光，把大地照得跟白昼一样。维和同志在亮晶晶的水塘里，为党为人民献出了自己最宝贵的生命。

是的，维和同志从此永别了人间。但是，他那英勇顽强的高贵品质，却像一团熄灭不了的怒火一样，永远放射着万丈光芒。

维和的弟弟——维继，踏着他哥哥的血迹，踏着他的所有牺牲了的战友们的血迹，踏着无数个革命先烈的血迹，在那以后更加艰难的岁月里，和四角曹门人民一道，一直在英勇地坚持着革命斗争。敌人妄图扑灭四角曹门革命之火的阴谋，又一次破产了。

十四、拂 晓

烈士鲜血没白流。

1947年秋天，我英勇的刘邓大军，跨过黄河，跃过陇海铁路，像一把锐不可当的尖刀一样，一鼓作气，插进大别山。大别山，巍峨的大别山，雄伟的大别山，顿时沸腾起来。红旗，革命红旗，一面面，在大别山高空，迎风飘扬。大别山人，英勇无畏的大别山人，看到一面面迎风招展的红旗，心情该多么兴奋、激动啊!

一天早晨，四角曹门人民的亲人，大别山人民的亲人，全中国人民的亲人，到四角曹门来了。

四角曹门的共产党员吴维继，飞快地朝着亲人跑去。四角曹门的一个个饱经革命艰辛的农民，飞快地朝着亲人跑去。

亲人来了!

吴维继紧紧地、紧紧地握着亲人的手，激动得嘴唇颤抖着，眼里含着满眶子热泪，说："你们来啦，好!"说着说着，他那早已噙着的泪，唰地流了下来。他随后看看东方，东方已经露出鱼肚白似的光。他庄重地望着东方，微微地自言自语道："天，终于亮啦!"是的，天亮了! 维继说了这句话，四角曹门的人民都这样说："天，终于亮了!"这话是多么激动感人啊!

亲人来了。四角曹门的人民，杀猪的杀猪，宰羊的宰羊，挑柴火的挑柴火，担米的担米，不分老老少少、男男女女，都在忙着慰劳自己的亲人。

国民党反动派的长时期摧残，把四角曹门人民蹂躏得穷困不堪。尽管如此，四角曹门人民节衣缩食，还是拿出了5000多斤大米和数万斤木柴、稻草，支援自己的子弟兵。四角曹门的英雄妇女们，拿出给自己丈夫、给自己亲人做的鞋，送到自己的亲人部队里。

"烈士鲜血没白流，胜利的日子不远了！"

共产党员吴维继这么说。四角曹门的人民也都这样说：

"烈士鲜血没白流，胜利的日子不远了！"

是的，胜利的日子不远了，这日子是来得多么不易啊！东方太阳徐徐升起，我刘邓大军的进军号角响了。

英雄的号兵，吹吧！嘹亮的号角，响吧！最后的胜利是我们的，蒋家王朝彻底覆灭的日子，即将到来。

英雄的号兵们，尽情地吹吧！英雄的子弟兵，前进再前进！

四角曹门的烈士们永垂不朽！

四角曹门的英雄人民，你们迈开更加豪迈的步伐，向着更加光辉的胜利，向着灿烂美好的共产主义未来，扬鞭策马，尽情飞奔吧！

世界上没有任何力量，能够阻挡新中国的英雄人民，从胜利走向胜利！

光荣属于敢于斗争、敢于胜利的人民。光荣属于不断向前、永不骄傲的人民。

最后的胜利是必定属于人民的。

（整理人：曹宏善　蒋文和　赵宏鑫）

原载曹宏善、蒋文和等整理：《山乡怒火——河南新县箭厂河人民公社四角曹门革命斗争史》，《史学月刊》1965年第6期

弦山忆往

◎ 潘永堤[1]

我的故乡在河南省光山县。据说很早以前,这里曾建过弦国,所以老百姓又把光山称弦山,我就出生在弦山中部砖桥镇不远的一个村庄里。虽然从我有记忆起到参加革命前,家庭屡经搬迁,很难准确地说我是哪个村的人,但我毕竟还是在这一乡里度过童年的,至今仍有故乡之念,尤其是那火红的土地革命,给我留下了极为深刻的印象。

一、分得土地后的喜悦

1930年,我的家乡闹起了土地革命。大概是在初夏时节,党在砖桥建立起了区委和区苏维埃政府。开始,区政府驻扎在镇西头的一个村子里,后来迁到镇上一家叫闻晴川的大地主的米店里。区里组建有一个赤卫营,共三百来人,其中三分之一的人有钢枪,其余的人使大刀、长矛,接着各乡的苏维埃政府相继建立起来。那时的革命形势发展很迅速,秋天就实行了土地改革。我家那个乡,每人分得三斗田。我叔父当上了赤卫队队长,我父亲潘代自是乡苏维埃政府的土地委员。全家十口人,分得了五间瓦屋,还有三石水田(约20亩),第一次有了土地,全家不知乐成了什么样子。记得在这之前,一直过着愁断肠的日子。我家曾先后给几个地主当佃户,

---

[1] 潘永堤同志系原北京卫戍区副司令员。

始终是吃不饱肚子。爷爷曾试图摆脱贫困,最后决定去种庙上的公田,结果,依然未能逃脱地主掌管庙产的残酷剥削,家里仍旧一贫如洗。一天,爷爷对父亲和叔父说:"天下这么大,我们就找不到一块立足地。什么时候能有石儿八斗田,盖几间茅草屋,求得个安居乐业的地方,也不枉费在人世。"全家人听了默默无言,沉浸在痛苦的思绪中。天遂人愿,爷爷的理想终于实现了。当他看到我家分得的水田头边,插的木牌上写有他的姓名,不禁感动得热泪盈眶。每天下田干活瞅了又瞅,用手摸了又摸,似乎生怕别人夺走了。后来苏维埃政府颁发了土地证和房产证,爷爷更加高兴了,专门找了一块红布给裹起来,神秘地放进那个分得的红漆柜子里,不让别人翻动。而他自己每天干活回来,总要特地拿出来,看了又看,用手捋着胡须笑逐颜开,然后又神秘地放进柜子里。全家人看到爷爷的高兴劲,脉搏也都随着一齐跳动起来。

二、我当上了儿童团长

历史的潮流,把苏区根据地的穷苦农民推上了政治舞台,我家的亲朋好友,绝大多数都参加了革命,不少人都有了不同的"官衔"。我十一岁那年,就当上了儿童团团长。过去,由于常常受爷爷和父亲言谈的影响,在心灵上早已打上了憎恨财主、保董的烙印。但每当我见到他们的时候,又十分畏惧,甚至引起连锁反应,以至畏惧庙上的泥菩萨,见它龇牙咧嘴的,就想到这是财主、保董死后变的恶相。自从穷人闹起了革命之后,把大地主闻晴川、徐雁门等统统打翻在地,我觉得世界上什么也不怕了,昔日畏惧如虎的泥胎神像,哪是我们的对手。我领着几十个孩子,背着一捆捆从犁、耙上解下来的耕绳,套在泥像头上,将它身上捆成五花大绑,我喊:"一、二!"那些庞然大物应声倒下,粉身碎骨。砖桥周围的罗塘、赵寨和魏湾那边所有庙上的泥胎偶像,全被我们儿童团一扫而光。

1931年春,砖桥区苏维埃政权已经很巩固了,县委要求向县北发展,扩大苏区。区委抽出一部分干部,组成一个工作委员会,带着赤卫营,到靠近潢川的扶桑店去开展工作,随同前往的还有一个团工委,书记姓罗。我的表姐姓吴,参加了工委妇女会工作。我也带着几十个儿童团员,跟党、团工委和赤卫营一起去到扶桑店。那里的斗争很复杂,有一次,地主武装打死我们一名县委巡视员。因此,尽管成年同志对我们很关心,儿童团还是夜以继日地执行任务,拿着长矛,负责站岗放哨查路条,监视敌人的行动。我们轮流换班，瞌睡来了就钻进稻草垛里睡一会儿。爷爷听说工委表扬我，感到很高兴，不时地前来看望我。可他很担心我没文化将来工作不方便，于是把我送到丁李湾彭杨学校，进入低级班学习去了。

三、苏区人民付出的代价

1932年6月，鄂豫皖苏区取得了第三次反"围剿"的重大胜利，抓了很多俘虏。红军扩编需要骨干，彭杨学校最后的一批学生都编入红二十五军七十四师，我们那个低级班的同学，也成了小红军战士。是年10月，第四次反"围剿"斗争失利，红四方面军主力作战略转移，敌人对根据地人民实行野蛮的大屠杀。我跟随日夜回旋作战的红军部队，从此进入戎马生涯。我目睹苏区根据地遭受的摧残，村内村外，山间田野，尸骨遍地，火光冲天。房屋成墟，田地荒芜，许多地方成了路断人绝的无人区。面对这不堪设想的凄惨景象，我的一家九口人，究竟下落如何？我曾一度日夜怀念、猜想，一有机会就询问。一年、两年过去了，十年、二十年过去了，直到1952年，我把父亲接到北京，听他面叙，才知道爷爷、妈妈、叔父、婶子，以及两个弟弟两个妹妹，早已遭敌人杀害而离开人世。父亲背井离乡，逃到湖北。临走那个夜晚，到我舅舅家门口叫门，想借点盘缠路费，舅舅怕遭株连，拒不开门。父亲走后，我的一个堂舅带着还乡团，抄了我的家，将我一家八口捆走……是父亲在全国解放后回到家乡才听说的。他痛哭流涕地向我面诉……

弦山忆往，感慨万千。胜利啊！这个鼓舞人心的词儿，在你的背后，饱含着多少人的牺牲、流血和艰苦卓绝的奋斗！

1982年6月记录于北京
1985年6月整理
韩宗德

原载中共光山县委党史资料征编委员会编：《光山党史资料》（第1期），内部出版，1985年，第46～49页。

"肃反"扩大化造成的危害

◎ 黄振清

1931年至1937年间,鄂豫皖革命根据地内出现了一系列极其严重的"肃反"扩大化事件。

"肃反",这本来是一项重要的革命措施。根据地处在敌人的包围之中,国民党反动派经常派遣特务混入我根据地进行破坏活动,根据地内的反动阶级也千方百计地起来捣乱,妄图搞垮我革命政权。因此,肃清革命根据地内部的反革命分子就成了革命的当务之急。事实上,我们党已经在革命内部进行了有效的"肃反"运动,比如混入湖北省大悟县仙居区花桥农民办事处的反革命分子聂范亭,经群众检举,并由保卫机关查证后予以枪决。这样的"肃反",纯洁了革命组织,巩固了革命政权,得到群众的拥护和支持。

但是,由于王明"左"倾路线的干扰,一些机会主义分子利用"肃反"排除异己,打击和陷害与自己意见不同的人,其立论之荒谬,手段之毒辣,真是骇人听闻。什么"在革命根据地内充满了地主、富农、商人、高利贷者和资产阶级知识分子","从白区、白军中转变过来的同志在革命的紧要关头必然走向反动,而为改组派、AB团、第三党、托派、好吃委员会利用",等等。凡与这些莫须有的罪名有牵挂的,即给予残酷斗争,无情打击,统统不分青红皂白地加以处决。其手段是相当残忍的,先是大搞逼供信,屈打成招,而后用绳索捆绑吊打,有的同志被吊死,有的同志被用石头砸死或是用刺刀捅死。具体方法有灌辣椒水、钉手指、上压杠、"吹梁头灰"、"睡快活板凳"等,名目多得很。目的一个:使你疼痛难忍,直到招供为止。而招供了,"证据确凿",又立即将你处死,或是搞变相劳改,将你的职务一撤到底,迫使你当挑夫、炊事员和担架员等。我当时是区便衣队的勤务员,耳闻目睹了许许多多领导干部被枉害。"肃反"全是保卫局内少数人的秘密活动。这少数人处处高人一等,无论是谁都要听他们的,他们所说的都是"金口玉言",根本谈不上有什么群众观念和正确的组织路线。当时作为鄂豫皖道委书记的陈守信,执行错误的"肃反"路线,人称"五阎王",只要他白天向你笑笑,晚上就生命不保。在他手中,不知有多少人死于非命。陈守信后来也在"肃反"中被高敬亭同志杀了。

"肃反"给革命带来的危害不言而喻。首先是一些人被迫走向了革命的反面。如丁少卿原在根据地内打仗很有办法,很勇敢,但因慑于保卫局的威逼,便很快投向了敌人,并又潜入根据地,从内部破坏革命组织,影响很坏。当然,丁少卿投敌由其本性所决定,但如果不是严刑相逼,而是及时地多做思想工作,争取他继续革命,并不是没有可能的。其次是无数个真心实意地拥护革命的同志无辜被害。比如红二十八军八十二师政委方永乐被诬为改组派、第三党,他不愿倒在自己人的刀枪下,而宁愿牺牲在战场上,结果在一次与敌人作战的弹雨中有意站起来被敌人射中,壮烈牺牲。当时鄂豫皖革命根据地被冤杀的好党员、好干部不计其数,其中包括对创建根据地和红军立下巨大功劳的徐朋人、王秀松、曹学楷、戴克敏、舒传贤、陈奇、陈定候、郑新民、王宏学、方英、廖炳国等。湖北省大悟县早期革命领导人辛志新、王士俊、郑墨林、冷善应和其他上千名优秀党员与干部也是在"肃反"中被错杀的。罗山县独立团有一次"肃反",把班以上的干部全部杀光。杀完干部后,由上面派来的巡视员将战士集中,站在队前"相干部",相到了谁,就当场任命谁为营、连长和班排长。又如林维先和梁从学两同志。林维先原是红二十五军的一个师长,一次带一个营来接高敬亭同志开会,因敌人截断路线不能返回原部队,就在红二十八军任特务营营长。他作战十分勇敢,具有很高的组织才能和领导艺术;生活简朴,平易近人,密切联系群众;在对敌斗争中,熟练地指挥部队屡建战功。但他在"肃反"中也几次险些被害,因作战有功,保卫了高敬亭同志,才免遭杀害。他后来和我提起时仍然很感悲惨。红二十八军二四四团团长梁从学同志是我们军队的优秀干部,但他和林维先同志一样,也差点在"肃反"中被害,后被撤职当挑夫。林、梁二同志在"肃反"中立场坚定，经受住了严峻考验，这和叛徒丁少卿真是成了鲜明对比。还有一位张驼儿爷，他担任过区、县苏维埃主席、中心县委书记和便衣队队长等职，对党的事业竭心尽力，对革命工作兢兢业业，领导我们打土豪、分田地，劫富济贫，建立革命政权，为部队筹款囤粮，是根据地内优秀的干部之一，深受人们爱戴，被尊为"革命老人"。但是谁能料到，这样不可多得的优秀干部却在1937年遭诬陷而被残酷杀害。当时的便衣队副队长李宏斗想借搞掉张驼儿爷而由自己当便衣队长，于是就告黑状，无端地给张驼儿爷捏造了许多罪名。张驼儿爷一身清白，却无丝毫申辩的余地，被用绳索捆绑吊打，以致最后被用石头砸死了。可怜他在被吊打得难以忍受时还坚定地说："饶我一条命吧，我还能为党多做点工作！"但是毫无用处，还是被砸得脑浆四溅，其惨状真叫人目不忍睹，我们在场的人都不禁凄然落泪，但却无一人敢上前劝阻。

"肃反"扩大化伤害了许多好同志，搞乱了革命根据地，使革命队伍内人人自危，革命组织内部遭到严重损害，革命力量受到极大削弱，同时外部敌人又加紧"围剿"，这给革命根据地带来了更大威胁，造成极大困难。但是革命红旗是砍不倒的，一切真正的革命者，他们在根据地内广大干部和人民群众的同心协力下，既同内部错误的"肃反"路线进行了艰难的斗争，又同外部的强大之敌展开了英勇的搏斗。这样，使我们党和军队能在逆境中保存并得以发展，到1936年"西安事变"及随后实现国共合作时红二十八军已发展到2000多人。党依靠这支队伍有效地牵制了敌军30多万人，捍卫了革命政权，保证了革命的胜利进行。这支队伍后来改编为新四军四支队，先由高敬亭同志、继由梁从学同志任司令员，开赴抗日前线。

原载安徽省军区党史资料征集办公室：《革命回忆录选编》，内部出版，1983年，第134～137页。

红旗永不倒(代序)

◎ 林维先

　　1934年11月,中共鄂豫皖省委根据中共中央的指示,率领红二十五军长征,实行战略转移。留在鄂豫皖边区坚持斗争的红军不足2000人,加上党政机关人员和伤病员,总共不过3000多人。而当时驻剿鄂豫皖边区的国民党正规军就多达17万人,再加上三省的部分保安团和反动民团,总兵力在红军的数十倍之上。敌人对边区进行疯狂的"清剿",实行惨无人道的"三光政策",扬言要在三个月内将我红军全部消灭。强敌压境,鄂豫皖苏区的红军被分割、包围在鄂东北和皖西北两地。仅存的几块狭小的苏区,累经摧残,已基本上成为无人区。皖西北的几块苏区不久又被敌人占领。在鄂豫皖边区革命处于生死存亡的严重关头,中共鄂豫皖省委常委、皖西北道委书记高敬亭同志,根据省委留下的指示信,于1935年2月3日重建了中国工农红军第二十八军,自任军政治委员,在与党中央失去联系的情况下,统一领导红二十八军和边区的党组织及其领导的地方部队、便衣队,紧紧依靠边区人民群众,前仆后继,浴血奋战,坚持了艰苦卓绝的三年游击战争,使党从1927年黄麻起义以来在边区的革命武装斗争得以继续和发展,使革命红旗始终高高飘扬在大别山区。

一

中共鄂豫皖省委率领红二十五军战略转移后，留在边区的中共鄂东北、皖西北道委及其所属党组织是健全的，尽管被敌人分割、包围在两地，并受到残酷的"清剿"，但各自都领导所属的地方部队和便衣队，利用深山密林和地形熟悉的有利条件，避敌锋芒，积极活动于敌人的据点之间，袭击敌人，镇压反动分子，还采取各种手段同敌基层政权人员做斗争。开始时，有的党组织一度受到损失，但很快作了调整，使之适应斗争的需要，并在以后的斗争中得到部分恢复。

中共鄂东北道委原辖罗陂孝特委、光山县委、新集县委、麻城县委和红安县委（三个区委）。罗陂孝特委辖罗山县委（四个区委）、陂孝北县委和河口县委。1935年初，先后撤销了新集县委、麻城县委、陂孝北县委和河口县委。罗山县委改组为中心县委，辖三个区委，由道委直接领导，在老苏区一带坚持斗争。罗陂孝特委没有下属党组织，在新苏区一带坚持斗争；以光山县委为基础组建了光麻中心县委，辖四个区委，在光麻苏区坚持斗争。1935年冬，光麻中心县委又恢复了四个区委，并于1936年2月改为光麻特委。红安县委辖两个区委，1935年6月又恢复了城区区委，在红安苏区坚持斗争。

中共皖西北道委原辖赤城县委，赤南县委，霍山县六区区委和六安县三区、六区区委。皖西北苏区是敌人"清剿"的重点地区，1935年初被敌人占领。道委书记率部队转移至潜山、霍山、英山、立煌县（今金寨县）一带打游击，道委机关随赤城县委行动，作为党的一级领导机构的皖西北道委即不再存在。霍山县和六安县的三个区委，有的被敌人摧垮，有的转移到外地。赤南县委和赤城县委在原地难以立足，分别于1935年春夏率领所属地方部队至潜山、霍山、太湖一带游击，7月编入红二十八军。两个县委留在原地坚持斗争的少数同志，6月在商城县金岗台会合，组成了中共商南县委，继续坚持斗争。

1935年2月中旬，红二十八军在潜山县驼岭附近的白果树，派出干部组织中共皖西特委，谋求在舒城、霍山、潜山、太湖、英山等县边界山区开辟新区，并统一领导皖西地区的斗争。舒城、霍山、潜山、太湖等县，地处大别山腹部，山脉纵横，树林茂密，有利于开展游击战争。这几个县 1930 年曾接连爆发农民暴动，相继建立过县、区、乡红色政权，红二十五军、二十七军都曾在这一带活动过。以后在国民党反革命"围剿"下，苏维埃政权被摧垮，但劳动人民心向共产党，对红军有深厚的感情。这里的地方党组织也一直进行不懈的斗争。潜山县委于 1934 年夏恢复活动，以沙村河、湖乡为中心，组织革命武装，领导人民开展对敌斗争。皖西特委成立不久，与地下党潜山县委、潜山工委取得联系，并对其实施领导。还与友邻党组织中共皖西北特委取得联系，协同行动。经过几个月的努力，建立了几块游击根据地，以后又把党的工作逐步扩展到舒城、霍山、潜山、岳西、太湖、罗田、英山、蕲春、浠水、宿松、黄梅、广济等县的广大山区，并于 1936 年上半年先后成立了宿黄边区工委（三个党支部）、蕲春（桐山冲）中心区委（辖桐山冲、将军山、朱冲、仙人台、三角山等好几个党支部）。同年 9 月，皖西特委改为皖鄂特委。

1936 年 3 月中旬，红二十八军派出便衣队到黄冈与地下党取得联系，开辟新区工作。5 月底又派出干部和骨干重新组成黄冈便衣队，以加强对这一地区的领导。便衣队与地下党经过深入细致的群众工作和对敌斗争，建立了游击根据地，发展了 100 多名党员，组织了十几个党支部，建立了四个区委，成立了中共黄冈中心县委。

鄂豫皖边区的党组织，在敌人的残酷"清剿"下，没有被摧垮和消灭，而且得到了新的发展。中共鄂东北道委、皖鄂特委、黄冈中心县委及商南县委，领导地方部队、便衣队和广大人民群众，不屈不挠地进行斗争，在斗争中锻炼得更加坚强，成为各地区的领导核心。

红二十八军坚持了政治委员制度，军、师、团、营都有政治委员。连队有党支部，由政治指导员任支部书记。初期还成立了师政治部，下设负责党务工作的专职党委书记和组织、宣传、民运科及少共团委。宣传科还领导了一支十多人的宣传队和粉笔队、油印股、张贴队。以后部队以营为单位分散活动，政治部人员亦分散随各营行动，始终保持了强有力的政治工作。党的领导和政治工作，保证了部队有坚定的革命立场和旺盛的战斗意志，有严格的纪律，除打仗外还坚持做群众工作，继承和发扬了红军的光荣传统。

事实证明，在激烈的阶级斗争中建立和发展起来的鄂豫皖边区的党组织，是经得起残酷斗争考验的，是深受边区人民群众拥护和爱戴的，是有战斗力的。党的坚强领导,是坚持鄂豫皖边区三年游击战争并取得最后胜利的根本保证。

二

毛泽东同志指出:没有一个人民的军队,便没有人民的一切。要继续坚持鄂豫皖边区的斗争,必须要有一支主力红军。重建后的红二十八军,就肩负起这一历史重任。

1935年2月3日,红二十八军在太湖县凉亭坳(今岳西县境内)重建时,敌十一路军和二十五路军的六个团另五个营即从三面合围而来,形势十分严重。如何打破敌人的"围剿",在鄂豫皖边区站住脚,并坚持斗争,这是摆在红二十八军面前的一个十分紧迫的问题。毛泽东同志在谈到小部队如何打破强大敌人的"围剿"时指出:首先而且严重的问题,是如何保存力量,待机破敌。红二十八军只有1000余人,武器装备差,弹药缺乏,但指战员都来自工农,相当一部分同志在红四方面军和红二十五军时就曾经历了许多战斗的锻炼和考验。他们以老带新,继承和发扬了红军的优良战斗作风。进攻时,迅速、勇猛,打得敌人措手不及,难以招架,并且勇于短兵相接,白刃格斗,解决战斗干脆利索。防御时,不畏强敌,顽强抗击,能够打退敌人的连续冲锋,并能适时组织反击,大量杀伤敌人。转移时,行动敏捷,具有吃大苦、耐大劳、战胜一切艰难险阻的精神,并能边走边战,使敌人堵不住、追不上。化装进入敌人据点时,沉着机警,应付自如,具有压倒一切的英雄气概和随机应变的能力。这种优良的战斗作风是一种无形的巨大力量。指战员凭借这种力量,利用大别山区层峦叠嶂、沟深林密的有利地形,辗转游击,时东时西,忽南忽北,以走的办法来摆脱敌人,保存力量。但是,我军的走并不是消极避战,条件对我军有利时,就抓住战机歼敌一部,打了以后又立即走,使敌军难以掌握我军的行动规律,无法进行合围。并且针对敌人的碉堡封锁线尚未完成,加之敌人指挥不统一,行动不协调,担任"驻剿"的敌军往往滞留一地,担任"追剿"的敌军则孤军追击的情况,实行了"避强趋弱,避实击虚"的作战指导方针。以后又明确提出了"拖垮二十五路,相机打十一路和东北军,向保安团要补给"的军事斗争策略,和"敌情不明不打,地形不利不打,伤亡过大不打,缴获不多不打"的作战指导原则。这样,就逐步形成了一套符合实际情况的游击战争的战略策略。1935年下半年，我军依靠在皖西新创建的游击根据地，纵横驰骋在皖西地区和皖鄂边界，一时在山区，一时在平原，拖着敌人兜圈子。敌"清剿"总指挥梁冠英几乎隔日向所属部队下达命令，并离开罗田总指挥部到店前河、陶家河、衡前镇、潜山等地指挥，也难觅我军踪迹。我军则能在转移中创造和捕捉战机，给敌军以沉重打击。敌二十五路军战报记载："查东区之匪现于本区域内总计已达千人"，"几个月来，既未予匪重创，而所提匪情亦多含糊"，"限期将届，怀念职责，殊深焦念"。这就充分说明，尽管敌人兵力上占绝对优势，但对付我军的游击战，仍是一筹莫展，束手无策。

1936年以后，敌人在鄂豫皖边区的兵力虽较前减少，但基本上筑成了纵横交错的碉堡封锁线，大部兵力进山驻守碉堡，妄图以其碉堡封锁线来阻止我军行动，从而达到围歼的罪恶目的。针对敌情新的变化，根据加强连插入敌后到黄冈平原地区活动没有遇到敌正规军阻截的情况，我军确定由在敌人碉堡封锁线内兜圈子，变为跳出碉堡封锁线到敌后活动，把敌人大部分"清剿"兵力置于无用之地。同时确定采取"化整为零，集零为整"的方法，主要以营为单位分散活动。这样，就把敌后游击战争提高到了一个新的水平。在以后的一年多中，我军分散活动于平汉铁路两侧和鄂豫皖边区的平原、丘陵地区，东近合肥，西抵汉水，南临长江，北越淮河，七次成营歼灭敌人，还攻克了高河埠，威逼安徽省府安庆。在平汉铁路以西地区，打开了许多反动圩寨和据点，不仅扩大了影响，还为在豫南坚持斗争的友邻党组织和兄弟部队的发展创造了条件。也曾重返皖西山区，协同当地党组织和便衣队，拔碉堡，破圩寨，歼民团，部分地恢复了老区。以营为单位分散活动为主，并不排除在有利条件下集中兵力给敌人以歼灭性的打击。1937年初，我军就曾集中大部兵力，先在麻城县啄立山歼敌三十三师一个营，不久又在王通歼其两个营，并击毙敌团长秦丹云。

在战术上，红二十八军充分发挥了游击战速决、奇袭的特点。主要的作战方式是伏击战，指战员称之为"杀回马枪"。伏击战的好处是，既能给敌以歼灭性的打击，又能用缴获的武器弹药来装备自己，利于坚持斗争。如1935年4月初，我军准备转移至黄梅、宿松、蕲春三县边界的罗汉尖地区建立游击根据地，14日在蕲春县毛家咀地区遭敌九十六旅一九二团袭击，即改变去罗汉尖的计划，向东北方向疾进。敌九十五旅一九〇团一直尾追我军，见我军不予接战，误以为我军是怯战，骄气十足，虽被我军拖得疲惫不堪，仍紧紧尾追不放。20日下午我军登上潜山县汤池畈东北的桃岭（今岳西县境内），敌一九〇团也从汤池畈跟踪追来，我军即决定利用桃岭的有利地形伏击歼敌。特务营在山坳口担任阻击，军主力待机向敌侧后出击，战斗于四时半左右打响，不到两个小时，歼敌两个营，溃敌一个营，毙伤敌营连军官14名，缴获各种枪400余支。待敌一九二团前来增援时，我军已胜利撤出战斗，安全转移。这次战斗的胜利，不仅改善了我军的武器装备，提高了作战能力，还打击了敌人的嚣张气焰，打破了蒋介石在三个月内消灭我军的狂妄企图。

  由于我军经常处于敌人的前堵尾追之中，所以进行得最多的是阻击战。这种战斗几乎每天都有，有时一天就好几次。通常情况下，我军以小部队进行阻击，掩护主力安全转移。由于敌众我寡，战斗是异常艰苦和激烈的。如1935年9月13日我军向潜山县妙道山（今岳西县境内）转移，敌九十五旅跟踪追至，在旅长的督战下，弃其辎重，蜂拥而上。在此危急的情况下，二营营长率六连利用有利地形沿山脊一线展开，阻击敌人，掩护军主力转移。经过激烈战斗，完成了阻击任务，但退路被敌切断。营长令六连连长带两个排迅速转移，自己留下和副连长带一个排牵制敌人，最后弹尽刃卷，向二三丈深的崖下跳去，有的同志不幸牺牲，幸存20余人转移至小河南一带与主力会合。在以小部队阻击敌人难以奏效时，则全军据险阻击，给敌人以大量杀伤后再转移。如1935年5月31日，我军到达随县桐桥畈附近，敌独立五旅六一四团和六一三团二营跟踪而至，距我军二三公里宿营。不狠狠给敌人以打击，歼其有生力量，是难以摆脱敌人而安全转移的。于是当晚上桃花山勘察地形，进行战斗准备。6月1日我军利用桃花山的有利地形，击退在炮火掩护下向我军进攻之敌，毙伤敌600余名，其中营、连级军官12名。这次战斗，给"追剿"之敌以沉重打击，为我军东返鄂豫皖边区创造了有利条件。

  我军一般不主动攻袭敌人的据点，但也不放弃有利机会，出敌不意地实施攻击。如1935年8月13日，我军游击至霍山县燕子河（今金寨县境内），得知敌三九〇团一个营由流波䃥移驻花凉亭，企图阻击我军行动。由于该敌分散孤立，立足未稳，我军兵力又占绝对优势，于是部队随即出发，经长途行军后于夜间发起出其不意的攻击，毙伤敌200余名，俘敌百余名，缴获步枪200余支，轻机枪3挺，重机枪四挺，迫击炮一门。这是三年游击战中我军进行的唯一一次的夜间攻坚战斗，不仅取得了重创敌军一个营的胜利，也提高了各级干部的组织指挥能力和部队的战术技术水平。

我军还广泛采用了化装战术。首次采用这种战术是1935年2月15日。那天拂晓，我军包围了潜山县王庄敌安徽省政府委员兼财政厅长余谊密的家，手枪团的同志化装成余家好友前去拜年，活捉并处决了余谊密这个老反共政客及其任潜山县保安大队副的次子。1936年春，加强连下平原活动，活捉敌二十五路军秘书长；在团陂、上巴河、马鞍山歼敌湖北省保安团两个连一个排，烧毁下巴河敌二十五路军军需仓库。1936年冬，手枪团三分队配合商南县委的便衣队，一天内摧毁立煌县熊家河地区的十余座碉堡，都是采用的化装战术。这种化装战术，犹如表演了一幕幕惊险动人的话剧。这是战术上的一个创造。

三年中，红二十八军以千余人的力量，转战于今湖北、河南、安徽三省的45个县，牵制了大量敌军，歼敌18个营、15个连和毙伤大量敌军，粉碎了敌人的反复"清剿"，有力地支援了主力红军的战略转移，配合了南方各省红军的斗争。正如毛泽东同志指出的：人民的游击战争，从整个革命战争的观点来看，和主力红军是互为左右手。只有主力红军而无人民的游击战争，就像一个独臂将军。

鄂豫皖边区的地方党组织，十分重视地方武装建设。鄂东北道委先后三次组建独立团，还组建了两个特务营、道委特务队和一、三、九路游击师；皖西特委先后组建了四、六路游击师等十余支地方部队；黄冈中心县委组建了两个战斗营；商南县委组建了游击大队。三年中，鄂豫皖边区原有的和先后组建的地方部队共约3500人；便衣队发展到82个,600余人。这些地方武装，不仅为红二十八军提供了大量的兵员，还就地坚持游击战争或配合红二十八军作战，形成了主力红军、地方部队、便衣队三结合的人民战争。

鄂豫皖边区三年游击战争的历史，是一部生动的人民战争史。鄂豫皖边区三年游击战争的胜利，是毛泽东同志人民战争思想的伟大胜利。

三

毛泽东同志指出：没有根据地，游击战争是不能够长期存在和发展的。红二十八军是在皖西北苏区被敌占领后,在辗转游击途中重建的。由于后方无保障,在伤病员安置、后勤供应、兵员补充等方面,都存在严重的困难。为了解决这些严重的困难,红二十八军明确提出要创建新的游击根据地,并为此进行了不懈的斗争。

红二十八军转战皖西,谋求打开局面,建立游击根据地,但几经奋战都没有成功。因为部队天天处于敌人前堵后追之中,根本无法立足。新组建的皖西特委和二四六团,趁敌人主要力量追堵主力红军之际,以小部队配合便衣队,在敌人统治薄弱、地形和群众条件较好的霍山、潜山、舒城、太湖、英山等县交界的山区,通过打土豪、歼民团,发动群众,建立了几小块游击根据地。

便衣队这种组织形式,早在1933年秋红二十五军在鄂豫皖边区坚持斗争时就出现了。中共鄂豫皖省委对此十分重视,在1933年11月10日关于今后的斗争方针问题向中央的报告中,认为便衣队是"极为适宜的一种游击武装的方式",明确提出"现在最有发展希望及最重要的运动就是便衣队的运动"。为了有效地保存自己,适应对敌斗争的需要,巩固老区,建立新区,坚持敌后游击战争,粉碎敌人的长期"清剿",鄂豫皖边区各级党组织和红二十八军,把发展便衣队提高到战略地位,用极大的力量去发展便衣队,依靠便衣队去建立新的游击根据地。

便衣队像雨后春笋般蓬勃发展起来是在1935年夏天以后。这些便衣队有地方党组织派出的,也有红二十八军派出的。由军队派出的便衣队,以后大部分交地方党组织领导。便衣队一般十人左右,由党和苏维埃的基层干部或军队干部任队长和指导员,队员一般都是当地的党员、干部或红军战士。便衣队是一支掌握武装的游击小分队,是隐蔽在群众中开展工作的。掌握武装是为了镇压反动分子,打击敌人,坚持斗争,但又不同于主力部队和地方部队,不是以打仗为主,而是以做群众工作为主,并执行苏维埃的政纲法令。便衣队的党支部,一般都履行相当于区委、工委甚至县委或中心县委的职责,实施党的集中统一领导,便衣队实际上是党政军三位一体的武装工作队。

在三年游击战争中,便衣队先后发展到82个,遍布鄂豫皖边区22个县。便衣队担负了以下任务:(一)宣传群众,组织群众,武装群众;(二)扩大游击区,建立新的游击根据地;(三)恢复和建立党的组织,形成坚强的领导核心;(四)掩护红军伤病员,进行妥善安置和治疗;(五)筹粮筹款,提供物资供应;(六)利用敌人的基层政权为我服务；（七）严惩坏人，给群众撑腰；（八）接济老区，帮助他们渡过难关；（九）扰乱、牵制敌人，配合主力红军作战；（十）搞侦察，送情报，掩护主力红军行动；（十一）组建游击队和战斗营，补充红军兵员。他们开展工作的主要方法是：选择省界或几县交界的地形条件和群众条件好的地方，白天隐蔽，晚上到群众家里做工作，并以模范的遵纪爱民行动取得群众的信任，站稳脚跟。再用亲串亲、邻连邻的方法，由点到面开展工作。先由一村到几村，由山区到平原，由秘密活动（组织秘密农民小组、妇女小组、青年小组，发展地下党员）建立隐蔽的游击根据地，逐步到公开建立便衣队和游击队，成立党的组织，掌握基层政权，开设"山林医院"、被服厂、修械所，建设比较巩固的后方基地。

由于缺少医伤治病的药品、器材和伤病员所需的生活用品，没有供伤病员休养的安全稳定的环境，红军伤病员的医疗救治工作，是当时最困难的问题之一。安置和医治伤病员，就成了便衣队的一项重要任务。从1936年起，在便衣队建立的游击根据地里，由于陆续收容伤病员较多，逐渐形成了伤病员收治点。皖西大岗岭、鹞落坪、小河南等地的便衣队，在山林里搭起大小草棚，办起了"山林医院"，经常收容数十名伤病员，由几名医务人员负责医治工作。其他便衣队则将伤病员安置在群众家中，由医务人员巡回治疗。黄冈便衣队先后收容治愈了200余名伤病员，灵山便衣队也先后收容治愈了70余名伤病员。由于伤病员得到比较妥善的安置和治疗，痊愈后又一批批重返主力部队，或成为组建地方部队和便衣队的骨干，从而大大地鼓舞了我军的斗志，增强了我军的战斗力。

便衣队还通过打土豪或规定地主缴纳一定数目的现款和粮食等途径，筹集经费和粮食，请基本群众到敌占区购买粮食和生活用品，以供军需。鹞落坪便衣队还曾在包家河、青天畈、沈家桥等地开设红军地下商店，红军出钱群众办，经营红军需要的油、盐、布匹、电池、药品等。三年间，便衣队向红二十八军提供了大批现款和相当数量的粮食、布匹、鞋子、药品、雨伞、毛巾等物品，有力地支援了主力红军。红安县委和中心县委的20个便衣队，还担负救援鄂东北老苏区的重担。他们到附近筹粮，通过地下党和基本群众到敌占区，买生活用品和药品，夜间送进山去，或通知后方的同志下山来背，使老苏区的后方机关和医院，在敌人的反复"清剿"中能够坚持下来。

便衣队是鄂豫皖边区的党和红军的一大创举,在三年游击战争中得到了很大的发展。便衣队建立的游击根据地,成了主力红军的后方,对坚持三年游击战争起了重大的作用。

四

毛泽东同志指出:政策和策略是党的生命,各级领导同志务必充分注意,万万不可粗心大意。鄂豫皖边区的党和红军,随着斗争形势的发展变化,改变了过去的"左"的政策,实行符合实际的政策和策略,分化了敌人营垒,建立了比较广泛的统一战线。

首先,逐步改变了到白区"打粮"和对地主豪绅既要钱又要命的"左"的做法。1935年春,罗陂孝特委便衣队在鄂东北特务营的配合下,用里应外合的方法一举攻破罗山县反动的九里十八寨的香炉寺,狠狠打击了地方反动势力,缴获了大批粮食和其他物资。攻破香炉寺后,其他寨子的地主为之胆寒,有的连夜逃走,有的托人找便衣队联系,保证以后不再做坏事,并按时纳粮。根据这一情况,鄂东北道委制定了以征粮代替"打粮"的新政策。灵山便衣队为了加快筹粮速度,还采取了直接从佃户手中收取交纳地主的租子的一半,然后写一收条由佃户交地主,地主不得再重复索租的办法。以后,各地党组织和便衣队陆续实行了这种革命的税收政策,对地主采取以罚代杀,只要他们交齐款物,并保证不替敌人干事,不危害群众,就开给证明,给予保护。红军部队也采用了这种办法,征了粮食就开给证明,对持有证明者就不再征收。这样做的结果,既分化了敌人营垒,又保持了一定数量的钱粮来源。

其次,改变了过去对联保主任、保长等敌基层政权人员不加区别一律处决的"左"的政策,采取了打击与争取相结合的方针和区别对待、分化瓦解的政策策略。对那些罪大恶极、冥顽不化、严重危害革命的反动分子,则坚决镇压。没有对敌人首恶分子的坚决镇压,就不可能造成敌人的分化。因此,镇压之后,一般都公布所镇压的反动分子的罪状,以收杀一儆百之效。对一般罪恶不大的联保主任、保长,则不采取打击的方针,而是向他们提出警告,只要他们遵守苏维埃的政纲法令,保护群众,掩护红军,完成便衣队规定的任务,就给予保护。对那些迫不得已而给敌人办事的联保主任、保长，则晓以大义，争取他们站在人民一边，和他们建立统一战线。这样做的结果，使得一部分联保主任、保长表面上为敌人效劳，实际上按便衣队的意图办事，成为"两面政权"。便衣队控制了这些联保主任、保长，也就控制了他们所管辖的地区，这些地区就成了我们的游击根据地。商南县委争取了西河桥的联保主任，并在该地放了便衣队，以后这一地区工作开展很顺利，有些联保壮丁参加了我们的队伍，有些人白天是联保壮丁，晚上就成了跟便衣队向地主征粮的群众。1937年敌人进行新的大规模"清剿"时，由于商南县委掌握了西河桥、熊家河、桃树岭等地的"两面政权"，将女同志和小孩全部送到熊家河，有的还住在地主家的碉楼里，避免了损失。黄冈便衣队在总路嘴附近的杜家湾争取了一名联保主任，他为掩护便衣队做了不少好事：敌人"清剿"时封锁很严，便衣队活动困难，他为我们传递消息；一位区委书记是从他家化装走的；便衣队女交通员外出时，是他给开的路条。各地便衣队都争取了一些联保主任、保长，他们都不同程度地为我们做了一些好事。红安县陶家湖的联保主任在敌人"清剿"时曾给红安三区便衣队送过饭。蕲春县将军山的联保主任曾负责掩护过我方伤员。罗田县肖家坳的联保主任和"清剿"大队长是便衣队发展的秘密农会会员。黄梅县塔儿畈的联保主任每天都向便衣队汇报敌人的活动情况。还有的联保主任将国民党县政府的"清剿"命令给便衣队看。像这样的情况，在鄂豫皖边区是屡见不鲜的。

　　执行正确的俘虏政策。对俘虏，规定不准搜腰包，不准打骂，不准侮辱。一般是战斗结束后由专人将俘虏集中起来，教育后发给路费释放。坚决要求留下当红军的，分到连队，不准歧视，有的还分配当军事教练。1936年4月老山寨战斗后，一营就曾吸收了70余名被俘后坚决要求参加红军的敌一〇二师士兵。这些人参加红军后，绝大多数表现很好，有的后来当了干部。由于执行了正确的俘虏政策，在敌军官兵中，特别是在士兵中，产生了极大的影响，有的在与我军遭遇时对空放枪，有的自动携械向我军投诚。1936年秋，敌十一路军某团少尉排长姜术堂携械到潜山县的便衣队，要求参加红军。因考虑他家有老母，就发给他充足的路费，规劝其返乡。姜术堂同志返乡后，闻知西安事变和平解决，国共实行第二次合作，自动到西安找我党的办事机构，得到党中央的文件后又返回鄂豫皖边区，于1937年7月找到皖鄂特委，使我军在与党中央失去联系三年之久后，看到了中央的文件，并按照中央文件精神，成功地同国民党鄂豫皖当局进行了和平停战谈判。

对敌军还展开政治攻势，实行分化瓦解。便衣队散发、张贴传单，动员敌军官兵投诚起义。在平汉铁路黄家湾车站驻防的东北军的一个排长，怀揣传单带着全排士兵和武器，到灵山冲老庙请和尚给红军便衣队送信，请求受降。便衣队配合特务队把这一排人接收了过来。红安、潜山等地的便衣队走访民团团丁的家庭，要他们认清形势，教育当团丁的儿子不要作恶，不要同便衣队为敌。这对分化瓦解和争取民团起了显著的作用。

采取正确的方针和政策策略，孤立打击少数，争取团结多数，分化瓦解敌人，是坚持鄂豫皖边区三年游击战争并取得最后胜利的一个重要因素。

五

鄂豫皖边区的人民，是经过长期革命斗争锻炼和考验的英雄人民。他们深知共产党和红军是为无产阶级的彻底解放而斗争的，是代表他们的根本利益的，因而热爱党和红军。在白色恐怖和血腥屠杀下，他们没有被敌人的气势汹汹所吓倒，仍然竭尽全力支援革命，掩护红军伤病员和便衣队员，为保卫边区革命筑起了铜墙铁壁。

人民群众踊跃参加红军，投入保卫鄂豫皖边区的人民游击战争。黄冈地区有400多名青年参军，先后组建了两个战斗营，成建制地编入红二十八军。灵山便衣队先后组建了十几支小游击队，为红军输送了成百名战士。信阳县周塘埂、黄家湾一带有40多名青年参加了鄂东北独立团。据不完全统计，三年中参加红二十八军和各地方部队的青年，在2000人以上。许多地方出现了父送子、妻送夫参军的动人情景。人民群众的踊跃参军，使红二十八军和地方部队不断得到兵员补充。

边区人民虽然缺衣少食，生活极其艰难，但仍把仅有的一点粮食和衣物，拿出来支援便衣队。敌人为了割断便衣队与人民群众的联系，大搞"移民并村"，把群众圈禁在移民村里，下地劳动时只准带仅够一人吃一餐的食物，还派武装监视。群众无法与便衣队直接联系，就把身上的衣物和自己吃的干粮放在比较隐蔽的地方，以便让便衣队夜间来取走食用。1937年敌人进行新的大规模"清剿"时，不少地方的便衣队员和伤病员被围困在山林里，当地群众想方设法上山送饭，护理伤员。潜山一个便衣队只剩下三人,当时正值青黄不接,便衣队员弄不到吃的,只得爬到围子旁边,用小砖头丢到群众房上联络。群众知道便衣队员来了,尽管受到敌人的严密监视,还是不顾危险地悄悄打开窗子,用绳子把食物吊下来给便衣队员。不少便衣队员在遭到敌人"清剿"、处于最困难的时候,就是靠人民群众用各种巧妙的办法支援,才能够生存下来,继续坚持斗争的。

边区人民经常冒着生命危险掩护红军伤员和便衣队员,有的甚至献出了宝贵的生命。红军伤员分散住在群众家里,群众精心护理,胜过亲人。他们宁肯自己挨饿或吃野菜野果,也要设法给伤员弄点大米、白面吃,有的甚至将家中仅有的下蛋的母鸡杀了炖给伤员吃,增加营养,以利早日康复。将军山便衣队将伤病员安置在群众家中,群众一般是叫媳妇出来招呼,碰到民团清乡查问时,媳妇即说"这是我的丈夫",进行掩护。敌人"清剿"时,群众白天把伤员背上山,藏在隐蔽的山洞里,以避开敌人的搜捕,晚上再背回家里调养。姑娘住的房间,外人不能进去,这是光山、商城一带的风俗习惯,而群众却坚持要便衣队员在姑娘房里躲藏。红安三区便衣队在一户群众家中存放了100多支枪和一些银圆。有一次,三个便衣队员正在这户群众家的楼上休息,碰上两个叛徒带领民团来搜查,群众家男的外出回来见此情景,挺身上前让民团抓走,并用暗语告诉他妻子赶快叫便衣队员带上枪支和银圆转移。敌人明明看见便衣队员进了光山县夏青区的一个村子,就是搜查不出来。原来是一位木匠将便衣队员藏在他家床边马桶下的一块石板盖着的地洞内。别动队抓了村里20多人,当场杀死三人,逼问便衣队员藏在哪里。群众宁死不屈,无论是大人还是小孩,什么都没有说。有一次,敌军在长岭岗搜山,贫农曾少山带着全家和红军伤员隐藏在山洞里,当敌兵正在山上搜寻时,曾少山的孩子突然惊哭起来,为了掩护伤员,他毫不犹豫地掐死了自己的孩子。像这样可歌可泣的动人事迹,是举不胜举的。

鄂豫皖边区人民的全力支援,是坚持三年游击战争并取得最后胜利的坚实的群众基础。

1937年7月下旬,红二十八军根据党中央文件精神,同国民党鄂豫皖当局进行了和平停战谈判,并达成了协议。8月,红二十八军各部队和鄂豫皖边区党组织及其所领导的地方部队、便衣队,陆续开到红安县七里坪、两道桥和礼山县(今大悟县)

宣化店、黄陂站一带集中整训。艰苦卓绝的三年游击战争终于结束了。

1938年2月下旬,红二十八军和鄂豫皖边区党组织及其所领导的地方部队、便衣队,与豫南的兄弟部队改编为国民革命军陆军新编第四军第四支队,3月8日奉命东进,踏上了东进皖中、皖东,创建敌后抗日根据地的新的征程。

原载皖西革命斗争史编写组编:《皖西革命回忆录——第二次国内革命战争时期》(下卷),黄山书社,1984年,第1~19页。

回顾中共皖鄂边区特委会

◎ 何耀榜

一、接受任务

1936年9月，我同光麻特委机关的同志一起，游击到经扶县（现河南新县）东八区扎家湾的大山沟里，林维先同志率红二十八军特务营前来找我传达了高敬亭同志的命令：调我接任皖西特委书记；光麻特委书记由张家胜同志接替。

经过三天三夜的征战，我们力挫国民党二十五路军的追击和十一路军的堵截，在商城亲区辛店与高敬亭汇合。

他紧握着我的手说："你对命令有什么意见？"

几个月未见高敬亭，他消瘦多了。

"坚决服从！"我毫不含糊地回答道。

接着，他向我介绍了敌我双方的目前形势，并含着眼泪叙述八十二师政委方永乐在护儿山战斗中壮烈牺牲的情形。经过频繁的激烈战斗，红二十八军减员甚多。最后他说：我们一定要继续坚持斗争，要研究解决部队的补充和地方工作。从今天起，你要把皖西特委的担子挑起来。

我们在梅头河进行了短暂的休整，准备研究皖西特委恢复和加强地方领导工作。可是，敌人不给我们喘息时间，以三个团的兵力向我军驻地围攻，会议刚开即止，高敬亭当即做出决断：

"部队分散出击，手枪团首先与敌人二十五路军的一个团打响，特务营乘机插到黄冈，把敌人拖回原地。两个月后，到岳西县鹞落坪跟我们汇合。如果不能到达目的地，第二个集合点是蕲春的将军山，第三个集合点是英山县的阴山尖。"

二、桃花冲重建特委

经过艰苦的转战，我们各路游击队伍终于到达了预定的集合点——鹞落坪。然而，敌人摸清了我军的行动规律，企图趁我军集结之时，来个一网打尽。会议并没有再次推迟，我们也做好了准备，当敌二十五路军追来一个团时，由我军手枪团立即把他们拖到九江去了。11月，会议在鹞落坪的西南边英山桃花冲及时召开了。

会上，高敬亭作政治报告，总结了红二十八军的游击战争经验。会议决定成立皖鄂边特委，对原皖西特委会的管辖区域作了新的调整，从湖北划来几个县，辖舒城、桐城、望江、潜山、太湖、岳西、宿松、霍山、英山、罗田、蕲州、黄梅、广济等十余个县，特委由何耀榜任书记，鲁金瑞、徐文初为常委，罗志达、徐文初任特委秘书，罗志达留守特委机关，徐文初随特委行动，各工委、县委书记为特委委员，特委机关设立于鹞落坪。

会议结束后，高敬亭率部队前往鄂东北根据地，我和特委几个干部，分头深入到便衣队的山洞里，把已经痊愈的伤病员组织起来，很快成立了一个32人的特委警卫队，并把特委的工作作了安排：徐海珊同志负责特委与各方面的联络工作；罗志达在特委机关，用原特委的一台油印机印发标语口号传单，落款红二十八军政治部，尽快散发到敌占区去；易元鳌同志带皖西地方部队战斗营出去执行任务，通知各工委、县委及便衣队干部参加特委首次会议。为了保障鹞落坪特委机关的安全，第一次特委会议迁至小河南（今岳西县茅山公社）召开，时间在特委重建的半个月后。

三、小河南会议

皖鄂边特委刚刚建立，立即就投入到紧张的联络工作中。不久，失去联系的地方党组织又恢复了生机。

我到六安抱儿山找到了便衣队三分队,了解到各便衣队活动,然后,经舒城、桐城、潜山而至天柱山,分别与地下党接上头,交代了以后联系的时间、地点和暗号。在岳西的后河山,又遇上了半公开的潜山工委书记吴云霞和副书记储道恒,据了解他俩是原红二十七军派下来的,准备回乡组织农民武装。我对吴云霞和储道恒两同志提出了建议:"你们仍然为秘密组织,主要任务是加强与安庆、九江等联络点联系,尽量获取中央指示和外线情报,直接与我们特委联系,在这一带不要发生横的关系。"

吴云霞说:"我们的活动已经半公开了,并成立了中心区委,特委能不能给一点枪支,好为今后行动做掩护。"我同意送给他们十支手枪,并留下班长周凤兰跟他们一起活动,并交代由周班长以便衣队八分队的名义与我们接头联系。

我对潜山地下工委工作做了布置后,立即赶到小河南。这时已有十几个县的30多名代表化装来到小河南,大家行动隐蔽,均未惊动敌人。小河南是皖潜游击队的发源地带,也是岳西地下党活动区域,群众基础牢固,在这里开会是十分安全的。

晚饭后,黄云先把我领进一个叫六形堂屋的大院里,与代表们见了面,会议也就开始了。

我在会议上先传达高敬亭主持的桃花冲会议内容,宣布中共皖鄂边区特委建立,并详细分析皖鄂边区的目前形势。

皖西特委工作中断后,几个月来,各工委、县委、便衣队失去领导机关,高敬亭同志率红二十八军主力出没于鄂豫皖整个革命根据地,基层很难与他直接联系。接着形势更加恶化,敌人十一路兵团司令部驻扎六安,二十五路兵团司令部驻守罗田,湖北几个县还盘踞陈汝怀的四个保安团。此外,还有各地方豪绅地主的反动武装和民团等。他们采用追击、堵击、分击合围等战术对付我红二十八军,采用碉堡、移民并村、搜山、封锁线等手段,以点线为纲的战术,将大别山区切成了大小不等的豆腐块,刺探我方情报,破坏地下党组织和便衣队,致使皖西地区革命力量遭受很大损失。

针对斗争的形势,会议提出了今后的工作任务,如各支便衣队抓住有利时机,备足粮食、鞋袜等物资,支援红军主力部队问题;各工委、县委和区委及便衣队建立根据地，扩大武装队伍，积极补充主力红军兵员问题；在情况紧张时，上下内外保持正常联系问题；调整干部分工和加强干部之间的团结与合作问题；等等。会议经过两天的充分讨论，最后形成决议。这次会议十分重要，散会后各地代表满怀信心地回到战斗岗位，开展工作，很快在皖鄂边区掀起了斗争的新高潮。

四、皖鄂边区游击斗争的蓬勃兴起

我回到特委机关所在地鹞落坪门坎岭，不久就接到了高敬亭的指示信——

何耀榜同志：

我在黄冈、麻城一带，和手枪团一营、特务营汇合，打了一仗，部队很疲劳，也有些减员。我将手枪团一营带回到鄂东休整补充。特务营拖得很苦，如果带到鄂东，仍无法补充，因此我叫特务营回到皖鄂边，由你设法叫他们休息和补充。你的精力仍着重整理皖鄂边的地方工作。

高敬亭

根据高敬亭的指示信，特委会研究决定，将易元鳌的战斗营补充编入特务营。特务营整编后，开赴黄安，投入新的战斗。

几个月来，特委积极开展工作，通过两次会议，健全了党组织，以岳西鹞落坪、大岗岭为中心，纵横二三百里的各地游击斗争十分活跃，革命武装力量得到进一步发展。我们组织成立了潜太游击队，由余启龙任队长，周奇云任指导员，人枪百余，后期编入战斗一营。1937年初，蕲春、黄梅、广济一带的游击队组成战斗二营，熊桐柏出任营长。

我们特委活动中心点岳西地区的便衣队，在反"围剿"斗争中，时而集中，时而分散，灵活地打击敌人，虽屡遭挫折，曾由原来八支并为四支，后来又发展到十二支。特委警卫队在战斗中也不断得到发展，由32人壮大到63人。

潜山工委地下工作很有起色，不但发展了便衣八分队，而且搞活了交通工作。工委书记吴云霞往来于安庆、九江等地联络点与特委之间，使我们能及时得到情报，了解全国形势的变化。

皖鄂边区沸腾起来了，大别山红旗猎猎，刀枪林立，游击斗争如火如荼。与此同时，广大人民群众振奋起来，把翻身的希望、光明的前途，寄托于我红军，从而积极为红军送情报、抬担架、伺候伤病员、做军鞋、缝军衣，男女老少都争先恐后，全力以赴。红军在鹞落坪、大岗岭、小河南、将军山等地设立的"山林医院"、小型修械厂、被服厂，得到进一步巩固和发展。我们特委会通过便衣队和群众，从敌占区买来布匹、雨具、手电、西药等军需品。这一切，保障了红军兵员输送和物资供应，为后期粉碎敌人"三个月秘密清剿"奠定了坚实的基础。

西安事变发生后，国民党在大别山集结了各方面军队，向我红二十八军及便衣队发动秘密"清剿"，我军在极端艰苦的条件下，奋起反击，使敌人陷入进退两难的地步。

1936年冬，我派姜术堂去找中央联系，姜术堂从西安返回鹞落坪，带来八路军办事处给的党中央的两个文件。这下证实了我们从国民党报纸上看到的国共合作消息确是我党主张。不久，高敬亭率部队来到鹞落坪，我们认真研究了这些材料，才认清了形势，最后做出决定：发动鄂豫皖根据地全体革命武装力量，广泛深入地张贴标语，宣传抗日，为国共停战合作大造舆论。

1937年7月中旬，遵照党中央指示，我党主动向国民党提出进行国共合作谈判。高敬亭派我出任鄂豫皖革命根据地的谈判代表。皖鄂边区特委会的工作经过高敬亭的同意，由徐文初同志代理书记，军事方面由周奇云同志负责。

经过青天畈谈判、九河签字一系列交涉，国共双方达成停战协议。8月份，我前往武汉办事处向董必武同志汇报谈判情况，离开了皖鄂边区。坚持皖鄂边区游击斗争的同志，为了抗日图存，共赴国难，于1937年9月，各路武装在岳西县土门（今凉亭公社）集中，特委机关和警卫队、便衣队200余人，在徐文初、周奇云两同志领导下，10月初开赴红安七里坪，会合红二十八军，经过整编，踏上了抗日征途。

至此，中共皖鄂边区特委会光荣地完成了它的历史使命。

（王晖　整理）

原载皖西革命斗争史编写组编：《皖西革命回忆录——第二次国内革命战争时期》（下卷），黄山书社，1984年，第150～156页。

谈判始末

◎ 汪恭颖　金孝广

1937年7月，红二十八军遵照党中央指示，代表鄂豫皖边区同国民党卫立煌部，在岳西县进行合作抗日谈判，最后达成协议，于九河举行了签字仪式。

一、谈判之前

西安事变后，蒋介石背弃其"停止剿共，联合红军抗日"的诺言，继续调兵遣将，在南方各省进行新的"清剿"，妄图消灭我红军游击队。4月27日，国民党中央下令撤销鄂豫皖边区主任公署，改为鄂豫皖边区督办公署，任命卫立煌为督办，进驻金寨，下设岳西、信阳、经扶三个办事处，调遣正规军三十八个团和地方保安队对鄂豫皖边区进行"三个月秘密清剿"，狂言要"在三个月内"摧毁我鄂豫皖根据地。

敌人这一次"清剿"的口号是"砍尽山中树，挖断红军根"，实行残酷的烧光、抢光、杀光的"三光政策"。但是三个月过去了，尽管敌人还要"砍尽山中树"，却怎么也挖不断红军根。1937年7月15日清晨，岳西县蛇形岗的炮楼里，突然出现一封使敌人震惊的信件……

二、快速反应

两天前,高敬亭从鄂东秘密来到岳西,看到中央指示,在蛇形岗一座高山上的南田村与何耀榜商议,决定主动向国民党提出停战,共同抗日。并决定何耀榜为我方正式代表,与国民党进行谈判。于是以红二十八军名义,写份公函,在15日这天派便衣队交通员金孝广送到炮楼。信封是横书的,写着"岳西县第三区公所速交卫督办立煌收"。

按当时国民党的官场文牍往来,不但信封不能横写,而且"速交"应该写成"转呈","收"要写成"钧启"才行。更讲究的是还要忌名讳字,而这封信竟然把"立煌"二字端将出来,炮楼里的敌人,突然见到这封完全乱了规矩的信件,怎不大惊失色呢?加上下款又有"红二十八军缄"六个字,敌人又哪敢怠慢,连忙将信送到区公所。当时区长李德保不在,区员汪汉臣接到这封信,诚惶诚恐,立即一面打电话向县里报告,一面火速将信送到县城。

当天中午12点钟,何耀榜便接到了回信:"高敬亭先生:我方愿意形成谈判。并派我方代表前往蛇形岗炮楼,请你们也最好派人到蛇形岗炮楼里来作第一次交谈。"落款是"鄂豫皖边区督办公署岳西办事处"。

奇怪!蛇形岗离县城抄小路也足有45里地,岳西办事处即使很快地接到公函,也总要有一番计议、辗转,怎么会来得这样快呢?

回信是岳西办事处赵参谋催马加鞭带到蛇形岗,叫三区李区长立即派乡丁送来的。高敬亭和何耀榜对于敌人这样快速反应,当然不难推测,准是岳西办事处在接到三区的电话后,就迫不及待地想把高敬亭和何耀榜诱进炮楼,加以拘捕。因为这个时候,"活捉高敬亭者赏洋五万元,活捉何耀榜者赏洋二万元"的悬赏布告,还在到处张贴着呢。高、何二人分析了形势之后,决定派何耀榜前去蛇形岗与赵接头。

三、义正词严

何耀榜带着十名战士,下山走到蛇形岗炮楼附近,在一座凉棚里坐下来,十名战士警惕着四周，何耀榜抽着卷烟，装着乘凉休息。

一支烟没有抽完，炮楼里出来了一个人，走到凉棚自我介绍道："我是本区的区长，姓李。请问贵姓？"何耀榜答道："我是红军八十二师师长的警卫队长，姓吴，是特地来会赵先生的。"

"哦！请稍等片刻。"李区长急忙返回炮楼。约莫一支烟的工夫，李区长从炮楼里引出一位全副武装的军人来到凉棚，介绍道："这位是岳西办事处的联络参谋赵先生，这位是红军师长的警卫队吴队长。"

赵参谋待理不理，轻蔑地说："你们的师长呢？不见他，是不能谈判的。"

何耀榜见到他那模样，语气也很重："我是奉我们师长命令来的，是和你们接头，并不是谈判。你们有什么事情，我可以转达给师长。"

"那好，"赵参谋把手一扬，接着装腔作势地说，"交一挺重机枪500元，交一挺轻机枪150元，交一支盒子枪100元，交一支长枪80元。你们的官，到我们这里还当官；你们的兵，到我们这里都当排长……"

"这不是谈判，是做买卖。"何耀榜唰地站了起来，厉声打断赵参谋的话。

二人刚刚交谈，便如此话不投机，李区长悄悄回炮楼去了。何耀榜接着严肃地对赵参谋说："你回去问问卫立煌，他是真心谈判，还是假谈判？是想当亡国奴，还是想团结抗日？……"

正在二人越谈越僵的时候，李区长快步从炮楼里又来到凉棚："赵参谋，你的电话。"赵参谋去接电话，李区长对"吴队长"说："我刚才打电话给方县长（方少石），报告了你们交谈的事。方县长说卫督办有命令，不管任何地区，如果有高部（即高敬亭领导的红二十八军）发起谈判，当地的军队不得发生武装冲突，地方政权不但不能制造麻烦，而且还要供给给养。所以方县长要赵参谋去接电话。"

何耀榜说："我党是为了国难，才提出停止内战共同抗日的主张，刚才那位赵参谋，简直胡说八道，想诱降我们，白日做梦！"

李区长忙说："赵参谋可能没有获悉卫督办的命令，不过方县长在电话里一再嘱咐，说谈判是国家大事，事关重大。一定要……"

这时候赵参谋匆匆地跑回来，神色变了，很慌张地对"吴队长"说："对不起，对不起，我不了解谈判的条件。办事处叫我现在就回去，少陪，少陪了。"

四、两手准备

何耀榜从蛇形岗回到南田村时，高敬亭已等在村头，迎上前说："我一直用望远镜看着你们，那里每个人进出，我都看得很清楚。身上汗都湿透了，也不知道热，直到你上了山，我才放心。"说着，两人一同走进了屋里。

何耀榜把接头的经过一一向高敬亭做了汇报，然后说："由于谈判是我们主动提出来的，敌人措手不及，派来的人没有准备，不是真来谈判。一方面，他们以金钱、官位来引诱我们，试探我们的态度；另一方面，企图以军事力量来威胁我们，使我们在谈判中的条件低于党中央提出的条件。王学森很反动，现在知道我们在这里，很可能要来包围。为了安全，军政委最好带交通队和警卫队的一部分，到鹞落坪上面去，让我留下来应付。"

高敬亭深沉地说："你的分析我同意，但我不愿走。和谈在即，大敌当前，不管有多大危险，我们都得在一起，共同应付。我的意见是把所有便衣队调到我们周围，开展活动，打击敌人。"

"行！我立即派人去。"何耀榜立即转身出去。

下午六点钟，李区长准时到了。老远看到"吴队长"，便打招呼："吴队长，方县长来了电话，叫我来看看何代表，如果何代表在这里，卫督办可能派他的随身少将、高级参谋刘刚夫先生和政训处丘处长来同贵军谈判。不知何代表能否接见我？"

"吴队长"笑了笑说："我就是何耀榜。"

李区长大吃一惊，愣了好大一会儿，大嘘了口气说："王学森的部队正在运动，你们住在这里不能说完全没有危险，还望加意提防。"

何耀榜点点头："谢谢你的好意。"

李区长接着说："何代表，请你相信，我是信阳人，是董必武老先生的学生，我虽然没有参加革命，自从当了区长，就和本区的便衣队有联系。……我来时准备了一些东西，不敢叫老百姓送，离这里只有几里路，请何代表派人抬回来。"（编者按：区长李德保是我党的一个叛徒。）

何耀榜随即派管理科长杜立保带些人跟李区长去抬东西。临走时，李区长又说：

"听说县里要送慰劳品来慰问贵军。"

五、锣鼓声中

16日下午,岳西县果然派来一位民政科长,还有一名记者,带着100多挑子酒、肉、鸡蛋、香烟等物品,浩浩荡荡、锣鼓喧天地来到了南田。

多少年来,岳西人民遭受了多少次"围剿""清剿"的灾难,现在听说不打仗了,两党要和谈了,真是兴高采烈,欣喜若狂啊!男男女女、老老少少无不眉飞色舞,笑逐颜开,此时人人都有一个共同的心声:锣儿拼命地敲吧!鼓儿使劲地打吧!

可是,善良的黎民百姓,怎知道就在这一派喧天的锣鼓声中,敌人却另有一番紧锣密鼓呢!

"报告军政委:王学森的三个旅,已经全部调来,正在赶修工事。"

"报告军政委:安徽的四个保安团,把蛇形岗里外围了四层。"

午夜了,又是情报:"便衣三队正在第三、第四两道包围圈之间,与敌人交火。"

高敬亭和何耀榜在一座山峰上监视着敌情。四周的山头上、山坡上,到处是敌人的篝火,影影绰绰可以看到晃动着的人影。庆祝和谈的锣鼓之声,在人们的耳际还没有消失,四野就又响起了隆隆炮声和炸弹、手榴弹的爆炸声……

高敬亭说:"外面能再打两仗,谈判有可能成功。不过,这样打,就怕我们自己的伤亡太大。"

何耀榜说:"不会的。我们的战士打麻痹战是有经验的,他们不会去硬攻,估计伤亡不会大。"

夜风轻轻地吹着,两位身经百战的指挥员,在山峰上谈论着军机大事。不意独立团政委陈明江前来报告:"吴云霞同志领导的潜山工委全部牺牲了。"这一噩耗,顿时使高敬亭和何耀榜的心情沉重起来。

红二十八军与中央的联络点,只有两个:一个在九江;一个便是潜山工委。在这即将谈判的关键时刻,敌人用重兵压境,高敬亭和何耀榜倒不在乎,而突然切掉了这个联络点,使他们失去与中央的联系和外援力量,不由感到已陷入孤军作战的境地。

这时三区境内,红军只有一百五六十人,四周敌人却是 13 个团,共几万人。不走,难道束手就擒,坐以待毙?突围,谈判已拉开了架子,难道能半途而废?经过研究,最后高敬亭决定:"全体做好突围准备,敌人如果真心谈判,明后天应该有正式代表来。如果仍然不来代表,就证明敌人想吃掉我们,我们就不再跟敌人纠缠。"

为了争取谈判,高敬亭等指战员,全部枕戈待旦,随机应变。他们从 17 日夜晚起,一直严阵以待到 19 日早晨,高敬亭从望远镜里看到蛇形岗炮楼里出来了两个人。

六、诚意可嘉

蛇形岗炮楼里出来的两个人,是李区长和郭副官。

郭副官是安徽省政府派来的代表,协助谈判。他在 16 日到达岳西,17 日到三区曾和李区长会晤过何耀榜一次。

这位年轻的副官,倒能开诚相见,在那次会晤时,郭副官不像赵参谋,先是寒暄了一番,接着就表示:"我是为了国家的命运,民族的存亡,真心实意来谈判的。"在谈到他的使命时说:"因为贵军在安徽省地区和卫立煌先生举行谈判,所以国民党中央政府要安徽省派人来协助谈判,这就是我来的任务。我愿意在双方正式代表没有接触之前,先与何先生随便交谈一下。"

何耀榜见郭副官的谈吐举止,比第一次和他接头的那个赵参谋委实诚恳得多,便向郭副官讲述了红二十八军对谈判的诚意以及岳西办事处那位赵参谋的威胁、诱降,王学森全师及安徽省保安团的重重包围,以及国民党的正式代表至今尚未来等情况。

郭副官表示说:"这些是应该国民政府负责的。我把这些问题转达给岳西办事处。"郭副官在告别时,又表示:"请何先生放心,谈判是会成功的。'兄弟阋于墙,外御其侮',是全国军民的呼声。无论如何,我将搭桥到底。"

由于前天李区长和郭副官同时来过一次,今晨高敬亭在望远镜里望到两个人从炮楼向南田方向走来,认为可能还是他们两人。为了保密和便于行动,高敬亭决定化名李治信,以军政治部主任的身份,打算接见郭副官。

郭副官和李区长来到山上,先还是何耀榜接待。郭副官说:"卫立煌先生的代表,昨天已经到达岳西。昨晚来电话，请何先生到岳西去谈判，由我和李区长相陪。"

何耀榜思索了一下说："叫我到岳西是可以的，但有个条件，我走以后，这里还有部队和高政委派来的军政治部李主任，他是来掌握谈判的。因此，你们要叫三十二师和保安团后退二十里。如果不退兵，那就不是真心实意地谈判，很可能别有用心，我怎么好轻易到岳西去呢？"

郭副官表示说："为了谈判，双方应当退兵。如果三十二师和保安团退后二十里，贵军是否能够停战和退后呢？如果可以，我愿意现在就去交涉。"

"郭先生，这个村子只有几家老百姓，我们已经住了五天，加上贵军对我们的包围，各方面都很困难，所以我们决定在今天上午10点钟转移驻地，原想通知贵军，现在你们来了正好，如在转移驻地时发生麻烦，一切可得由贵军负责。"

"何先生，贵军转移驻地的时间，最好改在11点。保安团是安徽省的，我可以直接和办事处联系，叫他们后退；至于三十二师，我还要同王学森商量。他如果不退兵，发生了问题应由国民政府负责。我现在就去打电话，王学森如说不退兵，我立即赶来告诉你；如果退兵，我和李区长12点钟再来。"

11点钟，高敬亭和何耀榜站在山头上，果然听到敌军的集合号声。只见四面的敌人一股股、一堆堆地在集合，向后退去。12点钟，果见郭副官和李区长冒着酷热，兴冲冲地向山上走来。

这次高敬亭以"李主任"的身份会见了郭副官和李区长，对他们的诚意、所做的努力以及不辞劳苦地往返奔波，表示了赞许。最后，何耀榜、郭副官、李区长三人一一向高敬亭握手告别，高敬亭一直把他们送到村头……

七、形成谈判

何耀榜、郭副官和李区长下山的时候，已是下午，当天便歇宿在三区区公所。

20日上午8时，三人骑着马，从三区出发，一路上有许多老百姓夹道欢迎。11点多钟，到达岳西县城门外一个沙滩上。县里的工、农、兵、学、商各界人士，早已列队迎候。最前面的是国民党军队的一个团，摆成四路纵队，后面是各界人士和群众，手执各色小旗子，挥动着，欢呼着……

何耀榜等下得马来,方县长上前迎接,然后与何耀榜并肩缓步入城。何耀榜向欢迎的人们连连招手,频频致意。

中午,由方县长下请柬,在县政府大厅举行午宴。在大厅上,何耀榜与刘刚夫、丘处长见了面。刘刚夫高高胖胖的个子,身着军服,扛着肩章,派头倒不小;丘处长是名校官,中等身材,他没有军人派头,手里老拿根文明棍,倒觉得有点道貌岸然的味道。

下午,双方代表在县政府后面凉棚里,就停战、部队集合地、番号、供给等问题,作了初步交谈。下午五点半钟,卫立煌与何耀榜直接通了电话。卫立煌在电话上说:"……第一,关于停战问题,我立即下令我军在各地停战;第二,关于贵军集合地址问题,我认为九河一带较为中心;第三,贵军的番号,是两党中央决定的问题,以后再讲;第四,贵军集合后的供给问题,暂时由当地负责,以后仍由两党中央解决;第五,为了实现谈判和停战,我的意见是双方组成代表团,再共同组织谈判委员会、起草委员会。所有谈判中达成的协议,都要录成文字,由双方同意后签字。听刘刚夫先生说,何先生对谈判很诚恳,我表示感谢……"

最后何耀榜与刘刚夫确定,在青天畈上青小学正式举行谈判。明日动身,后日开谈。

谈判的局面终于形成了。这是鄂豫皖边区人民的愿望,也是国民党内那些存有爱国之心和反内战的军政人员的要求。然而,反共之心不死的民族败类,也毕竟还有。例如那位道貌岸然的丘处长,手执的那根文明棍,可并不文明哩!

八、小小插曲

双方代表21日从岳西动身,何耀榜当天赶到九河,找高敬亭汇报去了。

刘刚夫等住在界岭。下界岭五里,便是青天畈。这里有幢汪氏祠堂,甚是宽敞,1928年,共产党人汪寅斋,用这座祠堂办了一所上青小学,汪寅斋以校长的公开身份,秘密在九河、青天、河口一带进行革命活动。1932年,汪寅斋被调走,校长便由汪恭颖接任。

汪恭颖与三区区长李德保很要好。在高敬亭的"鹰不打窠下食"的统战政策感召下，也与便衣队有联系，常以学校名义，打路条给便衣队采购布匹、食盐等物资。所以当时双方共同选定上青小学为谈判地点，是不无理由的。恰好这个时候，学校已放了暑假，师生都离开了学校，尤便于代表们谈判歇息。

21日上午9时，汪恭颖召集了附近学生，打起洋鼓，吹起洋号，放着爆竹，欢迎双方代表的到来。

这一天只是正式谈判的开始，双方作些礼节性的会晤，刘刚夫送给何耀榜的卫士每人十元纸币，何耀榜也回赠刘刚夫的卫士每人一块银圆。后来双方议定了工作成员：由何耀榜、刘刚夫、郭副官三人为停战委员会和起草委员会的委员，具体条款的执笔和谈判记录由李区长担任，誊写由汪恭颖担任。

谈判一直是在上青小学东厢房进行的。房间虽然很宽敞，但6月炎天，国民党的大人先生，只顾摇扇风凉，加上又咬文嚼字，讨价还价，谈判的进程相当缓慢。谈到第三天的时候，坐在丘处长身旁的赵参谋，不知是热得不耐烦，还是手脚闲不住，不知是有心，还是无意，把丘处长那根靠在椅子旁的文明棍，拿在手里玩弄。不料把文明棍的把子与棍身玩弄开了。赵参谋左手捏着棍身，右手提着棍把一抽，突然现出一把尖亮的扁形长刀。何耀榜眼明手快，立即拍案而起："你敢杀人！"说着就将桌子一掀，举起自己的座椅就要向赵参谋的头上砸去。

顿时一片骚动，满座哗然。守在小学大门外的双方卫士，闻声都冲了进去。赵参谋知道闯了祸，吓得浑身直打哆嗦，不知所措。幸亏郭副官急忙从赵参谋手中夺过那根特务专用的文明棍，一再解释是误会，不要为这个事影响和谈，何耀榜才把椅子放下来。刘刚夫为了摆脱窘境，不得不对赵参谋大加训斥，并向何耀榜道歉。极为尴尬的丘处长，更是打躬作揖地赔不是……

九、九河签字

从22日起，双方在上青小学谈判，一共谈了六天，终于达成协议。为了庆祝谈判成功，双方决定在临时集合点的九河，举行签字仪式。

1937年7月28日，九河的朱家大屋，门前悬灯结彩，稻场上搭着高大的戏台。人们络绎不绝，一早就从四面八方赶来，一片欢腾景象。

上午 8 时整，双方代表在热烈的经久不息的锣鼓鞭炮声中，步入朱家大屋的客厅，正式举行了签字仪式。

我方提出的条款主要是：1. 我军集中地点以湖北省黄安县的七里坪为中心以及礼山县的宣化店、黄陂站、罗山县的张家湾等一带村镇；2. 我军在鄂豫皖三省设三个办事处，分驻河南省确山县、湖北省黄安县和安徽省立煌县；3. 允许言论、出版、集会、结社自由；4. 释放一切政治犯；5. 我军的武器弹药和给养要与国军相同；6. 我军开赴抗日前线所需的交通工具由国民政府负责；7. 我军驻地如有土匪扰乱或违犯社会秩序者，有权予以镇压；8. 我军进驻七里坪途中，友军不得堵击、追击，如发生冲突，由国民党军队负责；9. 我军若有老弱病残者或探亲人员返乡，友军和当地政府应保障他们生命安全，如认为可疑者，应送我办事处处理；10. 我军家属一律按抗日军人家属待遇，过去鄂豫皖三省被国民党强卖之妇女等，愿回原籍与原夫团聚者，当地政府应予协助，使之达到目的；11. 过去凡国民党没收我军家属之财产或罚款，均须如数退赔；12. 上述条款仅限鄂豫皖边区，凡属全国性的问题，以及我军番号的最后确定，应由两党中央决定。

国民党代表提出的条款主要有：1. 不打土豪；2. 不破坏交通；3. 不得在国民党军队中发展中共党员；4. 不经统一战线许可，不准扩兵；5. 军事行动要事先呈报；6. 友军集合后，不能在各地保留便衣队；7. 鄂豫皖的友军，集中时间不得超过三个月。

这天，高敬亭以军政治部主任身份出席了签字仪式。

红二十八军胜利完成了历史使命，便开往七里坪集中，后改编为新四军第四支队，踏上抗日的征途……

（刘正需、储淡如　整理）

原载皖西革命斗争史编写组编：《皖西革命回忆录——第二次国内革命战争时期》（下卷），黄山书社，1984 年，第 371～384 页。

应南扩红的回忆

◎ 陈子坤　匡全寿

1930年春,根据中央指示,鄂豫皖的红十一军改编为红一军。原红三十一、三十二、三十三师依次改为第一、二、三师。其中红一师不满500人,长短枪300余支,枪支种类杂,弹药少。这支部队对外称师,但没有团、营、连的编制,只有7个游击大队,每队约60人,长短枪50余支。

同年4月,爆发了蒋、冯、阎之间的军阀大混战,双方大军集结于陇海铁路东段,根据地周围及京汉路沿线敌人兵力大为减少,少数国民党匪军部缩进县城,地主民团武装也只能据守寨堡。红一师乘机大举出击。驰骋于京汉路南段,先后取得了"三战三捷三扩编"的伟大胜利。

红一师自阳平口战斗胜利后,便转移至路东黄家畈驻扎,部队常常利用战斗空隙到应南活动。红军在京汉线的胜利,极大地鼓舞了应山南乡群众的斗争情绪,广大青年农民和进步知识分子,怀着对人民子弟兵的热爱和对真理的向往,纷纷报名参军。

一、接受任务

刘特生系陈巷刘家湾人,因参加冷家湾暴动而被反动当局通缉。他虽然逃离在外,但是革命工作常挂心头。记得1930年6月下旬的一天,我们接到他的一封信,大意是：目前外面的风声甚紧，我不便露面工作。根据革命形势发展的需要，你可与孙舜钦、匡志银等同志着手发动群众，宣传扩红，补充部队，扩大与巩固游击根据地。我们研究后，决定于6月24日在匡全寿家召开紧急会议，并邀请刘特生潜回参加会议，指导工作。那天夜晚，雨后初晴，约莫9点钟，刘特生来到匡全寿家。只见他穿件灰色中山服，手提一个黑色皮包，一进门来，不顾长途跋涉的疲劳，参加我们的会议。会上，就扩军问题进行了专题研究和布置。大家一致认识到：当前南乡一带由于战斗环境的影响，革命潮流的冲击，许多人要求参军，这是人心所向，众望所归。我们必须以清醒的头脑，饱满的热情，把扩红工作抓紧抓好抓彻底。在统一认识的基础上，我们制定了行动计划，提出了工作措施，进行了人员分工。

第二天，陈子坤护送刘特生去红军司令部驻地黄家畈找邝师长汇报。在一间不大的房子里，邝师长热情地接待了陈子坤和刘特生。他俩把应南乡有关党的组织、革命政权、农运、兵运等情况，一一作了汇报。邝师长听得那么认真，对于所谈之扩红问题，他特别感兴趣，鼓励我们说："你们的工作很有成绩，那么多青年人要求参军，是一件很不简单的事，确实令人振奋。任何偶然事件的发生都有其必然性，都有其内在根据和外部条件，应南扩红也不例外。你们回去把这项工作要好好地抓一下。"刘特生回答说："我们知道这项工作的伟大意义。但究竟怎样开展，我们心中无数，感到缺乏经验，任务艰巨。"邝师长指示说："首先广泛宣传，大造舆论，使我党扩大武装力量的主张深入人心。接着在青壮年中号召自愿申请，报名注册。最后成立一个新兵团。至于枪支弹药，我这里有的是，待到事情办妥后，可直接来我处领取。"邝师长的话给了我们以很大的力量和鼓舞，心里豁然开朗。

回来以后，我们遵照邝师长的指示，进一步在干部中统一思想，明确总的任务：就是要在这次扩红中建立新兵团，以红军的面貌建军，使之成为工农的武装力量。

二、报名参军

杨楼、匡家桥一带，人烟稠密，年轻力壮的小伙子也多。我们除在杨楼、匡家桥宣讲扩红外，县委还派出人员在柴家岗、骆店、鸭岭湾、张家湾、孙家冲、陈巷等处分头宣讲扩红。报名条件：凡农家良民，身无暗疾，年龄在18岁至25岁，身高四尺八至五尺者，一律收录。凡面黄肌瘦、患有传染病、精神萎靡者或体高不够者，皆不予注册。记得在开始报名的日子里，我们把桌子一摆，扩大红军的小旗子一插，那么多青年人围拢来，争先恐后地报名。因报名参军的很多，县委就在柴家湾、骆店、鸭岭湾、孙家冲、陈巷等处设立报名点。仅两天工夫，就报足了额数，据统计，杨楼片（包括匡家桥、陈巷、张家湾、孙家冲）200 余人，鸭岭湾 100 余人，骆店 100 余人，柴家岗百人左右。他们都是真正的贫雇农子弟，一个个精神都十分饱满，身体也十分结实，素质挺好。其中有几个青年，曾在外地当了几年和尚，另有几个青年，曾在当地学了几年道士，因不满老和尚、老道士的清规戒律，一听说红军来家乡招兵，就跑了来，坚决要求还俗投军。

三、集中训练

各个报名点上的名单加起来，不下 600 人。这 600 多个新弟兄，报名登记并不是难事，可是要把他们大伙儿召集拢来，并送往红军部队去，就觉得非常不容易了。因为他们都是老百姓，过惯了农民生活，团体生活的训练，丝毫没有。因此，刘特生为此事倾注了大量心血，做了具体安排，记得 6 月末尾的一天，他派匡全寿通知报名点上的负责人速来匡家桥开会。会上他充分肯定了前段工作的成绩，表扬了大家的吃苦精神，宣布暂时成立新兵团。他代表邝师长委任匡志银为新兵团团长，骆心田任副团长。决定 7 月 25 日将新兵团开往路东黄家畈，与红军部队合编。最后他强调说："同志们，眼下的任务十分具体地摆在每个人的面前，大家赶紧回去，组织班、排，集中训练，军情紧急，不得延误！"散会后，各自回去。

匡志银祖居匡家桥，为人忠厚老实，吃苦耐劳，但阅历少，不大胆。当他听到刘特生委任自己为团长时，深感责任重大，害怕担当不起，走到刘特生跟前说："团长这事我干不了！"刘特生问道："为什么不干？"匡志银回答："我不识字，怎么干得了？"刘特生笑了笑说："骆心田任副团长，他有学识，有胆略，文武双全，你有个好帮手，还怕什么自己不识字，凭发奋以谋补救嘛！"刘特生这么一说，把志银思想上的疙瘩解开了，他这才欣然地服从组织决定。

经过一段艰苦的思想工作，新兵稳定下来，各项工作进展比较顺利。为了把部队引上革命道路,每天夜晚学习两小时,由党员干部讲红军的宗旨、性质、任务,讲三大纪律、八项注意和军民关系,讲十月革命,提高他们的觉悟。经过教育和引导,新战士也学着红军的样子,帮助群众挑水,打扫卫生,征求意见,注意搞好军民关系。

天刚拂晓,东方泛起血红的朝霞,负责人站在高处振臂一呼:"集合!"大家都快步走向练兵场。说是练兵场,其实是空地或稻场,由略懂军事知识的人当头头儿,领导新兵做操。他们原先在家的时候,只想着出来当兵,可是等到入伍了,要受到严格训练,什么立正、稍息、报数都要从眼前做起,从自己做起,感到特别新鲜,做得那么认真。你做给我看,我做给你看,直到熟练为止。练习步伐的时候,嚓、嚓、嚓的脚步声,由不整齐到整齐,由没有节奏到有节奏。喊操的声音短促响亮。附近乡湾的人们听到了,男女老少都跑来瞧稀奇,看热闹,时而指指点点,时而嬉嬉笑笑,整个练兵场上,洋溢着快活的气氛。

在训练中,还注重教唱歌曲,以振其精神,乐其心志。那时流行的歌曲有《擦枪歌》《农友,快觉醒》,因为这几首歌,调儿简单,歌词又天天反复解释,唱得烂熟,所以这些歌给我们留下了非常深刻的印象。

整个训练期间,由于思想工作做得较好,保密工作严密,岗哨又甚得力,并未发生意外。新战士都能循规蹈矩、按部就班地受训练。尽管生活那样艰苦,新兵还是始终保持了旺盛的革命精神,充满了蓬勃的生气,愉快地组成了新的战斗集体,真的有点像正规红军的样子。

四、征途送别

各个兵站都为新兵去路东与红军合编而动员起来了,前几天,稍为灵通的人已经听到了这一消息。

刘特生于7月20日召集各处负责人到匡家桥开会,商讨各处人员的移动办法,决定各兵站遵照规定的路线走,即鸭岭湾的队伍从簸箕港走,骆店的队伍从草店、孙家大庙走,陈巷、匡家桥、杨楼、张家湾、孙家冲的队伍从陈巷、吉阳山、刘店、应店、杨家寨走。各路人员务必于25日前到达小河溪集合。对外保守军事行动秘密,免受白军袭击,做到生产工具人手一件,以作掩护,或扁担,或锄头,大家预先回去妥为布置。刘特生还派匡全寿送信到红军司令部，请求领导给以到达时的各项方便，并要求来人接头。

各兵站负责人亲自到各地去作报告。据当时所反映的情况来看，全体战士对离开应南、进军路东都表示无上的兴奋。

记得在临走的前一天，各兵站负责人特意组织了一个精彩的送兵场面。

吃罢早饭，乡亲们从四面八方陆续来到驻地。他们把带来的菜肉蛋禽送给新兵团，部队收到群众的这些馈赠，深深感到党的温暖和人民的关怀。

室内室外，湾前湾后，三三两两的人们在交谈，在议论。爹娘抚摸着儿子的脸庞，千叮咛、万嘱咐："孩子，在部队一定要听长官的话，好好干啊！"妻子勉励丈夫，深情地说："别忘了给家里捎个信儿！"战士告别，亲人送别，倾吐衷曲，相互应答，这场面确实给人以感染和力量。

在送别的征途上，人民子弟兵的品质、意志和情操得到了充分展示。他们为了家乡的安宁，穷人的翻身，甘愿告别父老兄弟去投红军，以无私的奉献，作为自己的职责和光荣，这就是那时青年的理想和抱负。

我们亲眼看到新兵团的健儿们握紧铁拳向党和家乡父老庄严地宣誓：我们是英雄的人民战士，我们要用青春和热血去为穷人打天下，争取工农自身的彻底解放。一张张年轻稚气的脸上，闪现着无比坚强的神采；一声声气壮山河的誓言，表达了那时年轻人的心声。

五、整编部队

7月25日的早上，其时天还未亮，各路队伍按照指定的路线向东边出发。

匡家桥、杨楼在此次参军的有吴修珠等36人，由匡全寿带队。部队一踏上苏区就感受到人民的温暖，感受到当红军的光荣。沿路村头墙壁上贴着醒目的欢迎标语，部队走到哪里，哪里就有夹道欢迎的苏区人民，端茶送水，把好吃的东西拿来慰问部队，队伍走了很远很远，群众还在向我们挥手致意。是日午后，各路人员陆续到达小河溪。接头的人把食宿问题早已安排好了。战士们都到河里洗了澡，按时进餐。因为赶路疲劳，天一黑就睡觉了。刘特生、匡志银、骆心田三人前往黄家畈红军司令部联系工作。

第二天，红军领导机关在黄家畈专门开了欢迎大会，旷继勋主持会议，并讲了话。他说："我们今天召开这个大会，是欢迎同志们前来参加红军的。红军是进步的军队，它不单要求到民族的独立、自由，最后还要求到工农自身的彻底解放！"他当即宣布，正式授予部队以新兵团的番号，任命匡志银为团长，骆心田为副团长，团部还派来了一个政委。整编后的新兵团有700多人枪。从此，新兵便开始了紧张的红军生活。

邝师长率领这支在战斗环境中发展起来的队伍，活跃在京汉路两侧、鄂豫皖一带，就在新兵到达后的第三天即参加了红一师攻打花园的战斗，革命的烈火越烧越旺。

六、拥军优属

为了稳定部队，消除战士的后顾之忧，当地政府把"拥军优属"工作列入议事日程，不断向广大农民群众进行爱党、爱国、爱子弟兵的宣传教育，切实照顾好军属的生活。这时，匡全寿随部队走了，陈子坤就协助刘特生搞地方工作。凡是军属，登记注册，我们经常到军属家访贫问苦，征求意见，把党的温暖送到每个家属的心坎上。战士胡万发父母双亡，参军后家里只剩下一个不满十六岁的弟弟，生活上确有困难。经研究后，我们让他免费入学，给他代耕田地，定时供应粮食，每月还送点零用钱。所以弟弟安心，哥哥放心。应南"拥军优属"社会风尚的兴起，扩大了扩充武装力量的政治影响。

应南扩红是应南人民对革命的贡献，也是应南土地革命时期的一件大事。因为这次扩红，不仅扩大了鄂豫皖红军和苏区的革命力量，而且充分表现了我党我军在当时的扩红政策是如何的得乎人心。

（胡功广　整理）

原载中共应山县委党史资料征编办公室编：《鄂北风云——应山革命回忆录丛书之一》（第一辑），内部出版，1986年，第156～163页。

立夏惊雷

◎《皖西革命斗争史》编写组

仿佛沉沉黑夜中一声惊雷，1929年5月6日，原属豫南、后归皖西的金家寨县南部地区爆发了著名的立夏节起义。这是继黄麻起义后，鄂豫皖边区第二次规模较大的武装起义。

起义的惊雷，震撼了蒋家王朝在这个地区的反动统治。起义胜利后诞生的一支红军部队、创建的一块革命根据地，是后来的中国工农红军第四方面军和鄂豫皖苏区的重要组成部分。它为中国人民伟大的解放事业，做出了卓越贡献；为我党的光辉革命历史，增添了重要一页。

一、寻找解放的道路

金家寨县南部地区，是鄂、豫、皖三省的接合部，大别山区的腹地。这一带，山区资源富饶，人民朴实勤劳。但是，地主阶级的残酷剥削，反动统治者的横征暴敛，和帝国主义势力的入侵，使得广大农民过着暗无天日、穷困潦倒的日子。

以汤家汇这个地方为例，周围的土地，地主、富农占了百分之七十五，祠堂、寺庙占了百分之二十二点五，广大农民仅占百分之二点五。肖、姚、易三家地主，利用占有的大量土地，进行地租剥削。所谓"肖上千，姚上万，下河易家千石课还不算"，是三家地主残酷剥削农民的写照。银沙畈一带的周、熊、杨、黄四大恶霸地主，通过敲诈勒索，强占鲸吞，几乎占有方圆数十里的全部土地和山场。不论丰歉年景，逼迫佃户将收入的百分之八十作为地租交纳，而且巧立名目，进行重利盘剥，使许多农民负债累累，饥寒交迫。此外，盘踞在这个地区的军阀任应岐，勾结地方官府，大肆搜刮民脂民膏，一年预征四年的田赋。帝国主义的"洋货"充斥市场，破坏着山区自然经济。所有这些，导致山区广大农民破产，挣扎在死亡的边缘。

哪里有压迫，哪里就有反抗。长期以来，山区劳苦人民同阶级敌人进行着英勇不屈的斗争。从19世纪50年代以来，当太平军、捻军、白朗军相继转战豫皖边区时，这里的人民曾经热烈响应，纷纷揭竿而起，打富济贫，为民除害，把反动军队、地主武装杀得落花流水，给帝国主义和封建势力以沉重的打击。但是，无数次的斗争，最后都是以失败告终，人民依旧过着贫苦的生活。这促使人们考虑斗争的前途，寻找解放的道路。直到中国共产党的诞生，马克思列宁主义的传播，豫皖边区的革命斗争才进入了一个新的里程。

还在第一次国内革命战争之前，豫皖边区就有不少青年学生在外地求学，接受了马克思列宁主义的真理，并加入了中国共产党和社会主义青年团。他们利用寒暑假回乡的机会，在劳动人民和进步知识分子中间，广泛传播马列主义和进步书刊，积极开展革命活动和建党工作。蒋光慈（又名蒋光赤）同志就是豫皖边区早期建党的领导人之一。

蒋光慈同志原籍霍邱县白塔畈，在省立芜湖第五中学读书时，就积极参加五四运动，投身于反帝反封建的斗争，被选担任芜湖学生会副会长。1921年，他去上海外语学校学习，加入社会主义青年团，不久被派往苏联，入莫斯科远东劳动共产主义大学学习，并于1922年在苏联参加中国共产党。1923年夏，蒋光慈同志回到家乡，在母校——豫皖边界的志诚高级小学组织了"马克思主义读书会"，积极开展建党工作。同年6月，介绍他的启蒙老师、志诚小学教员詹谷堂加入中国共产党；后来，又介绍教员曾静华、学生杜孝芬入党。连同从武汉中学毕业回乡任教的共产党员袁汉民，共五名党员，于1924年7月，成立了一个党小组，詹谷堂同志任小组长。

这是豫皖边区的第一个党小组。它担负起在这个地区撒播革命火种的使命，是组织人们向反动阶级开展斗争的中枢。在党小组成立的会议上，蒋光慈同志勉励大家到斗争实践中去，学习和宣传马克思列宁主义，召唤劳苦大众，打倒帝国主义，打倒封建军阀。詹谷堂同志满怀激情，当即赋诗抒怀"漫天撒下革命种，伫看将来爆发时"之句，充分表现了一个共产党员的广阔胸襟和对未来的斗争充满信心。党小组的同志，经过深入农村调查，发动和组织群众，不断发展和扩大了党的组织。至1924年冬，党团员人数发展到80多人，成立了中共志诚高小特别支部，詹谷堂同志任支部书记，直属在上海的党中央领导。这时，社会主义青年团组织，也开始建立。

党团组织成立后，决定在笔架山、汤家汇、南溪、斑竹园一带山区，积极开展革命活动，发展党的组织。从1924年8月开始，詹谷堂和袁汉民等同志以回乡探亲的名义，通过笔架山商城甲种农业学校进步教师，与该校进步学生取得联系，帮助成立学生会，开展革命活动，培养建党对象，先后发展了李梯云、周维炯、漆德玮、漆禹源、漆海峰、漆叔甫、李圣伍等入党，成立了一个党小组，李梯云同志任小组长。1925年3月，詹谷堂同志回到家乡南溪，担任明强小学校长。以南溪、笔架山为中心成立了党支部，并担任支部书记。这一批党员，后来大都成为立夏节起义的领导骨干。

1926年夏天，这个地区派往武汉学习的李梯云同志，被湖北党组织派往罗田县工作。根据党组织的不断壮大和革命形势日益发展的需要，这一年10月，在李梯云同志的主持下，于罗田县滕家堡附近的东岳庙，召开了商城、罗田、麻城三县边界地区党的会议，成立了商罗麻边区党的特别支部，形成了这个地区党组织的领导中心。

为了把革命推向前进，这一年冬天，党组织派遣周维炯、漆德玮、漆海峰等同志去武汉中央军事政治学校和武汉教导团学习；同时号召党员以自己家乡、工作单位为阵地，从事农民运动，发展党的组织。经过一段艰苦的工作，南溪、丁家埠、吴家店、白沙河、双河山等地，都建立和扩大了党的组织，相继成立了农民协会。在党的领导下，农民运动轰轰烈烈地开展起来了，成百上千的农民群众，举行盛大集会和游行示威，高呼"打倒土豪劣绅""铲除封建势力""反对帝国主义"等口号，与豪绅地主、贪官污吏展开了激烈的斗争，直至扒了地主的粮食，挫败了阶级敌人的威风，大长了劳动人民的志气。

二、野火烧不尽　春风吹又生

1927年4月12日，大地主、大资产阶级的总代表蒋介石在上海发动了反革命政变；接着，7月15日，汪精卫在武汉叛变了革命。轰轰烈烈的大革命，从此失败了；正在蓬勃兴起的农民运动，冷落下来了。

在反革命势力向革命人民大举进攻时，湖北军阀夏斗寅率部占领了罗田，河南军阀任应岐闯入了白沙河。他们竭力扶植当地反动武装，疯狂逮捕和屠杀共产党人和革命群众。不少党组织和农民协会遭到了严重破坏。革命形势异常严峻。

但是，革命的共产党人，是敌人的屠刀吓不倒的。他们转入了地下秘密活动，向人民群众揭露蒋介石、汪精卫背叛革命的滔天罪行，宣传南昌起义的伟大意义和鄂豫边区人民敢于斗争、不怕牺牲的大无畏革命精神。

9月9日夜间，党领导了一次规模较大的宣传运动，在斑竹园、小河、金家寨及其邻近地区的广大乡村、集镇，到处贴满了反帝、反封建、反军阀的标语，甚至将标语贴到了商城县衙门的大堂和伪县常备队大队长的门上。小河农协会员方升堂、陈世耀，还用许多小木板，写上标语，刷上桐油，丢入河里，漂到下游各地，扩大宣传范围。

在这严峻时刻，李梯云、肖方两同志由罗田来到了南流河、沙堰；继而，鄂东党组织派来的徐其虚同志到了简家坳；不久，周维炯、漆德玮、漆海峰等同志，也从武汉回到了漆家店、丁家埠、斑竹园等地。这样，革命力量开始集中到这个地区。这些同志一落下脚，就深入到群众中去，秘密串联，寻找关系，组织队伍。肖方同志以走亲戚为名，徐其虚同志以织袜作掩护，到了太平山（又叫平头山）附近的潘家湾，结识了贫苦农民廖炳国，经过启发和培养，吸收他加入了中国共产党。接着，廖炳国积极串联了他的表弟汪品清，汪品清又活动他的亲友。这种秘密串联方式，就像滚雪球一样，很快联络到十七八个人，共同的贫苦身世，共同的翻身愿望和共同的革命志向，将他们紧紧地联结在一起，并于1928年初，建立了革命组织——兄弟会。兄弟会这个名称，是在当时的历史条件下，为了便于群众接受而采取的一种形式。它在开始时，进行为穷人打抱不平、伸张正义等活动，实际上起到了团结更多的劳苦大众、打击敌人、推进革命的作用。后来，就在兄弟会的基础上，发展了一批党员，建立了党的组织。周维炯、漆德玮、漆海峰等同志回到家乡，不久也与商城县委接上了关系，秘密积蓄力量，为未来的武装起义创造条件。

1928年农历正月，商城县委主要负责同志以拜年为名，来到白沙河、斑竹园、丁家埠一带，进行党员登记，整顿恢复党的组织。不久，在小河老鸹窝召开了党团员会议，传达了党的八七会议精神，选举产生了中共南邑区委（又称商南区委）。会议明确了当前党的斗争总方针，就是土地革命和武装反抗国民党反动派，并具体讨论了发展组织和准备武装起义的问题。3月20日，商城县委召开了扩大会议。会上分析了商城南部地区山大林密，交通闭塞，地处鄂、豫、皖三省接合部，敌人统治力量薄弱，我党有一定的工作基础等有利条件，决定斑竹园、丁家埠、吴家店、白沙河一带为武装起义的重点，要求邻近各地也积极准备，相机行动，与之配合。鉴于"左"倾盲动主义造成大荒坡武装起义失败的教训，河南省委指示在发动武装起义的过程中，要吸取大荒坡的教训，注重深入发动群众。根据这个指示，南邑区委随即在太平山附近的潘家湾召开了党的代表会议，认真讨论了组织武装暴动和在工农群众中继续扩大组织等问题。8月，南邑区委又在太平山穿石庙召开了干部会议，进一步分析了当地日益尖锐的阶级斗争形势，讨论了暴动计划和土地革命等问题，要求积极慎重地发展党的组织，广泛深入地发动群众，细心谨慎地开展兵运工作，做好武装暴动的充分准备。由此而决定詹谷堂、廖业琪等同志负责发动群众工作；周维炯、漆德玮、汪永金等同志，乘伪县区扩大反动武装之机，利用社会关系，打入民团，瓦解敌人，建党建团，控制武装，伺机举行暴动。从此，农运、兵运同时并进，相互配合。

　　太平山穿石庙会议之后，农民运动逐渐活跃，到1929年2月，商城全县党员发展到370多人，农协会员400多人，共青团员数百人，绝大多数分布在商南地区。这年春天，由于前一年大旱，大别山区出现了严重的春荒，农民生活困苦不堪，对革命的要求也越加强烈。党组织根据党的"六大"精神，决定从加紧日常经济斗争入手，进一步发动群众，有计划地开展"春荒斗争"和"均粮斗争"，由强行借粮到开仓分粮，进而开展抗租、抗捐、抗税、抗债斗争。在詹谷堂同志的组织和发动下，胭脂坳、岗家山、大埠口、白沙河等地贫苦农民，分了地主吴少群、毛天植、闵德如、陈其阶和"余五老爷"家的稻谷共十多万斤。在进一步提高农民的阶级觉悟和斗争勇气的基础上，挑选了一批优秀的共产党员和农协会员，组成几支十至二十人的秘密武装小组，镇压反动分子，搜缴武器弹药，筹集革命经费，配合春荒斗争。党领导这次农民斗争，不仅解决了一些穷苦农民的生计问题，更重要的是农民群众在斗争实践中看到了自己的力量，提高了斗争的信心，为武装起义作了最实际的火线练兵。

兵运工作也进展得比较顺利。打入杨晋阶民团的周维炯同志，在党的领导下，利用烧香拜把子的形式，很快地组成了"兄弟会"，团结教育了一批民团士兵，从中发展了十一人入党，加上附近农村的四名党员，成立了党支部，周维炯任书记。足智多谋的周维炯同志，不仅深得士兵们的拥护，也获得了杨晋阶的好感，被任为军事教练兼班长，工作起来更得心应手。打入县民团的漆德玮同志，担任了分队长，工作也甚有成效。到1929年初，党在各民团中的秘密党员约有四十余名。

在革命的主观力量不断增长的时候，客观形势也在朝着有利于革命运动的方面发展。自1928年秋，冯系军阀的一师人马进入这一地区以后，与李老末土匪时有冲突。趁军阀统治未稳之时，党组织加速了起义准备工作。虽然这年冬天以后，商城县委连续两次遭敌破坏，但商南地区的党组织领导广大党员，仍坚守岗位，积极工作。1929年2月3日，豫南特委同鄂东特委在光山县柴山保附近南竹园举行联席会议，共同商定：将商南党组织委托鄂东特委领导。接着，鄂东特委便把商城县南部、罗田县北部、麻城县东北部，划为鄂豫皖特别区，成立中共特别区委，徐子清任书记，徐其虚、周维炯、肖方等为委员，继续加紧领导起义的准备工作。

野火烧不尽，春风吹又生。八七会议的春风，驱散了大革命失败后一度密布天空的阴霾。在鄂豫皖特委的领导下，这个地区的武装起义进入了紧锣密鼓的阶段，革命群众磨刀擦枪，满怀战斗激情，迎接革命曙光的来临。

三、午夜的惊雷

革命形势的迅猛发展，引起了当地反动统治者的极大惶恐和仇视。1929年春，反动政府一面派出所谓"清乡委员"，督导各地加紧"清乡"；一面在民团内进行"整顿"，清查所谓可疑分子。这时，关王庙支部遭到破坏，支部书记被捕。眼看照此下去，不仅党组织将有可能继续遭到严重摧残，而且起义计划也有暴露的危险。鉴于当时紧迫的形势，鄂豫皖特别区委于1929年5月2日，在穿石庙召开紧急会议，决定先发制人，把原定为中秋节起义，提前于5月6日的立夏节晚上，趁敌人忙于过节，举行武装起义,建立工农红军,实行武装割据;并对建军后的主要领导干部做了安排。会上,还商定了行动计划,成立了起义指挥部。起义指挥部设在桥口附近的王家沟下,由徐子清、肖方分任正、副指挥,周维炯负责军事,廖炳国担任各处的联络。

当时,敌人在商南地区的兵力部署是:偏西的亲区为民团顾敬之部所控制,反动势力较强;靠北边的乐区为杨晋阶部,分布在丁家埠、李家集、汤家汇、南溪、斑竹园等处;靠南边的为柯寿恒部,分布在吴家店、松子关等处。另外,在和区西部的白沙河、禅堂一带,还有麻城县民团郑其玉的一小股,总计约200人。

为了周密计划,万无一失,做好武装起义的各项准备工作,5月4日,南邑区委在麦园肖家祠堂又召开了一次行动会议,各个党总支、支部代表参加,共20多人,会上李梯云同志传达了5月2日穿石庙会议精神,作了形势与任务的报告,徐子清同志做了起义动员;漆禹源同志宣布具体计划和纪律。会议决定:立夏节夜晚,分头行动,五更结束,民团兵变与农民起义同时进行。起义胜利后,会师斑竹园,成立工农红军。主要领导同志做了分工:周维炯、肖方、毛月波、詹谷堂等同志,负责乐区的兵变和农民起义,解决杨晋阶的民团。廖业琪、汪永金等同志,率领武装力量袭击柯寿恒民团。徐其虚等同志率领武装解决郑其玉民团。要求各起义点上同时动手,打他个措手不及,全歼三股民团。这次会议达到了完全的统一,代表们精神振奋,信心百倍,会后即分头行动。

周维炯同志连夜返回丁家埠,立即在后山松树林里召开了党支部会,详细拟定了实施方案:在立夏节之夜,酒席筵间,夺取该部民团武装。

驻丁家埠的民团有30余人,是乐区民团团总杨晋阶部的主力所在。立夏节这天,正好是周维炯同志"值星",他以节日内务要整齐为理由,把武器弹药集中在一起,整整齐齐地挂在宿舍中间墙上,以利于火力封锁,使敌人无法取到枪支。又布置共产党员田继美在晚上"点名"时故意不到,以违抗命令为由,罚他站三根香的哨,把起义时的岗哨,安排上自己的人。

立夏节晚上,民团里摆上了五桌酒席,滥吃狂饮,共产党员们有意轮番敬酒,猜拳行令,将反动的副中队长张瑞生和不可靠的团丁灌得酩酊大醉。这时,全体党员立刻动手,逮捕头头儿,收缴武器,宣布了起义。起义成功后,周维炯同志把团丁们集合起来,说明共产党是专为穷人打天下的,许多团丁出身于穷人,被迫为富人卖命,启发他们改过自新,投身于革命。当场,绝大多数团丁自愿参加了起义队伍。在这同时,派往附近李家集的同志,袭击了留守在那里的民团的少量武装。事成之后,周维炯同志按原定计划,派出人员星夜直奔汤家汇取枪。

汤家汇是杨晋阶的老巢,家中养着几个打手,藏有几支枪。由于事先侦得杨晋阶已经外出,派去的同志以丁家埠团丁的名义喊开了大门,径直来到杨晋阶的卧室外面,喊醒了他老婆,以夜间抓共产党,枪支不够,奉命前来取枪的名义,缴获了全部武器,并击毙了杨晋阶的爪牙。

这天,杨晋阶带着一个勤务兵和三名团丁,正去牛食畈收集李老末溃兵丢失的枪支。获悉这个消息后,肖方同志率领华尔中、廖家堂等8名精明强干的同志,立刻赶到了牛食畈。肖方一行,除他本人,其余都在杨晋阶部下当过兵。当杨晋阶问到他们是来做什么的时候,他们说是"帮九爷(对周维炯同志的尊称)挑米的",便搪塞过去了。晚上,杨晋阶正醉心于麻将,肖方一行以看牌局为名,活捉了杨晋阶等5人,缴获长短枪6支。

一支由毛月波领导的农民秘密武装,于立夏节的前一天,就悄悄地集结在斑竹园的后山上。一到起义时间,他们飞奔下山,以迅雷不及掩耳之势一举歼灭了驻斑竹园文昌宫的反动民团,宣布了暴动胜利。

徐其虚、廖业琪、汪永金同志率领的一路武装,星夜奔袭驻在竹叶庵的柯寿恒民团,顺利地摸掉了哨兵,从大门直冲天井,开枪迫敌投降。50多个团丁,一边顽抗,一边逃往碉楼。汪永金、廖业琪两同志向敌人开展了政治攻势,并以火烧碉楼相威逼,致使敌人内部分化瓦解,一部分丢枪下楼投降,一部分弃枪逃跑。

袭击竹叶庵民团成功后,徐其虚同志立即带领一部分同志向白沙河、禅堂疾进,活捉了20余名团丁,缴获了10余支枪,匪首郑其玉带领部分反动武装逃往麻城。在徐其虚同志发动和组织下,当地的积极分子拿起武器,参加了暴动队伍。

起义的当夜,李梯云同志率领的一支武装,在长岭关东侧大尾湾,活捉了曾任北洋政府议会议员、国民党省党部委员的豪绅罗维楚,次日,又捉住了反动分子周若发,将他们一起押送斑竹园审理处。

立夏节这天夜晚,詹谷堂同志战斗在南溪小镇,他把参加起义的200多个农民和学校师生集合起来,打着红旗,扛着大刀、土枪、梭镖,来到街中心的火神庙,召开群众大会，成立了赤卫军，宣布起义成功。

立夏节的午夜惊雷，震坍了反动统治者的"宝座"，一夜之间，反动民团杨晋阶部土崩瓦解，柯寿恒、郑其玉残部狼狈溃逃。起义取得了胜利，起义武装控制了这个地区。

立夏节的午夜惊雷，振奋了革命群众的战斗精神，获得解放的劳苦人民欢欣鼓舞，奔走相告。5月7日，各地群众纷纷集会，庆祝起义的胜利。临时革命政权性质的农民委员会建立起来了，领导着翻身农民打土豪，除恶霸，没收浮财，开仓放粮。丁家埠农民集会后，男女老少拿上箩筐、口袋，赶到大地主"张五爷"家，打开六七个大粮仓，把粮食一分精光。农民分到胜利果实，看到革命的前景，都踊跃参加了革命队伍。

5月9日，各路起义队伍会师斑竹园，在朱氏祠前的大河滩上召开了大会，处决了豪绅罗维楚和反革命分子周若发。大会庄严宣布中国工农红军第十一军第三十二师成立，师长周维炯，党代表徐其虚，参谋长漆海峰；下辖九十七、九十八两个团，全师共两百人枪。鄂豫皖地区第二支红军武装在斗争中诞生了！

5月10日，由徐子清、徐其虚、周维炯同志主持，在斑竹园文昌宫召开了工作会议。会议决定加速扩大红军，发展赤卫队和农民协会，建立工农政权。为统一领导这个地区的革命斗争，在南溪黄鹤湾成立了办事处，即临时革命政府。在临时革命政府的领导下，很快地在南溪林氏祠成立了以培养红军骨干为宗旨的学兵团，还在斑竹园附近小河和界板冲设立了军需处和红军医院，在佛堂坳建立了红军兵工厂。一块新的革命根据地开始初步形成了。

立夏节起义的胜利，是坚决贯彻党的八七会议所确定的武装斗争总方针的结果，是这个地区革命力量同反革命力量经过长期斗争的结果。斗争实践证明，走武装割据的道路，是当时进行革命斗争的唯一正确的道路。

原载皖西革命斗争史编写组编：《皖西革命回忆录——第二次国内革命战争时期》（上卷），安徽人民出版社，1980年，第1～13页。

立夏节起义中诞生的一支赤卫军

◎ 曾宪池

立夏节起义五十周年了！一提起这个光辉的节日，我就情不自禁地想到了这次起义中诞生的一支赤卫军。

人们对于自己在革命征途的起跑点，总是永生难忘的。我的革命生涯就是从这支赤卫军开始的，又和她在猛烈的革命风暴中一起成长的……

一

我家住在丁家埠镇子附近的一个河湾里，世代做苦力，为毛排装卸货物。祖父累死在三河街上，父亲借债葬父，穷困潦倒，常年在外躲债。14岁那年，我就下河挑货当苦力工人，自谋出路，养家活口。在那黑暗的旧社会，穷人头上压着三座大山，像我这样的苦孩子，大别山何止千万！

在我们丁家埠一带，有一大群骑在人民头上作威作福的"老少爷"，什么后湾的周大老爷、周三老爷，唐家边的张四老爷、张五老爷、张六老爷、张八少爷、张九少爷，老猫洞的袁二老爷，下湾的王四老爷，丁家埠的徐五老爷、郭二老爷，等等。就拿丁家埠徐五（徐鲁卿）来说，此人曾在四川某军阀手下当过伪连长，在北京当过税务局长，贪赃枉法，敲诈勒索，在滴水岩一带置良田一百多亩，每年有上百的佃户向他缴租纳课。他用剥削农民的血汗钱，在丁家埠街上修了一座"走马转角楼"，飞檐高墙，雕梁画栋，三步一湾，五步一拐，真是气派得很。家有大小老婆三人还不算，还到处污辱良家妇女，凭着手中长枪短枪，豢养狗腿爪牙，不知欠下了多少人命债。

这一群寄生虫、吸血鬼相互勾结，狼狈为奸，搜罗兵痞流氓，逼迫贫苦农民，组织了民团，以丁家埠为中心，分布在李家集、吴家店、斑竹园、白沙河等地，迫害劳动人民，实行白色恐怖。民团团总杨晋阶，上搭县府衙门，下连土豪劣绅，更是横征暴敛，无恶不作。尽管丁家埠一带有山有水，物产丰富，农民却过着"糠菜半年粮"的生活。春二三月净吃苦菜、花儿菜，冬天靠橡子、橡粉、橡渣和野麻根充饥，简直是叫人活不下去。

平地一声雷！1929年立夏节，我们党领导这个地区人民举行武装起义，周维炯等同志组织七个民团同时哗变，在丁家埠火星庙打响了起义的第一枪。第二天早晨，在大王庙广场的群众大会上，公开了农民协会组织，成立了一支赤卫军。我们这些当苦力的、种田的、打猎的、捕鱼的……我们这些受苦受难的贫苦青年，大都参加了这支赤卫军，拿起大刀和长矛、梭镖和鸟铳，投身到起义队伍的行列。从此，开始了我的革命生涯。

革命风暴起来了！打倒土豪劣绅、恶霸地主的群众斗争轰轰烈烈地开展了！大会以后，我们赤卫军走在前面，农民群众紧随在后，从大王庙到唐家边的路上，男女老少，挑箩筐的、背口袋的、端簸箕的、提篮子的，直向张五家涌去。守大门的家丁张经定是个贫苦农民，经过启发和教育，当即参加了赤卫军，协助我们夺取张家的两支钢枪。张五住在商城未回家，他家的人跪了一地，向赤卫军叩头求饶。唐家边的人往日趾高气扬，神气得很，农民见他们走来都要让路，今天是威风扫地了。起义群众涌了进去，将张五家的六七个大仓库统统打开，那里边囤着满满的粮食，有的储藏时间过久，已经开始霉烂。当贫苦农民分到了粮食后，个个欢天喜地。接着，赤卫军带领群众又到了老猫洞袁二家里，除掉了他那个残害人民、罪恶累累的侄子袁昌。

在革命暴力的面前，其他那些"老少爷"们吓得丢魂落魄，躲的躲，逃的逃，成了丧家之犬，亡命之徒。千百年来受压迫被剥削的劳苦农民，开始做了这片土地的主人。

二

立夏节起义的胜利，革命政权的诞生，使反动统治阶级着慌了。他们纠集三省边界的地主武装，向根据地发动进攻，妄想扼杀年轻的红军和新生的革命政权。湖北的郑其玉、商南的柯寿恒、商城的顾敬之，安徽六霍边境的老八团等，一窝蜂似的向根据地扑来，联合向我们发起围攻。

为了保卫新生的革命政权，红三十二师和赤卫军奋起应战。在南线松子关、长岭关一带堵击柯寿恒、郑其玉；在北线汤家汇、银沙畈一带堵击顾敬之。在这两条战线上，天天打，夜夜打，从5月打到7月，使疯狂的敌人没能前进一步。

我们丁家埠的赤卫军从唐家边打土豪回来，就开往北界岭，堵击六安边境的反动民团。当时，根据地的群众几乎全部投入这场严重的斗争。丁家埠一带的群众一面参战，一面组织担架队、运输队，昼夜不停地送粮食、抬伤员。妇女们组织慰问团，到前线为红军和赤卫军洗衣服、补衣服；儿童团站岗放哨，盘查过往行人，探听敌人信息。群众还在周家祠堂建立了临时医院，为红军和赤卫军医治伤病员。在这艰难困苦的日子里，红军、赤卫军和人民群众同心协力，并肩作战，表现了保卫我红色政权的誓死决心。

那时候，最棘手的问题，是缺乏弹药。赤卫军打仗的时候，常常用鞭炮装在洋油桶里，当机枪助威，而靠梭镖与敌人作战。为了搞到弹药，党组织派人化装到六安、麻埠一带，出高价向民团买子弹。开始一块银圆可以买一颗子弹，渐渐要花五块银圆才能买到一颗。但买到手的子弹，还是很不容易运出城来。有一回，大家把买到的子弹装在大粪桶里，瞒过了敌人的岗哨，才运出了城。这样搞子弹，既费钱，又解决不了多大问题，后来我们通过袭击民团，从敌人手里夺取枪支弹药来武装自己。

湖北罗田县九五保一个极反动的民团，驻在汪家大湾。这个民团由地痞流氓所组成，约100多人，有钢枪，有手榴弹，我们决定把它作为袭击的对象。这天，指导员廖家才同志对大家说："夺取敌人的钢枪，武装自己，成立常备赤卫军。"大家听了都万分高兴。

三更时分，天黑得伸手不见五指，大家就静悄悄地摸到了敌人的驻地，干掉了敌人的哨兵。指导员一声命令："冲！"大家一齐涌进屋去，猛砍睡梦中的敌人。没一袋烟的工夫，打死了30多个匪徒，缴获了钢枪十多支，子弹数百发，还有一部分手榴弹。这天夜间袭击，消灭了这个民团的一半人，没打死的敌人都东逃西散了。这是年轻的赤卫军的一次大捷。不久，赤卫军以这十几支钢枪的装备，组成五十多人的常备中队。

赤卫军不仅作战勇敢，击溃敌人，还开展强大的政治攻势，派人向敌军驻地散发传单和张贴标语，瓦解敌人。赤卫军里有个战士叫袁大琳，常被派到七邻湾去散传单、贴标语，他赤手空拳，单人独马，能把标语贴到敌人的大门上。有一次，敌人发现了，向他投来一枚手榴弹，他却顺手捡起又扔了回去，炸死了敌人的两名哨兵，搅得敌人心惊胆战。团丁中有许多是被逼来的穷苦农民，看到"穷人不打穷人""干民团不会有好下场""穷人要当赤卫军"等标语，又看到赤卫军确是人民自己的队伍，纷纷向我们投诚了。

我们赤卫军在政治上、军事上都很年轻，与人多势众、装备精良的敌人比起来，还处于劣势；但是，我们有高度的政治觉悟，有为保卫红色政权勇敢战斗、不怕牺牲的精神，所以，经过两个月与红军主力并肩作战，终于粉碎了民团的围攻，取得了斗争的胜利。

三

敌人是不甘心于他们的失败的。8月中旬，继民团围攻被我们粉碎后，国民党正规军又发动了反革命围攻。以夏斗寅十三师为主力，由豫南、皖西民团配合，分别向鄂豫边的柴山保根据地和商南根据地进犯。这就是所谓鄂豫"围剿"。

为了保存革命主力，上级党组织决定红三十二师主力暂时避开反动派围攻的锋芒，转移到鄂东与红三十一师会合，留下赤卫军，以红旗山为根据地坚持游击战争。

红旗山在丁家埠东北面，离丁家埠约一二十里。这座山林荫浓密，古木参天，没有大路登山，有些曲折的小道也若断若续。钻进山林，走上十几里，也难得见到人烟。外来的敌军不熟路径，不敢上山。而且，红旗山东南连接更大的齐家山，如果有了紧急情况，也还有回旋的余地。

红军走后，敌人疯狂地向革命人民反扑，那些逃亡的"老少爷"们又卷土重来了。唐家边的张五、张六，一从商城回来，就向革命群众倒算，重新组织民团，勾结顾敬之、柯寿恒、郑其玉，杀气腾腾，叫嚣"到一处，鸡犬不留"，一下屠杀了500多人。有的村庄的青年几乎全遭杀害，到处是断墙颓壁，尸骨累累，惨不忍睹。

敌人的暴行，激起了赤卫军战士的无比仇恨。在红旗山上，赤卫军白天分散活动，夜晚集中起来，常常出其不意，狠狠打击敌人。当时在大王庙里驻有一支民团，那班匪徒配合国民党正规军为非作歹，残害百姓。一天夜间，我们给它一个突然袭击，打死了20多个匪徒，待敌人发觉后，赤卫军早已跑上了红旗山。第二天，敌人又开始搜山，企图消灭赤卫军。对待敌人搜山，赤卫军是有办法的。遇到小股敌人，就吃掉它；遇到敌人大部队，就转移，有时一天要转战几个地方。这次是立夏节起义时逃亡金家寨的袁二的侄子袁明琢，勾结唐家边张六的儿子八少爷，带领敌人搜山。我们得到消息后，埋伏在山路上，一下就干掉了不少敌人。

我们赤卫军是由二区区委领导的。在敌人的白色恐怖下，党组织转入了地下活动。赤卫军指导员廖家才同志，常于夜间下山，在丁家埠一个粮食仓库参加秘密会议，向党汇报、接受任务。有一次，指导员廖家才同志下山汇报工作，被敌人逮捕了，同时被捕的还有其他一些同志和乡亲，被关在南溪火星庙。赤卫军得知这个消息，立刻前往营救，但两次都没有成功。最后一次去了50多人，走到丁家埠与南溪之间的火炮岭，与敌人遭遇，展开了一场战斗。我们往洋油箱里装鞭炮，砰砰啪啪地一放，敌人也不知道我们有多少兵力。在"机枪"声的助威下，同志们勇敢冲杀，七八十个敌人就拼命逃跑，被我们打死了二十来个人。终因敌强我弱，又缺乏弹药，赤卫军连夜撤回红旗山。不久，廖家才和其他一些同志被敌人杀害了。

在党组织的领导下，各村的群众坚壁清野，把一些粮食藏在墙缝里，埋在阴沟底下，还把吃不完的菜扔掉，把鸡鸭藏起来，使敌人在根据地无法立足、生存。一到夜间，群众把粮食等物送上红旗山，支援赤卫军。我们与山上的群众处得也很好，也得到他们的帮助。红旗山上有一二十户人家，分散在山洼里，这些人家都是祖上从外地逃难来的，与外界很少来往。有时，赤卫军放上哨，帮他们挖地、砍柴，他们也给我们送了玉米糊等食物。尽管得到群众的一些支援，但毕竟很有限，我们不得不靠山上的苦花菜、野麻根充饥，在大树底下露宿，过着十分艰苦的生活，一直坚持到红军回到根据地。

9月底，传说红军要从鄂东打回来，三省边界的民团就跑了。当地一大群"老少爷"们更是慌了手脚，好多人忙着往商城和其他地方跑。下湾的王四爷想跑到霍山去，群众很快把这个消息报告给我们。王四爷这家伙是下湾的大恶霸地主，平时仗势欺人，农民对他恨之入骨。党组织决定除掉这个害人虫，派我和张经定跟踪，见机把他干掉。

这天下午，王四爷带着钱财，坐着三人轿，跑到流波䃥，住在丁家埠盐号的分号——济美商号。还大骂共产党是"手指头伸出有酒杯粗的人，成不了事"，在流波䃥的党员曾铜匠和济美商号烧饭的曾昭布，立刻把他监视起来。第二天天刚亮，王四爷坐上大轿，直奔霍山时，我和张经定、曾铜匠，每人别了一把锋利的短刀，已在诸佛庵附近的石家河一座山坡上等候多时了。王四爷一到石家河，我们很快冲到轿前，喊道："请王四爷下轿，有事请教！"他见势不妙，妄想逃跑，可是来不及了，于是从轿底取出几包银圆和钞票，双手颤抖地递给我们，并连声哀求："好汉饶命！"我们不理他那一套。我一下跳上去，对准这家伙的脑门子就是一刀，并对他说："四爷！你看看，手指头伸出来有酒杯粗的人，能成事不能成事！"这个恶霸地主哼了两声，就见阎王去了。

1929年9月间，主力红军三十二师从鄂东打回来了。红军一回来，立即和赤卫军一起，向商南地区的反革命势力发起进攻，歼灭了反动地主武装，扩大了革命根据地，并在南溪召开了群众大会，追悼英勇牺牲的革命烈士和蒙难的革命群众。会上，愤怒而悲壮的呼声震撼山岳："向敌人讨还血债！""为烈士报仇！为亲人报仇！""打倒豪绅地主！"当场，红军奉命逮捕了唐家边、老猫洞、丁家埠的那班"老少爷"们。一夜间，后湾的大少爷、四少爷、五少爷，老猫洞的袁二爷，丁家埠的徐五老爷，被我们一网打尽。

在群众一片欢腾中，革命政权建立起来了。农民群众纷纷参加红军、赤卫军，不久，红三十二师就扩充成三个整团。我们在红旗山坚持斗争的100多人的赤卫军，改为游击队，不久也正式编入红军，走向新的规模更大的斗争。

（1979年重新整理）

原载皖西革命斗争史编写组编：《皖西革命回忆录——第二次国内革命战争时期》（上卷），安徽人民出版社，1980年，第14～21页。

回忆苏区的土改斗争

◎ 华昌圣　操和福　余良荣

在霍山县革命烈士事迹展览室里,陈列着一方褐色的米心石的高大石碑,中间镌刻着"红军公田"四个大字。它朴实无华,甚至有些简陋粗糙,但它却忠实地记载着第二次国内革命战争时期苏区土地改革的斗争史实,铭刻着苏区人民热爱红军支援红军的深情厚谊。它像一把钥匙,一下子打开了记忆的大门,把我们引回到30年代初期霍山人民在党的领导下进行的一场伟大革命斗争的峥嵘岁月。

诸佛庵是霍山县的首镇,位于大别山北麓,周围山峦起伏,土质肥沃,气候适宜,是一个盛产稻、麦、黍、豆、竹、木、茶、桐和茯苓的富饶之乡。从1925年起,马克思主义就开始在这里传播。1929年诸佛庵兵变、西镇暴动、桃源河暴动等一连串斗争胜利后,革命形势发展很快,穷苦农民在党的领导下,开展了减租减息、扒粮抗捐等斗争,灭了地主阶级的威风,长了贫苦农民的志气,农民生活也有了一定程度的改善。但是,由于政局不稳,农民盼望多年的"土地回老家"的愿望总是没有实现。

1930年冬,红一军军长许继慎同志挥师东征,在地方武装和革命人民的配合、支持下,连战连捷,把国民党的四十六师、新编第五旅及各地反动民团打得落花流水,闻风而逃。红军乘胜前进,一度包围六安威逼霍山,使国民党安徽省主席陈调元等大小头目手忙脚乱,一筹莫展,胜利地粉碎了国民党对皖西地区的第一、第二次反革命"围剿"。至此,由于贯彻第二次"左"倾路线而陷落的皖西苏区又得到恢复和发展,逐步形成了以淠河为界,河东白区与河西赤区隔河对峙的局面。

红军东征的胜利，苏区的巩固和扩大，苏维埃政权的建立，为在苏区进行土地改革创造了必要的条件。一场彻底砸烂几千年封建土地制度的革命风暴，迅猛地席卷了皖西大地。

1931年5月21日，霍山县第二届苏维埃政府在诸佛庵成立，确立了此后一个时期的中心任务是领导苏区人民开展土地改革，没收一切地主阶级的土地，分配给无地和少地的农民，把最广大、最贫苦的农民们从封建土地制度的重压下解放出来。7月23日，在县苏维埃政府的主持下，召开了全县土地改革工作会议，出席的有全县各区乡苏维埃政府的土地委员，计50余人。他们带着广大贫苦农民的心愿和要求集聚一起，商讨如何贯彻土地改革法令。中共皖西北特委负责同志亲自赶来参加会议，并做了重要讲话，指出：封建土地制度是中国农民长期陷于贫困和中国社会长期停滞不前的基本原因。农民问题的中心问题就是一个土地问题……他还简述了皖西地区土地占有情况，阐述了正确完成土改的重大意义。皖西地区（包括霍山）的土地占有情况是：占总人口百分之十的地主、富农拥有土地总面积的百分之七十；而百分之八十的贫雇中农却只占土地总数的百分之十，去掉中农占有的土地，贫雇农的土地就更少得可怜了。地主阶级正是利用这种对土地的垄断，对农民进行敲骨吸髓的剥削，使广大农民多少年多少代以来，一直生活在水深火热之中，迫切要求砸碎颈上的枷锁。因此，党的八七会议把土地革命看作现阶段中国革命的基本内容；苏区农民得到了土地，必将真诚地拥护革命，以至成功。

参加会议的土地委员们根据上级颁布的《土地政纲实施细则》《土地问答》等文件，结合霍山县部分地区前次土改的实际情况，展开了热烈的讨论。大家批判了某些地方曾经发生过的反富农路线和侵犯中农利益以及组织不纯、阻碍土改政策正确贯彻等不良倾向，决定放手发动群众，贯彻党的阶级路线，加强调查研究，迅速而稳妥地搞好土改。

散会以后，各区乡土地委员们都连夜赶了回去。他们要把这个特大的喜讯以最快的速度传遍山冲岭坳，唤起农民的觉悟，点燃革命的烈火，彻底烧毁万恶的旧世界，让世世代代受苦受累的农民成为土地的主人！

土地改革运动在霍山县广大苏区全面展开了。这场热火朝天的群众运动，使地主豪绅威风扫地，贫苦农民扬眉吐气。有点头面的土豪劣绅，有的溜走了，有的死乞白赖地跟在贫苦农民后面磕头求情,有的被戴上高帽子游斗。"打倒土豪劣绅!""没收一切地主的土地,分配给无地少地的农民!""打土豪分田地"的口号声和《赤色苏维埃歌》《土地革命歌》等歌声,响彻大小山冲,平静的山村沸腾起来了。

"分田啰!""快去参加分田大会!"七区(诸佛庵区)三乡四村的贫雇农们互相邀约,三三两两地从各条山冲里走向苏家大院,这苏家大院以前是恶霸地主、保董苏谷成的庄院,暴动后,苏谷成吓得跑到霍山县城去了,村苏维埃就设在这里。这时,在庄门口的稻场上挤满了来开会的人群;会场正面墙上贴满了红红绿绿的标语,儿童团、妇女会、少先队、赤卫队整整齐齐地坐在场地上,互相拉着歌子。妇女会里的大姐姐小妹妹们,大都是宣传队员,会唱歌会演戏,一逢开会,就数她们活跃。这一天,由于格外高兴,唱的歌也最多最响,《穷人歌》《土地革命歌》刚一落音,又唱起《十二月大改变》来:

    正月是新年,
    世界大改变,
    打土豪分田地,
    耕者有其田。
    ……
    五月是端阳,
    穷人把家当,
    分了田和地,
    住上好楼房!
    ……

农协会员和赤卫队员唱不过妇女们,便一个劲地高呼口号:"中国共产党万岁!""拥护苏维埃!拥护红军!"就在大家兴高采烈的时候,村苏维埃主席田兴德同志从屋里走出来,摆摆手说:"大家安静一下,现在开会了,先请乡苏维埃土地委员张道良同志讲话。"他的话一落音,人们腾地齐声笑起来,热烈地拍起巴掌嚷着说:"欢迎本方土地爷讲话!"被叫作本方土地爷的张道良,四十多岁年纪,胖胖的身体,由于连日带领贫农团划分阶级成分,估田亩,做方案,未能得到休息,眼睛有些红肿。他很会讲话,三言两语就把分田的道理、阶级的标准讲清楚了。他站在桌子前面比着手势问道：

"我们农民一年忙到头，为什么还是穷？"

"因为——"有人答了半句就没词了。

"地主为什么一年到头不动弹还有吃有穿？"

"因为——他们有田产！"

"对！"张道良接着问，"他们的田产从哪里来的？"

"……"没有人回答上来。

"田产不是天上掉下来的，更不是从娘胎里带出来的。"张道良说，"那是农民们世世代代一锹一锄开出来的，被地主们剥削霸占去的。"他用手指了指冲脚下一块四斗大小的田块说，"这块田原来是华家的，母子俩靠它过日子。有年母亲害病，儿子向苏家地主借几块印子钱给母亲治病。结果，病没治好，驴打滚的利却还不清了，就这样左滚右滚，一二年工夫，这块地就姓苏了。你们说，这地主田产不是靠剥削穷人来的吗？"

一提起地主剥削农民，场子上的成年人都难过得低下了头。是啊，哪一家没有一本被剥削被压迫的辛酸史！那个蹲在会场旮角的青年农民正在抹眼泪。他叫张善明，佃了地主苏谷成家的几亩田，这个租那个课呀，压得他怎么也伸不直腰。有年冬天，地主逼着他交柴草课，划了一块山场让他砍柴。苏谷成的妈妈怕他偷，就在大袄襟子里揣了个小火篮，跟到山场上东瞅瞅西望望。张善明一肚子火不好发作，家里还等他去给人扛木头挣点工钱哩。柴火越砍越多，垛越垛越高，地主婆子还在旁边直打转，一不小心，碰倒了柴火堆子，她自己也被砸倒了，怀里的小火篮子翻了一身火，吓得直叫唤。事后，苏谷成反过来说张善明使坏心眼要谋害他妈，打了他一顿不说，还罚他磕头、赔医药费和营养费。张善明狠狠心，把家里的一头小猪卖了，花了四十多块钱，才算把事情平息下去。他自己为什么穷，苏谷成为什么富？现在他明白过来了。他忽地一下站了起来，高呼口号："打倒土豪劣绅！""苏维埃政权万岁！"

接着，"本方土地"交代了分田的办法：按人口和土地瘦肥搭配，一等田为红军公田，二等田分给贫雇农，三等田分给其他人，四等田分给地主豪绅，中农土地不动。大片森林、竹园、茶园收归苏维埃所有，交农民分管使用；零星小片的分给农民自管自用。然后宣布分配方案，征求大家意见。这时村苏维埃主席也站起来宣布政府规定：凡是农民欠地主、豪绅的钱，本利一律免予偿还。他一边说着，一边把没收地主的部分田契、借约拿出来向群众宣读，然后点着了火。人们看到这些田契和借约——农民的穷根，今天被刨掉了！会场顿时轰动起来，一片欢腾！

这边会一结束，那边就开始分田了。有人拉着度量的绳子，有人抱起一捆写好人名、土地面积的竹牌子，簇拥着嬉笑着由这块山冲走向那块平畈。老头子老奶奶们也拉着孩子跟着看，真比正月十五玩花灯还热闹。分到土地的老年人一边拭去激动喜悦的泪水，一边偷偷地用手拃拃杉木、毛竹的粗细，高兴得直点头；还有的老年人双手捧起田里的泥土，摸着写有自己名字的竹牌，抬起迷惘的眼睛，仿佛在问：这是真的吗？村苏维埃土地委员刘天锡像是猜透了老人家的心思，笑着说："大爷，是真的！您老人家多少年不是做梦都想有一块田吗？这下该称心如意了。"

有几户地主人跑了，把田契也带跑了。分到他家田地的人不放心，找苏维埃干部说："田契不在，怎么办？"村苏主席田兴德说："田契不要紧，要紧的是这个！"他指了指镶有镰刀斧头的红旗说，"有这面红旗在，地主抱着田契也不管用；红旗倒了，地主还乡团回来了，没有田契，他照样向你要租要课，国民党政府是地主们的后台嘛！"

这几句话说明了一条最朴实的真理，照亮了农民的心窝：红旗在，土地就在，穷人的好日子就能天长地久！要保住红旗，保住苏区，保住才到手的胜利果实——土地！

土改后，山乡很快掀起了参加红军的热潮。三乡六村贫农操和庆家分得了土地后，他的两个小兄弟——十五六岁的操和志和小冬子对大哥说："你在家种田侍候奶奶，我俩去打白狗子。"说完转身就跑到乡苏维埃报名参军。乡苏维埃主席华昌艮拍着光膀子的小冬子问道："你们为啥要参军？"愣里愣气的小冬子抢着回答："为啥？为的是不让狗地主苏谷成回来抢我们的饭碗！"说得在场的人都哈哈大笑起来。华昌艮把自己的褂子脱下，轻轻地披在小冬子的光脊梁上，深情地说："好，去吧！为了苏维埃，为了穷苦人的好日子，狠狠地打白匪吧！"就是这个小冬子，步步紧跟红军，爬雪山过草地，把自己年轻的生命献给了人民，自己却连个大号也没留下！像这样踊跃参军的动人事例到处都是。土改后参军的仅大干涧一个村就有60多人，其中有十二名成为光荣的烈士。他们永远活在人们的心中！

　　为了保卫苏区，保卫土改斗争的果实，成年农民一面积极从事生产劳动，多打粮食支援红军；一面参加赤卫队，轮流到一二十里外的淠河边守卫河堤，时刻警惕敌人对苏区的侵犯。各地的妇女会员、宣传队员们，用最热烈的行动、最真挚的情感，掀起了拥护红军的热潮。她们做军鞋打草鞋，搜集慰问品，到红军驻地，到后方医院，开展慰问活动。还帮助红军战士洗衣被，为红军战士和伤病员演戏、唱歌，鼓励红军战士英勇杀敌，保卫苏区！

　　在"保卫红旗，保卫苏区"这个口号的鼓舞下，从漫水河到流波䃥，纵横百余里的霍山广大苏区，出现了从未有过的热烈火红景象，使苏区更加兴旺发达！

　　"吃水不忘打井人！"根据《土地政纲实施细则》的规定和广大贫雇农的共同心愿，各乡在土改过程中，都留下一块上等好田作为"红军公田"，并树碑刻文，以作标志和纪念。红军公田由代耕队耕种，收获的粮食主要用于红军公粮和解决烈军属的困难。

　　八乡的贫雇农们对红军公田极为重视，他们经过反复挑选，把烂泥坳东街头下面一块五石种的好田划为红军公田，田的上面是一口山塘，无论是土质、阳光，还是水利条件，在这大山区里都是上等的。为了表示对红军的热爱，贫雇农们决定刻一块石碑立在公田旁边，既能让大家都能爱护公田的庄稼，又能千古流传，让子孙后代永远记住红军的丰功伟绩和恩情。

　　乡苏维埃把刻碑的任务交给了列宁小学的教师们。几个年轻教师肩负重任，起早摸黑地干起来。首先把旧的石碑磨平，然后在石碑中间刻上"红军公田"四个大字，右上方刻上霍山县七区第八乡苏维埃……左下方刻上日期：一九三一年。

　　竖碑这天，乡苏维埃下了通知：农协、赤卫队、妇女会、少先队、儿童团以及四个村的群众都集合到列宁小学的操场上开大会。东方刚破晓，人们就敲着锣鼓，从四面八方涌向会场。会场正中放着那块石碑，上面披了一块红绸子，在阳光的映照下，红闪闪的，格外光彩夺目。妇女会员、少先队员、儿童团员们围着石碑翩翩起舞，尽情欢呼。一些老年人抚今思昔，心潮难平！千百年来，天是地主老财的天，地是地主老财的地，穷苦农民面朝黄土背朝天，拼死拼活，做牛做马，还是在死亡线上挣扎。为了推翻吃人的社会，为了取得一块土地，祖辈们起来斗争、造反，到头来却都成了新的统治阶级改朝换代的工具,农民们的根本问题——土地,并没得到解决。只有在今天,有了共产党,有了红军,才能推翻地主老财的宝座,让土地回到农民的手里,饮水思源,翻身农民怎么能忘掉红军的恩情呢!

在一片锣鼓、欢呼声中,在群众的簇拥下,几个年轻力壮的小伙子,把红军公田碑抬到公田旁边竖了起来。红军公田碑迎着朝阳,屹立在山下路旁,它像一个卫士,守卫着千万农民经过斗争而得来的胜利果实——土地;它像一把利剑,指向腐朽的旧世界,预示着封建统治阶级的必然灭亡;它更像一把火炬,闪射着红色的光芒,照亮了千千万万贫苦农民胜利前进的方向!

1932年10月,张国焘带着红四方面军向西去了。刚刚成为大地主人的广大革命人民被扔进了火坑。国民党匪军、还乡团、铲共队气势汹汹地回来了,又夺走了农民分得的土地,开始了灭绝人性、惨绝人寰的大屠杀。白匪军侵占烂泥坳之后,勾结当地反动势力,见到红军用过的东西就烧就砸,他们恶狠狠地把这块红军公田碑推倒在路旁。几个有心计的老农民怕白匪军再来砸,就在旁边挖了个坑,把碑文朝下埋在里面。就这样,这块记载着当年苏区土改斗争史实,记载着人民的情谊的公田碑被保存下来了。今天,它洗刷掉身上的泥土,作为教育后代的革命传家宝而永放光彩。

(张易华、莫非 整理)

原载皖西革命斗争史编写组编:《皖西革命回忆录——第二次国内革命战争时期》(上卷),安徽人民出版社,1980年,第147~156页。

对大革命前后安庆党组织的回忆

◎ 郭诚淑

我于民国13年（1924年）在上海大学附设中学读书的时候，由侯绍球、朱赜惟两人介绍参加中国共产党。苏浙军阀发生战争，同年的秋天我调到安庆，首先就同谢硕（又名云皋，六安县人）、周范文、顾纯（女）等人接洽了组织关系，同时先后还会见过王步文、蔡晓舟、何宝霞（那时她家在安庆小南门开设旅馆）等同志，其中王步文、谢硕、顾纯等几个人早就在安庆活动。那时候党组织形式我不了解，也记不得了。我和何宝霞、顾纯等三人为一组。至于郭士杰、宋伟年等人都是以后（1925年间）来到安庆的，郭士杰工作积极，在同志中间，算他最为活跃。

1925年秋季，安庆党组织介绍我去武昌报考中央政治学校（七期或者八期），因未录取，故改在安徽省党务干部学校学习，学习了半年就回到安庆来了。

1927年二三月间，我同张云野、顾纯、程先进（程是安庆一师学生，我来安庆前就是党员了，可能是安庆较早的党员之一）、何宝霞等女同志分工负责搞妇女工作。记得当时我们和国民党合作，有很多同志在左派国民党各机关内担负各项工作。

1927年3月间，北伐军到安庆前，谢硕、王步文、程先进、张云野、何宝霞、葛文宗等同志积极地投入筹备欢迎北伐军的工作，我们几个妇女同志专门搞些裱糊花彩，制作标语、小旗子、红幅，仅我个人制作的小旗子就有四五百个，男同志大部分在外进行些组织宣传发动工作。北伐军来时，安庆的店员、工人、商人、学生、城市贫民夹道欢迎，家家户户张灯结彩，各店门前悬挂着旗子（国民党旗子，全部用纸裱糊起来），街道横挂"红幅"，高喊着"孙中山先生万岁"（或喊"孙总理万岁"）"共产党万岁""国民党万岁""欢迎北伐军"等口号。

北伐军进城之后，我们的革命工作就更加活跃了，群众觉醒了，这时我们领导安庆各界群众团体分别成立省工会、市工会，省农协、市农协，妇协、学联等。记得郭士杰、曹讽非等人是负责组织工会工作的。我们几位女同志负责组织妇协工作，而且都是妇协成员，顾纯任妇协主席。我们负责搞妇女工作的同志经常分头串门访问，与家庭妇女们个别接触，向她们进行革命的思想教育和共产主义的宣传。启发她们觉悟，动员妇女们起来反对旧礼教，特别是对虐待童养媳、裹足等封建主义的斗争。农协还深入附近农村进行活动，详情不知。

1927年3月，我们工作不久，蒋介石到了安庆，就指使流氓、地痞等很多人（大都是西山会议派分子）首先将我们合作的省、市国民党左派党部捣毁，工会、农协、妇协等组织接着也被冲散了，当时我正在家吃饭，未出去，才免遭毒手。后来得讯，说光明甫被打，很多人逃避了。反革命事变发生后的两三天，有人通知我，要很快的转移,离开安庆。这时组织上给我们准备好一只小船，在西门外,我们五六个人（现已不记得是哪些人）化装上船到九江，然后乘大轮到了汉口，第二次进了安徽党务干校。在学校才听说陶唐、何世玲被杀害（是与我弟弟郭成智一起被捕的，据他说，陶唐、何世玲是夜间提出被枪杀的）。

同年，7月15日武汉政府分裂，蒋汪合流后，在武汉学习的部分党员动员回到安庆，大都是经过黄梅、英山、太湖步行回安庆的。回来后没有马上成立什么组织。到八九月间，才由王步文同志召集在安庆的十多名党员到西门外玉液池附近的一家民房里开了会，成立了党组织（我记不清那次成立党的组织就是县委会），会上贯彻了八七会议的情况，要我们组织工农武装暴动，成立自己的军队，具体贯彻八七会议情况我也不清楚，因为时间久了，爱人死了以后我脑筋不大好。在未贯彻八七会议前，那时候很多同志是辨别不清是非的，思想认识模糊，革命工作应不应该坚持，也不知道，有些人就在这个时候脱离了党的组织，脱离了革命，有的人还走到反革命道路上去了。

党的组织恢复以后，我与吕××（女，婆家姓洪，安徽人，寄居在武昌）、姚佐元等人以"组织家庭"名义，来掩护工作。大约是这年年底，党的机关被敌人发现，受到敌人搜查。葛文宗在家里被捕，因为我得到消息较早，机关文件早已转移。后来我和曹讽非奉上级指示调离安庆，分配到六安县去工作，后被霍山刘伯希劝阻，留在他那里工作。我和爱人曹讽非两人在职业上以小学教师为掩护。1929年，安庆党组织向我要组织经费，因为安庆党组织经费寄存在我个人名义的银行存折上，这时我已怀孕，到了临产期，借此又回到安庆来了。这是在1929年秋天。过了不久，刘伯希也调到安庆来了，负责安庆党的组织工作（其在党内的职务不详，主要因为那时我们活动非常秘密）。我于11月间生小孩子，没有进行过什么活动，外面情况也不清楚了。

生过小孩后约两个月的一天，我和爱人正在房内看"CY"书（即共产主义书籍），忽然间，闯进许多警察。我急忙将书藏入怀内，因为我是个女子，有孩子吃奶，他们不便搜查，故没有被发现。反动当局不知从哪里得到消息，说党内文件藏在我家，他们就翻箱倒柜搜查我们机关文件，幸亏我们箱子多，敌人疏忽未翻着，当时只是把我和爱人（曹逸心，即曹讽非）两人以共产党嫌疑捕到公安局、法院，一个月以后转送到省模范监狱。连同我们一起入狱的，还有很多党内的青年学生共70多人，因此狱内地下党把我们组织起来抗议非法逮捕，开展绝食斗争。当时国民党在法律上也规定不准饿死人的，所以反动派在未掌握我们证据前被迫将我们许多人分别释放了。在我未被捕前，刘伯希在街上被霍山豪绅地主分子窥见了，跟踪被捕，在狱中他表现非常坚强，斗争也很激烈，始终未暴露机密。

我们被捕的原因不清楚。但是记得在被捕前，霍山很多学生团员到我们家来过，他们住在安庆姚家口附近（即教育会对面）旅馆里，他们在旅馆吃酒玩乐，高声喧嚷什么革命，不慎失密，遭到反动派搜捕，我们被捕就是这以后的事情。

补充一点：我民国18年（1929年）到安庆去，首先到百花亭（姓舒的房子）我的表姐夫高纯青（共产党员，现不知其下落）家里，由高纯青同志给我和爱人曹逸心接上关系的。

被捕释放后我就离开安庆了，以后就再也不清楚安庆革命斗争活动了。我爱人1933年病死后，我带着孩子到婆家沅江县，由于环境关系，和外界没有一点联系。

（张唐　整理）

原载政协安庆市文史资料研究委员会、安庆市编史修志办公室、安庆市档案馆编：《安庆文史资料》（第2辑），内部出版，1981年，第22～25页。

1927年前后国民党左右派在安庆的斗争

◎ 朱子帆[①]

1926年春,我在安庆法专学校教书,那时国民党安徽省党部就分成了两派,一派以管鹏(昆南)、汤志先、路锡祉为代表的西山会议派(即右派)住在宣家花园,另一派是以史大化(恕卿)、光明甫、常藩侯、薛卓汉、黄梦飞、沈子修、朱蕴山、周松圃(后转化为右派)为代表的左派住省教育会,一面与右派和反动军阀势力做斗争,一面组织进步力量准备迎接北伐军。当时安徽的军事统治者陈调元利用国民党左右两派斗争的矛盾,极力打击左派。如以法专学校为例,就先后搜查好几次,并向校长光明甫提出要该校停办,并指名换掉进步人士。在他们种种压力下,该校于1926年上学期结束后即停办。下半年左派省党部也随之被迫转移到武汉。

我们到武汉后,形势大好,北伐军不断胜利,从安徽来武汉的人逐日增多,这时安徽省党部应接不暇,我们为了打击投机分子,在党部大门口贴着"革命者靠拢来,不革命者滚开去"的条子。此时省党部人员分工是:负责农民运动的是薛卓汉(中共党员),负责青年工作的是周范文(中共党员),负责商业工作的是史恕卿,负责妇女工作的是常藩侯,负责工运工作的是李宜春(中共党员),柯庆施任秘书长,负责中共党的工作。为了培训一批青年干部,派李宜春、周新民等七至九人,举办

[①] 朱子帆,1927年是国民党安徽省党部组织部秘书,代理书记长。中华人民共和国成立后曾任安徽省交通厅厅长,安徽省政协副主席。

了一个党务训练班，专门研究北伐军到安徽后具体开展工作的方法。

北伐军虽已进入湖南，但安徽有些思想不坚定的人（如周松圃）及投机找事做的人仍动摇不定，他们不相信工农群众的组织力量，同时在省党部内也产生了新的分歧。

随着北伐军的节节胜利，安徽军阀陈调元便换旗向北伐军投降。1927年春，安徽省党部就分为两路，一路随江左军李宗仁，一路随江右军程潜回到安庆。接着在3月间，召开全省第一次国民党代表大会，是时蒋介石偕政治部副主任郭沫若从汉口来安庆，蒋支持西山会议派姚菊五、陆福庭企图在这次党代会夺取重要权位的阴谋。在省党部举行欢迎北伐军的宴会上，蒋介石发表了偏袒国民党右派的讲话，受到左派周新民的驳斥，蒋介石恼羞成怒，第二天即指使右派陈紫枫等组织流氓打手，捣毁省党部办公室，这就是"三二三事件"。因此我们及大会代表分两路，一路乘坐郭沫若拨给的小轮去武汉，一路随二十三军政治主任、军长常藩侯从太湖宿松转到武汉，把省党代会继续开了下去，选举了新的左派占领导地位的省党部。

接着宁汉分裂，武汉的汪精卫和蒋介石对立，汪在武汉成立中央政府，蒋在南京成立以李烈钧为首的特别委员会。不久李烈钧又派葛晓东、路锡祉、汤志先在安徽成立了"清党委员会"，后又改为"改组委员会"。这次清党，凡与武汉有关系的人都受到了打击，其中被通缉的有朱子帆、光明甫、沈子修、常藩侯等，被捕杀害的有陶唐、何世玲等。此后蒋介石又派唐生智来安徽当主席，他对安徽的革命力量打击得更厉害，凡遭捕的除办自首外，并要交出三个人的名单，否则就要罚款。这时我被迫跑到无为中学教书，安徽的中共党组织因而转入地下活动。

（张唐　整理）

原载政协安庆市文史资料研究委员会、安庆市编史修志办公室、安庆市档案馆编：《安庆文史资料》（第2辑），内部出版，1981年，第32～33页。

对第一届中共安徽省临委活动情况的回顾

◎ 王心梟[①]

一、第一届安徽省委活动情况

"七一五"武汉政府叛变革命,形势紧张,党中央派柯庆施[②]、王步文、郭士杰、王坦甫、王心梟(贯之)、周范文、李宜春组织安徽省临时委员会,瞿秋白同志和我们谈话,说中央要我们省临委执行的任务是:

(1)恢复和发展党的组织,批判陈独秀机会主义(并给了我们一本他写的批判陈独秀的小册子);

(2)恢复和建立工人农民的群众组织;

(3)组织革命武装,反对国民党的反动统治和屠杀政策。

柯庆施、王步文和我从武汉经九江,原想从赣东入皖南到芜湖,适值南昌起义,沿途为国民党军队所阻,仍由长江潜入芜湖,时在八一以后,随即约聚郭士杰等举行了第一次会议,派王步文组建怀宁中心县委,任书记,驻安庆。后来中央派一个福建的同志担任军委。1928年春,中央派尹宽为省临委主要负责人,柯庆施回中央

---

①王心梟,又名王贯之,潜山县人,在大革命期间曾参加中国共产党,解放后任民革安徽省委员会副主委。
②柯庆施,1923年至1924年担任《新建设日报》(社长王孟起)编辑,该报在安徽传播马列主义起了一定作用。

（驻上海）。尹宽，桐城人，留法学生，化名王兢博，向来接近陈独秀、彭述之，具有右倾机会主义思想，作风又不正派（后参加托、陈派），同志们纷纷反对他，并向党中央控告，中央乃派任弼时同志来皖视察，以致在南陵被捕。尹宽走后，主要负责人不详（据方启坤谈：原省临委书记为侯少方，四川人，1931年春与王步文同时被捕入狱）。1930年秋，王步文任省委书记，于1931年3月被捕，顽强不屈，坚持斗争，不幸于5月被害。

二、省委成立前后安徽党组织情况

据说安徽于1921年建团，1922年建党，王步文参加了建党工作。

临委在芜湖成立后，首先恢复和建立市内基层党组织（支部），如裕中纱厂、火柴厂、凡生中学都有党支部，由驳船、码头、邮工、店员、小学教师、海员、缝工等方面党员组成了综合支部。周筱珊、周新圃、李克农、宫乔岩、钱杏邨（阿英）、甘天沫等，当时都在芜湖。印发过由郭士杰编写的《支部生活》的小册子，还印发过不定期的内部刊物。对外宣传动员工作，主要是散发标语传单，经常使反动派感到震惊。

当时恢复和建立了党组织进行活动的有：

怀宁中心县委——王步文、周新民、葛文宗、姚佐元、郭诚淑（女）

潜山小组——余大化

南陵支部——俞昌华

大通（以下各地组织名称不清楚）——梅大栋、梅大梁

寿县——薛卓汉

桐城——江靖宇

庐江——郑曰仁

和县——温亚伯

宿县——陈粹吾

霍山——舒传贤、刘淠西

还有宣城、繁昌、芜湖近郊也有党组织活动，我和俞昌华到过这些地方，具体

负责人记不清。解放后遇到胡济，才想起他当时在万春圩搞党的工作。

临委成立前，党组织很活跃的地方有六安、太湖、宿松，农民组织也很有势力。

三、省委成立前后安徽党的斗争情况

1923年10月，王步文、童长荣、濮洪、濮德治、谢嗣育、苗树德等同志，领导安庆及各地学生，反对曹锟贿选，在安庆举行游行示威，捣毁猪仔议员张伯衍、何雯的住宅，揭露军阀、官僚、恶棍的罪行活动，王步文等36人被通缉后，仍坚持地下斗争。

1924年国民党改组，实行国共合作，有薛卓汉、周范文、柯庆施等同志参加国民党（左派）安徽省党部工作，在中共的帮助下，全省约有半数以上的县市，建立了国民党的组织。

1926年有杨兆成（中共党员）沈子诚等人，因组织革命武装（兵运），被军阀陈调元逮捕，解到蚌埠杀害。

1927年策动了陈雷的一个团（时在太湖县独山镇）起义，响应北伐。临委成立后积极组织芜、宣、繁边区农民，准备秋收斗争，并根据当时情况，选定白沙圩举行武装起义，夜里开会时，到会的有数百人。嗣因农民积极分子多人被捕而失败。同年冬，孙一中、廖运泽、薛迁等同志在寿县领导柏烈武三十三军的学生团，准备起义，事泄被迫解散而未成。

1928年，怀宁中心县委领导庐江南部农民组织农协会员达两万人，开展减租减息斗争，取得了胜利。

1930年，潜山县委领导岳西清水砦暴动，扩展赤区至岳西全境及潜山西北部，建立武装，最后它成为红四方面军组成部分。

1931年，操球同志领导怀宁高河埠农民抢米风潮，取得胜利。操球后在安庆被捕遇害。

"四一二"蒋介石叛变前，反动派炮制"三二三事件"，把国民党安徽省筹委会（左派）捣毁了，当时党团（书记柯庆施）决定：

（1）一部分人（年纪大些的国民党左派人士）乘船（北伐军政治部主任郭沫若

拨给的）先回武汉，继续领导反蒋斗争。

（2）舒传贤（总工会委员长）、周新民（市委负责人）等留在安庆，加强工人纠察队，坚持地下斗争。

（3）其余同志除有任务不能回本籍工作外，转移到皖西，加强农运，继续斗争。我们先到太湖经宿松转黄梅，这时原来起义的陈雷（一个团）驻在太湖，态度变了，地主武装也向我们反攻，宿松组织农民起义尚未举起义旗，反动派就把国民党宿松县党部常委及工会、农会负责人（都是中共党员）屠杀了。我们转入黄梅后，继续与省内各地党组织联系。

"四一二""七一五"以后，安徽的白色恐怖是很严重的，1927年秋，在安庆屠杀了陶唐、刘枝蕃等同志外，还逮捕和酷刑审讯了方启坤（女），在宣城逮捕了杨士彬。这年冬，又在芜湖捕杀了王绍虞（济难会安徽分会负责人）等同志；还逮捕了甘天沫、李金章、秦礼和等人。同时又在潜山屠杀了余大化、柳文杰、范笑山等同志。1928年在安庆杀害了俞昌准。1929年在芜湖逮捕了周筱珊；在潜山逮捕了储醉醒；在大通逮捕了梅大梁、梅大栋；岳西清水砦暴动后，先后屠杀党员农民、学生百余人，1931年又杀害了王步文。

但是反动派血腥的镇压，并不能扑灭党领导的人民革命斗争，终于使自己走向灭亡的道路，这是历史发展的必然规律。

（张唐　整理）

原载政协安庆市文史资料研究委员会、安庆市编史修志办公室、安庆市档案馆编：《安庆文史资料》（第2辑），内部出版，1981年，第34～37页。

中共怀宁中心县委活动情况

◎ 储醉醒[①]

1927年秋，瞿秋白同志召集柯庆施、王步文、郭士杰、薛卓汉、王坦甫、王贯之等共同研究成立中共安徽省临委会，在安庆成立了怀宁中心县委，县委委员有姚佐元、周新民、许杰、葛文宗、郭诚淑等同志，由姚佐元担任中心县委书记，并由姚佐元和郭诚淑以假夫妇名义在安庆西门外太平寺11号租了三间房子（当时安庆租房子必须有家属，否则租不着）作为县委机关住地。当时负责省委宣传工作的王步文同志也经常到安庆来，他在海口洲又搞了两间草房子，作为来安庆时的住处。我是9月底到怀宁中心县委的，负责文件和刊物《新生活》的编印工作，但主要是编印《新生活》刊物，其内容主要是转载上级党委文件和当时时事述评等，编印地点就在海口洲王步文住的房子里（当时王在芜湖），这个刊物到1928年止，大概先后出了十多期，每期三十多册，在安庆的党员人手一册，其余分发到各县党组织（中心县委所辖的）。当时怀宁中心县委的主要任务，是发展党群组织和组织暴动。这时在安庆有四方城支部（葛文宗和许杰等负责）、西门外支部（郭诚淑负责），海口洲特别小组（我初去海口洲时，中共党员只有我一个人，后来，又发展了雇农许老五和姚佐元的哥哥姚佐舜，在11月间成立了特别小组，直属中心县委，同时，潜山、太湖等县都先后成立了特支）。

[①] 储醉醒，于1927年8月参加共产党。新中国成立后，在安徽省委农工部工作。

海口洲特别小组成立以后，决定由许老五同志负责把当地农民组织起来，成立农民协会，到11月，海口洲农民协会成立了，在召开成立大会的时候，农民会员只有10多个人，到12月间就达30多人，农民协会常委由许老五担任，当时的任务，主要是实行减租减息和改善雇农待遇（因海口洲雇农比较多）等。

1928年1月间，怀宁中心县委认为潜山的群众基础较好，就派我和钱新嘉等同志到潜山汤池坂（现属岳西）帮助潜山特支组织暴动，因此我们在1月底就到潜山去了。这时候，姚佐元要回金陵大学读书，周新民早就离开了安庆，葛文宗因负责安庆济难会被捕了（因省济难会被破坏），许杰也离开安庆了，原来的怀宁中心县委就此停顿下来。到这年3月间，省临委又叫刘俊尘到安庆恢复中心县委，我3月间到安庆汇报潜山党组织情况和研究可否参加国民党的县党部取得合法地位来掩护地下工作等，就是和刘俊尘同志接洽的（当时刘住安庆司下坡）。

（张唐　整理）

原载政协安庆市文史资料研究委员会、安庆市编史修志办公室、安庆市档案馆编：《安庆文史资料》（第2辑），内部出版，1981年，第38～39页。

中共怀宁中心县委简况

◎ 周凌飞[①]

1928年7月，我第一次由日本返国，因患胃病在安庆就诊，经常往太平巷玉液池对门姚佐元处游玩。在这里得见诸人，其中认识者有葛文宗、王步文、许兴吾（许杰）、周新民（我的大哥，学名周骏，一名振飞）、余大化等，其余诸人为陈协吾、郭诚淑、程先进、储醉醒等及少数工人、农民，皆不认识。姚初未瞒我，我亦不追问，后来即告以他们是党的地下组织，他即为该组织的负责人。

约在是年8月间，周新民曾与我谈到革命事业，必须加入党的组织，以后他即离开安庆，叫我常与葛文宗同志接近，故我在9月间参加安庆革命组织，乃是葛介绍，以姜友德名义加入的。周新民同志当时是怀宁县委负责人之一，但他有病，党组织令其休息，将县委交葛文宗负责。

党在当时是执行李立三路线，在安徽方面是尹宽负责，姚佐元在这个组织里，经常接到有尹宽名义来文，一般在集体传阅后，即焚烧掉。有时姚送至海口洲，由储醉醒同志刻成很小的字以油印，以后由农民同志带至姚处。姚又把这些宣传品，分别包以招牌纸或报纸，改装为出售商品，而夹入城内，否则八卦门（即西门之一名）外两道岗哨检查，极不易通过而遭杀戮之祸。有时姚与我化装为绅士模样夹入，分送城内各同志传阅。亦有时姚恐有特务盯梢，乃临时伴入益太兴、方复太等大商店

[①]周凌飞，于1928年9月参加共产党。新中国成立后在安徽大学工作。

内以为顾客者，我则从外面以为之警戒。开小组会时常采用不同形式，如假装游玩、休息，或在烈士墓山上和鸭儿塘边谈心；或轮流变更会场，约定先后到会，装作故人相遇，漫天拉杂的样子。在谈话时，凡不要紧的，皆大声谈话，紧要的则低声细语。总之，当时反动统治很厉害，安庆市规定房屋不租给无眷属之人，可是姚当时未完婚，乃与郭大姐（郭诚淑）商量，由郭乔装为他的妇人，经常住在玉液池党的机关里办公和做些家务事，如洗衣、烧饭等。以前反动省党部猪仔葛（晓东）、路（锡祉）、汤（志先）等无恶不作，先将葛文宗同志在北门饮马塘住宅内逮捕，因而波及姚佐元处，姚事前闻知，将重要文件悉进行焚毁并通知其余同志各自逃去，故这次伪公安局只能扑空和捣毁家具而已。

李立三路线时期除宣传发展组织外，还利用现有武器打击敌人，夺取反动武装。姚佐元组织里，只有一支手枪，由陈协吾掌握，负军事责任，经常往桐城东乡一带，有时也到庐江、舒城等县去活动，但往来都有定站。约在1929年阴历年时，陈至我家小住数日，欲回到桐城东乡，又感路上行人少，容易被人看破，因而扮作拜年人出行，将手枪打成方包糕果，以为送人礼物，我曾为之引路十余里。当时宣传工作是争取各校学生，如许兴吾当一中训导主任，葛文宗当怀中教员等，即是。其他如墙上油墨写成标语等还不多见。

同年，党组织在我家（广济圩）开过一次会，由姚佐元主持，到会的有郭诚淑、程先进、储醉醒、姚佐元、陈协吾、我自己等共七八个人，会议内容讨论工作，具体的记不得了。

（小唐　整理）

原载政协安庆市文史资料研究委员会、安庆市编史修志办公室、安庆市档案馆编：《安庆文史资料》（第2辑），内部出版，1981年，第40～41页。

安庆党组织活动情况

◎ 焦履霜[①]

从"四一二"以后,安庆党的工作即转入地下,当时成立怀宁中心县委(包括桐城、潜山、太湖、贵池、东流等县),由姚佐元负责。从此,党一方面发展自己的组织,一方面与反革命进行不断斗争。在发展组织上,成立了码头工人支部、织布工人支部、街道支部、学生支部(当时学生人数为最多)。在乡村里,进行农村调查,组织农民成立农会。提出"不缴租,不还债""打倒土豪劣绅"等革命口号。

到1928年,上级从上海又派来两位同志,一位姓陈,在安庆化名胡梦萍,一位叫俞仲则(昌准)。从此党的组织日渐壮大,与反革命斗争越来越尖锐。这时党在安庆办有《血光报》,对宣传共产主义与揭露反革命的罪恶,都起着一定的作用。

1928年由于女中封建统治严厉,女生演戏不让男生去看,安大学生用武力把门打开,轰进去了,演戏也闹停了。该校校长陈勉,即向省府哭禀。适逢蒋介石来安庆,蒋得悉后,即令安大校长刘文典前往省府,谁知一去,即被扣押起来。此消息传至安大后,安大学生为营救刘校长,在共产党员王金林(安大支部负责人)同志的领导下,发动全市各校学生聚集省府门前,并包围了省府,选派王金林、刘树德、侯×等四五人为代表,至省府内找蒋介石说理,并提出立即释放校长刘文典的要求。当时蒋介石不答应条件,学生刘树德要动手打蒋,随即遭扣捕关押(后被杀

---

①焦履霜,1927年加入中国共产党。

害），刘校长亦未回。搞了一个下午，队伍解散，各回原校，后来反动派逮捕当时代表，王金林被通缉，离开安庆去广德了。

不久蒋介石派特务头子程天放来当安徽省教育厅长，兼安大校长，以此加紧对学生的统治。党认为，要搞好学生运动，必须赶走程天放。我们组织了一个驱程团，积极准备，谁知在斗争未开始之前，叛徒胡王奇（安大学生）向程告密，程即先下手为强，约于1929年春，在各校突然搜捕抓走13人，使得驱程运动还未开始，就告失败。这次斗争虽然没有达到目的，但留给我们的教训是对敌人应百倍的警惕。

1929年秋，我被派到潜山去参加发动农民武装暴动。

1930年，因为党内高翔叛党，使党遭受很大损失，安庆党的负责人吴鹏武等人和潜山一部分同志，都是因为他的出卖而被捕牺牲的。同时也因为当时李立三的"左"倾路线统治着全党，盲目地不讲策略地与敌人斗争，比如在安庆，有些同志手无寸铁地举着红旗，上街呼喊革命口号，以致被捕牺牲，组织也遭到严重破坏。

1931年，省委书记王步文同志在芜湖被捕，不久在安庆牺牲，使得安徽的革命斗争走向低潮，党的工作，处在艰难时期。这时党的负责人是游峰，我们一面整理内部组织，主要是根据上级指示清除"托陈派"，一面与敌人进行斗争。下面各县有的仍在坚持斗争；有的因为县委书记和负责人被捕或牺牲，组织垮了；有的没有垮也失去了联系；有些动摇分子开始退党或自由脱党；有些则叛变走到反革命道路上去了。1932年，游峰在六安被捕，这时各地的组织垮掉的更多，安徽革命斗争从此更转入低潮。

1933年，游峰从六安出狱，我和他在芜湖见面。这时上面关系（上海党中央）已经断绝。下面各县能取得联系的也很少。当时我俩商定，游峰去上海寻找上级党，我留在安徽联系下面组织。不料游峰去后杳无消息，下面组织也联系不上，此时上下关系都断绝了。一直到1936年夏志卓率领着太湖一支游击队，约20多人，在彭泽、当马、湖口一带打游击，曾到安庆和我联系过一次。

（张唐　整理）

原载政协安庆市文史资料研究委员会、安庆市编史修志办公室、安庆市档案馆编：《安庆文史资料》（第2辑），内部出版，1981年，第42～44页。

我在怀宁中心县委工作的回忆

◎ 陶国器[①]

我于1928年7月间从上海经芜湖来到安庆,在芜湖只住两三天,省临委书记尹宽(王兢博)给我分配了工作,他对我说:"你到安庆去和怀宁中心县委书记张静吾接洽,给你分配工作。"我来到安庆的时候是在西门外靠近海口洲的一家面馆里见到了张静吾(张即住在此处)。我那时是在中心县委直接领导下工作的,张静吾调至省委后,上级组织当即派陈贯一来安庆任怀宁中心县委书记(大约在1928年9月左右)。陈贯一来时是由我接洽的,并由我安排他在我的同乡同学丁月夫家里居住(地址在百花亭),以后县委机关也就因此设在那里了。陈活动很积极,当时他主编办了《血光报》,积极宣传党在各地领导暴动的盛况,所以我认为陈贯一来安庆任怀宁中心县委书记是确切的。

前任中心县委书记张静吾(湖南人),县委委员有王兴业(互济会负责人)、王晓亭(潜山县委书记)等,我搞组织工作。小汪、小陈(忘记名字)负责青年团工作。

我来到安庆以后由王兴业将我带到海口洲,做农运工作。因为当时人地生疏,又没有社会关系,工作无法插手,只住了一天时间便回城里来改做青运工作。据我记忆,只和操竹友、钱新嘉、张峰材及一位女同志等几人一起工作,后来在安大学生中又发展了王耀华;东南中学发展王同弟、甘舍堂、教师方小朵子;一中发展了

[①]陶国器,又名陶冶民,于1928年参加中国共产党。新中国成立后在家乡从事生产工作。

学生周振超；居民中发展吴鹏武等人。在组织形式上是：一中一个支部，由钱新嘉负责；东南中学一个支部，由甘舍堂负责；街道一个支部，由我负责。成员有小汪、小陈、县委书记和我等四人。因为那时国民党搜捕非常严密，我们很难召开支部会议，联系工作，只是两三个人碰一下头，交换一下意见，布置一下工作。自7月到11月间除发展组织外，也曾领导反日运动，如抵制日货、商民清除日货，不坐日本船和捣毁日货商店等，搞学潮进行罢课，经常散发传单和贴标语等工作，来提高群众对革命的认识。到11月间，我被调往芜湖搞省委工运工作。

原载政协安庆市文史资料研究委员会、安庆市编史修志办公室、安庆市档案馆编：《安庆文史资料》（第2辑），内部出版，1981年，第45～46页。

安庆党组织及其活动

◎ 赵　煜[①]

一、安徽党务学校情况

1926年11月国共合作，我和代天（即代应开）在共产党员李宜春的带领下，到武昌市联保里安徽党务干部学校学习。学校负责人为李宜春（中共党员，解放后在华东某农业机关工作），学校设有校务委员会，由周新民、胡苏民、光明甫等人组成，全校学员共有130余人，其中共产党员约有40余人，其余均为国民党左派党员。

1926年的12月份，我在该校由陈文甫介绍加入共产党。当时我们支部有20多个党员。支部书记是朱蕴山，党员有周裕民（现任合肥市某中学校长）、任昌举（省人委会参事）、孟庆树（女，住北京）等。

二、大革命失败前的安庆党组织及总工会、农协、学联、妇协的情况

1927年3月，安徽党务干部学校结束后，约有百余人分配到芜湖、安庆两地工作，

[①] 赵煜，于1929年12月加入中国共产党，1928年7月被捕，1930年9月出狱。

只有少数派往宿县、旌德等处。当时分配来安庆的学生约40余人,其中派往安徽省总工会(负责人舒传贤,在六安牺牲)和安庆市总工会(负责人王绍虞,1928年在安庆牺牲)工作的人数较多,我(任工人纠察队副队长,主要负责警卫工作)和胡元钧、钱邦文分在市总工会;安徽省农民协会的负责人是薛卓汉,王子堂等被派在农协工作;安庆市学生联合会的负责人为刘友鸿(后去上海升学),周旦英、秦裕道被派到市学联工作;郭诚淑、黎烈贞被派在市妇协工作。上述群众团体,在我们未来安庆之前就已经成立了。

这时,安庆的中共党组织是一个支部,负责人为薛卓江(抗战前叛变投敌,后在屯溪中统皖南调查室工作),不久改为郭士杰(1930年在汉口牺牲)。

三、安庆"四一六""清党"情况

当时的安徽国民党分为左右两派:左派以光明甫为首,党部设在省教育会,即现在的地委后楼。周新民在市党部工作。右派以陈紫枫为首,党部设在宣家花园。

我们于1927年2月28日到了安庆以后,国民党左右两派的矛盾非常明显。就在这一年的3月下旬,蒋介石自九江到安庆时指使陈紫枫收买了一批流氓帮手,于3月23日捣毁了设在教育会内国民党左派省党部,并在吴越街打伤了光明甫。蒋介石在安庆制造了"三二三"反革命事件后回到南京,于4月12日进行清党,公开地叛变了革命。安庆的国民党反动势力也于4月16日进行清党,并组织了以陈紫枫为首的"清党委员会",继而改为"改组委员会",后又改为"指导委员会"和"整理委员会",从此国民党右派占了上风,革命的活动暂时转入低潮。因为在"四一六""清党"以前的4月15日晚上,我们就得到了消息,所以省、市党部(左)和群众团体的工作人员就连夜跑走,绝大部分人都隐蔽起来了。我在接到市总工会王绍虞的通知后,于次日清晨和周旦英、秦裕道三人一道,由王绍虞的弟弟王绍兰送便衣给我们换装后,通过钱邦文的关系,在大渡口他哥哥开的米店里住了两天。我与秦裕道、王子堂三人一道经太湖去武汉,在路过太湖时又遇到周新民,乃由周新民领导扶助国民党左派太湖县党部做了些组织和宣传工作,在该县西门外沙滩上以唱戏形式召开一次千余人参加的反蒋大会。5月初,我和周新民等人回到武昌。

安庆"清党"后绝大部分人都到了武昌，少数人到安庆附近各县去了。据我知道的，除陶唐、何世玲、刘衍奋（又有说是万诚）等人被捕后在伪省府门前（即今市委门前）被杀牺牲外，其他革命人士未受到重大损失，安庆的党组织仍然留下了郭士杰（一中学生）等数人坚持地下工作。

四、汪蒋合流后的安庆党组织活动

因长江中下游各地的革命组织内的工作同志都先后纷纷跑到武汉，因而聚集在武汉的人数较多，这样便由苏、浙、皖、沪四省市合办了一个军事训练班，地址仍在安庆党务干校旧址——武昌修善学校，凡是经过训练的人都担任了教职员工作，记得周新民是领导人之一，我担任训练班的区队长。到1927年7月间，因在武汉的汪精卫和南京的蒋介石合流，武汉也开始清党，我们的军训班因而撤销，所有在武汉各地的中共党员又被迫离开武汉。这时中共安徽省委王心畏分别将安徽的党员介绍一部分到军委，随第四军到江西参加"八一"起义，有些则介绍回安徽各地恢复与建立党的地下组织，安徽省委亦由武汉迁回芜湖。当时我已随军委去江西，但在未渡江出发前，又将我介绍回安庆了。8月下旬，我回到安庆，找不到党组织，一天在街上遇到了王步文，将我带到他的住处——县门口一家旅馆，才与怀宁县委接上了头。1927年8月，王步文由芜湖来安庆恢复党的组织，将安庆市党支部改为怀宁县委会，书记为姚佐元，郭诚淑任组织委员，葛文宗任宣传委员，县委地址设在太平寺×号，姚佐元与郭诚淑俩以假夫妻名义同居为掩护进行活动。1927年9月至12月，党在安庆市开展了一些活动，散发过油印传单、小标语等。油印地点设在海口洲的一家草房内，现在安徽省农业厅工作的储醉醒同志即住在该处专门从事油印缮写工作。因当时经济困难，生活较苦，加以环境恶劣，反动派搜捕甚急，严继武（太湖人，原国民党左派）动摇逃跑回家，但终不免遭受敌人的杀害。

1927年10月，怀宁县委改为怀宁中心县委。1929年年底成立高河区委，书记是操球。当时的革命路线，主要是武装起义，占领城市。

五、汤家沟起义

1927年10月,共产党员章逐明(枞阳县人)由武汉回安庆后,被派往家乡汤沟镇工作,与该镇自卫团长张××是姑表关系,章向自卫团长进行策反活动颇有成效,乃派人来安庆向怀宁中心县委汇报,并请加派人员前往协助工作。县委当即派赵耀华(即赵煜)、钱邦文前往,到镇后两天,即与该自卫团长进行几次密谈,并邀请附近乡村曾参加过武汉农民讲习所学习的章宣德(1951年在宿松中学教书)、章鸾祥(1949年在长沙被害)、钱新嘉等与黄埔军校第四期学生章礼备(1928年在安庆被反动政府判无期徒刑,1932年病死于安庆监狱)商议,均认为暴动时机成熟,即定期举义。不料被人揭发,不幸于当天夜晚,自卫团突被反动军阀陈调元的一个营包围缴械,自卫团长被捕。我和章宣德、章鸾祥、钱新嘉、章礼备等回安庆,向组织上汇报了起义失败经过。就在这时,我在安庆被吸收入党。

六、潜山的"一·二八起义"

1927年11月,潜山县中共地下组织负责人余大化在取得了国民党潜山县党部常务委员的职务后,准备趁该县国民党代表大会召开之际,举行暴动,想一举占领县城。即派人来安庆请示怀宁中心县委,县委即派我和章礼备、章宣德、章鸾祥、钱新嘉、严继武等人前往潜山,因次日该县就要召开国民党代表大会,也就是举事的日期。我等赶到县城已是八点多了,住在饭店里,晚饭尚未用毕,即闻枪声四起,伪县府自卫队长已将党部包围,余大化被捕,翌日即遭枪杀。安庆去的同志幸未露面,即由饭店逃出,越城星夜回安庆,仅严继武一人因跳城跌伤,隔日始扶伤归来。

嗣后,中共安庆党组织活动,着重在学运方面,安大、一中等学校都建立了党组织。

(张唐 整理)

原载政协安庆市文史资料研究委员会、安庆市编史修志办公室、安庆市档案馆编:《安庆文史资料》(第2辑),内部出版,1981年,第47～51页。

1930年前后安庆党组织情况

◎ 吴海若[①]

安庆特委不知何时成立，1930年是有这一组织，当年特委书记先是汪崇西，后是张国威，其他委员我不清楚。汪是盱眙县人，当年被捕入狱。我曾到狱中探望过，出狱后在上海我们也见过面。张国威，庐江人，原名张昭明，1930年机关被破坏，逃到芜湖省委处，1931年被捕后叛变，导致芜湖省委机关被破坏，王步文、刘文、霍述文等同志被捕。共青团特委书记是小黄（寿县人），委员有甘舍堂（后来叛变成大特务）、陈贤冰（后来也叛变）。当时特委辖桐城、怀宁、潜山、太湖、宿松、望江、贵池、秋浦、庐江（原和桐城成立一个县委，当时已经分开）、青阳、东流，当时没有县委组织。安庆市当时党团组织主要是在学校，职工和市民中很少。高级中学，一中、六邑中学、东南中学、一职、女职等学校都有党团支部组织。

1931年二三月间，党派我到安庆恢复组织，不久因高翔叛变而被捕。高翔又到芜湖破坏了省委机关。据说高翔先捕到张国威（1930年下半年是安庆特委书记）。张供出省委秘书何敬之，之后省委便遭大破坏，这一次被捕的有王步文、刘文等8人。1931年5月，王步文、刘文、霍述文等同志就义牺牲。高翔是1930年年底叛变的，是安徽省一个大叛徒，被他出卖而遭到逮捕的不下百人。

刘文当时化名张国材，据说是江西人，景德镇画瓷工人出身，少共中央巡视

[①]吴海若，又名吴大章，1930年是安庆地下党党员，1931年被捕。1960年在北京某单位工作。

员,在安庆工作过,曾化装成小贩到伪保安团去工作,策动过一个连投入潜山红军。刘被捕后在狱中曾作一诗:"欲遂平生志,不顾身与家。但愿血和泪,开放自由花。"

(唐根生 整理)

原载政协安庆市文史资料研究委员会、安庆市编史修志办公室、安庆市档案馆编:《安庆文史资料》(第2辑),内部出版,1981年,第52～53页。

中共安庆党组织的建立发展和斗争的概述

◎ 鲁尧贤

一、中共安庆党组织的初建和第一次国内革命战争

安庆,是安徽省共产党组织建立较早的地方。

1917年,苏联十月革命成功,马克思主义学说开始在我国进步知识分子中间传播。当时,安庆虽是安徽省会,并在军阀的反动统治下,但《新青年》《湘江评论》《共产党宣言》等革命刊物和书籍,还是在社会上秘密流传,提高了广大进步知识分子的思想觉悟。随着1919年五四运动爆发,新民主主义革命开始了,安徽的革命运动也和全国革命运动一样揭开了新的一页。1919年6月,介绍新文化思潮的刊物《黎明》,由蔡晓舟、王步文主持,在安庆市创刊出版了。进步的知识分子和店员工人,纷纷在刊物上发表文章,提倡反对旧礼教,打倒孔家店,废除封建等级制度,宣传言论自由等民主思想。8月,安庆市又先后成立了工人夜校、工商夜校、义务小学,进步知识分子利用这些学校为基地,向工人、城市贫民进行反帝反封建思想教育。1920年,恽代英同志应邀来安庆讲学,开辟了传播马克思列宁主义的新局面。其他传播新民主主义文化的《评议报》《周报》《安庆学生》《寸铁》《洪水》等刊物,也先后在安庆出版。在马克思主义思想深入宣传影响下,安庆学生组织了马克思列宁主义研究会;1921年春,在蔡晓舟主持下,又成立了安庆社会主义青年团。第一

批入团的多系学联的骨干,如王步文、舒传贤、许继慎、余大化、周新民等 30 多人。

安庆社会主义青年团成立后,当年就先后领导和发动了三次大规模的革命斗争。即"六二"运动,推翻贿选的三届省议会,以及驱逐省长李兆珍的斗争。这些斗争的胜利,进一步唤起了安庆人民的觉悟,为中共安庆党组织的建立奠定了思想基础和组织基础。

1922 年,安庆有了党的领导和活动。这年芜湖二农学生薛卓汉,在上海由陈独秀介绍加入了中国共产党。薛回安徽以后,经常以芜湖学联代表身份来安庆联系工作。他在青年学生中,宣传马列主义,反对克鲁泡特金的无政府主义。安徽学联骨干王步文同志也在这年加入了中国共产党。同年入党的还有柯庆施。柯庆施入党后,在安庆司下坡召开了团的组织会议,并利用报刊《鲜红报》宣传马列主义。王步文同志在"二七惨案"发生后,积极配合蔡晓舟等组织"二七惨案"后援会,出"二七惨案"的特刊。1922 年秋,他领导了废督裁兵斗争,在双十节晚间举行火炬游行。1923 年秋,王步文同志又在安庆领导了反曹锟贿选游行示威,捣毁猪仔议员张伯衍的住宅。结果,王步文等 30 余人被通缉,《黎明周报》被迫停刊。1924 年下半年,党中央派柯庆施、薛卓汉、徐梦秋前来安庆筹备建党工作。柯庆施刚从苏联回国到安庆,任《新建日报》编辑,薛卓汉和徐梦秋两人从上海来安庆,住在安徽学生联合会。当时党员有柯庆施、李竹声、薛卓汉、郭士杰、徐梦秋等人。

随着党组织的建立,党的活动也进一步开展起来。

1923 年 6 月,党的三大正式决定与孙中山领导的国民党联合,以推动中国的民主革命。1924 年,孙中山召开了国民党第一次代表大会,大会决议实行联俄、联共、扶助农工三大政策,并有部分共产党人当选为国民党中央委员和候补中央委员,担负某些部门的重要职务。安庆党组织积极执行党的统一战线政策。1924 年秋,共产党员王步文由沪返皖,首先为国民党左派发展了一批新党员,接着,在发展和充实的基础上,帮助国民党左派建立了三个区党部,设有十几个区分部,共有党员 300 多人。这批党员后来为民主革命牺牲的不少,如杨兆成、陈莹、余良鳌烈士等。从 1924 年到 1927 年蒋介石叛变革命前,在安庆的国民党(左派)省、市党部中,有相当一部分知名的共产党人——柯庆施[国民党(左派)省党部秘书长]、薛卓汉[国民党(左派)省党部农运部长]、徐梦秋、周新民[安庆市国民党(左派)党部常务委员]等,担负着重要的领导工作。安庆的共产党员,一般都参加了国民党,以国民党名义出现,团结国民党左派,领导广大群众开展了反对帝国主义、反对封建军阀、反对国民党右派——西山会议派和国家主义派的斗争,并获得了一系列的胜利。这样,既促进了国民党的革命化,推进了民主革命的进程,又在当时特定的历史条件下,加快了共产党组织的发展和壮大。

党为了迎接民主革命高潮的到来,1924年秋,选派了许继慎、杨溥泉等人,去广东黄埔军校学习,以培养自己的军事干部。1925年7月前后,为了掩护党的机关和培养从教会学校被迫离校的团员和进步青年,在安庆司下坡筹办了一所建华中学。后来,这个学校的学生,很多人都先后加入了党和团的组织。1926年春,党组织又先后派薛卓汉等十六人,到广东农民运动讲习所学习,回来后开展安徽省农运工作。不久,北伐军攻克武汉,党以国民党左派名义,又在武昌黄土坡设立安徽党务干部学校,由李宜春同志主持校务,恽代英、瞿秋白、董必武、朱德等很多党的著名领导人,都到学校讲课。共有学员120余人,全部是安徽青年。结业后,大部分返回安徽从事党的创建和发展,有40多人被分配来安庆,成了安徽党的骨干力量。学员桂尊夏、陈习吾、吴宝田、章逐明等多在革命斗争中英勇牺牲。

党的组织在斗争中不断健全和扩大。1925年暑假,根据党中央和团中央的联合指示,团组织的部分超龄团员输入党,于是党的成员扩大了。在第一师范学校,成立了党的支部,直属中央领导。支部成立后的负责人,先后有薛卓汉、李竹声、郭士杰、杨兆成等。这年秋,中共中央特派员江长恩来安庆,帮助建立了中共安庆地委,由李竹声任书记。1926年夏,李竹声离开安庆后,由郭士杰任地委书记。这时,安庆市的基层组织有一中、一师、法专、高中、建华、一女师、店员等7个支部,20多个党员。1926年,社会主义青年团改为共产主义青年团,共青团安庆地委宣告成立。安庆团组织也在一些学校中成立了支部。团组织和团中央的联系,是通过商务印书馆小说月报社沈雁冰或学生杂志社杨贤江,转交给团中央负责人恽代英和萧楚女等同志。在团内,这时团员可以经常听到党的负责人关于政治形势方面的报告和对工作学习方面的指导。当时,一师学生在党团组织的领导下,成立了一个叫"曦社"的学术研究性组织,出版墙报"曦刊",发表一些批判当时社会黑暗面的战斗性文章;同时成立一个小图书室,介绍同学们阅读进步报纸和杂志。

安庆党组织建立以后，也立即领导了安庆的工人运动。1924年年底，党提出了跟资本家斗争的政治口号。安庆电厂工人首先响应，举行罢工，反抗资本家的压迫，要求增加工资。资本家被迫释放了因领导罢工而被抓去的工人代表金之亭、韩传贵，答应了提高工人工资。在电厂工人罢工胜利影响下，安庆印刷工人于1925年4月18日罢工五天，使安庆所有反动派报纸停刊。1925年，上海五卅惨案发生后，安庆党组织在6月10日，发动安庆工人、学生、市民三万人举行游行示威，有力地配合了上海、北京、天津、汉口、南京、广州、香港等大城市的反帝运动。根据毛泽东同志开展农民运动的经验，1926年7月，安庆党组织，又发动群众，在城郊的海口洲、大渡口、护城圩相继成立了农民协会，成为1927年初农民革命风暴席卷全国的一个组成部分。

1926年下半年，国民革命军从广州出师北伐，安庆党组织积极发动群众迎接北伐军。正当北伐军顺利向北挺进的时候，盘踞在安徽的北洋军阀嫡系——安徽军务督办陈调元，紧跟其主子孙传芳（浙、闽、苏、皖、赣五省联军总司令），妄图陈兵江西，阻止北伐军前进。在出兵前，他在省内，首先逮捕了共产党员、国民党左派安庆市第一区党部常务委员杨兆成，带到蚌埠杀害"祭旗"，又迫令国民党左派负责人在安庆主办的法专、建华学校停办，安庆处在一片白色恐怖之中。中共安庆党组织留下葛文宗、郭士杰等同志，转入地下，继续战斗。在1927年春，北伐军到来之前，他们秘密地做了不少准备工作，组织了强大的运输队、宣传队、卫生队，准备随军服役，支援北伐军胜利进军。在欢迎北伐军的群众队伍中，激昂地喊出了"打倒土豪劣绅""打倒贪官污吏""实行耕者有其田"等口号。

随着北伐军的到来，安庆群众运动也有了新的发展，各种群众团体纷纷公开成立。当时成立的有省、市总工会（省总工会由舒传贤为委员长，市总工会由王绍虞为委员长），省、市农协会（省农协会由薛卓汉为委员长），市学联、市妇协等。

正当安庆革命斗争蓬勃发展的时候，蒋介石去南京路过安庆，指使安庆国民党右派收买流氓，组成了百余人的敢死队，于3月23日，捣毁国民党左派领导的省党部，打伤共产党员薛卓汉和国民党左派人士光明甫等。4月12日，蒋介石在上海大肆屠杀共产党人和革命人士，安庆反动派于4月16日也实行"清党"，攻打省总工会、省农协会等机关，逮捕共产党人和革命人士。曾在四军学兵团工作的革命同志陶唐和其战友何世玲、刘衍奇,因回家探亲,同遭逮捕,在省府门前被杀害。

这时,安庆党的同志便一部分转入地下活动;一部分去武汉,在党主办的苏、浙、皖、沪四省市军事干部训练班任职或受训。同年7月间,汪精卫与蒋介石合流,在武汉"清共"。安徽的党员,一部分去南昌参加八一起义,一部分回安徽各地,建立和恢复地下组织,进行新的更艰巨的斗争。

第一次国内革命战争失败了,但党所领导的一系列革命活动,却在安庆广大群众中树立了崇高的威信,在思想上和组织上为第二次国内革命战争准备了坚实的基础。

二、党在第二次国内革命战争时期

1. 贯彻八七会议决议,恢复和发展安庆的党组织

1927年5月,中共安徽省临委在武汉成立。8月,迁回芜湖。接着,派省临委委员王步文来安庆,把在蒋介石反革命清党后分散隐蔽的共产党员重新组织起来,成立了中共怀宁县委(10月改为怀宁中心县委),领导安庆、桐城、潜山、太湖、庐江一带党的斗争。葛文宗任书记,县委机关设在太平寺11号(现红星街45号),它就是安庆党在第二次国内革命战争时期的第一个战斗基地啊!

9月,王步文同志向中共怀宁县委传达了八七会议决议,及时做出了"组织工农夺取敌人武器,开展游击战争"的决定。把恢复组织,发展党员,发展工农运动,积极配合全国秋收起义,准备武装暴动,作为当前的首要任务。

会后,王步文同志亲自回到家乡潜山县响肠、衙前等地,和王晓亭同志一起,组织农民斗争。他们介绍了天堂地区青年教师吴介堂、王进、刘中一加入中国共产党。从此,党的组织即分布在衙前周围的响肠、汤池、沙村、无愁等地的小学中。吴介堂、王进等以学校为阵地,进行革命活动,发展党和农协会的组织。在封建势力统治下的落后山村,广大劳苦人民,受着迷信思想束缚,普遍地参加"关帝会""土地会",经常集合在一起,请菩萨、烧香求神,保佑庄稼丰收。步文同志就教育党员同志利用"关帝会""土地会"宣传马列主义,灌输革命思想,秘密组织"农民协会"和"穷人自救会",为扩大党的组织奠定了基础。王步文同志还领导成立了"汤池图书馆",把图书馆作为党员的活动中心。怀宁中心县委和图书馆秘密联系,救济

烈士家属，支持建立革命根据地，很快地在这里建立了一个党的特别支部，下面成立了五个支部。

这年10月，怀宁中心县委派党员章逐明回家乡汤家沟做兵运工作，准备发动起义。章与汤沟镇自卫团长张子如系姑表亲戚关系，工作进行顺利，便派专人来安庆汇报，要求加派助手。中心县委当即派赵耀华、钱邦文等前往。因事机不密，在起义前夕，竟被反动派将自卫团包围缴械，自卫团长被捕，起义未成。11月间，潜山党的负责人余大化，打入潜山县国民党县党部，打算乘潜山国民党县党部召开第一次代表会议时，举行暴动，派人来安庆请示中心县委。县委当即派严继武等星夜前往，协助起义。不幸，到达不久，敌人派部队包围了潜山县党部，逮捕杀害了余大化同志，起义又未成功。

1927年年底，怀宁中心县委，在市区已先后成立了四方城、西门外、学校三个党支部，城郊海口洲也成立了党小组，在潜山、太湖等县成立了特支。县委还创办了一个内部刊物，名《新生活》，转载上级党委文件和时事述评。每期印三四十份，发给中心县委所属各县党组织；安庆的党员人手一册。

正当怀宁中心县委领导各县党组织斗争顺利进行的时候，1927年11月，根据党中央指示，中共安徽省临委解散，柯庆施调党中央工作，王兢博（即尹宽）以中央特派员名义，来安徽领导工作。在瞿秋白"左"倾路线影响下，王一到安徽，就要求各级党组织积极准备武装暴动。由于没有秘密工作经验，首先，设在芜湖的省救济委员会被敌人破获，接着怀宁中心县委书记葛文宗被捕，县委委员许兴吾被迫离开安庆，县委其他成员郭诚淑、曹讽非调离安庆，姚佐元继任书记不久又调走，原来的怀宁中心县委就暂停活动。到了1928年3月，省临委建制又恢复，派刘俊尘来安庆恢复中心县委。县委联系地点搬到司下坡一个楼上。不久，省临委又派张静吾接任县委书记。到了1928年9月，张静吾调任省组织部长，省临委派陈贯一（化名胡梦华）担任中心县委书记。陈来后，县委机关设在百花亭附近，出版了《血光报》。1929年春，陈贯一调走，省临委派龙大道担任怀宁中心县委书记。5月间，龙又调回芜湖。这时，中央又第二次取消安徽省临委建制，成立了芜湖、安庆、六安、阜阳等中心县委或特委，直属中央领导。1929年6月1日安庆中心县委成立，继续领导安庆市区和潜山、太湖、桐城等县党的斗争活动。1931年2月，中央决定成立安徽省委,王步文同志担任省委书记(开始代理,不久正式担任书记)。

2.贯彻"六大"决议,革命斗争出现新局面

1928年7月,中国共产党在莫斯科召开了第六次全国代表大会。大会肯定了中国社会仍然是半封建半殖民地的社会,中国革命的性质仍然是资产阶级的民主革命,颁布了关于反对帝国主义、封建主义,实行土地革命,建立工农民主专政的民主革命纲领,提出了建立红军和农村革命根据地的任务。

怀宁中心县委根据"六大"宣传大纲,结合当地实际情况,经常编印刊物分发到基层党组织中去教育党员,使"六大"决议很快在全区党组织中得到贯彻。并检讨了过去工作中忽视农村和工人运动的缺点,提出把党的政策贯彻到工农群众中去,号召党员深入到工人、农民中去做艰苦的工作。派出了专人到市里的码头、纸坊、机房以及海口洲、保婴洲宣传和组织工农群众,加强了对各县的巡视,乘国民党县党部办理党员登记机会,派人打入潜山、太湖、霍山、桐城等县国民党县党部,利用合法身份,以掩护党的地下活动。各县党组织也把工作重心由城镇转入乡村。潜山转到了天堂,太湖转到了大石岭,宿松转到了西源。

在怀宁中心县委(1929年6月后改为安庆中心县委)领导下,由于正确执行了"六大"决议,从1928年到1930年,安庆的工人、农民和学生运动,有了迅速的恢复发展,工人罢工,农民抗租分粮,学生罢课,此起彼伏,相继不断地开展起来。

工人运动不断高涨:贯彻"六大"会议精神以后,县委专门成立了"职工运动委员会",领导工人在人力车夫、筑路、营业、建筑、理发等行业,成立了"互助会"或"互济会";又以工农群众熟悉的泗洲调,编写了"雪花飘飘打楼窗""穷人无衣裳"和"大家造福大家享,大家加入共产党,齐心合力谋解放"等歌曲,在工人中普遍传唱,鼓起了安庆工人阶级的斗争热情。安庆有黄包车夫1000多人,车子800多辆,车夫除了要付给租行车钱,还要交市政牌照捐,有时又无偿地被军阀拉夫拉差。石友三兵变时,被拉去的车夫有病死的,有受伤的,车夫生活在水深火热之中。1929年春,蒋介石和李宗仁开火,电令安庆出3000名伕子,安庆市的1000多名黄包车夫闻之变色。中心县委派两个同志到停车场组织车夫罢工。通过斗争,迫使国民党反动派答应了减免牌照捐和降低车子出租价,允许给石友三兵变时惨死的车夫开追悼会,以及不准无偿拉夫等,夺得了罢工的胜利。不久,又有1000多名筑路

工人，要求增加工资，减少工作时间，反对无故开除工人，也在党的领导下举行罢工，取得胜利。1929年3月，100多名理发工人罢工，工人工资由原来三七折账，改为四六折账或五五折账，并且使用资方工具。理发工人取得罢工胜利，生活有了显著改善。1930年4月，又发生了1000多名建筑工人罢工。开始资方将为首的工人硬性辞退，工人们在党的领导下，全部罢工，搬出老板家，组织起来卖大锅稀饭为生。晚上没处歇宿，就睡在外面的石板地上。罢工到第六天头上，只有建筑公会常委陈良才等少数几个老板，不愿增加工资，工人们就决定到陈良才家拼命。陈良才买了硝镪水，请了些流氓打手，准备采取恐怖行动。工人毫不畏惧，团结一起，继续坚持斗争，向陈良才家冲去。陈见工人人多力量大，只得答应工人罢工要求，工人获得了增加工资的胜利。不久，又有500名厨业工人举行罢工，全市酱业工人也举行罢工，都相继取得增加工资的胜利。真是罢工浪潮，此起彼伏，在斗争中壮大锻炼了工人阶级。安庆党组织通过引导工人进行斗争，深深扎根在工人群众之中了。

农民运动进入了新阶段：从1928年冬到1930年6月前后，安庆各县农民运动有了发展。各县先后恢复了农民协会，组织广大农民抗租、抗债、杀绅、分粮，又组织了"摸瓜队"，打击土豪劣绅，提出了"稻卖两块钱，留你过个年；稻卖两块半，哪里捉到哪里干"的警告，吓得土豪劣绅不敢住在乡下，纷纷逃进县城和安庆。1930年春，在蒋政权直接控制下，社会上失业工人、破产农民、失学青年和流离失所的灾民日益增加，奸商乘机囤积大米，米价高涨，人们怨声载道。安庆中心县委提出了向反动派要饭吃的斗争口号。1930年3月上旬，因安庆市政处组织的民食维持会不向车夫工人供应大米，激起了工人和贫民的公愤，100多人起来，捣毁市政处和处长的公馆，一些警察和军士都站在饥民一边表示同情。第二天，党又乘机领导饥饿群众进行了抢米斗争。开始抢了吴越街官方米店里的米约一百石，随后全城147家米店的米都被抢光。其中藏米最多的永康祥家，被抢掉大米二百多石；朱谦益一家小米店也被抢了五六十石米。抢米从上午9点起，一直到下午4点钟左右。国民党省政府不敢出面干涉，第二天赶紧召集全城米店老板开会，将米价由原来一石十六元，降为一石十元，便宜了六元；还指定省银行拨款给各个米店，到外地购进大米。

在安庆人民抢米斗争的影响下，桐城青草塥、老梅街的贫苦农民，也纷纷起来反对粮商囤积和外运粮食;怀宁高河埠正当水灾之后,农民普遍缺粮,高河埠粮商也囤积了上万担大米,准备外运。中共高河区委书记操球,发动群众一千六七百人,冲进高河埠,占领了米店,制止了粮食外运,解决了灾民口粮问题。在潜山农村也爆发了抢米斗争。这次安庆党在领导抢米斗争中提出的口号是:"打倒制造灾荒的国民党,要饭吃、要土地。"各地农村通过向地主斗争,扩大了农民自救会,发展贫雇农中的积极分子入党,并组织了农民自卫军,夺取敌人的武装来武装自己。在潜山,这一年首先发生了靖水寨暴动,成立了"潜山工农红军独立师",绣有镰刀斧头的大红旗,插上了大别山顶。接着,又爆发了著名的头陀河暴动,建立了头陀河苏维埃政权,为扩大鄂豫皖根据地做出了宝贵的贡献,使安庆党的农运工作进入了一个新的阶段。

学生运动蓬勃发展:在工农运动蓬勃发展的影响下,安庆党领导知识分子和青年学生反压迫、反对军阀混战,要求自由民主的斗争也随之开展起来。1928年,安庆全市中等以上学校都成立了党、团支部或小组。桐城的浮山中学,潜山的县立中学、铭新小学,宿松的许岭小学等,也都成立了党和团的组织。虽然,蒋介石这时亲自兼任教育部长,采取高压手段破坏学运,可是安庆的学运接连发生,使他坐立不安。1928年年底,第一中学发生反对特务分子余凌云上三民主义课;安徽大学学生愤怒地砸了黄色工会;在第一女师校庆的时候,安大学生和女师校长程勉(国家主义派)发生冲突,学生们提出了打倒国家主义派的口号。蒋介石来安庆视察,闻之,大发雷霆,扣留了安大校长刘文典,想把学生革命运动压下去,哪知更加激起了学生愤怒,全市3000名学生,上街游行,沿途高呼"打倒新军阀""反对西山会议派""反对国家主义派",并包围了国民党省党部。蒋介石凶相毕露,杨(扬)言要开枪镇压学生,并宣布开除了全市12个学校的24名学生代表的学籍。他回南京后,又派特务头子程天放,来安徽任省教育厅长兼安大校长,加强反动统治。安庆党组织为确保学生安全,坚决与蒋介石斗争到底,又以安大学生为主力军,联合中等学校进步学生,秘密组成了驱程团,直接同特务分子程天放展开斗争。这个阴险毒辣的特务分子,卑鄙地指使人写了一封假信,诬陷和捏造安大学生刘树德等要在安庆举行暴动,一举逮捕了安大和各校学生四五十人,并且马上要将他们杀害。党发动学生家长成立后援会,到处呼吁,揭露阴谋。反动派这才不敢下毒手,但把刘树德等 23 人，分别判处无期和有期徒刑。反动派的淫威并不能阻挡学生运动的蓬勃发展，到了 1929 年 8 月，在安庆中心县委（这年 6 月将怀宁中心县委改为安庆中心县委）领导下，安庆大中学校学生又举行游行示威，反对国民党的黑暗统治。蒋介石下令逮捕了安大党支部负责人伯习福、高工党支部负责人鲁宏图等 19 人，8 月 19 日，他们全遭残杀。为了避免损失，此后安庆学生运动便转入更加隐蔽的斗争了。

从 1928 年贯彻"六大"会议精神，到 1930 年立三"左"倾路线未控制全党以前，因为安庆党组织在这一段所执行的斗争路线，不是以进攻为主，而是尽量利用一切合法的斗争机会，根据工农群众的迫切要求，去组织领导工农群众进行经济斗争，并把经济斗争逐渐提高到政治斗争，因此，斗争的结果，大部分都是以取得全胜或部分胜利而告终。经过斗争锻炼，提高了群众的阶级觉悟，更紧密地团结在党的周围，进一步孤立了国民党反动派。

3. "立三路线"使安庆党组织遭到严重破坏

1930 年 9 月前后，随着"立三路线"统治全党，安庆中心县委也一改"六大"以来比较符合实际的策略思想，错误地认为："革命新的高潮已经到来，党的中心策略，应该是组织成千成万的群众，武装工农，扩大武装暴动，把工农兵学生团体共同组成一个行动委员会，实行全面总暴动。"有些同志不愿执行这种"左"倾路线，他们就提出"加紧反对右倾"，并提出"安庆和所属各县的党，目前的主要危险是右倾，应该以十二万分的决心，坚决地、继续不断地在组织上、思想上、行动上肃清右倾思想"，错误地要求为数不多的党员、团员、工会会员公开地到街上开纪念会，举行示威游行，高举红旗，呼口号。并强迫工人罢工，学生罢课，条件不成熟的地区也要农民发动暴动。在"左"倾路线指导下，所发起的各项斗争，虽然由于广大党员和革命群众的英勇机智，取得了某些局部的胜利，但是大部分斗争，都遭到严重的失败。1930 年春才建立的潜山天堂革命根据地，正在日益发展，潜山县委在"左"倾思想指导下，却提出了"先打梅城，后攻安庆，打到武汉过中秋"的口号。他们停止了根据地内一切正常工作的开展，把正在准备进行的土改工作也停了下来，集中红军 1200 余人，赤卫队、扁担队、童子团约 700 余人，分三路攻打潜山县城——梅城。在攻城不下、损兵折将退回衙前后不到一个月，又攻打敌人集结兵力较强的王家牌楼，也被敌人打败。敌人乘势反攻，天堂根据地失守。在桐庐一带，党领导举行了公开的夺粮斗争，使党和革命力量暴露在敌人面前，也遭受破坏。从1931年到1932年，安庆中心县委及其领导下的安庆、潜山、桐庐等县的党组织，差不多百分之九十以上都被破坏，共产党员和革命群众遭到了残酷的屠杀。在安庆先后被捕的同志有四五十人，安庆中心县委书记操球和县委组织部长刘浔西也被捕，相继壮烈牺牲。1931年4月6日，王步文等9位同志在芜湖被捕，转来安庆监狱。1931年5月31日，王步文同志在刑场上，面对凶狠的敌人，正气凛然，视死如归，高呼："中国共产党万岁""中华民族万岁"等口号，同贺述文、刘文同志一起，在安庆北门外慷慨就义。

随着省委和安庆党组织大规模的破坏，直到1937年抗日战争爆发，安庆党的组织一直处在万分艰苦的情况下，坚持地下斗争。

4. 战斗在敌人心脏——监狱党支部成立和斗争情况

从1928年冬到1934年4月，在敌人饮马塘监狱里，关押着大批共产党人和革命同志。他们身陷囹圄，斗志更旺，在敌人魔窟中，横眉冷对，谱写出一曲又一曲的凯歌，表现了共产党人的高贵品质。

安徽共产党人先后因芜湖案、南陵案等案件，被捕关进安庆饮马塘监狱的同志，到1928年8月，已达四五十人。中共中央团委书记任弼时，1928年七八月来安徽巡视工作，在南陵以嫌疑犯被捕，也关在饮马塘监狱里。任弼时同志初来安徽，身份未暴露，为了便于中央设法营救他出狱，表面上很少和政治犯在一起谈话，但暗中很关心狱中同志们的学习问题。他在被捕同志中只认识柳毅夫和徐厚昌两人，在他指示下，柳毅夫和葛文宗、郭茂汉一起，领导同志们成立了两个学习组织。工农分子成立文化学习组，有文化的同志学习政治。学习内容主要是政治经济学、辩证唯物论和历史唯物论、苏联革命史和马克思的《资本论》等。提出把监狱生活变成共产主义大学校。在学习小组上面成立了生活委员会，负责人是葛文宗、柳毅夫。在狱中，因为每个被捕同志家属寄来的钱，是由反动监狱统一保存，监狱每半月只准许被捕同志买一次东西。生活委员会就统一使用同志们家中寄来的钱，有计划地统一购买，来满足同志们一些必要品，大家称之为共产主义生活。任弼时同志不便出面，就把钱转到柳毅夫的账上，替同志们买东西。同志们互相关怀，团结得如一人。

1929年3月，任弼时同志出狱，狱中党组织就和党中央及省临委取得了联系。中央还寄来二三次政治书籍。为避免监狱检查，都是俄文、英文和日文版本。由柳毅夫、葛文宗等翻译出来后，组织大家学习。另外，还寄过几次钱，支援狱中同志。任弼时同志出狱不久，1929年上半年，生活委员会改为狱中支部，负责人仍是葛文宗、柳毅夫。随着狱中支部成立，就进一步领导和发动了全狱犯人向监狱当局要求改善生活的斗争。

反动的饮马塘监狱当局，平时对待犯人拳打脚踢，百般侮辱，每天犯人生活费用只有八分钱，他们还从中克扣，并在饭里掺沙子。狱中党组织决定揭发他们的罪恶行为，争取全狱犯人的同情和支持。有一次，饭生了，又有沙子，同志们提出要监狱调换，反动的监狱当局坚决不调换。同志们把饭倒掉，绝食对抗，带动了全狱犯人都绝食对抗，反动监狱当局只得重新调换了好饭，在普通犯人中引起了良好反应。这次事件后，反动的监狱当局却加紧了更残酷的迫害。他们把葛文宗、柳毅夫等同志关进单人牢房，把其他同志关进三人牢房，吊的吊，打的打，铐的铐，有的还加了刑期，妄图以隔绝和恫吓来对付政治犯的反抗。但是，这对机智勇敢、斗争意志坚决的革命同志有什么用！到了1929年年底，终于又爆发了一场更激烈的斗争。有一次，李良神同志看饭菜有沙，表示不满，看守当即又打又骂。狱中全体同志见此情况，大家都不约而同地把饭菜倒在地上。敌人就把李良神加刑抓起来；并且如临大敌，把单人牢房和三人牢房都加了锁，使同志们不能取得联系。狱中党支部同志，从房内暗处传送联系，决定一致绝食，向敌人提出三个条件：一、要求监狱在每间牢房放一张桌子，以便学习；二、要求把受刑的李良神同志放回本牢房，不准加刑；三、要求撤换反动的监狱长柯小敬。敌人开始想用高压手段强迫停止绝食，一连枪杀了李华白、袁新民等同志，大家岿然不动，一天不答应，就继续绝食。到了五天头上，同志们滴水未进，敌人被迫接受条件。把李良神同志放回原牢，减了刑；撤换了无恶不作的伪监狱长柯小敬；每个号房放一张公用桌，不准干涉犯人学习活动，放风时间延长到每晚12点,生活费增加到每人每天一角二分。这次斗争取得了全面胜利。虽然牺牲了李华白等同志，但是通过斗争，锻炼了狱中同志，增强了共产党员党性，更坚定了同志们长期在狱中对敌斗争的决心。

和饮马塘监狱平行的还有个反省院，这是敌人向被关在监狱里的政治犯进行柔化教育的地方。一般说，若被判十年刑期，就得在监狱关五年，然后送到反省院反省。反省院是以六个月为一期，进去后六个月，反动派若认为反省好了，就放出去。如果没有就延期一次。这样三次不行，就重新审判，再定刑期。

反省院里的管理教育情况是：从国民党省党部派来一个训导教师上党课，讲三民主义，规定每人每天要写一篇日记，每个纪念周，要唱国民党党歌。同志们采用软磨硬顶的办法，来对付国民党的柔化及反动教育。敌人叫他们唱党歌，他们不唱；在日记上尽写早晨起床、洗脸、吃饭、读书和睡觉等。给他们上课时，同志们大部分都带点文艺作品，不听讲，弄得训导教师没有办法，只好打肿脸充胖子，说什么这些都是哲学道理，不好懂，所以听起来兴趣不大。敌人白天讲三民主义，同志们在课后就讨论分析它没有哲学根据，肃清毒害，和敌人针锋相对地斗争。

因为狱中党的组织机构，比较健全严格，所以才能在敌人严密控制的复杂环境中，夺得一个又一个胜利。开始，不分房间编成五个小组。每组选举组长一人。由组长组成常务委员会，公推一人为书记，负责全面工作。下面分四个部：一、组织。参加小组会议，注意各组之纪律的纠正。二、训练。做理论上和工作上报告，指导各组讨论问题。三、读书。订学习计划，指导同志们阅读。四、经济。关心解决同志生活有关问题。后来，因为工作需要，又改为以房间为单位成立小组，最多时达到 10 多个小组，党员近 50 人。狱中党支部负责人，每年选举一次。选举方法，是由组织上提名，下面讨论通过。从 1928 年到 1933 年共改选五次。第一次柳毅夫，第二次葛文宗，第三次曹国云，第四次卫后昌，第五次王焕然。党支部在领导斗争中，发现立场坚定、政治可靠、思想进步的团员和积极分子，便发展他们入党。如欧阳良召原是团员，就是在监狱里被发展入党的。对那些思想不坚定、政治上不可靠的党员，采取不公开地开除党籍，如党员秦立和、王德则等，都是在这里被开除党籍的。

1931 年以后，王明的"左"倾路线也同样给这个狱中堡垒造成了很大危害。因为，这一年国民党反动派，又从外面逮捕了一批同志送进监狱。这些新来的同志却把监狱当外面一样看待，不讲策略，一看到反动监狱当局有一点不顺眼的事情，就号召同志们绝食斗争。监狱党支部的同志叫他们不要轻举妄动，他们还说监狱党支部的同志右倾。由于无组织、无计划地轻易发动斗争，很快被敌人发觉，就给他们加罪，有的经不起敌人严刑拷打，就叛党自首了。如1932年就有余茂先向敌人告密叛变，使狱中党组织遭受很大破坏，同志们学习的政治、文化书籍全部被搜光，就连桌子和笔墨也不给用了。党的活动陷入非常困难的境地。另外，这期间也有不少同志刑满释放，像葛文宗等出狱后，又立即踏上新的战斗岗位。1934年，一次就出狱同志20多人，随着狱中同志减少，支部也就不存在了。

三、略述党在抗日战争和解放战争时期的斗争

1937年7月7日（全民族）抗日战争爆发后，在党中央领导的全国抗日民主运动中，安庆党组织积极领导工人和学生，组成抗日工作队、宣传队，深入到大别山区和农民相结合，为争取抗日民族解放战争的胜利而斗争。1939年夏，新四军四支队一个团，由大别山经桐城进驻广济圩，建立了迫近安庆城郊的抗日游击区。10月，在月山铁铺岭伏击日寇，击毁汽车二辆，活捉日寇二名。

1943年2月以后，党领导的抗日游击队，又先后开辟了柏子山、八都湖等抗日游击区。1943年10月，沿江地委决定将桐、怀、潜县委扩大为中心县委，进一步发动和组织安庆周围游击区的广大人民坚持抗日斗争。经过8年（的全民族）抗战，安庆人民和全国人民一道，在毛主席为首的党中央领导下，打败了日本侵略者，赶走了日本帝国主义。

抗日战争胜利后，安庆党组织又领导安庆人民，参加了推翻蒋家王朝、把蒋介石赶出中国大陆的最后一战，迎来了全国解放。在安庆解放后，建立了中共安庆地委和安庆市委。在地、市委领导下，30年来，安庆发生了翻天覆地的变化。抚今追昔，缅怀那些为革命牺牲的烈士，怎能不感到今天的幸福生活来之不易，要千倍万倍珍惜胜利，用热血和生命保卫这个伟大的胜利果实啊！

一点说明：

1963年到1977年间，我在安庆市文管处工作，为了调查安庆在大革命时期党的革命旧址情况，先后到安徽省档案馆、安庆地区档案馆、安庆市档案馆、岳西县革命烈士陈列馆和六安县革命烈士陈列馆，查看和搜集了在大革命前后有关安庆党的斗争史料；另外，还和一部分当时的老同志进行了座谈。经过多方对照核实，

写成了这个材料。因为掌握材料不足,自己政治业务水平不高,错误之处,尚请同志们指正。

原载政协安庆市文史资料研究委员会、安庆市编史修志办公室、安庆市档案馆编:《安庆文史资料》(第2辑),内部出版,1981年,第54～72页。

中共贵池县党组织的建立和发展[①]

◎ 展　实

贵池，在汉代称"石城"，在唐代称"秋浦"，直到五代杨吴氏天成二年（927年）才将它改名"贵池"，它是我省皖南山区的古老县份之一。解放前它的总面积为 3456.8（现为 2441）平方公里，属于丘陵地区，耕地面积仅有 556135 亩。1958年前全县人口计有 360000 多人。

贵池地处长江南岸，北部多沼泽，中部和南部为山区，从青阳的九华山和石台的七井等高山北流入江的河流有龙舒、秋浦、九华、黄盆、白洋（原名清汐）诸水。气候温和，雨量充沛，年平均温度在 16 摄氏度，年平均降雨量为 1448 毫米，全年无霜期长达 240 天，适宜各种农作物的栽培。

贵池确实是个好地方，自然资源丰富，素称鱼米之乡。远在南北朝时，它就是梁昭明太子的封邑，因为他爱这里的山和水，故称它的山曰"秀山"，水曰"贵池"，贵池县的名称便是由此而来。大家还知道，唐代大诗人李白曾先后多次游历秋浦，创作有名的《秋浦歌》十七首。

同时，它从唐代以来，又都是区域性的政治、军事、经济、文化中心，历代统治阶级为了巩固它的政权，在这里设置过州、府或专员公署一类的政权机构。

远的暂且不讲，仅从近现代开始，贵池人民和全国人民一样，苦难也是十分

[①] 本文主要根据贵池县委办公室 1965 年编印的《池州·贵池简况》整理而成。

深重的。

1840年鸦片战争以后，帝国主义势力趁机侵入沿江一带，洋人也在贵池设立了"洋行"，它和地方封建势力相互勾结，严重阻碍着民族资本的发展。由于三座大山的压迫，约有百分之八十以上的土地落在地主阶级手里，广大农民挣扎在死亡线上，终年不得温饱。

在城镇由于半殖民地的资本主义的发展，"五四"前后，贵池出现了一支工人阶级队伍，他们是煤矿（馒头山）工人、码头搬运工人和粮油加工作坊的手工工人千余人。在全国民主革命运动的影响下，工人、农民、学生、街道居民和爱国工商界人士也开展过一些爱国民主运动（反对日货的罢工罢市），但因没有共产党的领导，没能持久。

1926年春国民党（左派）贵池县党部诞生，为迎接北伐军做了大量的筹备工作。1927年2月著名的共产党人林伯渠率领的北伐军第六军进驻贵池、芜湖一线，贵池万民欢腾，召开祝捷大会。国民党左派县党部也公开活动，发动群众斗争恶霸地主，工农群众受到极大的鼓舞。

"四一二"蒋介石叛变革命，新军阀代替了旧军阀，进步人士受到残酷迫害，革命开始转入低潮。"七一五"蒋汪合流，继续屠杀共产党人和工农群众，中央召开八七会议，决定实行武装起义。党派凌霄[①]同志回到贵池，组织群众、领导群众的革命斗争。经过他们一年多的艰苦工作，于1928年年底创建了中共贵池"特支"，计有党员六人，凌霄同志任支部书记，属安庆的"怀宁中心县委"领导。从此，党支部便有领导有计划地将党员派往工矿、农村、学校、兵营中去开展工作。一年后，发展了一批党员，建立了三个支部，不仅在城镇的工人、学生中有了党的组织，而且在梅埂、白洋、棠溪等广大农村也开始播下了革命的火种。

1930年春，为了适应形势的发展，在贵池"特支"的基础上，党成立了中共贵池县委，仍属安庆中心县委领导。这时组织上调凌霄同志去皖西（潜岳）参加武装起义，组建工农军的工作。同年夏，以贵池县委为中心，成立了贵池中心县委（改

[①]凌霄，贵池县里山人，1924年入黄埔军校学习，1927年大革命失败后，中共安徽省临委派他回贵池做地下工作，1930年调任红军副师长，1932年再次派回贵池，1933年（一说1934年）在贵池被捕，壮烈牺牲。

属徽州工委领导），领导青阳、石台、秋浦（即至德）、东流等地革命运动。党组织也由城郊向西山、丁香、牌楼、莘田、占大等地发展。这年6月，县委执行"立三路线"，在丁香、九步、贲田、姚黄、沅头等地发动农民暴动，开展武装斗争，建立了苏维埃政权。由于条件不成熟，刚刚建立起来的党团组织遭到极大的破坏。幸存的仅有九华山西麓的留田（棠溪）党支部。

1932年冬，党派凌宵同志再度回到贵池，召开"丁香会议"，批判"立三路线"，成立了贵秋东县委，从事恢复和发展党和根据地的工作。

1933年，徽州工委会改组为皖南特委，贵秋东县委划归太平中心县委领导。

1934年11月，方志敏同志率领的红十军团"北上抗日先遣队"的一部抵达青贵一线，再次组织留田、丁香、小河、莘田一带农民举行武装暴动，建立苏维埃政权。由于敌人的"围剿"，我军失利，上级决定撤销贵秋东县委，改建江边特委，地方党政干部和红军转移到江西山区，坚持游击战争。

1938年秋，坚持南方三年游击战争的八省红军游击队改编为新四军，下设四个支队，派出部队深入日军占领区，广泛开展游击战争。同时，动员群众、组织群众，建立各种群众团体，恢复党的组织。1941年，皖南事变后，建立了中共沿江地委，领导怀宁、太湖、贵池、桐城（枞阳）等地的抗日救亡运动。

原载政协安庆市文史资料研究委员会、安庆市编史修志办公室、安庆市档案馆编：《安庆文史资料》（第2辑），内部出版，1981年，第73～79页。

回忆葛文宗同志

◎ 许 杰

大约在1926年，左派国民党（即实行联俄、联共、扶助农工的三大政策的国民党）安庆市党部及左派国民党安徽省党部先后建立。左派省、市党部在北洋军阀还在安徽统治时期，都没有公开。左派市党部设于私立建华中学。不久，安徽督军即以"该校师生思想不稳"的罪名，将建华中学封闭，师生分散。教员中部分中共党员与国民党左派人士转入左派省党部工作。据回忆，葛文宗不是建华中学教员，但这时他可能已到安庆，参加过左派安徽省党部的工作。

1927年3月，国民党反动派头子蒋介石的"总司令部"到达安庆，左派安徽省党部（设于省教育会）曾暂时公开欢迎北伐军。蒋介石的"总司令部"到达安庆的当天夜晚，即指使特务去组织安庆当地的流氓多人，在第二天（3月23日）捣毁了左派安徽省党部，并在街上呼反动口号，贴标语，要逮捕省党部的主要负责人，其中有一些是已暴露中共党员身份的同志。幸而在蒋的"总司令部"潜伏有左派同志将此消息设法于黎明前通知了左派省党部的负责同志，同志们急忙出城，分散隐藏，因此没有人在当时被打伤和被逮捕。

在左派安徽省党部被捣毁之后，右派国民党安徽省党部不久即建立，并实行清除中国共产党，继续制造白色恐怖。

在左派省党部被捣毁后，大部分同志先后离开安徽到汉口。以后左派安徽省党部即在汉口设立办事处，因当时左派国民党的中央已建立在汉口。也有少数同志不是去汉口，而是离开安庆回到各自的家乡暂时隐蔽下来。

葛文宗当时是离开安徽到汉口，还是离开安庆回到自己家乡去作暂时的隐蔽，我现在记不清楚。

1927年7月，一向在汉口伪装为左派国民党的汪精卫与在南京已建立反动国民政府的蒋介石勾结上了。汪蒋合流，在武汉也大量逮捕和屠杀中共党员与进步青年。设在汉口的左派安徽省党部办事处，曾被国民党反动派的特务搜查。因事先已将有关中共的文件、资料从办事处移送别处保存，并只留下少数所谓"无名之辈"的工作人员在办事处，因此，特务没有搜查到共产党的证据。但特务仍将办事处封闭，并将工作人员赶出门外，但没有捕人。这些工作人员中的一部分同志在以后设法离开汉口，先后潜回安庆。那些在安庆左派省党部被捣毁时回到各自家乡暂时隐蔽的同志，也先后有人回到安庆。

这些先后又回安庆的同志，绝大部分是过去没有暴露中共党员身份的，我记得其中就有葛文宗在内。

以后奉上级指示要在安庆建立地下党的组织，于是成立了怀宁中心县委。

当时在安庆的地下党员人数本来不多，而在白色恐怖下发展党员不易。我们曾发展一个姓操的新党员（名字记不得，他是当时地下党员操竹友的一个穷苦的本家）。

我记得葛文宗潜回安庆后，一直坚持党的工作。姚佐元和葛文宗曾先后担任怀宁中心县委书记。

大约在1927年下半年，留学日本回国的汤志先在国民党反动派的省政府任民政厅厅长。特务在安庆街上发现了葛文宗，就报告了汤志先，葛文宗就被捕入狱。虽然被残酷拷打，他终未招认，更未供认其他同志。当时曾设法营救无效，听说以后他被判处徒刑。

事后听到曾于1925年五卅运动后派赴日本留学的周新民、宋伟年等同志说，那时在日本留学的安徽学生，以后曾分化为拥护共产党与拥护蒋介石反动国民党的左、右两派。葛文宗属于左派，曾与右派的头子汤志先等在日本有过多次的激烈争吵与殴斗，积怨很深。汤志先回国任民政厅长后，即逮捕葛文宗，与过去的积怨是有关的。

1929年我到上海找到地下党员周新民同志,他告诉我:葛文宗在安庆徒刑期满释放后,就到大别山区找党去了。以后的情况就不知道了。

原载政协安庆市文史资料研究委员会、安庆市编史修志办公室、安庆市档案馆编:《安庆文史资料》(第2辑),内部出版,1981年,第84～86页。

王步文烈士二三事

◎ 朱伯健

王步文烈士是安徽省潜山县汤池坂人，解放后，汤池坂划入岳西县。在旧社会，潜山王氏有太原、琅琊两郡，烈士是琅琊王氏的杰出者，生长在中农家庭。他时时关心穷苦工人、农民的生活，见了饥饿的老幼，不惜解衣推食。这种感人行动，时至今日，汤池人民犹感激歌颂不已。

现将王步文烈士的青年时代学习和参加革命活动的事实，略述如下：

一、省文史馆员彭毓岑先生（潜山县人）告诉我说："我曾在安庆六邑中学任文史教师，王步文是六邑中学的学生，1918年，他考入中学，年仅18岁，1922年毕业。他在学校时，就是有理想、有志气、有胆有识的青年，不仅学好课业，同时还学习政治、经济方面的书刊，教师们都很器重他，同学们也很尊敬他。'五四'后，安庆发生'六二'学潮，在学生中，建立了学生会，他是六邑中学学生会的负责人，工作能力强，干劲大，被选为安徽省学生联合会会长。他信仰共产主义，与同学张浩然（桐城孔镇人）、方兰轩（桐城杨树湾人，是创建安庆东南中学的方文轩胞弟）结为好友（方、张先后病死），同时加入中国共产党。当时共产党组织集会场所，在安庆市近圣街附近的元宁巷。王步文毕业后，全心全意地为解放事业奔走，不畏寒暑、不分昼夜地干工作。有时到芜湖、九江、武汉等地，有时到大别山区，往来庐江、无为、潜山、桐城各县，化名'金赤'。"彭毓岑是王步文同乡，又有多年的师生关系，彭对王步文烈士是深知的。

二、王步文烈士以浮山为据点进行革命工作，分述如下：

1.1949年，我在浮山中学工作，陈虎生同志的同学王春生告诉我说：大革命失败后，王步文根据革命形势，把革命工作的重点转移到农村，由芜湖市转到大别山区，化名"金赤"，又号"朱华"，到潜山、桐城、庐江、无为各县积极组织农民协会，提高农民的阶级觉悟，并动员农民参加革命斗争。他深入农村，做好革命工作，在1927、1928两年中，王步文曾到浮山多次，住了三四个月之久，他把浮山当作集会的据点。

2. 王春生又说，那个时候，浮山是当时人地相宜的地方。就浮山位置说，是僻静的，距离反动军政机关较远，又不通大路，山的四周，有十分之七以上被河水环绕，经过浮山往来的行人不多，环境不复杂；再就浮山的本身形势说，山虽不高，但岩洞特多，素有三十二岩、七十二洞之称，作集会场所很方便，有宽敞的山顶，也有隐蔽的岩洞，有利于活动。我（王春生）同陈虎生一道，参加过几次会议，开会情况都不同。有两次是在张公岩附近岩洞里开的，大家不提"开会"二字，只说来游玩"浮山夕照"的山景，它是桐城八景之一。有一次是开流动会，名义上是看浮山天池（山顶上大池），实际上是开会。有游人来，就迁移山顶上，几十人坐在池边，谈笑风生，讨论开展革命活动问题。开会地点，设在游人不常到的山岩洞中。集会前，散在百步云梯附近，散会后，分成四面下山。再就浮山人事说：浮山办了学校以后，学校董事如光明甫、房秩五等，对王步文也很器重，让王步文在校董室住宿。教职员中如胡竹水、房师亮、郑曰仁、吴克正等，都支持王步文进行革命活动。如浮山中学学生王靖疆等，演《农民泪》话剧，教育了附近农民，实际上是宣传革命。浮山中学学生特在小学部办一所农民夜校，帮助农民提高阶级觉悟和文化水平，同时宣传农民协会的精神。

王春生又告诉我说：王步文在浮山召集的会议，是附近县区农民协会代表会，讨论发展农协组织和动员农民参加革命等问题，每次会议中，浮山中学方面，有教员吴克正参加，听说王步文在浮山中学的进步师生中，还另有集会。当时王步文以浮山为据点，进行附近各县区的农协工作，是非常积极的。王春生又告诉我说：浮中教师吴克正积极执行王步文的行动计划，1929年冬，吴克正以桐北区农民协会负责人的名义，在距桐城县二十里外的椒园附近，举行农协代表会。会未毕，反动乡团长王麻子率领走狗来围攻。吴克正指挥会员向山后撤退，自己断后，行至山腰，身中敌弹，他卧地高呼："共产党万岁！"敌人再向他开枪，被杀害后，反动透顶的王麻子竟断吴头，置于紫来桥上，老百姓为之痛哭！

王春生，家在浮山附近，原是陈虎生同志好友，陈虎生被杀害后，王春生革命意志消沉，1951 年，在家病死。他同吴克正同志是熟友。

三、王步文烈士忠于革命、不怕牺牲、视死如归、不屈不挠的精神，略述如下：

1. 据彭毓岑先生告诉我说：王步文 1931 年 3 月在芜湖被捕，当时他化名"金赤"，由芜湖送来安庆警察局，旋转饮马塘狱中。1931 年 5 月，就义于安庆北门外，当时大义凛然。

2. 据房秩五先生记载：王步文被捕，送安庆警察局后，意志坚定，神色泰然，后移送饮马塘监狱。当时国民党安徽省主席陈调元、民政厅厅长兼秘书长刘复、建设厅厅长张秋白、国民党省委吴遵民等，组织特别法庭，设在安庆司下坡。1931 年 5 月 31 日，王步文烈士从容就义于北门外城墙根，时年 33 岁。

3. 又据同时在狱中的方伯堂说（方伯堂是王步文烈士的同志方兰轩的胞兄，曾任安庆东南中学校长）：王步文烈士入狱后，两脚被绑捆，不能活动，仍书写革命标语，大骂军阀。临赴刑场时，手不能活动，还用嘴衔笔写家书，神色不变。写毕家书，上刑车，仍然神色泰然，沿途高呼"共产党万岁""打倒大军阀蒋介石"等口号。刑车经过，路人泪下。

四、王步文烈士的精神不死，革命光芒照耀着浮山。他生前往来浮山多次，浮山学校师生受到激励，浮山附近县区人民受到教育，革命情感是非常深厚的。听说烈士就义，更是无比哀痛。许多人遵循他的遗教，积极参加革命工作，农民协会日益壮大，农民的阶级觉悟日益提高，军阀土豪等更成为众矢之的。浮山人民在王步文烈士的教育和直接影响下前仆后继，革命洪流，不可阻挡。仅就浮山附近地方，在解放前，踏着烈士的血迹，继起革命者，大有人在，兹分述如下：

1. 清王岗村贫下中农革命斗争事迹：清王岗村，距浮山约十里，1931 年 8 月，秋收季节，清王岗庄上的地主富农，要农民在晒稻场上交租还债，不准农民收稻入仓，农民号叫："半年劳苦，不得温饱。"夫妻儿女，大哭起来，全村农民非常愤慨，大家向地主富农展开斗争。浮山中学毕业生王靖疆（曾导演《农民泪》话剧），他是本庄人，站在农民一边，阻止地主富农抢稻。王到处演剧时，受到农民爱戴，因此受到地主富农和军阀走狗乡团的仇视。这次庄上发生抗租斗争，地富分子走报乡团长张栋材，张是反动武装的头目，在乡村中，横行无忌，竟来岗上，将王靖疆捕去，关押在罗昌河镇（属庐江县），竟以"捣乱"为罪名，进行杀害。王在临刑时，大骂军阀走狗，并高呼"中国共产党万岁"，正义凛然，不屈不挠，他真是王步文烈士在浮山教导出来的好学生。

2. 陈虎生同志革命事迹：陈虎生，号锡吾，又号雪吾，桐城东乡（今属枞阳县）人。家住陈古塘，距浮山约三十里，不断来往浮山，是浮山中学体育教师吴克正的密友，也是王步文烈士的战友。他努力革命，奔走大江南北。江北以鸥家岭（在桐、舒、庐三县接壤处）为据点，江南以九华山东麓为据点。1932年秋，在鸥家岭集会，当时有浮中学生周日序参加，会议内容是讨论农民协会工作。会未结束，事泄，反动乡团长王麻子，率领武装围攻，激战一小时，终以众寡悬殊，向鸥家岭西边退出。陈在农民的掩护下，午夜换装南下，由陈家圩，渡江到江南据点。同年12月底，回到老家（桐东陈家古塘），被叛党分子甘舍棠报了乡团长丁培生，在除夕之夜，到陈住地，包围村庄，将陈扭送桐城县政府。陈在押送途中，形态自若，高呼"共产党万岁""打倒军阀走狗"等口号。1933年3月17日，陈虎生同志在桐城县东门紫来桥下被杀害。杀人的刽子手，竟断其头，悬于桥上。桥上行人，莫不掩面泪下。

3. 灰河事件：灰河在浮山东南，约四十里地，是无为县的新四军和桐城东南（今属枞阳县）的地下工作者交往的要道。1941年某月，桐东白云区区长祖逸湖（祖是浮山附近人，是浮中的职员），随同白云区指导员张良培（浮山小学教师，庐江人），到新四军的桐东大队部接洽工作，并领取枪支。过灰河时，与国民党部队发生战斗，以众寡不敌，祖逸湖、张良培和随从人员全部牺牲。

4. 羹脍赛事件：羹脍赛在浮山西南，约四十里外，位于长江北岸，是桐南中心区的据点，也是新四军长江支队的防地。中心区区长周曰庠，别号王灵，中心区的指导员黄桂元，是周曰庠同学（同是浮山中学1931年的毕业生）。1943年，为了掩护沿江支队，从江北岸深入敌伪驻地，袭击敌伪军队，激战一个多小时，终因众寡不敌，在突围时，周、黄两人同时遇难。

5. 饶家大院八位革命同志就义事件：饶家大院是浮山北面四里外的一个村庄。解放后，乡区人士传颂着1942年9月间，饶家大院八位革命同志就义的壮烈事件，述之如下：

（1）姓名、住址：

甲、陈介然、陈新启，是同胞兄弟，家住桐城高桥乡（今属枞阳县）。乙、陈铭梧、陈润梧，是同胞姊妹，家住桐城郊区，是浮山中学学生。丙、方根发、方士顺，是同胞兄弟，是浮山中学农民夜校学生，家住浮山东麓，麻溪之滨。丁、有两位同志，不知姓名。

（2）革命事实：

陈介然兄弟二人，以烟草生意为掩护，深入农村，做农协工作，与新四军和桐东大队长黄建华交往密切。方根发兄弟（原在饶家大院帮工多年，农民中有些战友）1941年被拉壮丁，到寿县境逃回，从此参加革命工作。陈铭梧、陈润梧同方根发在浮山学校内就相识，方根发住屋在河边，只有小茅棚三间，四面无邻居，陆路交通不便，反动武装也不曾过境，因此，就以方根发家为工作和会议地点，方根发任队长，陈润梧任指导员。1942年春，方根发因战友增多，留住不便，又因饶家大院内已有战友，就把会场移至饶院内的战友家，集会多次。7月间，方根发接黄建华通知，把同志集合到周家潭东十里外，就地整编，整编后，领取武装。方根发假借帮助饶家大院秋收，把战友尽量地集合起来，日间做农活，夜间开会，并接受散队、集合等训练，拟在十日后，夜行到施家湾接近无为边境集合。事泄，反动乡团长吴礼施，突然率队来饶家大院围攻，拂晓，枪声不止，反动乡兵放声高叫："农民把共产党人交出来，就可以无事，否则放火烧屋。"方根发、陈介然等八人为了保护农民兄弟，不畏强暴，自动站出来，先后被杀。

以上，是仅就浮山附近地区，在王步文烈士献身于革命之后，受激励而奋起直追者。王步文烈士进行革命的地带，如大江南北、大别山区，革命事实，我们所未闻者更多。王步文烈士的精神不死，王步文烈士的遗像高悬在浮山烈士纪念馆中，受到千千万万人民的瞻仰，他的革命事迹，是永垂不朽的。

（徐荫之　整理）

原载政协安庆市文史资料研究委员会、安庆市编史修志办公室、安庆市档案馆编：《安庆文史资料》（第2辑），内部出版，1981年，第87～93页。

俞昌准烈士传略

◎ 安庆市民政局

俞昌准烈士,又名仲则,化名陈青文,笔名俏郎、唱真,安徽南陵县谢家坝俞村人。1907年生,兄弟三人,烈士最小。9岁开始读私塾。12岁,进南陵春谷高小读书。1922年,俞昌准15岁,偕二哥昌时考进上海南洋中学,认真学习社会科学和自然科学,喜欢阅读进步书刊,积极参加学运。

1925年初,他写了《我们的校长》一文,抨击学校当局专横腐败的丑态,投寄《中国青年》,受到主编恽代英同志的赏识,予以发表,并鼓励他说:"一个有血性的青年,要加入革命的党,宣传和组织工农群众,推翻地主阶级,创造社会主义的新中国。"

文章见报,激怒了南洋中学校长,以思想偏激为借口,将他开除出校。这时由恽代英同志介绍到上海大学社会系读书,他经常听到学校领导人邓中夏以及瞿秋白、恽代英、蔡和森、任弼时等同志讲解马列主义原理及列宁十月革命经验。刻苦钻研,认真思考,政治觉悟不断提高,更加积极投身学生运动。他白天上课,夜晚深入工厂、码头,办夜校识字班,组织和发动工人,向帝国主义和买办资产阶级展开剧烈斗争。

五卅惨案爆发,俞昌准率领一批同学投入到火热的斗争中去,散传单贴标语,搜查洋货,劝阻农民不要运送食物到租界去。他不分日夜地奔走,忙得连理发、洗澡、吃饭都顾不上。

6月16日,俞昌准和两个同志,回到南陵县,发动群众,在城关召开工、商、学各界1000多人的大会,他宣讲五卅惨案经过,言辞激昂,义愤填膺,听众莫不摩拳擦掌、无比愤怒。会后成立南陵反帝大同盟，和南陵各界人民支援五卅惨案后援会。在沿河码头和交通要道搜查日货，堆在夫子庙广场焚毁，又积极发动募捐，支援外地受难者家属。五卅运动给俞昌准一次大锻炼，具体表现在他的《一柄朴刀》诗篇中：

> 摒弃了我一切梦幻般的欲念，
> 澄清了我一切颓唐的绮思；
> 我将我冶成一块坚韧的精钢；
> 我将我制成一具完美的器械。
> ……这具完美的器械，
> 就是一柄锋利的朴刀。
> 我的亲爱的主人呀！
> 你使用我吧！充分的使用我吧！
> 使用我勇敢地去为无产阶级的利益冲锋陷阵！

经过五卅运动的考验，恽代英同志介绍他加入中国社会主义青年团，1926年由团员转为中国共产党党员。

9月，党决定派他到苏联中山大学深造，他却要求回到艰苦的南陵去工作。在途中的小船上，他触景生情地写下了《到天堂去》的诗篇：

> 那边是天堂，大家都想进；
> 去享受那人间的甘露，
> 去学习那天上的规章。
> ……
> 这里是地狱，囚着那蓬头垢面的人群；
> 都是被压迫被剥削的，
> 劳苦大众的姐妹兄弟。
> ……
> 我不忍离开那苦难的兄弟姐妹，
> 我要帮助他们，
> 冲破黑暗啊，创造光明。

回到南陵后,他积极开展建党工作,11月,经俞昌准和同志们的努力,成立中共南陵县特别支部,他担任宣传委员兼秘书,会上发展了三名新党员,为南陵人民革命斗争,打开了新局面。

1927年春,俞昌准担任中共芜湖特委书记。时值军阀孙传芳节节败退,国民革命军第六军浩浩荡荡克复芜湖,中国国民党芜湖市党部已由地下转为公开活动。俞昌准同志也在市党部工作,在一次有恽代英、林伯渠、程潜参加的欢迎北伐军大会上,他以中共代表身份发表热情洋溢的讲话,号召全市人民团结起来打倒军阀,打倒帝国主义,实行孙中山先生"联俄、联共、扶助农工"三大政策。他铿锵有力的声音,博得大家热烈的掌声。会后,他组织芜湖市人民为北伐军当向导,搞运输;发动农民起来要求减租减息,打倒土豪劣绅,革命热情空前高涨。

不久,革命阵营内部潜伏着反革命的活动,斗争形势极其复杂。有人劝他提高警惕,但他一心扑在革命事业上,毫不考虑个人的安危。他在诗中写道:"身死惊醒全国梦,血流溅放世界花。"表现出革命者大无畏的气概。紧接着以蒋介石为首的国民党右派集团,暴露出狰狞的面目,在上海发动"四一二"反革命大屠杀。4月18日早晨,芜湖市以崔由祯为首的牛鬼蛇神纷纷出笼了,他们捣毁了国民党芜湖市党部,大肆逮捕、杀害共产党员和革命群众,白色恐怖笼照着芜湖。上级党指示俞昌准、胡苏民、任惠祥、朱麻、李克农等负责人撤离,当即研究决定由俞昌准负责发给每人五块钱路费,轮到他自己钱已发完,只得空手回到南陵。这时他写就《慰问各地遭压迫的工农同志们》的传单,响亮地提出:"敌人有机关枪大炮,我们有镰刀和斧头……"鼓励工农大众,向新军阀蒋介石做坚决的斗争。

国民党右派的魔爪很快伸向南陵,4月21日,他们勾结反动道会门和商会头头儿刘求谷、胡大观等,指挥伪自卫队反动武装,捣毁南陵国民党左派县党部,逮捕了委员中的两名共产党人。俞昌准同志迅速组织200多人,展开拼死斗争,救出被捕的强保华同志。6月底,他在调往芜湖的前夕,写了告别故乡的五言诗:

　　山川何明秀,林林竞苍葱。

　　旧时家园乐,梦寐不可寻。

　　适值我新归,乡雁浩水劫。

　　呻吟闻四野,饿殍见充斥。

连年重兵过,征敛吮民血!

天灾复相侵,苍生其该绝!

悲夫我故乡,天灾人祸迫。

我爱我故乡,不忍匆匆别。

游子有使命,故乡未可停。

河梁悲落月,迢迢事长征。

"四一二"反革命大屠杀以后,昔日压在芜湖人民头上的官僚军阀势力,又重新掌权,形形色色的地痞流氓,打着国民党牌号,招摇过市。在这人心惶惑的情况下,俞昌准适时创办了《沙漠周刊》,他发表了揭露敌人罪恶的诗篇:

啊!革命!革命!

大哥革命!二哥革命!

麻子哥也叫革命!

……

阿猫革命!阿狗革命!

阿猫阿狗窝里蛆,

都在谈革命!

……

白色的革命,

灰色的革命,

黑色的革命,

形形色色的"革命"!

……

在这期间,战友都已离开芜湖,他只身深入裕中纱厂和芜湖火柴厂组织工人罢工,同国民党右派做斗争。

当时尹宽担任中共安徽省临委领导工作,执行右倾路线,有的同志主张用"罢工"的方法反对尹宽,昌准同志坚持原则,主张工作第一,打官司第二,正如他在赠友人的诗中所写的那样:

我不愿你为跋扈的领袖,

我愿你做个忠实的士兵，
　　我不愿你为名利而投机，
　　我愿你为主义而牺牲，
　　我不愿你为享乐而浪漫、懈怠，
　　我愿你为工作时时带着刻苦耐劳的精神！

这诗是他行动的写照，尽管尹宽对他采取排挤和刁难两种手法：一段时间不分他工作，临时有危急任务又派他去执行，但他不计较个人恩怨与安危，总是尽力去完成。直到八七会议后，党中央派任弼时来芜湖巡视，他即如实反映斗争形势和党内存在的问题，深受任弼时同志赞许。

在大革命失败的转折关头，不少人产生悲观情绪，俞昌准从一份简报上，看到《湖南农民运动考察报告》，衷心拥护毛泽东同志对农民运动的分析和态度，深夜亲自刻写复印成册，分送给同志们，说："这就是我们革命的路子。"他劝同志们要多读多想。

1927年夏，俞昌准和俞昌时、郭士杰等同志，带着党的八七会议决议，从武汉来南陵，将革命重点从城市转移到农村，开展农民运动。在马家坝建立了南陵县农民协会，同时开展建党工作，发展新党员20多人，建立党支部，他担任支部书记。为迎接农民运动高潮到来，党组织派他到皖南各县进行工作，长途跋涉，历尽艰辛，晚上睡在牛棚里，数九寒天，穿着单衣。他在给哥哥的信中说："我每天白天冒着死亡在外面东奔西走，夜间忍着严寒躲在板硬的床上，全身僵直，失去知觉，但是我也无法计较这些，我唯一的希望就是党的事业的胜利。……"

俞昌准和同志们一道，深入农村组织发动农民，先后在南陵的林家村、西村冯、十八姓、七里圩、金家阁等地，成立农民协会，积极开展打土豪、分田地、抗租、抗粮等工作，掀起农民运动高潮，农会会员很快发展到一万多人。

1928年1月初，县农会在谢家坝开会，决定成立南芜边区苏维埃政府，俞昌准被选为主席，同时担任赤卫队总指挥。赤卫队常备武装队从地主俞昌大、俞运员家里夺来五支手枪，加上自制的刀矛，战斗力很强，人数发展到100多人，在俞昌准领导下，开展破仓分粮，把地主郭世朴等家逼租得来的粮食500多担，救济贫苦农民。镇压了官僚恶霸地主陈宗银的儿子，并击败了县自卫队的武装，活捉队长夏志诚,大长了农民的志气,大灭了地主的威风,因此震惊了南、芜两县白色政权,联衔向安徽省主席陈调元求救,陈派一个营的兵力前来,因力量悬殊,起义乃告失败。

这时党派俞昌准来安庆,化名陈青文,以安徽大学文学院学生身份,与该校党支部书记王金林,组织学生开展反帝反军阀斗争。

9月间,俞昌准担任中共怀宁县委委员、共青团怀宁县委书记,经常活跃在怀宁一带,与群众关系极为密切,经常受到群众掩护。

11月22日,俞昌准夫妇及王金林到一个同志家去联系工作,不遇而回,路过省议会,里面正在演戏,他们三人进去,站在后面,被繁昌县的叛徒刘怡亭告密,不幸被捕。

经过三次审讯,在法庭上伪安徽省特种刑庭副庭长张月波说:"你这么年轻,怎么误入歧途?"昌准理直气壮地驳斥道:"请问孙中山先生革命时有多大?现在蒋介石出买(卖)祖国,压迫人民,背叛了孙中山遗嘱,我们共产党领导全国人民推翻黑暗统治,创造光明的新中国,怎么叫误入歧途?"

当第二次庭审时,伪庭长对昌准说:"你父亲想来看你,想见见老太爷吗?"他斩钉截铁地说:"我不想见我父亲,你可以转告他,他应该忘掉我这个儿子。"

尽管敌人利用软硬兼施的手段,利诱、威迫、刑讯,俞昌准始终不屈,严守党的机密,表现出共产党人的崇高气概。

12月26日凌晨,烈士被押赴北门外刑场,途中奋力疾呼:"打倒国民党反动派!""镇压叛徒刘怡亭!""共产主义一定会胜利!"时年仅21岁。

烈士的遗体掩埋在马山上,每年清明,前来祭扫的人络绎不绝,他永远活在安庆人民心中。

(张俨魁 整理)

原载政协安庆市文史资料研究委员会、安庆市编史修志办公室、安庆市档案馆编:《安庆文史资料》(第2辑),内部出版,1981年,第94~101页。

回忆俞仲则（昌准）烈士

◎ 钱新嘉

我于1927年11月在潜山和吴克振同时加入中国共产党。潜山第一次起义，我和吴克振、章礼备（黄埔四期）、操球、储造时（日本士官生）等由王步文带到茶然巷（那时属潜山第七区，现属岳西）住了大约一个月，步文代表省委作过一次政治报告，小组会讨论了多次，步文有时也前来参加指导，由于群众斗争情绪涣散，大家认为一时无法再行起义。步文决定暂时分散：操球回怀宁，储造时回霍山，吴克振和我由霍山回桐城（枞阳），与章逐明、陈宝吾等正式建立桐城党支部，属安庆（怀宁）县委。时在1928年元月。2月安徽省第一师范并入省立第一中学高中师范科。上级党和桐城支部决定：原有师范学籍的同志，入高中师范科。这样高中的党支部在上级指导下成立了。时在1928年3月，就在这时，我认识了俞仲则。

上级指定我担任高中支部书记（后改以街道名龙门口支部），支部成员有吴大鹏、章文魁、章宣德、章鸾祥（即章知天）、章礼备（因为他没有师范学籍，顶章执中名）、汪忠天（普通科）等人，每星期天下午开一次支部会议，都是小俞代表上级来参加，听取工作汇报，并指导和布置工作。他说话条理性很强，对人态度亲切热忱，同志们对他的印象很好。后来不久汪忠天要退党（此人就是解放前太湖师范校长），一个多月以后小俞来对我说：安徽建团（CY），凡年23岁以下，在中学读书（后来包括安大），党员，一律划入团组织，龙门口党支部就改称团支部了。每次支部会议，还是小俞来参加，另外还有汪鑫，也常同来。那时的日常工作是机巧地、秘密地做革命宣传，深夜间用炭墨在墙上写革命标语，如"CY是革命中的急先锋！""安庆就是赤化的大本营"等，当局甚为震惊！同学中只有国家主义派反对，改组派不表态，大多数同学纷纷议论："我们学校果真也有共产党。"另外散发一种革命报纸，八开纸油印，报名《血光报》，每周一到两期，每次都由小俞或汪鑫送来交给我，由我分发到每个同志，多半利用下自修之前，先到寝室，放到盖被下面，同学们一来就寝就发现了。当然我们自己的床上也同样有一份，这样同学们不怀疑我们了，这份刊物在同学中的影响很大。

暑假前小俞送来一份政治报告内容摘要，派我到浮山巡视，和一位党的县委负责人张某一道，张到桐城方家仓（现属枞阳），巡视党的工作。那时桐城党组织已由支部发展成为一个区委，书记章逐明。浮山团组织是个支部，书记郑举之（郑曰仁），他在小学部教书，支部成员大都是小学高年级生，由郑召开一次支部团员大会，同志约十人，我传达了上级指示，讨论今后的工作。关于支部工作的情况，我和老郑多次交谈，已经了解。下期开学，不见小俞只见汪鑫，我向汪汇报浮山支部工作情况，我问到小俞，汪说：他进了安大。不多日小俞来告诉我，他和一位姓卢的女同志进了安大预科，但他又离开安大了，他为什么离开呢？情况是这样：有一天夜里，他张贴《血光》，被校方负责人刘文典发现，刘对他说："我们学校不准你们活动，你要活动到别的地方去。"这样小俞就被"斥退"了。此后，大约个把月没看见他。

9月间小俞由芜湖来，带着他的爱人，一个十七八岁的姑娘，沉着冷静、不多讲话，住在司下坡一家旅馆最后一间房里，门上贴着一张名片：陈香文京报记者（还有几家报社特约通讯员的衔）。这是小俞的化名和公开身份。他向我说明团特委决定安庆成立团县委，我和王金林（《安庆史话》误为王金村）参加县委，就在这个星期日下午三时到大观亭开会。那天天阴，游人很少，正是我们开会的好机会，会议就在西南边那个亭子上举行。参加的有小俞夫妇、金林和我四人。俞又正式宣布了特委的决定，由俞任书记，金林分管宣传，我分管组织，这时团县委常委还有两名工人（拉黄包车的），因故不能前来。会后由俞传达，俞的爱人不参加团县委，专管团县委机关保密工作，并决定金林不兼安大（文院）支部书记，由陈一煌接任，高中支部书记由吴大鹏担任。另外，还有一个青工经济斗争委员会，由俞直接领导。这样安庆的团县委正式成立了，时间是1928年9月，日子我记不清了。这次会议的时间虽不长，亦未作记录，但它是一次重要的历史性的会议。

团县委第二次会议，在小俞住处就是司下坡那家旅馆（有个服务员是个同情分子），也就是我们的县委机关召开，参加的还是我们四人。小俞的爱人进进出出，与旅馆那位服务员（那时叫茶房）联系，注意来人，保证会议顺利进行。小俞自作记录，金林和我汇报了宣传工作和支部组织整顿情况，关于宣传，除了相机进行口号宣传，并以散发张贴《血光报》，书写革命标语和撕揭反动标语。关于组织整顿，就是将若干犹疑分子、消极分子，停止组织关系，或开除出党（团）。

"反程勉学潮"刚开始，动员各校同志积极参加这一运动。记得小俞这样说："我们要从运动中争取积极进步的同学到团的周围来，从而挑其表现最好的吸收入团，从斗争中发展组织，从发展组织中进行斗争，一定要争取运动的领导权，掌握领导权，女中我们还是个空白点，要设法打进去。"

根据团县委决定，各校支部动员全体同志，积极参加了这一运动。当时安大学生派出四名代表，以王金林为首到各校宣传反对程勉侮辱安大同学亦包括其他中学的非法行为。一中首先响应召开全体学生大会，选出汪经略、邹人孟、秦培风、钱新嘉四名代表，陪同安大代表到其他各校宣传，各校亦都纷纷响应，选出代表，连私立成德中学和贫民女中（教会办），也都带动起来，即时组织各校代表到安大举行联席会议，公推钱新嘉担任主席。会议列举程勉种种学阀行为，程勉亦派出女中代表四人到各校游说，为程勉辩护，反诬安大同学欺侮她们，破坏学校！她们四位代表以董瑞兰（此人解放前在高琦小学教书）为首，大概在四次联席会议，决定全体代表到伪省府见蒋介石，蒋不见，由伪省代主席孙孟启代见，他的回答是"政府查明事实，依法处理"。我们对这样答复当然不满意。一个侍从之类的人，要我们每人签了名，一共48名。以上情况金林和我向小俞汇报，小俞这样说："请愿是不能解决问题，不过可以暴露反动统治阶级的嘴脸，我们继续朝下干。"小俞又反复地说："女中还是个空白点，要设法打进去。"后来我们通过种种关系，找了两位同情分子，由于该校当局对学生思想控制很严，一时未能发挥作用。

不消说，孙孟启将我们代表的要求向蒋介石报告了，蒋召见刘文典和程勉。刘文典侃侃而谈，程勉毕恭毕敬。蒋说："就以眼前这一情况看，就可知这件事的是非曲直。"他指刘："你就像土豪劣绅，压迫农民（指程勉）。"刘反驳说："当年同盟会登记，总理是第一号，我是第十七号。"蒋说："我只问革命不革命，不管招牌老不老。"这样蒋说一句，刘顶一句，蒋叫程勉回校，把刘扣押了。事实传出去，群情愤激，蔡元培由南京电蒋介石："文人学士，理当优待。今先生拘叔雅（刘的外号）敢问何由？"刘的爱人也由南京赶来，对安大同学（亦有其他各校同学在场）说："叔雅要到安徽来，我反对，不要他来。"我说："安徽的教育不是学者办的，是政客办的，所以现在吃亏了。"一个星期后，刘文典才被释放。

我们继续朝下干，召开各校代表联席会议，准备游行示威，全体一致通过。不幸的事件发生了，时间在10月下旬一个夜晚十点多钟，王金林到高中找到我说："小俞在省议会被捕了。"我问："县委机关呢？"王说："敌人去搜查过，文件全部已销毁，没有查到片纸只字，他爱人回芜湖去了。""我们怎么办？"金林和小俞相处时间不长，这样问我，我说："只要没有搜去片纸只字，小俞绝对不会投降、叛变，我们若无其事，继续把这场学运搞下去。"当夜我们又去告诉了中共县委负责人老张，并报告团特委。那时特委代名：王贡三。

关于小俞的被捕事实真相是这样：时间如上述，那天王金林到县委机关向小俞汇报工作之后，他俩和小俞爱人到一个同志家去联系工作，未遇而回，路过省议会时，里面正在演戏，先是有人送小俞几张票，他三人进去，并未入座，只在后面站着，不一会儿，小俞轻轻地对金林说："不好，繁昌那个反动的家伙看见了我。"金林说："我们赶快走。"小俞说："恐怕走不掉，你俩赶快回到县委机关把文件销毁，你回芜湖去。"就在这一刹那间，小俞这样果断地做好具体安排，当金林和小俞的爱人走出省议会大门，一回头那个极反动的家伙引着武装军警将小俞逮捕了。

按照团县委的决定，学运继续进行，特委派我代理书记，派汪耀华担任县委委员，分管宣传，金林管组织，汪是安大预科学生。各校代表在安大举行第七次联席会议，决定第二天游行示威。推张和（第一职业学校代表）担任大会主席，我担任总指挥，大会宣言由刘树德（安大文学院学生）起草，出场拟定标语口号十条，没有一条拥护国民党，拥护蒋介石。一个大约4000人的游行队伍，由安大操场誓师出发，沿途高呼口号，浩浩荡荡到了伪省府广场，要求蒋介石当面答复，惩办程勉。又是由孙孟启代见，他说："主席正在开会，派我来和大家见面，这件事，我们政府已经知道了，查明事实，依法办理，不过各位既向政府请求，就不应该（意指游行示威）。"这四个字一出口，四面的游行队伍中就发出"为什么不应该"的呼声。这位老政客见风转舵马上就以"这个是……这个是……"结束他的话。我们要求蒋介石当面答复，他说："我向主席报告。"孙进去，不多会儿出来一个人，口称奉主席面谕：各校派代表两人到省教育会，主席接见。各校代表派好了，蒋介石坐了无顶的轿子出来，代表们跟到省教育会，游行队伍由钱指挥也开到省教育会，队伍密集在两边街道上。大批警察来要我们回校，我们不理他们，他们也不敢多讲了。约半小时，代表们出来，一中代表秦培风说：蒋主席叫我们各回各的学校，谈话内容回校传达。这时天色已晚，我们游行队伍只好分途回校。

听说蒋介石对代表们是这样说的："我前几天召见男女两校校长，男校校长（刘文典）像是土豪劣绅。女校校长（指程勉）像是农民，简直是土豪劣绅欺压农民（还是那两句老话），事件的是非曲直可想而知了。"蒋又说："我也办过教育的，我的学生有十几万人（指黄埔军校），可有一个捣毁女校的？如果有，我给他就地枪决。"并恶狠狠地把茶杯朝桌上一掼，杯里茶水都溅了出来，背着冲锋枪的卫士马上逼近代表们身边，如临大敌。安大代表陈处泰气愤地要站起来讲话，被左右同学暗暗地按住了。蒋介石的态度，打破了若干同学对蒋所抱的幻想，他的反动嘴脸充分暴露于安庆人民之前。

第二天团县委召开了一次紧急会议，决定还要把这一运动深入下去！

第三天孙孟启带着80名武装齐全的卫兵，到安大文学院召集同学宣布开除各校代表的"命令"，同学们气愤至极，有位同学名叫石季玉（女）当场晕倒。其他各校，这位"孙大人"就没有"光临"了。由各学校挂牌开除（名单就是我们上次到伪省府留下的名单），团县委汪耀华（本不是代表）也和代表们一道去签了名，所以也被开除。开除的榜上限定即日离校，克日离皖，校方又写双挂号信，通知各家长要即来把他们的子弟领回去，有的确实被领回去，王金林、汪耀华和我都留在安庆。

金林寄居他的同乡家，耀华住在法校街一家旅馆里，我住在天后宫民主栈，这也就是团县委机关。

这次学生运动被蒋介石亲手镇压算失败了，但他所起的政治作用，影响是很大的，有人称之为继"六二"之后，一次规模最大的学潮。

仲则被捕后，团县委曾多次设法营救，均无效果，从监内吐露消息，仲则遭到无数次非刑拷打，遍体鳞伤，坚贞不屈，只字未招，临刑时，一路高呼革命口号：打倒国民党，打倒蒋介石，中国共产党万岁！共产主义青年团万岁！昂首阔步走进刑场，直立不动，以示临死也不向敌人屈服！真正是壮烈牺牲呵!!!安大有很多同学，看到这样的情景，对反动派愤恨之至，当时有位叫欧阳良邵的气得差一点晕倒，并无限感慨地说："……就这样对待我们青年吗?!……"

原载政协安庆市文史资料研究委员会、安庆市编史修志办公室、安庆市档案馆编:《安庆文史资料》(第2辑)，内部出版，1981年，第102～108页。

难忘的一日

◎ 蔡家帜

在雄伟的大别山的深山里,有一个叫金家寨县果子园公社的地方。旧社会这里称之为佛堂乡。它,就是哺育我成长的家乡。

解放前,这个穷乡僻壤在国民党反动派的黑暗统治和地主恶霸的压迫下,家家一贫如洗,处处满目荒芜。那时山里流传着这么一首民谣:

山里水,穷人泪,
一年辛苦活受罪。
累弯腰,干驼背,
东家逼租把命催。

从1924年共产党到大别山,发动穷人闹革命,到1927年,这里已到处组织了农会,1929年的立夏节起义后,又建立了苏维埃政府。深山沟里一扫千年旧习,穷人掌权当家做主了。

我父亲蔡传柱,就在这时参加了共产党,当上了佛堂乡苏维埃政府的主席。他个子高高的,身体很结实,一看就知道他是个道道地地的穷长工。自担任乡苏维埃政府主席后,他天天起早摸黑,带领农友们减租减息,打土豪,分田地,同恶霸地主做斗争。常常是几天几夜不回家,有时连吃饭的时间也没有。

贫苦的农民扬眉吐气,地主恶霸便恨在心里。佛堂乡大恶霸地主胡汉南,勾结本乡人,湖北的民团团长土匪头子柯绍恒、郑其玉和河南商城的国民党县长顾敬之,趁我主力红军暂时离开皖西之际，对我吴店等革命根据地进行了疯狂的烧、杀、淫、掠，杀害苏维埃干部和农会积极分子。

1929年6月3日，敌人向牛食畈狠扑了过来。这一天，是我最难忘的日子。

那一年，我已经17岁了。父亲不常在家，家里什么粗活，都是我做。6月3日这天大清早，我出门一看，漫天乌云遮住了太阳，挡住了高山。老鸦在树头上，飞来飞去地叫个不停。妈妈老是在破屋里咕噜地说：老鸦叫，祸事到。我心里清楚，一家人最担心的是父亲有好几天没回家了，敌人正在到处抓他。不一会儿，佛堂坳小街方向，传来了枪声。前边好几个村子，已经被土匪老八团烧了。我们村里人很快都逃上山，躲了起来。我们刚上山，敌人就进村了。村子里被抢劫一空，没来得及跑的老老小小，就被这帮土匪民团杀害了。乡亲们对这些民团，恨之入骨，骂他们应该千刀万剐。

中午，我们一家人听到了父亲不幸被敌人抓住的消息。

父亲是前几天到董家湾，开党的会议的。今天早上，敌人突然将村子包围了。他没有来得及撤退，农友们就把他藏在村旁双头寨半山腰的一个山洞里。由于我父亲经常到那一带进行革命活动，大恶霸地主胡汉南的狗腿子胡兴如，早就偷偷注意他的行踪，知道他常常藏在那个山洞里。所以，胡兴如就勾结民团搜洞，抓我父亲。

藏在山洞里的父亲，手无寸铁，但他早就有思想准备，搬了很多大石头堵在洞口，准备同敌人搏斗。果然，很多团丁在胡兴如的带引下，朝洞口涌来。开始，敌人向洞口这边喊话，要父亲出来。当他们快摸到洞口的时候，父亲将早已给敌人准备好的石头，朝他们砸去。打得敌人措手不及，哭的哭，叫的叫，连胡兴如的头，也被砸得直流血。因为他们一心想抓活人，去请赏报功，所以没开枪。一直到石头全部砸完，敌人以为这一下我父亲没有办法了，好将他抓住。可是没想到，当他们进洞去抓人的时候,我父亲用头撞、用牙咬他们。敌人下毒手,用木棍将他打得遍身是伤，捆了起来。即使是这样，父亲宁死不屈，用脚狠踢他们。父亲被打得不能走了，他们只好让四个团丁将他抬到牛食畈。民团的土匪头子柯绍恒，看见我父亲是被抬着去的，便大骂那些团丁是饭桶。立即将我父亲关进他们的大牢——牛食畈的周家祠堂里。

当乡亲们听到乡苏维埃政府主席被抓去的消息，都来看望我母亲和我一家人。

大家纷纷说：敌人一定会下毒手，还要来抓家帜斩草除根的。都劝我赶快逃出去躲一躲再说。当天下午，我就跑到外婆家去了。但是，敌人已经在胡兴如的带领下赶到我外婆家，将我也抓进了周家祠堂。

周家祠堂的房子比较大，比较深，里面寒气逼人，阴阴森森。被关在那里的人，大多是苏维埃和农会干部。

我被带进去后，敌人威胁说要杀我。我说穷人你们杀不尽。他们就用大棍子打我。以后又要我去劝父亲投降，妄想叫父亲出卖革命。我被带进一个大房子里，父亲正被反捆在祠堂的一根大柱子上。他遍身被打得血迹斑斑，体无完肤，绳子都勒进他肉里了。我实在忍不住，抱着父亲的腿哭了。那些团丁有意在我父亲面前踢我、打我，还逼问他，是要共产党，还是要儿子？父亲大义凛然，横眉冷对。趁敌人出去的时候，父亲教导我，要坚强，不要在这帮狗杂种面前哭，要设法出去，将来报仇。他还悄悄地示意我永远跟着共产党。随即我又被关到另外一间房子里。

谁知道，这就是我和父亲最后的诀别。

当天深夜，我迷迷糊糊地被"红军万岁！共产党万岁！"的口号声惊醒了。听着听着，我听出了口号声中有父亲的浑厚有力的声音。我不顾一切地踢着门，呼喊着"还我父亲"。后来才知道，敌人将我父亲和另外三个苏维埃乡政府干部，带到牛食畈河湾的沙滩上杀害了。

父亲牺牲已经50多年了。然而那一天的情景，特别那天深夜父辈们高呼"红军万岁！共产党万岁！"的口号声，犹在耳旁。

原载政协安庆市文史资料研究委员会、安庆市编史修志办公室、安庆市档案馆编：《安庆文史资料》（第2辑），内部出版，1981年，第109～112页。

桐柏山区军民关系纪实

◎ 蔡家帜

1935年春，红二一八团和鄂东北独立团在金家寨抱儿山会师后，挥师向安庆方向挺进。

当时，蒋介石反动派正集中30多万兵力，疯狂地对我鄂豫皖苏区进行第五次"围剿"。大部分主力红军已经北上。留下的红军主力二一八团和鄂东北独立团，根据党的指示，于2月3日在太湖县凉亭坳举行的重要会议上，决定恢复重建红二十八军，著名的红军指挥员高敬亭担任军长兼政委。5月，又在黄安县黄泥畈研究部署了红二十八军，跳出敌人包围圈，跨过平汉路，插进敌后，坚持游击战争，保卫大别山根据地，牵制、消灭敌人的有生力量。

红二十八军，下设八十二师，辖二四四团三个营和一个特务营，一个手枪团下辖三个分队。我先在特务营一连一排任排长，后又在本营二连任副连长。我们这支军队灵活机动，声东击西。部队的纪律又好，能吃苦，又有老百姓拥护，所以搞得敌人日夜不安。我军在安徽的潜山县官庄活捉了曾任安徽省护理省长余谊密后，又在桃桥岭消灭了梁冠英的三十二师九十五旅前卫团的两个营，粉碎了敌人的三个月内消灭大别山红军的幻想。不久，敌人又重集重兵分三路，包围我大别山根据地。敌军的"剿共"总指挥部也从武汉搬到了鄂豫皖边境。

为了暂时避开敌人重兵，我军日夜行军，紧急越过平汉路，转向河南西北方向挺进。边走边打仗，而且，每天还要跑一二百里路。大部分的指战员脚都磨破了，有的鞋被血染红了。由于接连几夜行军,有的走路都打瞌睡。但是,大家不怕苦,不怕死,一心想着粉碎敌人的第五次"围剿",保卫苏区的人民。就这样行军打仗,走了一个多月。越走离大别山苏区越远,同志们心里都惦记着苏区的广大群众,都担心他们遭到敌人的迫害。

有一天清早,太阳刚刚出山。吃过早饭,在军号声中集合了部队。高敬亭军长检查了全军的战斗力和战士们的情绪,站在一个土坡上给全军讲话:"我们走了一个多月,大家都很辛苦。敌人的大批主力部队,也被我们拖住了。今天,我们要迈开大步,往回走了,给敌人来个出其不意。"指战员们一听说往回走,顿时精神振奋,似乎忘记了一个多月来长途跋涉的辛苦。行军起来,都争先恐后地走在队伍前面。下午七八点钟就走到了桐柏山。全军在桐柏山上宿营。这一夜大家睡得又香又甜,直到第二天早上八点多大家才起床。这时侦察员回来报告,敌人包围过来了。不一会儿前面岗哨就打起枪,同敌人接上火了。

我营负责全军的东北方向警戒。当发现敌军时,前面山头上的制高点,已被敌人抢占。这对我军威胁很大,因此师部命令我营要不惜一切代价,夺回前面山头上的制高点,以便扭转全军被动局面。师政委方永乐同志,亲临我营指挥,强攻制高点。我连组织兵力从右向上强攻,可一连几次,都被敌军火力压了下来。方政委很着急,他跑到我前面,一边用望远镜看敌军阵地,一边说:擒贼先擒王,前面山头上是敌人指挥官,起码是敌人营、团长,你我二个瞄准把他们干掉。他是全师有名的神枪手,我和他一同举枪向敌军指挥官打去。枪响人倒,敌人阵地果然乱了。我军冲锋号一响,我带领部队向敌阵地冲去,终于冲上了山头,强攻下制高点。我连一排长正冲向敌军,高呼:"缴枪不杀!"一刹那,我只觉得双腿像被什么东西猛扎了一下,人往地上一倒。我用手一摸,双腿挂彩,裤子已经血糊糊的了。耳边只听得一阵阵的冲杀声。我很快就昏过去,人事不知了。

一

等我醒来的时候,已经是晚上了。营部医生正在抢救我,由于双腿负伤流血过多,比较危险。医生说:"连长,连长,不是你叹口气,就把你埋掉了。你命真大,打扫战场时，大家以为你牺牲了，已经将你抬到坑里去了，你叹了口气，大家又赶紧将你抬起来抢救。"营长黄云亭，也负了伤，一共有20多位同志在这次战斗中负伤了。那天同我们作战的敌人是东北军四个团。敌人的前卫两个团被我军打垮，后卫两个团就不敢前进了。晚上，双方都撤出战斗。我军又连夜出发，悄悄地转移。战友们轮换抬着我们重伤员，随军行动，确为不便。因此，部队首长决定，将我们20多个重伤员，暂时分散安排在可靠的老乡家里养伤。部队临时组织了一个便衣队照顾伤员，由徐海山任队长，刘子榜任指导员。我们这些伤员在便衣队护送下，分别到老乡家里养伤。这样，我们又面临着复杂的斗争和新的严峻考验。

同我一起养伤的，有四个同志。只记得有一个是师部警卫队的汪守聪，外号叫小黑皮。我们住在桐柏山大王冲山头上的小村子里。白天，老乡将我们分散送进山上石洞里休养，天黑了，再接回家。这样就可以防止敌人搜查了。我被藏在水沟旁边的石洞中。这个洞四周都长着芦柴，石洞上边长满了柞刺和青草。不仔细看，根本看不出那里面有个洞。当天晚上，便衣队同志、伤员们和老乡们在一起开了个会，大家分析了敌人很快会来到这里搜查红军伤员。便衣队同志要我们伤员和群众一定要沉着，不管敌人怎么威逼哄骗，都要经得起考验。我想，自己是共产党员，又是连干部，拼死也不暴露组织和同志们，不暴露党的秘密。如果万一被抓去，也决不连累任何人。

果然，敌人第二天就到这一带搜查。由于我们隐蔽得好，敌人没搜到什么，乱放几枪就走了。

便衣队同志还常常鼓励我们伤员在困难面前要看到光明，看到胜利的前途，不要悲观失望。又叫我们安心养伤，争取早日去找主力部队。老乡们对红军伤员比亲人还亲，一口一口省给我们吃，保护我们，还采中草药给我们治伤，所以伤恢复得很快，我的伤口也渐渐好转。自己不仅可以解大小便，还能拄着棍子走几步路了。

我们住的那家老乡姓徐，一家人对我们非常好。周围的群众，也有很多经常来看我们。时间长了，彼此都有了进一步的了解，感情也越来越融洽。因此，我就下了决心，在养伤期间为党做一点工作。根据那时老乡的思想认识，我常常向他们讲，共产党是无产阶级的党，与天下穷人是一家，红军是为穷人打天下的。穷人要翻身，不受地主老财的压迫剥削，只有跟共产党走，大家团结起来，彻底推翻万恶的旧社会，才能真正打倒那些不劳动，光吸人民血汗的土豪劣绅。如果我们不起来跟共产党干革命，我们还是要受苦受罪的。那时，由于长期封建意识的统治压迫，农民们都相信命中注定。有人认为，穷人一天忙到晚，脸朝黄土背朝天，夏天晒得背上像滚油煎，是命不好造成的。我慢慢地说服老乡，那些土豪劣绅，难道他们家祖坟真葬在好风水地方，他们命就该好？不是的。我又用事实说明，地主老财是完全靠剥削手段发家致富的。于是老乡们也纷纷讲当地地主怎么放高利贷，怎样压迫穷人卖田卖地、卖儿卖女。我还向他们宣传红军部队，介绍红军情况，使老乡们知道，红军部队不仅百分之九十九都是穷人出身，而且全都是自愿来参加红军。还向老乡们讲，红军的三大纪律、八项注意。这些对村子里年轻人很有吸引力。有的小伙子向我表示，等我伤好后，跟我一同去当红军。我也高兴地答应他们，以后主力部队来了一定带你们走。同时，我又叫他们在没有参加红军前，自己先组织起来，选个头子，如果地主恶霸要欺压你们，大家就能一同与他们斗争。我还向他们说，即使我死了，将来红军部队来了，你们将我说的这些告诉红军部队，红军一定会把你们当作自己的同志。以后，老乡们什么知心话都同我谈了。

有一天，徐大爷到洞里送东西给我们四个人吃，我问他，为什么好几天没见便衣队徐队长和指导员来？医生也没来给我们换药？徐大爷叹了一口气说：你们队长、指导员将轻伤员送回苏区，过几天就回来。我们四个人一听这话，非常生气。为什么他们走，不来告诉我们，把我们伤员丢在这里。徐大爷见我们难过，就安慰我们说：轻伤员送走也好，过几天徐队长会来的，你们安心养伤，由我们照顾你们。

突然离开了组织，我们四个人急得直流泪。等徐大爷走后，我们分析，便衣队走得这么急，连招呼也来不及打，一定是敌情紧张，这里住不下去。因为这里是靠近敌军心脏——信阳北门，所以他们迅速先将身体已好转的同志送走，然后再回来接我们。但是，敌人正在苏区进行大"围剿"，他们找主力也一定很困难，万一既找不到主力，又无法回到这里来，我们怎么办？我们分析他们能回来的可能性极小，必须做出在最坏的情况下的打算。小汪说：蔡连长，你想想办法，你先提出来，我们听你的。我说，三个臭皮匠，赛个诸葛亮，我们共同研究吧。我提出第一要做群众工作，因为我们身体还没好，生活、行动都要依靠老乡照顾。要天天向老乡了解情况，防止坏人告密。第二，如果一个月左右部队不来接我们，哪个伤先好了，哪个先化装成便衣去找主力部队,不能等全部伤好了一齐走。如果出现万一,损失也会少一些。第三,我们四个人将身上所有的十元钱,全部集中起来。留两元钱给先找部队的同志作路费,剩下的钱交给老乡作生活费,这样可维持二十天到一个月的生活。

　　从那以后,徐大爷精心照顾我们,他自己家省吃省喝,尽可能让我们伤员吃好一点。徐大爷还经常找人搞一些中草药煎水,帮我们洗伤口。四人中我伤最重,他们都陆续好转,一个一个找部队去了。每个同志走,我都叮嘱快去找部队来接我。就这样依依不舍地送走了最后一个战友。

二

　　由于我伤势重,又没有药治,生活又非常苦,整天只能吃瓜菜和野菜,伤口经常复发。有时伤口上长蛆,痛得绞人心,人瘦成一把骨头。只好将我唯一的财产——一床旧被面子,请徐大爷换点米和盐。有了盐,用盐水洗伤口,伤口才慢慢好转。虽然我伤口没有完全恢复,但一天可以走十几里路。有一天我向徐大爷提出要去找部队,徐大爷不放心。我说,我活着是革命人,死了也是革命"鬼"。现在情况紧张,每天连累你一家都提心吊胆。再说,你家生活本来就很困难,还要每天搞给我吃,说什么我也要走了。但徐大爷没表态。

　　就在这次同徐大爷谈心的第二天傍晚,徐大娘送了一点饭给我吃。我很长时间没吃过饭了。他们家怎么有饭呢?吃了饭,我一拐一拐地从石洞里出来,朝徐大爷家走去。走到门口,只听徐大爷和徐大娘在争吵着什么,声音很大,我不自觉地停住了脚步,只听徐大爷说:你不该偷偷拿着篮子和碗筷出去讨饭,人家要笑我连老婆都养不起,哎,真丢人。徐大娘说:要饭不丑,又不是偷人家东西,抢人家什么。小蔡身体这么差,我要些饭回来给他吃,等他伤好了去找部队回来,我们穷人就好了。徐大爷又说:不要说了,明天要讨饭,我去讨,你在家里照顾小蔡,千万不要让他知道。我在门外再也听不下去,再也忍不住了,一下子就冲了进去,一把抱住二位老人,热泪从腮边唰唰地往下淌。我边擦着眼泪边说:你们谁也不要去讨饭了。我决定明天去找部队。我死都会记住大爷大娘的恩情,你们再也不要留我了。

徐大爷又将左邻右舍的乡亲们都叫来劝我，希望我不要走。我已经下定决心去找部队，所以只好向乡亲们解释一定要走的原因。乡亲们见我一定要走，都叮嘱我路上要小心。有一位好心的老乡说：你走路还是有点瘸，如果有人问你脚，你就说在蔡家锅棚里帮工，因为涮锅不小心，失手时锅口砸了脚，锅也打破了，脚也砸坏了。老板看你不能做事，也不给工资，就将你赶了出来，你只好讨饭回家。你就说你家在罗山县西南灵山周家塘埂。

第二天一早，徐大娘烧了青菜饭，还借了两个鸡蛋煮给我吃。我将根据地群众送我的一条绣有五角红星的手巾，送给了二位老人作纪念。徐大爷还找了一根扁担，两条口袋，让我化装成挑盐的。我非常依恋地向二位老人告别。大爷和大娘边流着泪边送我赶路，送了我好几里路。出了冲口，前面可能有敌人，我再不要二位老人送了。我三步两回头，大爷大娘站在土墩子上，忍不住用哭声同我告别。我离开二位老人越远，老人哭声越大。我心里默默地想着，人民是我们红军的父母，我要把一生献给人民。

三

离别了桐柏山区的乡亲们，我沿着平汉路，走在山间小道上，向孝感花园方向迈进。

我身上只剩下一块钱，换成四五串铜钱，一路上只能买点稀饭充饥。晚上，在路旁或村边的人家借宿。有时我看借宿的人家太苦，就丢下十几个铜板给他们。就这样走了五六天，还没遇到国民党正规部队。我想敌人的主力正在"围剿"我们苏区，敌人后方很空虚。这时要有一营的兵力，就可以出其不意地打进敌人的信阳县城。

第五天中午，走到了信阳县南边的一个小集镇。小集镇上有些贫苦农民，拿着鸡、鸭、鹅，也有牵着牛与猪，在叫卖着。一看就知道他们是被逼得没有办法，才到小镇上来的。这时，我看见一个衣不遮体的老大爷，向一个戴着硬壳帽，穿着白罗衫，身上还挂着手枪的国民党士兵磕头，苦苦哀求说：老总做做好事，我家老小六口人，就指望卖这头小猪的八串钱，买点粮食糊口。老的、小的都有病，求求你将钱还给我吧。那个伪军挥着粗棍子喝道：你他妈，卖猪不交猪头税，你跟老子到镇公所说话。周围群众都围了过去，我也围上去看。有的帮老大爷求情。我紧握着扁担，向敌人投去愤怒的眼光。那个家伙,一看众怒难犯,拿走五串钱,丢下三串钱,一溜烟跑了。我猛然想到这是敌占区,我要赶快离开这儿。于是我又急急忙忙向前赶路去。

大概又走了七八天,我的双腿伤口又肿了起来,实在走不动了。起初一天可以走三四十里路,后来一天二十里也难走。脚要是碰在石头上,痛得全身都直淌汗。

这一天,我走到柳林镇车站旁边的一个叫王店的小集镇。小镇子旁边的沙滩上,有几个小棚子,有人在大声叫卖烧饼、油条。我有两天没吃饭了,可身上是分文没有,腿也饿得发软了。我慢慢摸到一个草棚子门口,伸头一看,里面有三个人在吃饭。我叫老大爷、老大娘行行好事,让我在你们棚子里住一住。老大爷开始不愿留我。我说我姓蔡,是罗山县西南周家塘埂人,在信阳北乡锅棚帮工。翻锅时,失手砸破了锅,砸坏了脚,老板不要我了,我只好慢慢往家走。老大娘便劝老大爷留我住宿。我就被他们留在草棚里,往一个草堆上一躺,也忘了饥饿和伤痛,就呼呼睡了起来。

清早醒来,我发现他家棚壁上,有一只说书用的大鼓。我好奇地问大娘,你家有人会说书?大娘告诉我,他家姓吴,家里没有田地,大孩子叫相明,拜了师学说书。麦子熟了,出去说书讨点麦子;稻子黄了,出去说书讨点稻子。与讨饭一样啊,四乡八镇都跑。我心里想,要是我能学会说书,就有个"合法"身份去找部队了。我试探地问:大娘,我拜你儿子为师,跟他学说书,行吗?学会了,回家也有个手艺了。大娘说好,我儿子一个人出去我也不放心,有两个人就好了。但我儿子没出师,等他回来再商议。他儿子相明一回来,听说我要求跟他学说书,他很高兴。说有两个人出去,再晚回来也不怕了。大娘又找了几件旧衣服,叫我洗个澡穿上。从此,我又开始了另一种新的生活。

每天,我一大早就起床,挑水、扫地、烧水,家中什么活我都抢着做,大爷大娘看我人又精又勤,很喜欢。我天天跟相明早出晚归,天长日久,同一家人一样亲。以后,我悄悄地问这个说书的小师傅,灵山太平不太平?相明告诉我,灵山常有红军去捉欺压穷人的恶霸地主。红军还到柳林火车站,抓过土豪劣绅。我故作吃惊地问他,怕不怕红军?他说:红军从不碰我这样的穷人,我不怕红军,我想看红军还看不到呢!以后,我就陆续地告诉他,湖北黄安开始只有几个红军起来暴动,时间不长就发展到几万人。我又告诉他,湖北、河南、安徽三省交界处,红军建立了人民政府。我和这位说书的小师傅,越说越投机。为了便于在外面说书方便,我和相明改为兄弟相称。有一次，他似乎有点怀疑地问我，为什么不参加红军？我告诉他，在老家受有钱的财主欺压，一次在有钱人家的山上砍柴，被财主狗腿子将我狠打一顿，连砍柴工具也全被抢去，家里没有办法生活，我真想去参加红军，打那些乌龟王八。因为，母亲说我小，不让我参加红军，所以，托门口一位乡亲，带我出来帮工。小师傅仍然怀疑地看着我笑笑。

有一天中午，我们正在吃饭。相明突然接到他师傅的一封信叫相明第二天到他家去，有急事要商议。我十分地怀疑，我对相明讲的话，他是否无意中向师傅说了。因此，我决定要离开这里。第二天等相明走了，我向大娘说，我今天要一个人出去说书。大娘问我怕不怕？我说不怕，还可以搞点麦子回来。大娘同意了。我背着大鼓朝东南方向奔走。我心里想着，这一次一定要找着部队，回来的时候，再向吴大娘一家说清楚。

走啊，走啊，我顺着山冈的羊肠小道，不知道走了多远。一边走，一边自编着说书的鼓词：

小鼓一敲咚咚响，
不说前朝并后汉。
穷人富人不平等，
家乡怎有好风光。
小鼓一敲咚咚响，
山高路远饿得慌。
财主逼租夺田地，
借他五斗还一石。
小鼓一敲咚咚响，
穷人哪个不逃荒？
门前鸡犬不闻声，
家中早已断了粮。
小鼓一敲咚咚响，
我唱大鼓走四方。
穷人顿顿吃野菜，

富家高楼肉餐餐。

四

快到傍晚的时候，我走到山坳中的一个小村里。在一家门口，碰见一个当兵的背着枪。我发现背枪的人，像自己人。那个当兵的问我是干什么的，从哪儿来到哪儿去，开始我说，家住罗山县西南周家塘埂，因生活不能过，只有出来说书。现住在王店南头的小店里。我反问他是什么部队，他笑着叫我不要怕，他们是红军。我眼睛一亮问他，是不是高敬亭军长下面的红军？他一惊问我，怎么知道高敬亭？这时，我就将桐柏山负伤、养伤的经过告诉他，他告诉我，他们是灵山便衣队。我问他们队长和指导员叫什么名字，他说指导员叫黄锦思。我一听这个熟悉的名字，非常激动。因为，我与黄锦思同在红四方面军政治部，他是宣传干事，我是组织干事。

黄锦思听说我回来了，跑出来迎我。便衣队同志们听说我讨饭回部队，都很感动。大家将我让进屋里，又搞饭给我吃，又让衣给我穿。我越想越激动，我终于又回到红军部队，回到党的怀抱之中了。尽管便衣队一些同志为了防止敌人混进红军，对我尚有戒心，但我非常坦然。我向组织汇报了负伤后的一言一行，希望组织上审查。后来，在便衣队同敌人斗争时，我又献计献策，与同志们相处也就越来越好了。

过了几天，灵山便衣队又送我往新苏区——罗陂孝特委会去，因为那里有医院可以给我治伤。在去新苏区的途中，又碰到了鄂东游击师师长黄云亭同志，他是我的老营长。意外的相会，使我们二人都很激动，互相叙说了负伤以后的经历。我向他要组织关系。他叫秘书罗子达同志将组织关系给了我。到了新苏区，特委书记又亲自来看我，叫我安心养伤。住了半个月，我实在憋不住，要求特委分配工作。特委先叫我当巡视员。两个月后，我又担任了特委直接领导的游击队的指导员。

（市政协文史办　整理）

原载政协安庆市文史资料研究委员会、安庆市编史修志办公室、安庆市档案馆编：《安庆文史资料》（第3辑），内部出版，1982年，第57～68页。

中共庐江县地下党斗争情况的点滴回忆

◎ 郑曰仁

1925年至1927年的第一次国内革命战争期间①3,安庆地下党的组织是一个"特委",它所辖的范围较大,其中有庐江、桐城(含今枞阳县)、怀宁、潜山等县。就庐江而言,它建立了县委,县委书记叫马哲聪,组织部长是张亮侯,宣传部长就是郑曰仁同志,还有武装部长叫张××(现在已记不得他的名字了,是庐江北乡人)。而王定华同志(桐城东乡——今枞阳县人)也是县委的成员之一。

1927年,大革命遭到失败后,县委曾组织和领导了革命人民的武装斗争,主要是用夺取地方反动武装的武器来武装自己。

大约是在1930年,上级决定县委改组,县委书记由陈雪吾同志(枞阳县人)来担任,而前县委书记马哲聪同志则带着县的原有游击大队去参加皖西红军的组建工作。后来听说马哲聪同志在大别山区作战中英勇地牺牲了。现在住在合肥北门外的马玉龙同志就是这支游击队的队员之一。

庐江县委在当时还领导过贫苦农民的"吃恐斗争",所谓"吃恐",就是将地主富农家里所囤积的大批粮食,经过说理斗争,分配给缺吃的农民。

从群众组织方面来讲,在县委领导下有共青团、农协会、妇协会和互救会(筹备基金以营救被捕的地下同志和革命群众)等群众团体。

---

①第一次国内革命战争时间应为1924年至1927年,口述人回忆有偏差。

解放初曾任上海市物资局局长的郑秉衡同志就是当时互救会的负责人。

大约是1932年夏季,蒋介石调动大批兵力对鄂豫皖苏区加紧实行军事"围剿",对其统治区则大搞白色恐怖,那时反动派到处抓人、杀人,党的组织遭到了大破坏,上级遂决定将庐江县委与桐城县委合并起来,成立桐庐县委,书记仍然是陈雪吾同志,县委委员中的多数也还是原庐江县委的成员。记得桐城的江靖宇同志也是参加县委的。

1932年的阴历除夕(即1933年初),陈雪吾同志不幸被捕,关押在桐城县城内。1933年3月17日陈雪吾同志在桐城被杀害,但我们斗争仍然坚持了一段时间。我们的主要活动地点是从庐江北部转移到了桐城东乡的浮山一带(今属枞阳县)。最初王步文等同志也曾多次到过浮山,指导斗争。

当时(1932年)我们坚持桐庐县地下斗争这部分同志,曾遇到了三个难题无法解决:一是没有饭吃,二是没有钱用,三是我们的人被敌人打散了,一时难以集合起来。因而我曾一度去上海,寻找党的组织(中央);记得到沪后,曾见到了县委组织部长张亮侯,我们相见时,我还责怪他临走时为什么不给我打个招呼……西安事变后,国共已宣布合作了,党组织又派他回到桐城县,担任县委委员(县委书记是林立同志)。由于桐城的反动派异常仇视他,他不幸惨遭当地反动派杀害(活埋)。牺牲时表现得非常坚强壮烈。

抗战初,我们庐江县属于鄂豫皖苏区党委领导下的舒无地委领导。地委书记是黄岩和周新民同志。当时的庐江县委书记是胡昌耕同志。他后来随新四军七师北撤,在东北旅大市时被苏军汽车撞死。桐城县委书记先是陈定一同志,后来是方章同志。舒城县委委员中我认识的只有夏冰流同志。

(郑曰仁口述 劳章记录)
1981年12月15日

原载政协安庆市文史资料研究委员会、安庆市编史修志办公室、安庆市档案馆编:《安庆文史资料》(第5辑),内部出版,1983年,第8～10页。

安大初期共青团组织及其活动

◎ 欧阳惠林

一、省立安徽大学创立的背景

省立安徽大学是1928年春节后招生的,开学大约在4月份。1927年3月北伐军到安庆,成立了国民党省党部,成员有:光明甫、周松圃、沈子修、朱蕴山、周范文、周新民(即周振飞)。当时国共两党合作,有的是国民党左派分子,有的属共产党人。3月23日蒋介石指使其反共干将杨虎伙同国民党右派陈紫枫等,收买了安庆的流氓、黄色工会(鲁班阁工会)捣毁国民党左派省党部,光明甫、周松圃、朱蕴山等都被迫撤到武汉。蒋介石在安庆又搞了一个国民党右派省党部,记得名叫"清党委员会",成员有汤志先、葛晓东等人。后来更名为"整理委员会""指导委员会"。"清党委员会"成立后,到处抓人、杀人,大部分国民党左派分子逃亡武汉。7月15日汪精卫在武汉公开清党反共,宁汉合流后,安庆的中学恢复了上课。约在九十月间,唐生智的湘军又沿江东下,进驻安徽,不久被赶走。随后又爆发了蒋介石与桂系李宗仁部的军事冲突,李又败退,政局极不稳定。

"安大筹备委员会"就是在这样的背景下开始筹备的。1928年春节后进行招生考试,我刚在家乡(秋浦县,今东至县)过了春节就来到安庆,住在一家名叫"宁广学舍"的旅馆里等候考试。安大校址在安庆菱湖,这里原为安徽省立法政学校的旧址。1928年春，安大招了文科、理科两个预科班，我是这时考进安大的。下半年，安大开始招本科生，同时还招了新的预科生。预科主任是刘文典。

二、省立安大共青团组织情况

安大的创办正值大革命失败后。大革命期间，有些革命青年参加了共青团。在大革命失败后，这些人中有的被派到苏联学习，有的消极下去，有的又重新进学校读书，因而在安大招收的学生中有一些是大革命时期在武汉或在其他地方参加的共青团员。当时，党派俞仲则（原名俞昌准）进安大预科，借读书来掩护从事地下革命活动。俞仲则当时是共青团怀宁县委负责人，同时又兼任安大党团支部书记。安大同学王金林、刘格非、陈一煌和我等几个团员，都与他接上关系，组成了安大共青团支部。当时，大革命失败后，大家受"左"倾思想影响，极端仇恨国民党，不注意长期埋伏隐蔽工作，故思想和行动都很左，如到菱湖的湖心亭里把菩萨砸掉，灭掉它的香火，进行所谓反封建、破迷信的活动。在学校里散发反对国民党的传单、印刷品，或贴在墙上，或夹在同学的书里，或塞进寝室的门缝中，有时还用粉笔写标语，结果引起了国民党反动派的注意，怀疑学校里有共产党，有人就告发了俞仲则。刘文典主任就借查斋（宿舍）为由，发现俞仲则的书架上摆有《通俗资本论》《国家与革命》等马列书籍，就对俞仲则说，这些书不能看，你们不能在学校里搞活动，要他立即退学。刘文典主任是安徽合肥人，著名学者，原追随孙中山参加民主革命，后致力搞教育。他不许我们在学校里搞政治活动。俞仲则只好退学撤走，但仍在安庆，负责怀宁县党团的工作。安大共青团支部工作便由王金林负责。大概在1928年秋天，俞仲则与他的女友吴本文到安徽省议会（靠近西门）看电影，坐在前面，遮了后面观众的视线。有个坐在他后面相距好几排的观众，叫坐在前面的俞仲则把礼帽拿下来。俞仲则听到声音，回头一看，发现喊叫他的人正是他同乡国民党南陵县党部负责人刘怡亭。这个反动坏蛋，也认出了俞仲则，冤家路窄，他立即溜出，打电话给省会警察局派警察包围电影院，抓俞仲则，同时要省议会（电影院）把大门封锁起来。这时俞仲则也警觉起来，准备离开，但因大门封锁已来不及。警察到了，在电影院内，一片混乱中，俞仲则被叛徒指认而被逮捕了。后来俞仲则的爱人获释，但俞仲则本人于同年12月16日晨被国民党残杀在安庆北门外的马山下。他就义的那天，我和陈一煌几个人还偷偷去看了一下，以示哀悼。

1928年上半年，我们团支部在学校里除散传单、写标语进行反对国民党的宣传活动外，还组织了一个外围组织——文艺研究会，把创造社等出版的进步小说、刊物介绍来，吸收进步同学参加，或者利用同乡关系，进行私人联络，团结了一批同学（多数是大革命时期参加过活动的进步青年）掀起了轰轰烈烈的安庆学潮。

三、安庆学潮的掀起

事情的经过是这样：11月23日，安徽省立第一女中举行十六周年校庆，邀请学生家长参加，晚上演戏招待。安大文学院在城内百花亭，原来是圣保罗教会学校的旧址，与一女中仅一墙之隔。我们从一女中新发展的共青团员汪淑瑾处获知此消息，认为一女中是一座封建礼教的堡垒，封建统治严厉，党团组织在该校的发展极为困难，决定动员一部分同学前往参加晚会，以图冲破其封建思想的牢笼，促进新思想在该校的发展。当晚，有安徽大学文法学院和省立一中等校近百人进入该校看戏。一女中校长程勉（为国家主义派分子，安徽教育界程筱苏之子）看到安大等校男生来校，便宣布停止演戏，勒令校外学生出校，彼此发生争吵。程勉当即用电话通知国民党安徽省会公安局，诬告安大学生捣乱会场、闯入宿舍、侮辱女生等，要求公安局派军警来校弹压，并将校门关闭。公安局派出大批荷枪实弹的军警，赶到女中，不分情由，鸣枪射击，拘捕安大等校学生，双方发生冲突，安大等校学生被迫夺门而出。

为了抗议国家主义派分子程勉的造谣诬告和枪击学生的暴行，安大团支部根据怀宁团县委指示，决定闹学潮，反对程勉，打倒程勉。25日，安大团支部派出王金林为首的十余人到安庆各中学串联，发动反对程勉的学潮。并到省教育厅请愿，提出"打倒学阀程勉！打倒国家主义派程勉！""要求惩办枪击学生的凶手程勉！""撤换程勉的校长职务！"等等。省教育厅长韩安置之不理，偏袒程勉。26日，安大学生又贴出标语，散发宣言，进而提出"反对韩安包庇程勉"的口号，扩大学潮范围，提高斗争性质。

这时，恰好蒋介石从凤阳经芜湖来到安庆，并于27日坐着软杠敞篷藤椅轿子到安大视察。28日清晨，安大派出十余名代表到省政府求见蒋介石，要求惩处程勉，撤换韩安。但蒋介石拒绝接见。此时程勉亦派出董瑞兰、夏润等女中代表，向蒋介石哭诉，诬控安大学生侮辱她们。蒋介石偏听一方之言，于是党团组织决定发动安庆全市大、中学校联合罢课。

11月29日上午举行集会，由安大学生领袖陈处秦、刘树德等人率领一千余同学齐集到安徽省政府大门前，高呼口号，要求蒋介石出来接见答话，要求立即惩办程勉、撤换韩安。蒋介石拒不出来接见，而要学生派代表进去。相持很久，群众情绪逐渐低落，遂由各校推出代表十人（安大代表是刘树德、陈处秦），蒋介石软硬兼施，不容申诉，请愿没有结果。

同日下午三时，蒋介石召见安大主任刘文典和女中校长程勉。蒋偏听诬控，指责安大学生黑夜侵入女校，侮辱女生，要刘文典惩办安大为首学生。刘文典力持正义，维护学生的民主自由权利，一再表示不能惩办学生，并出言顶撞。蒋介石恼羞成怒，拍案而起，歇斯底里地大叫："大学学生捣毁女校，殴伤学生，你（指刘文典）事前不能制止，事后纵容学生，胡作非为，是为安徽教育界之大耻！我此来为安徽洗耻，不得不从严法办，先自你始。"刘文典厉声说："你这是什么新军法？"蒋介石误听成"新军阀"更加恼怒，即令秘书陈立夫将刘文典送交公安局关押，并宣布解散安大，开除各校的学生代表。

刘文典被关押和安大被解散的消息传出后，安大师生群情激愤，舆论哗然。这时王金林被开除，团支部工作由陈一煌负责。团支部决定发动护校保刘运动，成立了护校委员会。护校委员中，记得有刘树德、刘复彭（即刘丹，现任浙江大学名誉校长），团支部派了新从芜湖转来的团员胡琦（后叛变）参加，还有一个女同学叫邵惕珍的（可能"惕"字有误），也还有国民党员参加在内。护校委员会发通电、派代表到国民党教育部要求释放刘文典、收回解散安大的成命。不久，刘文典在蔡元培等知名人士营救下，恢复自由。学生直到寒假，才各自回家。通过这次斗争，我们在安大还新发展了四五个共青团员，如汪国粹（即王耀华）、何亦鲁等。

四、一场严峻的考验

　　1929年的寒假过后，同学们照样到校，安大照常开学。但蒋介石回到南京后，认为安徽学风不正，共产党活动猖獗，韩安镇压学潮不力，遂将韩安革职。韩安原是西北军冯玉祥系统的人，蒋介石借机排除异己，派其嫡系CC分子程天放当安徽省教育厅长，并兼任安大校长，还带来一批CC分子担任安大要职。学校开学后，怀宁县委指示安大团支部酝酿新的学潮，我们暗地活动反对程天放兼任安大校长（实际是反对CC分子控制学校），要求刘文典回校复职。理由是：教育行政应与治学分开，教育厅长不宜兼任校长。我们正在积极活动时，被学校里的特务学生发觉，他们一直监视我们几个老共青团员的活动。同时，派去参加国民党安徽省青年整理委员会的胡琦叛变告密。于是国民党安徽省党部决定采取镇压的措施，为此他们伪造了一封密信，用米汤书写，从大通镇的交通旅舍邮寄给安大学生刘树德收。自然又被国民党省党部布置的邮电检查员刘立根查获，用碘酒显现，其内容是共产党指示刘树德在安庆举行共产党暴动。然后，国民党安徽省会军警联合督察处派武装部队按照密信上所列的姓名、地址抓人，共逮捕了32人，主要是安徽大学学生，少数是省立一中学生和其他人。其中只有3个共青团员，陈一煌、吴大鹏和我（当时我叫欧阳良邵）。密信上罗列的15人，大体可分四类：第一类，共青团员3人，我和陈一煌是安大学生，吴大鹏是一中学生；第二类，过去是共青团员，这时脱离了，参加了章伯钧的第三党，也有三人，章执中、章定德、陈焕章（湖北人）；第三类，是学生领袖和进步青年，刘树德、刘复彭等等；第四类，是湖北籍同学，因受武汉时期大革命的影响。

　　1929年4月9日凌晨，天还未亮，敌人荷枪实弹包围了安大校园，四周架起轻机枪。大约凌晨四时，我正酣睡在床上，突然一班士兵手持长枪，装上刺刀，闯进我的寝室，把我从床上拖起来。同时被捕的还有同寝室的同学周勃之、欧阳显基（密信上有名字）、李象春、苏琼（密信上无名字）。我们被押走时，天刚微明，只见校门左右预伏着大批士兵，如临大敌，寒风嗖嗖。我们被押解到安徽省会军警联合督察处内的楼上关押，他们用麻绳捆着我的双臂，钉上脚镣，吊在一个屋角的柱子上。

这时才知道同时被捕的同学还有陈一煌、蔡之炳、刘树德、刘复彭、王芝芳、吴啸仙（女，现名吴蓉，刘复彭爱人，现在浙江大学）等。因为分散隔离，彼此不相了解。下午我们一案开始受审，我是当天晚上受审的。省会军警联合督察处是在安徽省政府的隔壁，我们受审的地方是在省政府秘书长办公的地方，由省警察处边门进去。那晚审问我的是政府秘书长孙孟启、民政厅长吴醒亚、国民党省党部宣传部秘书佘凌云、组织部秘书高宗禹等七八人，两旁站着打手。他们威吓鞭打问我：共产党怎样计划在安庆暴动？我坚决否认，我根本不知道什么暴动，我不是共产党。因为我看到被捕的同学很多都不是共青团员，有些共青团员又未被捕，而且从来没有听说要我们在安庆暴动，故我断定这是一个假案。敌人就拿出密信要我看，读给我听，记得内容是这样：共产党决定在安庆举行暴动，要刘树德挑选×××、××× 等十五人进行军事训练，将在暴动时分任小组长……我听到后，更清楚这是一封伪造的陷害信。当晚审问无结果。第二天早晨，我借口上厕所，与陈一煌碰头，又从看守士兵的口中，获知不是团员的刘树德在酷刑拷打下被迫胡说，承认是共产党。章执中、章定德也承认过去是共青团员，因不满现时共产党政策而脱离，现在参加第三党，并说出吴大鹏是共产党。因此，吴大鹏也就承认自己是共青团员。本来是个冤案，却被敌人屈打成招，乱说一顿，变成真假难分了。我同陈一煌商量，坚决否认，坚持是被人陷害的。第二天晚上，我又被提审，敌人又说王芝芳、苏琼讲我们在学校从事一些反对国民党的言论活动。我和陈一煌没有暴露共青团员的身份。

我们被捕之后，安庆报纸上立即登了消息，记得《皖铎报》（还是《皖江日报》，记不准）标题是《险矣哉，安庆几成血墟！》原来安徽省军政当局，内定是要严厉镇压的，组成陆海空军总司令部临时军法会审，审判我们一案，情况十分严重。当时审判长是孙孟启、吴醒亚，审判员是林××、胡××（南京派来的校级军官）。刘树德、章执中、刘复彭和我四人仍被钉镣。不久，安徽政局发生变化，陈调元被调走，方振武接任安徽省主席（方是冯玉祥部下，安徽人），加上教育界人士呼吁援救，被捕者家长的多方活动，以及社会各界的舆论强烈，案情有所缓和，最后以"叛乱未遂"罪名定罪。凡伪造信上列有名字的15人都被判了刑，密信上没有名字的17人全被释放。15人被判刑的情况是：刘树德、章执中判无期徒刑（后均死于狱中）；吴大鹏（病死狱中）、章定德判四年半徒刑；刘复彭、陈焕章判三年半徒刑；

陈一煌、蔡之炳、王芝芳、李善继和我判两年徒刑；周勃之、欧阳显基、贺国庆判一年徒刑；唐世哲判一年徒刑。被释放的，我记得有吴啸仙、李象春、苏琼等。判决时间大约在7月。军事法庭判决没有上诉权，所以我们被判决后，立即押解安庆饮马塘省立第一模范监狱分监里关押，监狱内有党团组织，我和陈一煌就是在狱中入党的。从此，安大和安庆学潮转入低潮（当时任弼时同志也被关在这里，后来经中共营救出狱）。

以上是有关安大党团组织、安庆学潮和我们被捕事件的大体经过，因为时间较久，有些细节记忆不完全，仅供参考。

（安徽师范大学校史编写组杨忠广、舒咏干记录）

原载政协安庆市文史资料研究委员会、安庆市编史修志办公室、安庆市档案馆编：《安庆文史资料》（第7辑），内部出版，1983年，第1～9页。

我对安庆"九一八"以后抗日活动和地下党组织关系情况的回忆

◎ 戴哲人

近日我在病休中，翻阅了安庆出版的一些"回忆录"。现根据我的回忆，对"九一八"以后安庆的抗日活动和我党当时的组织关系情况，补充一二。

一、"九一八"以后安庆的抗日活动

1931年"九一八"事件发生以后，12月，安徽大学一些有血性的青年，走上街头，进行抗日宣传，并检查、封存和焚烧日货。不久，消息传到中学，当时我在安庆第一中学一年级读书，也参加了这些宣传活动。政府怕事态扩大，命令各校提前放假。以后虽有一些小的抗日活动，由于当时反动统治甚严，均未能扩大。

1935年安徽举行第一届高中学生军训，当时打的旗号还是"攘外必先安内"，同时在安庆还成立了特种教育委员会以打击进步力量，控制一些学生组织，为他所用。1936年以后，安徽大学、安庆高中、安庆六邑中学均有复兴社组织与活动。当时安庆的抗日组织，一是1934年成立的"抗日救国会"，地址在省工会（今天的军分区后勤部内）。这个组织的领导人是一位印刷工人邹××，还有吴鼎一，参加这个组织的，除学生外还有商人、工人。中共地下党员赵建五同志（解放后曾任合肥市教育局代理局长，现已去世）等也参加了。我是由邹一平同志介绍与吴鼎一接头后参加的，我曾任宣传部长。当时除印发一些抗日传单外没有其他的活动。1936年吴鼎一调到吕八街一家印刷厂，我与这个组织就也没有关系了（这个组织解散了还是为什么，记不清了）。二是在学生中有个"抗日联合会"。安大及各个中学都有人参加，这是反动政府的一个御用组织，主席是一位安大同学（姓名遗忘），副主席潘荣庆（当时安庆高中复兴社的骨干分子）

  1937年七七事变以后，我到南京考学校，8月13日回到安庆，就听说王华美（现名丛一平，西安市顾问委员会副主任）与附近彭迪周、张禄祺、杨令仪等组成了"抗敌后援会"，他们要我参加，我曾去过他们办公地点，他们大多数是复兴社的成员，我不愿参加他们的活动。以后虽同意担任西市区监察工作（即日寇飞机袭击时疏散人口），但未参加他们的组织。9月我进了安徽大学，王华美也到安徽大学借读，以后他就没有参加活动了。王华美在安大借读一月后，即随一些人乘小船西上（王华美原是安庆高中师范班学生，1935年因闹风潮被开除，以后考入山东青岛大学，参加了民族先锋队）。现在有人说他1938年在安庆抗日组织里工作过和活动过，这是误传，因为这时他早已走了。

二、关于安庆地下党组织

  据我了解，1931年王步文同志牺牲以后，安庆就没有建立地下党的统一组织，当时安庆反动统治很严，并有以苗培成为首的安庆国民党省党部特派员办事处（在平安岭），还有军统组织（在四方城）。当时地下党员的组织关系，据我回忆大体是三个方面：一是北平的党组织关系；二是南京的党组织关系；三是与皖西老区的党组织关系。1933年我在安庆一中读书，在邹一平同志领导下参加过一些进步活动。1934年他被捕，转到南京后保释就医，回来后，就把我们介绍给吴鼎一（在此以前邹一平始终未以地下党身份出现，吴鼎一是以地下党身份出现的）。1936年邹才讲他是共产党员，1937年4月我参加共产党就是他与吴鼎一两个人介绍的。当时他指示我做的两项工作，一是了解安庆学生中复兴社情况，二是鲁迅先生逝世举行追悼会。鲁迅先生的追悼会，我当时在一中学生会客室召集各校代表开过两次筹备会，并且决定在民众教育馆举行追悼会，我作了挽联并请王富春（现名王凌青，解放后在上海公安局当局长，现已离休）作祭文。以后警察局知道了，不准我们开。我们又准备派人到上海参加鲁迅的葬礼,大家捐献了一些钱,以后吴鼎一说不去了就作罢。

有些回忆的材料说"一二·九运动"在安庆游行示威是我党领导的,据我回忆不是这样的情况。"一二·九运动"全国各地都已响应并有积极行动,安庆同学听了不能没有一点行动,由安大一个学生(在当时他尚没有什么政治背景,不过这次活动他受什么人的指使不了解)发起叫我参加,我即向吴鼎一同志汇报,他叫等一天再说,第三天他通知我参加,于是把传单标语交给我,并指定我哪天游行。我到圣保罗中学操场带领东北区的几个学校学生去游行,到安大操场解散。以后吴告诉我利用这次活动,扩大我们的宣传。

以上是我的亲历,因之记忆犹新,提供出来以供参考。

原载政协安庆市文史资料研究委员会、安庆市编史修志办公室编:《安庆文史资料》(第24辑),内部出版,1992年,第1~3页。

我在安庆参加革命活动被捕经过

◎ 张肖亚

我少年上桐城中学时，爱读进步书刊，向往革命。1927年北伐军至桐城，刮起革命风暴，我参与其间，散传单，呼口号，揪斗劣绅叶秉章游街示众，等等。1928年至安庆读省立高级中学，当时安庆是安徽省城，素具革命传统，学潮不断发生，尤以省立高中为甚。我与吴大鹏、章执中（中共安徽省立高中支部负责人）和吴晓龄三同学住在省立高中前院左侧小楼内。章常叫我把《血光报》等在夜间偷偷放入各教室课桌内。校内革命与反动两种势力的斗争很激烈。我们曾在做总理纪念周时，将教务主任项联和（西山会议派）推下讲台，打翻在地。国民党安徽省党部派来讲三民主义的张叔夜，亦被撵出教室。校长吴亮夫（国家主义派）为压服学生，请教育厅长程天放来校训话，大家嗤之以鼻，结果程也灰溜溜地走了。

安庆反动势力鉴于各校学潮日益发展，在加强"训导制度"无效后，捏造假信，称学生即将暴动，于1929年秋调动军队逮捕各校进步学生，其中仅安大和省立高级中学被捕学生即多达三四十人。我就是在这次被捕的。那天凌晨，军队冲入省立高中后，把全校学生从宿舍驱赶至大礼堂前，我刚站定，即被指名拉出捆绑，由数名士兵押解至保安司令部（位于现在市委左侧安庆大药房），关在楼上监房内。先只有我一个人，旋陆续押进吴晓龄、欧阳伦（安大学生），和另一安大学生（姓名已记不清了），四人各住房内一角，不准交谈。全楼上下监房，当天都关满学生。夜间一一钉上脚镣。每天两餐咸菜糙米饭。我有次上厕所遇见章执中同学，士兵在旁监视，未能谈话，彼此仅以目示意。我在被关押期间，提审过四次。由党政军三方组织的法庭，两旁林立着持枪上刺刀的士兵，如临大敌。历次审讯，诱逼兼施，我始终不屈，他们一无所获。省党部书记长吴醒亚原拟将所捕学生全部处决，宁可错杀一千，也不放过一个共产党员，嗣为省内外舆论所迫，而省代主席孙孟启与吴的意见又不一致，才未照原计划执行。我被关押月余，因无确实证据，经保释出狱。

原载政协安庆市文史资料研究委员会、安庆市编史修志办公室编：《安庆文史资料》（第24辑），内部出版，1992年，第4～5页。

北中苏维埃政权建立始末

◎周 勃 石 飙

北中苏区位于太湖之北，距县城六十余公里，东抵潜山（今岳西），南连弥陀，西与蕲春接壤，北与英山毗邻，属大别山南麓。区内高山起伏，层峦叠嶂，将军山、桐山、大小锣山、乌牛石，山势险要，道路崎岖。张家河、玉珠河、黄溪河、石堰河，劈山穿石，形成纽带。

北中苏区辖一、二、三、四、五、六乡，有5000余户，近两万人口，可耕土地二万余亩。土地革命时期，这里一切政治经济大权均操纵在少数地主豪绅手里。东有胡鹿鸣，西有黄成谷、赵寿安，中有王盾舫等。他们各霸一方，互相勾结，强征暴敛，荼毒百姓。加之1929年和1930年连续两年大旱，粮食歉收，造成穷乡僻壤，民不聊生。地主阶级的残暴统治和农民为了生存而反抗的矛盾已经极端尖锐，一星之引则会燃起阶级斗争的熊熊烈火。

一、党组织的建立与发展

党的八七会议，确定了实行土地革命和武装起义的方针，黄麻起义、商城起义和六霍起义，点燃了大别山的革命烈火，创建了鄂豫皖革命根据地。1928年春，太湖县建立了党的组织。1930年中共太湖县委领导和发动的大石岭暴动，席卷太（湖）、宿（松）、望（江），威慑安徽省会——安庆。在此同时，与太湖北中区一山之隔的英山、蕲春县建立了党的组织。蕲春县共产党人何寿堂、田南村、占大慈、占奉举等，在蕲春县张家榜秘密进行革命活动。北中区玉珠畈雇农吴生禅（与占奉举有亲戚关系）甚为向往，他以做小生意为名，经常与占奉举联系，1929年秋经占奉举介绍加入了党的组织。

1930年1月29日（农历除夕），英山党组织发动了一次声势浩大的宣传活动。是夜，组织三百余人，到处散发传单，张贴标语，号召农民行动起来，打倒土豪劣绅，推翻国民党统治，建立无产阶级政权——苏维埃政府。当传单、布告到北中区时，吴生禅连夜组织十余人进行散发、张贴。这次宣传，唤醒了农民群众，他们称这次宣传为"一夜光"运动（意思是一夜大光明）。

1930年3月2日，在十一军三十三师政委（政治部主任）姜敬堂的领导下，英山举行起义，攻克英山县城，成立英山工作委员会。同年6月，英山总指挥部将英山的钢枪大队、游击队和蕲春何寿堂、田南村领导的游击队组成红军独立第五团，团长方士林，副团长田南村，政委何寿堂。12月中旬，红五团与敌战斗失利，何寿堂、田南村、占奉举、刘汉清等通过吴生禅的关系，率领红五团30余人转移到北中区玉珠畈开展革命活动。他们在鸭子尖、高家山、狮形山、上下马坪，建有秘密草棚，经常召集吴生禅、张桃荣、占思久等开会。是时党又派占天述（北中区中麦白人，在蕲春读书时加入了党的组织）回北中区协助何寿堂等工作。1931年3月间，发展了占思久、聂长礼、占宗宋、张明贵等四人入党，成立了党支部，吴生禅为支部书记。

1931年6月18日，英山中心县委成立，领导英山、太湖等七县工作。英山中心县委成立后，便派李明道来北中区贯彻县委决议，帮助北中区开展建党工作。到8月，先后又有吴先迎、张桃荣、张早凤、张思培、张春来、陈新民、王宜训、聂家兴、吴尚贤、陈金花、祝向荣等17人入党。这时党员人数达到42人，成立了党总支委员会，刘汉清为书记。下属两个支部，第一支部书记占思久，第二支部书记吴生禅。

1931年9月，红二十五军七十三师二一八团到北中区，该团政治部派组织科长钟明雅，协助县委工作组李明道工作。9月5日，由钟明雅、李明道主持，在玉珠畈吴家祠堂召开党员大会，到会40余人，钟明雅作了建党工作报告，宣布成立中共北中区委员会。用提名举手表决的方法，选举了刘汉清、吴先迎、占怡新、占访春、胡冬屏、吴凤先、陈金花、吴生禅等为委员，刘汉清为书记，吴生禅为组织委员，吴凤先为宣传委员，吴思来为秘书。区委书记先后有宋维香、马国珍、查正君、吴先迎担任。

区委成立时，即召开了区委会议，决定将全区划为五个支部。一、二、三乡各为一个支部，赤卫队一个支部，区委机关一个支部。并确定了各支部的候选名单。会议还研究了各种政策法令的贯彻问题，决定建立赤卫队等。提出的口号是：反对改组派，打倒第三党，做布尔什维克的党，实现共产主义，中国共产党万岁等。

区委成立后，党的组织大发展。规定发展党员是每个党员应有的责任。要求每个党员每月要发展一至两个忠实可靠、勇敢优秀的工农分子入党。中农一般不予发展。在入党手续上，必须经过本人申请、填表（也有口头申请、请人代填表的），支部通过，区委批准。个别履行入党手续。

此时，共青团和各种群众组织也相继建立。

（一）共青团：区委成立后，即开展建团工作。1931年9月，发展了陈述初、汪久连等加入了共青团组织。12月8日在玉珠畈召开团员大会，成立共青团北中区委员会。选举吴凤先为书记，陈述初为组织委员，查方庭为宣传委员。下分三个团支部。发展团员，要求成分、社会关系、个人历史和思想都好，革命意志坚定，工作积极，年龄为十六周岁至二十五周岁。规定团员缴纳团费，积极参加赤卫队和军事训练以及苏区各项革命活动。

（二）少先队：在建团的同时即开展了建队工作，区成立大队，区委指定陈述初任大队长，查方庭任指导员。各乡成立了中队。队员是：年满十五至十八岁的少年。规定少先队员必须参加政治、军事和文化学习，做共青团的助手，当赤卫队和游击队的后备军。

（三）童子团：1931年9月在玉珠畈召开全区儿童大会。会上宣布童子团成立。区为大队，万庆兆任大队长，吴绪再任组织委员。乡成立了中队。童子团是：八至十五岁的儿童。童子团的任务是站岗、放哨，帮助侦探敌人的活动。

（四）妇女会：1931年9月，在玉珠畈召开妇女大会，到会200多人。宣布成立北中区妇女会，选举张得新为主席，陈金花为副主席，李益娣为组织委员，张桃荣为宣传委员。各乡妇女会也随之建立。妇女会的任务是：保障妇女利益，宣传男女平等，婚姻自由，领导妇女破除迷信，放足剪发，积极参加苏区政治、经济、文化建设。

（五）工会：区成立工会，吴先迎任主席，吴乐斋任秘书。划分缝纫、竹器、木器三个组。苏维埃政府为了保障工人利益，制定了"劳动法"，规定实行八小时工作制，收入归集体所有，实行按劳分配。

二、苏维埃政府的建立

1931年8月26日（农历七月十三日），英山中心县委书记王晓挺（王效庭）在英山县城主持召开工农兵代表大会，成立了红山（英山改名）县苏维埃政府。北中区出席工农兵代表大会的代表占思久、吴生禅、杨长明等五人回来后，向区委做了汇报，向群众进行广泛宣传，张贴了县苏维埃政府的布告。

9月初，区委在玉珠畈吴家祠堂召开区苏维埃政府筹备会议，研究了区苏维埃政府组成人员候选人名单，并决定由吴浩元组织宣传队到各地进行宣传。宣传的内容是号召人民行动起来，打倒土豪劣绅，打倒地痞流氓，打倒国民党反动派，打倒帝国主义，拥护中国共产党，拥护工农红军，拥护苏维埃政府，实行耕者有其田。

经过广泛宣传发动，10月7日在玉珠畈吴家祠堂高坦上召开北中区苏维埃政府成立大会，到会的工农兵代表700余人。大会主席台上挂有马克思、列宁画像，两旁挂有镰刀、斧头的红旗，上面横幅是"一轮红日、工农专政"八个大字，两边贴着"钺斧劈开新世界，镰刀割断旧乾坤"的对联。大会由李明道、钟明雅主持，刘汉清作报告。会上宣读了红山县苏维埃政府的决议和一切政策法令；选举了北中区苏维埃政府主席和委员；通过了关于成立一、二、三乡苏维埃政府和赤卫队的决议；决定区苏维埃政府设在吴家祠堂。

区苏维埃政府主席吴浩元，负责全区行政工作；秘书郭成，负责文秘处理、拟制通知、指示；土地委员吴尚贤，负责土地改革、打土豪、分财产和生产工作；粮食委员王宜汉，负责粮食收购、保管、调拨、供应工作；经济委员吴理望，负责财政计划、给养、支前和各项经济工作；文化委员毕伯堂，负责文化教育工作；审判委员吴林儿，负责刑事民事案件的判处、没收财产和处理敌俘工作；审判委员下设保卫队，队长舒保来，保卫员吴国清、查礼枝，事务长吴承奇，负责机关日常生活。区苏维埃政府主席相继由占怡新、张礼户、吴令意、杨长明、刘自维担任，区政府秘书相继由吴达清、吴令瑶、杨维堂担任。

1931年10月，分别建立了一、二、三乡苏维埃政府，紧接着建立了村级政权。随着革命形势不断发展，于1932年二三月间又先后建立了四、五、六乡苏维埃政府。

第一乡政府主席先后有余明望、吴令意、吴旦初，乡政府设在吴家大湾。

第二乡政府主席先后有杨长明、吴寿福，乡政府设在吴家祠堂（与区政府在一起）。

第三乡政府主席先后有王开平、吴绪多，乡政府设在吴俊冲的吴家祠堂。

第四乡政府主席祝东望，乡政府设在江山岭。

第五乡政府主席占思久，乡政府设在赵家冲。

第六乡政府主席吴令寿，乡政府设在沙河。

苏维埃政府工作人员，都是经过民主选举产生。各级政府脱产人员严格控制：区级五人，乡级三人，村级一人。所得报酬十分菲薄。村、乡、区工作人员凡本地人，每月不得超过三串，外来工作人员，每月不得超过一元五角，工作人员未经批准，不准随便添置衣服。伙食规定每天两稀一干。凡苏维埃政府委员和工作人员，每周星期六要去给红军或游击队家属耕地。办公费用村政府每月不得超过一元五角，乡政府不得超过五元，区政府不得超过二十元。

人民群众有权监督各级工作人员，如发现有一至三元经济不清者，应受书面警告，三至十元经济不清者，应受纪律处分。

区、乡苏维埃政府建立后，认真贯彻了《鄂豫皖边各县苏维埃联席会议决议案》，即《土地问题草案》《关于文化教育问题草案》《粮食问题草案》《财政、经济政策决议案》《群众武装问题决议案》《"肃反"问题决议案》《婚姻法问题决议案》《关于劳动青年决议案》等。

各级苏维埃政府十分重视经济、文化建设。提出"野无荒地，家有余粮，丰衣足食"的号召，发动群众开展大生产运动。还规定要大力发展公私合营商业和私营商业，没收豪绅商业，实行统一累进税，免除劳苦百姓和红军家属的税收，废除一切高利贷剥削，提高银行信用，奖励人民储蓄、投资，大办就地取材、因陋就简的工业、商业。如兴办了油坊、制药厂、缝纫厂、篾器厂等。这样，繁荣了市场，提高了人民生活水平。

随着经济建设的发展,文化教育事业也在苏区蓬勃地发展起来。区成立了一所夜校,由区委书记兼任校长,教师吴恩来,入校六七十人。各乡都办了识字班。教学内容是"穷人为什么穷,富人为什么富?"等等。教学经费和学习材料都由政府解决。各级干部带头学文化,广大群众积极参加,形成了全民学文化的风气。

与此同时,共青团、妇女会组织了剧团、秧歌队、歌咏组等文娱组织,活跃在苏区各地。

三、土地革命

北中区苏维埃政府成立以后,决定在一、二、三乡进行土改工作。一、二、三乡共有2500多户,6000多人口,总耕地面积9000余亩。地主、富农占有耕地5500亩,公堂占有土地1550余亩,两者占总耕地面积的百分之七十四左右;而占总人口的百分之九十以上的贫雇农和中农仅占有土地百分之二十六左右。特别是占人口的百分之五十的贫雇农无地或少地,靠出卖劳动力为生。租种地主的土地,课租高达"二八""三七"(按地八劳二或地七劳三分成)。逢年过节还要加送"课鸡""课酒"。如地主家有婚丧喜事,还要去做"白头工"。农民对土地的要求非常迫切。

1931年10月,区委召开了扩大会议,讨论制定了土改工作计划。接着区政府召开了各乡土地委和乡主席联席会议,进行了具体布置。同时组织了宣传队深入各乡各村,开展土改运动的宣传。

一、二、三乡的土地改革,从1931年10月15日开始,到1932年元月中旬结束。经过了组织宣传、划线没收、估产登记、分配插标四个阶段。按照"依贫雇农,联合中农,保护中小工商业者,限制富农,消灭地主阶级"的路线和鄂豫皖省委《土地问题草案》,进行划分阶级,没收土地和财产。划出地主32户,富农28户,没收了地主富农和公堂庙宇土地7000余亩,耕牛100余头,大型农具180余件,小型农具和家具5000余件,粮食140000余斤。

土地分配原则是:打破原耕地界线,全乡土地统一登记,然后根据土质、水利、耕作难易、风向等自然条件,由土地委员会评定田地的课数(即定产量),按全乡人数总和，求出平均课数，按课分田。因为按乡分田，各乡标准不一。分田时照顾红军家属和单身汉，贫雇农分好田，富农分劣田，地主和僧尼不分田，由政府组织做劳役。由于张国焘的"左"倾路线特别是反富农政策的影响，地主、富农和僧尼早已逃跑。因此土改时，并没有实行斗争地主，也没有实行劳役制，只是把他们占有的田地都分了。中农的土地也进行了肥瘦搭配。参加分配土地的三个乡，每人平均分得二担五至三担租的土地。估产登记后，进行了插标划界，每个农民在分得的田地上都插了篾签，上面写有田主姓名、田地亩数及田界。土改结束后，分乡开了庆祝大会。没收的耕牛、农具、家具全部分给贫雇农，粮食和现金除了少数一部分，大部分缴给苏维埃政府，支援红军做军需了。

农民在自己分得的土地上，收了一季旱季，栽了一季水稻。后地主反攻倒算，秋季农作物全部被地主夺去，有的人家还遭到了加倍罚租。

四、"肃反"

鄂豫皖边各县苏维埃联席会议关于《"肃反"问题决议案》提出："一切反革命派""改组派""第三党""AB团"，都要直接或间接在国民党指使之下……从苏维埃区域以内或苏区以外来夹击革命势力，"肃反"工作是苏区目前最中心工作。北中区委根据上级指示，开展了"肃反"运动。区委书记刘汉清亲自抓，并成立了"肃反"专门机构——保卫委员会。下设政治保卫队。由于推行了张国焘的错误路线，肃反出现了严重的扩大化现象。"肃反"工作一开始，首先将区苏维埃主席吴浩元和共产党员聂长礼、吴崇仁以"贪污""违纪"的罪名就地枪决（其中只有吴浩元一人中弹死亡，聂长礼、吴崇仁当场未被打死，聂长礼叛变投敌，后捉回枪毙，吴崇仁外逃他乡）。随后区委书记刘汉清被诬为"第三党"，逮捕到红山县，由红山县委书记曹大骏在全县党团员大会上宣布其"罪"，在红山县城杀害。

1931年12月，曹大骏亲自到北中"肃反"。将北中区游击队队长何子恒、区委委员占思久、共产党员张明贵等杀害。1932年元月，区苏维埃第二任主席占怡新，调任红山县苏维埃政府主席，不久也以"第三党""改组派"的罪名被杀害，是后，"肃反"进入高潮。红山中心县委派员到北中区，以"第三党""改组派""AB团"等罪名，先后将区苏维埃主席吴令意、区审判委员吴林儿、区妇女主席张得新、共产党员吴达清、张黎元、占海南、吴河清、吴绪多等逮捕到红山县杀害。在北中区就地杀害的更多，一夜之间就杀害了36人，除第二乡粮食委员李祚黄是本地人外，其余均是不知姓名的红军干部、战士。在北中区蛤蟆石一处，先后杀害党员干部、战士和群众300余人。

苏区的"肃反"运动，使许多革命干部、战士惨遭不幸，以致当时的党组织和区乡政府机关处于瘫痪状态，甚至少数党员和红军战士怕受株连逃离苏区……至此，"肃反"扩大化给北中苏区造成了严重损失。

五、武装斗争

为了保卫苏区，保卫胜利果实，区委决定成立赤卫队。1931年10月9日李明道在吴家祠堂主持召开了青年大会，在会上宣布成立北中赤卫队。参加会议的有百余人，报名参加赤卫队的有30多人，编为三个班。由王宜训任队长，董兆先任指导员。陈兴民为一班班长，吴继发为二班班长，吴令为为三班班长。赤卫队的武器除没收地主豪绅的土枪外，都备有大刀长矛。队部设有一面赤色大军旗，祝向荣为大旗手。每个队员佩有红臂章。

赤卫队成立后，红山县委即派何子恒负责训练，组织学政治、学文化、学军事。

赤卫队的主要任务是：保卫苏区，消灭伪地方武装，开展和扩大根据地，配合红军主力作战。

赤卫队的纪律是：三大纪律、八项注意。丢枪者处死刑。其口号是：穷人不打穷人；军民团结起来，武装起来，打倒土豪劣绅，打倒蒋介石，打倒帝国主义。实行优待俘虏，严惩叛徒。

赤卫队成立不久，伪地方武装经常向苏区进犯，赤卫队也经常到白区去，打粮食分大户。因此，赤卫队几乎每天都处在战斗中，充分显示了人民武装的重大作用。

1931年10月10日，赤卫队驻守黄溪河。伪青潭乡豪绅陈美才纠集乡勇500余名来犯。赤卫队因事先探知敌情，即连夜开会，研究对策，决定在杨岩伏击敌人。红军二一八团，见赤卫队初战，便派手枪队八人相助。傍晚，敌人进入包围圈。左右两峰伏军，居高临下，突然袭击，敌人不战自溃。赤卫队全胜，俘敌20人，缴械60余件。

1931年11月，赤卫队驻守张家河。时望天"黄字会"80人来犯。赤卫队分两个战斗小组，占领麒麟庵两边山排斜坡。"黄字会"从山河边冲来，赤卫队从两边猛击，敌回窜。赤卫队乘胜追击，打死敌三人，活捉五人，缴械七件。

赤卫队成立不到两个月，转战十余次，屡战屡胜，附近敌人闻之丧胆。11月份，赤卫队已经发展到62人，从敌人手上夺来步枪48支。

县委、区委见北中区赤卫队英勇善战，又有了枪支，遂决定将赤卫队改编为游击队。11月24日正式宣布成立游击队。何子恒任队长，引良荣任指导员，全队62人编为两个排，六个班。一排长王宜训（兼一班长），二排长吴令子（兼二班长），文书曹必发，三班长吴绪成，四班长聂家新，五班长吴令为，六班长查茂和。

游击队刚成立，望天"黄字会"勾结英山、潜山两县"黄字会"千余人再次进犯张家河。11月29日，游击队抢占了张家河两面山头，拉开两里多长的战线，诱敌深入。然后，四面八方在铁皮桶内放爆竹。敌不知虚实，只听得满山都是枪声，慌忙溃退。游击队发起猛攻，在追击中打死敌九人，活捉十五人。

1931年12月间，我游击队开往野溪河没收地主财产。在黄栗寨遇敌（胡鹿鸣部），我游击队即分成四个战斗小组向敌猛攻。敌不战自溃，我游击队乘胜追击，活捉敌七人，打死敌一人，缴枪五支。我游击队在野溪河一带没收地主财产胜利而归。

1932年12月底，太湖伪县长胡拔翠亲自率领县自卫团一、二两队及各处团防千余人，向苏区进犯。扬言："玉珠土红三尺，摇篮的婴儿都是赤匪，要予以斩草除根。"事前，胡拔翠曾派便衣特务蒋玉哉前来侦察，探得北中区内没有红军主力。胡得意扬扬地向玉珠畈进犯。巧逢头天傍晚，红军二一八团500人由英山开进玉珠畈。红军亦不知敌来，故未做准备。次日上午，敌已到玉珠畈石头桥，向区政府开枪。二一八团陈团长沉着应战，即命一连为右翼上大罗山，二连为左翼上铜锣山攻敌侧翼，机枪连上乌树坪居高向敌射击，手枪队和游击队担任正面阻击。敌军一接上火，即知遇上红军主力，不战自溃。胡拔翠狼狈逃窜。此次战斗俘敌10人，缴机枪1挺，步枪15支。

由于接连打胜仗，不少干部战士产生了骄傲情绪。1932年2月底游击队60余人进驻陈元畈，因正值春节，忙于扎彩门，放松了侦察和岗哨。3月2日，伪民团黄成谷率敌千余人，包围了陈元畈并占领了河东岸主峰。4日晨，向游击队猛攻。游击队驻扎在畈中祠堂，在三面受敌的情况下，新任队长秦贤安不熟悉地形，坚持命令部队反攻，不准撤退。直到敌人愈来愈多，到了门前，才由一、二排长王宜训、吴令子掩护部队从后墙突围。王宜训、吴令子光荣牺牲，大旗手祝向荣受伤。

1932年3月，黄成谷自恃上次得胜，复纠集千余人向苏区进犯。敌此次出兵计划被游击队探知，游击队选定石榴尖的有利地势，分成四路，予以埋伏。一路伏于石榴尖的小山头；二路伏于石榴尖右侧山峰；三路伏于石榴尖主峰；四路伏于将军山余脉。一路兵与敌接上火，即边打边撤，诱敌进入石榴尖。随后三路伏兵一齐向敌猛攻，敌始知上当，不敢恋战，窜回。这次战斗，毙敌80余人，俘敌50余人，缴枪百余支，号称石榴尖大捷。

1932年3月，游击队发展到178人。是时红山县独立十三团派来一个营，将游击队和一、二、三乡第二批组织的赤卫队20人，组成北中区警卫营，营长肖志庭，政委李昌喜。原游击队编为第二连，连长秦贤安，指导员引良荣。警卫营属红山县独立十三团和区委双重领导。1932年6月，红山县独立十三团与北中区警卫营合编为红军游击师。不久，红军游击师随红军主力转移，离开苏区。从此，北中区没有了武装。

嗣后，国民党各反动武装纷纷向北中区进犯，6月间，杨成谷、王盾舫、赵寿安率敌千余人进驻玉珠畈，由于没有武装迎敌，区委和区、乡苏维埃政府干部只好到处隐藏。敌人进驻后，对苏区进行灭绝人性的三光政策，进行大屠杀。区委和区、乡苏维埃政府干部吴先迎、余明望、张太望等20余人惨遭杀害。吴生禅一家八口就被杀掉五口。敌人在北中区先后杀害党员、干部和群众100余人，玉珠畈血水成河。妇女被奸污、出卖，房屋被烧毁，财产被抢劫一空。北中区上空一片白色恐怖。从此北中区委党组织遭到破坏，苏维埃政权被摧毁。

北中区苏维埃政权从1931年10月建立，到1932年6月遭敌摧毁，经过了9个月的时间。

北中区苏维埃政权，是在中国共产党的领导下，中国工农红军支持下，经过当地人民群众同国民党反动派和地主豪绅进行浴血奋战而建立的工农专政的红色政权。它是鄂豫皖革命根据地的组成部分。虽然由于张国焘的错误路线导致了在皖豫鄂军事上的失利和"肃反"扩大化造成惨重损失而失败了,但它在太湖县的革命斗争史上却留下了光辉的一页。苏维埃政权为革命培养了干部,为红军输送了兵员,教育了广大人民群众。在苏维埃政府领导下的土改运动,是一场深刻的农民革命运动。它推翻了几千年中国农村的封建制度,打倒了地主豪绅,农民第一次做了土地的主人。他们真心实意地拥护中国共产党,拥护革命。苏维埃政权失败后,这一根据地的革命活动直到1949年解放都没有中断过,只是随着革命的高潮或低潮,不断变换着革命形势去和反动派进行着各种各样的斗争。在整个战争年代里,北中区人民对革命做出了重大贡献。

原载政协会议安徽省太湖县委员会文史资料研究委员会编:《太湖文史资料》(第3辑),内部出版,1985年,第42～55页。

望江首次农运简记

◎ 吴器成

土地革命战争时期,皖西南地区从 1927 年 10 月到 1930 年 11 月,在中国共产党地方组织领导下,先后爆发了二十余次农民暴动。其中,望江县金鸡山的农民暴动,不仅揭开了望江人民民主革命的序幕,而且为鄂豫皖革命根据地扩大到长江沿岸,做出了贡献。

一

1927 年春夏之交,中国上空乌云弥漫,以蒋介石为代表的国民党右派背信弃义,使用残酷的屠杀手段,疯狂地扑灭革命烈火。同时共产党内以陈独秀为代表的右倾投降主义路线,放弃了对农民运动和革命武装的领导权,致使在国民党反动派向人民突然袭击的时候,不能组织有效的抵抗。在这紧急关头,中共中央召开了八七会议,粉碎了陈独秀的右倾投降主义,决定把党的工作重心放到农村中去,领导农民起义。

八七会议标志着中国民主革命进入了土地革命的新时期,即第二次国内革命战争时期。按照八七会议精神,中共安徽省临时委员会于 1927 年 9 月提出:"农民问题为我们急需注意的问题",要"秘密组织农军","直至暴动夺取政权"。1928 年 3 月,省临委又决定将全省划为芜湖、安庆、六安、阜阳四个中心区域,在属于第二中心区域的安庆,成立中共怀宁县委(后改为安庆中心县委),兼管桐城南部、望江、宿松和东流；潜山成立县委，兼管太湖和英山，以加强党对农民运动的领导。

1928年二三月间，原中共怀宁县委机关（被破坏）工作人员甘信元返回梓里——太湖县甘家沙湾。他利用熟人熟地的条件，吸收陈燮元、殷幼堂加入中国共产党，建立起党支部，后又发展叶仁山、孙敬纯等多人为共产党员，扩大了组织。孙敬纯是望江县茗山南麓沙堰沟村人，入党之后，即在本地发展孙大朵等人入党，成立起望江第一个党小组。9月，望江党小组扩建为党支部，孙敬纯任书记，属太湖区委领导。同期，太望边区成立农民"抗租抗债委员会"，甘信元为主任，叶仁山、陈燮元、孙敬纯等为委员。

1929年春，太湖区委书记甘信元到宿松许家岭小学任教，以此作为掩护职业，建立起许岭党支部；叶仁山亦因家在大路边上（太湖叶家磨盘角），转移到望江尚花棚，与孙敬纯一起活动，使尚花棚实际上成为太望边区党组织的工作中枢。至1930年3月上旬，安庆中心县委根据形势发展的需要，决定太湖成立县委，望江、宿松分别成立特支，两县特支直属太湖县委领导。随后，望江特支在尚花棚成立，并很快发展为区委（宿松仍为支部），由县委委员孙敬纯兼任书记，下辖尚花棚、林家庵、马不要、沙堰沟等支部，分别由金依仁、林老四（字振祥）、夏进普、孙邦瑞负责，共产党员达五十多人。党组织的建立与发展，和在农民群众中深入进行多种形式的宣传教育，为乡村农民运动兴起与发展，打下了思想和组织基础。

二

长期以来，农民深受买办地主和土豪劣绅的压迫与剥削。在望江，农民赖以生存的土地，基本上被地主阶级垄断，有的地主一家便占有田地700亩以上（不含他所控制的公堂田产），而贫民人均占有田地不足一亩。在封建的土地制度束缚下，加上水旱虫灾，广大农民受着苦难的煎熬，对地主的憎恨也日益强烈。1930年春荒，地主更趁机抬高粮价，每石稻价由二元（银币）猛涨到五元，更激起了广大农民公愤。正如中共安庆中心县委在《安庆农民运动草案》中所指出的："年来农村破产，制造了广大贫苦农民革命情绪的高涨，我们党的责任就是要积极推进农民运动。"

1930年2月，潜山爆发了清水寨暴动，随之建立起了红军师和红色政权，这对太、宿、望的农民运动有着直接的影响。3月下旬，甘信元从宿松许家岭乘船到望江尚花棚，主持召开县委扩大会议，讨论并决定领导太望边区农民举行武装暴动。会后，孙敬纯和叶仁山分别在望江、太湖向党内骨干作传达，开展紧张而又秘密的暴动准备工作。

4月12日，边区农民暴动在望江县金鸡山开始。这天上午，200多名暴动农民和赤卫队员以买粮为名，肩挑箩筐，手提布袋，暗藏武器，从茗山南麓、泊湖北梢，分别向金鸡山会集，有的还边走边吆唤："穷老子、光棍伯伯们，到李干桢家'买粮'去啰！"

李干桢，家在金鸡山李家新屋，曾在湖北省担任承审和地检厅书记官等职。他擅于刀笔，贪赃枉法，攫取了大量钱财，使本来富裕的家产迅速得到扩充，仅耕地就占有一百多石种（约合六百五十余亩）。他又趁歉年囤积居奇，猛抬粮价，激起农民满腔愤恨。对此，党组织因势利导，决定将李干桢作为农民暴动的第一个打击对象。

晌午时分，暴动在甘信元、孙敬纯、叶仁山等人的指挥下，以赤卫队为前锋。他们收缴了李家护院土枪，将李干桢兄弟抓住，包住眼睛，绑在村外栗树干上，让暴动农民斥其罪恶；同时将李家存粮和钱物分给暴动农民。李干桢不服，赤卫队遂将他押到村前土包旁枪毙。

暴动首战成功，如雄鸡一唱，报道了黎明的到来。紧接着组织决定继续主动出击，派赤卫队夺取国民党驻望江长岭埠"自卫团"的武器。当赤卫队在长岭埠西南隅集中后，敌"自卫团"突然开走，缴枪未成。嗣后，赤卫队陆续在望江的南合、永兴、泉塘一带和太湖姑塘、兰家嘴等地打击土豪劣绅。17日，汪宫山的韦大衍被枪决。在望江，地主徐正先、杨佐庭等家被抄后，徐正先去县衙报案，至十里寺附近被暗地处死。事出有因，查无实据，于是，"徐正先被鬼打死了"之说，遍闻乡里。

在暴动取得节节胜利的形势下，"中国工农红军太湖赤卫队"正式成立。对此，中共安庆中心县委在桐城会宫（今属枞阳县）召开的县委、区委联席会议上，提出要把在望江乡和太湖东南乡发动的游击战争，向北转移，与潜山红军（师）联合，向安庆发展，并在望江、宿松、太湖、潜山、桐城等县开展规模更大的游击战。

三

革命的道路总是艰难曲折的。就在会宫会议上,"左"的思想倾向已经反映出来,认为全国是日益走向直接革命的形势,很有可能首先夺取武汉、江西的政权。安庆处在长江中心,位置十分重要,对保障武汉、江西夺取政权有着非常重要的关系。按照这一方针,甘信元、陈燮元、殷幼堂于5月下旬带领赤卫队越过茗山,去太湖刘山铺打击地主恶霸李伯超,而后拟去潜山,但遭到了太湖县反动武装的袭击。因敌强我弱,赤卫队在突围作战中,陈燮元、殷幼堂、孙大朵等七人不幸被捕,28日,孙大朵、杨水连(字泮贤)、杨印明(字效震)等望江籍人在太湖县城北门外被国民党反动派杀害。此后,太、宿、望三县的反动当局在派兵去潜山协同镇压在清水寨暴动中产生的红军师的同时,制订了扑灭本地革命烈火的联合行动计划。

边区农民暴动在金鸡山开始以后,国民党望江县政府就为"自称异党的孙敬纯、叶仁山扛旗聚众,破仓抢粮,枪杀富绅李干桢"的革命行动吓破了胆,乃积极扩充"自卫团","预防作范",县长冯熙周便亲带领人马昼夜剿捕孙敬纯、叶仁山等共产党人。在沙堰沟,他们没有捉住孙敬纯,便抓住孙印送、孙腊香等捆绑吊打,实行逼供;在父子岭、鹧鸪山一带,他们没有抓住"异党",便捕捉妇女儿童,逼迫交人和限期自首。

在白色恐怖下,太望边区的党组织出现了分化,有的领导人悄悄出走,离开了群众;有的党员斗志动摇,向敌人自首叛变。但是,真正的共产党人,是任何敌人也吓不倒、压不服的。就在敌人指名通缉和武力捕捉孙敬纯的日子里,孙敬纯继续深入在望江的人民群众之中,按照安庆中心县委的要求,将党的组织向华阳、吉水、城区、凉泉等地发展,并积极筹建中共望江县委,拟建华阳、凉泉、长岭、鸦滩四个区委,党员已达百人左右。

7月间,马吉悦接过前任县长冯熙周的衣钵,更加猖獗地缉捕孙敬纯。9月初,马吉悦得到情报,立即带兵追捕。孙敬纯、叶仁山等接敌后予以坚决反击,终因寡不敌众,孙敬纯为掩护叶仁山等人突围脱险,自己不幸被捕。9月7日,孙敬纯在望江县城北门外慷慨就义。

四

实践证明,从金鸡山点燃的农民暴动的星星之火,迅速燃及太宿望边区,而且使鄂豫皖革命根据地由汉水以东、淮河以南,扩大到长江沿边共 45 个县。这是边区农民运动之一大成功。

革命如万里长江,有曲折,有起伏。金鸡山开始的农民暴动,虽然只有五个来月就失败了,但在党领导的整个民主革命史上,记下了光荣的一页。

原载政协会议安徽省望江县委员会文史资料研究委员会编:《望江文史资料》(第 3 辑),内部出版,1992 年,第 23～28 页。

中共望江特区委的建立与活动

◎ 江 雷

望江地处长江北岸,东望吉阳,南连彭蠡,与东流、彭泽是隔江邻居。1930年春,望江已有中共地方组织,并领导了本县农民武装暴动。这次暴动最终虽然失败,但有一些共产党员隐蔽下来,准备迎接新的斗争。此前此后,江南江北的劳工、亲友、商贾往返频繁,政治上的相互影响较大,有许多望江儿女在江南参加了共产党或红军,他们中有的为粉碎敌人的"围剿"而将鲜血和生命奉献在南国,有的在当地创建党的地下组织和领导武装起义。所以当七县中心县委决定在望江建立特区委组织,望江已有一定基础。

在中心县委的指导下,中共望江特区委由潘品凡、夏进普共同主持,于1934年6月间在徐家井头成立,下设国民经济部、交通部、工会和游击武装等机构。为便于开展活动和掌握情况,全县又划分为五个区域,雷港和边江一带为第一区,李秀松负责;茶安、太慈、沈冲一带为第二区,徐松华负责;凉泉、长岭一带为第三区,徐发林负责;泉塘、鸦滩一带为第四区,徐翰平负责;高士、赛口一带为第五区,陈子勇负责。这五个区又以第一、二、三区为重点活动区域,居民约占全县总人口百分之六十。对县城则以策反为主,向自卫团队物色对象,开展兵运工作。

是年,望江大旱,田园龟裂,禾苗焦枯,民忧日甚,民间有支《讨饭歌》道:"……四月十二落的雨,一直干旱到如今。塘堰干得鱼自死,田地干得禾无根;山中杂木红如火,屋沿荫树似火焚,天上飞禽多远去,地下走兽多命倾;粮食种子都吃尽；一家大小怎生存……"据《安徽通志稿》记载，望江当年田地受灾面积达二十二万二千一百三十四亩，损失农作物折合稻谷八十八万八千九百三十六石，灾民十七万五千七百九十八人（约占总人口百分之七十三点六）。在赤地千里的景况下，农民们以树皮、草根、观音土为食，兼以霍乱等病疫流行，饿死、病死与自找绝路的人不知凡几，而国民党官员却对枵腹待赈的灾民漠然置之，群众情绪如同六月天的干柴堆——一点即燃。

面对现实，中共望江特区委决定到群众中去进行秘密鼓动，启发群众到县城"乞食"，开展扒粮斗争。7月31日，有四五百人涌入县城北门，揭开扒粮斗争的序幕。8月1日、2日，聚集的群众更多，共约3000人。对此，望江县政府一面向上司"告急"，一面出兵武装干涉。反动政府的倒行逆施，更加激起了群众的公愤。到3日，涌向县城的群众有数千人。此时，城门紧闭，且有自卫团登城防守，县长王维成亦登城督阵。城外暴动群众愤然，有高喊"我们快饿死了"者，有警告"如不开城，便将城门烧毁"者。王维成闻之，即令保安队向群众开枪，当场打死二人，打伤多人，有的身负重伤得不到抢救，死在血泊中。

扒粮群众遭到了反动军警的弹压，未能达到斗争的预期目的。但是，这场扒粮斗争显示了人民群众的斗争勇气，震撼了望江反动当局，迫使县长王维成无法苟延，只好挂冠溜走。省里也不得不派遣军舰进抵华阳，借以封锁长江，遏制事态发展。

事后，中共望江特区委在中心县委的指导下，总结了这次斗争的经验教训，把活动重点转向发展武装力量上，变大规模的群众运动为有组织的武装斗争，与江南红军的对敌作战相呼应，拟在适当时机将望江的武装力量并入江南红军做好准备，使赣皖边区革命根据地更加巩固。根据这一基本指导思想，中共望江特区委决定深入到群众中去，秘密动员群众报名参加红军，号召农民群众武装起来，反抗国民党的压迫与屠杀。经过深入发动，雷港附近的东阁冲一次就有25人报名参加红军，清庆庵附近（今属沈冲乡）有86人登记入册，并有夫妻争相报名的。到11月，报名参加红军的有三百多人，共产党员也发展到一百多人。与此同时，雷港建立起了秘密交通渡口，与设在香隅坂（属东流县）的地下联络站发生单线联系，为地下人员南来北往和物资传递创造了条件。这样一来，在中共望江特区委的领导下，一场新的革命斗争处在孕育之中。

11月25日，中共望江特区委在中心县委派人参加下，召开了扩大会议，讨论武装起义问题。会议决定起义从攻占县城开始，夺取自卫团的武器后，便转移到江南山里与红军会合。会议研究决定用三天时间准备，起义时将起义队伍分作三路，乘夜色到县城东北隅隐蔽，俟奎文塔上发出行动信号，城内自卫团第二分队作出响应后，三路队伍立即攻城，从而达到夺取胜利的目的。

28日夜间，三路起义队伍按照预定安排，悄悄赶到埋伏地点，准备行动。不料情况突变，只见县城城门紧闭，城墙上刀光剑影，戒备森严，尽管发自宝塔的信号闪光数次，仍不见在城内接应的第二分队做出任何反应。显然，三路人马均不宜贸然攻城，遂令火速撤离，以免造成重大损失。此次起义攻城一事，也就因此夭折。

武装起义未能奏效，相反使中共望江特区委遭到了破坏，这是一个严重的教训。原因出自动员参加红军时缺乏审核，致在起义的当天，雷港方面有人叛变，将起义机密提交给了联保主任倪正欧，倪又飞快报给新任县长洪鼎和安徽省派驻望江的专员何梦明（原名祝继仁）。洪、何即令对第二分队严加控制，加强城防，迫使起义未遂。次日起，洪鼎、何梦明又亲自带领反动武装逮捕中共望江特区委的活动分子，捉住李秀松、徐红秀、童振林、檀九保等四人至县城杀害。曾为江南红军运输物资的民船，亦被锯成数截，拉到县城"示众"。白色恐怖又一次笼罩着望江。

继后，国民党便衣军警随时出动侦缉我地下人员的行踪。春节前后，他们更趁过年之机，对共产党员和群众中的积极分子进行大搜捕。潘品凡、夏进普、徐松华、陈子勇等一大批骨干，在敌人的淫威下斗志动摇，自首叛变，他们后来有的成为缉捕共产党人的特务，有的成为匪军头目，望江的革命斗争再次遭到了摧残。

原载政协会议安徽省望江县委员会文史资料研究委员会编：《望江文史资料》（第3辑），内部出版，1992年，第29～32页。

我在家乡从事革命活动的回顾

◎ 阳焕民

我是1929年参加革命工作的,那时正是土地革命时期,在孝感的小河、会亭河、青山口和芳家畈一带,参加革命的人很多。

我们孝感县(今孝昌县)是革命的老根据地,革命斗争从来没有间断过。大革命开始到土地革命,从赤卫军到红军,以及抗日战争、解放战争,我们的党组织、军队和人民群众,一直在那里坚持斗争,特别是罗厚福同志在我们那里的革命活动,几乎从未间断。

1929年参加革命前,我的家乡早就有共产党员在那里宣传,在我们村子的祠堂内开过会,又秘密组织农民协会。那时我是学木匠的,听了宣传,经过秘密串联,我就参加了革命活动。后来又参加了少先队,之后又参加了赤卫队。革命公开后,赤卫队是比较厉害的,从土地岭到白杨岭一带,都有赤卫队。赤卫队打反动的红枪会,打土豪劣绅。那时,我们赤卫队经常过土地岭到沙窝去打土豪。我们打仗很勇敢,没有新式武器,就用大刀、长矛、钢叉和土铳,这样我们还是经常打胜仗。

1929年,我所在的部队是红色补充军第七师,师长是卫祖胜。我们的部队经常与国民党军队、反动红枪会打仗。1930年,徐向前同志率红一师打花园,我参加了这场战斗。我们是从小河出发的,那次打了一个大胜仗,还缴了八挺重机关枪。当时有一个歌谣:"八月里来桂花香,红军游击到我乡。孝感花园打一仗,缴获枪支无其数,还有八挺机关枪……"这个歌子流传很广,部队会唱,群众也会唱,我到现在还记得。

1931 年，我调到陂孝北县工会，兼任区青年工作部部长。

抗日战争初期，我从延安到应山组织抗日武装。1939 年以前，在湖北还没有新四军。李先念同志和周志坚等由河南竹沟带两个中队，经孝感中和乡同许金彪同志的四个中队会合过平汉铁路到安陆赵家棚。我从应山带两个中队到赵家棚。当时鄂中三支抗日部队会合一起，拿出了新四军抗日游击支队的牌子，叫新四军独立游击支队挺进团，许金彪同志任团长，周志坚同志任政委，我任副团长兼参谋长。正式开始了湖北的抗日游击战争。

1941 年，我带部队回过孝感家乡一次，住在小悟山下的陆家冲。那次是为了与刘梅溪搞统战关系，搞一致抗日。这个反动家伙，一直躲着不敢见我，我住了几天，就带着部队走了。

抗大十分校于 1942 年春正式成立，至 1945 年 9 月抗日战争胜利时结束，历时三年多。它是坚持在鄂豫边区敌后根据地培养训练干部的一所大学。战斗频繁，流动性大，环境艰苦，是它的主要特点。

我是 1943 年秋到抗大十分校任副校长的。这个学校最先为随营学校，1942 年 2 月，改编为抗大十分校，李先念同志兼校长，肖久远同志任副校长，主持学校工作。1943 年秋，肖久远同志调任第二军分区司令员，我接任副校长，那里就是我搞，前后共有两年时间。

分校每期训练干部约千人，分三个支队，每个支队 300 人，学员将近一个团的人。在三个支队中，一、三支队为军事队，一支队培训连长、副连长，也有少数副营长，三支队培训排长、副排长。二支队为政治队，培训连指导员和副指导员，也有少数营教导员或副教导员。学校从开办到结束，先后办了五期，共培养干部 5000 多名。

我们分校所在地，濒临长江和武汉重镇，历来是兵家必争之地。当时，日本侵略军在武汉一直驻扎一个军团的重兵，汪精卫傀儡政权也在武汉设置行营，驻扎伪军五六个师。国民党顽固派汤恩伯、王仲廉等部四个集团军，在放弃武汉之后，即龟缩于武汉东、西两侧的大别山和大洪山，伺机配合日、伪军向我军进攻。我军在日、伪、顽夹击下坚持游击战争，反"扫荡"、反摩擦的战斗十分频繁。同时，因为平汉铁路纵穿其间，淮河、漳水、溳水和沔水等水网纵横交错，便于敌人利用交通线及河道设置封锁线，使我抗日根据地难于连成一片，而形成小块根据地分布于广大山区和农村。分校处于这种游击战争环境，流动性特别大。办学几年时间，一直没有固定的校址，先后流动于湖北的随县、应山、京山、孝感、黄陂和河南信阳等广大地区。具体地方有河南信阳的谭家河、大庙畈；湖北应山的浆溪店，京山的南山，孝感大小悟山下的项阳庙、铁匠湾、八姓湾、胡家西冲、七房湾、大杨湾、小界岭，以及陂安南、汪家畈等地方。一般在一个地方只能驻十天半个月，能较平静地驻扎一个月以上就很难得。所以学员们每天起床都要打好背包，随时准备行动，在行军转移途中进行教学。有的同志说：抗大在延安住窑洞，称为"窑洞大学"；我们天天背着背包行军，坐着背包上课，可算"背包大学"。

分校以教学为主，一般不担负战斗任务，但它经常活动于据点林立的敌人封锁线之间，常与敌人遭遇。分校刚转移到小悟山东南的王家河，一天晚上，日、伪军1000多人突然封锁住公路，顺着山沟企图包围袭击我们。发现敌情后，我马上带领学员沿着另一条山沟跳出敌人的包围圈，穿过公路封锁线，转移到敌人侧后，使敌人扑了个空，保护了分校的安全。

抗大十分校，在办学过程中，充分体现了艰苦奋斗的优良传统，在抗大校史上放出了绚丽的光彩。1945年9月抗战胜利后，学校于应山吴家大店举行典礼，校部完成了它的历史使命，改编为新四军十四旅旅部，我就到十四旅任司令员。

1946年1月6日，我们的部队由平汉铁路西向铁路东转移，大部分是从孝感境内穿过铁路的。李先念同志率五师师部是从花园北至王家店穿过的。我带十四旅是从花园南至陆家山穿过的。过铁路以后，走到新县、泼陂河一线，"双十协定"签订了，部队就停在宣化店了。

解放战争时期，我在江汉军区一分区（洪山军分区）任司令员。1949年4月3日，我带部队解放了广水，就到花园来向李先念同志汇报，他当时住在花园附近的左家河。我到那里向他汇报后，就接受任务：组织两个团投入"打过长江去，解放全中国"的战斗。

原载孝昌县政协文史资料委员会编：《孝昌文史资料》（第2辑），内部出版，1999年，第150～153页。

中共六安县委 1928 年前后的工作概要

◎ 王逸常

王逸常（1896—1986），黄埔军校第一期毕业生，别字纯熙，安徽六安人。1921年由柯庆施介绍加入共青团，1923年9月加入国民党，同年11月由瞿秋白、施存统介绍加入中国共产党。1924年春受党委派到广州，由国民党中央执行委员及上海大学校长于右任介绍考入黄埔军校第一期第一队学习，毕业后留校，历任军校政治部干事，中共黄埔军校第一期支部宣传委员、第二期支部候补干事，军校政治部组织科少校科员、代理政治部秘书，兼中国青年军人联合会秘书。1924年4月起任黄埔军校教导团第三营少校营党代表，国民革命军第一军第三师第一补充团中校团党代表，黄埔军校潮州分校政治部中校秘书，第一军政治部上校组织科长。1928年在上海党中央军事部工作。1929年任中共六安、霍山联合县委书记。1932年脱离中共，入国民党中央政治学校学习和任教。1935年任军事委员会北平分会政训处上校处员，东北军第五十三军政训处上校处长。抗日战争爆发后，历任保定行营政训处上校处长兼特别党部执行委员等职。1941年4月任第一战区司令长官部政治部少将副主任。1943年4月任军事委员会政治部少将部附。1946年退役。1947年8月授陆军少将，未出任军职，任重庆私立中学校长。中华人民共和国成立后，1960年任重庆市政府干部学校工农干部文化班班主任，重庆第二中学历史教员，武汉市文史研究馆馆员。1986年10月24日在武汉病逝。

一、南岳庙会议

1927年冬天，党中央派我到安徽工作，我从上海到了安徽省府所在地芜湖，省委书记尹宽又派我到六安工作。1928年1月29日，中央巡视员尹宽（化名王兢博）到达六安，在南岳庙主持召开六安、霍山、霍邱3个县党的活动分子会议，到会30多人。会议决定实行党员重新登记，健全党的组织，积极发展工农群众运动，吸收优秀分子入党，准备武装斗争。会议做出了工运、农运、兵运、大刀会工作等项决议，还将3县党组织合并，成立中共六安县委（又称六霍县委），但霍邱只是组织发展的对象，当时实际上只是由六安和霍山两个县的同志联合组成的县委。会议决定由我任书记，周范文（原为县委书记）、周狷之、桂伯炎、储克圣、吴宝才、吴干才为委员。会后，县委委员分头到各支部传达会议精神，开展以准备武装起义为中心的各项工作。南岳庙会议决定的中心工作是整顿党的组织、发动农民运动，方法是在发展农民协会中来发展党的组织。

当时六安、霍山等地区没有产业工人，原有的同志都是知识分子，包括一些政治觉悟比较高的地主子弟（如周狷之）、小学教员（如吴干才、蔡蕴山、王训庠等）、商人家庭子弟（如周范文、施先民、邹同仁等）。还有像舒传贤同志是日本留学生，因为早年他是在学生运动中表现突出，省里拨出公费让他去日本留学的。有些同志是在安庆、武汉入党的，1927年蒋介石、汪精卫背叛革命，我们的同志回到六安、霍山等地发展党的组织与敌人进行斗争。

二、紫竹林会议前后

皖西大刀会，是"一个受压迫的半迷信团体，有仇恨之奋，有迷信之勇"。它原是清朝末年民间的一个秘密组织，属白莲教的支派。1920年河南省固始县的梅广恩来到六安，宣传"农难临头，要打富济贫，各保其家"。自称是"圣道会"。公开开设香堂，招收弟子，宣称入会后"只要画符念咒，可保刀枪不入"。提出"斩除妖子（大刀会对官府兵勇的称谓），保身保家"的口号，并率众练功习武。由于它的口号贴近贫苦农民的切身利益,加之其神秘性的吸引,一时间,入会者甚多。大刀会组织的迅速扩大,也引起县衙署的注意,官府将梅广恩逮捕入狱。在狱中,梅广恩与狱友六安城关的杠抬工人谢有龙和苏家埠农民夏云峰相识。谢有龙与夏云峰拜梅广恩为师,1923年秋,三人出狱后,以"斩除妖子,改良政治,复我民权"为口号,在寿县、六安、合肥、霍山四县交界处普遍设立香堂,广招会员。参加者多自耕农、佃农、雇农、游民,也有少数知识分子及小商人等。后大刀会被反动政府利用,不断蜕变,夏云峰在成为大刀会首领后,掌握了大刀会的控制权,他与反动统治阶级勾结在一起,被反动统治阶级委任为六安、霍山、霍邱三县自卫团团长,继续在农民群众中广收会众,企图在精神上控制六安的广大人民群众。

在对待大刀会的问题上,党组织内开始还是存在一些争议的。1928年4月,六霍县委在六安紫竹林召开工作会议,认真研究了大刀会的有关事宜,经过认真的分析,六霍县委认为,大刀会首领夏云峰与反动政权互相利用,已经不能再将其争取到革命队伍中来,但大刀会中下层群众可以争取过来,对他们进行革命教育,组织他们参加农民协会,开展农民运动,引导广大农民与国民党反动派势力做斗争,领导他们走上革命的正确道路。县委认为:"决定在大刀会的地方主要是发展农民运动,打到大刀会群众中去。"当时中央也指出,"大刀会的领袖已经成为豪绅地主军阀的工具……我们的主要工作就是集中力量去发展农协组织与斗争","大刀会以内的工作,应当是注意下层群众与干部的获得,在土地革命口号之下鼓动群众起来斗争,反对出卖群众利益的领袖,而脱离大刀会组织,加入农协"。基于正确的方针政策,县委负责同志和农协干部,分头深入到大刀会的香堂里去,考察其活动内容与习惯,利用农民易于接受的结拜兄弟的方式,同一些会众先由感情上联络,进而宣传党的政治纲领,启发他们的阶级觉悟,使他们自觉地反对反动派政府,加入农协等组织。当时县委有针对性地安排一些党员干部发展不同区域的农协和党的组织。如霍山县舒家庙一带由舒传贤负责;南岳庙由周范文和王宜迁负责;小刘集和尚家庙一带由王逸常负责;徐家集一带由蔡蕴山、毛正初负责;苏家埠一带由周狷之、许希孟(许继慎的弟弟)负责;西两河口由吴干才等负责;东两河口和毛坦厂一带由吴曙光、储克圣负责;城区由邹同仁、施先民等在手工业工人中发展组织。

1928年春天,河南土匪李老末来到六安后四处蹂躏,蒋介石的军队顾祝同部以"剿匪"的名义开到了六安。但顾祝同部并没有追击豫匪李老末，反是同六安反动政权勾结在一起加紧反共。他们下了通缉令抓捕王逸常、许继慎、杨溥泉等共产党员，并打出所谓"以绝根株、勿贻民害"的口号。其实当时杨溥泉同志已在广东牺牲，许继慎同志作为叶挺独立团的营长，在贺胜桥战役因伤后医疗未回六安。国民党反动派因为畏惧党领导下的人民革命的力量，把已牺牲的和未牺牲的共产党员姓名写在一起来通缉，暴露了他们的心虚和胆怯。"通缉令"遍贴六安的城乡各镇。这不但没有吓倒六安和霍山的党员同志，相反坚定了大家深入农村，积极组织群众与反动派做坚决的斗争的信心。刚开始因为党在农村没有基础，组织农民的时候我们也遇到了一些困难，经过大量的沟通和不断地做思想工作，我们逐渐争取了群众的信任。

中心县委利用大刀会作掩护发展农民协会的活动十分成功，不到一年的工夫，在西南乡的苏家埠、西两河口、独山一带，西北乡的小刘集、尚家庙、南岳庙、徐家集一带，东南乡的毛坦厂一带，霍山县的舒家庙一带，发展了农民协会会员达到3000多人。党组织也随之在农民运动中开始发展壮大起来。

三、舒家庙六霍两县的党代表大会召开始末

1928年7月，六霍两县党代表大会在舒家庙召开。这次会议是在全党贯彻八七会议的决议，进一步整顿、发展党的组织以及开展农民运动的背景下召开的，这也是六安、霍山两县联合的第一次党代表大会。会议主要内容是讨论继续在工农运动中发展党的组织，吸收工农成分的党员。会议着重讨论抗租抗捐，争取群众，建立武装革命根据地等议题。对于破产农民的抢劫、绑票、摸瓜（即暗杀）等不适当行为，要求各地农民协会认真加以纠正。会议体现了党为人民群众谋利益，树立了党在群众中的威信，明确了党领导人民走上阶级斗争的正确目标和正确途径。

1928年秋，县委针对秋收的实际，策动农民开展抗租反霸斗争，在斗争中不断争取群众，并派人打入地主武装的自卫队。当时县委只有一支破旧的步枪，大家认识到只有夺取敌人的武装才能武装自己。县委决定不仅要夺取武器，更要争取到武装的群众。然而在当时装备和人员都紧张的情况下，省委书记尹宽在1928年冬却

盲目地要求我们立刻暴动。县委认为尹宽这一指示不符合党的第六次全国代表大会决定的精神。党的第六次全国代表大会指出党的当前任务不是进攻，也不是普通地组织武装暴动，而是争取群众，发展壮大党组织。然而尹宽指责县委争取群众的工作是"改良运动"。县委恳请省委请示中央批准后再发动暴动。结果，中央指示要尹宽和王逸常回到上海去研究。1929年1月，周恩来同志召集尹宽、王逸常和柯庆施、许继慎（柯庆施、许继慎两同志当时虽属于中央在上海的组织，因为他们都对安徽的工作十分关心，所以被邀出席这次会议）在上海英租界开会，就是否举行暴动以及安徽省委和县委的工作情况辩论到深夜。会后，中央免去了尹宽省委书记的职务。

至于我在县委工作期间，科学文化运动没有什么开展。我只记得1928年夏秋之间，金家寨方面的桂尊夏（伯炎）同志到了县委，担任县委宣传工作，编了很多歌谣。以民歌形式来揭穿国民党反动派政府和帝国主义的罪恶行径，并以反霸抗租的内容做宣传。同时，我们的同志利用小学教员的合法地位来掩护党的工作，了解敌人动态，如邹同仁、王训庠、吴干才、蔡蕴山、侯润时等同志。县委针对敌情，予以打击。

1959年5月31日

原载中共六安市委党史研究室编：《皖西党史资料辑要》（第1册），内部出版，2012年，第14～18页。

关于霍邱县委成立、发展及阜阳"四九暴动"、霍邱"文字暴动"

◎ 王冶秋

王冶秋，又名野秋，安徽霍邱人。1924年加入中国社会主义青年团，曾任共青团北京市委秘书、霍邱县委书记。1932年参加左联。1941年加入中国共产党。后在冯玉祥处任教员兼秘书。1947年后任北方大学、华北大学研究员。建国后，历任文化部文物局副局长、局长，国家文物局局长、顾问。是中共十一大代表，第三至第五届全国人大代表，第四、五届全国人大常委。

1927年11月，我从北京回到南京，在南京遇到了李何林、乔锦卿、宋日昌，我们于是回皖北寻找党的组织。之后我与李何林回到霍邱，这时霍邱还没有党组织，于是大家开会商议建立党组织，当时参加会议的有李何林、刘介华、袁新民、戴映东（即戴铸九）等，会议决定成立霍邱县党委、团委，县委书记刘介华，团委书记是我。1927年年底我到叶集明强小学以教书为名进行党的工作，团的县委机关也设在这里。党的县委机关在刘介华家里，那时我们发展了第一批党员。

霍邱党、团组织建立之后，主要任务仍是寻找关系。当时缺少联络员，消息也比较闭塞，于是我们四处寻找省委，但一直没有找到。

1928年1月我们得知皖北特委已经成立，当时杨虎城将军还在阜阳，魏野畴是杨虎城部政治部主任，魏野畴是陕西最早的马列主义者，刘志丹、高岗都是他的学生，曾担任国共合作的国民党陕西省党部执行委员兼宣传部长。在杨虎城北伐时，他任杨部政治部主任，在国民党"清党"时蒋介石多次下令通缉魏野畴。为了不连累杨虎城，魏野畴便离开了杨部，在阜阳成立皖北特委，他任书记，乔锦卿刚与他接上头，就被任命为阜阳县委书记，太和、颍上、蒙城、正阳关、霍邱都建立了党的组织。不久，霍邱县委就加入了皖北特委，皖北特委对霍邱县党的工作有很大帮助。比如霍邱县在以前党员只二三十人，在特委的领导下到1928年6月就发展到120人，发展很快。

皖北特委于1928年3月开过一次特委会议，各县党、团书记都参加了会议。会议主要是贯彻八七会议精神，发动秋收起义。霍邱县委派我去参加会议，但因交通不便，途中耽误时间过多，到阜阳时会议已经结束了。在我们到阜阳的第二天晚上，魏野畴给我们谈了一个通宵，主要内容是传达、研究关于开展武装暴动的决定。从现在看来，这样的决定实际上是八七会议后，第一次"左"倾冒险主义路线的抬头，但在当时这次会议却给我们以极大的鼓舞。第二天我们回县分头去搞暴动。

1928年4月5日，皖北特委召开扩大会议，布置了皖北起义前的准备工作。由于党内出了叛徒，暴动提前于4月9日凌晨发动，驻守在阜阳城的十九军教导团起义士兵按计划点燃了起义的火光信号，并迅速占领了东门。但由于起义计划泄露，攻占阜阳城战斗失利，起义军撤离城区。转移到阜阳北乡王官集的一支队伍与农民赤卫队会合后，宣布成立安徽省第一个革命政权——皖北苏维埃政府。同时，成立了皖北工农红军。

新生的红色政权遭到国民党反动派疯狂"围剿"，工农红军浴血奋战，终因寡不敌众，起义队伍被敌军突袭溃散。魏野畴带着队伍撤退到太和县去开展工作。当他到太和时，敌人就设计串通一批土匪，大约有200人几十条枪，假装要参加红军。为争取这股土匪部队，扩大革命队伍，魏野畴带了两个随从去和土匪谈判，结果被敌人逮捕，遭到敌人的杀害。

阜阳暴动失败，除了没有计划周全，其主要原因是未发动群众，未在群众中生根，是单纯的军事路线。这次暴动的规模很大，要不是路线错误，可能会取得胜利。毛主席就曾说："这次暴动虽然失败了，但它点燃了皖北革命的烈火，四面八方的野火燃烧起来，创造了以后的鄂豫皖苏区，胜利真是来之不易啊！"他同时也对"四九暴动"的领导人魏野畴进行了高度的评价。的确，"四九暴动"建立了安徽省第一个红色政权——皖北苏维埃政府，其意义当然非凡。

阜阳暴动后不幸失败，霍邱县委认真地分析了本县当时的实际情况，认为发动武装起义尚缺群众基础，于是决定举行一次"文字暴动"，以宣传威慑敌人。经过一番准备，全县于7月27日夜，统一行动，将油印的"打倒帝国主义""打倒新军阀蒋介石""打土豪分田地""打倒土豪劣绅的走狗孙庚山""杀死贪官污吏、土豪劣绅""拥护共产党"等内容的标语、传单，散发和张贴到全县纵横200余里沿线的集镇和较大村庄。有的沿河地方还用小木牌写上标语，刷上桐油，顺河漂流。王青士、李何林负责新店埠一带散发传单，他俩装作过路旅客，睡在旅店户外路上，待别人睡熟后，把传单塞到旅客包里、怀里。王冶秋、李力果分工城关一带，他们除在大街小巷贴满标语外，还把传单塞到居民家里。河口集16岁的女青年姚克福家住警备队隔壁，她乘哨兵打盹儿之机，把标语贴在哨兵背上。白塔畈大地主王子敬门缝里塞了10多张传单，第二天早晨看到后，吓得他连忙到县政府报告，说共产党领导农民造反了，要求派兵镇压。劳苦大众看了欢欣鼓舞，县长张东野和警备司令孙庚山却被这突如其来的"文字暴动"吓得不知所措。市面上盛传昨晚来了几万共产党，土豪劣绅的日子不长了。全县100多名党团员看到国民党县府机关乱作一团，大灭了敌人的威风，他们为在霍邱革命史上干了一件惊天动地的大事而兴奋。次日，孙庚山带领部队展开了全县大搜捕。以城关为中心，凡交通要道都派兵把守，城门加岗，对来往行人严加盘查。县委为了保存革命力量，决定由杨晴轩、李养泉等组成党的特别小组，坚持地下活动，其他县委成员和已泄露身份的党员、进步人士转移到外地，至此霍邱县委工作处于低潮和基本停顿状态，革命一度陷入低迷。

（征集人：许祖范、汪大根　时间：1960年5月9日）

原载中共六安市委党史研究室编：《皖西党史资料辑要》（第2册），内部出版，2012年，第30～33页。

中共京汉特委 1927 年在应山的活动

◎ 郭述申[①]

我是 1927 年 7 月下旬受湖北省委的派遣到京汉路南段特委工作的,我到该区的主要任务是发动秋收起义,组织暴动,在这里我一直奔波到 1928 年 2 月才离开,前去上海找党中央,虽然只有半年的时间,但现在回忆起来,还是我革命生涯中很难忘的一段生活。六十年过去了,现在回忆起来,更加激起了我对这段生活的怀念,特别是对应山人民的怀念。

一

1927 年 7 月 15 日,汪精卫举行"分共"会议,正式宣布与共产党决裂,公开背叛革命。大批共产党员和革命群众惨遭杀害,致使 1925 年至 1927 年的大革命遭到失败,为了挽救革命,我党采取了一系列紧急措施。首要的就是改组和加强党的领导。1927 年中央连续召开会议,初步总结了大革命失败的教训,通过了挽救革命的重要决策:武装反抗国民党,举行南昌起义,独立领导农民进行土地革命,在我党力量较强、工农运动基础较好的湘、鄂、闽、粤四省举行秋收暴动,决定召开一次紧急会议,总结大革命失败的经验教训,纠正陈独秀右倾投降主义的错误,确定党

---

①郭树勋是郭述申于 1930 年前在党内外用的名字。

在新的历史时期领导革命运动的方针和政策。为了贯彻党中央关于秋收暴动的决定，湖北省委即把全省划为武汉、鄂南、鄂东、鄂中、鄂西、鄂北、京汉七个工作区，分别成立了特别委员会。京汉特委辖应山、孝感、安陆、云梦、黄陂、应城六县，特委机关准备设在应山。

二

1927年上半年到"七一五"分共会议之前，我在湖北省农民协会任教育部长。"七一五"事变后，国民党改组湖北省农民协会，省委决定要以个人名义发表宣言，反对国民党政组省农协，并决定调我去京汉路南段特委工作，7月下旬的一天，刚接替省委书记职务的罗亦农同志找我谈话，内容大意是党中央决定组织秋收起义，省委决定派我去京汉路南段区任特委书记，尽快地去组织京汉路区的秋收暴动。口号是：暴动起来打倒国民党，打倒反动的国民政府，打倒土豪劣绅、贪官污吏，建立工农政府，建立工农革命军。在我以前，省委派吴光谟到该区工作，并指示他在应山建立中心机关。但罗亦农同志没有提到吴光谟，也没讲在应山建立机关的事。我一直不知道这些情况，也从未见到过吴光谟，我去后是独立开展工作的。

我接到任务后，马上从武汉出发到了我的家乡孝感，在城关镇我父亲的家建立了党的秘密联络处，并先后与颜光弟、黄明钦、魏祖胜等同志取得了联系。随后我到达应山，就去找党的地下交通曹源兴药铺的曹冰清接头，他们把我安排在王植庭家里，我先后在城关镇、广水、应山南乡、柴家岗等地秘密活动和调查，发展了城区小学教员曾传金入党，他是贫苦木匠的儿子，在白色恐怖下，他排除各种困难，努力工作，后来，他担任了党支部书记，最后被捕入狱，英勇献身。当时应山的情况是：农协干部多数被迫离散，党的组织也散了，警备队枪支也完全落在反动派手里，原农协的枪支也收不回来了，散在北乡的枪支一下子很难集中。根据应山的这种条件，一时难于组织武装暴动。我到黄陂、广水等地调查后，决定把指挥地点移到广水，准备暴动。我将在应山、孝感、广水、黄陂等地调查的工作情况向省委写了报告。由于我没有军事工作的经验，在给省委的报告中还要求再派一两个得力的干部来共同开展工作，以打开局面。省委于9月12日回信说,应山党组织原来都比较好,并有少量武装,广水的工人及他们的武装还可能起作用,并指示我要马上行动起来,准备大暴动。现在开始暴动,必须将各县的武装有组织地集中,出没无常地杀土豪劣绅大地主,抗租抗税,并尽快地破坏交通、邮电等机关。目前,特别应加强宣传工作。要对群众宣传,只有实行土地革命,用暴动的方式推翻武汉政府,才能实现耕者有其田。当时省委对京汉特委所在地区具体情况并不完全了解,认为这里马上就可组织起来大暴动。对我们没有立即集中武装开始暴动表示不满。但当时的实际情况是,这一地区处于京汉路沿线,交通便利,消息灵通,国民党的势力易于控制。特别是大革命失败以后,党组织和农会组织都受到极为严重的破坏,许多党员和农会负责人被迫离散,群众情绪低落。力量一时组织不起来,加之和我一起工作的同志都缺乏军事游击工作的经验。因此,在短期内组织武装暴动是十分困难的。我和当地工作的同志虽然清楚这些困难,但接到省委信后,仍然积极准备。我们以柴家岗为中心,秘密组织了一支农民游击队,发展了党的组织,准备武装暴动。具体计划是通过县知事(已加入共产党)联络县署和红学会及农友一起,加上农民游击队,共同发动以解决应山的驻军。当时应山的驻军仅100多人,三四十支枪。

我及时把组织暴动的工作情况又向省委写信汇报,几天后,省委来函指示,要在枪杀土豪劣绅之中,解决驻军枪支。在行动中要尽量做政治宣传。县知事已加入我党,应立即要他协同解决驻军,改换革命旗帜。要广水的铁路工人尽量地破坏铁路,以配合行动。

省委的指示信刚到,风云突变,9月29日,国民党忽然开来,第三十军1400余人的部队抢先解决了县城驻军。使我们原计划于10月20日以后解决县城驻军的计划不能实现。我们只好再次写信报告省委,取消了这次行动,把工作重点转向先在乡村中向农民做宣传,恢复农村的党组织和农协组织的活动,建立农民游击队,铲除土豪劣绅。

三

同年10月初,为加强该区工作,省委派邓雅声同志来接替我的工作,担任特委书记，我仍留该区继续工作。根据省委的指示，我们开始在应山及其他各县做土地革命的基础工作，主要是恢复和发展党的组织、恢复和建立农协会和农民游击队，并组织群众抗税抗捐，在此期间，省委又派贺昌同志来这里巡视工作。

邓雅声同志来京汉路南段特委后，秘密出版了报纸，揭露蒋介石、汪精卫叛变革命，镇压工农运动的罪行，号召京汉路工人和沿线农民起来打倒蒋介石，打倒土豪劣绅。

一次我们在应山县深山中夜行，邓雅声谈到大革命失败后工作的艰巨性，同时又谈到黑暗终将过去，曙光定将到来，当时形势虽然险恶，工作十分艰难，但我们对革命前途充满了信心，深夜奔波，毫无倦容。

同年11月，黄麻起义胜利，黄安建立了湖北第一个农工民主政权。为了响应黄麻起义，京汉特委领导的农民武装广泛出击，在魏家店截破京汉铁路，袭击广水北面的东笈店火车站，同时宣传群众组织群众，有力地支援了黄麻起义。

1927年12月，我去省委汇报工作，正值长江局和省委召开会议，通知我列席，并指定我担任记录。参加会议的有苏兆征、贺昌、郭亮、刘昌群、任开国等20多人。地点在汉口法租界附近的一所房子里。就重大的争论问题在会上进行了两天的讨论。会议期间，从报纸上看到广州暴动的消息，广州暴动中新选出的苏维埃主席苏兆征同志正在我们这个会场，大家十分兴奋，唱《国际歌》以示庆祝。会后我立即回到京汉路特委。

当时武汉在国民党反动派陶钧、胡宗铎统治下，大肆逮捕、枪杀共产党员，白色恐怖笼罩江城。1928年初，省委通知邓雅声同志去参加会议，临行时他对我说：今年是个断头年。分别时，我们紧握双手，互道郑重，谁知竟成永别。后来得知，他因省委的秘密机关被国民党破坏而不幸被捕入狱,1928年2月19日，中国共产党的优秀党员、无产阶级的忠诚战士邓雅声同志为党、为革命、为人民在汉口英勇地献出了宝贵的生命。他留下了多首气壮山河的诗句，是给我们的宝贵财富。

春节期间，我从孝感绅士那里透露的消息得知，湖北省国民党反动派正在通缉我，我在本地工作就更困难了。当时省委已遭破坏，我们同省委的联系已中断，我就决定去上海向党中央汇报。以后，党组织派了另外的同志去主持京汉路南段的工作。同时，中央分配我去河南工作。

（陈爵烈　整理）

原载中共应山县委党史资料征编办公室编：《鄂北风云——应山革命回忆录丛书之一》（第一辑），内部出版，1986年，第88～93页。

应山革命斗争片段回忆

◎ 万平治

我的家在应山东乡，高小毕业时受五四运动影响，于1920年春考入武昌中华大学中学部，选修理化、数学、国文。至1925年冬毕业。1926年春经卢玉成、曹策二同志介绍，在武昌秘密加入中国共产党，同时参加革命工作，担任宣传员，为北伐作舆论准备。因工作关系而经常接触的，有何子述、张学武、邓雅声诸同志。

1926年夏秋，国民革命军光复阳夏，直取中原，北洋军阀土崩瓦解，党务农运迅猛兴起，武汉成为当时的革命中枢，省党部省农协联合选派大批工作人员分赴各县。此时我亦被调回应山从事农民运动，于"双十节"前回到县城。在县农协筹备处任组织委员，同工作的有柴凌阁、樊仁轩、袁子述、袁诗道、陈洁臣、徐秀俊、程冠群，以及省农协委任的特派员黄民钦、吴光德二同志。第一届国共合作的应山县临时党部是以国民党的公开名义开展党务工作，因而有一个秘密的共产党小组，最初卢玉成负责，后由高少珊接手，我们几个党员都在这个小组过组织生活。

省农讲所受调

1927年早春2月，毛泽东同志在武昌筹备鄂湘赣三省中央农运讲习所工作就绪，应山县被分配六名正式学员，我以本县东乡农运指导员的资格报名投考被录取，持入所通知书与叶之祥（即叶吉甫）、袁诗道、余仲陶、黎高咏、陈义依同赴武昌报到，李自宜原为备取，亦经补考入所。农讲所主任委员三人，邓演达、毛泽东、陈克文，由毛委员具体主持这所革命学校。入所农运学已远超出鄂、湘、赣三省，革命师生过着军事共产主义的生活。学习科目有农民问题、三大政策、国民党史、社会进化史、各国革命史略、帝国主义与中国、世界经济状况、中国职工运动、粤湘农代大会决议案、乡村自治宣言、革命歌及军训等，共20多门课程。学习期限暂定三个月，其间我们有幸亲聆毛委员关于中国农民问题的权威杰作《湖南农民运动考察报告》，教益至今难忘！

1927年3月下旬，湖北省第一次农民代表大会胜利闭幕，各县农民运动进入高潮。封建地主不法豪绅预感末日降临，妄图负隅顽抗，逃避清算斗争，武汉的外国租借便成了这班豪绅恶霸头面人物的庇护所。一时间，捉拿逃亡豪绅形成巨大声势，武昌中央农讲所学员在校常委会领导下，积极投入了这场清查追缉逃汉土劣的斗争。在应山南乡，军阀时代贿买鄂省议员、一贯鱼肉乡里、恶迹昭著的石远峰，于4月初潜逃武昌隐匿，伺机反攻倒算，当经农讲所派学员余仲陶协同应山来人捉拿，终将该逆捕获，解省农协按《惩治土豪劣绅条例》判罪。是时，同乡好友何子述在省党务学校任职。其父何云门系应山县城有名的教书先生，军阀时代曾包揽词讼，引起民愤，自本县农运兴起，他便坐立不安，也于4月初跑来省城，指望找自己儿子庇护，子述同志毫不犹豫，立即将这件事报请省农协处理，表现了一个真正革命者大公无私的共产主义胸怀，得到当时人们的交口称赞。

1927年四五月间，鄂东麻城县发生了逃亡豪绅勾结红枪会匪的反革命武装暴乱。事件刚一爆发，武昌中央农讲所即迅速组织起300名武装学生军，配合省警卫营水陆兼程赴麻城平叛。我和袁诗道参加了这次东征之役，一直追剿到鄂豫边界会匪老窝，于5月31日凯旋退汉。这时离蒋介石在上海发动"四一二"反革命政变才半个多月，武汉局势也出现紧张。农讲所学员回校后根据时局发展，就在6月初举行了毕业典礼。应山县的七名农运毕业生此时都已秘密入党，经组织分配，黎高咏、陈义依回应山任东南乡农运办事处特派员，叶之祥、余仲陶调孝感，云梦任特派员，袁诗道调随县任安居区特派员，李自宜调广济任特派员。我被选送到省农政训练班武装自卫科，接受三星期特种训练，于6月下旬接受党组织交给的发展壮大乡村自卫武装任务，回到了应山。这期间，县里的共产党组织已发展为特别支部，下辖几个党支部。特支负责人是麻城冯树功，对外公开身份是省党部派来的党务特派员。

县党部、县农协相继成立

1927年6月29日，国共合作的应山县党部在县城永阳书院举行第一次代表大会。我作为十七名特别委员之一，出席了会议，被选入执委会，接前临时党部农民部长施心匋，分工任农民部长。7月1日午后，县农协筹备处各委员在贡院考棚（今粮管所一带）开筹备代表会，出席这次会议的有省农协宣传部长张学武、省农协特派员施心匋、郭绍仪、左觉农、黄民钦，县党部宣传部长冯树功，乡村自治指导员柳乐生和我一共八人，这次会议研究了召开应山县第一次农代会暨正式成立县农协会议事日程。

会议决定组织大会秘书处、文件起草委员会、提案审查委员会、代表资格审议委员会，还决定由特派员二人、知识分子一人、农友代表四人组成大会主席团。7月4日晚全县农代会召开预备会议，5日上午在东岳观（今县一招门前）举行全县第一次农代会万人庆祝大会，下午在贡院考棚举行县农协会正式成立典礼，6日、7日8日三天大会报告，小组讨论，通过提案和人选，9日县农协会新任各部委负责人宣誓就职，发布通电，举行闭幕式。

这是一次盛况空前的农民大集会，检阅了过去的农运工作，规划了今后的农运方针。在选举县农协执委会时，我亦名列其中，担任自卫部长。截至7月上旬，应山县各民众革命团体已基本组建完备，其主要负责人选，如县工会之陈象吉、袁子述、洪新宇，县妇协之邓玉菁、徐清珍、李淑南、易盛仙，县商协之吴仙洲，县童子团之杨梓良、石秉华等，均通过代表会议民主产生。在县党部、县农协正式成立期间，由教育局长徐秀俊提议表决，在儒学（今县府大院内）明伦堂开办乡村塾师暑期传习所，以顺应全县农运发展趋势，扫除乡村封建残余为宗旨，以武昌党务研究所规定课程及各科改良教授法为学习内容。传习所于7月2日举行简易考试，录取百人，由党部、农协及革命团体负责人兼任教习。后因时局动荡，开学未及两周即告结束；但这些乡村小知识分子通过有组织的短训以后，其中大多数回乡参加了农民运动，对改变当时应山农村风气闭塞、文化落后的面貌发挥了一定作用。

1927年7月10日，从应山北境传来了豫匪大股南窜的消息。事件发生时，我们还都沉浸在县党部、县农协相继成立的余兴中，忽有信阳谭家河农运工作者许祖英、李胯子等人赶来应山县城告急：豫南四望山一带红枪会匪聚股数千人分三路向应属之浆溪店、花山新街、平靖关等地大举进犯，展开长蛇阵势，扬言攻城劫狱，与孝感、安陆、随县之红枪会遥相呼应。我们安置了来人，立即召开县党部、县农协、县政府及驻军代表联席紧急会议，决定由张学武、黄民钦、郭绍仪等同志率本县农运学生一部星夜携械北上探听虚实；县警备大队副刘泽普带领队士百人及农民自卫军一部随后跟进；我留县城协助张扬贵县长督师，敦促各区乡农民自卫队火速北上，并联电呼请省政委会速调警卫团来县助剿。时值武汉"七一五"政变前夕，汪精卫、唐生智等国民党军政首脑多方排斥由奉系杂牌军改编的魏益三部队，致该军士气不振，驻县坐视，贻误"剿匪"战机；我农民自卫军及县警备队在初战告捷后，终因势孤力单，被豫匪突破防线，撤至县城北郊设防，城区内外早晚戒严。至7月16日，冯玉祥之国民军自郑州南下武胜关，豫匪受到威慑，如鸟兽散，应山县城得以转危为安。

第一届中共应山县委诞生

1927年8月初，我们正准备趁豫匪北撤之有利时机，下乡贯彻县党部、县农协成立大会通过之决议案，突然传来了7月15日"宁汉合流，国共分裂"的确实消息。同志们莫不义愤填膺，切齿痛恨国民党右派蒋介石、汪精卫之流狼狈为奸叛变革命的丑恶行径，坚决要求通电国人讨逆。至8月中旬，国民党湖北省改组织委员会正式通告到县，停止党务、农运、工会、妇协等一切活动。相继，国民党右派军人公秉藩来任应山县公安局长，软禁了已经暴露共产党员身份的黄民钦、左党农、郭绍仪三位特派员，大街小巷贴满了"清查共党，取缔农会"的布告。城里的消息传到乡下，豪绅势力又复抬头，纷纷向农协会员反攻倒算，倒租倒息，各区乡农民自卫武装便自动解散了。在此革命处于低潮时期，为了保存力量以图再起，刘泽普利用上平靖关防备豫匪为由，挑选县警备队精悍人枪，拖到北小河秘密训练。张学武这时还留在县城，指挥我们党员有计划地退却。忽接省委通知他去鄂北的指示，他临走前交给我一个任务，"到省城找党联系"。我于是夹在县衙门值更巡夜的火班兵丁里混出县城，只身赴汉。在武昌见到了省农协秘书长邓雅声，他向我传达了八七会议和湖北省委关于划分特区、下乡发动秋暴等精神。我赶回应山，正遇上鄂北镇守使方振武部暂编二十二师杂色军任君可团盘踞县城，大肆敲诈勒索，搜捕党员。我几经打听，从县司法委员丁致聘处找到冯树功的下落，跟他做了汇报。其时，京汉特委书记郭述申也秘密来到应山，我们遂一块下乡，到处找同志联络，于短期内在县境四乡建立起好几个据点，北乡由袁子述、袁诗道负责；西乡肖家店据点由柴醒吾负责；南乡的骆家店、陈家巷两据点，由孙舜钦、黄维舟（黄杰）负责；东南乡的七里冲据点由柴凌阁、黎高咏负责。应山穷乡僻壤，农村生活艰苦，多以红薯、野菜或糠菜掺半为食；洗脸时用个小木盆，一块土布片，大家共洗一盆水；晚上睡觉开地铺。如此简陋的生活条件，对我们这些上过省城"洋学堂"的青年学生来说，也算是一种严峻考验吧。一些同志传染了眼病，浑身长疮，缺医少药，但仍甘之若素，坚持乡村工作。

1927年11月间，在黄麻起义的推动下，由京汉特委主持，在应南陈家巷以西之黄氏祠召开全县党员大会，正式建立第一届中共应山县委。此时，郭述申调离应山，省委派邓雅声接任京汉特委书记，同来应山工作的还有京汉特区委员黄大祯（巴东土家人，武昌博学书院学生）。会议正式选举了第一届中共应山县委员会，冯树功任县委书记，黄仁杰（系孙舜钦化名）任组织部长，柴凌阁任宣传部长，叶开寅任工运部长，我任军事部长。县委决定：机关设在广水火车站铁路工人俱乐部，开始秘密办公，在县城东关八角塘建立党的地下交通站，由城区支部主任曾传经负责。这次党员大会还通过了在全县开展"三抗"（抗租、抗息、抗税）的决议案，号召全体共产党员立即行动起来，响应两湖暴动，利用黄白学、红枪会等灰色名义作掩护，建立农委会，组成暗杀队，杀尽土豪劣绅和一切反动派，造成乡村赤色恐怖，积极开展土地革命和乡村武装斗争！

这次党员大会闭幕后，我在县委领导下，以陈家巷为中心成立了"三抗"委员会，孙舜钦任主任委员。利用陈家巷聚集人多，组织周围乡村农民举行了一次较具规模的"三抗"游行示威，刹住了妄图死灰复燃的豪绅气焰。在广水京汉铁路沿线，以叶开寅、叶耀癸等为首的工人纠察队，在京汉特委和应山县委直接领导下，与铁路二面的农民武装密切配合，撬铁轨，锯电杆，打军车，散传单，破坏敌交通，动摇敌军心，活跃在北起鸡公山新店、南达孝感卫家店的百里路段。县委在广水设立机关后，我们几个主要成员作了大致分工。因为我是应山东南乡土生土长，对家乡情况较熟悉，就被分派到这一带协助工作。其时，柴凌阁、樊仁轩、马其松、黎高咏等人参加陈巷会议后，已回到七里冲，在高店附近柴家岗办起了一所改良私塾，以教书作掩护，秘密发展地下组织。我回来后，也在该校任过一段循环教员；我们白天是教书先生，夜晚做党的工作，秘密发展农民党员，建立乡村地下支部，恢复农民自卫队；并在京汉特委书记邓雅声具体指导下编印秘密刊物《沐川报》，作为特委机关的革命喉舌，不定期发行于京汉南段的应山、安陆、孝感、云梦、黄陂各县，这份油印报刊先是从孝感转移到我家里，每次用毛边纸刻印百份，在党团员中秘密传阅。后来又转移到路东方家店卢玉成家里继续发行，对宣传党的八七会议方针、指导京汉区各县开展土地革命运动，发挥了重要作用。

农历年关攻城失利

中国共产党第一届应山县委的诞生，极大地鼓舞了全县党员、共青团员的斗志。推动了县境各革命据点的工作。转眼间已是1928年元旦，农历戊辰年春节也快到了。由于县委的正确领导，应山县的土地革命运动在京汉区称得上是比较出色的，与毗邻的孝感、安陆、随州以及豫南的信阳、罗山等县都保持着密切的联系。在这种情况下，县委认为应山已具备了武装暴动的条件，便做出了举行年关攻城的决定。其时，盘踞武汉的湖南军阀唐生智已被桂系的陶钧、胡宗铎取代，京汉南段国民党驻军撤换防区一片混乱。县委计划利用湘桂军阀狗咬狗内讧之机，出敌不意拿下应山县城，宣布建立工农革命政府，颁布土地革命法令。若敌兴兵来犯，我们就拉出县警备队全部人枪及备区乡农民武装，凭依本县桐柏、大别两山脉高峡密林地理优势打游击，造成乡村割据局面；或北上花山，与四望山豫南工农革命军会师，或东进中华山，打过铁路与黄麻起义队伍合并，使应山成为鄂东、豫南暴动相连接之枢纽。我们在举事前多日，师与县警备队队长刘泽普秘密商订了里应外合行动方案，并得到了刚卸任留县交差的前县长张扬贵的默契。暴动日期确定在1928年1月13日（农历丁卯年腊月二十一）子夜，这正是历来穷人躲年关债的时候，有利于我们号召暴动。为避免人数太多容易暴露目标，且武器也不够用，我们只通知各乡村据点及广水铁路上的共产党员和青年敢死队员参加攻城，组成"铁血军"，每人胸前佩一根赤化带，以"江海赤"三字为起义口令和对外代号，以印台山八角楼苗圃办事处为临时指挥部，按本县东西南北四乡分造围攻县城四门，而以东、南两城门为突破口，还规定了与城内同志联系办法以在印台山举火鸣枪为号。

年关暴动的日子到了，我作为县委军事部长，被授权担任攻城总指挥。这天傍晚，寒气袭人，我和京汉特委以及应山县委的几位负责人秘密来到了八角楼后面的任公祠，准备在这里召开战前紧急会议。我们边写标语边等人，因天黑，道不熟，各路农军的领队很晚才陆续来齐；已于元旦前调省委工作的叶开寅同志专程赶回应山参加了会议；还有孝感的颜光第同志从百里外的东小河溪冒雪带来一支农民游击队。据城区地下交通站曾传经报告："近日县城情况有变，国民党县长何浩连电请兵，今天午后忽从广水调来一个独立营，驻进了县警备队防区，四城都贴满了抓共产党的布告，前任张扬贵县长和司法委员丁致聘已于日前催令赴省述职。"从这些迹象看，敌人是否已发觉了我们的意图？我们几位起义领导人大半是学生出身，谈理论很有一套，却缺乏指挥经验，事到临头，真有点"书生用武，纸上谈兵"的味道，究竟打与不打，同志们从晚10点争持到午夜12点，才终于做出决定，既然人都来了，就按原计划执行。于是仓促登上八角楼顶举火鸣枪，殊不知守城之敌早已做好了准备。

攻城开始了，首先由本县东南乡、东北乡的两支农民敢死队和广水铁路工人纠察队一部担任主攻东门的任务，他们由半月池畔拥向护城河桥头，人数虽不少，但武器简陋，主要是大刀、红枪、鸟铳、棍棒之类，仅柴凌阁、叶开寅、叶之祥、樊仁轩等几位负责人佩有三五支小手枪。而应山的城门却是用两层厚铁板和大型圆水加铜钉铸造而成，每扇重千余斤，十分牢固，城墙上还有国民党守军的火力封锁，居高临下，易守难攻。但我方敢死队员毫不畏惧，他们把东关街口的十几副巨案拖至城门洞，再淋上几桶煤油，点火燃烧城门，顿时烈焰冲天，把城上城下照得一片通明。鸡叫两遍了，城门烧不开，留在城内响应的人们也毫无动静，而此时各个城垛上却被国民党守军逼迫老百姓上阵挂满了灯笼，这就更增加了我们靠近城墙的难度，共产党员柴以道冒险冲到城墙边张贴宣传标语，不幸中弹牺牲！

担任主攻南门的"铁血军"，是由孙舜钦、黄维舟等同志率领的陈巷、骆店等地的几支农民敢死队临时组成。印台山上的号枪一响，队员们立刻举起刀矛，土铳、竹枪等原始武器，从渡蚁桥发动攻势，刚接近护城河岸"南国干城"古堡时，就被据守堡内的国民党军火力封锁了，队员们几次冲锋未能成功，双方遂形成相持僵局。由于东、南城门进攻受挫，天气又冷，埋伏在西、北门外隐蔽待命的农民敢死队员们也等得不耐烦了。

眼看这样硬攻下去难以取胜，指挥部便断然下达了退却的命令，通知各路农军回各区乡潜伏，待机再图举事。临走时，我们放火烧了东门外绅商程宝臣门屋两间，然后撤退。当队伍穿过殷家巷子，正撞见劣绅朱月卿开门窥视，队员中有认得他的，遂上前一刀结果了他的老命，为地方除一害。在撤退转移途中天已破晓，从孝感来增援的游击队里有个木匠师傅被熊少卿部反动民团捉住搜出"赤化带"，押往县城杀害，其人头悬挂东门数日，惨不忍睹。攻城失利的次日，曾传经同志被捕入狱，反动县长何浩、警察局长公秉藩亲自提堂会审，严刑逼供，但他未吐一词。1928年1月20日（农历腊月二十八）大雪寒天，曾传经在东岳观英勇就义！这次攻城暴动虽因缺乏群众基础，未能取得成功，但却给了反动派一个大的威慑，其革命影响是深远的。

应东南三县边界的斗争

我和暴动队伍一块脱险后，国民党县署就发出了通缉令捉拿我，党组织遂决定让我转移孝感县城隐蔽，由京汉特委负责军事的薛金吾暂时代替我的工作。临行前夕正是大年三十夜，我们以"三县执行委员会"名义集中应、安、孝三县边界农民游击队，采取"声东击西"战术，奇袭左家河、马家畈、应家店等封建围子，给了当地豪绅势力以沉重打击。次日农历正月初一，我借往舅父裴士宗家拜年，潜往孝感，住城内万跃卿家约半个月。至正月下旬，应山县委派交通员卢华银来孝感找我回去，这时我才知道，京汉特委书记邓雅声月中去省委会，在汉被捕牺牲，冯树功已调离应山，新任县委书记为孝感肖港人唐方九，县委机关已从广水迁到小山口南之七里冲柴家岗，在柴凌阁家里秘密办公。我回县后，仍担负军事工作，革命受挫的消息不断传来：北乡两据点被国民党清乡团勾结豫南红枪会匪摧垮，团总熊少卿杀害了我方袁子述、黄大祯等负责同志，袁诗道只身逃离北乡，来找县委汇报。1928年2月23日（农历二月初三），纳水河据点遭东篁店反动红学、广水商团夹击，叶之祥壮烈牺牲了！相继，南乡的骆店、陈巷两据点亦被寿山、安北的反动回防破坏，黄维舟、孙克资二同志惨遭团总吴吉甫枪杀！在西乡，肖家店第七区部分组织已破坏，另有部分同志隐蔽下来，但据点也不能起作用了。现在只有柴家岗据点还在坚持战斗，约有一营兵力的农民游击队，对外称应山支队，樊仁轩任支队长，还从应家店弄来6支枪，以原先的老农协会员为骨干，成立了农委会。

为了更好地开展三县边界农民游击战争，应山县委于1928年3月从柴家岗搬迁到我的家乡——东肖店万家×村，县委机关就设在我家里。这时我们能控制的地区，除应山东南隅，还包括安陆东北、孝感西北毗邻乡村，县委的告示、文件、标语、传单，对外都用"三县执行委员会"署名。这期间，京汉特委为就近领导铁路沿线的斗争，还在东肖店街南福音堂里设下秘密据点，对外以"吃洋教"作掩护，联系周围各县同志。我比较熟识的孝感人张伟松、卫祖胜，安陆的盛辅卿，汉川的魏人镜都来此开过重要会议。

3月19日东南乡发生了"七里冲惨案"，那天拂晓，以太平镇左家河的大烟鬼左畏可为盟主，纠集同心店王谟臣、宝林会熊少卿、广水兵站叶仁隽，还有孝感王家店的张翘华，安陆县的叶海儒等反动红学、清乡团防头目，经过密谋策划，拼凑上千兵痞团丁从四面八方向七里冲偷袭。我应山游击支队在柴凌阁、樊仁轩等同志指挥下奋起反击，终因敌我力量悬殊，樊家河、柴家岗等村庄惨遭血洗火焚，农民逃亡，十室九空，党员家庭受害尤甚，白色恐怖笼罩着上下七里冲。驻防广水的胡宗锋十九军李纪才部复又趁火打劫下乡窜扰，配合太平镇、东余店、高家店、明家港、方家店、京桥街、东草店、应家店、红石李店之封建势力，疯狂进行反攻倒算，恢复乡村地主政权，并悬赏捉拿柴凌阁、樊仁轩、卢玉成、马其松、高少珊、袁诗道、余仲陶、黎高咏、徐秀俊、李世芬、陈杰臣和我等原县区党部、农协负责人，还扬言"抓住活的一两人肉一两金，找到死尸一两骨头一两银"，其反共气焰嚣张至极！面对群魔乱舞的险恶局势，我们在县委书记唐方九领导下，转移到沐水彼岸的孝、安毗邻地区，继续坚持了一段时间的斗争。1928年5月，孝安边界环境日趋恶化，这一带老百姓成天在跑反，田里的庄稼都荒废了。应山县委机关已无法在这里再支撑下去了，我们征得上级同意，将人员化整为零，分散到孝感以南的水网湖区隐蔽待命。分手时，唐方九书记叫我先到孝感县城京汉特委地下联络处与郭述申联系，我找到地址，不幸联络处已遭破坏，未会着郭同志，还差一点被敌探盯上。于是，我只好连夜潜往樊口，隐居在饶家垸子舅父家里，化名朱佐武。从此遂与党组织失去联系，开始了漫长的教书生涯。

（曹扬根据万平治自传整理）

原载中共应山县委党史资料征编办公室编：《鄂北风云——应山革命回忆录丛书之一》（第一辑），内部出版，1986年，第119～131页。

中国共产党在鄂豫皖区是怎样领导革命斗争的

◎ 刘名榜

在辛亥革命至五四运动的前后,鄂豫皖区部分知识分子和农民即开始有了反对帝国主义,反对封建势力的政治、经济斗争和文化革新运动。当时在中国共产党创始人之一董必武、陈潭秋及萧楚女等同志的组织和领导下,1924年就在鄂豫皖区建立了共产党的组织。1925、1926、1927年共产党在鄂豫皖区的黄安、麻城、信阳、潢川、光山、商城等地逐渐扩大,组织了广大农民,成立了农民协会,武装了农民,成立了农民自卫军,与土豪、劣绅等反革命武装进行了多次的武装斗争。特别在黄安、麻城地区的农民革命运动,直接打击了北洋军阀的统治,策应了北伐军进攻武汉。当时在"打倒帝国主义""打倒军阀""打倒土豪劣绅""实行二五减租""取消苛捐杂税""组织农民协会""农民武装起来"等口号下发动了反对帝国主义、反对封建势力的革命运动,惩办了一批土豪、劣绅、恶霸、把头,给反动派以严重威胁。

大革命失败后,土豪、劣绅、地主阶级又来统治群众,实行白色恐怖。这时有一批共产党员如吴光浩、曹学楷、吴焕先、刘文蔚等在党的指示下,继续领导了革命斗争。经过几个月的组织和准备发动了大规模的农民暴动,攻克了黄安县城,这就是中国革命史上所记载的"黄麻农民暴动""大别山起义"。这一暴动严重地打击了地主阶级的统治,成立了苏维埃政权。广大农民群众在"打倒土豪、劣绅、地主阶级,实行分配土地"的口号下,风起云涌地行动起来,组织了数十万农民义勇军。这一伟大的农民起义在当时形势下对中国革命有极其重大的意义。因为它是在革命失败的严重关头，扛起了中国共产党在长江以北鄂豫皖区继续革命的红旗。并有力地配合了南昌起义、秋收暴动、广州起义，给大革命失败后的反革命派以严重的打击，开辟了新的斗争道路，向鄂豫皖区的广大群众指出了前进的方向。

  农民运动胜利后，蒋介石反动派即派大军向革命群众进攻。反革命武装与地主阶级结合起来，疯狂地捕捉共产党员和农民领袖。当此严重关头，在几个共产党员（吴光浩、曹学楷等）的领导下，在木城寨举行了会议，决定保持一部分力量继续革命。遂聚集了72人，冲出了敌人的包围，到达木兰山，竖起了中国工农革命军第七军的旗。在执行中共中央的指示下，依靠群众，艰苦奋斗，创立了纵横数百里的游击区。他们坚决机智地在白色恐怖的严重环境中进行斗争，与蒋介石反动派数百倍于自己的力量进行斗争；这支人民的武装，在共产党的领导与群众的支持下，在中国的中部，在江淮河汉之间，在大别山脉，与那些反动势力进行不屈不挠的武装斗争。他们忠于党的事业，赢得了广大人民的爱戴和拥护，因而保住了鄂豫皖区的革命红旗，发展了革命力量。

  1928年春夏之间，蒋桂战争发生时，这支人民武装又从木兰山转向黄安、麻城地区进攻，以黄安、麻城为基地组织与领导了第二次农民大暴动。开辟了光山柴山保（今新县陈店乡），实行了鄂豫皖"工农武装割据"。农民到处揭竿而起，大举消灭"民团"，逮捕土豪、劣绅，并组织了广大农民游击战争，不断打退蒋介石反动派的"进剿"与"清乡"。组织广大赤卫军，扩大了红军，建立了党的组织，分配了土地，成立了苏维埃政权，改革了社会制度。经过无数次的艰苦奋斗与牺牲，逐渐建立了鄂豫皖区的革命根据地与红军主力，中共中央派徐向前同志任总指挥。红军在斗争中逐渐发展与壮大，在整个大别山区与反革命武装开展一次又一次的"围剿"与反"围剿"的斗争，获得许多惊人的战斗胜利。如平汉线之战，活捉敌总指挥岳维峻，黄安城之战活捉敌总指挥赵冠英，苏家埠之战活捉敌总指挥厉式鼎，夺取了大批武器，武装了自己。大胜利、大发展，使鄂豫皖区与红四方面军达到鼎盛时期，使敌人胆寒，动摇了反动统治中心——南京与武汉。在此情况下，蒋介石在帝国主义指使下，以其嫡系陈诚、胡宗南、汤恩伯、卫立煌、陈继承等大军，进行对鄂豫皖区的空前"围剿"。共产党领导了广大群众与红军展开了大规模的反"围剿"。红军个个英勇无比，以一当百，取得了大小雾嘴山等战斗奇迹。有力地配合了江西中央苏区与湘鄂西苏区的反"围剿"。打破了帝国主义、蒋介石反动派的"围剿"计划。敌人对鄂豫皖区的进攻是频繁而残酷的，尤其是在第五次"围剿"中的破坏、毁灭行为更为毒辣，它们断绝红军的粮食来源，想使红军不战而亡。但在共产党领导下的人民武装，是没有克服不了的困难的。一面与敌人频繁地作战，一面挖野菜代食充饥，而仍不断地取得胜利，不断地消灭敌人。同时苏维埃政权所领导的人民以极大的艰苦与牺牲帮助红军，红军所到之处都有群众扯野菜弄粮食支援红军。因而敌人不仅没有消灭红军，而且红军愈战愈强。

在共产党领导下的鄂豫皖区红军和群众，在长期曲折的斗争中，建设了党，建设了武装，建设了革命政权，建设了革命根据地，组织与发动了广大群众。因而，从无到有、从小到大地发展了革命，完成了光荣的历史任务。这一伟大的创举，伟大的成绩，伟大的革命力量，是中国革命胜利中主要组成部分之一。无论是在大革命、在苏维埃土地革命，在红军长征后，在抗日战争与解放战争时期，鄂豫皖区在每个革命时期都是中国共产党与中国革命的主要基地之一；又是打击敌人跨长江、陇海、平汉、津浦腹背的战略要地。鄂豫皖区对党与革命有源源不绝的巨大贡献。在这个地区产生了大批的革命干部。由于中国共产党为了人民的解放事业而奋斗牺牲，千百万人民对共产党也建立了深厚的感情。鄂豫皖区的人民在共产党的领导下，有二十余年漫长的革命经历和传统。国民党反动派虽然千方百计想消灭鄂豫皖区的革命力量，但结果是自取灭亡，革命最终胜利了。

鄂豫皖区在抗日战争中，一方面抗击日本侵略；一方面与国民党反动派的反共投降主义作斗争。打击了日本强盗，打退了国民党反动派几次反共高潮。在这样的斗争环境中，在河南、在湖北、在安徽敌后的各个地区发展了广泛的抗日游击战争，发展了共产党的组织与人民武装，成为新四军主要组成部分。解放战争时，蒋介石反动派以 20 个师的兵力，大举包围我新四军第五师。当五师突围后，我党仍坚持该区的游击战争与恶劣的环境苦斗。由于依靠了群众，所以得以生存而取得了胜利。保持了党在鄂豫皖斗争的光荣传统。

反动派百般地摧残鄂豫皖区的群众，破坏鄂豫皖区的革命，以维持其反动统治。20 余年来鄂豫皖区在完成党的任务，同国民党反动派、地主、恶霸、反动会道门、土匪的进攻、"围剿"、抢劫、屠杀等血腥行为的斗争中，是极其尖锐与复杂的。敌人的暴行是惨绝人寰的。有的群众被反革命灭门绝户。如商城的万人坑,天台山至凌云寺的九十里无人区,房屋被烧光拆光,有几百群众一次遭受机枪射杀。反革命武装对红军家属压迫、敲诈、挑拨、分化、诬蔑、监视,实行五家连坐,派大批特务控制鄂豫皖区地方政权,进行血腥的统治,而久经革命锻炼的鄂豫皖区的群众在反动派的压榨下斗志更加坚强,更加加深了对反动派的认识,坚决打击反动派;对共产党的正义斗争同情和拥护,对共产党更加爱戴。有很多事实使我们感动和难忘。现在革命胜利了,我们应坚决镇压反革命,巩固我们的革命胜利,继续前进。毛主席说:"万里长征只是走完了第一步。"就是说:革命事业还有远大前程,需要我们继续完成。

从鄂豫皖区的革命经过来看,这块苏区是由无到有,由小到大,由弱到强,由开始发生到最后胜利,由没有经验到积累了丰富经验。鄂豫皖区的革命是始终在中共中央直接领导与全国革命形势配合下,是在广大革命群众英勇奋斗、不怕流血牺牲下,经过许多艰苦曲折的斗争而建立与发展起来的。它在中国现代革命史上有着光辉的一页,是永远不会泯灭的。

(原载《长江日报》1951年2月20日。本辑略有删节)

原载政协河南省新县文史资料研究委员会编:《新县文史资料》(第1辑),内部出版,1986年,第5～13页。

大别山红旗永飘扬

◎ 陈再道

在鄂豫皖边的中原大地，大别山巍峨耸立，红旗飘扬。这是一块有着革命斗争传统的地方。第二次国内革命战争时期，在共产党的领导下，创建了鄂豫皖革命根据地，培育了红军三大主力之一的红四方面军。大别山的英雄儿女，前仆后继，英勇斗争，为中国革命事业做出了卓越贡献。

一

1927年秋到1930年春，是鄂豫皖红军和革命根据地的创建时期。党在这个地区领导农民先后举行了黄麻起义、商南起义和六霍起义等多次武装暴动，创建了三十一师、三十二师、三十三师等三支工农红军和鄂豫边、豫东南、皖西三块根据地，为以后红四方面军和鄂豫皖革命根据地的进一步发展，奠定了坚实的基础。

1927年大革命失败后，8月7日，党中央在汉口召开紧急会议，纠正了陈独秀的右倾投降主义错误，确定了土地革命和武装反抗国民党屠杀政策的总方针。并决定以湖南、湖北、广东、江西等省为中心，发动秋收起义，建立革命政权和革命军队。为贯彻八七会议精神和湖北省委拟定的"秋收暴动计划"，黄安、麻城县委决定共同行动。

11月13日晚，黄麻起义的战斗号角吹响了。潘忠汝、吴光浩、戴克敏、王志仁、曹学楷、吴焕先、王秀松、汪奠川、刘文蔚、戴季英等同志，率领黄、麻两县的农民自卫军以及黄安县七里、紫云、高桥等区的农民义勇队和群众，组成浩浩荡荡的攻城大军。11月14日凌晨，攻城突击队在县城人民群众配合支援下，一举突破城垣，歼灭了反动武装警备队，缴枪100余支，活捉了县长贺守忠、司法委员王治平，还有组织委员、土豪劣绅18人。土地革命的红旗第一次插上了黄安县城头。鄂东革命委员会郑重宣布：暴动胜利！11月18日，在胜利的喜悦中，大别山区的第一个红色政权——黄安县农民政府诞生了。曹学楷同志当选为主席。同时，黄、麻两县的农民自卫军改编为工农革命军鄂东军，潘忠汝为总指挥，戴克敏为党代表，吴光浩为副总指挥，汪奠川为参谋长。

大别山地区第一个红色政权和第一支革命军队的诞生，大长了人民的志气，引起了反革命集团的极度恐慌。12月5日夜，十二军教导师突袭黄安县城。我鄂东军和黄安人民英勇抗击，终因寡不敌众，被迫突围。在战斗中，潘忠汝、王志仁等同志壮烈牺牲。吴光浩、戴克敏、曹学楷等同志带领我们冲出重围。为了保存革命骨干力量，在木城寨召开会议决定，留部分同志坚持黄麻起义区的斗争，集中72人转移到黄陂木兰山开展游击战争。到木兰山后鄂东军改为工农革命军第七军。

在木兰山，我们住在一座大庙里，在那里过的农历年，除夕之夜，大家欢聚一起，互相鼓励，要坚持斗争，争取革命胜利。深夜12点，去打罗家岗。土豪和敌人被赶走了，封闭了土豪开的当铺。三天后，土豪劣绅从汉口搬敌人一个团进攻罗家岗。我们撤出来赶到长轩岭，那里反动势力很厉害，站不住脚，就决定到黄冈去。赶到大崎山，找到了黄冈县委和工农革命军第六军。听说宋埠附近有一个国民党军队的退伍团长买一藤篮盒子枪，我们就临时组织了一个短枪队，由廖荣坤指挥，摸到那个退伍团长家里，缴获了九支崭新的盒子枪。

1928年4月，我们返回黄麻老区，经过艰苦的斗争，创立了以黄安、麻城两县的七里、紫云、乘马、顺和等区和光山县柴山保为中心的鄂豫边革命根据地。这时武装力量也扩大了，工农革命军第七军改编为中国工农红军第十一军第三十一师。

1929年5月6日（农历三月二十七日，立夏节），党领导的商南起义统一行动开始了：在丁家埠，周维炯布置民团队长聚众狂饮，组织党员轮番劝酒，把反动队长和不可靠的团丁灌醉，然后，全体党员立即动手，逮捕队长，收缴武器，宣布起义；

肖方等同志在牛食畈活捉反动民团团长杨晋阶；毛月波等领导武装群众，消灭了斑竹园的民团；廖业祺率领武装群众，解除了吴家店、竹叶庵的民团武装；徐其虚率部消灭了白沙河禅堂的民团；詹谷堂在南溪集中群众200人，宣布起义。5月9日，各地起义武装到南溪集中，成立了中国工农红军第三十二师，下辖九十七、九十八两个团。周维炯任师长，徐其虚任党代表，漆德玮任副师长。

6月11日，徐向前同志受中央派遣，由上海到鄂东北，任红三十一师副师长（师长吴光浩已牺牲）。从6月中旬开始至10月，他指挥三十一师粉碎了敌人发动的"罗（霖）李（克邦）围剿""鄂豫围剿"和"徐（源泉）夏（斗寅）围剿"。

11月，中共六安中心县委舒传贤、周狷之、吴干才、朱体仁等同志领导了六（安）霍（山）起义。7日下午，驻独山镇的敌六安三区魏祝山部，逮捕了三区农民协会秘书。三区区委和区农民协会迅速动员群众前往营救。8日晨，数千农民手持大刀、长矛直驱独山镇，敌自卫团受我打击后在增援部队接应下仓皇逃跑，农民武装声威大震。16日，金家寨南之古碑冲、南庄畈的群众举行起义，组织起游击队，建立了革命委员会。19日，霍山县委领导数百名武装群众，一举攻入漫水河，消灭了敌西镇事务所（相当于区政府）。接着，红三十二师一部，在周维炯率领下赶到，歼灭了阎家店"自卫团"及长山冲等地的反动武装，有力地支援了西镇农民的武装起义。25日，在徐家集民团担任队长的共产党员毛正初，率领民团起义，建立了革命委员会和游击队。

1930年1月20日，六安中心县委集中六霍起义后建立的六安三区、六区游击队和霍山西镇区游击队，在流波䃥召开负责干部会议，宣布建立中国工农红军第三十三师，下辖一〇六、一〇七两个团。徐百川任师长，姜镜堂任政治部主任。

自1927年秋到1930年初两年多的时间里，大别山从西到东先后燃起革命烈火，建立了三块根据地，组成了三支革命武装，这是党的正确领导和长期工作的结果。

仅以我的故乡鄂东麻城和黄安为例：1921年7月，中国共产党在上海成立。湖北代表董必武、陈潭秋同志出席中共一大回武汉后，积极宣传马列主义，迅速建立和发展党的组织。在董必武、陈潭秋等同志领导教育下，来武汉读书的黄麻学生王健、王秀松、戴克敏、汪奠川、徐子清、蔡济璜、刘文蔚、桂步蟾等同志，接受了马列主义思想教育，先后加入了中国共产党，为革命播下了火种。

1925年，经上级党组织批准，中共黄安县特别支部，中共麻城县特别支部先后成立，在党的领导下，广大贫苦农民热烈拥护反帝、反封建的纲领，各地农民协会雨后春笋般地成立起来。1926年9月至1927年5月，鄂东成立县农民协会的有黄陂、孝感、黄冈、黄安、麻城、黄梅、蕲春、广济；豫东南有信阳、商城、罗山、潢川、光山；皖西有六安、霍山。黄安县10个区210个乡，都有农会组织，会员56000人。麻城县成立区农民协会13个，乡农民协会340个，会员发展到124000人。农民运动的蓬勃兴起，狠狠打击了土豪劣绅，鼓舞了工农群众的革命热情。

1927年4月12日蒋介石在上海，7月15日汪精卫在武汉，先后叛变革命，疯狂镇压共产党和革命人民。在党内，陈独秀推行右倾投降主义，造成了严重的后果，轰轰烈烈的大革命失败了。但是，黄麻地区的党组织，紧紧地依靠人民群众坚持了武装斗争。如当时流行的一首歌谣唱的那样："破寨岗上歇游行，红旗招展主义新；不打土豪心不死，不杀劣绅怨不平。"农民自卫军战士满怀悲愤，揩干净身上的血迹，掩埋好同伴的尸体，与土豪劣绅、反动民团、红枪会和国民党正规军进行着长期的顽强斗争，终于使革命的星星之火，在大别山熊熊燃烧起来。

二

1930年3月鄂豫皖革命根据地和红军统一后，到1932年6月取得第一、二、三次反"围剿"胜利，根据地不断巩固、扩大，武装斗争进入一个迅猛发展的新阶段。

1930年2月25日，党中央决定将湖北的黄安、麻城、黄陂、黄冈、孝感、罗田（以后又增应山、安陆），河南的商城、光山、固始、潢川、息县（以后又增罗山），安徽的六安、霍山、英山、霍丘、颍上、寿县、合肥等县，划为鄂豫皖边特别区。3月18日，党中央发出指示信，决定将红军三十一师、三十二师、三十三师编为中国工农红军第一军。4月，鄂豫边特委在箭厂河召开会议，依照中央决定：组成鄂豫皖边特委，郭述申同志任特委书记；合编红一军并组成一军前敌委员会，军长许继慎、政治委员曹大骏、副军长徐向前、政治部主任熊受暄；一军前敌委员会，由曹大骏任书记。

红一军的组成，不仅解决了三个师的统一指挥问题，有利于互相交流经验，共同发展，而且为逐步建成一支集中统一的正规红军，为提高部队战斗力由游击战向运动战过渡创造条件，从而更有利于打击敌人，在更大规模上开展革命战争。

6月中旬，红一军第二师、第三师，在军长许继慎、政委曹大骏率领下，向六安、霍山西部地区敌据点发动进攻。先后收复了流波䃥、麻埠等地，第三次打下霍山县城，歼敌千余人。驻六安敌潘善斋部新编第五旅反扑，遭我军迎头痛击，歼其大部，毙俘敌副旅长以下700余人，取得了整编后的第一次大胜利。

7月初，军部率二师、三师南下，与英山县委领导的游击队会合，在金家铺、狮子坳全歼敌唐生智部韩杰旅千余人。第二师发展到1200余人枪，第三师发展到400余人枪。

与第二师、第三师皖西胜利作战的同时，留在鄂东北的第一师，在副军长兼师长徐向前同志指挥下，积极向京汉铁路南段出击，连战皆捷，进行了三次扩编，部队迅速发展壮大。袭占杨家寨车站，歼敌二十军两个连；伏击杨平口，毙伤俘敌千余人，活捉敌团长，缴枪800余支；奔袭花园镇，歼敌钱大钧教导师第五团1400余人，缴重机枪8挺、迫击炮5门、长短枪800余支。红一师第三次扩编后，组成两个步兵团、一个机炮混成团，发展到3000余人。

8月中旬，红一军三个师在四姑墩会合，取得了四姑墩、小河溪两战胜利，歼敌戴民权新编二十五师两个团的大部，缴枪400余支。

1930年11月到1931年1月，红一军、红十五军和鄂豫皖根据地的地方武装，取得了第一次反"围剿"斗争的胜利，先后歼敌四个团又四个营；击溃敌四个团另一个营；还有大量反动民团及零星小股敌人。总计毙伤俘敌5000人，缴枪近3000支，使敌人苦心经营的第一次"围剿"彻底失败。

1931年1月中旬，蔡申熙军长、陈奇政委率领的红十五军，由蕲（春）、黄（梅）、广（济）来到商南长竹园与红一军会合，合编为红四军。旷继勋任军长，余笃三任政委，徐向前任参谋长，曹大骏任政治部主任。下辖第十师、第十一师，后来扩编了第十二师。部队发展到12000余人。

合编以后连打了三个胜仗。1月下旬，围攻磨角楼激战三日歼敌十三师千余人，缴枪千余支；2月上旬，用爆破方法攻占新集全歼反动武装千余人；3月上旬，双桥镇战斗，在㳇水西岸全歼敌三十四师，俘敌师长岳维峻以下官兵5000人，缴获长短枪6000余支。

4月下旬至5月中旬，第二次反"围剿"作战，红军主力东西往返机动，选敌弱点，各个击破。首战独山,歼敌 2000 余人;又战浒湾,歼敌近千;后在桃花,歼敌近两个团。同时,在根据地内以广泛的游击战争,打击敌"追剿"部队。至此,蒋介石梦想 5 月底"肃清"鄂豫皖红军的第二次"围剿",又遭失败。

5 月中旬,中央委派的张国焘在新集召开会议,根据中央决定,宣布撤销鄂豫皖边特委,成立中共中央鄂豫皖分局和新的鄂豫皖军事委员会,由他担任分局书记和军委会主席。旷继勋仍为红四军军长,原鄂豫皖特委书记曾中生任政治委员。

8 月 1 日至 9 月 1 日,红四军南下作战,由于抵制了张国焘孤军深入的冒险方针,坚持了正确的作战指导方针,一个月内仅以五个多团的兵力,就取得了歼敌 7 个多团,俘敌 5000 余人的重大胜利。连克英山、浠水、罗田、广济四座县城。牵制了武汉敌人原拟派往江西的部分兵力,有效地配合了中央革命根据地的反"围剿"斗争。

11 月 7 日,中国工农红军第四方面军在黄安七里坪宣告成立。辖四军和二十五军。原四军军部改为方面军总部,所辖十师、十一师、十二师归总部直接指挥。徐向前任总指挥,陈昌浩任政治委员,刘士奇任政治部主任。红二十五军军长是旷继勋,政治委员是王平章。方面军的成立,是鄂豫皖区红军进一步发展壮大的标志,在作战行动上,主力更加集中,指挥更加统一。因而为进行更大规模的运动战创造了条件。

1931 年 11 月 10 日到 1932 年 6 月 19 日,方面军连续发起了振奋人心的黄安、商潢、苏家埠、潢光四大战役,运用"围点打援"战术,取得了以少胜多、以弱胜强的辉煌胜利。我军以 13 个团先后歼敌正规部队近 40 个团,共 60000 余人,粉碎了敌人的第三次"围剿"。

四大战役的胜利,促进了革命根据地和武装力量的迅速扩大与发展。红军主力发展到两个军六个师;还组建了四个独立师和一个少共国际团,共 45000 余人。各县独立团、游击队、赤卫军等群众武装,发展到 20 万人以上。根据地扩大到 20 余个县,人口 350 余万,面积 4 万多平方公里。鄂豫皖根据地的土地革命、党的建设、政权建设和经济文化建设,都取得了巨大成就,创造了鄂豫皖革命根据地的极盛局面。

三

就在这时,由于张国焘的错误指导方针,使第四次"围剿"未能打破,方面军主力被迫实行战略转移。但根据地军民继续高举革命红旗，英勇地坚持了斗争。

四大战役的胜利，冲昏了张国焘的头脑，他对当时的客观形势，作了"左"的错误估量。黄安战役结束不久，他就说国民党的主力只剩下 7 个师，其余都是杂牌部队，红军现有的力量，已是不论多少敌人都不怕了。6 月间潢光战役的胜利，他竟认为已根本消灭了"围剿"。

1932 年夏，蒋介石亲自出马担任鄂豫皖三省"剿匪"总司令，调集 30 万大军，向鄂豫皖革命根据地发动第四次"围剿"。7 月初，在夏店讨论军事行动方针的会议上，徐向前总指挥鉴于黄安战役以来我军已连续作战七个月，部队十分疲劳，提出停止进攻作战，建议将主力集结于适当地区休整待机，并抽调部分主力配合地方武装肃清根据地内小块白色区域的反动武装，进一步巩固根据地和对付敌人的"围剿"。张国焘拒绝了徐向前同志的正确建议，坚持他的错误主张，坚持要红军实施不停顿地进攻。决定南下围攻麻城，威胁武汉。使得我军丧失了对第四次反"围剿"应付自如的能力。当敌进攻部队已深入我根据地中心时，张国焘又命令红军主力仓促赶向黄安以西迎击敌人主力，企图一举粉碎"围剿"。结果红军在反"围剿"中陷于被动局面。虽在冯寿二、七里坪、胡山寨和河口等地给敌人以重创，但我军亦遭重大伤亡和消耗。敌人的第四次"围剿"未能打破，我军被迫转入外线作战。

红四方面军主力撤离鄂豫皖根据地以后，留下部分红军和地方武装，又重建红二十五军。军长吴焕先，政治委员王平章，下辖两个师五个团共 7000 人。为保卫革命根据地，英勇坚持斗争，粉碎了敌人一次又一次的"清剿""追剿""驻剿"和"围剿"。1933 年 3 月 4 日，敌三十五师一〇四旅进占郭家河。鄂豫皖省委和红二十五军领导向郭家河敌人发起进攻，在地方武装配合和广大群众支援下，经过一个多小时激战，将敌全歼。俘敌团长以下官兵 2000 余人，缴获山炮 1 门、迫击炮 1 门、机枪 12 挺、长短枪 2000 余支。取得了红二十五军重新组建后的首次大捷。7 月 17 日，蒋介石任命刘镇华为鄂豫皖三省边区"剿匪"总司令，开始对根据地发动第五次"围剿"。红军在极端艰苦的条件下坚持斗争，指战员斗志昂扬，大家豪迈地唱道："山沟野坳是我房，野菜山果是我粮，三天不吃饭，照样打胜仗。"

根据中央指示，1934 年 11 月 16 日，红二十五军在程子华、徐海东、吴焕先、郑位三等同志带领下，开始战略转移，西征陕甘。

红二十五军长征后，在皖西道委书记高敬亭同志的领导下又重新组建了红二十八军，领导并坚持了大别山区的三年游击战争。在异常困难的条件下，他指挥红二十八军，领导大别山人民，一次又一次粉碎了几十万敌人发动的"五个月清剿"和"三个月清剿"，扩大了游击根据地，为我党我军保存和发展了革命武装力量，为大别山红旗永飘扬做出了贡献。一直坚持到1937年抗日战争爆发，红二十八军改编为新四军第四支队，东进抗日。

从黄麻起义到东进抗日，整整十年，大别山的革命斗争，一天也没有停止过；革命的红旗，始终在大别山上高高飘扬！

毛泽东同志在《中国的红色政权为什么能够存在？》一文中指出，中国红色政权首先发生和能够存在的地方，是在1926年和1927年工农群众曾经轰轰烈烈地起来进行反封建斗争的地方。

鄂豫皖根据地的革命斗争能够长期坚持下来，就是因为这里的人民是觉醒的人民，在中国共产党的正确领导下，为了自己的命运，能够不怕流血牺牲，前仆后继地进行不屈的斗争。

"一定要在中国共产党的领导下坚决奋斗，打出我们的一条大路，直到打出我们的江山。"这是潘忠汝同志在鄂东军成立时检阅仪式上发出的庄严号召。鄂豫皖苏区的人民在漫长的革命斗争中，用行动实践了潘忠汝同志的遗愿。党政军民，团结奋战，不畏强暴，不怕牺牲，许多地区"村村有烈士，户户有红军"。特别是1932年10月，红军主力转移后，鄂豫皖根据地军民经受了更加严峻的斗争考验。蒋介石的汉口总司令部下令："匪共为保存田地，始终不悟，应作如下处置：一、匪区壮丁一律处决；二、匪区房屋一律烧毁；三、匪粮食分给剿共义勇队，搬出匪区外，难运者一律烧毁。"根据这个命令，敌人曾以十五个师另两个旅30余万人的兵力，疯狂进行"清剿"，实行灭绝人性的烧光、杀光、抢光政策。"天台山大血案"一次集体屠杀群众二三千人，很多地方成了死人区、无人区。据1933年上海报纸统计，仅黄安一县就有10余万人被屠杀和饿死。但鄂豫皖人民杀不尽、压不垮，与敌人展开了针锋相对的顽强斗争。他们豪迈地提出："树也砍不完，根也挖不尽，留得大山在，到处有红军。"

> 廿二年间起伏多，黄麻革命涌洪波，
>
> 大山三座终移去，党引工农奏凯歌。
>
> 燎原烈火起星星，烧却江淮腐恶根，
>
> 英勇斗争成绩伙，山区到处见新村。

这是伟大的无产阶级革命家董必武同志，1962年11月为纪念黄麻起义三十五周年而作的诗篇。读着这光辉的诗句，心情无比激动，往事涌心怀。我仿佛又听到，黄麻起义的号角，在呜呜地吹响；我仿佛又看到，大别山的革命红旗，哗啦啦迎风飘扬！

原载《艰苦的历程——中国工农红军第四方面军革命回忆录选辑》（上），人民出版社，1985年，第49～60页。

黄麻起义前后

◎ 戴季英

1927年大革命失败后，中国共产党独立地领导人民，向反革命进行了武装斗争，在全国许多地方爆发了大规模的武装起义，打破了白色恐怖。黄麻起义就是在这种情况下进行的。

黄麻起义最大的特点，是没有任何正规军队参加，参加者都是农民，叫作"揭竿而起"。从黄麻起义到坚持木兰山的斗争，从木兰山斗争到开辟柴山保革命根据地，到商南、六霍暴动，到鄂东区、鄂豫边区、鄂豫皖苏区的形成、发展、壮大，从经济斗争到武装暴动，从抢粮、抗租、抗捐到普遍地深入土地革命，从少数党员到普遍建立党团组织，从没有苏区到有300万人口的苏区，从72人的小游击队到几万人的强大红军，从乡村农民协会到鄂豫皖的省、区苏维埃政府，从打小仗消灭敌人几个人到一次战役歼灭敌人几万人的大规模的正规战，从山区游动到占领城市，都是从胜利失败与失败胜利的不断斗争中发展起来的。鄂豫皖苏区、中国工农红军第四方面军，所走过的道路是曲折的、艰苦的，所取得的胜利，是来之不易的，是用血的代价换来的。

我参与了黄麻起义的组织领导工作，黄麻起义前后的一些主要活动，我都是亲自参加的，虽然时隔50多年，但事情的主要过程，许多先烈英勇斗争的形象，都深刻地印在我的脑子里，每当念及往事，心情总是不能平静。

一

20年代的黄麻地区是：封建军阀连年战争（直奉鲁豫皖的战争）、租课税债奇重（公债券、大加一、月月红、常青苗）、旱灾连年，饥荒频起，百物涨价，匪盗不断发生，瘟疫到处流行。广大农民无衣无食，与豪绅地主斗争纠葛问题时时发生（租案、债案、人命案……）。而豪绅地主与军阀官僚勾结争相扩大统治，操纵行政，收买土地，阶级矛盾激化，社会动荡，人们迫切要求变革现状，黄麻地区孕育着一场巨大的革命风暴，共产党及时组织与领导了这场革命风暴。

1924年至1925年，董必武同志和陈潭秋同志以他们原来创办的武汉中学为基地，为黄麻两县培养了一批共产党员，如徐希烈、王秀松、戴继伦、蔡济璜、王宏文等。他们是在董必武、陈潭秋的思想影响下研究社会主义革命学说的。自他们加入共产党后，遂在黄麻扩大了党的影响，宣传了革命，传播了共产主义，并在黄麻两地发展共产党与共青团的组织。

1925年五卅运动后，党利用暑期学生回乡，在群众中进行宣传，号召群众举行反帝反封建军阀运动，罢课罢市，成立五卅惨案后援会，办乡村平民夜校，化装演讲，散发传单，动员群众救国家救自己。同时出版《黄麻青年》刊物，指出青年与工农大众结合的道路，抨击反动政治，转载革命消息，开展新文化运动，成立黄安青年协进会，团结进步青年学生到党的周围。同时在党领导下组织了有共产党人参加的国民党。1925年冬，黄安、麻城两县分别成立了中央特别支部。党当时的口号和在群众中的纲领是：到农村去，打倒帝国主义、封建军阀，推翻压迫阶级，改变民不聊生的黑暗政治，实行民主政治，改善人民生活，取消捐税减轻租利，实行国民革命，拥护苏联，拥护共产党，工农联合……

1926年，北伐军进到湖北时，党领导群众反豪绅地主的斗争，首先重视斗争那些地主首领。如黄安县紫云区箭厂河乡的农民群众，惩办了大恶霸吴惠存。吴惠存是箭厂河地区的大土豪、大恶霸和大讼棍，担任着红枪会会首、民团团总等反动职务。长期以来，横行乡里，鱼肉百姓，高利重租，盘剥工农；网罗土匪，打家劫舍；私设关卡，敲诈勒索，谋财害民；拦劫花轿，强占民女，罪恶累累。打死吴惠存这件事，对统治阶级，对广大群众，是霹雳般的震动，鼓舞了广大人民群众。接着黄麻农民又逮捕了李介人等十二个大地主豪绅，公审枪毙了，这又大大鼓舞了人民群众。豪绅地主反动派的挣扎活动增加了，阶级矛盾与阶级斗争日益尖锐和扩大。

这一时期，黄麻的党团员学生如徐希烈、戴继伦、王文焕、蔡济璜、戴克敏、刘湘民（湖北第一师范）、曹学楷（中华大学）、王秀松、王健、刘建安、汪奠川、桂步蟾、徐子清、李培文（武汉大学）、余文治（启黄中学）、王文魁、戴季英（第六中学）、刘文蔚、王树声、徐其虚、吴焕先（麻城农业学校）等在党的指示下，进行组织工会、农会，发动群众，以工会、农会代替乡村政权，推翻旧统治，发展党团组织。此时期，黄（安）麻（城）在全国革命胜利形势下，蓬勃发展，成为全省农民运动最发达的县份。

大革命时期，在黄安县，共产党完全取得了国民党党部和工会、农会的领导权，支配了全县政治。农会实际成为乡村政权，群众组织普遍，工会、农会威信很高，纪律较好，农民事归农会办，工人事归工会办，民主决议，减租减息，取消苛杂，没收大地主的土地、财产与公产，八小时工作与增加工资，优待童工，解放妇女，审判土豪劣绅。教育的改造与发展，党也很注意，建立小学1000余所，学生50000余人，平民夜校普遍建立。成立农民自卫军武装，党也完全争得了领导权。黄安在大革命时共产党登上了全县的政治舞台，在麻城西北乡工作比较深入，建立了基础。

中共黄安县委于1927年春成立，余文治、徐希烈、戴继伦、郑位三等担任县委委员。麻城亦成立县委，蔡济璜、王宏文、刘文蔚等担任县委委员。

在1926年，河南光山、罗山的豪绅地主组织反动的红枪会反对革命，不准黄麻革命影响河南，以致引起广大群众反对，发展成为卡房至福田河两百多里的革命农民武装战争。建立了一条人民群众的革命防线，筑起了一道保卫七里、紫云、乘马、顺河等地区的坚强屏障，保卫着黄麻农民运动的蓬勃发展。这战争完全是群众性的，是在党的领导和影响下发生和发展的。这种广大民众自发的战争，给党的武装群众的工作提供了经验教训，使黄麻党组织和人民群众更加看清了武装斗争的力量，并在斗争中建立了农民自卫军，为后来的黄麻起义准备了群众基础和武装骨干力量。这战争表现了群众反豪绅地主斗争的坚决性与持久性，到1928年春，光山、罗山红枪会瓦解了。在与红枪会的斗争中，暴露了党对于农民的弱点认识不足与克服困难不够，领导力不强，军事上也无经验。

二

正当农民运动风起云涌的时候，地主、资产阶级的政治代表蒋介石和汪精卫叛变了革命。在国民党全面反革命，压迫解散工会、农会，镇压工农群众运动，解除工农革命武装，屠杀共产党人的白色恐怖环境下，党在黄麻地区的活动，被迫转入地下，整个革命形势起了变化，暂时进入了低潮，黄麻党团内部也开始了分化，一部分同志仍继续坚持原地工作。如曹学楷、徐朋人、戴继伦、戴克敏、王志仁、陈定侯、汪奠川、程昭续、郑大开、吴焕先、高建斗、郑友梅、戴雪舫、江竹青、蔡济璜、刘文蔚、王树声、桂步蟾、徐其虚、徐子清等，这些同志主张武装革命、继续巩固工农运动，发展组织，联合左派，掌握国民党党部和农民自卫军武装，逮捕正在回来与正在抬头的豪绅地主反动分子，反对妥协叛变动摇。另一部分人却消极退却或与敌人妥协了。

1927年7月7日，郭亮、贺昌、刘镇一派我回黄安工作。我原在启黄中学读书，后转入湖北省立第一中学读书，1926年2月由王志仁介绍入党。在我离武汉到黄安之前，郭亮找我谈话，向我介绍了时局。他说，现在资产阶级叛变了革命，小资产阶级动摇了，共产国际早在5月份就有指示：中国共产党要独立领导中国革命，不能同国民党合作，要掌握武装，独立登上政治舞台。郭亮还对我回黄安如何开展工作作了指示，说积极分子在武汉的作用不大，要到乡下去，依靠农村，依靠农民，依靠大多数，把已经解散的农会重新恢复起来，准备武装，把农民组织起来。

谈话后，我就起程回黄安。同回的还有戴克敏，他当时是省农协会干事。我回到黄安的公开身份是七里坪国民第二高等小学堂教员，同校的教员还有陈继南、李子芬、尹成章，校长是戴雪舫，教务主任方谦寿。

我回到黄安时，黄安县委已不存在了，一部分党团员仍然继续坚持工作。我们以黄麻北部为革命大本营，以七里坪为活动中心，当时提出这样的口号，以革命继续革命，以革命发展革命，依靠群众力量，领导群众，把握武装，打击正在活动的一大批豪绅地主反动派，提高群众阶级斗争勇气。

8月中旬，郭亮派刘镇一到黄安七里坪传达贯彻党的八七会议精神。参加会议的人员有熊殿勋（店员）、郑行瑞、高建斗（农民自卫军大队长）、汪奠川（农民自卫军指导员）、邹绪广（农民）、吴永达（农民）、叶耐青、曾海州、戴雪舫、方谦寿、戴季英、曹学楷、吴焕先（红学堂长）、程昭续、张进炳（高小学生）等人。

会议是在文昌宫丙班教室里举行的，从上午一直开到晚上。刘镇一首先宣读了八七会议决议摘抄。这是刘镇一在离汉口前，将八七会议决议主要内容记录在一张纸上，约400字。接着传达郭亮的指示，他说，根据共产国际的指示，中央决定举行两湖（湖南、湖北）秋收起义。这里以黄安、麻城、黄陂为基础，黄安为中心，组织农民揭竿而起，武装暴动。郭亮还提出将黄安、麻城联名为黄麻。到会同志对"暴动能否成功"的问题，展开了讨论，取得了一致意见，认为只要工作抓得紧，是可能的，也是能够成功的。只有暴动才能打开黄麻革命局面，推动革命进一步发展，配合两湖秋收暴动是当前的紧急任务。由于客观条件成熟，同志们在思想上、行动上有斗争准备，仅一天多的时间，完全接受了党的指令。后来称这次会议为暴动会议。

在这次会议上，大致决定了巩固工农运动，发展组织，改造黄麻党团，把握自卫军（人枪共百余）为主力，并加紧训练，以黄安之潘家河、阮家店、箭厂河、程卜畈等地义勇队和麻城之乘马岗、顺河集的农民为主要依靠，加紧反豪绅地主，没收财产，加强义勇队办事处的工作，动员第二高小的学生到农村去，党团机关设在七里坪。

在这次会议上，还决定首先在程卜畈、长冲、灯龙山、下村庄、古凤岭、太平寨至紫云寨一带村庄搞暴动，然后接着大干。会上，程卜畈农民协会主席程昭续性子很急，要求马上动手，大家考虑到那里的统治势力很大，如程子鹏（律师）、程瑞林（劣绅）、程月向（劣绅），都有一套办法，因此不同意马上就动手，要他回去先做好准备工作。

大约过了几天时间，我们到程卜畈的百子堂召集会议，吴焕先同志也到了，了解情况，布置工作。会议商定，9月2日举行熊家嘴农民暴动，由程昭续领导。程昭续是个很有魄力的农民，既积极又能干。

9月2日，熊家嘴农民起义按期举行。程卜畈的农民们，在共产党员程昭续等同志的领导下，高举红旗，扛着土枪、土炮、锄头、梭镖、甲鱼叉等武器，齐集在熊家嘴，举行了暴动。暴动的群众用铁锤砸开了大恶霸地主程瑞林的包有铁皮的大门，冲了进去，捉拿了程瑞林，罚款一千元，并召开大会，将程瑞林处决。

熊家嘴义旗一举，附近的农民闻讯响应。紧接着长冲又有万余人举行暴动，共产党员徐朋人在会上讲话，号召人民团结起来，打倒国民党反动派。暴动后，起义农民四处捕捉土豪劣绅，根据罪恶大小，罚款五百到一千，并用罚来的款子，请来铁匠，架起红炉，打刀造枪，武装自己。紧连着，大斛乡暴动了！王潭河暴动了！城区北乡暴动了！暴动的农民把捉到的豪绅地主，统统押送到十丈山的大庙里，交县防务会处理。

同一时期，麻城县的农民暴动也闹得有声有色。蔡济璜、王幼安、刘文蔚、郑天文、王树声等同志，分别深入到各乡各村，宣传党的八七会议精神，发动群众组织武装暴动。林家山的数千农民，兵分两路，一路奔杜家洼，一路奔李斯文村，分别捕捉土豪劣绅。乘马岗、傅家河、大河铺的农民也纷纷起来了。

这些暴动发生在9月份，所以后来就称为"九月暴动"。

"九月暴动"，使土豪劣绅吓破了胆，当地逃亡的土豪劣绅秘密捐款请兵，由程卜畈的劣绅程子鹏出面，花了一千块钱，买来了国民党三十军魏益三部一个连，进驻黄安城，他们到处声张，放出话，说后面还有大部队要来，要把共产党消灭掉，疯狂地向黄麻两县人民进行反扑。

根据当时的形势，可以把革命烈火引向深入，组织更大的暴动，夺取更大的胜利。但是由于两县党组织缺乏领导农民起义的经验，缺乏周密的部署，致使暴动失败了。但是，"九月暴动"的意义是很大的，揭开了黄麻起义的序幕。

"九月暴动"以后，郑位三同志和我去武汉请示省委。到武汉找到了朱国君，她是刘镇一的爱人，省委秘书。经过她向郭亮做了汇报，郭亮叫我们回黄麻，如果三十军打进来，就看情况定，不打进来就继续起义。

我们回来后不久，郭亮第二次派刘镇一到黄安来，多次提议组成一个党务委员会。他走后不久，符向一又持省委书记罗亦农的介绍信，到七里坪来，要召开黄麻两县联席会议，传达中央驻武汉代表团和湖北省委的指示。我们立即派七里坪高小学生张行炳等二人送信到麻城，通知徐其虚、刘文蔚、王树声、余柏平、廖荣坤。他们接到通知，除王树声因事未到外，其余同志均按时到达。在黄安参加会议的有汪奠川、高建斗、郑行瑞、熊殿勋、吴焕先、程昭续。在此之前，省委派潘忠汝、吴光浩分别到黄安、麻城做军事工作，潘忠汝因事未赶到，吴光浩参加了会议。

会议于11月3日在七里坪文昌宫第二高级小学召开，符向一传达了郭亮和罗亦农同志的指示，即成立中国黄麻农民起义总指挥部，同时组织中共黄麻党务委员会，作为党领导农民起义的组织机关。党务委员会由吴光浩、曹学楷、戴季英、程昭续、刘文蔚、徐其虚等组成。总指挥部由潘忠汝、吴光浩、曹学楷、戴克敏、汪奠川、刘文蔚、吴焕先、戴季英等组成。潘忠汝任总指挥，指挥部设在黄安七里坪。

会议研究决定，黄麻两县联合举行起义，武装攻打县城，消灭国民党保安队，扩大自卫武装。在会上讨论时，到会同志几乎全都赞成，吴光浩、曹学楷、汪奠川同志特别积极，只有个别人有不同意见，担心能不能攻下，攻下后站不住脚又怎么办。

11月9日，中国黄麻农民起义总指挥部宣誓大会，在七里坪北门外河滩上举行。会场搭了台，台上贴有标语口号，参加大会的是七里坪附近的农民群众，有好几万人。宣誓大会，从午饭后开到天黑。宣布了中国黄麻农民起义总指挥部正式成立，总指挥部成员就职。宣誓结束后，先后有工人代表熊殿勋、农民代表张行灼、学生代表李继先（七里坪高小学生，很能干，1929年随吴光浩到商南开展工作，在途中不幸牺牲）讲话。国民党左派、原黄安县党部委员詹道尊也在大会上讲了话。原安排有妇女代表、七里坪女子小学教员黄冠英讲话，黄见人多有点害怕未讲。各界代表讲话，一致赞成党的主张，赞成举行黄麻起义。

宣誓大会后，符向一起草了宣言，提出"以革命继续革命，以革命发展革命""打到武汉去""打到南京去""耕者有其田""一切被压迫被剥削的人联合起来"等主张。并在邮政局七里坪代营所发快邮代电，将宣言寄送省城。符办完这些事就走了。

七里坪文昌宫会议后，许多党员、干部和第二高小的学生，根据会议决定，分赴黄麻两县农村，利用多种形式，把黄麻起义的决定，秘密而又迅速地传到了两县穷苦农民中。进一步向贫苦农民宣传发动武装起义、实行土地革命的意义，鼓励群众起来打倒国民党反动派，打倒土豪劣绅，进行土地革命，建立革命政权，自己解放自己。

为了组织和领导这次起义，党组织配备了一批勇敢坚定的党团员到各区各乡，领导农民打击土豪劣绅，组织和准备发动武装起义。由于各地工作进一步加紧进行，义勇队（又叫义勇军）纷纷组织起来。几个小的村庄联合组成一个，较大的村庄单独成立一个，人数不等，在义勇队中，采取自愿报名的方法，组成了若干个敢死队，约二三百人。在各地义勇队成立的同时，熊殿勋同志组织七里坪店员工会的工人，请来一帮铁匠，买火药制硝，买洋钉制造来复枪，准备起义的武器弹药。

黄麻起义的各项准备工作大体就绪，总指挥部决定13日晚行动，攻打县城。调集七里、紫云两区数万农民义勇队，抽调了黄麻两县农民自卫军各两个班，共32人枪，黄安两班由指导员汪奠川率领，麻城两班由排长廖荣坤率领。未抽调的自卫军仍驻原地，防御光山方向来的敌人。紫云区箭厂河三堂红学由吴焕先率领，参加攻城战斗。

事先，起义总指挥部通知各地义勇队带红旗、武器到七里坪、古风岭、打鼓岭、三里岗等指定地点会合，没有说去打县城。义勇队在准备红旗时，克服了市面上买不着红布的困难，动员妇女捐献红衬衣、红裤子，拼接成旗帜。

11日上午，总指挥部在驻地七里坪文昌宫拟定了黄麻起义的口令为"暴动，夺取县城！"规定参加起义的人左面衣袖上缠白布带，作为标记。

三

11月13日，在中国黄麻农民起义总指挥部的指挥下，黄麻工农武装攻城起义的壮举开始了。动员起来的群众约20万，配合自卫军攻城的武装群众约两万，实际上黄麻两县当时所有的人都动员起来了，男的、女的、老的、少的，都出动了，呈现天翻地覆势不可遏的群众革命暴力。这次攻城行动的总指挥为吴光浩，副指挥刘镇一。

浩浩荡荡的起义队伍向黄安县城进发了，自卫军战士走在最前头，腰扎皮带，肩扛长枪，雄赳赳，气昂昂，义勇队员和武装农民紧跟其后，也都装束得干净、利索，同男将一道前进的女将们，手里拿着剪刀、菜刀和削尖了的竹竿等当武器。整个起义队伍，前望不到头，后看不到尾，只见那来复枪、红缨枪、甲鱼叉、三节棍、锄头、扁担、鸟铳、木棒竖立如林，无数面红旗猎猎飘扬。

午夜时分，起义队伍到达城北三里岗，停了十多分钟作短暂的休息，找来了一些木梯，队伍又急速前进，很快就抵达黄安城北门外，随后，按照总指挥部的部署，包围了黄安县城。

黄安县城，有两道城墙，城墙足有两丈多高，四个城门，敌人备有八门土炮，十条抬枪。一到天黑，胆小如鼠的反动派，就把城门关得严严实实。

几声枪声后，登城战斗开始了。搭梯爬城的战士是由吴光浩指挥的。因城墙很高，搭上一架木梯还差一截。敢死队员吴立行第一个奋不顾身，攀梯而上。吴立行是箭厂河人，共产党员，很勇敢，他刚踏上城墙，被敌人一枪打中摔了下来。他是这次攻城战斗中牺牲的唯一一位同志，永远值得我们怀念。为了迅速攻下北门，敢死队员继续上梯爬城，队员吴先恩、吴世安等许多同志都非常勇敢，经过紧张战斗，我们终于攻下了北门。

从北门进城的大队，经过大街小巷，直向东门冲去，由于人多势众，里应外合，东门马上被打开了，起义队伍像潮水般涌了进去。自卫军战士们站在城墙上大声呼喊着："我们是农民起义军，是共产党领导的队伍！""杀贪官，诛污吏，打倒土豪劣绅，实行土地革命！"一呼百应，成千上万的农民弟兄，也跟着呼喊了起来。

进城后，起义军用大刀、梭镖、来复枪等武器与敌拼杀，全歼了警备队60余人，缴枪180支。

起义胜利了！暴动成功了！14日清晨，革命的红旗，第一次在黄安城头高高飘扬！

黄麻起义胜利后，省委、中央驻汉代表团即派戴克敏、王志仁同志到黄安重建县委，书记王志仁，委员有曹学楷、戴克敏、戴继伦、汪奠川、潘忠汝、吴光浩、戴季英、田开寿（工人）、程昭续（农民）。党团合为一个县委。

11月18日，庆祝黄麻起义胜利大会在黄安城南的校场岗隆重举行，由曹学楷主持。会上，黄安县农民政府，中国工农革命军鄂东军正式宣告成立。当宣布黄麻第一个红色政权成立时，广场上欢声雷动，鞭炮轰鸣。在雷鸣般的掌声中，农民政府主席曹学楷和王秀松、吴先筹、陈定候、戴继伦、田开寿等九名委员，登上主席台，正式就职。

会上散发了黄安县农民政府成立宣言，是曹学楷起草，在县高小油印的。宣言提出了"武装夺取政权""反对封建势力""取消一切剥削制度""耕者有其田""庙产公积归农会""打倒武汉政府""打倒汪精卫、蒋介石"等主张。曹学楷同志还宣读了大会《通电》和《告民众书》，以及《黄安县农民政府施政纲领》。这个纲领的主要内容是：实行土地革命，工农武装起来，推翻豪绅地主的统治，建立工农政权；实行民主自由，改善劳苦群众生活；实行八小时工作制，增加工资；保护商业贸易，保护中小商人；拥护苏联社会主义，反对帝国主义侵略中国，打倒国民党蒋介石。

紧接着，举行庆祝中国工农革命军鄂东军成立大会，并举行了隆重的阅兵式。

根据中共湖北省委的指示，将黄安县农民自卫军改编为工农革命军鄂东军第一路，将麻城县农民自卫军改编为工农革命军鄂东军第二路。任命潘忠汝为鄂东军总指挥兼第一路司令，吴光浩为鄂东军副总指挥兼第二路司令，汪奠川为鄂东军参谋长，戴克敏为鄂东军党代表兼第一路党代表，刘文蔚为第二路党代表。

黄安县农民政府的建立和中国工农革命军鄂东军诞生的喜讯，像春风一样吹遍了黄麻地区的山山岭岭，温暖着百万农友的心。一连数日，黄麻到处杀猪宰羊，户户张灯结彩，广泛地举行各种庆祝活动。七里、紫云、桃花、高桥、乘马、顺河等地，分别召开了武装检阅大会，举行声讨蒋介石的游行示威。群众革命情绪澎湃，到处赶制武器、军装、红带、火药，到处听着"拥护共产党""是黑脚杆子的天下了""穷人伸腰了"。每个乡村市镇，日夜都在紧张的开会工作，到处可以看到男女老少喜形于色，熙来攘往。

黄麻起义，是在党的八七会议精神指引下进行的。这次起义，有力地打击了反动地主与国民党的统治，配合了全国革命运动；这次起义，建立了鄂豫皖边区第一个红色政权，扩大了党在群众中的影响，使土地革命的口号更加深入到广大群众中去，成为鄂豫皖土地革命、武装斗争和革命政权建立的先声；这次起义，创建了鄂豫皖边区的第一支革命军队，向这个地区的广大群众宣传了武装夺取政权的思想，起义后建立的工农鄂东军，成为后来鄂豫皖工农红军的最初来源和骨干力量；这次起义发生的地区，成为以后鄂豫皖革命根据地的最早策源地和中心区域。

在黄麻暴动中，党的基本政策是站在劳苦群众一边，领导群众顽强地反对地主阶级，在斗争中使群众得到经济的、政治的果实。党的方针任务同群众利益结合，才取得了这次暴动的胜利。但是由于党内理论水平低，又缺乏经验，工作上有盲动主义的错误，对于地主阶级不加区别，曾提出"杀尽豪绅地主反动派"的错误口号。

四

当时,由于党还不成熟,经验不够,对反革命缺乏警惕,占领县城以后,就在城里住下来,没有明确以乡村为根据地的思想,没有大力地、普遍地发动群众、武装农民。因此,1927年12月5日夜间,驻在宋埠的国民党十二军教导师突然向黄安城奔袭,路经桃花时找了一些木梯,随后,集中300多支手枪攻打南门,我鄂东军同志因刚从河口打土匪回城,睡得很晚,非常疲劳,对敌人的进攻毫无准备,战斗打响后,我军起而守城应战,与敌激战四个多小时,打退了强敌的多次进攻,终因敌众我寡,被敌突破城门。

为了保存革命力量,党组织决定鄂东军立即突围出城,转移到农村去。潘忠汝总指挥在战斗中带领战士英勇冲杀,身负重伤后,强忍着剧烈的疼痛,继续指挥战斗,最后终因流血过多,用担架把他抬到潭畈河时,壮烈牺牲了。中共黄安县委书记王志仁同志,在南门楼上指挥作战时,中弹当场牺牲。

黄安城失陷了,很多同志献出了宝贵的生命。农民政府仅存在21天。敌人攻占黄安县城后,在城内洗劫了两天两夜,杀害了成百上千的共产党员、革命干部和工农群众,烧毁了大批房屋。接着,敌人又一路烧杀抢掠,进占了县北的七里坪。

从县城突围出来的鄂东军一部,刚退到七里坪,敌人迅速从河南、湖北包围进攻,情况严重,有不消灭我们不止之势。农民义勇队被打得散乱,我们把部队集中起来以后,到了太平寨,想看看麻城的情况,麻城的情况也不好,不能去,就到了木城寨。在木城寨召开了一次领导人会议。吴光浩、曹学楷、戴克敏、戴季英、汪奠川、廖荣坤、徐其虚、江竹青都参加了,符向一也到了会。会议认为,鄂东军不能老停留在中心区,要打出圈圈,把敌人撵走,减少中心区的损失。当即,吴光浩提出到木兰山去活动,大家一致赞成,确定在木兰山活动三个月再回来,不脱离黄麻。会后,符向一取道麻城返汉。

在我们领导确定去木兰山时,部队内部思想很乱,有的人公开讲没有前途,再打下去就要被消灭,不想再干了。我们做了大量的宣传解释工作,才维持了局面。腊月初六到了木兰山,清点一下,共72人,42支长枪(其中有9支九子联、两条马蹄斜）、9支驳壳枪、2支手枪。

去木兰山的72人，和以后又上木兰山的人，现在活着的不多了，时隔55年，我总是怀念这些一起战斗过的同志，他们大多数是无名英雄，有的人连姓名也没有留下，想起来心里实在难过。现在我能想起的有下列同志：吴光浩、戴克敏、曹学楷、汪奠川、江竹青、徐其虚、王树声、廖荣坤、林珠中、丁茂富、郑福东、张忠国、李继先、张心灼、陈再道、程启光、邱江甫、江波、陈福润、郑亚楼、戴道普、曹学道、方思法、郑老四、郑行敏、郑植璜、戴本魁、王景、吴行忠、俞士明、董纯齐、石盛勇、叶耐青、吴永达、潘遐龄、刘成道、李绍起、刘大如、刘本华、詹学道、阎常如、刘天华、王家彦、来显焱、方思德、黄家寿、郑芽绿、董孝玉、吴先筹、戴先汉、王××（诨名豌豆）、×保纯、晏仲平、张忠顺、徐朋人、戴继伦、戴先城、戴学诗。

符向一走后，我们在香炉山又召开了一次会议，提出游击战争要与农民运动打成一片，不依靠农民光依靠几支枪是不行的。

木兰山位于黄陂县北部，山高坡陡，方圆六七十里，东西两面有高山为屏，山势巍峨，群峰矗立，地势十分险要。山上有宽宏的庙宇，住着100多个和尚、道人。山周围有1000多户人家，并有长轩岭、塔耳岗、柿子树店等集镇，人烟稠密，物产丰富，文化发达。党在这里有一定的工作基础，还有一些社会关系可以利用，东北与革命基础较好的黄安的高桥相接，联系比较便利，从各方面看，可暂作积蓄革命力量的一个基地。

我们上木兰山后的第三日，根据中央的指示，改番号为中国工农革命军第七军，军长吴光浩，党代表戴克敏，参谋长汪奠川。部队编成三个分队。七军是在党的领导下，为实现党的纲领、路线、政策而奋斗的。队伍建立了党代表制，在组织领导上为一个委员会，由党的负责同志吴光浩、曹学楷、戴克敏、戴季英、汪奠川五人组成，一切重要的组织活动都请示中央及省委批准。

1928年1月23日（农历正月初一），第七军勇猛地攻克了木兰山外围的封建堡垒罗家岗，消灭了反动民团，打开了罗保元的当铺，把财物发还和分配给原来的当主和穷人。农民欢天喜地庆幸罗家岗土霸王的覆灭。这次战斗，工农革命军不仅无一伤亡，并且获得长枪19支。罗家岗的行动，给党扩大了影响，群众更加认识到工农第七军是解放穷苦群众的军队，这次行动震撼武汉、黄陂，也影响了黄麻。

黄麻群众说："又发了。"并作歌谣："木兰山上共产党，红旗高挂在天空……"

1928年旧历正月初，木兰山形势吃紧，我们请示省委，省委指示如能返回黄麻便返，否则自行决定。经过大家讨论，认为中国革命形势虽然处于低潮，但革命条件没有消灭并在增加。群众越被压迫越要革命，共产党是杀不完的，地方大，敌人空子多，政治形势总在变化，社会总在向前发展，谁也不能阻止住革命者的生存与发展的。我们照党的主张自己多想办法奋斗，总有一天可搞个名堂出来。木兰山如不能立足，到黄冈去游击。现在还不能返黄麻。因恐被敌围困于木兰山，便决定到山下准备应付环境。正月十五日，工农革命军突破敌一团人的包围，转战至黄冈大崎山、回龙山、罗田三里畈、黄冈磨盘山一带。斗争非常艰苦，崎岖的道路非常难走，疲劳饥饿异常，70多人共吃一升米两个南瓜的稀饭，聊以充饥，还边战边跑。在得知敌人从木兰山撤走的情报后，便迅速离开磨盘山，出三店，渡紫潭河，绕太平桥，插过黄安南部，回到木兰山。

由于数月以来日夜的游击战争与各地辗转，我们总结了游击战争要八会——会跑（跑路与跑脱敌人）、会打（不打无益之仗）、会散（散开）、会集（集合）、会进（进攻）、会退（退走）、会知（知敌）、会疑（疑惑敌人反动派）。

回到木兰山不多日，得知敌人又要来消灭我们。根据种种情况，我们决定改变策略，埋藏长枪，携短枪化装便衣，分成数小队，积极扩大活动，为适应便衣队的游击战争，在战术上采取昼伏夜动、远袭近止、声东击西、绕南进北的办法。

1928年4月初，驻黄麻地区的敌十八军和十二军发生内讧，敌十二军撤回了河南。陈秀冲会议，便决定全军离木兰山重返黄麻。

五

正当黄麻地区革命斗争再次兴起的时候，桂系军阀又很快地加紧了对革命力量的疯狂进攻。4月中旬，敌十八军的一个团，又相继控制了七里坪、古风岭、箭厂河一带的大小集镇，并帮助豪绅地主大量组织"清乡团"等反动武装，到处安设据点，实行严密的控制和不断的"清剿"。在这种极其艰苦的情况下，工农革命军第七军在群众的帮助下，又被迫同优势的敌人周旋。为了摆脱敌人的"追剿"，第七军经常利用两省军阀行动不一致的矛盾和一切空隙，机动灵活地出没在两省边界，辗转游击，趁机打击敌人。但是，部队仍处在流动游击之中，往往一天一夜要转移好几个地方，得不到休整，给养也非常困难，兵员也难以得到相应的补充。

在游击斗争中，党组织和部队逐步感到：要对付强大的敌人，使革命力量不断发展壮大，就必须在敌人统治薄弱的地方，找一个稳固的立足点，作为对敌斗争的依托。我们在辗转游击的过程中，逐渐发现光山县的柴山保一带，是敌人反动统治比较薄弱的地区，地处两省三县的边界，无敌人的正规军驻守。这里与黄安的七里、紫云，麻城的乘马、顺河等区毗连，到处是崇山峻岭，地势十分险要。当地的群众又受黄麻起义的影响，积极要求革命。曹学楷与柴家垱有关系，他的岳父是那里人，而且还有一定的势力。于是，清水塘会议便决定开辟柴山保根据地。第七军在柴山保工作开展得很好，各种组织恢复了活动，成立了黄麻县委。戴季英任书记，委员有王树声、余柏平、张行炳、徐其虚、程昭续等。下辖十一个区委。7月间，随着革命力量的发展，第七军改编为中国工农红军第十一军三十一师。10月，红军与地方党组织的负责人重新组成中共鄂东特委，王秀松任书记，吴光浩、曹学楷、徐朋人、戴克敏、徐其虚、詹才芳、戴季英、王树声等为委员，进一步加强了党对武装斗争和柴山保地区工作的领导。到1929年5月，鄂豫边的革命根据地，以柴山保为中心，向南扩大到黄安县的八里、桃花一带，向东扩大到麻城县的黄土岗附近，向西扩大到孝感县的汪洋店。在横一百三十里、纵一百里的地区，打倒了反动的封建统治，普遍建立了红色政权。七里、紫云、乘马、顺河等地区，已开始分配土地。黄麻起义到了这个时候成了大气候。

原载《艰苦的历程——中国工农红军第四方面军革命回忆录选辑》（上），人民出版社，1985年，第61～79页。

柴山保武装割据

◎ 陈再道

黄麻起义后,农民起义武装组成工农革命军。经过血战黄安和转战木兰山的艰难曲折的斗争,于1928年春重返黄安、麻城老区,在鄂豫两省边界地区以柴山保为中心,建立起纵百里、横一百三十余里,人口二十余万的第一块革命根据地。走上了"工农武装割据"的正确道路。

一

1927年12月,工农革命军鄂东军转战木兰山以后,黄安、麻城的土豪劣绅,纷纷建立"清乡团",和国民党军队纠集一起,对革命人民进行血腥镇压。许多村庄被血洗,无数革命战士和人民群众遭到剖腹、挖心、剁手、活埋、点"天灯"等惨无人性的屠杀,甚至老、弱、妇、幼也难幸免。经过激烈斗争锻炼的共产党员和人民群众,依然采取多种方式,对敌人坚持顽强的斗争。他们坚信:"共产党是不会失败的!""工农革命军一定要打回来!"

1928年4月5日,戴克敏、徐其虚同志率领工农革命军第七军的一个队,歼灭了黄安紫云区上戴家的民团,缴枪10余支。随后,第七军按预定计划全部返回黄、麻老区。

回到老区,我们所到之处,耳闻目睹敌人残害革命群众的暴行,复仇的怒火,在大家心头燃烧起来。当地党组织动员群众积极支援配合我们,向土豪劣绅和反动民团展开全面进攻。几天之内,就消灭和驱逐了七里、紫云、乘马、顺河等区的地主武装及反动民团;争取了麻城县西张店"清乡团"12人投诚。广大群众欢欣鼓舞,把这一胜利称之为"二次暴动",编了歌谣到处传唱:

党员游击转回还,先打"清乡团",

铲土豪,除劣绅,一心要"共产"!

谁敢来抵抗,叫它狗命完,

只急得土豪劣绅两眼朝上翻。

4月中旬,桂系军阀胡宗铎任湖北"清乡督办",敌十八军军长陶钧为"会办"。十八军一部控制了七里坪、乘马岗、箭厂河等集镇,并帮助豪绅地主大量组织"清乡团"等反动地方武装,对我军疯狂"清剿"。这时敌众我寡,经常一日数迁,处境十分困难。

5月,地方党组织和革命军第七军领导人吴光浩、曹学楷、戴克敏、徐朋人等,在清水塘召开会议。认真总结了几个月来与敌周旋游击的经验,认识到革命武装如果不进一步发动群众,建立一个基础坚实的中心区域来立定脚跟,仅凭流动式的单纯游击活动,就不可能坚持长期的武装斗争,就会在优势敌人的进攻下失败。会议决定,在恢复老区的工作同时,开展柴山保地区的工作,在大别山西麓的摩云山、羚羊山、木城寨、光裕山之间,和黄麻老区联系在一起,创造一个比较稳定的立足点,作为对敌斗争的依托。这个决定,向着边界"武装割据"的正确道路,迈出了重要一步。

二

柴山保地区位于河南省光山县南部,纵横约30里,与黄安的七里、紫云区和麻城的乘马岗区相毗连。群众生活穷困,积极要求革命;地处两省三县边界,敌人的统治力量薄弱;加之山高、林密、层峦叠嶂、交通闭塞、地形复杂等有利条件,是武装割据的理想地方。党派有社会活动经验的曹学楷同志,负责领导地方工作。采取了对上层分子进行中立,争取农民群众等政策,逐步提高群众觉悟,暂时实行减租减息，而不急于分配土地；对吴文路控制的一股土著武装，利用其与军阀部队和某些豪绅地主之间的矛盾，争取他们暂不与革命为敌；对于反革命的首恶分子，坚决镇压。在群众工作方面，选派了一部分党员深入群众进行串联，积极建立农会、穷人会和发展党的组织。在军队方面，军纪严明，影响群众。做到公买公卖，损物赔偿；派一桌饭，付银洋一元；借一床被子，给三个铜板；野外露营，吃了群众地里的红薯，把钱埋在薯秧下。部队每到一地，都帮助群众生产劳动，张贴传单标语，召开群众大会，宣传党的主张。对反动红枪会，选派党的骨干分子打入内部，教育和争取会众，孤立和排除上层反动分子。在军事上，不断巧妙地打击敌人的进攻，积小胜为大胜。

清水塘会议后第三天，桂系军阀第十八军驻黄安紫云区的一个营，由土豪方小亭带路，从长冲出发向我工农革命军驻地河南湾奔袭。我们只有数十人枪，英勇果敢地抢占了高山有利地形，趁敌人的阵势还没有摆好，从山上猛冲下去，把敌人打乱了，还乘胜追杀，捉了两个俘虏，缴获三支驳壳枪。土豪方小亭逃回去后，被敌人营长打了一顿。

这次战斗，虽然缴获不多，但打响了开辟柴山保根据地的第一枪，政治意义很大，给群众以极大鼓舞。这以后，第七军在老区人民大力支援下，积极开辟新区工作；同时，也充分利用新区的有利条件，努力支持老区群众的革命斗争。部队时聚时散，往返跳跃，南北配合，不断取得新的胜利。7月14日，敌十八军驻来家河的十一连，有一个学生出身的排长，受到我军宣传的影响，有了进步要求；司务长与连长有矛盾，那个排长就和司务长秘密议定，把连长打死后，带全连73人，枪75支哗变投诚，受到我军热烈欢迎。其中多数参加了工农革命军，少数人发给路费回乡。投诚排长当了我军连长，我见过他，高高的个儿，军事上有一套，他喊口令之前有句口头禅："留神！"后来大家都亲切地称他"留神连长"，真名实姓却很少有人知道。这些政治上和军事上的胜利，加速了柴山保根据地的发展。

三

1928年7月，为加强军队建设，巩固和扩大割据地区，第七军在尹家嘴召开会议。会上根据上级指示，改编工农革命军第七军为中国工农红军第十一军三十一师。吴光浩任军长兼师长,戴克敏为党代表,曹学楷任参谋长,陈定候为政治部主任。全师分编四个大队(对外称九十一团、九十二团、九十三团、九十四团)。关于党政工作,会议决定恢复黄安、麻城等县委和部分区委。规定了边界当前工作任务:迅速恢复、建立和发展各地党、团组织,加强支部工作;积极组织县区赤卫队和群众武装,发展游击战争;在边缘地区和敌占区,普遍开展以抗捐、抗税、抗租、抗稞(青苗债)、抗债为内容的"五抗"运动,进一步发动群众。

10月,由红军和地方党的主要负责人,重新组成了中共鄂东特委,王秀松任书记,吴光浩、徐朋人、戴克敏、曹学楷、戴继伦、戴季英、徐其虚、王树声、詹才芳等为委员。红三十一师建立了党的师委员会,负责领导部队党的工作。不久,鄂东特委决定红三十一师第一、第二两个大队南下黄、麻老区,配合群众斗争,先后击溃和消灭了乘马岗、顺河集地区的四个反动民团,击退了驻麻城敌人一个营的进攻;柴山保以西的观音保等地,也由于红军经常活动,工作逐步开展巩固,成为割据区域。边界武装割据斗争,取得了越来越大的胜利。

12月,鄂东特委明确提出:"学江西井冈山的办法",并通过中央巡视员曹壮父向中央提出建议:把黄安、麻城、光山、商城、六安等县,划为鄂豫皖特区,以创建整个大别山脉的武装割据。可是,这个正确的建议,当时没有被采纳。但鄂东特委仍继续为推动鄂豫皖边界工农割据而努力。

1929年2月,鄂东特委同豫南特委举行联席会议,共同计划在商南发动武装起义。不久,又和皖西的六安、霍山、英山党组织取得联系。"学习井冈山的办法",这是具有战略意义的口号,对促进鄂豫皖边界地区的斗争发展和后来创建鄂豫皖革命根据地,产生了深远影响。

鄂豫边界革命斗争的蓬勃发展,对国民党军阀在鄂东的统治,是一个严重威胁。2月中旬,敌十八军出动两个团,由南向北分路向柴山保地区大举进攻;冯玉祥驻豫东南部队,也在北面堵截。红三十一师立即分兵三路,突出包围,向南面敌人比较空虚的侧后方进击。第一路为一、三两个大队,从黄安北部向西活动,在禹王城歼敌仙居区"清乡团",缴枪28支;又攻下地主坚固围寨熊家畈、涂家湾。第二路为师部带两个特务队,一直深入到黄安县城以南,全歼高桥河"清乡团",缴枪34支,第三路为二、四两个大队,向东南突进麻城北部地区,歼敌西张店"清乡团",

缴枪六十余支。这一仗,第四大队长程昭续负重伤被俘,后在七里坪英勇就义。3月,蒋桂军阀混战爆发,我三十一师乘机扩大游击,先后收复七里坪、古峰岭、箭厂河等乡镇,使革命游击战争四处开花,武装割据地区更加扩大。

经过边界武装割据斗争,红三十一师发展到四百多人,成立了第五大队,部队的组织建设、思想建设和后勤建设,都取得了很大成绩。创办了小型医院、修械所和被服厂,红军第一次穿上了自己被服厂制作的灰色军装。

4月,鄂东北特委(即原鄂东特委)又召开了黄安、麻城、黄陂、孝感四县县委和红三十一师委的联席会议,选举徐朋人为特委书记,并根据党的"六大"决议,通过了《临时土地政纲》、形势与任务、扩大游击战争、政权建设等八个决议案。在党的决议指导下,鄂豫边的武装斗争、土地革命和政权建设,已经紧密地结合起来,初步形成了鄂豫边工农武装割据的新局面。

5月,鄂豫边割据地区已从北面的柴山保,向南扩展到黄安的八里湾、桃花和麻城近郊,向东扩展到麻城的黄土岗附近,向西扩展到孝感的汪洋店附近。在此纵百里、横130里地区内,乡村中反动统治全部崩溃,作为革命基层政权的农民委员会,已经普遍建立。

6月,徐向前同志来到红三十一师。从6月到10月,他领导部队连续粉碎了敌人发动的"罗李围剿""鄂豫围剿"和"徐夏围剿"。根据地军民在斗争中获得了丰富的游击战争经验。红军和地方武装也得到进一步壮大,红三十一师发展到700多人,根据地也进一步巩固和扩大,随着商南起义、六霍起义的成功,鄂豫皖革命武装斗争的新时期到来了。

原载《艰苦的历程——中国工农红军第四方面军革命回忆录选辑》(上),人民出版社,1985年,第92～98页。

第二次国内革命战争时期党在肥西地区的革命活动

◎ 颜文龙等

前 言

1929年至1936年期间党在皖西北地区建立的农村根据地，是由中共皖西北中心县委领导的。它的活动范围是合肥、寿县、舒城、卢江等县。因为面积广，规模大，当时的活动又是秘密的，而且时间距今已二十年，又无文字记录可供参考，现在仅根据颜文龙（现在肥西县民政科担任副科长）和当时担任区委书记的侯光国（侯老十，后脱党，现在肥西上派河经营弹花店）的笔记和口述，以及肥西县文斗乡一些老年农民颜世法、孔凡楷等人的传说加以核对整理的。如有失实之处，由供给材料人和整理人共同负责。

当时在白色恐怖笼罩之下，党在新的地区建立组织和开展活动是极端秘密的，发展党员也只能发生纵的关系，不能发生横的关系，所以有些活动亦非侯光国等所能全部搞清楚的。

这一部分材料只是党在肥西的中派、彭圩、梁岗等地方活动的大概情况（肥西的雷马店、沈店、大潜山等地区活动不在内）。它和寿县瓦埠、卢江、白石山、金牛、柯坦，舒城春秋山等地区活动同是一个系统。材料中所写人物现在有张树平（寿县人，现在江西省委工作）、奚叶圣（肥西县中派河南马郢人，在中央财贸部门工作）、孙仲德（合肥人，上海第二医学院院长）、程明远（合肥人，现任安徽省林业厅厅长）等同志。文中所叙时间，只是根据当时穿衣、雨雪、生产等情况记出春夏秋冬四季，即有日期亦是阴历，年代是正确的，地点也是真实的。但因工作是秘密的，活动的，活动地区时有变动，人的姓名各亦常更换，有些人名、地名只能是音同，字恐有差错。人数和枪支只是概数。这是首先向读者说明的。

一、中心县委联络站的建立及其活动

1927 年至 1929 年鄂东、豫南、皖西各地农民起义后，在鄂豫皖边区建立了红色的苏维埃政权，并决定在合肥建立一个联络站。1929 年 3 月党就把这个任务交给了颜文斗同志（又名射南，合肥县程店乡颜新庄——现肥西县丰乐区文斗乡人民村人）。文斗同志 1929 年回家后在合肥三河镇（今之肥西县三河镇）参加中国共产党，任三河特支的宣传委员，在农村写宣传标语，在上派、中派、五十埠、严店、程店等地散发。当时因为农村党的组织尚未建立，党指示文斗要在合肥周围开展文化和政治宣传工作，他接受了党的联络和政治宣传两项任务后，就积极着手筹备。

文斗的父亲颜世炳，以耕种为业，颇有些土地。虽是地主成分，却十分同情儿子的革命活动。其母马氏也赞助儿子的"非法行为"。1929 年文斗父母帮助文斗筹措了五百元（银圆），和其兄文龙一同到合肥与朋友樊渊合伙经营"联一书店"，资金共有一千余元，店铺设在范巷口天云楼照相馆楼下，店内人员有文斗、樊渊及其兄樊老九（名不详）等人，由文斗负主要责任。这个书店开始担负了党中央和鄂豫皖苏区的联络站工作任务，并且作为皖西北中心县委（书记是林森同志）及合肥县委的碰头地点；党的通讯来往合肥，也均由书店转站接头、转达情报。

这项工作筹备就绪后，文斗又与党内外人士共同创办合肥《民众日报》，文斗任副刊编辑，另和赵圣情等组织"蔷薇社"，专供副刊稿件，借报纸作政治宣传。文斗此时尚写一些文艺小说（不知题名，原稿无存）和宣传马列主义的文章。

樊渊白日在外教书，夜晚在"联一书店"住宿。在书店开设大约有两个多月后，一天拂晓，合肥驻军国民党四十九军政治部派来的特务将樊渊逮捕，并大肆搜查书店，幸未发现党内任何文件，匪政治部遂将樊送司令部羁押，不久又送至六安军部，经文斗奔赵繁昌，找何世球之兄何某（是干什么的不详）营救，历时三月，樊始获释出狱。

"联一书店"经过这次波折，资金所剩无几，樊回肥后，消极悲观，抱怨组织，因此提出退股，清算资金后，"联一书店"在短期内便告结束。

由于"联一书店"尚存有若干书籍文具，同时，党亦认为还有改换名称坚持下去的必要，便又从三河把刘佛林（党员）同志调来城内。因刘原来就搞石印，而房东袁老板适有石印机一架，于是文龙、佛林和袁老板又合伙在"联一书店"原址经营"美林商店"。表面上专门做出售书籍文具与代办石印的生意，实际上却继续担负着党交给他们的上述任务。为时将近一年。

1930年9月，党内叛徒陈贤彬、高谦带着国民党安徽省党部调查室的特务分子，由安庆到合肥破获党组织，一天下午这两个叛徒到了文斗家里（住在官盐巷内）。文斗与他俩原是同学，一见就知事情不好，但非常镇定地招待他们，随身取了一个茶壶出去冲茶，离开家出小南门跑到中派河附近的马郢表兄马家堂家中。叛徒见文斗一去不返，追问颜母，颜母答以不知。这个叛徒便带着特务分子到"美林商店"逮捕了颜文龙、刘佛林。此时程明远同志（是当时的交通总站站长，站设在店埠）适来到商店，亦同时遭到逮捕。"美林商店"从此被反动政府封闭（此次住合肥内共搜捕组织同志23人）。从此，文斗在合肥城内无法立足，于是便和同志们一道转移到农村去了。

二、第一次搞武装和扒粮斗争

1929年大旱，肥西地区籽草无收，1930年春荒严重，农民吃菜根，啃树皮，生活极为悲惨，广大农民群众非常痛恨反动政府和有粮户（地主阶级），这是党在农村开展活动的极有利的因素；再加上大别山地区红色苏维埃政权搞得热火朝天，肥西地区的农民也就在很短的时间内被发动起来了。

1930年年底中共皖西北中心县委（这时书记是刘文敏）领导着党组织在肥西地区活动起来了。颜文斗（此时是三河区委书记）与县委马家堂就在中派一带联络和发展组织。

当时的主要成员有陈麻子（真名叫陈良济，肥西雷麻店人）、马家聪（家堂之兄，现在家生产）、彭家艮（上派南彭圩人）、彭家亮（上派南彭圩人）、赵干臣（中派西宋坎人）、侯老十（梁岗人）等。

当时中派河附近的卫王郢有个"王二爷"，当过国民党军的副师长，家有7支驳壳枪和14支长枪（雇人看家），赵干臣串通了王家内部扛枪的人，约好在农历正月初十晚间，里应外合地缴了王家21支长短枪。初十这天大雪纷飞，雪深几寸。傍晚，文斗、家堂、家聪、陈良济、侯老十、赵干臣、宋业声、宋时能等八人准备出发，当时自己只有两支驳壳枪（是中心县委发的），由陈良济（中心县委搞游击队的负责人）和侯老十（只会用长枪不会用短枪，其余的人都不会用）各用一支，夜晚雪止天晴有月亮，这八个人到了离卫王郢（村）里把路的小棚棚，停下来等月亮下去再动身，并布置好：陈翻墙上屋，猴子（侯老十）把后门，其余人均从前门入内。到达王家。大家把陈托上屋，陈跳入屋内后，把堂屋门踢开，打开大门，大家一拥而入。此时厢屋里有人玩牌，王家人哄起来了，内线人逃了，大家找不到更楼门（王家人枪都在更楼上），本郢子的"黄枪""红枪"都哄起来了："捉活的！"文斗在王家堂屋中倒斗中米，侯跑进来说："枪呢？"这时八个未经战斗的新战士（除陈以外都是学生和农民）朝七八处跑了。黄红枪追猴子，猴子不知打枪，陈上来放了两枪，打断了红枪杆子，敌人才不敢追。大家干了一夜，一支枪未弄到。天色微明，大家在赵干臣家煮糯米饭吃，独不见文斗、家堂。等侯老十找到马家，他俩已换去泥湿的衣服，在和别人赌博（这是掩护，也是联系人的方式）。

大家一直玩到傍晚，赵干臣又在宋坎组织了四五十人（这些农民群众都是发展组织的农民协会会员），准备到中派河小街头去扒朱家的粮食，昨天去的八个人又都参加了。四五十人轻轻巧巧地把朱家十几石大米（合三千多斤）扒光了，咸鸭拎走了。临走时，陈良济打了几枪，惊动了中派联保办事处的地主武装，他们哄、追、打枪，这四五十人毫无损失，安全地回到家里。粮食由出去的农民平分了。咸鸭子由大家煮饭吃了。

三、发展党的组织和农民协会

1932年春，中共皖西北中心县委书记老黄同志（老林调走了，老黄即刘文敏的化名，先叫老吴）在马郢开会布置："我们要找贫雇农向他们说明被压迫和被剥削不得翻身的道理，提高他们的觉悟，依靠他们作为骨干，我们要把他们组织起来，像上海工人罢工那样的浪潮在农村翻动起来。特别要注意搞扒粮斗争，缴敌人的枪武装自己，不能孤立地去发动群众。"大家在中心县委明确的指示下，分头各回自己的家乡，大胆地发动群众，发展组织，壮大队伍。

时间不久，陈麻子在缴雷麻乡公所枪时牺牲，这时老黄又调来两支枪，文斗又从家中弄钱买来两支枪，这有七八支枪的游击队，由中心县委指派小赵同志（真名不详）带领，这就是基本武装。

同年春，颜文斗带着农民群众扒颜新庄自己家里的粮食（颜家几房均是地主），马家堂带领群众到马郢子扒自己家里的粮食，罗祝店、彭圩和西乡各地的扒粮斗争真是风起云涌。这些农民群众都是组织起来的农协会员和贫苦的人。

1932年春到夏，各地发展的农协会员是无法统计的（当时没有这项统计材料）仅就程店一带跟颜文斗干的就不计其数。当时农村里到处流传着"笆斗会"（国民党叫的名称）的故事。

声势大了，风头也高了，肥西各地地主都组织地主武装保护自己的利益。其中较大的是三河区区长王匪庚年（已于镇反在汤店枪决），严联店保主任余国风。合肥县队又派夏可权带一中队人（其中有顾匪大排）到处"围剿"。这些匪军联合起来向我们手无寸铁的农协会员和共产党员疯狂地进攻，到处搜捕、拷打、枪杀、强迫自首等，他们利用叛徒摧毁我们的组织，因而当时我们受到了很大的损失。

为了保存力量，决定分别到庐江的白石山、金牛、柯坦，舒城的春秋山，六祁山一带去活动，这时斗争又暂时处于低潮。

1932年2月间，党分散各地发展组织和扩大农协，中心县委书记刘文敏和颜文斗（此时任合肥城区区委书记）每隔一星期在梁岗召开一次会议。

当时的工作是极秘密的，不冒险，不疏忽。在散发宣传标语时，事先写好派人在夜间张贴；白天则由一些机警的同志和老农民（农协会员）一道，在僻静处撒下许多张，有时也在人多的闹市地方先由一人选择位置刷好糨糊，后由一人把标语贴上去，虽然被白匪发现立即撕去，可是"穷人只有革命才能翻身"的道理，却逐渐地印在每个农民心里。

4月间,马家堂(化名虾子)在彭圩(上派河南十里)搞政治工作,被特务探悉,报告三河伪区长王庚年,王匪当即派武装匪徒将虾子逮捕,并预备押送合肥邀功请赏。党组织探明押送路径和日期,于是派游击队预先埋伏路旁(在中派河南约五里处的黄泥坎),一人化装为卖稻草的,稻草内藏了长枪,另有几支短枪放在竹篮里,歇在路旁树荫下,其余数十队员化装成农民,分散在路旁田里耕种。不久,果然有六名端着枪的兵押着马同志渐渐走近了,队员们的暗号一发,一齐动手,随即把马同志堵截下来了。押送马同志的六名匪兵,见势不妙,我们随后紧紧追赶,结果缴获快机盒枪两支,长枪一支,俘虏的六名匪兵经教育后释放。后来,中派河反动自卫队闻枪声赶来,企图救援,亦被我们打得丢盔卸甲,望风而逃,中派河的伪联保主任李道源也终于被我们捕获枪决了。

后来,白匪把马家四房子的家产抢光了,把马郢全部烧了,马家的人东奔西走,不敢归家,同志们也只好转移到别处去了。

1932年冬,各地同志又回到中派、彭圩、梁岗一带恢复农协和建立党支部组织。当时在巢湖边丁大郢、朱大郢、李大郢、双枣树(肥西)一带斋公郢、施夹街等地,都建立起支部,直接由区委领导。所发展的新党员都是农协会中的骨干分子。

四、游击队的活动

1932年秋,红四方面军由大别山鄂豫皖苏区开始长征,党组织决定发展和扩大游击队伍,皖西北中心县委的游击队当时由小赵带领的人枪只有十几,党指示缴敌人的乡公所武器武装自己。1933年春,扒粮斗争又在各地闹起来了。

小赵作战勇敢,不久在西乡发展了30多支枪。这是正式游击队。党派小赵任队长,小朱(颜文斗)兼指导员。小赵不善于带兵,离了小朱就领不起队来。队员最爱小朱,因为他常向队员们讲革命道理,又能联系群众,对人总是笑容可掬的。小朱把这支队伍中的兄弟,教育成坚强的战士,队员们都说:"小朱一来,咱们就有力量!"

不久,这支队伍拉到庐江一个地方(地点记不清),一天被庐江县自卫大队六个中队的敌人包围了(当天下雨),从早晨和敌人打到傍晚,敌伤亡三四十人,我军仅牺牲四人。临晚敌退，游击队出发，小赵因路滑过缺口时，不慎把驳壳枪掉在水中，他蹚水去找，不料脚指触动了扳机，枪响了，子弹从下颌打头上穿出来，不幸，小赵牺牲，当时小朱不在，队伍无人领导，又临时分散。

不久，老黄又派小朱去整队，由老徐任队长。这支游击队又在附近几县搞起来了。

1934年4月，这支队伍在伪合肥县赤卫队夏可权中队、伪三河区王庚年、严店联保主任余国风和国民党十一路军刘茂恩部卢团、孙营的联合"围剿"下，活动就更加困难了。当时，敌人悬赏捉拿颜文斗，到处搜查我方人员，有些游击队员的家属都怕自己的亲人遭损失，劝他们离队。有一天的白天，队伍在过双枣树的时候，有些家属亲友都喊队员离队，分散开来由他们掩护，可是队员都在"死不离队"的誓言下，团结得更紧，他们说："我们死，死也要死在一堆，好同敌人痛快地拼一下。"这天队伍宿营严店乡韩连村，这时老黄召集小朱等在老王郢（程店南五里）开会，30多人由马家堂带着。

余国风集中长短枪及红枪、黄枪几百人闻风而来，早饭后，游击队突围老王郢时，老黄令小朱跟队支持，小朱带队一直向东逃去。这时国民党王庚年、顾大排的匪军越来越多，我游击队在巢湖边周墩被包围，队员有的在途中被打死，有的跑散了。剩下来的二十几个人，都精疲力竭，枪已无火，大家把枪插起来，房子被敌人烧着了，游击队跟农民一道救火，小朱也担着一担水桶救火。敌人集合全村人查问，凡是有说不认识者便遭逮捕，共计被捕的有小朱（颜文斗）、虾子（马家堂）等16人。当即由顾匪押送合肥。

这时，党组织不断派人探听情况。

当颜文斗被押送到合肥时，伪县长郭平亲自出马办席请客，并对文斗说："据说先生很有才能，干这东西有什么用？只要能转变过来，还不是一样吗？"文斗当即破口大骂："你们吃的是人民的血汗，你们是危害人民的大坏蛋……吃你的什么饭，你要怎办就怎办，我死算什么！我死是光荣的有代价的！死是革命成功！二十年后再见。"

变节分子甘绍中也来劝文斗说："……我们还不是一样吗？你老兄何必这样固执！"被文斗臭骂一顿，低着头跑了。

文斗不但自己立场坚定，还教育鼓励其他被捕同志。

伪县长郭平见实在无法，即将颜文斗等16人押送六安，伪安徽省长刘镇华由安庆亲到六安，然亦无法从他们口中讨出半句话来。

1934年4月的一天，刘匪将颜文斗、马家堂等16人（其余人姓名不详）押到六安西门外，挖了一个大坑将他们一起推到里面，把每个人的头皮划开倒上硝镪水浸杀了。

临死前，烈士们高呼"共产党万岁！""我们的革命一定会成功！"……在场的敌人听了这些口号都畏缩了。

这支游击队的革命活动虽然失败了，但它教会了后起者如何同残酷的敌人进一步进行战斗。

五、翻印党的机密文件

党中央发到皖西北中心县委的文件需要抄写翻印，这项工作是极其机密的，要有机警可靠的干部负责，中心县委书记刘文敏把重大责任交给了他的爱人宋纪文和另一个党员王迺衡两同志去做。最初这个机密机关设在梁岗后的朱小郢子侯光存的家中。一个月后，迁至合肥小南门内。

中央交通每次送来的文件都是用各种精美的洋铁盒子上面装糕点、饼干等食物，底下是夹底（据侯光国说他家尚保存一个）。老黄收到后交宋纪文用蜡纸誊写、印好，再交王迺衡送到小南门外吴夹街，交给乡间的交通，各人的地点都说不明。

1934年7月底，王迺衡照例要把文件送到离城五里的吴夹街，交给交通徐某（名不详）。恰巧这一天，有一位曾在段祺瑞手下干过差役的猪××家的一二斤金子被强盗抢走了，反动政府为了要捉拿抢金子的强盗，直到八九点钟城门都没开。王迺衡同志抱着一大包纪念"八一"的油印宣传品到城门口的时候，引起了敌人的怀疑，当场遭到敌人的搜查，王与徐被捕，所有文件全被没收，接着又到城内把宋纪文也捕去了，所有的油印机和应用的东西全被没收。

白匪见宋纪文是个年轻女子，想用种种手段软化她，可是她那刚强的意志、严厉的斥骂，把敌人吓呆了。

宋等人被捕后，老黄、夏秃子二人一道进城探听情况，刚到德胜门的城门口，夏秃子被敌盘查,老黄未敢停步,随即沉着而机警地进了城,在德胜门内等候夏秃子能够赶来,但很久未见夏赶来,黄知事不妙,即由小东门到小轮矴码头等候中央交通的来人去了。

这次共计有四个革命同志被送到六安后牺牲了。

六、一次规模较大的扒粮斗争

1924年春夏,党组织和游击队受的损失很大,革命力量受了很大的打击。但没有吓倒共产党人,他们把悲愤化为力量,扑去自己身上的泥土,擦掉自己身上的血迹,又战斗起来了。

1934年夏天的一个上午,伪县自卫队夏可权带一中队人由程店开走了。下午程店周围的村庄和田野里没有一个人影。傍晚,四面八方大路上成群结队的农民带着笆斗、箩筐、布袋涌向程店街心,伪程店乡公所的五个兵吓得躲在土更楼里不敢伸头,老老实实地从更楼上把五支步枪丢下来。游击队搬两洋铁桶煤油和稻草要烧更楼,几个兵赶快把板门开出来了,更楼烧燃了,街上几家地主的粮食行和布店的东西也被搬光了,街上的贫穷人分了粮和布。他们说:"我们最初当是土匪,哪来这么多人啊!"当时一个庙里的和尚站在街心看热闹,也被叫去分了一斗米。

这次扒粮,游击队只有几支枪,周围的农民群众却来了几百人,在群众中留下来的影响的确很大。

七、皖西北游击师

1934年春游击队失败后,所剩下的人枪都散了,由韩连村逃出的队员把枪插在梁岗,经过搜集又有五六支枪,加上在程店缴的5支共10多支。党决定重整旗鼓,再组织游击队。

此后,党组织活动的中心地点转移到东王圩孙仲德家(离三河十里),中心县委每星期碰头一次。书记老黄同志到庐江、舒城一带去了解情况,回来后再看合肥等地有无变化,当时因白匪的猖狂"搜剿",各地活动曾一度暂时冷静下来。

1935年这支游击队又发展到几十人。

同年，寿县瓦埠一带游击队发展到200多人，被白匪打垮剩下六十几人，南下到合肥会师了（早在1934年春这两支游击队就准备会师，后来瓦埠的人已动身，因颜文斗等全部被捕故中途回去）。这支游击队合编为一个大队，山老尹（不知真姓名，后在五十埠牺牲，解放后遗体运回瓦埠）任大队长，孙仲德任大队副，人数有300多，枪有八九十支。

游击大队活动在合、庐、舒等地，不久和大别山高敬亭领导的第四支队接上头，高派团政委徐成基带一连人配合行动。

1935年8月的某一天，队伍拉到肥西。这次是白天行动，人枪200多，在西乡把凤凰尾乡公所的枪支缴掉，又到烧脉岗把乡公所枪缴掉，打死敌方队长一名，当天又到五十埠。大队长老尹不幸在五十埠牺牲。联保主任宣孟白家两个看家的，出名的有汪家二虎。大虎与孙仲德交锋，枪弹一打完，便进行肉搏，结果汪家二虎均被我游击队打死，还打死了宣孟白。

这一天缴了30多支枪，傍晚队伍到达梁岗，一路上战士们情绪很高，群众也很激动地跟着队伍要求参加新兵连。当晚收了七八十名新兵（都是农协会员）。

晚上中心县委老黄同志召集大家开会，决定成立皖西北游击师。孙仲德任司令，曹云幕任政委，张树平任政治部主任，马石任副主任。这支队伍号称七八百人，其实只有300多人。接着队伍在卫王、宋坎、中派一带游行一趟，壮大声势，鼓舞斗志，所过之处地主武装和县自卫队望风而逃。夜晚队伍过中派时，街里虽无一人，可是到处放着茶水。队伍到东王圩，抓了五个坏分子枪决了，把更楼烧了。不久又开到庐江、舒城一带活动。

一天，在春秋山被刘茂恩的十一路军包围了三层。我游击队400多人从早打到晚——突围，只剩下主要干部二十几人。夜里，枪没子弹，孙仲德把敌人投来未炸的几个手榴弹捆在一起，在突围时向敌人丢去，冲开血路，突出重围。

队伍又垮了，大家暂时分散搞政治工作。所剩的二十几支枪已分散在地方帮助镇压破坏分子和扒粮斗争。

1935年年底又把分散的枪支组织起来，集中了百把人。

农历腊月二十九日夜，这支队伍到严店捉拿余国风，在其姘头家把余匪杀掉，为烈士们报了仇。

1936年7月,孙仲德在山里养病,队伍由马石、大董带领,从庐江、舒城又抢到秋肥寺(上派东南十里),因为头一天在烧豚岗打了一仗,需要在这里休息,不料又被夏可权、王庚年等包围了,敌人越打越多,我军势孤不支,突围到黄渡(上中派河之间),河水深,敌人追,我军100多人被水淹死、打死、被俘,只剩下大董、张树平、奚业圣、马石(臂部受伤被群众掩护)等几人。

八、斗争更艰苦了

孙仲德病好以后,又收拾了散枪,组织100多人。1936年10月第一连连长大任带一连人投降了十一路军,中央从上海派来的巡视员倪德保在途中被捕叛变(倪来过一次),跑中央交通的薛汉章、大青年叛变,他们自首了,和敌人共同来破坏革命(大任在舒城岗窖被孙仲德所带的游击队包围了,这次连大任共打死十几人)。

国民党刘茂恩(刘镇华之弟)的十一路军利用变节分子到处"清剿",我游击队只好用棺材把枪埋了,人分散了。

就在这时,白匪到处抓人,强迫自首,党在农村的组织和农协全部被摧垮。

老黄同志请示中央,报告地方组织难以坚持的情况。党中央指示:可靠的领导干部调延安学习。当时到延安去的有曹云幕、张树平、孙仲德、奚叶圣、小杨(真名不详)等。

1937年初(农历正月初二),老黄同志还到彭圩、梁岗一带找侯老十了解情况,看看能不能开展工作,根据当时情况,地方组织不得不暂时放弃。老黄临走时对侯老十说:"不要看我们革命有损失,只要时候一到,全中国几小时就拿掉了。"

(颜文龙等口述　李江整理)

(原载《安徽史学通讯》1958年第5期)

原载华中师范学院历史系中国近现代史教研室编:《鄂豫皖苏区革命史资料选编》(一),内部出版,1979年,第166～179页。

大崎山上红旗飘

◎ 漆先庭

一、一张白纸和一段麻绳

  我是农民出身。1926年参加农民协会，1927年加入中国共产党。最初是在鄂豫皖苏区当一名红军。记得初到苏区的那天，中共黄冈县委会同志给我一封介绍信，介绍信是一张白纸，上面一个字也没有写。我心想："要这个无字天书有什么用呢？"心里很纳闷儿。又想："这一定有名堂，拿着再说罢。"后来才知道这是为了避免敌人的搜查，字是用米汤水写的，用碘酒一抹便能显现出来。县委同志又给我一段麻绳，嘱咐我先到一个地方，并说：在河边渡口那里有个摆香烟摊子的，是我们这边的人，专在那里做联络工作，他个儿很高，我出山的时候，用这段麻绳将他比了一比，与这根麻绳一般长；你这会碰见了他，可也偷偷地用这根麻绳把他比一下，免得弄错人。我将这些话谨记在心并将信和麻绳藏好，穿上草鞋，腰上系一条蓝布抹衣，戴了一顶冲天帽儿，就动身进山找红军队伍去了。

  走到指定的河边渡口，那里果然有个摆香烟摊子的，个儿很高大，我趁四下无人，上前去假装买香烟，趁他背着我拿东西的时候，我急忙将麻绳从怀里抽出来，在背后比了一下。那人发觉我做这个动作，向我笑了一下，低声对我说："你赶快过河到对岸青砖房子里找李海山，他会跟你接头。"于是，我急忙过河，很快就找到了李海山同志。他看了介绍信以后，对我说："现在这里情况很紧急，你即刻就和我到部队里去吧。"我立刻答应了。便由李海山同志的介绍，进山参加革命工作。

到了部队以后，最初的工作是在政治保卫局里跑交通和挑水。后来参加过几次战斗，当了班长。1931年参加了红四方面军活捉岳维峻和打陈调元的战役，曾经挂了两次彩。这时，蒋介石集中兵力进攻江西的中央苏区，大别山周围的红色区域便迅速扩展起来，并将商城改称赤城，黄安改称红安，英山改称红山。中共湖北省委这时没在长塘新集（光山）。在鄂东方面，红色根据地有麻城的岐区（岐亭），红安的平区，黄冈的李子区（子坦河）。我在部队中挂彩以后不久，上级便派我到黄冈当区委书记，活动中心是大崎山、庙儿嘴、但店一带。这时麻城由刘天元同志负责，活动中心是夏家山一带。

1932年，红四方面军在张国焘逃跑路线指导下，放弃了鄂豫皖根据地，主力向川、陕转移，留在鄂东的地方武装，连伤病员、眷属一起总共只1000多人。这时敌人便从四面八方大举进攻。反动头子陈朗轩、梅书山（梅七胡子）、王啸峰、皮宗荣等七个师和六个保安团的兵力，加上地方反动武装总共在万人以上。我们虽然处在敌众我寡的恶劣形势下，但大家的斗争意志更为坚强，团结得更为紧密。记得有一次战斗，我们只有一个团就打垮了敌人八个团的围攻。经过这次战斗之后，省委便下令向红安方面转移。省委和部分武力转移以后，黄冈、麻城老苏区的红旗并未倒下来，我们少数几个人奉命坚持在原地进行游击活动。这时我和漆少川等同志组织便衣队进行打土豪、联络群众、建立组织的工作。起初，便衣队人数很少，武器更少，总共只有11支手枪，但是却把敌人闹得昏头昏脑。主力转移后，留下了大批的伤病员要我们负责隐蔽疗养，为了疗养彩号和购买弹药；扩大部队，我们进行打土豪筹款子的活动。用这些钱来为伤病员同志治疗。因此，他们都得到了及时的疗养，恢复了健康。地方上的组织工作也逐渐恢复起来。反动派得到我们闹得这样凶，便一面集中兵力进行"围剿"，提出包、住、围、迫、兜的"围剿"政策；一面出偿价捉拿我们几个负责人。反动派说："如果有人捉住漆先庭，偿他光洋五万元，老婆两个；另外在汉口做一座三层楼的洋房子给他住。"有一天，我和我的"房东"——掩护我的一位农民开玩笑说："敌人出这大价钱捉我，你为什么不把我送去，得五万元光洋，还有两个老婆不好？"我的房东笑道："漆大爷，你说哪里话？你们闹革命是为了我们穷人有出头的日子，这点道理我还不明白吗？我要发财早就发了喽！"两人不禁哈哈大笑起来。

二、混过敌人岗哨

有一次，上级命令我运送一批物资到一个根据地去支援那里的同志。这些物资是三支手枪，一些止血药品和几百块光洋。中途要经过有大批敌人驻扎的柳子港。我立刻接受了这个任务，化装成一个小贩，挑一担箩筐，将武器、药品和光洋都放在里边，外面用细米糠填满。临走时，领导吩咐我："柳子港的敌人对来往的人检查很严密，你要当心。前几天下了大雨，柳子港的大河正涨了水，这是个好机会；万一敌人要在桥上检查你的担子，你就假装过桥失了脚，连担子一齐倒到河里去，好从水里逃走。"领导又叫我留几块光洋在腰板带里，以防万一。我准备妥当了便挑着担子上路。走到柳子港河边，看见有两个敌军守在河对岸桥头检查行人。我心想："这一关可难过了。"这时脚已踏上了桥，正在进退两难，却见敌人正将一个农民按在河滩上脱光衣服搜查，我便乘机夹在十七个担子的中间混过了岗哨。一过岗哨，我便三步两脚从街头边插上了小路。

离柳子港不远我有一个熟人，他家的媳妇徐五姑娘，是个热心快肠的人，常为我们做掩护工作。我便把担子一直挑到她的卧房里才歇下来，然后再到堂屋里休息。当我正在堂屋吃饭的时候，徐五姑娘却偷偷地进房去，伸手到箩筐里摸一把，发现里面有手枪，便赶忙将米糠抹平，不动声色地出来，趁四下无人，偷偷问我道："你挑的什么宝贝，要送到我房里放着？"我说："家里养了两只猪娃，没得喂料，昨天到柳子港买一担米糠回去。"她抿着嘴笑道："到这远来买糠，鬼也不肯信，里面一定有别的东西。"我听了心里一惊，急忙放下碗筷问她："你动了我的箩筐？"她见我发急了，忙笑着说："动是动了一下，我是担心你做事太大胆了一点：这里到处都是白匪，你还挑这些东西从这里过，你是不是吃了豹子胆？快吃完饭，我叫人引你从小路走吧。"我忙将饭吃完，徐五姑娘找来的人也到了。于是我们便从小路走，终于躲过了敌人的搜查，胜利完成了任务。

三、军民一家

在我几十年革命斗争的经历中，深深感到革命战士和群众的关系真是亲如一家，血肉相连。老根据地人民常常冒着生命危险，不顾一切来掩护我们受伤的战士和工作人员。

由于我们经常在黄冈一带活动，群众基础很好。有一次与敌人打仗，有三个红军战士受了伤，都是睡在农民的床底下养伤，一直未被敌人发觉。有时敌人在农民的家里宿营，敌人睡在床上，我们的伤员睡在床下，始终未被敌人发觉。伤员的血衣都是老百姓拿去洗，照料得非常好。所以战士们的伤很快就痊愈了。有一次，一位老大娘提了一大桶血衣到塘里去洗，出门正碰上一个敌军官，他看到血衣心里生疑，就拦住老大娘问道："老东西，哪里来的血衣？"这位老大娘急中生智忙说道："官长，我媳妇这几天正在月子里，家里无人力，这些东西？我不洗哪个洗啊！"这样，才算把敌人蒙混过去了。

四、白羊山上的战斗

1937年，我们活动的中心是在黄冈杜皮嘴一带。敌人的一〇三师向我们加紧进攻，又从武汉调来一个警备旅，穿的尽是绿呢子制服，武器又好。这时，我和由红二十八军调来与我们会合的麻营长（他本姓林，因脸上有麻子，所以大家都称他"麻营长"），总共不过两三百人。反动派欺负我们，认为这次进攻是十拿九稳，地主阶级分子也赶忙捞鱼杀猪，用大锅煮线粉来招待匪军，说吃饱了好打共产党，敌军官更是趾高气扬，说打了回来再吃也不迟，即刻下命令向回龙山进攻。于是在回龙山背后的白羊山头展开了一场激烈的战斗。我们早已得到敌人兵力部署的情报，知道他们这回是来势汹汹，因此决定只能计策取胜。我立刻命令大家把雨伞挂在山头小松树枝丫上，然后迅速分散到山下田野里装作生产的老百姓。不一会儿，敌人便进攻上来了，他们看到山顶树枝上挂的雨伞，果然当作是我们的队伍，便集中火力射击起来。直打得那些雨伞像风吹丝瓜一样摇摆个不停。正当敌人打得起劲的时候，我们一个讯号发出去，埋伏在田里的战士们立刻从四面八方冲上去，一下子把敌人包围了。这时长枪、手枪、手榴弹一起来，直打得他们钻老百姓的床脚，警备旅吓得连跑带滚，连脱呢子制服也来不及。这一次打死打伤敌人足足有三四百之多。

五、狭路相逢

那时，到处都是敌人。我们就在敌人四面密布的情况下进行活动，经常与敌人碰面。好在我们穿的衣服与老百姓一样，群众关系又好，到处都有熟人，一碰见敌人，便下田与农民做庄稼活，敌人也发觉不了。有一次，我与高敬亭一道走，正碰上了一队敌兵。我们马上分散到路边田沟里装作摘豇豆的。敌人问我红军往哪边去了，我随便用手一指，他们也就顺着我指的方向赶去；又有一次，上级来信叫我到军部里去开会，中间必须经过贾家庙，可是这时贾家庙正有敌人一个团，路上很不好走。不过一到下半天，敌人便躲进碉楼里不敢出来。我这时大病刚好，接信后便戴上一个破草帽，腰里面插一支手枪，起身到军部去。走到离贾家庙不远的仙姑坟旁边，突然前面小山坡背后露出四支刺刀尖子来。这时太阳快偏西了，金色的阳光照在刺刀尖上，发出一道道的闪光。还没等我看清楚，大路上走出四个敌兵来了。我心想敌人已到面前来了，回头走会更使他疑心，一看两旁又无岔路可走，又想到身上还带有一个日记本子，支部成员的姓名都在上面，我死了还不要紧，日记本落入敌人手中，整个党组织便会遭到破坏。想到这里，不禁急得满头大汗。趁敌人还未发觉我的时候，便迅速倒在路边的地沟里，一面急忙将日记本子从怀里掏出来，埋到地里去；一面将手枪紧藏在长袍里面,准备和敌人拼了。等我刚把浮土掩盖好，弄得地面不现一丝痕迹，四个敌人已到了跟前。我装作皮寒来了，躺在路边哼着。第一个毫不在意地走过去了；第二个也没有看我一眼；我偷偷看第三个，也昂头走过去了。可是第四个走到我面前，却停下了，用脚踢我一下，喝道："你是干什么的？"我说："到女儿家去看看，皮寒来了走不动。"那家伙又问："前面有匪没有？"我假装听错了，答道："水？要喝冷水田里沟有；要喝热水前面塆子里有。"他又大声喊道："我问你前面有没有红军？"我摇摇头大声说："没看见穿红的，只看见穿黑的。"那家伙见我答得牛头不对马嘴，又气又恼，使劲踢了我一脚。这时，前面的三个回转来了，他们看见我身上穿得又破又烂，两个多月没有理发，头发胡子足足有几寸长，便说道："跟这个哈巴货说什么事？大队快接上来了，我们快点走吧。"四个敌人走了一会儿，一大堆敌兵接着走了过来，约有一连人。后面是一乘凉轿，上面坐着一个胖子军官，后来听说是刚从贾家庙领饷转去的。我等这一群王八蛋刚走完，便一筋斗跳起来，从地里扒出了日记本本，插好手枪，三步两脚翻过了关坳口，向开会的地点跑去。

六、从黑夜到天明

  我从1927年参加革命以来，经历了十年内战、八年全面抗日战争以及三年解放战争。经过的道路是一段艰苦的道路。在过去所经历的最艰苦的阶段，还要算三年解放战争这个时期。因为这时反动派自知末日快到，不得不做垂死的挣扎。就黄冈县的情况来说，抗日时期摩擦专家朱大鼻子（朱怀冰）当了伪县长以后，派高子维（尚照）做区乡长，实行残酷的并村政策，逼迫老百姓搬家，把老百姓的石磨子往塘里丢，在井里、塘里泼大粪。五师突围西上以后，我们少数武装仍坚持把红旗插到大崎山上。敌人搜山，逼迫老百姓搬到山下去，企图把我们饿死在山上。记得有一个时期，100多人只吃了80四餐，有一回足足饿了四整天。有个老农民在离开我们搬下山去的时候，偷偷给我一根竹签子，对我说："漆大爷，山洼里我留了一块地的红薯没有挖走，是留给你的，你饿了就用这根竹签子挖着吃。"我记得这个老农民临走时，在他那布满皱纹的脸上淌着两行热泪。过了几天，我饿急了，就跑去挖红薯。却一个也没有了。后来才知道是被当地一个二流子偷光的。这时我们经常住山洞。在1946年以前，我们经常在一个山上的一些石洞里，洞口很窄，要把衣服脱光才能进得去。但是洞内也还宽敞，可以安上一两块铺板睡觉。粮食储藏也较充足。在解放战争时期，情况就更紧张了，这时我经常隐藏到新集李家大塆对面的将军山上石洞里。山上杨柳寺的和尚师父给我帮了很大的忙，洞内很狭窄，只能放上一块门板，经常缺乏粮食，敌人封锁得又严密，有时只能叫和尚向住在碉楼脚下的老百姓买些饼子来饱肚子。这种情况，直到1947年才结束。1947年刘邓大军南下，我们地方武装便即刻配合大军挺进到大别山,开辟了广大的中原解放区,革命活动更加蓬勃地开展起来了。

(原载《一星火花:湖北地区革命斗争回忆录》)

原载华中师范学院历史系中国近现代史教研室编:《鄂豫皖苏区革命史资料选编》(一),内部出版,1979年,第226～233页。

苏区童子团

◎ 张绍堂

1927年,我在袁氏笃本小学读书,年纪不过10岁左右。那时,我们这里已开始有农民协会的秘密组织了。地主豪绅和农民的矛盾日益尖锐,听说有些地方已经掀起了打土豪劣绅的运动。

在我们的学校里,穷人家跟富人家的孩子,有一条鲜明的界限。无论在生活习惯上,或者在言语行动上,都截然不同。穷人家的孩子说得到一块,玩得到一块;和富人家的孩子就不行。

1928年,河南共产党人非常活跃,到处打富救贫。国民党反动派竟污蔑共产党是"黑杀党",叫嚣共产党"残酷无情","祸国殃民"。

一天夜里,我们的桂舒武先生(共产党员)将我和另外五个穷孩子召集到一块,说是"集体补课",其实是秘密开会。开始,桂先生问我们:

"你们有没有听说河南有什么'共产党'呀?"

我们答:"听到过。"

"'共产党'是干啥事的?"他又问。

我们答:"是打富救贫的。"

"你们家是富是贫?"

我们答:"贫。"

随着他就讲了好些打富救贫的道理,这些话都说到我们心里去了,大家都说富人不打倒，穷人就不得活。

他说："我们也要打富救贫！不过需要组织起来，不能乱干。"接着他问："你们愿不愿干？"

我们异口同声地说："愿干。"

从此以后，我们开始在村子里进行活动了。

上课写大字时，我们避开教师的眼，把几十张标语悄悄写成了。我当时最恨土豪劣绅，因为我家是雇农，曾亲身受过他们的虐待，所以"打倒土豪劣绅"的标语，我写得最多。我们把写好的标语，都交给桂先生；晚上开会时，桂先生再把标语分给我们。我们便将标语装在荷包里，糨糊藏在袖筒里，在村子里到处走，只要没有人，就"啪，啪，啪"，一连把数十张内容不同的标语贴上墙了。附近的宋氏族立小学、新田堡高小也都在进行着秘密活动。不久，在宋家店子、大桥湾和淡树岭里的小庙子上、七邻、南畈的大树上，就连地主劣绅们的门上也都被我们贴得满满的。这下可把土豪劣绅吓坏了。他们惊惊慌慌地说："不得了啦！'黑杀党'到我们这里来啦！……"就在这时国民党政府、土豪劣绅和特务们勾结起来而且防备得非常严，很多民团团丁都下乡搜查。特务们更是明查暗访，见到标语就撕。但是他们白天撕掉，当晚我们又贴满了。

在一次会议上，桂先生说："敌人防备很严，从现在起，我们的组织要更加严密，活动要更加谨慎！不仅如此，我们组织还要扩大，活动的范围还要广，做的事情也要更多，更艰难！"会议是在一间小矮屋子里进行，墙上挂着一块黑板，桂先生拿着一本《国语》站在黑板前面，我们也跟上课一样，把书摊在桌子上，目不转睛地盯着他，全神贯注地听他的讲话。

最后，他极其严肃地一字一板地说："你们要瞒着家里的一切人，连父母都不能讲！对别的教师和外人就更不能走漏一点风声！大家千万注意：不要泄露秘密！"这时，我们都屏住呼吸听着。"万一泄露秘密，就有砍头的危险！"他压低了声音告诫我们。

一盏忽明忽暗的烛光送我们走出屋子。周围一切都是沉静的，天上只有稀稀的几颗寒星在眨着眼睛。我们浑身热辣辣的，桂先生的话不时在耳边响起。我们都觉得这是一次不平常的会议。它给我们的印象最深，所以至今还记忆犹新。

1929年端午节，我们借口各个学校互相参观，旅行了一次，我们个个都穿得比平日整齐漂亮，每人胸前戴一束鲜花。这实际是无声的示威！引起了国民党反动派、地富阶级的痛恨。

6月6日，各校学生派代表到新田堡（前老金家寨镇）开展览会，其实是在新田堡会师，拟定今后活动的计划。这天河南土匪头子顾敬之、柯新城和"青年保民团"把岗哨布置得特别严，来往行人很难通过。可是就在这天夜里，我们把大街小巷贴满了标语：

"打倒土豪劣绅！"

"实行土地革命！"

"拥护中国共产党！"

"拥护苏维埃政权！"

……

第二天一早，敌人发现到处都贴满标语，惊恐万状。"昨晚防守那样严密，没有见一个'黑杀党'，哪里来这么多标语，莫非是天助的'黑杀党'来灭我吗！……"有些胆小的地主豪绅开始逃亡了。据说这个消息传到敌警察厅，可把那些大肥猪气坏了。他们断定那些晚上放哨的士兵中一定有奸细私通共产党。结果把那些士兵全部拘禁起来，其中有一个竟被枪杀，还拿来示众呢！老百姓都在暗暗地拍手叫好，骂他们是蠢猪。

1932年秋天，红四方面军离开了大别山区。很多青年、学生、机关干部及儿童团里年龄较大的都随军北上。桂舒武先生也随军北上去了。大别山区只留下二二四团和二二五团坚持游击战争。所有机关奉命改编成游击师，师长是王建兰同志，那时我在六安七区工作。童子团这时也整编组织，密切地配合军队工作。有的担任放哨，有的担任宣传，有的做侦察，有的摸敌人岗哨。

红军北上不久，敌人妄想趁这个机会，派大批特务混入我区。苏区防备得非常严密，我们每隔半里路，尤其是在路口上都设有岗棚。童子团协助赤卫队站岗放哨就是当时的主要的哨兵；每人拿着一根三尺长的红条棍，袖子上佩戴着"侦察"符号，整日守在那里；任何人，从哪里来，到哪里去，一律要接受哨兵的盘问。这一关是最使敌人头痛的。进入苏区的特务们几乎全部都是在岗哨上被童子团搜查落网的。我们从狡猾的特务们的头发里，鞋子里，戒指里，鼻孔里，耳朵里搜查出许多重要的文件。

但是，我们也有些可爱的伙伴在做地下工作时被敌人杀害了。记得有一次，我们同阵出去三个人，一个姓李、一个姓姚，在被敌人冲散时，只有我一个脱了险，其余两个同志都慷慨就义了！

还有很多惊心动魄的少年儿童斗争史实，可惜我们不能详细记得了。我总觉得，在金家寨县的革命斗争史上，我们童子团的功绩，也闪耀着永不磨灭的光辉！

原载华中师范学院历史系中国近现代史教研室编：《鄂豫皖苏区革命史资料选编》（一），内部出版，1979年，第340～343页。

少共国际团

◎ 丁江城

1931年，鄂豫皖苏区流行着这样一首歌谣：

  骑着我们的马，

  拿着我们的刀，

  用我们的血，

  保卫苏维埃政权。

大别山区的红孩子们，不仅会唱，他们也真正的像歌词那样，做到了"用我们的血，保卫苏维埃政权"。

下面我们讲的是"少共国际团"的故事。

红四方面军离开大别山后，留在皖西苏区的只有独立营和赤卫队。国民党反动派集中了十几个正规师和大别山几十处民团勾结在一起，进行血腥的第五次"围剿"。

敌人疯狂地屠杀革命干部、红军伤员和红军家属。地主豪绅也乘机向农民倒算、报复、仇杀。霎时间，白色的恐怖，又笼罩了大别山苏区。

在这些恐怖的日子里，大别山人民并没有屈服。敌人的屠杀，更加激起了人民的仇恨。他们在党的领导下，进行着反"围剿"的战斗。青年们扛起梭镖，跟独立营一起打游击；年老的乡亲和妇女们，暂时躲进了深山；就在这时候，英勇的红军子弟——340多个儿童团员，在游击队的保护下，辗转在山林之中。每当游击队行动的时候，他们就插在队伍中间走，当队员们停下休息时，他们也搭起了自己的窝棚。

他们同游击队一道吃，一块住，赤着脚，爬着大山，忍着饥饿，耐着寒冷。就这样度过了这个漫长的恐怖的冬季。

随着1934年新年的到来，传来了振奋人心的消息：徐海东同志成立了新二十五军，红军又打回来了！

这时革命还是处在低潮的时候；反动派的气焰还很嚣张。红军虽然回来了，人们也还不能安安稳稳地蹲在家里。白匪还在到处放火，到处抓人、杀人，这300多个红孩子和红军家属，还不得不暂时地跟在红军后面。

领导们看见这种情况就说："这不行，孩子们必须要更好地生活下去。"于是，党就把这340多个孩子组成了一支小红军。为了继承"少共国际师"的革命传统，就命名这支部队为"少共国际团"，党派了一位富有战斗经验的张营长，担任团长，并且还派了党代表。这样，大别山苏区的"少共国际团"在党的领导下就正式成立了。

当时的情况是困难的。敌人不仅对苏区实行"三光"政策，同时也对苏区进行了严密的封锁。哪怕是一点点物资，甚至咸盐，也不准运往苏区。就在这种极端的困难情况下，红军自己节衣缩食，却仍然给他们每人穿上一套灰布制服，戴一顶列宁帽，套上大红"国际"袖章，每人一个同样大小的背包，一色的灰布子弹袋，一律小马枪。行起军来，精神抖擞地迈着整齐的步子，走在红军行列的中间；前面一杆大红的军旗，上面缀着"全世界无产者联合起来""少共国际团"金色的大字，迎着太阳招展。

他们有强烈的阶级情感，旺盛的革命斗志。在那样艰苦的战斗日子里，他们还把每天的时间安排得妥妥帖帖。只要一住下来，每当东方现出微明的时候，他们就开始操练。一个个托着小马枪，卧在地上瞄准；或者几十人一排，比赛着投弹。

每天都要学习文化，上政治课。不管时间多么紧张，他们也从来没有放松过学习。有时还帮助乡亲们做活。晚上，他们静静地坐在星光下，听党代表讲党的历史，讲红军杀敌的故事。他们最爱听的是那些老红军的故事。什么"两条半枪闹革命"啦，"立夏节暴动"啦，"少共国际师"的英勇作战行为啦，这些生动的革命事迹，深深地印在他们的脑子里。

当时，红军面临着许多困难，生活也极其艰苦，然而，"少共国际团"的小战士们的精神，却始终是饱满的。他们住在哪个山沟，哪个山沟就显示出生命的活力。他们的革命热情,感动了苏区的群众。老人们说:"看!共产党把这班后生,调理得多好。"

1934年初冬,我军正在门坎山一带休整。匪五十四师由商城中店子,向门坎山一带我军驻地迫进。我红二十五军留一团人在门坎山阻击敌人,掩护主力转移,大部队则由门坎山经麻鹿湾越康王寨,过南溪到丁家埠,准备返回黄麻。但是,前卫团刚刚通过南溪,匪五十七师也由金家寨进抵南溪马头山一线,截断红军前往丁家埠的去路,企图阻止红军南下,全歼红军于南溪一带。情况非常严重,于是红军不得不改走香炉尖,翻探花岭,进西山,以便甩开敌人。

当前卫团翻越探花岭的时候,军部直属队部还在康王寨一带。匪五十七师一部(约一团人)则已占据花园,正向小葛藤山进发,白匪的企图是消灭我部直属队于康王寨。直属队的去路已被截断,硬打是打不过去的,只有走腰子岗、曹子坪一路,去与先头红军会合。但由于直属队携带彩号较多,而又大部分是妇女家属,行动迟缓,容易被敌人追上。直属队的武装力量,只有少许的警卫人员,和"少共国际团"300多支枪,弹药又不充足。而敌人则是装备优良的一个整团。为了掩护直属队安全转移,"少共国际团"光荣地担负了阻击敌人的任务。

小葛藤山是由活泼岭到康王寨的必经之路,山上有茂密的松林和绿叶浓荫的橡子树,把整个山头遮得严严密密,是打伏击的好地方。

当"少共国际团"登上小葛藤山的时候,敌人离冲口也只有里把路。张团长沉着地指挥队伍,占领了两边的山头,顺着山岭散开。三百多个小战士,个个握紧手中的小马枪,隐蔽在松树和巨石的后面;三百支乌黑的枪口,一齐指向夹沟中的小路,虽说小战士们还没有实战经验;但是,他们的心,早就被复仇的怒火烧红。他们亲眼看到自己的家乡在燃烧,看到亲人在流血。他们知道,这一切都是白狗子给他们的灾难。面对着这些吃人的野兽,他们有充分的信心消灭掉它们,要把积郁在心中的阶级仇恨,像子弹一样倾泻在这班狗子身上。

骄傲的敌人,总认为我们是游击队,没什么战斗力,因而也就大摇大摆地走着,连尖兵都没有。本来就以行动缓慢著称的五十七师,加上冬天穿戴又笨,就走得更慢,一里路足足走了十多分钟。刚走进冲口。伏在山上的小战士,早就急得不耐烦了。他们时时看着张团长,从他们的眼光中,闪烁出求战的心情。然而,张团长却没有什么表示,他们只好耐心地等着。

进了冲口的敌人，盲目地朝天放了几枪，看看没有动静，就又放心地前进。敌人全部进入伏击圈以后，张团长一声命令，300支小马枪一齐开火，敌人立即倒下一片，随着枪声，300多个小战士像猛虎一样扑下来。杀声、枪声响成一片，寂静的山沟，顿时翻天覆地。来不及逃跑的敌人，有的直挺挺地跪着，高举起两手，有的则把头钻到石头缝中，抱着屁股，口口声声地喊"红……军老爷饶命"。后面的白军，则恨爹娘少生两只脚，扭头就跑。这一仗就俘虏了敌人100多，缴获400多支枪，其中还有马克沁重机枪3挺。

后来敌人发现缴他们枪的都不过是些十四五岁的孩子时，一个匪连长懊恼地说：

"倒霉！早知道是这帮子红军，用脚都能踩死。"

"怎么！我们还一样高呢。"一位个子顶小的战士，同跪着的匪连长，比了比个子，打趣地说。

而另一个战士则带着嘲笑的口吻说：

"跪着干吗？起来踩呀！"

惹得大家大笑。100多个俘虏，垂着头，只得规规矩矩地跟着走。

战斗下来后，他们受到了军首长的表扬，受到当地群众的慰问，为此还开了一次庆祝胜利大会，3挺崭新的马克心重机枪，就架在"少共国际团"的军下面。

后来这支部队配合红军又打了不少仗。在小夹沟河附近的小七岭战斗里，他们又以猛打猛冲的战斗精神，缴获了敌人20多挺轻机枪。

"少共国际团"成长了，他已经成为同"少共国际师"一样勇敢、一样忠于国际共产主义、忠于党的事业的战斗部队。就在1934年冬天，他们跟随着新二十五军离开了大别山。

虽然，他们离开了大别山，然而"少共国际团"的事迹，却被人们神话般地传颂着。就是在白色恐怖的日子里，老年人还是悄悄地把"少共国际团"的故事，告诉给孩子们。

原载华中师范学院历史系中国近现代史教研室编：《鄂豫皖苏区革命史资料选编》（一），内部出版，1979年，第350～354页。

在红色的摇篮里长大

◎ 张金锡

一、参加共青团

  我是河北蠡县辛兴乡人，1927年，我到城里的高小读书。当时能在学校里念书的，多是一些商人、地主和富农的子弟。我的家庭经济情况不大好，仅能自给自足，吃的、穿的、用的当然比不上那些富家子弟。他们常常讥笑我"一脚牛粪一脚泥巴的人，也来念书哩！"我只把他们的话当作耳边风，不理他们。我有时气不过，也只狠狠地瞪他们几眼，我和那些只会贪吃贪玩的地主子弟相比，学习用功，功课比较好，每逢考试，总出不了前五名。在学校里，我最喜欢的有两个老师：一个是地理教员刘宪曾，一个是语文教员宋勃舟。他俩都是共产党员，看见我的出身很好，成绩也不错，又经常参加学校里的一些公益活动，就在那年的寒假里介绍我加入中国共产主义青年团。自从加入了共青团，我的眼睛仿佛一下子亮了起来，我的身体里也仿佛增加了一股新的血液。我的斗争生活，就此开始了。

二、扫掉恶霸的威风

  我们乡里，有家姓阎的恶霸，弟兄八个，个个像凶神恶煞，为了芝麻大点小事，都要和人打架,动不动拿出牛耳刀来吓人,大家都不敢惹他们。阎家家里还养着几百只羊,每年谷雨后麦苗都长出来了,他们还把羊赶出来放青,糟蹋地里的麦苗。村里的人都恨得牙根发痒,只是没人敢出面和他们讲理。我从前在家里,常常听见村里的父老背地里骂阎家缺德。我年纪很小,知道阎家的霸道,也不敢得罪他们。自从我参加共青团之后,在团的教育下,对革命有了初步认识,对反对恶霸也就有了决心。我把这件事情向团组织一反映,一场反对恶霸、争取群众的斗争就热烈展开了。

1928年春天,我放寒假回家之后,就找了二十几个人来开会。这时,我们学校里有一个叫张承曾的老师,也从县里来了。他是一个共产党员。我们在会上把阎家的罪行一说,大家看见有人敢出来做主,马上精神起来了,都说:"阎家太欺侮人了,这是骑在人家脖子上撒尿嘛!"也有人说:"打架有我们,怕什么?"开完会,我们心里更有底了,决定等阎家的羊再到麦地去吃麦苗,就跟他们到县里去论理。

有一天晚上,天刮着大风,阎家的羊群又在麦地上啃麦苗了。我们马上集合了三十几个人,各人拿着根棍子,到麦地里去。还没走到那里,就看见一大群羊正在啃麦苗,没有被啃掉的,都给踩坏了,大家马上去找羊倌儿讲理。这个羊倌姓王名有,住在我家的斜对面,我和他本来就很熟。我对他说:

"王有,你为什么在人家的麦地里放羊?"

"东家又没给我草料,我不把羊赶到这里,你叫我赶到哪里去?"他也是一肚子气。

我们商量了一下,觉得这件事全怪姓阎的这个恶霸,不能怪羊倌儿,决定连夜把羊赶到县里去评理,我和羊倌儿一说,羊倌儿挥了一下鞭子,吆喝一声,就和我们一道把羊赶到县里去,我们几十个人赶着一大群羊,浩浩荡荡到了城里。羊群在城里的大街小巷里咩咩地叫着,把街上的人都吵醒了,大家都打开门户出来看热闹。我们城里的老师和同学,有不少党团员,他们当然支持我们。我们的声势更大了。

队伍到了县政府的门前就停了下来。我们派人去把县长请了出来,当着他的面,我从羊群里拉出一头羊来,用铡刀把羊铡死,剖开肚子,只见青绿绿的一肚子的麦苗。一连铡了几只,都是这样。县长见了,没话可说,只得派了几个警察把那个姓阎的找来。等到把那个家伙带到公堂上来,县长当堂判决:今后养羊,决不准随便放出羊圈糟蹋庄稼，违者从严处罚。姓阎的那个家伙连连说了几声："是！是！是！"吩咐王有把羊赶回家去了。

这件事情，真是惊天动地的大喜事，阎家的威风，就这样给我们扫掉了。村里的人都说："咳！小学生倒能办大事情哩！"

三、组织雇农争工价

我们村里，有一个土地庙，庙前有一块空地。村里的人，有事没事都喜欢到那里去，村里那些雇农和一些做零活的，每天早上都拿着锄头、扁担到土地庙前，等候地主富农来雇用。他们做的活是临时讲的，爱给多少就是多少，不能讨价还价。雇工们的工价很低，每天除了东家给的两顿稀饭和窝窝头，只有一毛二分钱，家里的人只好吃糠咽菜了。那时，我们共青团在村里的活动，除了那次反霸斗争，平时只搞一些宣传活动，没做什么具体工作。有的老乡说："共产党说的倒好听，就是怕成不了什么气候！"我想：要扩大党在群众中的影响，光靠嘴讲不成，就决定组织雇工争工价。

有一天，我到土地庙前找了六七个雇工，向他们讲地主老财怎样压低雇工们的工价，还和他们商量好，不加到一毛五不下市。

我们村里，除了姓阎的这家恶霸，还有一个姓董的地主，也是一个刁钻狡猾的家伙。那天，他的管家到土地庙前来雇人，看见那几个雇工都不动，定要加到一毛五才肯下市。他跑回去向姓董的地主一报告，那个刁钻狡猾的家伙偏着脑袋想了想：一毛五才下市？地里的活又不急，不会去找旁人来干活吗？心里打定主意，他就吩咐他的管家另外找人来干活，还叫人到那几个雇工的家里去串门说："咱们是乡亲里道的，有什么事不好商量？跟共产党走有什么好处？"那几个雇工因为没有工做，挣不来钱，家里没有饭吃，又碍于乡亲面子，终于只好下市了。我们第一次组织雇工争价的斗争，就这样失败了。

这一次失败以后，我们开了个会，总结失败经验，决定分头去做宣传员和组织工作，向雇工们讲我们人多力量大的道理，只要我们大家团结一心，地主老财就要低头，不得不加工价了。同时，我们还决定了最重要的一招：一到麦收，地里的活最忙的时候,再发动一次大规模的争工价斗争。

我们开完会不久,眼看麦子熟了,财主们争着雇人割麦子。在这个节骨眼儿上,我们提出收割一天麦子不给五毛钱不下市的口号。当时,为了领导这个斗争,中共蠡县县委会的刘魁同志也从城里来了,他是负责宣传工作的。刘魁同志说:"千人一条心,泥土变黄金,只要大家团结一致便有力量。"最后他还说:"老乡们,谁要是不涨工价就下市,就是对不起乡亲们了。"

这天早上,董家的管家又大摇大摆到土地庙前来找人干活。雇工们都坐在地上不动,连瞅都没瞅他一眼。那个管家一看苗头不对,找了一个年纪稍大的雇工,低声问:

"割麦子,一毛五一天,管饭。要去就跟我走。"

"一毛五?还不够吃稀饭呢!你没听说不给五毛钱不下市吗?别再啰唆!"旁边一个青年雇工听见,马上顶了他一句。

那个管家碰了一鼻子灰就走了。过了一会儿,董家的少东家亲自来了。他看见大家都绷着脸不理他,皮笑肉不笑地对一个老头说:"喂,三毛五干不干?"

"三毛五?你到别处去雇吧。咱们得五毛,少一个子儿也不干!"刚才那个说话的青年雇工耳朵最尖,胆子又大,他赶忙替那个老头回答了。

那个地主的儿子气冲冲地走了。到这时候,上哪里去找人呢?麦子早就熟了,一场大雨,烂在地里了,那还得了?转了几下,他又走回来了,问大家四毛钱一天干不干?大家还是不吭声,他只好咬了咬牙,掏五毛钱一天雇人去割麦子。雇工们这才懒洋洋地站起身来,拿着镰刀跟着他走了。

四、赶走反动校长

1928年夏天,我从蠡县高级小学毕业了。组织上叫我转入县立师范念书,继续进行革命活动。

当时,县立师范的校长叫张肇宜,是一个反动分子,他和蠡县的县长、警察局长、税务局长穿着连裆裤,是县里四大劣绅之一。这个家伙的私生活非常腐败,养了几个姘头。在学校里面,他的所作所为,就甭提有多坏了,学校里的经费、办公费、学费等,他拿到了手,既不购买图书仪器,又不添置桌椅板凳,都放到他的腰包去了。

这且不说，那时，五四运动已经过去了好几年，全国许多学校都教白话文了，我们那个学校，还提倡文言文，叫我们这些十几岁的娃娃，去读什么"孟子""文法津梁"。那个顽固校长，还作了一首歪诗来讽刺新诗："黑云满天，大雨骤下，大一阵小一阵，下得沟满壕平。"他说："这像什么诗呢？真是狗屁不通！"我们学校里的共青团员们都挺恨他，决心要把他搞掉。

要把张肇宜这个家伙赶走，可不是一件容易的事情呢！且不说他是一条地头蛇，和反动政府有勾结，就说我们学生们的思想情况，也很混乱。在我们的同学里边，就有三种人：第一种，是那些天不怕地不怕的共青团员和革命学生，他们一心一意要把这个反动校长撵跑。第二种，是还没有弄清是非的同学，他们关心的只是怎样把书念好，从来不过问校政。这种人在我们学校里最多，是中间分子，他们大都是从宋岗小学来的。第三种人，以刘崇书、刘芝堂等人为代表，复古思想最浓厚，他们坚决拥护校长继续掌握校政，还收集情报，向反动校长告密，想利用伪县大队的力量来打击我们，这种人是少数。当时，我是县立师范共青团的宣传委员，我和同志们一商量，大家觉得环境太恶劣了，单靠我们共青团搞是不成的。我们向上级党委请示了一下，党指示我们首先要争取群众，把中间分子争取过来，孤立顽固派，等大多数人都站到我们这一边来了，就一下子把那个顽固校长撵跑。

在我们学校里，有两个群众组织，一个叫"争取自由大同盟"，另一个叫"反帝大同盟"。这两个群众团体里，做工作的多是一些共产党员和共青团员。我们商量之后，决定通过这两个群众组织来争取同学。我们经常和同学聊天，和他们谈论时事，还送了许多宣传品、小册子给他们。有一位叫刘得汉的同学，是从原来的宋岗小学来的，功课很好，在同学们中的威信挺高。我们把他一争取过来，宋岗的同学都站到我们这边来了。

我们的力量比从前强大得多了。请示过上级党委，事不宜迟，我们决定马上把这个顽固透顶的校长赶掉。

在赶走校长的那一天，我们学校热闹极了，满院子都是同学，把校长住的那间房子包围起来了，里三层外三层，围成一个铁桶一般。有一个同学的嗓门挺大，站在前面领着大家喊口号：

"打倒反动校长！"

"反对腐化分子!"

"张肇宜滚出去!"

我们共青团员还到他的宿舍里去撵他。谁知道那个家伙的脸皮挺厚,赖在那里不肯走。有一个姓马的同学胆子挺大,"咚咚咚"地跑到校长的宿舍里,七手八脚把他的行李、书籍都扔到学校门外。那个家伙看看实在没有办法再赖下去,便灰溜溜地走了。

以后,这个学校的校长、教员等,除了一两个较好的我们把他留下,其余的都换成了我们的人。到了1930年前后,学校里大部分学生都成为共青团员了。后来,我们蠡县师范学校给党培养了许多革命干部,对博蠡两次起义和抗税斗争的作用不小,怪不得有人把蠡县师范叫作"红色的摇篮"。

五、抗税斗争

我在青年时代所参加的一次最激烈的战斗,要算是抗交屠宰税的斗争了。事隔20多年,现在回想起来,还像是昨天的事情。

当时我们蠡县也和国民党反动派所统治的其他城市一样,捐税多如牛毛,把老百姓的血差不多都抽干了。这里单说屠宰税一项,就征收得非常苛刻,也很不合理。我们县里的屠宰税,县里税务局先把它包给一个姓陈的包商。这家伙,又把北区的税务,转包给我们斗争过的那个姓阎的恶霸。

1930年年底,快要过春节了,家家户户要是日子还能过的,都杀猪宰羊准备过年。这时,姓阎的又叫人背着一个褡裢,满村满乡地去收一项奇怪的税款:屠宰税。凡是屠宰猪羊的,不管是拿到市场上去卖,还是留来自己吃,一律要交税。老乡们听到这个消息都气炸了:猪秧是自己出钱买的,肥猪是自己喂的,过年杀了是自己吃的,为什么还要交税?城内西区有些有名望的绅士如何子仁等,也觉得这样还要收税,实在是"于理不合",对县税务局和姓阎的包商,颇有意见。我们研究了当时各方面的情况,就决定领导大家进行一次抗税斗争。

1930年12月12日,正是城里市集的日子,我们共青团员全部人马一齐出动,到市集上去宣传,组织抗税斗争,老乡们一听说有人出来抗税,都哄起来了。一传十，十传百，都说要到县政府去请愿，誓死不交屠宰税。

这天，各乡的农民听说城里要抗税，都套着大车，骑着牲口，带着窝窝头和烙饼到城内请愿。到了晌午，在城内南门的牲口市上，街道上，集合了一万多人，真是人山人海，把一个小小的牲口市场，挤得水泄不通。我首先在会上讲话：

"老乡们，反动派不叫我们过年了。猪是我们出钱买来的，又不是偷来的抢来的；猪秧是我们辛辛苦苦喂大的，又不是政府派人帮我们喂的；过年我们把猪杀了，留给自己吃，又不拿到集上去卖钱，为什么还要收税？杀一口猪要我们六毛钱？我们大家去向县长请愿去！"

当时，大家的情绪非常激愤，到处是"请愿去！请愿去！""反对苛捐杂税！""誓死不交屠宰税"的呼声。接着群众就开始游行。蠡县党的负责人王知远同志在后面指挥，领导这场斗争。

当时，参加游行的人很多，许多本来是来赶集的，都拥进队伍来了，都要到县政府去请愿。这时，满街满巷尽是人流，真是声势浩大到了极点。请愿队伍到县政府前面，把县府里的人都吓坏了，一个个都吓得面如土色，不敢开门。我们派人去把县长"请"出来，要他下令取消屠宰税，否则即捣毁县政府。县长毛丕恩看见我们人多势众，不敢不答应。他说：

"诸位！诸位！咱们是乡亲里道的，有什么事不好商量？我看，这次屠宰税就暂时免征吧。不过，这个税是由省府规定的，要取消，我们得向省府请示请示。"

我们看见目的已经达到，请示了一下党的负责人，决定宣布暂时回乡。队伍还没有解散，有一个老乡问："要是有人下乡收税怎么办？"我们还没有来得及回答，大家就异口同声说："打死他！"一万多人的游行队伍，就打着得胜鼓分散回乡了。

春节一晃就过了，老百姓的猪肉已经吃到肚里，就是省主席亲自来收税也晚了。姓阎的那个二包商变得灰溜溜的，再也不敢提收屠宰税的事了。

（黄伊　整理）

原载中国青年出版社《红旗飘飘》编辑部编：《红旗飘飘》（1集），中国青年出版社，1957年，第2～10页。

立夏节烽火

◎ 中共金家寨县委宣传部

安徽金家寨县，位于大别山腹地，西与湖北、河南接壤，原来没有县治。1932年秋天，我红四方面军转移，国民党卫立煌部队占领后，为加强其对鄂豫皖边区的反动统治，便将豫东南的商城、固始，皖西的六安、霍邱、霍山等县各划一部分，以金家寨为中心，用他的名字命名，成立了"立煌县"。1947年秋，刘邓大军挺进大别山，解放了金家寨，从此改为金家寨县。

苦难深重的金家寨地区人民

在半封建半殖民地的旧中国，金家寨地区同全国一样，在帝国主义、封建主义和官僚资本主义三座大山的压迫下，劳动人民长期过着极端悲惨的苦难生活。这里的土地，百分之七十至百分之八十为地主阶级占有。农民租种地主土地，每年除向地主交纳百分之五十以上的租课外，还要预付租种押金，交纳鸡、鸭、鱼、肉、油、柴等名目繁多的小课。地主向农民放债的利息，高得惊人，有些农民因少租欠债，终身还不清债务。更有甚者，国民党政府和军阀，横征暴敛，向农民征收多如牛毛的苛捐杂税和兵丁夫费；再加上地方恶棍党徒和流氓土匪，掠夺抢劫，敲诈勒索，把金家寨这个穷乡僻壤的广大群众，搞得家贫如洗，背井离乡，田园荒芜，民不聊生。

金家寨地区，由于毗连三省，政治形势一直是极为复杂的。大革命失败后，湖北的夏斗寅部、河南的任应岐部、安徽的陈调元部等新旧军阀，为划分势力范围，争夺地盘，时而合流，时而混战；各军阀内部的派系斗争，也很激烈，不断火并；各县、区地主豪绅，以防匪自卫为名，大量招兵买马，网罗流氓地痞，拼凑民团，形成了大大小小的封建割据势力。这些反动派别势力之争，承受苦难的还是以农民为最深。特别是1928年夏秋，李老末大股土匪万余人，流窜金家寨地区，奸掠烧杀，无恶不为。当年这里又值大旱，本来已处水深火热之中的人民更加苦痛难熬。

残酷的阶级剥削和政治压迫，逼着灾难深重的大别山人民，走上了革命的道路。

共产党组织的建立和农民运动的兴起

金家寨地区人民是富有革命传统的。历史上，农民揭竿而起，向封建统治阶级宣战的事例不胜枚举。明末的李自成义军，清末的太平军，民国初年的白朗义军，转战大别山时，金家寨农民热情支持，奋起参加，有力地打击了当地反动势力。这些斗争，由于历史的局限性，后来都相继失败了。直到大别山区有了无产阶级的政党——中国共产党的领导，农民斗争才逐步走向胜利。

金家寨地区的党组织，开始建于1924年，在这之前从苏联学习回国的共产党员蒋光慈同志到了家乡（霍邱南部，现金家寨县白塔畈），发展党的组织，宣传革命道理，《共产党宣言》《新青年》《向导》等进步书刊，也开始在一些知识分子中传播；并在志成小学（现属固始县陈淋公社，和我县接壤），会同由武汉回来的共产党员袁汉民同志（金家寨南溪人）一起，建立了党的组织。当时，这个学校的师生詹谷堂、曾静华、杜孝芬（均系金家寨籍人）等同志先后入党，建立了党小组，詹谷堂任组长。

1924年秋，詹谷堂、袁汉民、曾静华等同志，受党组织的派遣，到汤家汇的笔架山农校和南溪一带，从事党的活动，先后介绍了李梯云、周维炯、漆德玮、漆禹源、李遵吾等10多人入党，在笔架山农校成立了党支部，不久，发展为特别支部，詹谷堂任支部书记。这就是金家寨地区最早的党组织。特支成立后，派出李梯云等一批同志去武汉学习和从事革命活动。

1926年秋，李梯云等同志由武汉被派至滕家堡开展革命活动，于10月成立了商（城）、罗（田）、麻（城）边区特别支部，积极发展农民协会组织，领导农民运动。同年冬，为了培养革命领导骨干，又派出周维炯、漆德玮等同志去武汉，进入中国国民革命军政治部教导团学习政治和军事。

由于党的领导机构的建立和农民协会组织的不断发展，革命活动逐步由隐蔽走向公开。

1926年夏，詹谷堂、王凤池等在南溪明强小学组织宣传队，到处揭露当时政治腐败和帝国主义侵华罪行，讲明农民受压迫剥削的根源。他们利用南溪火星庙的一次庙会，组织农民3000多人，手拿镰刀、锄头、长矛、大刀，在南溪集会，詹谷堂做了反帝反封建反压迫剥削的演讲，号召农民组织起来，向土豪劣绅作斗争。会后举行了游行示威，高呼"打倒帝国主义!""打倒土豪劣绅!""废除苛捐杂税!"等口号，吓得地主乡绅惶惶不可终日。1927年，李梯云以南流河（现金家寨县沙堰、吴店、沙河公社）为中心，在沙堰、太平山、白沙河等地组织农民协会，开展反土豪劣绅的斗争；刘仁辅在燕子河发展党组织，成立农民协会，向地主进行抗租抗捐的斗争。1927年秋，金家寨、南溪、丁家埠、斑竹园、佛堂坳、牛食畈、七邻湾、古碑冲、燕子河等地，都先后建立了党的组织和农民协会。县一级党委机关和农民协会也相继建立起来，商城县农民协会就设在斑竹园，中共商城县委和六安县委就在斑竹园、南溪、古碑、麻埠、燕子河一带发展党的组织，领导农民运动。很多地方党组织，发动党员和工人、农民、士兵交朋友，以烧香结拜等形式，发展了党的外围组织——兄弟会。各地农民协会和兄弟会组织，在党的领导下，发动工人（主要是手工业工人）、农民经常举行示威游行；白沙河、南溪、小河等地农民协会开展了均粮斗争，将地主的数百石粮食分给贫苦农民，将一些民愤大的劣绅捉起来游乡；关王庙、银沙畈、胭脂等地，还镇压了几个罪大恶极的反革命分子。饱受三座大山压迫的贫苦农民，通过斗争实践，认识到共产党的英明，看到了自己力量的伟大，他们编了很多歌谣，歌颂共产党，歌颂农协会，现在的老人们还记得当时流行的歌谣，其中有一首是：

> 叫声农友们，
> 你呀你是听，
> 共产党来了救穷人。
> 农友翻了身。

打倒土豪和劣绅，

我们当家做主人，

哎呀呀，我们当家做主人。

叫声农友们，

快把农会进，

手拉手来团结紧，

推翻旧乾坤。

彻底铲除封建根，

我们再不受欺凌，

哎呀呀，

我们再不受欺凌。

积极准备武装起义。

  1927年"四一二"大屠杀，蒋介石公开叛变革命。陈独秀的右倾机会主义路线，使党受到了极大的损失，中国革命面临着一个走什么道路的大问题。周恩来同志领导的八一南昌起义，毛泽东同志领导的秋收起义以及鄂东的黄麻起义，指明了鄂豫皖边区人民的前进道路。这时，周维炯、漆德玮、漆海峰、漆德琼、吴仲华等同志也由武汉学习回到了斑竹园、漆家店、南溪、丁家埠等地，大力揭露蒋介石叛变革命的罪行，宣传南昌起义的伟大意义。1928年春，商城县委在斑竹园的小河漆德玮家，传达了八七会议精神，研究了组织商南地区（即商城以南，现属金家寨县西部地区）武装起义问题；选举产生了有李梯云、肖方等同志参加的商南区委（又称南邑区委），具体负责商南地区武装起义的准备工作。同年冬，在禅堂小学（现沙河公社）召开了党的干部会议，由李梯云、詹谷堂主持，进一步传达贯彻了八七会议精神，介绍了江西、湖南、黄麻等地武装起义、组织红军、建立苏维埃政权等情况，对大家鼓舞很大，使同志们开阔了眼界，提高了觉悟，对举行武装起义、开展武装斗争、建立工农政权，有了进一步的认识；并具体研究了武装起义的准备工作，拟定了工运、农运、兵运、筹枪、筹粮、筹款、发展党的组织等一系列计划。为了加强党的领导，不久，在南邑区委的基础上，又由李梯云、漆禹源、徐思庶、徐其虚等同志组成了商南临时县委，李梯云任县委书记，负责起义的各项准备工作，各支部、地区都布置有较具体的任务。武装起义的时间，预定为1929年中秋节。

这时，鄂东特委为支持丁家埠起义，也派来一些同志到金家寨地区协助工作。以织袜为掩护的徐思庶和以访友为名的肖方等深入到太平山一带组织、宣传、发动群众。徐思庶落脚在一户被地主逼债走投无路、刚逃到潘家湾的农民廖炳国家里。他以织袜子为掩护，利用和群众谈家常的机会，讲一些历史上农民起义推翻封建王朝的故事，讲穷人受压迫剥削的根源，介绍黄安、麻城农民怎样组织起来打土豪、分田地的事迹，提高了农民的阶级觉悟。肖方为同徐思庶取得工作上的联系，也经常来潘家湾。他和徐思庶反复商量，根据当地群众的政治觉悟和革命需要，经过筹划，很快在潘家湾组成了有18人参加的兄弟会。这18人是：徐思庶、徐其虚、肖方、周维炯、廖炳国、阮小成、张少金、汪永金、周德法、漆成文、汪永根、田念波、罗炳刚、汪品清、漆凤台、陈寿国、陈延生、廖永荣。大家焚香叩头，对天盟誓。会上，徐思庶向大家宣讲了一些革命道理，鼓励大家团结起来，带动更多穷苦人，同地主豪绅斗争，铲除不平等的世道。

从此以后，兄弟会积极开展活动，利用各种机会向群众做宣传动员工作。在地方上遇到不平的事，便组织人去讲公道话，打抱不平。因此，兄弟会很受穷人的拥护，成了团结穷人、帮助穷人、教育穷人的组织。不久，在兄弟会的基础上，吸收了一批党员，建立了党支部。

为了掌握武装，瓦解民团，商南临时县委决定，趁地方民团扩充实力的机会，除已派周维炯先期打入丁家埠杨晋阶民团外，又选派漆德玮、汪永金等一批同志分别打入民团，团结和教育士兵，组织兄弟会，发展党的组织，准备发动民团起义。经过一番周密计划，丁家埠、竹叶庵、李家集、禅堂、碾湾、关王庙、吴家店等地民团，都有革命同志打了进去。

杨晋阶是丁家埠、南溪、汤家汇一带有名的大土豪，他除在家里豢养打手、购买枪支、欺压群众外，又在丁家埠收罗地痞流氓，抓逼贫苦农民，办起民团，镇压农民运动，反对共产党。周维炯受组织派遣打进民团后，由于他精明强干，办事周到，又有些文化，很受团总杨晋阶的器重，很快被提拔为四班长；副队长张瑞生也把周维炯当作好帮手。那些兵痞流氓，更是趋炎附势，称周维炯为"九爷"。一些贫苦出身的士兵，看到周维炯为人和气，不打人，不骂人，不喝酒，不赌博，不调戏妇女，不欺压百姓，说话在理，办事公道，也都愿意和他接近。周维炯把这些情况向组织汇报后，便在民团里开展秘密活动，很快组成了兄弟会。周维炯经常向兄弟会的弟兄宣传革命道理，提高阶级觉悟，动员他们和其他士兵交朋友，向周围群众做宣传。不久，经上级党组织批准，在民团中发展了七名党员，又在农村发展了四名党员，成立了党支部，周维炯被选为支部书记。接着，周维炯着手酝酿起义计划，要求大家注意收藏子弹和枪支。他们把在消灭土匪李老末战斗中缴来的17支枪，秘密藏到汪永金家夹墙里。

立夏节烽火

国民党政府发觉了我们活动频繁，加强了戒备。不久，关王庙党支部遭到破坏。根据新的情况，党组织紧急决定提前举行暴动。关于暴动日期，有些同志提出在五一劳动节。但许多同志认为，这天国民党政府必然加倍提防，一般骨干和农民对"五一"不熟悉，不易记。他们提出把起义时间定为农历立夏节（阳历5月6日，农历三月二十七日），因为这天山区大家小户都习惯过节，地主老财还要大吃大喝一番，这便于我们统一行动。临时县委根据这个正确意见，就在麦园萧氏祠（今胭脂公社）召开有临时县委成员、各支部和地区的代表共30多人参加的党员干部会。会上，县委根据前段活动情况，对形势和任务作了分析，对起义计划展开了深入细致的讨论，最后作出了立夏节起义的决议，具体分配好各支部、地区的行动任务。

为了进一步使起义计划周密和落实，5月4日（农历三月二十五日），党组织又在太平山穿石庙召开会议，宣布具体行动的决定：立夏节（三月二十七日）晚上举行武装起义，夺取枪支，建立工农政权，成立人民军队。各地一律三更出发，四更行动，五更结束，天亮后到斑竹园会师。李梯云负责全盘工作；肖方、徐思庶担任起义总指挥；周维炯负责军事；廖炳国负责联络。会后，大家走下太平山，奔赴各个战斗岗位。

丁家埠民团起义 周维炯同志参加穿石庙会议后，星夜赶回丁家埠。连夜秘密召集民团中党员和当地农民中四名党员，在后山松林里开会，传达起义指示，研究具体行动方案。讨论决定：立夏节晚上，趁敌人大吃大喝的时候举行起义。民团里的同志行动后，曾泽民等四人在外面接应。最后大家宣誓，坚决完成任务。

第二天一大早，周维炯跑到队副张瑞生那里，高兴地说："队副，明天是立夏节了，我看把房子打扫整理一下，让弟兄们畅畅快快过个节，团总杨大老爷来时也显得光彩些。"张瑞生点头说："好，好，劳你帮我招呼一下吧！"

早饭后，周维炯吹哨子集合，向大家布置说："兄弟们，明天就是立夏节了，杨团总要来检查。张队副命令我们把房子打扫干净，把床铺弄整洁，武器弹药要划个地方放整齐，一来迎接杨团总，二来大家也好痛痛快快过个节。"

打扫开始了，周维炯东奔西跑，计划着，指挥着，生怕稍有疏忽。特别是放枪支子弹的地方，他选择了好几次，最后，确定把枪支子弹都整齐地挂在正屋中间墙上，暴动时，只要我们的人守住正屋大门，敌人便无法进去取枪。

忙了一整天，屋里屋外打扫得清清爽爽。我们的同志看见正屋中间墙上整整齐齐挂着一排武器弹药，暗暗佩服周维炯的妙策。

立夏节这天，周维炯担任值星。早晨，团总杨晋阶派人送来了过节的食品，丁家埠街上的商民和附近农户也送来了摊派的两大挑子鸡、鱼、肉、蛋和一大桶酒。周维炯一会儿进厨房，一会儿到大厅，里里外外都一一布置得妥妥当当。

天刚黑，周维炯吹起集合哨，一点名少了个田继美。田继美故意躲在厕所里不出来，等队伍解散了，他才慢吞吞地走来，一边走，一边系裤带。周维炯一见他，大声责问道："哨子吹了老半天，你没听见吗？耽误弟兄们吃酒。"田继美嘴里叽咕说："我在解手，哪能听到哨子响。"周维炯见他顶嘴，就大发雷霆："好，你敢顶嘴，你眼里没有我这个值星班长，也就没有张队副。今晚罚你站三根香的岗！"田继美像是受了委屈的样子，答应了个"是"，站岗去了。田继美被罚站岗，有些团丁暗暗高兴。哪个当兵的不怕站岗呢，特别是过节。

晚饭开始了，五张大方桌上摆满了酒菜，热气腾腾，香味四散。张瑞生走进来，摆出一副慷慨的架子，说："弟兄们，今天过节，随便坐吧，不必拘束，菜不多，酒可要多喝一杯。今晚，本人要与诸位痛痛快快地来醉一醉。"人们纷纷就座。周维炯与另一名党员陪着张瑞生以及几个班长坐在一桌，其余的人分坐在另外四桌，每桌都有我们的两个同志。坐定后，周维炯左手抓住酒壶，右手举起一杯酒，站起来说："弟兄们，感谢张队副看得起我们，和我们同坐同饮。祝队副高升，我们都来敬他一杯酒，好不好？"话未了，已是一片赞扬声和鼓掌声："周班长说的在理！"

张瑞生相当狡猾，几杯敬酒吃过，再也不受敬酒了。他按住周维炯手里的酒壶，推辞说："弟兄们的心意我领了。咱们光吃敬酒没意思，哪个有本事，就猜它三拳。"

周维炯见这情形，心想：好吧，猜拳就猜拳，你小子拳术再高，也经不住我们人多。经过一阵车轮战，张瑞生渐渐醉了，伸手直打战，讲话舌头也硬了，坐在那里摇摇晃晃。周维炯便命两个同志把张瑞生架到房间去，好好关照。

菜碗见底，酒桶也空了。除我们的同志外，不少团丁都醉倒了。周维炯看时机已到，喊了声："动手！"同志们立即把墙上挂的枪支取下来；严运生、田继美奔进张瑞生的睡房，缴了他的盒子枪，把他捆了起来。

周维炯见枪支全部拿到手，张瑞生也捆了起来，便朝天放了两枪，大声喊道："共产党来了！共产党来缴枪了！"团丁们听到这呼声，从昏醉中惊醒，顿时慌作一团，东跑西撞，喊爹叫娘。周维炯站在院子里的高处，大声喊道："弟兄们，不要惊慌，我们就是共产党，枪已全部被我们缴来了。共产党打富济贫，是给咱们穷人打天下的。"大家立即静了下来，周维炯激昂地说："你们跟我们一样，是杨晋阶逼来当兵的。我们要打倒地主，没收地主土地分给穷人。你们愿意和我们一块干更好，不愿意干的可以回家，我们绝对不难为大家。"团丁们面面相觑，犹豫不决。周维炯又说："大家回去也没饭吃，欢迎大家和我们一块，跟共产党走，闹革命，打天下！"

团丁们纷纷表示：愿意跟着共产党打天下！就这样，丁家埠民团30多人全部起义了。

竹叶庵报捷 在丁家埠民团起义的同时，汪永金、廖业祺带着三四十人，在徐其虚同志的指挥下，带着大刀、长矛和藏在汪永金家里的17支枪，向竹叶庵进发。半夜时分，来到了竹叶庵。

竹叶庵民团有50多人，混入民团的汪永金和廖业祺对这里情况非常熟悉。但因党组织在这个民团里发展的党员较少，不便里应外合，只好采取偷袭。汪永金、廖业祺顺着墙角摸到门口，看见一个哨兵正坐在门边，抱着枪打瞌睡。他俩扑上去，搂腰捂嘴，拖进墙拐，用绳子绑了起来，同志们便冲进门去。徐其虚连打两枪，大声喊道："我们是共产党！你们已被我们包围了，快缴枪投降吧！"

屋里的团丁被枪声惊醒，全被活捉。只有哨楼里几个敌人朝外打枪。

徐其虚看看哨楼不过两丈多高，又是草顶，一面指挥大家用火力封住楼梯，不让敌人逃跑；一面指派汪永金、廖业祺找来一根长竹竿，绑上干柴用火攻。汪永金将火把顺墙根举向哨楼，高声喊道："我就是汪永金，楼下弟兄们都交枪了，你们再要顽抗，我就点火啦！"

"你们都是穷兄弟，为地主卖命，死了也亏心。"

经过喊话，哨楼上一阵暴动后，枪支一根一根地丢下来了，全部团丁当了俘虏。大家扛着枪，带着俘虏，奔向斑竹园。

徐其虚同志在竹叶庵胜利后，立即带领一部分同志，星夜向白沙河疾进。白沙河民团头子早已闻风而逃。徐其虚把当地农协会骨干组织起来，扛着大刀、土锨，参加了暴动队伍。

南溪赤卫军的诞生　立夏节这天夜里，三更时分，詹谷堂把准备起义的农民和明强小学参加起义的师生集合起来，打着红旗，扛着大刀、土枪、梭镖，放着鞭炮，浩浩荡荡地涌向南溪街。在街中心的火星庙，召开了群众大会，宣布起义，建立了工农赤卫军。

牛食畈活捉杨晋阶　立夏节这天，匪首杨晋阶带着他的一个勤务兵和三名团丁来到牛食畈，查找收集土匪李老末溃兵丢失的枪支。党组织得知这一情报后，决定活捉这条老狗。由肖方率领华尔中、廖家堂等八名精明干练的同志，当天吃晚饭时赶到牛食畈。他们除肖方外，其余都在杨晋阶手下当过兵，以给九爷（指周维炯）挑米为由，歇宿在牛食畈。

晚饭后，华尔中等四人在外屋陪着三个团丁推牌九，其余的同志，有的看牌，有的来来去去，监视住在里屋的杨晋阶和他的勤务。华尔中有意让团丁赢钱。团丁只顾想赢钱，开始把枪抱在怀里，后来干脆撂椅靠子上挂着。

杨晋阶的勤务守在主子房门一步不离，难于下手。约二更天，那个勤务去茅厕解手，肖方见时机到了，立即向廖家堂递个眼色，廖家堂会意，随即也装着解手，跟了上去。那个勤务刚钻进茅厕，就被廖家堂一下按到茅缸里。肖方悄悄碰了一下正在赌钱的华尔中，便一个箭步冲入杨晋阶的房里，从枕头底下摸出手枪，枪口对准了杨晋阶。与此同时，华尔中等人缴了三个团丁的枪。这样，杨晋阶一行五人全被活捉。

汤家汇取枪　汤家汇是杨晋阶的老巢。杨为了欺压和残害穷苦人民，家中豢养着几个打手,并藏有几十支枪。立夏节深夜,丁家埠起义胜利后,周维炯立即派了30多人,抄近路直奔汤家汇。来到杨晋阶家,他们以丁家埠民团团丁的名义,喊开了大门,径直来到后院杨晋阶老婆的卧室,喊醒这个老婆娘,对她说:"今夜要去抓共产党,枪支不够,奉团总命令,我们来取枪。"

这婆娘待理不理地说:"枪放在哪儿,我不知道。要取枪,叫团总自己来!"

一听这话,大家肺都气炸了,齐声喝道:"我们是共产党!把枪交出来。"有的上去看住这个胖女人,有的已奔进厢房,把几个打手捆了起来,逼问存枪支的地点。杨晋阶老婆乖乖地带着大家到楼上,取出了枪支。同志们扛着缴来的新枪,雄赳赳地朝斑竹园方向奔去。

活捉国民党省党部委员罗维楚　立夏节这天晚上,李梯云亲自率领一部分同志,活捉了他家乡的大恶霸地主、国民党河南省党部委员罗维楚和反动分子周若发。毛月波、郑延青同志,也在这天夜里,里应外合,解除了斑竹园、禅堂、吴家店等地民团的武装。

成立红军　走向胜利

立夏节武装起义成功了。胜利的人群从四面八方拥向斑竹园,人们纷纷议论着这次起义的事迹。

起义的队伍会师后,于农历四月初一,在斑竹园成立了中国工农红军第十一军第三十二师,师长周维炯,党代表徐其虚,副师长漆德玮,参谋长漆海峰。下辖九十七团,漆德玮兼团长;九十八团,肖方任团长。召开了群众公审大会,处决了大恶霸罗维楚以及周若发等几个罪大恶极的反动分子。

农历四月初二,李梯云、徐其虚、徐思庶、肖方、周维炯等同志,在斑竹园文昌宫召开了第一次工作会议,讨论和决定扩大红军,发展赤卫队和农民协会组织,建立苏维埃政权。为了统一领导这一地区的革命斗争,党在南溪黄鹤湾成立了临时办事处,由徐其虚同志任办事处主任。在南溪林氏祠堂成立了学兵团,由参谋长漆海峰同志负责培训红军骨干;在小河和马冲分别由王少怀和漆远松等同志负责建立军需处和红军医院;在佛堂坳成立红军兵工厂。李梯云同志全面负责党的领导工作。

立夏节起义建立的红军三十二师,与当年冬六霍暴动后在流波䃥建立的红三十三师和鄂东黄麻起义建立的红三十一师彼此呼应,在大别山构成了掎角之势。这支在斗争中形成的革命武装力量,开创了鄂豫皖革命根据地,为中国人民的解放事业立下了不朽的功勋。

(台运行　张伯实　整理)

原载中共金家寨县委宣传部编:《立夏节烽火》,安徽人民出版社,1980年,第1~15页。

张国焘皖西"肃反"的一些情况

◎ 李声和

1931年初张国焘投靠王明以后，4月份就被王明委以重任，以中央全权代表的身份到了鄂豫皖根据地。他到苏区后，假借党中央的名义，在政治上推行王明的"左"倾路线，组织上执行王明的"残酷斗争，无情打击"的方针。为了实现他夺取苏区的全部权力，建立"张主席"独立王国的野心，他不择手段地打击一大批创造鄂豫皖根据地的党、政、军负责同志，排斥异己，安插亲信。许多对党忠诚，在群众中有威信的干部被他视为眼中钉，找各种借口把他们降职、撤职，换上跟着他"张主席"跑的人。更为狠毒的是，他为达到排除异己的目的，后来竟然利用"肃反"运动，杀害了几千名干部、战士。他们是根据地人民的优秀儿女，是我党的忠实战士，其中包括鄂豫皖根据地党和军队的创始人舒传贤、许继慎、周维炯等领导同志。张国焘在皖西"肃反"中，制造了我党历史上最大的冤案，做到了国民党反动派日夜想做而做不到的事，真是罪恶滔天！

张国焘搞"肃反"运动，是1931年9月开始的。当时他命令红军全部移驻白雀园（光山县）附近，全力开展"肃反"运动。我那时是红二十五军七十三师（师长王树声）二一八团（团长詹良法，被张在"肃反"时杀害）政治处司务长。9月底我们到白雀园驻防后，张国焘在那里分两天开了两次规模很大的动员大会，我们是参加第一天大会的。我们去开会不知是干什么，会开始不久，就听见一个干部在会上宣布什么"改组派""AB团""第三党"，还有什么反革命，"吃喝委员会"等等。接着就气势汹汹地点名抓人，就在会场上进行大逮捕，我亲眼看见把我们农民暴动出来的绝大多数排长以上干部都抓起来了。我也是被抓的一个。我们被抓起来后，就被分别插开关押，不让你互相认识，防止"串联"、反抗。因为人抓得多没地方关，就临时增设牢房，每一间小房子都挤得满满的。我被关的那间房子押了二三十个人，挤得水泄不通，每个"犯人"手脚都捆起来，房子外面还有保卫局的看守队把守。"犯人"谁要反抗或互相说话，发现后就被毒打。他们白天审讯、毒打我们，晚上杀人。每天晚上都到各房子门口叫几个名字把人带出去。我们房里出去的就没有见回来过，听说都被杀害了。杀一批又抓一批，牢房总是满满的，谁也说不清他们到底杀了我们多少好同志。张国焘对我们革命干部比对国民党反动派还要狠得多，当时我们真不理解这是为什么！

我被关了十来天。在提审我时，审判员问我："你什么时候参加改组派的？"我说："我不是改组派，我是个共产党员。"（当时党没公开，军队内部有些人也不知谁是党员）他就说："你不是共产党员，是改组派，你要自首！"接着就叫人打我，打得没办法了，我就说："我不知什么叫改组派，你先告诉我什么叫改组派，我才自首。"我不自首他们就打，我不停地喊："我是共产党员，不是改组派！"碰巧这时我们师政治部主任来视察，主任听我老是喊："我是共产党员，不是改组派。"就说："他是共产党员，你们怎么还打呀，你打共产党员怎么行呢？把他放了！"主任还把审判员批了一顿，不久这个审判员也被抓起来了（原因不知道）。

没有被杀害的人从看守所放出后，算是审查过的，但不能回原部队工作，都到黄安县桃花点红军训练队去学习，也就是先进行教育再释放回队工作。我到训练队学习十多天。这期间只见到一个副连长是过去认识的，其他同我一起搞农民运动和当红军的、我认识的老领导和一般干部都不见了，以后也再没有见过，听说被张国焘杀害了。张国焘真是一个大刽子手。

桃花点学习后，我被调到红十师司令部电话队当电话员去了。

1932年夏天，红二十五军在军长旷继勋的率领下攻打霍邱县城。旷军长出身贫苦，作战勇敢，又有指挥能力，打过很多仗，担任过红军许多重要职务，是个威名远震的红军将领。在旷军长的领导下，二十五军很顺利地攻占了霍邱县城。可是这个县城的位置和周围严重的敌情不利于我军长期固守，但张国焘不懂军事，不顾敌我力量的悬殊和我军处于孤军无援的客观条件，瞎指挥，命令二十五军死守霍邱。

张国焘的命令是不能违犯的，在敌人反扑时，旷军长无奈，只得带领全军将士浴血奋战十几天，最后还是在7月中旬失利了，红军损失也很大。这明明是张国焘的责任，但他却把责任推到旷继勋军长身上，并撤了他的军长职务，调到我们红十师当副师长。

红四方面军由于张国焘的错误领导和指挥而失败了。鄂豫皖根据地也丢失了，最后只好往四川走。1933年3月我们红十师到了四川通江县红口镇，师部住在街北面的一个院子里。这时张国焘又狠毒地派陈昌浩以四方面军总政委的名义来十师。陈昌浩一到，不知什么原因，就叫人把旷继勋同志带到镇外小山上一个大庙里，当着师长王宏坤、政委周纯全的面，叫卫士把绳子套在旷继勋的脖子上，要处死他。当时政委、师长都反对，说你这样不行，但陈昌浩不但不听，还骂了他们一顿，命令他手下的人勒死了旷继勋同志。这样英勇的红军将领，没死在战场上，却惨死在张国焘一伙的阴谋中，张国焘一伙真毒呀！

我到十师电话队后，还多次听到队长姜传力、副队长冯伦珍讲，张国焘一次惨绝人寰大屠杀的情况。1932年前后，红军摧毁了湖北省麻城县赌博山民团的据点，俘虏民团千余人。当天晚上红军和俘虏都住下后，十师政委甘锦时同志在一个房间办公、看文件，墙壁上挂着他警卫员的马拐步枪。甘政委只顾看文件没注意，枪被一个俘虏兵偷走，并开枪打死甘政委。张国焘在新集镇苏维埃总部，听到这个报告后，即命令保卫连，不分青红皂白，在一夜之内把千余名俘虏全部杀害了。这样大批杀害已经放下武器的俘虏兵，不仅违反红军的纪律，简直就是罪恶。后来我们在那一带与敌军作战中，敌军顽固拒不投降，就是张国焘杀害俘虏的恶果。

历史已经给大刽子手张国焘作出结论：他是个大阴谋家、野心家、大叛徒、反革命。今天来看他当年在皖西"肃反"中的险恶用心，就显而易见了。这个历史的教训，我们要永远记取。同时对在皖西"肃反"中被张国焘等人无辜杀害的一大批革命先烈们，亦应昭雪，让人们纪念他们，缅怀他们。

（张凤高　整理）

原载中共金家寨县委党史办公室编：《立夏节烽火》（续集一），内部出版，1985年，第100～104页。

在张国焘"肃反"的日子里

◎ 张贻祥

从 1930 年 12 月至 1931 年 5 月,红军在党的领导下,接连粉碎了国民党反动派向鄂豫皖苏区发动的第一、二次"围剿",在反"围剿"斗争中,鄂豫皖苏区和红军都得到了巩固和发展。

正当革命形势飞跃发展的时候,张国焘由上海来到了鄂豫皖苏区,红军第四军和鄂豫皖苏区,从此遭到厄运。1931 年 5 月,张国焘首先取消了特委,成立分局,他担任了中共鄂豫皖区中央分局书记兼军事委员会主席。大权在手,便开始公开打击迫害农民暴动领袖。他将王明一整套"左"倾机会主义路线带到了苏区,军事上搞盲动冒险主义,政治上大肆吹捧唯我独革,实行"残酷斗争,无情打击",组织上搞宗派主义,任人唯亲,并对不同意他们错误路线的人,毫无人性地进行顺我者生、逆我者杀的"大肃反"。

在张国焘"肃反"的日子里,我虽然在基层连队工作,对于全面情况了解不多,但从自己亲身的遭遇可以揭露张国焘在"肃反"中的罪行和他在回忆这段历史时的欺人之谈。

1932 年 4 月,稻子还没吐穗。我们红军刚刚打完潢川和泼陂河战斗,住在观庙铺(双棒铺)。有一天,天还没亮,我正在睡觉。这时,团部交通队来了四五个人,手持盒子枪,站在屋门前,一个领头的人大声说:"张贻祥,你是改组派,马上跟我走!"立即将我的枪下了,五花大绑押往团部。

在这之前，我早听说"肃反"了。当时我们的团长和政治处主任，由于张国焘等人不信任而被调离出去，后来团里的其他领导干部也陆续被"清肃"了不少人。我刚开始还以为真是肃清混进革命队伍中的反革命和国民党，整肃坏人。但是，随着"肃反"运动不断扩大化，心里就逐渐产生了怀疑。张国焘在回忆录中说："我到达这个苏区中心后，立即考察实况，开始试行改革。这种改革性质，用中央当时的术语来说，是反对立三路线的军事冒险，实施巩固苏维埃和红军的正确路线。同时，用这个苏区的术语来说，是反对'游击习气'亦即反对土匪、军阀的倾向。"（张国焘《我的回忆》一书第三册第25页）张国焘所谓"试行改革"，同国民党反动派屠杀革命者毫无异样，对革命队伍的破坏，起到了敌人所起不到的作用。1931年9月在白雀园"肃反"时将立夏节起义的领导者，即后来三十二师主要指挥员周维炯、肖方等同志，直至当时红军第一军军长许继慎等人，都先后在"肃反"中被杀害了。红四军政委曾中生同志没有被立即杀害，先是撤职调到总部，1935年长征进入川西北后，他曾两次写信给张国焘，要求见中央毛泽东同志当面谈一谈。张国焘害怕揭露他的罪行，遂于当年在川西卓克基将曾中生同志杀害。当听说我们的团长、师长、军长接连被打成"改组派"，都是和国民党里通外合的奸细时，大家心里是有抵触的。我亲眼看见军长许继慎、十一师周维炯师长指挥打仗极其勇敢，他们怎么会是"改组派"呢？但这些念头只能放在心里闷着，不敢和任何人讲。后来"肃反"越来越扩大化，越来越严重了，有不少苏维埃政府的主席、副主席，都在"肃反"中掉了脑袋。我认识一个苏维埃的基本群众，是麻河二区乡苏维埃的委员，党支部的小组长，名叫刘伯玉，她是个很进步的农村妇女，入党很早，组织上让她干啥她就愉快地干啥，像这样的农会积极分子也被说成是"改组派"投进监狱。没想到，我自己也稀里糊涂地变成了"改组派"。

我被押到团部后，有个人从我身上搜出一张纸条说：这就是你手下的"改组派"成员名单。我担任支部书记，为了工作方便，把党员的名字记在一张纸条上。可是他们根本不听我的申辩，很快就把我反绑着押往师部，关在一座牛棚里。这个牛棚四面透风，地上是一摊摊牛马粪和牲口尿。这时夏天快到了，蚊子和小咬（虫）特别多，如果我手不被绑起来，起码一下就可以打死十来个蚊子。我浑身被咬得红肿，奇痒难忍。就这样歪卧着躺在屎尿中，白天里没人送饭，夜里饥渴得不行，只好侧着身子喝地上的牲口尿。一直熬过三天三夜，才把我送到商城县豫东南道委保卫局监狱。进了正式的监狱，松绑绳时，我两手血肉模糊，绳子已经紧紧地勒进手臂的肉里，取不出来。

当我逐渐缓过劲儿来的时候，望望四周，啊！我们的营长、营政委、团政委全被关在这里；我对他们说："我这个连长，是穷苦孩子出身呀！"他们几个人和我抱头大哭道："我们也不是改组派，也不知道是怎么进来的呀！"看守不准我们互相说话，喊道："你们是改组派，还说什么话！"在监狱里，我发现被关押的还有同村的姚显皇、张经义等同志。张经义的哥哥就是介绍我参加秘密农会的张经越，此人早在张国焘刚进苏区不久就被"肃反"杀害了。

没有料到，我一蹲监狱就是几个月，尝够了铁窗滋味，了解了张国焘所称的"要努力使特委会下的所有组织布尔什维克化"（见其回忆录第三册第41页）的真正含义。这几个月里，我每隔几天就被拉出去审讯，戴上很粗的麻绳编的大手铐，然后反绑吊在大梁上，一吊就是一刻钟，一搞就是三四次，最多的一天吊十回。因为监狱的伙食极为低劣，加上喝了不干净的水，我患了痢疾，吊起来时顺着屁股大腿流淌黏液，行刑的人还骂我不讲卫生。放下来还要灌辣椒水，大杠、小杠子轮流压，还劈腿叉，搞法西斯刑罚，直到把人搞休克了才放倒在地上。苏醒过来后又追问："你是改组派吗？"我挣扎着说："不是改组派！"如果当时不回答或者实在没力量说话，就会被胡乱判定你已经默认自己是改组派，马上就拉出去砍头。我还要干革命，不能轻易地死，必须申辩。接着他们又问："那你是什么呀？"我说："我是共产党！"后来他们把我的腿也打伤了，实在问不出对他们这种"肃反"有用的口供，只好再把我送回监狱。这时我在监狱里已好几天动弹不得，有一次我慢慢苏醒过来时，看到营长守在我身边。我对他说："我是出来革命的呀！……"他也很悲痛地说："我也是穷孩子出身，谁知道是怎么回事？"怎么回事，张国焘在他的回忆中说得明白："我们主要的任务是继续在军队中展开反军阀土匪倾向的斗争，在苏区内，继续开展反富农、反官僚和其他'左'倾立三路线和右倾动摇思想的斗争等等。就由于这些坏的倾向，滋生了反革命。"（《我的回忆》第三册第106页）那些农民暴动领袖和无数战友，为了劳动人民翻身解放，在敌人枪林弹雨中出生入死冲锋陷阵幸存下来后，却在张国焘的屠刀下莫名其妙地失去了宝贵的生命。

两个月以后，大约在6月，蒋介石开始第四次"围剿"，国民党的主力部队向苏区进犯。这时，保卫局的人说，已接到中央分局的指示，要将我们这一批"重犯"，从商城监狱转移到汤家汇。转移是在夜里进行的。我们仍被五花大绑,行走非常艰难,沿路拉了好几里路长,约有好几百人。两旁是保卫局的人,他们每人一把刀,一把盒子枪,押着我们往前走。走着走着,国民党的飞机来轰炸,押送我们的人,自己跑到一边儿躲起来,也顾不得管我们这些"犯人"了。总算侥幸,敌机没有把我炸死,不过好多人牺牲了。

在汤家汇大庙里住了大约半月,每天借抬马桶机会放风一两次,天天就是喝碗刷锅水,然后往地上一躺。由于饭菜太脏,我的痢疾也一再加重,几乎丧了命。

8月中旬,一天夜里,我从梦中突然惊醒。原来是从大庙里喊着名字,往外面叫人,进行屠杀。当晚有100人左右被杀害。我是这次大屠杀的幸存者。

张国焘在回忆中谈到这次"肃反"时说:"这次的'肃反'案,被捕者约六百人,军人占三分之一,实际被整肃的有许继慎等百余人,其中判死刑的约三十人,判处各种刑期的徒刑者约百人。"(《我的回忆》第三册第107页)我用亲身经历和事实证明,张国焘说的是弥天大谎。仅在这一个晚上我亲耳听到喊号,又亲眼看到他们被押解出去的,就有100人左右,后来听说这些人全被活埋了,我知道的在汤家汇前前后后连被折磨而死的就有好几百条人命啊!在商城保卫局监狱里我听说杀掉1000多人。

自从那夜大屠杀后,又过了一个星期,一天拂晓,又点名,共提出100多人,我也在其列。大家站好队,互相用眼光和自己熟识的同志战友诀别,认为这次该"彻底革命"了。出乎意料,保卫局的人在队前宣布:"中央来了指示,'"肃反"'要按阶级路线进行,你们是贫雇农,所以马上予以释放,是党员的恢复党籍,是干部恢复工作。"这时,我们这些已经抱定一死的"犯人",也不知道是怎么回事,只是高兴地又蹦又跳,流着热泪,高唱国际歌并振臂高呼:共产党万岁!共产党万岁!

释放后经过休整,我被分配到七十三师二一八团特务连。

1932年底,张国焘把队伍从鄂豫皖急行军五千里拉到川北。我们七十三师二一八团驻扎在四川通江县背坎。又开展肃清"改组派、AB团"运动。1933年1月,我们团的政治委员陈少清同志抓起来后被张国焘杀害了。团长徐深吉同志和政治处主任袁成汉同志被抓起来后送到总部。这时,我在团特务连任副连长兼党支部书记,也再次被"清肃"。

事情起因是这样的，一天夜里，站岗的哨兵发现有动静，立即开枪，结果打死一条狗，正好大家饿肚子，就把狗烧着吃了。谁知这一吃又变成反革命了。首先把我抓了起来，说我"反革命吃喝委员会主任"，然后又抓了连长、指导员以及班长等，一共捉了十几个人。把我们抓起来之后，又压杠子，又灌辣椒水，我被送到团部关了一个星期。开"公审大会"时，把我也拉去公审。这个大会一开始，就让战士用石头把连长和指导员活活地砸死了。我们连的指导员，参加革命之前是个理发工人，待人诚恳热情，打仗时勇敢顽强，牺牲时很镇定。在被砸死之前，还振臂高呼："共产党万岁！""革命胜利万岁！"等口号。我们的新任政委林应安，在整个过程中一直盯着我们几个被绑的人，察看着我们的表情。我这时也豁出去了，强压着内心的悲愤和不平，站在台前听候处斩。但是，这次没有被砸死，会后又把我关押起来。

不久，当地被称为"帮老二"的土匪（又名狂人）进犯红军。临阵将我松绑以示戴罪立功或者是战场考察我，把我放到团部交通队，立即投入战斗。我扛着一支冲锋枪，拿着大片刀，光着膀子，跑在交通队最前面向土匪群杀去。这一次，交通队打了胜仗，消灭了一小股"帮老二"。打完仗，团长和政委在队列前小声谈话，被我听到了。他们说："看张贻祥打仗还勇敢，不像改组派，以后当个队长、副队长吧！"我心想什么像不像，我根本就不是"改组派"！后来把我调到二一八团教导队，从此才算逃脱了张国焘的迫害。

徐向前同志回忆这段历史时说："'改组派''AB 团'是王明搬来的，我看没有一个是真的。我所熟悉的一些人，不过是成分不大好，有的作风上不大好，都是有文化的。"（见《党史研究》第二期第62页，1958年4月28日出版）郭述申同志也回忆过这一段历史："鄂豫皖时期被'肃反'的指挥员、干部中，我所认识的人中，没有一个是反革命。""鄂豫皖苏区在'肃反'中被杀害的干部，大大超过对敌战场上牺牲的人数。蒋介石反动派想做而做不到的事，'左'倾机会主义者居然做到了。"

张国焘对鄂豫皖苏区人民犯下了不可饶恕的罪行，也给我们留下了刻骨铭心的历史教训。

原载中共金家寨县委党史办公室编：《立夏节烽火》（续集二），内部出版，1986年，第24～30页。

十年土地革命战争时期红军中政治思想工作的回忆

◎ 李声和

红四军在中国共产党的正确路线指引下，十分重视政治思想工作。把党的纲领路线、政策落实到每一个红色指导员的思想深处，促使每一个红色指导员一旦掌握了党的纲领、路线、政策，立刻变成强大的动力，万众一心地推动战争胜利前进。

无数事实证明，没有马列主义、共产党的正确路线指导，没有一批具备马列主义普遍真理同中国革命实践相结合的领导人的正确领导，中国革命胜利是不可能的。

我记得，《共产党宣言》和当时农民革命运动的纲领说道：共产党是无产阶级先锋队组织，领导无产阶级和农民群众，联合起来反帝反封建，推翻剥削制度，推翻压迫人民的旧政权，建立工农兵苏维埃新政权。没收封建地主阶级的土地，分配给劳苦大众，实行耕者有其田，解放全人类，最后解放自己，为实现共产主义远大目标奋斗到底！红军有了这一宗旨，就无往而不胜地前进！

为了鼓舞士兵的斗志，部队利用一切有利时机，进行思想政治宣传工作。连队开会，连长、指导员都要开展宣传教育工作，连长讲军事战争措施，指导员讲思想政治方向，但经大家讨论，真正做到思想统一、认识统一、行动统一、万众一心的团结战斗，消灭敌人。红军政治部还采用散传单、贴标语，派宣传员到连队到战场到老百姓中去宣传。凡是哪里有红军，哪里就有宣传阵地，在部队里和群众中造成一个强大的政治舆论气氛，使之红军立于不败之地。如1932年6月，蒋介石组织了卫立煌等嫡系部队，25个师，30万兵力，再加上安徽的陈调元、湖北的夏斗寅、河南的戴民权等军阀武装,围攻鄂豫皖苏区。由于红军有了强大政治攻势,就在敌强我弱的情况下,红四军第十师、十一师、十二师三个师,红二十五军第七十三师、独立师和其他地方武装的配合,共计不到5万人,打了不少胜仗。后来由于张国焘错误路线的领导,这次反"围剿"才失败。

这次反"围剿"开始,在战场上,用油印的标语,向蒋介石国民党军队进行政治宣传鼓动,对动摇敌人军心,瓦解敌军起了很大作用。当时的黄陂战场上政治部标语内容有:"为国家独立,为民族谋解放,光荣千载;出卖民族利益,为帝国主义和剥削阶级效忠,遗臭万年。"

红军的政治思想工作灵活多样,发现部队中有思想苗头,就及时做工作。在战争遇到一定的艰难的时候,有的人就产生一种悲观思想,甚至动摇,说什么:"战争看不见边缘,红旗能扛多久?"针对这种思想,就向战士进行共产主义远大理想教育,只有解放全人类,才能最后解放自己。我们的战争是正义的战争,是压迫与反压迫的战争。哪里有压迫,哪里就有斗争!这是千真万确的真理。我们是苏区人民的子弟兵,国民党如此杀害苏区人民,血债一定要用血来还。我们一定要与国民党斗争到底,不获全胜,决不收兵。"野火烧不尽,春风吹又生。"这是历史发展的必然规律。通过这一系列的政治思想说服教育工作,从而鼓舞了斗志,稳定了军心。西征长征的红军取得长征会师的胜利。广大红军指战员在长征中吃尽千辛万苦,爬雪山,过草地,十冬腊月,严寒的冬天;全军都没有一件棉衣,穿的是一身单衣,脚穿草鞋还没有袜子。有的连草鞋也没有。1933年1月在巴山脚下,红军提出打到四川过春节的口号,对指战员鼓舞很大,千军万马翻过没有人走过的70里的高峰,连绵321里积满冰雪的巴山。部队行军在高峰深雪窝里露宿时,部队军政首长,深入到班排连问寒问暖,关心备至。在严寒的高山上,同志们冻得很厉害,一个班挤在一起,用单线毯子连头带脚盖起来睡觉。就在这样艰苦的环境下,战士们充满着乐观主义,逗趣地把一个个露宿营房,比作为满山遍岭的蒙古包。

行军途中部队的纪律十分严明,每个同志都以总政治部"三大纪律、八项注意"为尺子,严格要求自己。我记得当时的三大纪律的内容是:①一切行动听指挥;②一切缴获归公;③不虐待俘虏、不搜俘虏的腰包、优待俘虏。八项注意的内容是:①不打人骂人;②说话要和气;③买卖要公平;④不拿群众一针一线;⑤借东西要归还、损失要赔钱；⑥扫地下、捆卧草；⑦不糟蹋庄稼；⑧不调戏妇女。红军在执行"三大纪律、八项注意"过程中，如同"执法如山"。尤其是执行宽待俘虏政策更为突出。捉获一个俘虏，都是耐心地做细致的思想教育工作。按照以战养战的战策，接收俘虏参加红军。讲清红军的干部政策是"任人唯贤，德才兼备，在政治和经济上官兵一律平等"。"政治平等是不论你职位高低都是人民勤务员，你所做的一切都是为人民服务，先解放人民后解放自己"，也就是说"先天下之忧而忧，后天下之乐而乐"的道理。并讲清只有上下组织原则，没有上下大小之分，官兵一致，不打人不骂人。不少国民党俘虏兵，在红军政策的感召下，积极要求参加红军。如四川田颂尧的部队在两河口被我军消灭两个旅，大部分俘虏兵，纷纷要求参加红军战斗。后来红四方面军的四个师，有不少俘虏兵，经受战争中的考验，很快就在连队当了排副、连副教官。这样一来，对瓦解敌军，武装红军起了很大作用。

红军的政治思想工作，之所以做得好，我认为主要经验有三条：

一是理论联系实际。这是党的一贯优良传统。红军在做政治思想工作中非常注意这一问题，把党的纲领、路线、政策贯彻到每个战役、每个指战员的头脑中去，使之变为自觉的行动，然后在实践中总结出经验和教训，再上升到理论，从战争的胜败，讲到革命的阶段论和不断革命论的道理。从每个战士的切身利益，讲到全心全意为人民服务的宗旨；从局部利益，讲到服从全局利益的正确观点。就这样由浅入深地把思想教育工作做得入情入理。

二是官兵一致，这是部队的优良作风。红军时期，部队民主作风好，官兵之间，上下级之间，都可以开展批评与自我批评，开诚布公，互相提意见。例如有一次饲养员向王宏坤军长提意见说："军长骑马不下马，把马累得不吃草，马累死了不能帮助你指挥打仗，看你怎么办？"王宏坤军长表示提得对，今后改正。又如军司令部政委周纯全看作战地形图，忘了吃饭，炊事员三次送饭，冷了又热，热了又送，送了又冷，急得没有办法就向首长提意见："首长，饭总是要吃的，剩饭凉饭吃了生病，不能吃了饭再看吗？"周政委和蔼地回答说："提得对，今后保证改正。"还有些战争取得胜利，都是通过总结大家的智慧所得来的，举不胜举。

三是三大民主，这是政治生活中一件大事。"三大民主"是：军事民主、经济民主、生活民主。部队有了这"三大民主"，政治思想工作好做，作战好指挥，命令好执行。从司令部到连排班,从官到兵,人人都按"三大民主"严格要求自己、检查自己、对照自己,把每个人的行动和思想统一起来,万众一心,步调一致,就能得胜利。

(汪伦　整理)

(附诗一首)
天翻地覆面貌新
重叠青山绿茵茵,五四年建金家寨城。

三万人口新市镇,山城风景可迷人。

最爱水坝南望好,梅山水库波万顷。

五十八年回乡望,天翻地覆面貌新。

(1986年5月5日老红军李声和同志回家乡探亲时,参观梅山水库欣然命笔。——编者注)

原载中共金家寨县委党史办公室编:《立夏节烽火》(续集二),内部出版,1986年,第220～224页。

第二次国内革命战争时期金家寨县境的土地改革

◎ 陈道荣

金家寨县在第二次国内革命战争的前期,没有县治。到1932年11月,红四方面军主力撤离鄂豫皖苏区后,国民党为了加强对苏区的统治,划六安县的六区(金家寨)、七区(麻埠),霍山县的六区(燕子河),商城县的吴家店、斑竹园、白沙河、丁家埠、汤家汇、南溪、双河,固始县长江河以南地区,霍邱县的开顺街、白塔畈、江店、船板冲等地,建立起立煌县治。直至1947年,刘邓大军解放金家寨才改为"金家寨县"。

金家寨县境和全国各地一样,劳动人民受着残酷的封建剥削,百分之八十的土地被地主、富农霸占。如七邻湾占总人口百分之四点二的地主、富农,占有土地为总土地面积的百分之八十;金家寨、古碑冲、南庄畈、响山寺、司马岭、石峡口等地,有土地11000余亩,地主占有百分之五十二,富农占有百分之二十九,自耕农和半自耕农占有百分之十九;花羊石、白水河上下的土地,地主占百分之四十五左右,富农占百分之二十左右,他们还占有大片森林。其中地主汪在兴、周宜兴各占土地1400余亩,肖衡太占田地1100余亩;汤家汇一带,有田6300余亩,地主、富农占百分之七十五,其中一廖姓地主又占地主、富农占有数的三分之一,祠庙田占百分之二十二点五,自耕农和半自耕农占百分之二点五。大地主黄光桐在银沙畈及其附近长70里、宽45里的范围内占田地2456亩。银沙畈一带,地主人口占百分之五,占有田地百分之七十八;富农人口占百分之十,占有田地百分之十二;中农人口占百分之二十,占有田地百分之八;贫农人口占百分之五十,占有田地百分之二;雇农人口占百分之十五,没有土地。

从上面这些统计数字来看,地主豪绅们凭借他们对土地的垄断,向贫苦农民进行着敲骨吸髓的经济剥削,再加上反动政府摊派的多如牛毛的苛捐杂税,使得全县境广大贫苦农民长期挣扎在死亡线上。这样的封建土地制度,完全丧失了改进社会生产的能力,成为生产力发展的严重障碍。因此,必然会导致广大劳动人民奋起,为摧毁封建土地制度,建立新的土地所有制而进行革命,进行斗争,这是历史发展的必然。历史证明只有在共产党的领导下,这种革命才能成功,这种斗争才能胜利。

1929年5月,商南(现为金家寨县西部地区)党组织成功地领导了立夏节起义,建立了鄂豫皖第二支工农红军——红三十二师。经过几个月的艰苦奋斗,建立了以南溪、吴家店为中心的,纵横六七十里的商南(豫东南)根据地。到1929年10月,红三十一、三十二师互相配合,打垮了敌人的三次"围剿",致使鄂豫边和豫东南两块根据地都得到了很大发展,这两块根据地的人口已达60万以上,在根据地内,相继建立了政权机构。

1929年5月30日至6月9日,鄂东北特委召开了黄安、麻城、黄陂、孝感四个县委和红三十一师师委第二次联席会,制定了鄂豫皖边区第一个土地法令——《临时土地政纲》;1929年12月27日,召开鄂豫边第一次工农兵代表大会,这次大会制定了《鄂豫边革命委员会土地政纲实施细则》。在1929年6月至年底这段时间内金家寨县境的吴家店、斑竹园、南溪、汤家汇等地区在谁种谁收的基础上,分配了地主土地和祠庙土地。吴家店太平山一带分地主和祠庙土地是县境最早的。

1930年春,商城随着苏维埃政权的陆续建立,在《鄂豫边革命委员会土地政纲实施细则》的指导下,土改运动轰轰烈烈,第一批土改的就是金家寨县境的斑竹园、白沙河、牛食畈、小河、吴家店等地。(见《商城革命史资料》)

1929年11月六霍暴动胜利,次年1月,成立了红三十三师。到1930年春,初步创建了北起白塔畈、徐集、丁集,南至金家铺、水吼岭,东抵淠河,西接商南的纵180余里,横约百里,人口30多万的皖西根据地。这是鄂豫皖边区第三块革命根据地。

1930年4月13日,六安六区在七邻湾召开工农兵代表大会,制定了《六安六区土地政纲实施细则》,17日,以六安中心县委的名义发布,至此皖西根据地土地改革正式开始。各级苏维埃政府还设立了专门机构——土地委员会（村苏维埃为土地委员），具体实施土地的没收与分配工作。土地委员负责惩办土豪劣绅，烧毁田契债票，进行人口普查，丈量和分配土地。土地分配的过程，各地有所不同，一般是首先组织力量宣传土地法令和有关政策，由各级党组织、苏维埃政府及土地委员会或土地委员发动群众，审定阶级成分，丈量土地亩数，分配土地。其中工作重点是审定阶级成分和分配土地。审定阶级成分的主要依据是算三个剥削账：出租土地剥削多少；雇工劳动剥削多少；债务经济（含经商）剥削多少。同时还要注意政治态度、有无民愤等。阶级成分有：地主（地主、恶霸地主、经济地主），富农（劳动富农、半地主式富农、经济富农），中农（自耕中农、佃中农、富裕中农），贫农，雇农，工人。土地分配时，先从没收地主、祠堂、庙宇的土地财产与征收富农的多余土地财产中划出"红军公田"，然后按人口平均分配给雇农、贫农。至6月下旬，按前述的政策和方法，金家寨县境土地分配接近完成。

1930年7月，李立三的"左"倾军事冒险路线，即集中全国红军攻打大城市，贯彻到鄂豫皖边区。在皖西苏区，因红一军主力被调至京汉线，地方武装和赤卫队又集中在白区活动，造成了皖西苏区的空虚。这时驻六安敌新编第五旅潘善斋部，纠集了当地土匪、民团，并从寿县、合肥等招来红枪会、黄缨会约5000人，向皖西苏区大举进犯，导致皖西苏区几乎全部丧失。因此，正在开展的第一次土地改革运动被迫停止。

1931年1月成立红四军，2月初取得了第一次反"围剿"的重大胜利，这时中央已经批判了立三"左"倾路线。在这个形势下，1931年2月，由曾中生同志主持召开了鄂豫皖临时特委扩大会，成立了鄂豫皖特委，并全面检查了李立三"左"倾路线的错误在土地改革的政策上对鄂豫皖苏区的影响，纠正"立三路线"在土地政策方面的错误，还决定将商南地区划归皖西特委领导。在这个基础上，第二次土改在全区范围内全面地开展起来。在工作进展中，还注意到克服第一次土改中出现的问题，并且尽可能地根据当地实际情况，使得土改政策进一步完善。由于取得了第三次反"围剿"斗争的胜利，根据地有所扩大，皖西苏区也得到进一步发展。比如六安苏区占全县二分之一，霍山、霍邱、商城苏区各占全县五分之四，形成了东西约400里、南北约300里的皖西北根据地。土改范围也随之增大。金家寨县境是整个苏区的中心地带,土地改革的范围当然也相应地扩大。

1931年4月底,第二次土地改革基本结束,广大农民群众几千年来第一次从自己的土地上站立起来,成为土地的主人,这是具有伟大历史意义的胜利。金家寨县境斑竹园、南溪一带当时的四个区有174000余人分得了土地;金家寨、麻埠一带当时的六安六、七两区有133000十三万三千余人分得了土地,每人分得一亩至二亩不等。土地还了家,农业生产得到了恢复和发展,农民生活有了极大的改善。像吴家店太平山的农民漆成水,一家六口人,土改前租地主的七斗田(约合五亩),每年收稻谷十一石,交租七石,根本无法维持起码的生活。土改后,他家分得了一石五斗田(约合十亩),兄弟二人参军,每年收二十石稻谷,交一石的农业税,家里四口人吃不完,生活过得非常好,(参见《商城革命史资料》)像这样的例子很多。土地改革是一次翻天覆地的社会大变革,在改变了土地制度的基础上,不仅废除了国民党政府的一切苛捐杂税,而且瓦解了封建统治的经济体系;不仅激发了农民的生产积极性,而且提高了农民群众的政治觉悟。第一次获得了土地的农民,在党的领导下,积极参加苏维埃政府各方面的建设,踊跃参加革命战争。土地分配结束后,在苏区掀起了一次又一次的参军高潮,当时县境就有3000多人参加了工农红军,4300多人参加了赤卫队,出现了许多父子参军、兄弟参军、妻子送丈夫参军的动人事例。正如1931年2月《鄂豫皖特委报告》说到苏区农民生活时所指出的:"赤区工农生活的确改善了,肃清了苛捐杂税,得到了土地,一切政治上的自由平等都确定了,他们热烈起来,拥护苏维埃与红军,精神上,物质上,农民都自愿的来帮助红军与政权。"

1931年4月,张国焘来到了鄂豫皖根据地。5月12日,鄂豫皖中央分局成立,张国焘任分局书记和军委主席,取得了鄂豫皖党政军的领导地位。使得王明的"左"倾机会主义路线在鄂豫皖苏区得到有力的推行。1931年3月,王明上台后就制定了"左"倾路线的《土地法草案》。6月,张国焘主持召开的鄂豫皖中央分局第一次扩大会议通过的《政治决议案》中,决议"实施中央所采取的土地法令"。7月,鄂豫皖边区第二次苏维埃代表大会通过了"遵照土地法令重新分配一切土地"的决议。这样,一个打乱重新分配一切土地的工作在鄂豫皖苏区开始了。并规定已分过土地的苏区,进行普查,重新分配,未分配土地的新苏区按新政策分配土地。这就是鄂豫皖苏区的第三次土改运动。

在实施的过程中,鄂豫皖苏区制定了两个具有指导性的文件。一是鄂豫皖中央分局通告第七号《反富农问题》;一是《鄂豫皖军委总政治部关于分配土地的宣传提纲》。前者强调"富农有剥削性,可分坏地,没收其多余的财产";后者批判过去的土改政策是对地主富农有利的政策,同时还规定"地主不分土地,要做苦工,富农分坏的土地",规定中农把分得的好土地拿出来平分,"对过去分得好的土地不愿拿出来重新分配的人,要号召广大群众起来与他斗争"。由此看来,"左"倾机会主义的土地政策,是要从肉体上消灭地主,经济上消灭富农,还直接侵犯中农的利益。因此,这两个文件,代表着王明"左"倾机会主义路线在鄂豫皖苏区指导土地改革运动。

由于有了这两个文件,皖西根据地前一时期以六安中心县委颁布的《土地政纲实施细则》,指导土地改革运动,被"左"倾机会主义指责为"不仅是富农路线,甚至有少数地方的分配离开了阶级,走上了反革命道路"(1931年4月,皖西北特委扩大会议的《政治决议》)。尤其是张国焘对皖西的土改大为不满,指责"皖西的土地分配得一塌糊涂,最坏的是商城"(1931年5月24日张国焘以中央分局的名义给中央的综合报告)。

尽管"左"倾机会主义鼓噪一时,制定了一整套的土改政策,但由于违背民心,各地执行得并不力。就连张国焘最不满意的皖西,也没有重新分配一切土地,只是对土地分配情况进行了复查和个别地方的矫枉。金家寨县境完全是张国焘所指名的地方,1931年夏,也只进行了小面积的整顿。像斑竹园等地抽肥补瘦,把富农手中留下的一些好地抽出来再分配;汤家汇、南溪一带对地主、富农和个别富裕中农实行"审经济"或称"吊浮财",同时实行"调反",即贫农和富农调换各自所有的田地、房屋、农具,已种的农作物实行"调割"。在金家寨一带的土地复查中,对少数地主已分田地一律重新没收,不再分给田地、房屋;少数富农多余财产未征收的,一律重新征收。六区二乡响山寺一带,在审查阶级成分时,不再依靠是否有土地和债务剥削,而把余粮多少,生活好坏,作为主要标准,规定一年收入够两年吃的是地主;有余粮的是富农;粮食刚够吃的是中农。还有一些中农错划为富农,甚至错划为地主,侵犯了中农和少数工商业者的利益。

从三次土地改革的情况来看，金家寨县境和整个鄂豫皖根据地大同小异。

第一次土改正当热烈的时候，李立三的"左"倾路线，传达到鄂豫皖苏区。一是过左的反富农斗争。1930年9月，《鄂豫皖边特委通告第十六号》指出鄂豫皖苏区"要坚决加紧反对富农，以利于革命性质的转变"。这样，在土地问题上，把富农与地主同等看待，都作为土地革命中心的打击对象；在组织上，清洗富农出身的机关干部；经济上，实行征发政策。这一路线的贯彻，时间很短即被取消，虽然有不同程度的干扰，却不十分严重。二是兴办农场。这是一种超越历史条件和社会现实的做法，这种"土地国有化"的过左政策，在鄂东北有过初试，在皖西和金家寨县境尚未实施。三是以城市为中心，进行军事冒险的政策。这一政策使敌人占领了苏区中心区域，敌人在金家寨县境和其他苏区蹂躏达三个月之久，再加上地主民团的反攻倒算，干部和群众伤亡惨重，根据地几乎丧失殆尽，当然，土改的成果也被地主阶级夺去。然而，几千年来的农民群众第一次获得了土地，虽然得而复失，但是他们亲身经历了破天荒地自己能成为土地的主人，这一精神上的鼓舞是磨灭不了的。

第二次土改是在全国形势发生了重大变化时候进行的。红军和根据地随着李立三"左"倾路线的被纠正和利用蒋冯阎战争的有利时机得到了恢复和巩固。紧接着又取得了第一次、第二次反"围剿"斗争的重大胜利，更使根据地得到了相对的稳定和发展。这次土改的成绩最大，效果最好。是由于人们在遭受到一场浩劫之后，一旦出现了安定的局面，便会迸发出极大的热情，以百倍的努力，去寻求历史性的补偿。

第三次土改是在张国焘推行王明"左"倾机会主义路线的情况下进行的。张国焘在王明那一套极左的土地政策的支配下，确实制定了不少错误文件，作过不少错误的指示和过左的言辞，但在实施中并非原样执行，原因固然较多，但主要是因为在第二次反"围剿"斗争胜利后，敌人不甘失败，必然还会到鄂豫皖苏区来"围剿"。九一八事变后，蒋介石就亲临武汉部署。在豫东南和皖西北地区就各放有四个师的兵力，其他地区亦有重兵，确有"乌云压城"之势，此时苏区党政机关全力以赴地发动群众参军参战，支援战争。至10月，全区就组成了赤卫军15个师，约20万人，县独立团达20多个。在军事压倒一切的形势下，必然会冲淡重新分配土地的工作，这是张国焘一手要抓的。另一手要抓的即是打着"整顿鄂豫皖的党、政权和红军"的旗号，进行大杀"改组派""AB 团""第三党"的"肃反"运动，利用非常的手段排除异己，张国焘认为是最重要的工作。到了 1932 年 7 月，蒋介石向鄂豫皖苏区投兵 26 个师又 5 个旅，约 30 万人，进行第四次"围剿"。敌大军压境，张国焘被第三次反"围剿"的胜利冲昏了头脑，先是盲目轻敌，后又惊慌失措，使战事失利，导致红四方面军西移，当然无暇顾及土地的重新分配，土改也就不了了之。所以，"严重后果"并不是此次土改带来的，倒是第四次反"围剿"的失败，使整个土地改革运动半途而废了。

综上所述，金家寨县境和整个根据地一样，由于国民党军队不断地向苏区进犯，战火频繁，再加上两次党内"左"倾机会主义路线的干扰。使得土地改革的进程有时不得不中断，有时不得不重新分配土地。尽管情况复杂，但土地政策的基本点是正确的，基本上体现了"六大"确定的依靠贫农、团结中农、中立富农、反对地主的精神。总之，土地革命的胜利成果是巨大的，意义是深远的。广大农民群众在共产党领导下，进行了艰苦卓绝的斗争，为摧毁几千年的封建土地制度，建立新的土地所有制做出了很大的贡献。同时在斗争中，锻炼和培养了大批革命干部，最大限度地发动了群众，对于扩大红军，支援革命战争，保卫红色根据地，起了决定性的作用。

原载中共金家寨县委党史办公室编：《立夏节烽火》（续集二），内部出版，1986 年，第 290～299 页。

回忆中共皖西北道委会第二次成立前后

（1933—1934年）

◎ 朱国栋

1927年大革命失败后，在党的八七会议精神指引下，鄂、豫、皖三省以大别山为中心的地区先后爆发了黄（安）、麻（城）、商（城）南和六（安）、霍（山）等农民起义。随后相继建立了鄂豫皖苏区根据地。这块根据地到1932年七八月间，国民党军队发动第四次"围剿"前，曾划分为鄂东北、豫东南和皖西北等三个道区（相当于区党委行署），并在鄂豫皖省委领导下分别建立了中共鄂东北道委和道苏维埃政府、中共豫东南道委会和苏维埃、中共皖西北道委会和道苏维埃。当第四次"围剿"开始后，蒋介石军队猖狂进犯鄂豫皖苏区时，豫东南和皖西北两个道委、道苏机关都跟随红四方面军仓促撤退了，在撤退中，机关干部和工作人员有的参加了红军，有的流散各地，有的患病掉队后回家或被敌人捉去。因此，两个道委、道苏领导机关都同时自然消失了。但是在敌人疯狂进攻时也还有些县、区、乡的干部和地方武装来不及撤退，他们就同当地人民一起坚持同侵入的敌人做斗争。1933年1月，红二十八军成立后，根据省委指示，从鄂东北黄、麻地区穿过大约300里地的麻城县北区和商城县清区的敌人占领区，转回豫东南和皖西北地区。以军部特务营为前卫部队先行到达赤南县的沙河、香铺、胭脂、火炮岭、门坎山等地，那里还有县、区、乡党政机关和游击队、赤卫队存在，并领导人民不断同侵占的敌人做斗争。大约相隔四五天，军长廖荣坤、政委王平章率领的八十二师二四四团、二四六团（两个营）就赶到了。当时除乡村仍为我们控制外，一些集镇、通道隘口都盘驻了敌人，史河以东原来的皖西北苏区都被敌人侵占。红二十八军到达后就积极打击敌人,拨(拔)掉了敌人据点,使这块老根据地连成一片,成为继续恢复和发展皖西苏区的坚强后方。红二十八军的回师,对于重新恢复成立皖西北道委会、道苏维埃政府和坚持这块根据地的斗争起了决定性的作用。

在红二十八军积极打击敌人,恢复苏区的战火中,于1933年1月底在赤南县(金家寨县)境门坎山宣布成立皖西北道委会。为了有利于统一领导,省委决定撤销豫东南道委,将豫东南地区划归皖西北道委领导。由郭述申同志继续担任道委书记。1934年5月又由省委常委高敬亭同志接任道委书记同时兼任红二十八军政委。一直到1935年春道委会脱离老苏区转移敌后打游击,道委会方自行撤销。

道委会成立后于1933年2月初迁到汤家汇办公。汤家汇属赤南县偏东的一个农村集市,有些商店售有农村产品和日用杂货,当时是赤南根据地最繁华的地方,自道委会迁驻后,就成了皖西根据地的政治、经济和军事中心。不久又成立了少共道委会、道区总工会和妇女委员会等群众组织。道委机关包括各群众组织都很精干,各部门都只有3—5名干部,在一个伙食团就餐,集中在汤家汇一家祠堂住宿和办公。

道苏维埃是1933年4月初在汤家汇召开的首次工农兵代表大会上宣告成立的。出席大会的有赤南、赤城县、六安三区、六安六区和红军等各界代表300余人。会议在一家祠堂里开的。我作为工会代表(当时在道总工会任青工常委)参加了那次会议。会上道委书记郭述申同志作了形势与任务的报告。大会期间,靠汤家汇几十里路内的赤南、赤城县的一些区、乡人民群众敲锣打鼓,举着彩旗,抬上宰好的整猪整羊拥进大会场,热烈祝贺大会召开。会上选举张德山(金家寨县麻埠人)为道苏维埃主席。他没有工作多久就被撤销了主席职务,说他犯了错误,但未公开宣布犯了什么错误,把他摆在一边,也未作处理。他于1934年春叛逃了,后被敌二十五路军三十二师利用,做了反共工作团团长(团员多是我方叛逃过去的),干了很多坏事。后来由于我方做了大量争取工作,使其内部人员觉悟过来,将叛徒张德山砸死,团员大部分归回红军,从此这个所谓反共工作团就垮台了。后来道苏维埃主席就由道苏总务科长吴席儒同志(金家寨县付家堂人)代理。道苏维埃设有总务、秘书、人事、财务、粮食等科。道区当时只管辖赤南、赤城县和六安县的三区、六区的一部分地区。赤南县委书记陈振松,赤城县委书记先是吴代芬(1935年"肃反"被错杀），后是石裕田、邱玉升，县苏维埃主席先是杜立保、刘文炳，后是张富同志。

皖西北道委、道苏成立后，加强了对豫东南、皖西北这块根据地的统一领导，制定了对根据地的恢复、建设和对敌斗争的方针政策，大大鼓舞和坚定了根据地军民坚持对敌斗争和恢复建设苏区的信心和决心。使这块遭受敌人四次"围剿"浩劫后恢复起来的南抵湖北麻城界岭，北至河南商城县境的挥旗山、枸杞岭，东至与六安县交界的史河，西到清区，方圆约300里地的老苏区又重新振兴起来，基本上恢复了"围剿"前苏区那种朝气蓬勃气象。党团组织和苏维埃、赤卫队、妇女会、少先队、童子团等组织都恢复健全起来。人民群众都兴高采烈地投入到参加红军、建设政权和发展生产的热潮中。在军事上，自红二十八军二、三月先后在银山畈和门坎山两次击退敌十一路军和戴民权的五十四师进犯后，这两支敌人几个月未敢向我根据地进犯；南面郑其玉、柯寿恒匪部被红二十八军和一路游击师痛击后，畏缩在湖北界岭那边不敢出犯；西面顾敬之顽匪蜷缩在清区里害怕露头；北面戴民权部驻在枸杞岭北不敢南犯；东面敌人固守史河以东立煌县一线戒备我军出击，也顾不得出犯。因此有四五个月根据地能够安定地恢复建设。在政治上，停止了执行张国焘搞的那套"左"的政策，特别是没有在内部"肃反"、捕人、杀人，使人心安定，能同心同德、团结一致地抓政权建设，发展生产和搞好人民的生活。在经济上，尽管敌人从四面八方都封锁得严严的，但是道委采取了自力更生、艰苦奋斗的方针，战胜了重重困难，粮食靠自己种，分到地主土地的翻身农民生产积极性非常高，不仅把自己家的田地耕种好，还把红军公田也种得很好，还组织机关部队和群众采野菜代粮食。再是大量发展熬硝盐、造纸、织土布解决吃穿用的问题。道苏财政科有一台石印机，用白竹布印发了一些钞票，都是元、角、分的票面，上面印有斧头镰刀图案，还用桐油浸刷后在苏区内流通。有时也想些办法从敌占区贩运些食盐和生活用品进来。总之，道委会是很关心组织和安排人民的生产和生活的，这是在艰苦困难的条件下，红军、党和苏维埃能得到人民支持、拥护的原因之一。

道委领导非常重视地方红军武装的发展建设。成立了皖西北游击司令部，高克文同志任司令员。还相继成立三个游击师、两个游击大队和一个战斗营。

一路游击师300余人枪，师长吴国贞，常活动于赤南和英（山）麻（城）霍（山）边界地区。

二路游击师师长先是杜昌甫（绰号杜老虎），后是朱世生，600多人枪，常活动在赤城、固始县境。

三路游击师师长江求顺、政委吴保才，1200多人枪（1934年改为红八十二师），经常活动在史河以东六安、霍邱、霍山地区。

六（安）霍（邱）游击大队，大队长彭继武，200多人枪，主要活动于霍邱县地区。

商北游击大队，大队长先是余海宽，后为李占彪，200多人枪，活动于商城县东南地区。

赤南战斗营，营长兼政委朱绍芳，200多人枪，活动于赤南三区、长岭关、麻城、罗田县边界地区。

道委、县委和游击司令部都很关心区、乡赤卫队的发展、建设和训练，把各地站岗放哨、保卫生产的任务都交给他们去执行。这些地方武装的发展、建设对于补充、壮大和支援红二十八军、红二十五军打击敌人、恢复与保卫苏区起了很大的作用。

1933年8月，蒋匪军再次调动数万兵力，对以汤家汇为中心的皖西北根据地进行全面进攻（号称第五次"围剿"）。8月中旬先以三架飞机连续几天多次对汤家汇狂轰滥炸，同时以梁冠英的二十五路军、刘镇华的十一路军、戴民权的五十四师和伪安徽、河南省保安团及地方顽匪从东西南北同时向我根据地猖狂进攻，大约三四天就占领了汤家汇和整个根据地。红二十八军和一、二、三路游击师边战边撤退，转移到敌人后方打游击。留下少数地方武装掩护道委、道苏和其他地方党、政、群机关工作人员分途转移到大山区避开敌人的正面进攻。苏区老百姓都实行坚壁清野后进到深山密林躲避。道委和道苏机关撤出汤家汇后也分开了，道委书记郭述申同志带一部分人跟红二十八军行动，有一部分人被遣散回原籍隐蔽，其余人员由道苏代主席吴席儒同志带领，先在赤南县牛食畈、麦园、胭脂等山区隐蔽活动，后转到赤城熊家河、杨桃岭、鸡冠石等大山里隐蔽活动。敌人这次进攻采取分进合击、步步为营的战术，把苏区的全部集镇、大村庄、通道隘口和山头制高点都拉上帐篷或就地砍伐树木竹子搭起棚子，驻上部队，进行"驻剿"，同时派出机动部队进行"搜剿"。这时湖北区的郑其玉、柯寿恒，商城的顾敬之等匪部都倾巢出动，窜进苏区，同蒋匪正规部队进行大肆烧杀掳掠。蒋匪狂叫："对赤区要杀个鸡犬不留,斩草除根。"

说什么"有民就有匪，民尽匪方能尽"。敌人把房屋烧光，粮食、财物、牛羊猪鸡等都抢光吃光，还放火烧山搜人，将搜捕到的老乡，进行集体枪杀或活埋，造成了许多白骨堆、万人坑。自1933年年底至1935年年秋，赤南、赤城这块老苏区被敌人摧残成无人区。屋场、房基、田地、道路都长满了荒草、小树，野猪成群，虎狼危害，不少饿、病躺在山林的老乡被虎狼伤害。关王庙西、尹儿冲赤白交界地方有个村庄，老虎白天闯进老百姓家里吃小孩，大人看着不敢追打。真是地面蒋匪行凶，山上虎狼吃人，使人无法生存下去。最后凡未遭敌人惨杀和饿死的少数老百姓，也统统被敌人抓到立煌（金家寨）县、商城县关押起来，很多人被饥饿和瘟疫折磨死了，所残存下来的少数老百姓，到1935年年底才陆续被释放回原籍，有不少村庄和家庭的人都死绝了，后来又从湖北、安徽、河南等地迁移了一些人去居住。

那时道委和道苏机关的处境也是十分艰难困苦的。到1934年春大约还剩下五六十人，加上部队后方医院的几十名医护人员及伤病员和少数无处投奔的老乡，在道苏代主席吴席儒同志的带领下，在赤城县境的熊家河、杨桃岭、悬剑山、苏仙石等大山区周旋隐蔽活动，遇上敌人进攻，既不能招架，更无力还击，只有进山林隐蔽。既缺粮食、油盐，又缺衣服、被子和医药，山上能吃的野生植物都吃了，敌人不进攻搜山时，能到山沟里搭茅草棚栖身就算是过舒服的生活。尽管那么困难，同志们的革命意志还是很坚定的，有些同志风趣地说："钻山沟住草棚，敌人枪炮来伴奏，吃野菜喝凉水，敢与敌人拼到底。"但是长期这样下去，人是受不了的，办法也是逼出来的。为了搞到吃的，吴席儒挑选出几十名身体好的同志，佩戴着武器趁黑夜摸过敌人的封锁线，插到窑沟东北潜入商（城）固（始）边界的陈淋子、小南京和方集等敌占区，搞些地主土豪的粮食和食盐背回根据地改善一下大家的生活。找到这条门路后，就常选派精干的同志到敌占区搞粮食，使后方人员的生活得到一些改善。随后发展到凡是能行动的男女同志都组织起来，在部队的掩护下越过敌人封锁，到敌占区打粮，每打一次粮回来只够吃一星期左右。出去打粮的次数多了，被敌人摸到了规律，敌人加强了封锁线，增加了碉堡和封锁墙，比以前封锁得更严密了。因此后来出去打粮就要强攻硬冲过封锁线，常使一些军、政、民同志流血牺牲。到1934年秋敌人又调来了一批兵力，对熊家河、杨桃岭、苏仙石等山区进行大规模的搜山"抄剿"，使道委、道苏机关和医院等后方人员遭受到较大的损失。从这次敌人进攻后,道委书记高敬亭同志就决定改变斗争方针,把道委、道苏机关、医院和其他后方人员陆续调出补充红二十八军和派到其他地区建立或充实便衣队。这时赤南县委、县苏维埃已经消失了,还留下赤城县委、县苏维埃人员和一批伤病员及家属小孩等100多人,另有商北游击大队100多人,由县委书记石裕田、县苏维埃主席张富、大队长李占彪等同志领导,继续在熊家河、窑沟地区坚持斗争。后因敌人严密封锁、"搜剿",活动很困难,石裕田同志就带着商北游击大队100多人枪到潜山县小河南找到高敬亭同志,编入了红二十八军。当时在老区还留下了赤城县委和县苏维埃四十多人,一批伤病员及家属小孩,还有汤家汇赤南二区的一批人员,大约150余人,又新组成一个商南县委会,由原赤城县苏维埃主席张富同志负责,并于1934年冬转移到金刚台(这座山海拔1576米高,山峦起伏,树林茂密便于打游击),即建立了以这座山为中心的皖西北游击根据地,领导着原赤城、赤南两县边沿地区的七支便衣工作队,开展对敌斗争和进行群众工作。一直坚持到1937年10月初,鄂豫皖边区实现国共合作,才下山到湖北黄安县七里坪集合,后来编到新四军四支队。皖西北地区的一、二、三路游击师和游击大队、战斗营都在1934年至1935年相继编到红二十八军了。到1935年春就完全结束了皖西北道委会、道苏维埃的活动了。

原载中共金家寨县委党史办公室编:《立夏节烽火》(续集二),内部出版,1986年,第107～115页。